Veröffentlichungen des Deutschen Rundfunkarchivs

Band 4

Felicitas Merkel

Rundfunk und Gewerkschaften in der Weimarer Republik und in der frühen Nachkriegszeit

Verlag für Berlin-Brandenburg
Potsdam

Herausgeber
Deutsches Rundfunkarchiv

Die Deutsche Bibliothek – CIP-Einheitsaufnahme

Merkel, Felicitas:
Rundfunk und Gewerkschaften in der Weimarer Republik und in der frühen Nachkriegszeit / Felicitas Merkel. [Hrsg. Deutsches Rundfunkarchiv].
– 1. Aufl. – Potsdam : Verl.. für Berlin-Brandenburg, 1996
    (Veröffentlichungen des Deutschen Rundfunkarchivs, Bd. 4)
    Zugl.: Mannheim, Univ., Diss., 1994, u.d.T.: Merkel, Felicitas: Rundfunk-
    politik und Rundfunkarbeit der Freien Gewerkschaften in der Weimarer
    Republik und der DGB-Gewerkschaften in den westlichen Besatzungs-
    zonen und der frühen Bundesrepublik
    ISBN 3-930850-09-5
NE: Deutsches Rundfunkarchiv <Frankfurt, Main; Berlin>: Veröffentlichungen
    des Deutschen ...

1. Auflage 1996

INHALTSVERZEICHNIS

VORWORT

VORWORT

Die Buchreihe "Veröffentlichungen des Deutschen Rundfunkarchivs" versteht sich im weitesten Sinne als ein Publikationsforum für die rundfunk- und damit auch zeithistorische Forschung. In ihr werden sowohl rundfunkhistorische Arbeiten, u.a. die von der ARD über die Stiftung Deutsches Rundfunkarchiv durch Stipendien geförderten Dissertationen, aber auch Editionen ausgewählter Quellen zur Rundfunkgeschichte sowie Bestandsverzeichnisse von Fernseh- und Tondokumenten publiziert.

Mit der aus einer Mannheimer Dissertation hervorgegangenen Arbeit über "Rundfunk und Gewerkschaften in der Weimarer Republik und in der frühen Nachkriegszeit" wird ein Thema aufgegriffen, das von der Rundfunkgeschichtsschreibung bisher nicht wahrgenommen worden ist. Dabei handelt es sich bei den Gewerkschaften um die Interessengruppe, die wohl am nachhaltigsten auf die Auseinandersetzungen um die Ausgestaltung des Rundfunksystems in Deutschland Einfluß zu nehmen versuchte. Wie weit dies gelungen ist, steht im Mittelpunkt der Studie, die die gewerkschaftliche Rundfunkpolitik und -arbeit in den verschiedenen Phasen der Weimarer Republik rekonstruiert - unter Berücksichtigung der jeweiligen politischen und medienrechtlichen Verhältnisse. Ein längeres Abschlußkapitel befaßt sich mit den Beziehungen von Gewerkschaften und Rundfunk in den westlichen Besatzungszonen und in der frühen Bundesrepublik.

Die Autorin hat auf breiter Basis alle erreichbaren Quellen ausgewertet. So standen ungedruckte schriftliche Unterlagen gewerkschaftlicher wie staatlicher Provenienz sowie der Rundfunkanstalten zur Verfügung, außerdem die Veröffentlichungen der Gewerkschaften und der sozialistischen Arbeiterbewegung sowie - im Deutschen Rundfunkarchiv - eine Vielzahl von Programmzeitschriften. Obwohl sich die Studie in erster Linie als Beitrag zur Geschichte der Gewerkschaften versteht, informiert sie aber darüber hinaus auch Interessierte über einen speziellen Aspekt des frühen Rundfunks in Deutschland.

Der rundfunkhistorische Stellenwert der Studie hat das Deutsche Rundfunkarchiv bewogen, die Studie in seine Schriftenreihe aufzunehmen. Der Studienkreis Rundfunk und Geschichte, der - wie das Deutsche Rundfunkarchiv - um die wissenschaftliche Aufarbeitung der Geschichte des Rundfunks bemüht ist, hat einen Druckkostenzuschuß zur Verfügung gestellt; Herrn Dr. Helmut Drück, dem Vorsitzenden des Studienkreises ist dafür herzlich zu danken. Herrn Dr. Ansgar Diller, dem Leiter des Historischen Archivs der ARD am Standort Frankfurt am Main des Deutschen Rundfunkarchivs, sage ich für die kritische Durchsicht des Manuskripts und die Vorbereitung zur Drucklegung ein herzliches Wort des Dankes.

Frankfurt am Main / Berlin, im Februar 1996
Dr. Joachim-Felix Leonhard
Vorstand des Deutschen Rundfunkarchivs

0

EINLEITUNG

0.1 Problemstellung und Erkenntnisinteresse

"In knapp sechs Jahren hat sich die Radiotechnik zu einem starken Bindemittel entwickelt, das als unentbehrlich gilt. Für den Arbeiter, den Angestellten, den Beamten und sonstigen Werktätigen hat dieser Zweig der modernen Technik eine erhöhte Bedeutung. Der Proletarier, dem es ein Jahrhundert lang versagt geblieben war, an den großen kulturellen Errungenschaften persönlich teilzunehmen, hat sich plötzlich den Zentren der modernen Kultur und Technik genähert, ohne daß er sein stark umschattetes Heim zu verlassen braucht. Er, dem es vielfach materiell nicht möglich war, Theater, Konzerte und andere Kunststätten zu besuchen, der im kapitalistischen Staate immer noch am Rande der Gesellschaft leben muß, ist in die Lage versetzt worden, künstlerische Leistungen mitanhören zu können. Die gesellschaftliche Schichtung muß vor dem Rundfunk haltmachen. Wer hören will, der höre!"[1]

In Siegfried Aufhäusers Beitrag "Rundfunk und Arbeiterklasse" von 1930 klingen schon alle die Funktionen und Leistungen an, die die Freien Gewerkschaften mit dem neuen Medium verbanden. Der Rundfunk oder das Radio - beide Begriffe wurden in der Weimarer Republik allgemein synonym gebraucht - galt der sozialdemokratischen Arbeiterbewegung nicht nur als Symbol des technischen Fortschritts schlechthin, sie schrieb ihm auch eine tendenziell Verständigung und Demokratie fördernde Wirkung zu. An das Radio knüpften sich Vorstellungen der Demokratisierung von Bildung, der Demokratisierung von Kultur und nicht zuletzt der Demokratisierung von Staat und Gesellschaft, die es mit Hilfe des neuen Mediums zu verwirklichen galt.

Doch die Voraussetzungen für einen demokratisch strukturierten und im demokratisch-republikanischen Sinne tätigen Rundfunk waren schlecht. Entstanden aus dem Militärfunk des Ersten Weltkrieges und dem "Wirtschaftsrundspruch" der frühen zwanziger Jahre,[2] sollte der "Rundfunk für alle" Politik nach Ansicht seines Gründervaters Hans Bredow überhaupt meiden. Der ehemalige Telefunken-Direktor, der ab 1919 im Dienste des Reichspostministeriums stand, konservative Politiker und an Profiten interesssierte Wirtschaftskreise, zu denen vor allem die drei großen Elektrokonzerne Siemens, AEG und Telefunken gehörten, hatten anderes im Sinn, als für den republikanisch-demokratischen Staatsgedanken zu werben, wie dies die sozialdemokratischen Befürworter des Mediums intendierten.[3] Doch diese besaßen von Anfang an nur wenig Einfluß auf die Ausgestaltung des Rundfunksytems in Deutschland.

Der Sendestart des "Unterhaltungsrundfunks" Ende Oktober 1923 fiel in eine Zeit, die geprägt war von wirtschaftlicher Not, politischen Umsturzversuchen von rechts und links und dem Niedergang der Arbeiterbewegung. In dieser Situation kam manchem

---

1 Siegfried Aufhäuser: Rundfunk und Arbeiterklasse, in: Arbeiterfunk, H. 26, 27.6.1930, S. 300.

2 Vgl. August Soppe: Die Einführung des Rundfunks in Deutschland, in: Massen - Medien - Politik. Hrsg. v. Wolfgang F. Haug. Karlsruhe 1976, S. 115-149, dort S. 116-130.

3 Zu den Ambitionen des sozialdemokratischen Fraktionsvorsitzenden im preußischen Landtag, Ernst Heilmann, vgl. Winfried B. Lerg: Die Entstehung des Rundfunks in Deutschland. Herkunft und Entwicklung eines publizistischen Mittels. Frankfurt am Main 1965, S. 143ff.

Politiker ein Medium gerade recht, das "dem deutschen Volk etwas Anregung und Freude in das Leben" und der Wirtschaft neue Absatzchancen bringen sollte:

> *"In schwerster wirtschaftlicher Not und politischer Bedrängnis wird der Rundfunk für die Öffentlichkeit freigegeben. Nicht länger soll er ausschließlich wirtschaftlichen Zwecken dienen, sondern es soll der Versuch gemacht werden, diesen Kulturfortschritt zu benutzen, um dem deutschen Volk etwas Anregung und Freude in das Leben zu bringen. [...] Das deutsche Volk ist verarmt. Es ist nicht zu bestreiten, daß auch die geistige Verarmung Fortschritte macht. [...] Erholung, Unterhaltung und Abwechslung lenken den Geist von den schweren Sorgen des Alltags ab, erfrischen und steigern die Arbeitsfreude, aber ein freudloses Volk wird arbeitsunlustig. Hier setzt die Aufgabe des Rundfunks ein, und wenn es auf diese Weise gelingen sollte, allen Schichten der Bevölkerung künstlerisch und geistig hochstehende Vorträge aller Art zu Gehör zu bringen, wenn gleichzeitig der Industrie ein neues Tätigkeitsfeld eröffnet und damit neue Arbeitsmöglichkeiten geschaffen werden, dann wirkt der Rundfunk aufbauend, und das deutsche Volk hat ein Recht auf ihn."*[4]

Radiogerätehersteller und sonstige Vertreter aus Industrie und Handel gehörten denn auch in erster Linie zu den Geldgebern der 1923 und 1924 ins Leben gerufenen privaten Rundfunkgesellschaften unter staatlicher Kontrolle. Ihre Absicht war es, Geld zu verdienen, nicht aber zur Demokratisierung beizutragen und möglichst vielen Gruppen einen direkten Zugang zum Rundfunk zu verschaffen. In der sozialen und politischen Auseinandersetzung behielten darum erst einmal wirtschaftliche (Elektroindustrie), finanzielle (Reichspost) und konservativ-staatspolitische Interessen die Oberhand, während an einem publizistischen Konzept orientierte, auf einem pluralistischen Politikverständnis basierende Ansätze einstweilen keine Chance hatten. Im Zweifelsfall rangierte die nationale vor der demokratischen Integration[5] und ein obrigkeitsstaatliches Politikdenken vor einem liberalen und republikfreundlichen. Die 1926 institutionalisierte Vorzensur[6] traf zuerst und mit aller Härte die politische Linke; Sozialdemokraten und Freie Gewerkschaften hatten einen schweren Stand im Weimarer Rundfunk, galten ihre Beiträge zum Rundfunkprogramm doch oft als "parteipolitisch" und aufgrund der "Richtlinien für den politischen Vortragsdienst" von den Zensoren als abzulehnen. Kommunistische Politiker durften (mit Billigung der SPD) gleich gar nicht vor die Mikrophone.

---

4   Hans Bredow: Geleitwort zur Eröffnung des Rundfunks, in: Der deutsche Rundfunk, H. 1, 1923, S. 1, abgedruckt in: Hans Bredow: Aus meinem Archiv. Probleme des Rundfunks. Heidelberg 1950, S. 15.

5   Vgl. auch hierzu Hans Bredow: "Er [der Rundfunk, F. M.] will die durch politische und religiöse Unterschiede getrennten Volksgenossen zu einer gemeinsamen Hörerschaft zusammenschließen und fühlt sich dazu berufen, Trennendes zu beseitigen und einer großen Volksgemeinschaft die Wege zu bahnen." Zit. nach Horst O. Halefeldt: Das erste Medium für alle?, in: Materialien zur Rundfunkgeschichte Bd. 2, Projektgruppe Programmgeschichte: Zur Programmgeschichte des Weimarer Rundfunks. Hrsg. v. Deutschen Rundfunkarchiv: Historisches Archiv der ARD. Frankfurt am Main 1986, S. 83-151, dort S. 93.

6   Vgl. Kapitel 2.2.

An der Benachteiligung der Freien Gewerkschaften und der Sozialdemokratie im Rundfunk änderte sich solange nichts, bis sie sich von den Niederlagen der frühen zwanziger Jahre erholt hatten und wieder zu einem politischen und gesellschaftlichen Machtfaktor geworden waren. Rundfunkfragen erwiesen sich, wie Ernst Heilmann, der Vorsitzende der sozialdemokratischen Fraktion im preußischen Landtag und einer der Vorkämpfer eines demokratisch kontrollierten Rundfunks, 1930 auf einer Tagung des Sozialistischen Kulturbundes über das Verhältnis der sozialdemokratischen Arbeiterbewegung zu Film und Funk formulierte, als Machtfragen:

> *"Wir [gemeint ist die Sozialdemokratie, F. M.] in Deutschland werden uns, glaube ich, damit abzufinden haben, daß unser Einfluß auf den Rundfunk genau so groß ist wie unser Einfluß auf die Regierung oder in ihr."*[7]

Ob und in welcher Weise dies auch für die mit der Sozialdemokratie vielfach verbundenen Freien Gewerkschaften galt, möchte ich im folgenden untersuchen. Im Mittelpunkt steht dabei die Rekonstruktion der gewerkschaftlichen Rundfunkpolitik und -arbeit in verschiedenen Phasen der Weimarer Republik - unter Berücksichtigung der jeweiligen politischen und medienrechtlichen Situation. Außerdem werfe ich einen umfassenderen Blick auf die rundfunkpolitischen Aktivitäten der Gewerkschaften in den westlichen Besatzungszonen und der frühen Bundesrepublik, wo diese nach zwölf Jahren Unterbrechung durch die Nazi-Diktatur unter veränderten politischen und organisationspolitischen Bedingungen an ihre Erfahrungen aus der Weimarer Republik anzuknüpfen suchten. Auch für die Nachkriegszeit stellt sich nämlich die Frage, inwiefern sich die politische und gesellschaftliche Großwetterlage auf die Partizipationschancen von Gewerkschaften und Arbeitnehmern am Programm auswirkte.

Mein Interereresse konzentriert sich vor allem auf die praktische Radioarbeit der Gewerkschaften, auf ihren Gestaltungsspielraum in den Rundfunkorganisationen und ihre Versuche, eigenständig, im Verein mit der SPD oder auch in Kooperation mit anderen Bündnispartnern, sich in dem neuen Medium Gehör zu verschaffen. Ihren Handlungsspielraum möchte ich ausloten und die gewerkschaftliche Rundfunkarbeit - ihre organisatorische Gestalt, ihre programmatischen Grundsätze, ihre konkrete Ausprägung - vor dem je spezifischen Hintergrund der Rundfunksysteme Weimars und der frühen Bundesrepublik beleuchten, wobei selbstverständlich auch die unterschiedliche Organisationsform und das sich verändernde Selbstverständnis der Gewerkschaften in der Zeit vor 1933 und nach 1945 zu berücksichtigen sind.

Zur zeitlichen und inhaltlichen Begrenzung des Themas:

Wie bereits angedeutet, werde ich mich schwerpunktmäßig mit der Rundfunkpolitik und der Rundfunkarbeit der Freien Gewerkschaften (insbesondere des ADGB) in der Weimarer Republik beschäftigen[8] und in einem größeren Schlußkapitel - anknüpfend an

---

7   Ernst Heilmann: Die Aktualisierung des Rundfunks, in: Film und Funk. Sozialistischer Kulturtag in Frankfurt am Main 28.-29. September 1929. Hrsg. v. Sozialistischer Kulturbund. Berlin o. J. (1930), S. 61-66, Zitat S. 65.

8   Die Rundfunkarbeit der anderen Richtungsgewerkschaften erwähne ich immer nur dann, wenn sie in einem direkten Zusammenhang mit der der Freien Gewerkschaften steht.

Erfahrungen, Erfolge und Mißerfolge der Gewerkschaften im Rundfunk der zwanziger und frühen dreißiger Jahre - die Fragestellungen des Hauptteils meiner Arbeit noch einmal aufnehmen und die rundfunkpolitischen Anstrengungen der DGB-Gewerkschaften unter veränderten Bedingungen und mit Blick auf Kontinuitäten und Brüche betrachten.

Mein Gliederungsprinzip ist ein überwiegend chronologisches und orientiert sich im wesentlichen an zeitlichen Einschnitten, die sich aus meinem Gegenstand ergaben und weniger an politischen Markierungen, auch wenn es in dem einen oder anderen Fall Übereinstimmungen geben mag. Die Annäherung an das Thema "Gewerkschaften und Rundfunk" erfolgt in der Regel in zwei Schritten: zunächst versuche ich für jeden Zeitabschnitt die rundfunkpolitischen Aktivitäten der Freien Gewerkschaften nachzuzeichnen, um danach auf deren konkrete Rundfunkarbeit bei den einzelnen Sendegesellschaften einzugehen. Konzentriere ich mich bei ersterem auf die Initiativen, die die Gewerkschaften gegenüber staatlich-politischen Instanzen entfalteten, so steht im Vordergrund der konkreten gewerkschaftlichen Radioarbeit die eigene Mitwirkung am Programm. Diese dokumentiert sich zuvörderst an ihrer Beteiligung am sogenannten "Arbeiterfunk", einer Sendung, die auf Druck der Arbeiterbewegung von den Weimarer Rundfunkgesellschaften eingeführt und in den Jahren nach 1928 ausgebaut worden war und auf die die Freien Gewerkschaften einen mehr oder weniger großen Einfluß besaßen. Dieser Arbeiterfunk wurde nach 1945 von den Rundfunkanstalten wiederbelebt und zum Teil in nahezu unveränderter Form, zum Teil als "Gewerkschaftsfunk" erneut ausgestrahlt. Auch deshalb bietet sich eine Fortführung meines Themas über das Jahr 1945 hinaus an.

Eine Ausnahme innerhalb der chronologischen Gliederung bildet Kapitel 6, in dem ich mich eher systematisch-analysierend mit dem Arbeiterfunkprogramm und dem gewerkschaftlichen Anteil daran auseinandersetzen werde.

An folgenden Fragestellungen wird sich meine Untersuchung orientieren:

1. Fragen zur gewerkschaftlichen Rundfunkpolitik

Welche Vorstellungen besaßen die Gewerkschaften hinsichtlich eines demokratisch strukturierten Mediums Rundfunk?

Mit welchen Mitteln versuchten sie ihre Vorstellungen durchzusetzen?

Wer waren die Ansprechpartner für ihre Forderungen?

Mit wem kooperierten sie dabei?

Was erreichten sie?

2. Fragen zur gewerkschaftlichen Rundfunkarbeit

Wie organisierten sie ihre Rundfunkarbeit?

Welche Konzepte einer praktischen Programmarbeit entwickelten sie?

Wie erfolgreich waren sie damit bei den einzelnen Sendegesellschaften?

Wie läßt sich die gewerkschaftliche Beteiligung am Arbeiterfunkprogramm charakterisieren?

Welche Bedeutung kam der Radioarbeit im Vergleich etwa zu ihrer Presse- und Filmarbeit zu?

Welchen Stellenwert besaß die Medienarbeit innerhalb gewerkschaftlicher Arbeit insgesamt?

Einige dieser Fragen werde ich in dem letzten Kapitel noch einmal aufgreifen und in meine abschließenden Schlußbetrachtungen miteinbeziehen.

Methodik:

Unterschiedliche Fragestellungen erfordern eine unterschiedliche Vorgehensweise. Während sich die Rundfunkpolitik und die organisatorische Ausprägung der Rundfunkarbeit anhand von Akten und gedrucktem Material rekonstruieren lassen, bedarf die Bewertung der Programmarbeit nach Inhalt und Form einer gesonderten Methode. Böte sich eigentlich die Inhaltsanalyse als adäquates Vorgehen an, so zeigt sich dies wegen der fehlenden Manuskripte als nicht gangbarer Weg. Übrig bleibt allenfalls eine Sekundäranalyse aus Programmvorschauen und Programmkritiken. Das Arbeiterfunkprogramm der Weimarer Republik und teilweise auch das der frühen Bundesrepublik läßt sich nur noch mittels der in den Programmzeitschriften abgedruckten Programmankündigungen, die zumeist den Titel der Sendung und den Referenten bzw. die Mitwirkenden enthielten, nachvollziehen. Geben die formalen Programmdaten (Sendedauer, Sendezeit, Sendeplatz) einigen Aufschluß über die quantitative Bedeutung des Arbeiterfunks im Gesamtprogramm, so ermöglichen Sendetitel, Referenten, Gesprächsteilnehmer immerhin einige Rückschlüsse auf den Charakter der jeweiligen Sendung, jedenfalls dann, wenn es gelingt, die auftretenden Personen politisch und ihrer gesellschaftlichen Stellung nach einzuordnen. Parteizugehörigkeit oder Mitgliedschaft in Organisationen und Funktionen wurden in den Programmankündigungen nicht mitgeteilt, weshalb es zum Teil aufwendiger, aber nicht immer erfolgreicher Recherchen bedurfte, um die Personen politisch zu verorten. Ergänzt werden konnten die über die Programmzeitschriften ermittelten Angaben gelegentlich durch Hinweise aus Rundfunkkritiken der Arbeiterpresse und durch dokumentierte programmatische Äußerungen von Rundfunkmitarbeitern einerseits, von in der Sache engagierten Mitgliedern der Arbeiterbewegung andererseits. Indem ich im Laufe meiner Untersuchung auch der Frage nachgehe: "Wer produzierte in wessen Interesse welches Programm in welcher Form für wen, und bei wem kam es wie an?" hoffe ich nicht nur Aufschluß über das Verhältnis von Gewerkschaften und Rundfunk zu erhalten, sondern auch noch einen kleinen Beitrag zur Programmgeschichte vor allem des Weimarer Rundfunks zu leisten. Im Unterschied zur rein quantitativen Sekundäranalyse[9] verfolge ich keine Vollständigkeit bei

---

9 Zur Methodik der quantitativen Sekundäranalyse vgl. Arnulf Kutsch: Die quantitative Sekundäranalyse als Methode der Programmgeschichte, in: Studienkreis Rundfunk und Geschichte: Mitteilungen, H. 3, 1976, S. 17-22.

der Erfassung der Programmdaten. Nichtsdestotrotz habe ich das Programm der diversen "Arbeiterstunden" des Weimarer Rundfunks in einigen Fällen lückenlos aufgelistet und im Falle der "Stunde der Arbeit" der Schlesischen Funkstunde AG in Breslau, der dortigen "Stunde der werktätigen Frau" und der "Stunde des Arbeiters" bzw. der "Stunde der Arbeit" der Südwestdeutschen Rundfunk AG in Frankfurt am Main im Anhang aufgeführt. Ausgewertet habe ich auch die Arbeiterfunkprogramme der Nordischen Rundfunk AG in Hamburg, der Mitteldeutschen Rundfunk AG in Leipzig, der Westdeutschen Rundfunk AG in Köln und der Deutschen Welle in Berlin - jedenfalls soweit sie mir über Programmzeitschriften zugänglich waren.

Zusammenfassen läßt sich mein methodisches Verfahren deshalb so: Im Vordergrund steht die historische Akten- und Literaturanalyse; sie wird in einigen Abschnitten der Arbeit ergänzt durch eine an qualitativen Merkmalen orientierte Sekundäranalyse, wie sie etwa Horst O. Halefeldt oder Arnulf Kutsch als Theorie für eine Programmgeschichte vorgeschlagen haben.[10]

---

10   Vgl. ebenda sowie Horst O. Halefeldt: Programmgeschichte - Vorüberlegungen zu Konzeption und
     Quellenlage, in: ebenda, S. 23-31.

0.2 Vorgehensweise

Eine Studie, die sich mit der Rundfunkpolitik und -arbeit der Freien Gewerkschaften in der Weimarer Republik beschäftigt, muß mindestens zwei Dinge berücksichtigen: zum einen die politische und gesellschaftliche Situation, in der sich die Gewerkschaften in den Jahren 1919 bis 1933 befanden; zum anderen die Gesamtmedienlandschaft, innerhalb derer sie sich bewegten. Da die Rundfunkarbeit nur einen Teil gewerkschaftlicher Medienarbeit darstellt, hielt ich es für sinnvoll, in einem ersten Kapitel auch kurz die Presse- und Filmarbeit der Freien Gewerkschaften zu umreißen, zumal sich viele Fragestellungen später bei der Radioarbeit wiederholten (Organisation, Kooperationspartner, inhaltliche Gestaltung). Außerdem liefern etwa die im Zusammenhang mit der Pressearbeit geführten Diskussionen wichtige Hinweise für das Verhältnis der Gewerkschaften zur "Öffentlichkeit".

Bei der Niederschrift dieses Kapitels stütze ich mich in erster Linie auf die dazu vorliegende Literatur; vor allem im Abschnitt über die gewerkschaftliche Pressearbeit kam ich aber nicht umhin, eigenes Quellenstudium zu betreiben. Bei den verwendeten Primärmaterialien handelt es sich um Protokolle und Geschäftsberichte des ADGB bzw. des AfA-Bundes sowie um Notizen und Aufsätze aus der Gewerkschaftspresse.

In Kapitel 2 untersuche ich die Anfänge gewerkschaftlicher Rundfunkaktivitäten, die in einen für die Arbeiterorganisationen äußerst schwierigen Zeitraum fielen. Ende Oktober 1923, als der Rundfunk seinen Sendebetrieb aufnahm, standen die Freien Gewerkschaften vor dem finanziellen Ruin, drohte der organisatorische Kollaps, und auch in den darauf folgenden zwei Jahren erholten sie sich nur langsam von ihrer Schwäche. Genau in dieser Zeit trafen Politiker und Ministerialbürokratie aber die wichtigsten Entscheidungen über die Ausgestaltung des Weimarer Rundfunksystems. In welcher Weise die Gewerkschaften darauf Einfluß nehmen konnten bzw. wie sie auf bereits getroffene Maßnahmen reagierten, werde ich anhand archivalischer Quellen gewerkschaftlicher und staatlicher Provenienz zu rekonstruieren versuchen und mit einem Fazit zu den gewerkschaftlichen Erfolgen und Mißerfolgen in dieser Periode der Rundfunkgeschichte das Kapitel abschließen.

Nachdem sich die Gewerkschaften dem Phänomen Rundfunk nur zögernd angenähert hatten, konnten sie in den Jahren ab 1927 daran gehen, ihre Aktivitäten auf dem Sektor auszuweiten. Als Voraussetzung für eine Intensivierung der Radioarbeit galt es allerdings, wenigstens einige konzeptionelle Überlegungen anzustellen, in welcher Weise man das Medium nutzen wollte. Außerdem mußten organisatorische Vorbereitungen für eine Umsetzung der Pläne getroffen werden. Bei der Lösung dieser Aufgaben kooperierten die Freien Gewerkschaften eng mit der Sozialdemokratie und deren kulturellen Vorfeldorganisationen. Welche Probleme dabei auftraten und welche Kompromisse man schließlich fand, werde ich im dritten Abschnitt aufzeigen.

Parallel zu den inhaltlichen Überlegungen zur Radioarbeit und den organisatorischen Maßnahmen für ihre Verwirklichung liefen erste Vorstöße bei den Rundfunkgesellschaften, größeren Einfluß auf das Rundfunkprogramm zu erlangen. Die politischen Voraussetzungen für eine stärkere Berücksichtigung gewerkschaftlicher Wünsche waren durch die Regierungsbeteiligung der Sozialdemokraten im Reich besser denn je. Ob sich dies auch auf die Partizipationschancen der Arbeiterorganisationen am Rundfunkprogramm auswirkte, wird noch zu erörtern sein. Die Freien Gewerkschaften jedenfalls konzentrierten sich darauf, eigene Sendungen innerhalb eines "Arbeiterfunkprogramms" zu fordern. Auf welche Weise sie es bewerkstelligten, die Rundfunkgesellschaften zur Einrichtung sogenannter "Arbeiterstunden" zu bewegen, wie diese darauf reagierten und mit welchem Ergebnis das Unternehmen "Arbeiterfunk" endete, werde ich in Kapitel 4 darstellen.

Eine Betrachtung der gewerkschaftlichen Rundfunkarbeit in der Staats- und Wirtschaftskrise schließt den chronologischen Teil meiner Studie ab. In Kapitel 5 steht die Frage im Vordergrund, in welcher Weise die veränderte politische Landschaft den Handlungsspielraum der Freien Gewerkschaften in den Rundfunkhäusern berührte, wie sich der "Arbeiterfunk" quantitativ und qualitativ veränderte und welche Mittel die Arbeiterbewegung anwandte, um ihrer schrittweisen Ausschaltung aus den Programmen zu begegnen.

Völlig anders aufgebaut ist dann Kapitel 6. Hier beschäftige ich mich mit den Inhalten und Zielgruppen des Arbeiterfunks. Anhand der Themenstruktur und Referentenauswahl verfolge ich die Frage nach der Funktionalität und dem "Gebrauchswert", den die Sendungen für Gewerkschaften und Arbeitnehmer/Arbeitnehmerinnen haben konnten. Am Beispiel des 1. Mai zeige ich paradigmatisch auf, welchen Hindernissen und Begrenzungen gewerkschaftliche Radioarbeit im Weimarer Rundfunk ausgesetzt war. Außerdem stelle ich die Frage nach der Rezeption des Arbeiterfunks durch die Gewerkschaften und ihre Mitglieder; und ich beschäftige mich mit den Ansätzen einer Radioarbeit im emanzipatorischen Sinne, die sich in Formen der Hörerbeteiligung - sei es der direkten Mitwirkung am Arbeiterfunkprogramm, sei es an der Vorbereitung der Sendungen oder der Teilnahme am Gemeinschaftsempfang - ausdrücken konnte. Dieses Kapitel fußt auf der Auswertung einschlägiger zeitgenössischer Veröffentlichungen sowohl der Gewerkschaften und der sozialistischen Arbeiterbewegung als auch der Rundfunkgesellschaften. Das wichtigste Mittel zur Rekonstruktion des Programms bildeten die Rundfunkzeitschriften, die von den Sendegesellschaften selbst herausgegeben wurden. Daneben steht der Rückgriff auf Gewerkschaftsakten und Material zu den Überwachungsgremien der Rundfunkgesellschaften in staatlichen Archiven.

In Kapitel 7 schließlich versuche ich, eine Bilanz achtjähriger gewerkschaftlicher Rundfunkaktivitäten zu ziehen und eine Bewertung und Einordnung der Rundfunkarbeit im Rahmen gewerkschaftlicher Politik während der Weimarer Republik vorzunehmen.

Mit dem Neubeginn 1945 stellte sich die Situation für die Rundfunkarbeit der Gewerkschaften in neuer Form dar. Die Einheitsgewerkschaft konnte nicht mehr so offensichtlich die Zusammenarbeit mit der Sozialdemokratie suchen, auf die medienpolitischen und -rechtlichen Rahmenbedingungen, die durch die Alliierten gesetzt wurden, war sie ohne Einfluß - allerdings erwiesen sich diese zunächst als durchaus günstig für sie. Beginnend mit der Frage nach Kontinuität oder Neuanfang in der gewerkschaftlichen Medienarbeit werde ich das Schwergewicht meiner Ausführungen auf die Organisation der gewerkschaftlichen Rundfunkarbeit sowie die praktische Tätigkeit der DGB-

Vertreter in den Rundfunkgremien und in den Arbeiter- und Gewerkschaftssendungen innerhalb des ersten Nachkriegsjahrzehnts legen. Bei der Erarbeitung dieses Kapitels stütze ich mich im wesentlichen auf Akten aus dem Archiv des DGB und der Rundfunkanstalten; weniger ins Gewicht fallen gewerkschaftliche Eigenpublikationen. Die Rekonstruktion des Programms basiert auf der Auswertung der Akten in den Historischen Archiven der Rundfunkanstalten. Die Schwerpunktsetzung bei Bayerischem Rundfunk und Südwestfunk ist der Quellenlage geschuldet.

0.3   Forschungsstand und Quellenlage

Forschungsstand: Um den Überblick über Forschungsstand und Literaturlage zu erleichtern, trenne ich meine nun folgenden Ausführungen in die Abschnitte "Gewerkschaftliche Medienarbeit" bzw. "Medienarbeit der sozialdemokratischen Arbeiterbewegung" und "Rundfunkgeschichte". Zunächst zum Thema "Gewerkschaften und Medi-
en":

Zu den am wenigsten erforschten Gebieten innerhalb der Gewerkschaftsgeschichte
zählt sicherlich die Medienarbeit.[11] So liegt bislang - von einigen kleineren Aufsätzen
abgesehen - keine gründliche Darstellung gewerkschaftlicher Pressearbeit vor, weder
was die institutionelle Seite anbetrifft, noch gar, was die Inhalte gewerkschaftlicher
Publikationen anlangt. Dies gilt sowohl für die Zeit der Weimarer Republik als auch -
eingeschränkt - für die westlichen Besatzungszonen und die Bundesrepublik.[12] Die
Filmarbeit der Gewerkschaften hat dagegen in den Dissertationen Jürgen Kinters und
Uli Veiths bereits Beachtung gefunden.[13] Zur Rundfunkarbeit gibt es hingegen noch
nicht einmal Vorarbeiten. Allenfalls Iskes Veröffentlichung zur Film- und Rundfunkpolitik der SPD aus dem Jahr 1985, die sich, wie der Titel schon nahelegt, ausschließlich mit der Rundfunkpolitik und nicht mit der Rundfunkarbeit der SPD beschäftigt und
dies in erster Linie anhand von gedruckten Quellen tut,[14] sowie Wolf Bierbachs Aufsatz

---

11   Vgl. dazu die Angaben unter dem Stichwort "Arbeiterbewegung als Kultur- und Bildungsbewegung",
      in: Kurt Klotzbach: Bibliographie zur Geschichte der deutschen Arbeiterbewegung 1914-1945, bearb.
      von Volker Mettig. 3. Aufl. Bonn 1981, S. 282-304 sowie die Hinweise in: Bibliographie zur
      Geschichte der deutschen Arbeiterbewegung. Hrsg. von der Bibliothek des Archivs der sozialen
      Demokratie. Bonn/Bad-Godesberg 1976ff.; für die Nachkriegszeit vgl. Klaus Günther und Kurt
      Thomas Schmitz: SPD, KPD/DKP, DGB in den Westzonen und in der Bundesrepublik Deutschland
      1945-1973. Eine Bibliographie, bearb. von Volker Mettig. Bonn 1981, S. 129f., Stichwort: Me-
      dienpolitik.

12   Abgesehen von der Dissertation Andreas Paulsens "Die Presse der freien Gewerkschaften", die aller-
      dings schon 1923 in Leipzig erschien, existiert bislang keine Darstellung, die sich mit der Presse der
      Freien Gewerkschaften in der Weimarer Republik beschäftigte. Dagegen liegt für das Kaiserreich
      wenigstens ein Aufsatz Kurt Koszyks über die "Metallarbeiter-Zeitung", das Mitgliederorgan des
      "Deutschen Metallarbeiterverbandes", bis 1914 vor. Vgl. Kurt Koszyk: Die "Metallarbeiter-Zeitung"
      am Vorabend des Ersten Weltkrieges - Zur Geschichte der Gewerkschaftspresse, in: Vom Soziali-
      stengesetz zur Mitbestimmung. Zum 100. Geburtstag von Hans Böckler. Hrsg v. Heinz Oskar Vetter.
      Köln 1975, S. 174-197. Koszyk stützt sich stark auf die Dissertation Paulsens. Zur Gewerkschaft-
      presse im Kaiserreich vgl. auch Dieter Fricke: Handbuch zur Geschichte der deutschen Arbeiterbe-
      wegung 1869-1917. Bd. 1, Berlin 1987, S. 646-656. Zur Gewerkschaftspresse in der Bundesrepublik
      vgl. Willi Meier: Die Presse des DGB und ihr Beitrag zur politischen und gesellschaftlichen Mei-
      nungs- und Willensbildung in der Bundesrepublik. Düsseldorf 1959; Hans Peter Schlobben und Ri-
      chard Kirsten: Die Gewerkschaftspresse. Köln 1961.

13   Vgl. Jürgen Kinter: Arbeiterbewegung und Film (1895-1933). Ein Beitrag zur Geschichte der Arbei-
      ter- und Alltagskultur und der gewerkschaftlichen und sozialdemokratischen Kultur- und Medienar-
      beit. Hamburg 1986 und Uli Veith: Gewerkschaftliche Medienpolitik und Filmarbeit. Am Beispiel
      des DGB und der IG Metall. Köln 1984.

14   Vgl. Horst-Dieter Iske: Die Film- und Rundfunkpolitik der SPD in der Weimarer Republik. Leitfaden
      und Dokumente. Berlin 1985.

"Die Rundfunkreformvorschläge von Reichsminister Carl Severing"[15] und die Passagen seiner Dissertation über die Westdeutsche Rundfunk AG, in denen er sich mit dem Verhältnis von Arbeiterbewegung und Rundfunk auseinandersetzt,[16] können als Einstieg für eine Beschäftigung mit dem Thema "Gewerkschaften und Rundfunk in der Weimarer Republik" dienen.

Besser, wenngleich längst nicht gründlich genug, erforscht ist die Arbeiter-Radio-Bewegung der Jahre 1924 bis 1933. Ende der siebziger Jahre wurde der Arbeiter-Radio-Bund als Teil der proletarischen Kulturbewegung der Weimarer Republik in der Bundesrepublik entdeckt. Innerhalb weniger Jahre erschienen mehrere Aufsätze und Monographien,[17] die sich zum größten Teil jedoch auf bereits zuvor in der DDR veröffentlichte Publikationen stützten.[18]

Für die Zeit nach 1945 ist die Literaturlage für mein Thema etwas günstiger: in dem 1984 veröffentlichten Band "Gewerkschaftliche Medienpolitik und Filmarbeit" skizziert Uli Veith unter anderem auch die Rundfunkpolitik des DGB seit 1949.[19] Dies tun in geraffter Form auch Dieter Kramer und Gerd Würzberg in ihrem Beitrag "Gewerkschaften und öffentlich-rechtliche Medien", der 1976 in einem Sonderheft der Zeitschrift "Das Argument" veröffentlicht wurde.[20] Über die frühe Radioarbeit des DGB erfährt man

---

15   Vgl. Wolf Bierbach: Die Rundfunkreformvorschläge von Reichsminister Carl Severing. Anmerkungen zur Rundfunkpolitik der Weimarer SPD, in: Rundfunk und Politik 1923-1973. Beiträge zur Rundfunkforschung. Hrsg. v.Winfried B. Lerg und Rolf Steininger. Berlin 1975, S. 37-85.

16   Vgl. Wolf Bierbach: Rundfunk zwischen Kommerz und Politik. Der westdeutsche Rundfunk in der Weimarer Zeit. 2 Bde. Frankfurt am Main u. a. 1987.

17   Vgl. Erwin Reiss, Siegfried Zielinski und Thomas Radevagen: "An alle!" Zum Kampf der Arbeiterbewegung um den Rundfunk in Deutschland 1918-1933, in: Wem gehört die Welt? Kunst und Gesellschaft in der Weimarer Republik. Hrsg. v. der Neuen Gesellschaft für bildende Kunst. 1. Auflage Berlin 1977, S. 566-595; Peter Dahl: Arbeitersender und Volksempfänger. Proletarische Radio-Bewegung und bürgerlicher Rundfunk bis 1945. Frankfurt am Main 1978; Barbara Kümmel: Die Arbeiter-Radio-Bewegung in der Weimarer Republik 1924-1933. Dargestellt anhand der Arbeiter-Rundfunkpresse. Magister-Arbeit Freiburg 1980. Zur Arbeiter-Radio-Bewegung vgl. auch den entsprechenden Abschnitt in: "Vorwärts- und nicht vergessen." Arbeiterkultur in Hamburg um 1930. Materialien zur Geschichte der Weimarer Republik. Hrsg: v. der Projektgruppe Arbeiterkultur Hamburg. Hamburg 1982, S. 264-274. Zu weiteren Beiträgen über die Arbeiter-Radio-Bewegung vgl. Rudolf Lang (Bearb.): Rundfunkgeschichte. Ein Literaturverzeichnis. 2 Bde. Köln 1977/1989, S. 60-63 und S. 106-109.

18   Vgl. Horst Hanzl: Der Rundfunk der Weimarer Republik als Klasseninstrument der Bourgeoisie und der Kampf der Arbeiterklasse um das Mitbestimmungsrecht. Diss. Leipzig 1961; vgl. auch ders.: Rundfunk und Arbeiterklasse. Fernlehrbrief der Fakultät für Journalistik, Karl-Marx-Universität Leipzig. Leipzig 1965 sowie diverse Aufsätze in der Zeitschrift "Beiträge zur Geschichte des Rundfunks", die seit 1967 vom Staatlichen Rundfunkkomitee, Lektorat Rundfunkgeschichte, herausgegeben wurde. Vgl. dort u. a. Ulrich Brurein: Zur Geschichte der Arbeiter-Radio-Bewegung in Deutschland, in: Beiträge zur Geschichte des Rundfunks (BzGR), H. 1, 1968, S. 3-56 und H. 2, 1968, S. 3-53; Kurt Smettan: Die KPD und die Organisation der werktätigen Rundfunkhörer vor 1933, in: ebenda H. 3, 1967, S. 27-34; Herbert Urban: Aufbau und Bewährung des revolutionären Freien Radio-Bundes im Raum Dresden, in: ebenda, H. 1, 1977, S. 63-76.

19   Vgl. Uli Veith: Gewerkschaftliche Medienpolitik und Filmarbeit, S. 79-233.

20   Vgl. Dieter Kramer und Gerd Würzberg: Gewerkschaften und öffentlich-rechtliche Medien. Eine Bestandsaufnahme, in: Das Argument, Sonderband 10 "Massenmedien". Berlin 1976, S. 276-305.

hier aber genauso wenig wie in dem Band "Radio und Fernsehen in der Bundesrepublik.
Erfahrungen und Ansätze für eine gewerkschaftliche Politik".[21]

Der Forschungsstand im Bereich der Rundfunkgeschichte, die bei der Rekonstruktion
und Bewertung der gewerkschaftlichen Rundfunkpolitik und -arbeit im Hintergrund
immer präsent sein sollte, scheint auf den ersten Blick besser.[22] Zwar liegt etwa mit
Winfried B. Lergs "Rundfunkgeschichte der Weimarer Republik" eine Überblicksdarstellung vor, die den Forschungsstand bis Ende der siebziger Jahre zusammenfaßt,[23]
zwar erschienen seit Mitte der siebziger Jahre auch mehrere Arbeiten über einzelne
Rundfunkgesellschaften in der Weimarer Republik,[24] doch sind diese Publikationen
zum allergrößten Teil reine Organisationsgeschichten, das Programm des Weimarer
Rundfunks ist nach wie vor ein absolutes Desiderat der Rundfunkforschung, wenn man
einmal die Sparte Hörspiel/Literatur sowie einigen Arbeiten über Spezialsendungen außer acht läßt.[25] Eine Ausnahme bildet die Studie August Soppes über die frühen Jahre
der Südwestdeutschen Rundfunkdienst AG in Frankfurt am Main, in der dieser sich
auch mit dem Programm der Süwrag beschäftigt.[26] Abhilfe soll die lange schon ange-
kündigte Programmgeschichte einer Projektgruppe am Deutschen Rundfunkarchiv in
Frankfurt am Main schaffen, doch ist davon bislang erst eine Skizze des Programms der
Jahre 1923 bis 1925 fertiggestellt.[27] Von einigem Wert für meine Fragestellung sind daneben noch zwei ältere Arbeiten von Hans Bausch und Heinz Pohle, die sich beide mit

21   Vgl. Stefan Braunschweig u. a.: Radio und Fernsehen in der Bundesrepublik. Erfahrungen und An-
     sätze für eine gewerkschaftliche Politik. Köln 1990.

22   Zum Forschungsstand vgl. Rudolf Lang (Bearb.): Rundfunkgeschichte, a.a.O. und die Angaben in
     den "Mitteilungen des Studienkreises Rundfunk und Geschichte", die darüber hinaus wegen ihrer
     Aufsätze und biographischen Angaben zu Rundfunkmitarbeitern interessieren.

23   Vgl. Winfried B. Lerg: Rundfunkpolitik in der Weimarer Republik. München 1980.

24   Vgl. Wolf Bierbach: Rundfunk zwischen Kommerz und Politik, a.a.O.; Ansgar Diller: Der Frankfur-
     ter Rundfunk 1923-1945 unter besonderer Berücksichtigung der Zeit des Nationalsozialismus. Diss.
     Frankfurt am Main 1973; Sybille Grube: Rundfunkpolitik in Baden und Württemberg 1924-1933.
     Berlin 1976; Claudia Marwede-Dengg: Rundfunk und Rundfunkpolitik in Bayern 1922-1934. Diss.
     München 1981; Liselotte v. Reinken: Rundfunk in Bremen. 1924-1974. Eine Dokumentation. Bre-
     men 1975; Gabriele Rolfes: Die Deutsche Welle - ein politisches Neutrum im Weimarer Staat?
     Frankfurt am Main u. a. 1992; Sylvia Straetz: Politisches Programm und politischer Einfluß. Der
     Überwachungsausschuß der Berliner Funkstunde A.G. 1926-1932. Diss. Wien 1992.

25   Vgl. hierzu die Angaben in: Arnulf Kutsch und Rudolf Lang: Dokumente, Materialien und Untersu-
     chungen zur Geschichte des deutschen Rundfunkprogramms. Auswahlbibliographie deutschsprachi-
     ger Publikationen 1945-1980, in: Mitteilungen des Studienkreises Rundfunk und Geschichte. Sonder-
     heft 1981.

26   Vgl. August Soppe: Rundfunk in Frankfurt am Main 1923-1926: Zur Organisations-, Programm- und
     Rezeptionsgeschichte eines neuen Mediums. Mit einem Nachwort hrsg. von Jörg Jochen Berns.
     München u. a. 1993.

27   Vgl. hierzu sowie zu generellen Überlegungen zur Verfassung einer Programmgeschichte Materialien
     zur Rundfunkgeschichte Bd. 2, Projektgruppe Programmgeschichte: Zur Programmgeschichte des
     Weimarer Rundfunks. Hrsg. v. Deutschen Rundfunkarchiv: Historisches Archiv der ARD. Frankfurt
     am Main 1986. Als Überblick über das Rundfunkprogramm eines Senders vgl. auch: Eberhard
     Klumpp: Das erste Jahrzehnt. Der Südfunk und sein Programm 1924 bis 1933/34. Stuttgart 1984.

den politischen Implikationen des Weimarer Rundfunks befassen,[28] ansonsten fehlen für die in meinem Zusammenhang wichtigen Sendegesellschaften auch noch ausführliche organisationsgeschichtliche Darstellungen. Dies gilt sowohl für die Schlesische Funkstunde AG in Breslau als auch für die Nordische Rundfunk AG in Hamburg und die Mitteldeutsche Rundfunk AG in Leipzig.[29] Dies ist deshalb besonders bedauerlich, weil diese drei Rundfunkgesellschaften gerade diejenigen sind, die der Arbeiterbewegung noch den größten Spielraum zur Gestaltung eigener Sendungen einräumten. Auch zwei ältere Veröffentlichungen über die Breslauer und die Leipziger Sendegesellschaft erwiesen sich für meine Fragestellungen als völlig unergiebig.[30] Die Folge ist, daß manche meiner Einschätzungen hinsichtlich der Einordnung der gewerkschaftlichen Rundfunkarbeit bei einzelnen Sendern Vermutungen bleiben müssen, bis die beschriebenen Forschungslücken gefüllt sein werden.

Noch unbefriedigender ist der Forschungsstand zur Rundfunkgeschichte nach 1945. Zwar liegt auch hier mit Hans Bauschs "Rundfunkpolitik nach 1945" eine Gesamtdarstellung vor,[31] und konnte ich auf einige Publikationen zur Etablierung der neuen Rundfunkanstalten und zur Rundfunkpolitik der Besatzungsmächte zurückgreifen,[32] doch fehlt auch für die Zeit nach 1945 noch jegliche Untersuchung zum Rundfunkprogramm, wenn man wieder von der Sparte Literatur/Kultur (Hörspiel, Nachtstudio)[33] und

---

28 Vgl. Hans Bausch: Der Rundfunk im politischen Kräftespiel der Weimarer Republik 1923 bis 1933. Tübingen 1956, und Heinz Pohle: Der Rundfunk als Instrument der Politik. Zur Geschichte des deutschen Rundfunks 1923 bis 1938. Hamburg 1955.

29 Für diese drei Gesellschaften sind lediglich drei weniger umfassende Studien verfügbar. Zur Schlesischen Funkstunde vgl. Stephan Bauer: Programmstrukturen bei der Schlesischen Funkstunde AG in Breslau (1924-1933). MA Mainz 1990; zur Mitteldeutsche Rundfunk AG vgl. Knauf, Tobias: Zur Geschichte der "Mitteldeutschen Rundfunk AG" in Leipzig. Eine Untersuchung zu ausgewählten Organisations- und Statusaspekten in den Jahren 1919 bis 1932. Dipl. Leipzig 1991; für die Nordische Rundfunk AG vgl. Heinz-Günter Deiters: Fenster zur Welt. 50 Jahre Rundfunk in Norddeutschland. Hamburg 1973, S. 11-85 und Ulrich Heitger: Auf der Suche nach einem Programm. Die Nordische Rundfunk AG 1924-1932, in: Der NDR. Zwischen Programm und Politik. Beiträge zu seiner Geschichte. Hrsg. v. Wolfram Köhler. Hannover 1991, S. 9-44.

30 Vgl. Gisela Elven: Der schlesische Rundfunk 1924-1939 unter besonderer Berücksichtigung seiner politischen und volkstumspolitischen Aufgaben. Diss. Leipzig 1945 und Otto Paul Stehmann: Geschichte und Bedeutung der Leipziger Sender. Dresden 1939.

31 Vgl. Hans Bausch: Rundfunkpolitik nach 1945. Bd. 1: 1945-1962. München 1980.

32 Vgl. Eva-Maria Freiburg: Die Geschichte des Rundfunks in Nordrhein-Westfalen 1945-1955. Vom NWDR Köln zum WDR. Diss. Hannover 1973; Ralf Fritze: Der Südwestfunk in der Ära Adenauer. Die Entwicklung der Rundfunkanstalt von 1949 bis 1965 unter politischem Aspekt. Baden-Baden 1992; Joachim Josef Görgen: Der britische Einfluß auf den deutschen Rundfunk 1945-1948. Diss. Berlin 1983; Arnulf Kutsch: Unter britischer Kontrolle. Der Zonensender 1945-1948, in: Der NDR. Zwischen Programm und Politik, a.a.O., S. 83-148; Edgar Lersch: Rundfunk in Stuttgart 1934-1949. Stuttgart 1990; Barbara Mettler: Demokratisierung und Kalter Krieg. Zur amerikanischen Informations- und Rundfunkpolitik in Westdeutschland 1945-1949. Berlin 1975; Thomas Rölle: Der britische Einfluß auf den Aufbau des Nordwestdeutschen Rundfunks von 1945 bis 1948. Diss. Kiel 1990; Dirk-Ludwig Schaaf: Politik und Proporz im NWDR. Rundfunkpolitik in Nord- und Westdeutschalnd. Diss. Hamburg 1970; Horst Welzel: Rundfunkpolitik in Südwestdeutschland 1945-1952. Zu den Auseinandersetzungen um Struktur und Verfassung des Südwestfunks. Diss. Hannover 1976.

33 Vgl. z. B. Rüdiger Bolz: Rundfunk und Literatur unter amerikanischer Kontrolle. Das Programmangebot von Radio München 1945-1949. Wiesbaden 1991 sowie die Studie über die Rundfunkarbeit

1

RAHMENBEDINGUNGEN GEWERKSCHAFTLICHER

RUNDFUNKARBEIT IN DER WEIMARER REPUBLIK

1.1 Die Freien Gewerkschaften in der Weimarer Republik.
Organisation - Selbstverständnis - Politik[1]

Der Sturz des Kaiserreichs in der Revolution von 1918/19 und die Einführung der parlamentarischen Demokratie hatten die Handlungsspielräume der Gewerkschaften entscheidend erweitert, ihren Einfluß in Staat und Gesellschaft gestärkt und sie zugleich vor große und neue Aufgaben gestellt, die sie nur bei äußerster Konzentration der Kräfte erfüllen konnten: So sahen sie sich gleichzeitig mit den Problemen einer Übergangsökonomie vom Krieg zum Frieden und mit den gestiegenen Erwartungen ihrer Mitglieder konfrontiert, die die Einlösung alter sozialpolitischer Forderungen, Mitbestimmung im Betrieb und in der Wirtschaft und die Sozialisierung wichtiger Industriebereiche, verlangten. Daneben standen auch die Konsolidierung der Gewerkschaftsverbände, die Neustrukturierung der gesamten Bewegung und eine programmatische Neubestimmung auf der Tagesordnung.

Um all diesen Herausforderungen erfolgreich begegnen zu können, hätte es eines großen Stammes ausgebildeter Mitarbeiter in den Gewerkschaften und eines fundierten Wissens über wirtschaftliche Zusammenhänge bedurft, über die die Gewerkschaften aber nicht in ausreichendem Maße verfügten. Die wenigen besoldeten Experten - wenige angesichts der Probleme, die sich vor den Gewerkschaften auftürmten, und wenige im Vergleich zu den personellen Ressourcen, die den Unternehmern zur Verfügung standen - waren durch die den Arbeitnehmerorganisationen zugewachsenen Aufgaben in den neuerrichteten Selbstverwaltungskörperschaften der Wirtschaft und Gesellschaft, durch politische Funktionen als Minister und Reichstagsabgeordnete, als Verhandlungspartner der Unternehmer in den täglichen Tarifauseinandersetzungen dermaßen in Anspruch genommen, daß für weitreichende politische, wirtschaftliche und gesellschaftliche Überlegungen keine Zeit mehr blieb. Aber nicht nur auf der Spitzenebene mangelte es an ausgebildeten Persönlichkeiten, auch vor Ort, in den Verwaltungen und den Betrieben, fehlte es den vielen ehrenamtlichen Funktionären am nötigen Wissen, um auf die geänderte Lage angemessen reagieren zu können. Angesichts dieser Schwierigkeiten, die durch die Integration der seit 1917 in die Gewerkschaften strömenden neuen Mitglieder noch verschärft wurden, hätte der Rundfunk - unter bestimmten Bedingungen

---

1   Zu diesem Kapitel vgl. die Überblicksdarstellungen von Gerard Braunthal: Der Allgemeine Deutsche Gewerkschaftsbund. Zur Politik der Arbeiterbewegung in der Weimarer Republik. Köln 1981; Detlev Brunner: Bürokratie und Politik des Allgemeinen Deutschen Gewerkschaftsbundes 1918/19 bis 1933. Köln 1992; Jürgen Harrer und Witich Roßmann: Gewerkschaften in der Weimarer Republik, in: Geschichte der deutschen Gewerkschaftsbewegung. Hrsg. v. Frank Deppe, Georg Fülberth und Jürgen Harrer. 4. erw. Aufl. Köln 1989, S. 178-342; Arno Klönne und Hartmut Reese: Die deutsche Gewerkschaftsbewegung. Von den Anfängen bis zur Gegenwart. Hamburg 1984, S. 103-161; Heinrich Potthoff: Freie Gewerkschaften 1918-1933. Der Allgemeine Deutsche Gewerkschaftsbund in der Weimarer Republik. Düsseldorf 1987; Michael Schneider: Kleine Geschichte der Gewerkschaften. Ihre Entwicklung in Deutschland von den Anfängen bis heute. Bonn 1989, S. 136-214; Klaus Schönhoven: Die deutschen Gewerkschaften. Frankfurt am Main 1987, S. 116-176 sowie die Beiträge von Frank Deppe und Witich Roßmann, Peter Jahn, Horst-Albert Kukuck, Heinrich Potthoff, Michael Ruck, Dieter Schiffmann und Henryk Skrzypczak in: Solidarität und Menschenwürde. Etappen der deutschen Gewerkschaftsgeschichte von den Anfängen bis zur Gegenwart. Hrsg. v. Erich Matthias und Klaus Schönhoven. Bonn 1984.

- eine nützliche Rolle bei der Kommunikation zwischen der Gewerkschaftsführung und den Mitgliedern sowie innerhalb eines durchdachten Konzeptes der Massenbildungsarbeit spielen können. Daß daraus nichts wurde, lag nicht am mangelnden Bemühen der Arbeiterorganisationen.

Die mit dem Inkrafttreten des Hilfsdienstgesetzes einsetzende und nach der Revolution sich verstärkende Eintrittswelle in die Gewerkschaften führte dazu, daß diese ihre kriegsbedingten Mitgliederverluste nicht nur ausgleichen, sondern ihre Mitgliederzahlen bis 1920 auch erheblich steigern konnten. Allein die freigewerkschaftlichen Arbeiterorganisationen gewannen von 1916 bis 1920 über sieben Millionen Mitglieder hinzu; 1920 wies ihre Statistik 1,7 Millionen Frauen und 7,9 Millionen Männer aus.[2] Mit dem Anwachsen der Organisation war ein gravierender Wandel in der Zusammensetzung der Mitgliedschaft verbunden. Während des Krieges waren nämlich an die Stelle der Facharbeiter mit zum Teil jahrzehntelanger gewerkschaftlicher Erfahrung zunehmend Jugendliche, Frauen sowie un- und angelernte Arbeiter, oft aus ländlichen Gebieten stammend, getreten, die erst noch mit gewerkschaftlicher Arbeit vertraut gemacht werden mußten.[3] Genau diese Gruppen - Frauen, Jugendliche und un- bzw. angelernte Arbeiter - gehörten dann auch während der Weimarer Republik zu den gewerkschaftlichen "Problemgruppen", bei denen die Fluktuation sehr hoch war und die in fast allen gewerkschaftlichen Verbänden immer unterrepräsentiert blieben.[4]

Doch die Integration der Neumitglieder stellte nicht die einzige Aufgabe dar, mit der sich die Gewerkschaften nach 1918 konfrontiert sahen. Als mindestens ebenso wichtig erschienen eine Neuorganisation der Gewerkschafspitze "Generalkommission" und die Bestimmung ihrer Kompetenzen gegenüber den Einzelverbänden sowie die Klärung der Einbeziehung der Angestellten und Beamten in die freie Gewerkschaftsbewegung. Auf dem ersten Nachkriegskongreß der Freien Gewerkschaften im Juli 1919 beschlossen die Delegierten die Gründung des "Allgemeinen Deutschen Gewerkschaftsbundes" (ADGB) als Dachverband von zu der Zeit 52 Einzelgewerkschaften.[5] An die Stelle der Generalkommission trat ein 15köpfiger Bundesvorstand, dem der Bundesausschuß - bestehend aus je einem Vorstandsvertreter jeder angeschlossenen Einzelgewerkschaft - zur Seite gestellt wurde. Ab 1922 erhielten die größeren Verbände einen weiteren Sitz. Auf lokaler Ebene wurden die bisherigen Ortskartelle in ADGB-Ortsausschüsse umgewandelt; 1922 folgte die Errichtung von Bezirksausschüssen.[6] Hauptzweck des ADGB war es,

---

2   Vgl. die Zahlen in: Heinrich Potthoff: Freie Gewerkschaften 1918-1933, a.a.O., S. 348.

3   Zu den strukturellen Veränderungen innerhalb der Mitgliedschaft vgl. ebenda, S. 46-58.

4   Zum Thema Jugendliche und Gewerkschaften in der Weimarer Republik vgl. Gewerkschaftsjugend im Weimarer Staat. Hrsg. v. Detlef Prinz und Manfred Rexin. Köln 1983; zum Verhältnis von Frauen und Gewerkschaften vgl. Gisela Losseff-Tillmanns: Frauenemanzipation und Gewerkschaften. Wuppertal 1978, sowie den Abschnitt "Interessenorganisation von Frauen in den Angestelltengewerkschaften der Weimarer Republik", in: Ellen Lorentz: Aufbruch oder Rückschritt? Arbeit, Alltag und Organisation weiblicher Angestellter in der Kaiserzeit und Weimarer Republik. Bielefeld 1988, S. 251-273.

5   Die Zahl der Einzelgewerkschaften verringerte sich bis 1932 auf 28.

6   Zum organisatorischen Aufbau des ADGB vgl. Detlev Brunner: Bürokratie und Politik, a.a.O., S. 59-68 Heinrich Potthoff: Freie Gewerkschaften 1918-1933, a.a.O., S. 30-38 und Michael Ruck: Einleitung, in: Quellen zur Geschichte der deutschen Gewerkschaftsbewegung im 20. Jahrhundert. Band 2.

die "gemeinsamen Interessen" der gewerkschaftlich organisierten Arbeiter und Arbeiterinnen Deutschlands zu vertreten. Dazu gehörten dann unter anderem die Förderung der gewerkschaftlichen Agitation durch Sammlung und Verwertung sozial- und wirtschaftspolitischer Materialien, die Herausgabe von Informations- und Agitationsschriften; die Veranstaltung gewerkschaftlicher Unterrrichtskurse; die solidarische Unterstützung bei Arbeitskämpfen und die Pflege internationaler Beziehungen.[7] Eine der wichtigsten Aufgaben des freigewerkschaftlichen Dachverbandes bestand mithin neben der Außenvertretung in der Agitations-, Bildungs- und Pressearbeit. Dazu gesellten sich später auch die Film- und Rundfunkarbeit.

Bei allen Schwächen, die der ADGB als Dachorganisation aufwies, bedeutete seine Etablierung doch einen Fortschritt gegenüber dem losen Zusammmenschluß der Generalkommission. Nicht gelungen war die Einbeziehung der Angestellten und Beamten. Im November 1920 riefen die Mitgliedsorganisationen der im Krieg gegründeten "Arbeitsgemeinschaft Freier Angestelltenverbände" den "Allgemeinen Freien Angestellten-Bund" (AfA-Bund) ins Leben,[8] im März 1923 konstituierte sich der "Allgemeine Deutsche Beamtenbund" (ADB);[9] beide waren seit April 1921 bzw. März 1923 über Organisationsverträge mit dem ADGB verbunden.[10]

Sowohl der AfA-Bund, dem 1921 bei seiner Gründung elf Einzelverbände angehörten[11] (1931 waren es dann 14 Verbände[12]), als auch der ADB standen stärker als die ADGB-Gewerkschaften in Konkurrenz mit den anderen Richtungsgewerkschaften. Während der AfA-Bund Ende 1920 immerhin 690 000 Mitglieder zählte und damit stärker war als der christliche "Gesamtverband Deutscher Angestelltengewerkschaften"

Die Gewerkschaften in den Anfangsjahren der Republik 1919-1923. Köln 1985, S. 40-49. Zur Zusammensetzung und Funktion des ADGB-Bundesvorstandes, des Bundesausschusses und der Orts- und Bezirksausschüsse vgl. auch die entsprechenden Beiträge im Kapitel "Satzungen des ADGB", in: Salomon Schwarz: Handbuch der deutschen Gewerkschaftskongresse. Berlin 1930, S. 29-40 und S. 61-78.

7   Vgl. ebenda, S. 17.

8   Zur Entstehung und Organisation sowie den gewerkschaftspolitischen Grundsätzen des AfA-Bundes vgl. Siegfried Aufhäuser: Allgemeiner Freier Angestelltenbund (AfA-Bund), in: Internationales Handwörterbuch des Gewerkschaftswesens. Hrsg. v. Ludwig Heyde, Bd. 1, Berlin 1931, S. 31-38. Dort finden sich auch Angaben zur zeitgenössischen Literatur über den AfA-Bund. Zur freigewerkschaftlichen Angestelltenbewegung vgl. auch: Peter Schaller: Der Allgemeine freie Angestelltenbund in der Weimarer Republik. MA Tübingen o. J.

9   Zum Allgemeinen Deutschen Beamtenbund vgl. Albert Falkenberg: Allgemeiner Deutscher Beamtenbund (ADB), in: Internationales Handwörterbuch des Gewerkschaftswesens, a.a.O., S. 19-23 und ausführlich: Dieter Schütz: Zwischen Standesbewußtsein und gewerkschaftlicher Orientierung. Beamte und ihre Interessenverbände in der Weimarer Republik. Baden-Baden 1992.

10 Zum Organisationsverhältnis zwischen AfA-Bund und ADGB bzw. zwischen ADGB, AfA-Bund und ADB vgl. die Kapitel "Angestelltenbewegung" und "Beamtenbewegung" in: Salomon Schwarz: Handbuch der deutschen Gewerkschaftskongresse, a.a.O., S. 101-110 und S. 158-165, sowie Michael Ruck: Einleitung, a.a.O., S. 49-53 und Dieter Schütz: Zwischen Standesbewußtsein, a.a.O., S. 114-118.

11 Vgl. die einzelnen Organisationen in: AfA-Bund: Angestelltenbewegung 1921-1925. Deutsche Wirtschaftsgeschichte, Sozialpolitik und Gewerkschaftsentwicklung aus bewegter Zeit. Berlin 1925, S. 454f.

12 AfA-Bund: Die Angestelltenbewegung 1928-1931. Berlin 1931, S. 381-415.

(Gedag)[13] und der nationalliberale "Gewerkschaftsbund der Angestellten" (GdA)[14], konnte sich der ADB nie zu einer ernstzunehmenden Konkurrenz für den parteipolitisch neutralen "Deutschen Beamtenbund" (DBB) entwickeln. Zwar gehörten der freigewerkschaftlichen Beamtenorganisation im Jahr ihrer Gründung 420 000 Mitglieder an (der DBB brachte es auf 932 000), doch veränderte sich das Verhältnis bis zu Beginn der dreißiger Jahre auf 177 000 (ADB) zu über einer Million (DBB).[15]

Nach 1920, vor allem nach der Inflation und der Währungsreform im Herbst 1923, verloren alle drei freigewerkschaftlichen Dachverbände erheblich an Mitgliedern. Nachdem die galoppierende Inflation das gewerkschaftliche Vermögen aufgezehrt und die Organisationen damit kampfunfähig gemacht hatte, standen die Gewerkschaften Ende 1923 vor dem finanziellen Ruin. Die Mitglieder verließen die Freien Gewerkschaften in Scharen. Am Jahresende 1924 konnte sich der ADGB nur noch auf vier Millionen Frauen und Männer stützen, der AfA-Bund auf 447 000.[16] Bis 1926 sanken die Mitgliederzahlen noch weiter, erst danach ging es wieder aufwärts. Doch auch wenn sich die Gewerkschaften ab 1927 erholten, so konnten sie doch den Höchststand von 1920 niemals nur annähernd mehr erreichen. Ende 1929 wies die ADGB-Statistik 4 950 000 Mitglieder aus, die des AfA-Bundes knapp 451 000; im Zuge der Weltwirtschaftskrise sackten die Zahlen erneut ab: bis 1933 verlor der ADGB 1,5 Millionen Arbeiterinnen und Arbeiter hauptsächlich aufgrund der verheerenden Arbeitslosigkeit. Die Verluste bei den Angestellten waren weniger dramatisch, allerdings verschob sich das Verhältnis zwischen den freigewerkschaftlichen Organisationen und den christlichen wie nationalliberalen ständig zugunsten der letzteren, vor allem zugunsten der christlich-nationalen Verbände.[17] Diese organisatorische Stärke bzw. Schwäche der Freien Gewerkschaften, ihre Konkurrenz mit den anderen Gewerkschaften und - nicht zu vergessen ihr Spannungsverhältnis zur kommunistischen "Revolutionären Gewerkschafts-Opposition" (RGO)[18] -

---

13   Zu den christlichen Angestelltenverbänden vgl. Iris Hamel: Völkischer Verband und nationale Gewerkschaft. Der Deutschnationale Handlungsgehilfenverband 1893-1933. Frankfurt am Main 1967 sowie die entsprechenden Kapitel in: Hartmut Roder: Der christlich-nationale Deutsche Gewerkschaftsbund (DGB) im politisch-ökonomischen Kräftefeld der Weimarer Republik. Frankfurt am Main u. a. 1986.

14   Zum Gewerkschaftsbund der Angestellten vgl. Hans-Jürgen Priamus: Angestellte und Demokratie. Die nationalliberale Angestelltenbewegung in der Weimarer Republik. Stuttgart 1979.

15   Zur Mitgliederentwicklung der Beamtenverbände vgl. Dieter Schütz: Zwischen Standesbewußtsein, a.a.O., S. 358.

16   Für den ADB liegen zu dem Zeitpunkt keine Zahlen vor.

17   Zur Mitgliederentwicklung der Freien, aber auch der christlichen und Hirsch-Dunckerschen Gewerkschaften in der Weimarer Republik vgl. Sozialgeschichtliches Arbeitsbuch, Bd. III: Materialien zur Statistik des Deutschen Reiches 1924-1945. Hrsg. v. Dietmar Petzina, Werner Abelshauser und Anselm Faust. München 1978, S. 111ff. Zur Mitgliederentwicklung der Freien Arbeitergewerkschaften in der Krise vgl. auch: Klaus Schönhoven: Innerorganisatorische Probleme der Gewerkschaften in der Endphase der Weimarer Republik, in: Gewerkschafts-Zeitung. Organ des Allgemeinen Deutschen Gewerkschaftsbundes. Jg. 43, 1933. Reprint Berlin/Bonn 1983. Anhang: Gewerkschaften in der Krise, S. 73-104. Zur Politik und zum Selbstverständnis der verschiedenen Gewerkschaftsrichtungen bei den Angestellten vgl. Hans Speier: Die Angestellten vor dem Nationalsozialismus. Göttingen 1977.

18   Zur RGO vgl. Werner Müller: Lohnkampf, Massenstreik, Sowjetmacht. Ziele und Grenzen der "Revolutionären Gewerkschafts-Opposition" (RGO) in Deutschland 1928 bis 1933. Köln 1988.

gilt es zu berücksichtigen, wenn ihre Bemühungen auf dem Rundfunksektor betrachtet und bewertet werden sollen.

Ebenfalls im Blickfeld zu bewahren sind Programmatik und politische Schwerpunkte der Freien Gewerkschaften. Sie waren 1919 nicht nur gezwungen gewesen, ihre Organisation den veränderten Rahmenbedingungen in der Republik anzupassen, es bestand für sie auch die dringende Notwendigkeit, ihre Programmatik und Politik neu zu bestimmen. Auch dies sollte auf dem ersten Nachkriegskongreß im Juli 1919 geschehen. Die Delegierten billigten dort mehrheitlich die von der Vorständekonferenz im April 1919 beratenen und verabschiedeten "Richtlinien für die künftige Wirksamkeit der Gewerkschaften", die als gewerkschaftliches "Grundsatzprogramm" für die Zeit der Weimarer Republik gelten können.[19] Unter Punkt 4 hieß es dort zwar:

> *"Die Gewerkschaften erblicken im Sozialismus gegenüber der kapitalistischen Wirtschaft die höhere Form der volkswirtschaftlichen Organisation",*

doch als Bekenntnis zum Sozialismus als Weltanschauung und den sich daraus ableitenden politischen Forderungen wollte die Mehrheit dies nicht verstanden wissen. Hatte es im ursprünglichen Entwurf unter Punkt 4 noch geheißen:

> *"Die Gewerkschaften haben auch fernerhin zu kämpfen für die Hebung der wirtschaftlichen und sozialen Lage der Arbeiter bis zu deren völligen Gleichstellung mit allen anderen Gesellschaftsklassen durch den Sozialismus. [...] Die Gewerkschaften bekennen sich zum Sozialismus und unterstützen alle auf die Sozialisierung gerichteten Maßnahmen".[20]*

so blieb davon nur noch obige Formulierung vom Sozialismus als "höhere Form der volkswirtschaftlichen Organisation".[21] Als Schritte dahin sahen die Freien Gewerkschaften die Verwirklichung der Betriebsdemokratie und die Umwandlung der Einzelarbeitsverträge in Kollektivverträge. Eine rasche Sozialisierung dagegen lehnten sie ab.[22]

Statt auf die soziale Revolution hatten die Gewerkschaftsführer Ende 1918 auf die Zusammenarbeit mit den Unternehmern gesetzt und damit auf eine durchgreifende Veränderung der kapitalistischen Besitz- und Herrschaftsverhältnisse verzichtet. Sie hatten

---

19 Der Wortlaut der "Richtlinien" ist abgedruckt in: Quellen zur Geschichte der deutschen Gewerkschaftsbewegung im 20. Jahrhundert. Hrsg. v. Hermann Weber, Klaus Schönhoven und Klaus Tenfelde. Bd. I: Die Gewerkschaften in Weltkrieg und Revolution 1914-1919, bearb. v. Klaus Schönhoven. Köln 1985, S. 751ff.

20 Vgl. den Entwurf der "Richtlinien", wie er der Vorständekonferenz am 25. April 1919 vorlag, in: ebenda, S. 707f., dort S. 707.

21 Zum unterschiedlichen gewerkschaftlichen Verständnis dessen, was "Sozialismus" in diesem Zusammenhang bedeuten sollte, vgl. die Debatte über die "Richtlinien" auf der Vorständekonferenz vom 24. April 1919, in: ebenda, S. 706-751. Zum vielschichtigen Sozialismusbegriff der Gewerkschaften vgl. auch Heinrich Potthoff: Das Sozialismusproblem in der Programmatik der Freien Gewerkschaften, in: Reformsozialismus und Sozialdemokratie. Zur Theoriediskussion des Demokratischen Sozialismus in der Weimarer Republik. Hrsg. v. Horst Heimann und Thomas Meyer. Berlin/Bonn 1982, S. 317-335, bes. S. 330ff.

22 Zur Sozialisierungsdiskussion vgl. Potthoff, Heinrich: Gewerkschaften und Politik zwischen Revolution und Inflation. Düsseldorf 1979, S. 196-204.

auf politische Erfolge der Sozialdemokraten im Reich und in den Ländern gehofft und selbst politische Verantwortung übernommen; und sie hatten auch vor diesem Hintergrund den Staat von Weimar als ihren Staat akzeptiert, in dem sich die Gesellschaft durch einen sukzessiven Umbau der politischen und sozialen Strukturen in Richtung auf einen demokratischen Sozialismus entwickeln sollte.

Das Prinzp "Demokratie" wollten die Freien Gewerkschaften auch auf den Bereich der Wirtschaft übertragen.[23] Zwar gingen die Gewerkschaften in der Weimarer Republik weiter vom bestehenden Gegensatz von Kapital und Arbeit aus, doch glaubten sie, diesen quasi auf dem Wege sozialer Reformen aufheben zu können. Die Ausgestaltung des kollektiven Arbeitsrechtes, des sozialen Arbeitsschutzrechtes, der Ausbau und die Selbstverwaltung der Sozialversicherung, die Erweiterung der Mitbestimmung im Betrieb, die paritätische Vertretung der Arbeiterschaft in allen wirtschaftspolitischen Körperschaften, die Kontrolle der Monopole und Kartelle unter Mitwirkung der Gewerkschaften, die Zusammenfassung von Industriebereichen zu Selbstverwaltungskörpern, die Ausgestaltung der Wirtschaftsbetriebe in öffentlicher Hand, die Produktionsförderung in der Landwirtschaft durch genossenschaftliche Zusammenfassung und Fachschulung, die Entwicklung der gewerkschaftlichen Eigenbetriebe, die Förderung der Konsumgenossenschaften und die Durchbrechung des Bildungsmonopols galten den Freien Gewerkschaften als geeignete Maßnahmen zur Umwandlung der kapitalistischen in eine sozialistische Wirtschaft.[24] Um alle diese Programmpunkte durchzusetzen, bedurften die Gewerkschaften der Unterstützung durch die Politik. Viele der Forderungen richteten sich an den Staat, dessen Gesetzesintitiative gefragt war. Dort regierte aber die Sozialdemokratie, der sich die Freien Gewerkschaften seit jeher verbunden fühlten, nur von 1919 bis Juni 1920 und vom Juni 1928 bis Ende März 1930 an führender Stelle mit. Und die politische und gesellschaftliche Entwicklung der Jahre nach 1918 rechtfertigte solcherlei Illusionen über die Möglichkeiten der SPD, in Koalitionen mit bürgerlichen Parteien tatsächlich sozialdemokratische Politik verwirklichen zu können, eigentlich zu keinem Zeitpunkt. Daß die Unternehmer keinerlei Neigung zeigen würden, den gewerkschaftlichen Wünschen nach Demokratie und Mitbestimmung nachzukommen, hätten die Gewerkschaften wissen können. Die Unternehmer waren, kaum daß die Revolutionsgefahr gebannt war, zu ihrer alten Vorkriegshaltung gegenüber den Arbeitnehmerorganisationen zurückgekehrt. Bereits Mitte 1919 setzte die Offensive der Unternehmer gegenüber der Arbeiterbewegung ein, versuchten sie, in der Übergangsphase vom Kaiserreich zur Republik verloren gegangenes Terrain zurückzuerobern. Seit Mitte 1919 häuften sich die Angriffe auf den Acht-Stunden-Tag, der dann im "Überschichtenabkommen" des Ruhrbergbaus im Februar 1920 erstmals in Frage gestellt wurde.

---

23 Vgl. das Referat Herbert Jäckels "Die Wirtschaftsdemokratie", das dieser auf dem ADGB-Kongreß 1925 hielt, in: Allgemeiner Deutscher Gewerkschaftsbund: Protokoll der Verhandlungen des 12. Kongresses der Gewerkschaften Deutschlands, abgehalten in Breslau vom 31. August bis 4. September 1925. Berlin 1980 (Reprint), S. 202-216, sowie die Ausführungen Fritz Naphtalis "Die Verwirklichung der Wirtschaftsdemokratie" auf dem Gewerkschaftskongreß 1928, in: Allgemeiner Deutscher Gewerkschaftsbund: Protokoll der Verhandlungen des 13. Kongresses der Gewerkschaften Deutschlands, abgehalten in Hamburg vom 3. bis 7. September 1928. Berlin 1980 (Reprint), S. 170-190.

24 Vgl. die Resolution des ADGB-Kongresses von 1928 über "Die Verwirklichung der Wirtschaftsdemokratie", in: ebenda, S. 20ff..

Auch das Anfang 1920 verabschiedete Betriebsrätegesetz blieb weit hinter Vorstellungen zurück, die ein Mitspracherecht der Arbeitnehmer und Gewerkschaften in der Produktion favorisierten. Die Vorschläge der Sozialisierungskommissionen verliefen im Sande, und der Vorläufige Reichswirtschaftsrat, der in seiner endgültigen, von der Reichsverfassung in Artikel 165 vorgeschriebenen Form eine Art wirtschafts- und sozialpolitisches "Nebenparlament", bestehend aus Arbeitnehmer- und Unternehmervertretern, sowie Abgesandten "sonst beteiligter Volkskreise" hatte bilden sollen, blieb immer vorläufig und entwickelte sich nie zu dem in der Verfassung vorgesehenen Organ. Daß die gewerkschaftliche Einschätzung der Machtverhältnisse in der Weimarer Republik viel zu optimistisch ausgefallen war, wurde spätestens Anfang der dreißiger Jahre offenkundig. Weder zeigten sich die Unternehmer gewillt, auf das gewerkschaftliche Modell der Wirtschaftsdemokratie einzugehen, noch griffen sie deren Vorschläge zur Überwindung der im Zuge der Wirtschaftskrise rapide wachsenden Arbeitslosigkeit auf. Von den bürgerlichen Regierungen waren Schritte hin zu mehr Mitbestimmung, Demokratie und Partizipation, wie sie die sozialdemokratische Arbeiterbewegung seit langem forderte, nicht zu erwarten. Ganz im Gegenteil gehörte sie zu den ersten Verlierern der Krise.

Weder die Gewerkschaften noch die Sozialdemokratie konnten den Abbau sozialer Leistungen, die die Arbeiterbewegung in den Jahren der relativen Stabilisierung der Weimarer Republik errungen hatte, verhindern; hilflos mußten die Gewerkschaften mitansehen, wie ein Pfeiler nach dem anderen aus dem sozialen Sicherungssystem herausgebrochen wurde, wie die Arbeitslosigkeit in immer schwindelerregendere Höhen stieg, die Regierungen der Präsidialkabinette eine Politik der Lohnkürzungen durchsetzten. Sozialpolitische Verbesserungen, auf die die Gewerkschaften in den vorangegangenen Jahren das Schwergewicht ihrer Aktivitäten gerichtet hatten, wurden zurückgenommen; schließlich schränkte die Wirtschafts- und politische Krise die Handlungsfähigkeit und damit auch das Selbstbewußtsein der Gewerkschaften und der von ihnen vertretenen Arbeitnehmer so sehr ein, daß der Schritt bis zur Kapitulation und Selbstpreisgabe im Jahr 1933 nicht mehr weit war.

In ihrer konkreten Politik hatten sich die Freien Gewerkschaften, trotz ihrer auf dem Gewerkschaftskongreß im Juni 1919 beschlossenen Absage an eine "enge berufliche Interessenvertretung" und der Erweiterung des "politischen Mandats", fast immer auf Initiativen im Bereich der Sozial-, Wirtschafts- und Finanzpolitik beschränkt und ihr Hauptaugenmerk auf die direkte Interessenartikulation ihrer Mitglieder gegenüber den Arbeitgebern und dem Staat gerichtet. Seit der Vereinigung der beiden sozialdemokratischen Parteien im Jahr 1922 konnten sie die politische Interessenvertretung wieder ohne größere Probleme den sozialdemokratischen Fraktionen im Reichstag und in den Länderparlamenten überlassen. Schwerpunkte gewerkschaftlichen Handelns stellten in der Weimarer Republik die Lohn- und Tarifpolitik, Arbeitszeit- und Arbeiterschutzfragen, Sozialpolitik im weitesten Sinne dar, wenngleich sich die Gewerkschaften periodenweise auch auf den Feldern der Außenpolitik oder des Republikschutzes engagierten.[25]

---

25 Zu den gewerkschaftlichen Politikfeldern vgl. Heinrich Potthoff: Freie Gewerkschaften, a.a.O, S. 80-151.

1.2   Gewerkschaftliche Rundfunkarbeit im Kontext der Weimarer Medienlandschaft

1.2.1 Notizen zur Weimarer Medienlandschaft

Die Weimarer Republik war, was den Mediensektor anlangte, ein äußerst innovativer Zeitraum. Das aus dem Kaiserreich übernommene Mediengefüge, das im wesentlichen aus der Buch- und Zeitungs-/Zeitschriftenproduktion bestand,[26] wurde innerhalb weniger Jahre um die elektronischen Medien Film und Radio erweitert. Auf dem Printmedienmarkt eroberten Illustrierte, die die technischen Fortschritte der Fotographie nutzten, immer größere Leserkreise. Gleichzeitig erweiterten sich die Zeitspielräume der abhängig Beschäftigten durch die Einführung des Acht-Stunden-Tages,[27] so daß die neu gewonnene "freie Zeit" im Leben vieler Menschen Platz für einen gesteigerten Medienkonsum ließ. Damit hatte auch die Arbeiterbewegung zu rechnen. Diese mußte, ob sie wollte oder nicht, zur Kenntnis nehmen, daß auch ihre Mitglieder und Anhänger nicht immun gegen die Verlockungen der im Aufbau befindlichen Medienindustrie waren. Spätestens Ende der zwanziger Jahre konnte sie nicht mehr die Augen davor verschließen, daß Kino, Radio, Illustrierte längst den Alltag der meisten Menschen bestimmten und sie in irgendeiner Weise auf die Konkurrenz der Massenmedien zu reagieren gezwungen war. Das geschah zunächst im Bereich des Filmes, der in der Weimarer Republik seinen großen Aufschwung nahm; wenig später stand die Arbeiterbewegung dann bei der Ausbreitung des Rundfunks vor demselben Problem. Beide Medien drangen in den zwanziger Jahren in weite, bislang ins sozialistische Milieu integrierte Arbeiterkreise vor und bedrohten mit ihren an kleinbürgerlichen Träumen anknüpfenden Produktionen das proletarische Klassenbewußtsein und gefährdeten die sozialistische Identität.

Die Veränderungen in der Weimarer Medienlandschaft hinterließen ihre Spuren auch im Medienschaffen der organisierten Arbeiterbewegung selbst. Davon zeugen sowohl die Debatten über die Umgestaltung der Arbeiterpresse,[28] als auch die Versuche der großen Arbeiterorganisationen der Linken (SPD, KPD, Freie Gewerkschaften), den ka-

---

26 Der Film war 1918 noch nicht das Massenmedium, zu dem er sich in den folgenden zehn Jahren entwickeln sollte. So wurden erst um 1912 feste Filmtheater im Deutschen Reich eingerichtet. Vgl. hierzu sowie zur Weimarer Medienlandschaft insgesamt Winfried B. Lerg: Die Publizistik der Weimarer Republik. Zur kommunikationsgeschichtlichen Ausgangslage, in: Presse im Exil. Beiträge zur Kommunikationsgeschichte des deutschen Exils 1933-1945. Hrsg. v. Hanno Hardt, Elke Hilscher und Winfreid B. Lerg. München u. a. 1979, S. 17-96.

27 Zur Verkürzung der Arbeitszeit in der Weimarer Republik vgl. Heinrich-August Winkler: Der Schein der Normalität. Arbeiter und Arbeiterbewegung in der Weimarer Republik 1924 bis 1930. 2. Aufl. Berlin/Bonn 1988, S. 58-62.

28 Vgl. in Kapitel 1.2.3 die Diskussionen über die Umgestaltung der Gewerkschaftspresse; ähnliche Debatten gab es auch innerhalb der Sozialdemokratie und der KPD, wobei letztere in der Umsetzung der Neuerungen zum Teil nur konsequenter vorging. Zu den Diskussionen innerhalb der SPD vgl. Kurt Koszyk: Zwischen Kaiserreich und Diktatur. Die sozialdemokratische Presse von 1914 bis 1933. Heidelberg 1958, S. 170-173 und ders.: Deutsche Presse 1914-1945. Geschichte der deutschen Presse Teil 3. Berlin 1972, S. 303-318; zur KPD-Presse vgl. Christa Hempel-Küter: Die kommunistische Presse und die Arbeiterkorrespondentenbewegung in der Weimarer Republik. Das Beispiel "Hamburger Volkszeitung". Frankfurt am Main u. a. 1989, S. 123-147.

pitalistischen Medienprodukten eigene "proletarische" oder "sozialistische" entgegenzu-setzen. Zwar entstammen die bekanntesten Beispiele "alternativer" Medienproduktion dem KPD-nahen Münzenberg-Konzern ("Arbeiter-Illustrierte-Zeitung", "Berliner Welt am Abend", "Prometheus-Film-Verleih und Vertriebs-GmbH"[29]), doch auch die SPD bzw. ihr nahestehende Organisationen wie das Reichsbanner versuchten sich zum Bei-spiel mit illustrierten Zeitschriften ("Republikanische Zeitung"/"Reichsbanner-Zeitung") und Buchprojekten, nur daß diese bisher weniger Aufmerksamkeit gefunden haben.[30] 1924 gründete die SPD den "Bücherkreis"[31] und die Buchdruckgewerkschaft die "Büchergilde Gutenberg"[32], 1926 erblickte die kommunistische "Universum-Bücherei für Alle"[33] das Licht der Welt, doch insgesamt gesehen konnten die Auflagenzahlen der proletarischen Gegenprodukte, sei es bei den Illustrierten, sei es auf dem Buchmarkt, mit denen ihrer Konkurrenten bei weitem nicht mithalten.[34] Dieser Befund trifft auch für die Tagespresse der SPD und der KPD zu, die immer nur einen Bruchteil der Arbei-terschaft als Leserinnen und Leser gewinnen konnte. So mußte z. B. der Redakteur der sozialdemokratischen "Rheinischen Zeitung", Wilhelm Sollmann, Anfang 1926 auf ei-ner Redakteurskonferenz des "Vereins Arbeiterpresse" in Berlin feststellen, daß die SPD-Presse der bürgerlichen Presse nicht nur zahlenmäßig unterlegen, sondern nach dem Krieg auch noch weniger unter der Arbeiterschaft verbreitet sei als vorher.[35] Die SPD-Presse erreichte selbst in den "Hochburgen" der Sozialdemokratie nur eine Min-

---

29   Vgl. Rolf Surmann: Die Münzenberg-Legende. Zur Publizistik der revolutionären deutschen Arbei-terbewegung 1921-1933. Köln 1983. Dort auch weitere Literatur zum Thema.

30   Zum sozialdemokratischen Verlagswesen vgl. Brigitte Emig, Max Schwarz und Rüdiger Zimmer-mann: Literatur für eine neue Wirklichkeit. Bibliographie und Geschichte des Verlags J.H.W. Dietz Nachf. 1881 bis 1981 und der Verlage Buchhandlung Vorwärts, Volksbuchhandlung Hottin-gen/Zürich, German Cooperative Print.& Publ. Co., London, Berliner Arbeiterbibliothek, Arbeiterju-gendverlag, Verlagsgenossenschaft "Freiheit", Der Bücherkreis. Berlin/Bonn 1981.

31   Vgl. "Der Verlag 'Der Bücherkreis' (Berlin) 1924-1933", in: ebenda, S. 463-482 und Hans-Harald Müller: Intellektueller Linksradikalismus in der Weimarer Republik. Seine Entstehung, Geschichte und Literatur - dargestellt am Beispiel der Gründergruppe der Kommunistischen Arbeiter-Partei Deutschlands. Kronberg /Ts. 1977, S. 75-86.

32   Vgl. Bernadette Scholl: Die Büchergilde Gutenberg 1924-1933, in: Buchhandelsgeschichte H. 3, 1983, S. B 89-B 109.

33   Vgl. Rolf Surmann: Die Münzenberg-Legende, a.a.O., S. 93-100 und S. 158-164.

34   Zu allen drei Buchgemeinschaften vgl. Michael Bühnemann und Thomas Friedrich: Zur Geschichte der Buchgemeinschaften der Arbeiterbewegung in der Weimarer Republik, in: Wem gehört die Welt? Kunst und Gesellschaft in der Weimarer Republik. 3. Aufl. Berlin 1977, S. 364-397.

35   Vgl. Kurt Koszyk: Deutsche Presse 1914-1945, a.a. O., S. 310. So verfügte die Partei 1924 zwar über 170 Zeitungen, 1929 über 203 und 1932 über 135 Blätter, doch konnten die Auflagen von knapp über einer Million (1929 auf dem Höhepunkt waren es 1,3 Millionen) mit der konservativen Generalan-zeigerpresse bei weitem nicht mithalten. Dies gilt selbst für die sozialdemokratischen "Hochburgen" wie Hamburg oder Sachsen. Zu letzterem vgl. Frank Heidenreich: "... das wichtigste Agitationsmittel für die Partei". Zur Geschichte der sozialdemokratischen Presse in Sachsen vor 1933, in: Internatio-nale Wissenschaftliche Korrespondenz zur Geschichte der Arbeiterbewegung H. 2, 1991, S. 139-171. Zur Auflagenentwicklung der SPD-Presse insgesamt vgl. Kurt Koszyk: Zwischen Kaiserreich und Diktatur, a.a.O., S. 177 und 188. Zu den Titeln und der regionalen Verbreitung der SPD-Zeitungen vgl. Kurt Koszyk und Gerhard Eisfeld: Die Presse der deutschen Sozialdemokratie. Eine Bibliogra-phie. 2. Aufl. Bonn 1980.

derheit der in den Freien Gewerkschaften organisierten Arbeiter und Angestellten.[36] In noch stärkerem Maße gilt dies für das Zeitungswesen der KPD.[37]

Nicht wenige Arbeiterinnen und Arbeiter, vor allem in der Provinz, bezogen ihre politischen Informationen aus konservativen bis reaktionären Zeitungen, die, wenn sie nicht selbst im Besitz des Hugenberg-Konzerns waren, doch über den Materndienst und die Nachrichtendienste der "Telegraphen-Union" (TU) von diesem abhingen.[38] 1926 waren 1 600, d.h. 57 % der deutschen Zeitungen dem TU-Korrepondenzdienst angeschlossen,[39] 1931 bezogen fast 1 500 (von annähernd 3 000) Zeitungen ihren überregionalen politischen Teil im wesentlichen durch Textmatern.[40] Der in der Weimarer Republik expandierende Zeitschriften- und Illustriertenmarkt wurde von wenigen Großverlagen beherrscht,[41] deren politische Tendenz nichts weniger als arbeitnehmer- und gewerkschaftsfreundlich war. Auch die Weimarer Film- und Kinolandschaft kannte nur ein paar Firmen, die durch vertikale und horizontale Konzentration Produktion, Verleih und Aufführung unter sich aufteilten.[42] Die bedeutendste davon war die während des Ersten Weltkrieges gegründete Universum-Film-Aktiengesellschaft (Ufa), die sich binnen weniger Jahre zum führenden deutschen Filmunternehmen entwickelt hatte.[43] Seit 1927 Teil des Hugenberg-Konzerns stand den Deutschnationalen damit ein Medium zur Verfügung, das bei Bedarf auch zu politischen Zwecken eingesetzt werden konnte. Dies schloß nicht aus, daß die Ufa gelegentlich künstlerisch hochwertige Filme produzierte.

Die Versuche der politischen Linken, in den hochvertrusteten Filmmarkt einzubrechen, waren wegen des hohen und mit Einführung des Tonfilms Ende der zwanziger Jahre weiter steigenden Finanzbedarfs sowie der fehlenden organisatorischen Voraussetzungen für eine Filmproduktion von vornherein zum Scheitern verurteilt. Dazu kam, daß die 1920 etablierte staatliche Filmzensur sich bevorzugt gegen Filme wandte, die offen klassenkämpferische, pazifistische oder auch nur sozialkritische Elemente enthielten. Welche Möglichkeiten da für die Arbeiterbewegung und die Freien Gewerkschaften noch verblieben, sich in das Filmgeschäft einzumischen, soll im nun folgenden Kapitel schon im Hinblick auf die Radioarbeit skizziert werden, die zeitgleich oder doch im Abstand nur weniger Jahre einsetzte. Das Schwergewicht wird bei der Filmarbeit der Gewerkschaften liegen.

---

36   Vgl. Frank Heidenreich: "... das wichtigste Agitationsmittel", a.a.O., S. 161.

37   Zur Auflagenhöhe und zur regionalen Verbreitung der KPD-Tageszeitungen vgl. Christa Hempel-Küter: Die kommunistische Presse, a.a.O., S. 301- 345.

38   Zur Abhängigkeit der Provinzpresse und nicht nur dieser von den großen Nachrichtenagenturen Wolffsches Telegraphen-Büro (WTB) und Telegraphen-Union (TU) vgl. Klaus Wernecke: Die Provinzpresse am Ende der Weimarer Republik. Zur politischen Rolle der bürgerlichen Tageszeitungen am Beispiel der Region Osthannover, in: Presse und Geschichte II. Neue Beiträge zur historischen Kommunikationsforschung. München u. a. 1987, S. 365-404, dort S. 365ff. Zu Hugenbergs Presse-Imperium vgl. auch Kurt Koszyk: Deutsche Presse, a.a.O., S. 219-239.

39   Walter Aub: Der Fall Hugenberg, in: Weltbühne, Nr. 8, 23.2.1926, S. 286-293, dort S. 286.

40   Vgl. Klaus Wernecke: Die Provinzpresse, a.a.O., S. 366.

41   Vgl. Wilhelm Marckwardt: Die Illustrierten der Weimarer Zeit. München 1982.

42   Vgl. Peter Bächlin: Film als Ware. Frankfurt am Main 1975, S. 48-51.

43   Vgl. Klaus Kreimeier: Die Ufa-Story. Geschichte eines Filmkonzerns. München 1992.

1.2.2 Gewerkschaftliche Propaganda durch den Film?

"Denn man mag zum Film als Kunstwerk stehen, wie man will: Er ist unstreitig das stärkste und eindringlichste Propagandamittel unserer Zeit. Und ein solches Mittel m ü s s e n wir unter allen Umständen in den Dienst u n s e r e r Propaganda zu stellen suchen."[44]

So formulierte ein führender Funktionär aus den Reihen des ADGB-Bundesvorstandes im Jahrbuch seiner Organisation für 1926. Die Frage war nur: Wie sollte das angesichts notorischen Geldmangels, fehlender Drehbücher und unter dem Damoklesschwert "Zensur" geschehen? Am einfachsten schien es noch, den Film als Mittel der Bildungsarbeit oder als Anreiz für gewerkschaftliche Veranstaltungen einzusetzen. Zu diesem Zweck gab es einige, wenn auch nicht allzu viele Lehr- und Kulturfilme auf dem Markt, die man verwenden konnte.[45] Doch damit erreichte man nicht die Masse der Arbeiterkinogänger, die nach allgemeiner Einschätzung überproportional häufig zu den Besuchern der Filmpaläste und Vorstadtkinos gehörten und dort "politisch gefährliche" und "geistig verblödende" Machwerke gar nicht zweifelhaften Ursprungs konsumierten.[46] "Fridericus-Filme"[47] und minderwertige Unterhaltungsware standen denn auch im Mittelpunkt der gewerkschaftlichen Mißbilligung:

"Schlimmer als dies meist äußerlich am Etikett kenntliche Gift [die Fridericus-Filme, F. M.] sind die kleinen Giftspritzer, die fast in jedem Film, kaum bemerkt, ausgeteilt werden. Einmal ist's ein tölpelhafter Arbeiter, der eine Jubiläumsrede halten soll und froh ist, daß er's nacher nicht braucht, das nächste Mal weiß man eine andere Gelegenheit zu benutzen, um der Arbeiterschaft Ohrfeigen zu versetzen und immer wieder veraltete bürgerliche Ideale zu glorifizieren."[48]

Die Kritik der Arbeiterorganisationen am Film entzündete sich vor allem an der mangelnden Qualität der meisten Produktionen und weniger am Kinobesuch selbst. Als Hauptargument gegen den gängigen Unterhaltungsfilm findet sich in vielen Artikeln der Arbeiterpresse die drohende Infizierung der Arbeiterschaft eher mit kleinbürgerlichen

---

44 Allgemeiner Deutscher Gewerkschaftsbund: Jahrbuch 1926. Berlin 1927, S. 191.

45 Vgl. die Liste der Filme, die zum Beispiel der Freigewerkschaftliche Jugendausschuß Groß-Hamburg 1925 in Veranstaltungen vorführte, in: 29. Jahresbericht des Ortsausschusses Groß-Hamburg des Allgemeinen Deutschen Gewerkschaftsbundes. Geschäftsjahr 1925. Hrsg. v. Ortsausschuß Groß-Hamburg. Hamburg 1926, S. 88. Zum Film als Bildungsmittel vgl. auch: Jürgen Kinter: Arbeiterbewegung und Film (1895-1933). Ein Beitrag zur Geschichte der Arbeiter- und Alltagskultur und der gewerkschaftlichen und sozialdemokratischen Kultur- und Medienarbeit. Hamburg 1986.

46 Vgl. Allgemeiner Deutscher Gewerkschaftsbund: Jahrbuch 1926, a.a.O., S. 191.

47 Zum ideologischen Gehalt dieser Filme vgl. Siegfried Kracauer: Von Caligari zu Hitler. Eine psychologische Geschichte des deutschen Films. Frankfurt am Main 1979, S. 124-128 und S. 281-284.

48 Julius Fries: Neue Wege gewerkschaftlicher Propaganda, in: Gewerkschafts-Archiv, Bd. I, H. 1, 1927, S. 13-18, dort S. 16. Zur Darstellung von Arbeitern im Film vgl. auch: Holger Schettler: Arbeiter und Angestellte im Film. Bielefeld 1992.

Vorstellungen und Verhaltensweisen als mit bürgerlichen Idealen.[49] Die kompensatori-
sche Funktion, die der Gang ins Kino erfüllte, wurde klar erkannt und zumindest von
Gewerkschaftsvertretern auch als Bedürfnis anerkannt. Das Medium bot in idealer
Weise die Spannung und Entspannung, derer die Arbeiterbevölkerung nach einem Tag
entfremdeter und ermüdender Tätigkeit bedurfte und bezog daraus auch seine Attraktivi-
tät.[50] Da genügte es nicht, die Kinogänger auf die Minderwertigkeit der kommerziellen
Produkte hinzuweisen, wie es die sozialdemokratische Filmkritik versuchte, gefragt waren vielmehr "Gegenprodukte", die andere politische Identifikationsmöglichkeiten boten
als die herkömmliche Filmware. Abhilfe konnte da nur die Produktion anderer Filme
schaffen. Wie aber sollte man da von seiten der Arbeiterbewegung Einfluß nehmen?
Nach Ansicht der Bildungs- und Kulturfachleute, der sich auch Gewerkschafter an-
schlossen, waren zwei Strategien geeignet: der Aufbau einer Filmbesucher-Organisation
ähnlich der der "Volksbühne" und die Herstellung eigener Filme.

Um dem anspruchsvolleren Film ein Publikum zu verschaffen und die Filmindustrie
zur Herstellung künstlerisch besserer und inhaltlich gehaltvollerer Filme anzuregen, beteiligten sich im Sommer 1922 die Berliner Gewerkschaftskommission, das Berliner
AfA-Kartell und die "Deutsche Filmgewerkschaft" an der Gründung einer "Volksfilm-
bühne", die in erster Linie als Kinobesucher-Organisation gedacht war, deren weiterge-
hendes Ziel aber auch die Produktion und Verbreitung von Filmen einschloß.[51] In Hamburg, Leipzig und München regten sich ebenfalls Initiativen zur Bildung einer Volks-
filmbühne, doch scheiterte das Experiment letztlich schon nach zwei Jahren am mangelnden Interesse der SPD und der Gewerkschaftsführungen.[52] Und auch die KPD unterstützte das Projekt nicht, weil es ihrer Ansicht nach überhaupt an geeigneten Filmen
fehlte, die hätten aufgeführt werden können. Sie plädierte dafür, das Schwergewicht der
Anstrengungen auf die Filmproduktion zu legen.[53]

Mit dem Gedanken, selbst Spielfilme herzustellen, beschäftigte sich auch der ADGB.
In seinem Jahrbuch für 1924 berichtete er unter der Überschrift "Gewerkschaftliche
Propaganda durch den Film" erstmals an zentraler Stelle über das Medium. In dem Beitrag erwähnte er den Gedanken einer Filmbesucher-Organisation nicht mehr; stattdessen
griff er Anregungen auf, mit gewerkschaftlichen Finanzmitteln die Produktion proletarischer Filme zu unterstützen. Solange es den in der Inflation schwer gebeutelten Gewerkschaften finanziell allerdings nicht wesentlich besser ging, sah die Gewerkschaftsfüh-

---

49   Vgl. Hans-Albert Förster: Arbeiterbildung und Film, in: Kulturwille, H. 11, 1925, S. 219, abgedruckt
      in: Horst-Dieter Iske: Die Film- und Rundfunkpolitik, a.a.O., D 12f.

50   Vgl. Walter Pahl: Kino und Kultur, in: Kulturwille, H. 11, 1925, S. 217f., abgedruckt in: ebenda, D7-
      D11.

51   Vgl. Jürgen Kinter: Arbeiterbewegung und Film, a.a.O., S. 204.

52   Vgl. ebenda, S. 205.

53   Zur Filmarbeit der KPD vgl. Film und revolutionäre Arbeiterbewegung in Deutschland 1918-1932.
      Dokumente und Materialien zur Entwicklung der Filmpolitik der revolutionären Arbeiterbewegung
      und zu den Anfängen einer sozialistischen Filmkunst in Deutschland. Zusammengestellt und eingelei-
      tet von Gertraude Kühn, Karl Tümmler, Walter Wimmer. 2 Bände. Berlin 1975; Rolf Surmann: Die
      Münzenberg-Legende, a.a.O., bes. S. 59ff., S. 110-120 und S. 175-187. Vgl. außerdem: Bruce Mur-
      ray: Film and the German Left in the Weimar Republic. From Caligari to Kuhle Wampe. Austin
      1990.

rung keine Möglichkeit, in das Filmgeschäft einzusteigen.[54] Selbst als es dem sozialde-mokratischen Regisseur Martin Berger 1924 gelang, Geldgeber für die Produktion eines "proletarischen Propagandafilmes" aufzutreiben, der Ende 1924 unter dem Titel "Die Schmiede" in einigen Kinos anlief und in einer Spielhandlung den Kampf der Gewerk-schaften um den Erhalt des Achtstundentages thematisierte, zögerte der ADGB-Bundes-vorstand, eine Empfehlungsverpflichtung gegenüber der Produktionsgesellschaft ein-zugehen, weil er befürchtete, für ein etwaiges künstlerisches Scheitern des Filmes ver-antwortlich gemacht zu werden. Da Berger den Gewerkschaften aber ein sehr großes Mitspracherecht zugestand, willigte der Bundesvorstand schließlich ein.

Als der Film dann Anfang November 1924 in die Kinos kommen sollte, hatte die Produktionsfirma allerdings große Schwierigkeiten, Kinobesitzer zur Vorführung des Films zu bewegen. Die meisten großen Lichtspielhäuser waren im Besitz von Filmkon-zernen oder doch stark von diesen abhängig und bewiesen nicht eben ein gesteigertes In-teresse daran, proletarische Filme in ihr Programm aufzunehmen.[55] Falls sie "Die Schmiede" dennoch zeigten, dann zum Teil ohne die Schlußsequenz, in der die "Internationale" ertönte. Trotz der "kapitalistischen Widerstände" gegen den "sozialisti-schen und gewerkschaftlichen Propagandafilm"[56] gelang es letztlich jedoch, zumindest in den großen Städten Abspielstätten für "Die Schmiede" zu finden - wohl nicht zuletzt mit dem Hinweis darauf, daß sich ein Großteil der Kinogänger überhaupt aus der Arbei-terbevölkerung rekrutiere.[57]

Doch die Macht der kapitalistischen Filmindustrie, die nach Ansicht der Gewerk-schaften die Aufführung des Filmes hatte verhindern wollen,[58] stellte nicht das einzige Problem für den sozialkritischen Film dar. Als nicht weniger hinderlich erwies sich das Instrument der Filmzensur. Das Lichtspielgesetz von 1920 hatte die Zensur wieder ein-geführt, nachdem sie der Rat der Volksbeauftragten kurzfristig Ende 1918 abgeschafft hatte. Beeinflußt von der Welle von Sexfilmen, die seit 1919 die Kinos überspülte,[59] von Filmen, "die tatsächlich ein Gipfel von Gemeinheit waren",[60] stimmte auch die SPD einem Gesetz zu, das als Verbotsgründe für einen Film aufführte:

---

54   Vgl. Allgemeiner Deutscher Gewerkschaftsbund: Jahrbuch 1924. Berlin 1925, S. 182.

55   Zur Kinolandschaft der Weimarer Republik und den Verflechtungen im Filmgeschäft vgl. Peter Bä-chlin: Film als Ware, a.a.O., S. 50f.

56   Vgl. Allgemeiner Deutscher Gewerkschaftsbund: Jahrbuch 1924, a.a.O., S. 182.

57   Auf dieses Druckmittel verwies der Artikel "Kapitalistische Widerstände gegen den sozialistischen und gewerkschaftlichen Propagandafilm", in: Gewerkschafts-Zeitung, Nr. 46, 15.11.1924, S. 457.

58   Vgl. Allgemeiner Deutscher Gewerkschaftsbund: Jahrbuch 1924, a.a.O., S. 182f.

59   Vgl. Siegfried Kracauer: Von Caligari, a.a.O., S. 50-53.

60   So Hedwig Wachenheim 1929 rückblickend in der "Sozialistischen Bildung". Vgl. Hedwig Wachen-heim: Filmzensur, in: Sozialistische Bildung 1929, S. 263-267, abgedruckt in: Horst-Dieter Iske: Die Film- und Rundfunkpolitik der SPD, a.a.O., D 52- D 56, dort D 52.

"Die Zulassung ist zu versagen, wenn ein Film geeignet ist, die öffentliche Ord-
nung oder Sicherheit zu gefährden, das religiöse Empfinden zu verletzen, verro-
hend oder entsittlichend zu wirken, das deutsche Ansehen oder die Beziehungen
Deutschlands zu auswärtigen Staaten zu gefährden."[61]

Obwohl es in dem am 15. April 1920 vom Reichstag verabschiedeten Gesetz auch
hieß, die Zulassung eines Filmes dürfe allein wegen einer "politischen, sozialen, religiö-
sen, ethischen oder weltanschaulichen Tendenz" nicht versagt werden, richtete sich die
Zensur in der Folgezeit auch gegen sozialkritische und sogenannte "Russenfilme". Als
Hebel für das Verbot oder die Verstümmelung von Filmen, die den Mitgliedern der
Prüfstellen in Berlin und München nicht ins Weltbild paßten,[62] fungierte der Passus des
Gesetzes, wonach die Aufführung von Filmen verhindert werden konnte, wenn sie "die
öffentliche Ordnung oder Sicherheit gefährdeten". Ein frühes Beispiel, wie mit Hilfe des
Zensurparagraphen die Verbreitung sozialkritischer Filme behindert wurde, ist neben
dem Film "Die Schmiede" der von der Veritas-Filmgesellschaft produzierte Streifen
"Freies Volk" aus dem Jahr 1925, in dem außer einer Liebesgeschichte zwischen einem
armen Lehrer und einer Kommerzienratstochter ein Landarbeiterstreik und die Anzette-
lung eines Gaskrieges durch völkische Kreise, der dann schließlich von der Gewerk-
schaftsinternationale verhindert wird, eine Rolle spielten.[63]

Interessant ist nun, welche Sequenzen und Zwischentitel ein Mitarbeiter des Reichs-
kommissars für Überwachung der öffentlichen Ordnung in einer Sitzung der Filmkammer beanstandete:

"1. Die erste Szene, eine Prügelei zwischen einem Mann in Windjacke und Hitler-
Mütze mit Straßenpassanten.

2. Die zweite Szene: Der Gutsinspektor mit einigen Angestellten treibt die auf der
Straße zusammenstehenden streikenden Landarbeiter mit Hieben und geschwun-
genen Stöcken auseinander.

3. Die dritte Szene: Zerstörung des Ladens eines jüdischen Kaufmanns auf dem
Lande durch einen rechtsradikalen Trupp junger, mit Windjacken und Hitler-Müt-
zen bekleideter Leute.

4. Einen Titel, in dem nach einer Verurteilung eines Streikteilnehmers vor Gericht
einer der Beteiligten ausruft: 'Das ist nicht Rechtsprechung, das ist Klassenjustiz.'

---

61 Lichtspielgesetz v. 12.5.1920, in: Reichs-Gesetzblatt 1920. (Nr. 1 bis einschl. Nr. 243). Berlin 1920,
    S. 953-958, dort S. 955.

62 Zur Durchführung der Filmzensur wurden in Berlin und München Filmprüfstellen eingerichtet, gegen
    deren Entscheidungen die Filmproduzenten bei der Oberprüfstelle in Berlin Einspruch erheben konn-
    ten. Den Prüfstellen gehörten je ein Viertel Vertreter der Filmwirtschaft, der Kulturschaffenden, der
    Bildungs- und Wohlfahrtsverbände an. Den Vorsitz führte ein Beamter des Reichs bzw. Bayerns und
    Preußens.

63 Vgl. dazu Franz Franklin: Der Film der Republik. "Freies Volk" - "Zu neuen Ufern lockt ein neuer
    Tag", in: Rote Fahne, Nr. 270, 22.11.1925, abgedruckt in: Film und revolutionäre Arbeiterbewegung
    in Deutschland 1918-1932, a.a.O., Bd. 2, S. 433f.

5. Einen Titel, in dem ein Beamter einer Funkstelle von einem Gewerkschaftssekre-
tär nach Ausbruch der Feindseligkeiten zur Übergabe des S.O.S.-Zeichens aufge-
fordert wird, etwa mit folgenden Worten: 'Sie sind ein Beamter der Republik. Wol-
len Sie dem Hochverrat Vorschub leisten?"

Im letzten Satz sah der überwachende Beamte eine "Herabsetzung des Beamtenstan-
des". Außerdem bat er die Filmkammer um die "Zuziehung eines Vertreters des Auswärtigen Amtes und des Reichswehrministeriums", die den Film auf seine außenpoliti-
schen Wirkungen überprüfen sollten.[64] Auch wenn die Filmprüfstelle dieses Ansinnen
zurückwies, so griff sie doch an mehreren Stellen zensierend in den Streifen ein.[65] Ende
April 1926 meldete die "Gewerkschafts-Zeitung" dann, die bayerische Regierung habe
gar ein Verbot für die öffentliche Vorführung des Filmes bei der Oberprüfstelle in Berlin beantragt. Zwar konnte sich die bayerische Regierung damit nicht durchsetzen, doch
ergriff die Prüfstelle gleich eine weitere Gelegenheit, den Film zu verstümmeln. Und
auch aus Sachsen kam die Kunde, daß "gewisse Kreise" Anstoß an dem Film genommen
und es auch erreicht hätten, daß die "Gerichtsszene" und die Großaufnahme des Ge-
richtsvorsitzenden herausgeschnitten wurden.[66] Mit ähnlichen Widerständen hatten die
"Russenfilme", allen voran "Panzerkreuzer Potemkin", zu kämpfen.[67] Nicht zuletzt die
Zensur machte eine sozialistische oder proletarische Filmproduktion zu einem unkalku-
lierbaren Risiko.

Die Argumente, mit denen die Gegner von "Freies Volk" die Aufführung des Films
hatten verhindern wollen[68] - Gefährdung der öffentlichen Ordnung durch die Darstellung der Gegensätze zwischen den besitzenden und besitzlosen Klassen, Erschütterung
des Vertrauens in die Rechtspflege durch die Schilderung der ungerechten Verurteilung
eines Arbeiters und außenpolitische Überlegungen, wonach das Ausland dem Film entnehmen könnte, daß es in Deutschland tatsächlich eine heimliche Aufrüstung und
Kriegsvorbereitungen völkisch-nationalistischer Kreise gäbe - könnten so oder so ähnlich auch als Zensurgründe im Rundfunk Verwendung gefunden haben. Sie wurden deshalb an dieser Stelle so ausführlich behandelt, weil sie das kulturpolitische Klima der
Weimarer Republik, jedenfalls in den Bereichen, in denen der Staat mitredete, recht genau widerspiegeln. Aus dem Grund sollten wir die Praxis der Zensur und die Argumente
der Gegner der Arbeiterbewegung nicht aus den Augen verlieren, da sie, wie noch zu
zeigen sein wird, im Rundfunk eine noch größere Rolle spielten als beim Film.[69]

---

64 Vgl. Aktenvermerk über die Zensur von "Freies Volk", Reichskommissar für Überwachung der öf-
    fentlichen Ordnung v. 2.11.1925, abgedruckt ebenda, S. 431f., Text: S. 432.

65 Vgl. O. M.: Film und Volksaufklärung, in: Vorwärts, 28.5.1926, abgedruckt ebenda, S. 443f.

66 Vgl. "Der Kampf gegen den Film 'Freies Volk'", in: Gewerkschafts-Zeitung, Nr. 27, 24.4.1926, S.
    248.

67 Vgl. den Abschnitt "Fanal 'Panzerkreuzer Potemkin'", in: Film und revolutionäre Arbeiterbewegung,
    Bd. 1, a.a.O., S. 323-369.

68 Vgl. "Antrag der bayerischen Landesregierung auf Verbot von 'Freies Volk'", abgedruckt in: Film
    und revolutionäre Arbeiterbewegung, Bd. 2, a.a.O., S. 434-438.

69 Zum "Kulturinterventionismus" und den Argumenten der "Kulturkonservativen" und
    "Kulturnationalisten" in der Weimarer Republik vgl. Adelheid v. Saldern: Massenfreizeitkultur im

1926 standen dennoch erneut sowohl die Produktion und der Verleih eigener Filme als auch der Aufbau einer Filmbesucher-Organisation analog zur "Volksbühne" zur Debatte. In der "Weltbühne" berichtete Axel Eggebrecht, der Volksfilmausschuß der Volksbühnen wolle eine Volksfilmgemeinde mit fester Besucherverpflichtung schaffen und die Filmgewerkschaft entfalte eine "rege Propaganda" zur Bildung einer "Arbeitsgemeinschaft linksgerichteter Interessentenkreise" und zur Vorbereitung einer Produktionsgesellschaft.[70]

Offenbar beteiligte sich auch der ADGB an den Vorarbeiten zur Gründung einer Besucherorganisation, jedenfalls kündigte er an, er wolle zusammen mit dem Verband der Volksbühnenvereine den Versuch unternehmen, "eine Organisation zur Bekämpfung des Schundfilms und zur gleichzeitigen Förderung des besseren Films" ins Leben rufen.[71] An die Produktion von Spielfilmen trauten sich die Gewerkschaften allerdings nicht heran. Das Vorhaben "Besucherorganisation" scheiterte aber ebenso wie der Versuch einer sogenannten "Volks-Wochenschau", die nur in wenigen Kinos gezeigt werden konnte.[72] Die Besucherorganisation wurde nach Angaben des ADGB deshalb nicht realisiert, weil die Verhandlungen mit "Bündnispartnern aus dem sozialdemokratischen Lager" wegen finanzieller und "anderer" Schwierigkeiten nicht zum Abschluß kamen.[73] Möglicherweise bestand ein Grund für das Scheitern in der Anfang 1928 - unter Mithilfe des Münzenberg-Konzerns - erfolgten Etablierung des "Volks-Film-Verbandes", an dessen Tätigkeit sich Sozialdemokratie und Freie Gewerkschaften nicht beteiligen wollten, weil sie ihn für ein kommunistisches Tarn-Unternehmen hielten.[74]

Die Gewerkschaften beschränkten sich in der Folgezeit auf die zentrale Beschaffung und den Verleih von Filmen an die Einzelverbände und die örtlichen Gewerkschaftsgliederungen. In der Regel handelte es sich dabei aber nicht um Spielfilme, sondern um Lehr- und Kulturfilme, die zum Zwecke der Bildungsarbeit und als "Lockmittel" zur

---

Visier. Ein Beitrag zu den Deutungs- und Entwicklungsversuchen während der Weimarer Republik, in: Archiv für Sozialgeschichte, Bd. 33. Bonn 1993, S. 21-58

70 Vgl. Axel Eggebrecht, Film im September, in: Weltbühne, Nr. 40, 5.10.1926, S. 542-545, dort S. 544f. In der Tat hatte der 7. Volksbühnentag 1926 den Verband beauftragt, sich mit der Gründung einer Besucherorganisation zu beschäftigen. Vgl. dazu und zur Filmarbeit der Volksbühnenvereine Dietmar Klenke, Peter Lilje und Franz Walter: Arbeitersänger und Volksbühnen in der Weimarer Republik. Bonn 1992, S. 276f.

71 Vgl. Allgemeiner Deutscher Gewerkschaftsbund: Jahrbuch 1926, a.a.O., S. 192.

72 Vgl. Jürgen Kinter: Arbeiterbewegung, a.a.O., S. 262f.

73 Vgl. Allgemeiner Deutscher Gewerkschaftsbund: Jahrbuch 1928. Berlin 1929, S. 176.

74 Zum Volks-Film-Verband vgl. Rolf Surmann: Die Münzenberg-Legende, a.a.O., S. 183-187 und Bruce Murray: Film and the German Left, a.a.O., S. 139-142. Vgl. außerdem "Der Volks-Film-Verband und seine Arbeit", in: Film und revolutionäre Arbeiterbewegung, Bd. 2, a.a.O., S. 236-298. Zur Einschätzung des Volks-Film-Verbandes als kommunistische Tarnorganisation vgl. Richard Weimann: Ist eine Organisation der Filmbesucher möglich?, in: Arbeiterbildung, H. 11, 1928, S. 169-172, dort S. 172, abgedruckt in: Horst-Dieter Iske: Die Film- und Rundfunkpolitik, a.a.O., D45-D48. An der ersten Reichskonferenz des Volks-Film-Verbandes im April 1928, an der sich aber auch Sozialdemokraten wie der Redakteur der "Leipziger Volkszeitung", Jacob Blauner, beteiligt hatten, wurden die Vorbehalte von SPD und Freien Gewerkschaften auch thematisiert. Vgl. Protokoll der 1. Reichskonferenz vom 30. April 1928 in Erfurt, in: ebenda., S. 249-256.

Verbesserung des Versammlungsbesuchs eingesetzt wurden.[75] Allenfalls unterstützte der ADGB noch die Produktion kürzerer gewerkschaftlicher Werbefilme, während einige Verbände auch Spiel- und Dokumentarfilme herstellen ließen.[76] Der bekannteste war vielleicht der Film "Brüder" von Werner Hochbaum, der in Zusammenarbeit mit dem freigewerkschaftlichen "Deutschen Verkehrsbund" entstand und während des Hafenarbeiterstreiks im Jahre 1896 spielte.[77] Der "Verband der Bergbauindustriearbeiter" gab 1928 den Dokumentarfilm "Durch Nacht zum Licht" in Auftrag,[78] der "Deutsche Fabrikarbeiterverband" produzierte 1929 den Werbefilm "Aufstieg" und 1931 den Jugendfilm "Freundschaft".[79] An größere Projekte war nach Einsetzen der Weltwirtschaftskrise nicht mehr zu denken. Dazu kam, daß mit der Einführung des Tonfilms die Ansprüche auch des Arbeiterpublikums wuchsen und der Finanzbedarf dazu, so daß eine gewerkschaftliche Filmproduktion schon an den kapitalintensiven Produktions- und Verwertungszwängen gescheitert wäre, bevor die Zensur dann noch ihr übriges hätte tun können.

Was blieb, war die publizistische und ideelle Förderung künstlerisch anspruchsvollerer Filme aus Deutschland und der Sowjetunion, um sie vor der Verstümmelung durch die Zensur oder der Blockierung ihrer Aufführung zu bewahren, indem man sie z. B. in den Gewerkschafts- und Volkshäusern zeigte.[80]

Nicht zuletzt deshalb, weil die Restriktionen so groß waren und natürlich auch weil das Kapital für größere Unternehmungen auf dem Sektor der elektronischen Massenmedien fehlte, zogen sich die Gewerkschaften in der Weimarer Republik zunächst auf ihr eigenes Pressewesen zurück, auf das sie noch den unmittelbarsten Einfluß ausüben konnten.

---

75 Vgl. Richard Timm: Filme als Mittel gewerkschaftlicher Werbe- und Bildungsarbeit, in: Gewerkschafts-Zeitung, Nr. 20, 19.5.1928, S. 318ff.; ders: Von Film und Lichtbild, in: Gewerkschafts-Zeitung, Nr. 35, 31.8.1929, S. 558f.

76 Vgl. Allgemeiner Deutscher Gewerkschaftsbund: Jahrbuch 1929. Berlin 1930, S. 266.

77 Vgl. "Brüder", in: Hamburger Echo, Nr. 122, 4.5.1929 und "Unentbehrliche Propaganda", in: Hamburger Echo, Nr. 33, 2.2.1929. Zum Inhalt des Filmes vgl. auch "Werbeblatt 'Brüder'", in: Film und revolutionäre Arbeiterbewegung, Bd. 2, a.a.O., S. 445-448. Zum Zustandekommen des Films: Jürgen Kinter: Arbeiterbewegung, a.a.O., S. 302-307.

78 Vgl. ebenda, S. 296 und "Ein Kulturfilm der Bergarbeiter. 'Durch Nacht zum Licht'", in: Hamburger Echo, Nr. 33, 2.2.1929.

79 Vgl. Jürgen Kinter,: Arbeiterbewegung, a.a.O., S. 307-312 und "'Aufstieg'. Ein Gewerkschaftsfilm'", in: Hamburger Echo, 15.2.1930.

80 Vgl. dazu z. B. "Um den 'Potemkin'-Film - Protest gegen das Verbot", in: Vorwärts, Nr. 326, 14.7.1926. "Potemkin" wurde dann auch in Gewerkschaftshäusern aufgeführt. Vgl. dazu "Antrag der bayerischen Landesregierung auf Verbot von 'Freies Volk'", abgedruckt in: Film und revolutionäre Arbeiterbewegung, Bd.1, a.a.O., S. 434-438. Vgl. auch Allgemeiner Deutscher Gewerkschaftsbund, Ortsausschuß Groß-Hamburg: Jahresbericht über das Geschäftsjahr 1926. Hamburg 1927, S. 118. Die Auseinandersetzungen um den Film "Potemkin" sind dokumentiert in: Film und revolutionäre Arbeiterbewegung, Bd. 1, a.a.O., S. 323-369. Vgl. auch den Protest des ADGB gegen das Verbot des Filmes "Im Westen nichts Neues", in: Quellen zur Geschichte der deutschen Gewerkschaftsbewegung im 20. Jahrhundert, a.a.O., Band 4: Die Gewerkschaften in der Endphase der Republik 1930-1933. Bearbeitet v. Peter Jahn. Köln 1986, S. 180.

1.2.3 Großmacht Gewerkschaftspresse?

Die Freien Gewerkschaften reagierten auf die veränderte Medienlandschaft der Weimarer Republik zunächst einmal in der traditionellen Weise: Sie intensivierten die im Weltkrieg zurückgeschraubte Publikationstätigkeit, erweiterten bestehende Zeitungen und gaben zusätzlich neue Blätter heraus. Der Schwerpunkt der gewerkschaftlichen Medienarbeit lag auch nach der Ausbreitung der neuen Medien eindeutig im Zeitungswesen.

Mitteilungsblätter und eigene Zeitungen hatten alle gewerkschaftlichen Verbände zeit ihres Bestehens genutzt, um die Mitglieder über die Ziele und die Politik der Organisation zu informieren, den Kenntnisstand der Arbeiter in sozialen und wirtschaftlichen Fragen zu verbessern und einen auch emotionalen Zusammenhang zwischen den Mitgliedern herzustellen oder aufrechtzuerhalten. In ihrer Konzentration auf bestimmte Themengebiete wie Sozialgesetzgebung, Arbeiterrecht, Volkswirtschaft, Organisationsfragen versuchte die Gewerkschaftspresse dabei Aufklärung und Bildung, Agitation und Integration der Mitglieder zu verbinden.[81]

Am Vorabend des Ersten Weltkrieges zeichneten die Freien Gewerkschaften für 50 Zeitungen und Mitteilungsblätter mit einer Gesamtauflage von über zweieinhalb Millionen verantwortlich.[82] Das Gros der Zeitungen stellten die jeweiligen Fachorgane der Einzelgewerkschaften; daneben erschien seit 1891 das von der "Generalkommission der Gewerkschaften Deutschlands" herausgegebene "Correspondenzblatt" - mit seinen 1913 30 000 Beziehern ein reines Funktionärsorgan, das eine mit den Jahren wachsende Anzahl von statistischen Beilagen zur Gewerkschaftsentwicklung, zu Lohnbewegungen, Arbeiterschutz, Arbeiterrecht, Gewerkschaftsliteratur etc. erhielt.[83]

Nachdem während des Krieges alle gewerkschaftlichen Publikationen hatten große Einbußen hinnehmen müssen - die Auflagen sanken, der Umfang der Zeitungen reduzierte sich, der Inhalt unterlag der staatlichen Zensur[84] - bauten die Freien Gewerkschaften ihr Zeitungswesen nach 1918 dann langsam wieder aus und diversifizierten ihr Angebot für unterschiedliche Mitglieder- und Funktionärsgruppen. So stellten sie in der ersten Hälfte der zwanziger Jahre Betriebsräten, Frauen und interessierten Gewerkschaftsfunktionären neue Zeitungen und Zeitschriften für deren Arbeit zur Verfügung.

Für besonders wichtig hielt man beim ADGB ein Organ speziell für die neu geschaffene Einrichtung der Betriebsräte. Nachdem sich der Bundesausschuß auf seinen Sitzungen vom 15. bis 17. Dezember 1919 und nochmals am 20. Februar 1920 mit der

---

81 Zu Organisation, Umfang, Inhalt und Funktion der Gewerkschaftszeitungen in Kaiserreich, Weltkrieg und früher Weimarer Republik vgl. Andreas Paulsen: Die Presse der freien Gewerkschaften. Diss. Leipzig 1923. Vgl. auch Kurt Koszyk: Die "Metallarbeiter-Zeitung" am Vorabend des Ersten Weltkrieges - Zur Geschichte der Gewerkschaftspresse, in: Vom Sozialistengesetz zur Mitbestimmung. Zum 100. Geburtstag von Hans Böckler. Hrsg. v. Heinz Oskar Vetter. Köln 1975, S. 175-197.

82 Vgl. Dieter Fricke: Handbuch zur Geschichte der deutschen Arbeiterbewegung 1869-1917. Bd. 1, Berlin 1987, S. 650-656.

83 Vgl. ebenda, S. 651.

84 Zur Gewerkschaftspresse im Krieg vgl. Siegfried Nestriepke: Die Gewerkschaftsbewegung. Bd. 2, 2. Aufl. Stuttgart 1923, S. 27.

Herausgabe einer Betriebsrätezeitung befaßt hatte, erschien die von der Betriebsräte-zentrale des ADGB und des AfA-Bundes herausgegebene "Betriebsräte-Zeitung" erstmals im Juni 1920.[85] Der "Deutsche Metallarbeiterverband" belieferte seine Mitglieder mit einer eigenen Betriebsrätezeitung, in späteren Jahren versorgten auch andere Verbände ihre betrieblichen Funktionäre mit separaten Publikationen.[86]

Außer für Betriebsräte hielt der ADGB auch noch speziell für Frauen eine Zeitung bereit: die "Gewerkschaftliche Frauenzeitung", die sich an alle in den Freien Gewerkschaften organisierten weiblichen Mitglieder richtete. Die Frauenzeitung hatte die Generalkommission Anfang 1916 ins Leben gerufen, nachdem die Anzahl erwerbstätiger Frauen im Krieg stark angestiegen war und sich die bis dahin von den Gewerkschaftsverbänden an ihre weiblichen Mitglieder gelieferte "Gleichheit" in den Augen der Gewerkschaftsführer "als ein für gewerkschaftliche Arbeit unpassendes Organ" erwiesen hatte.[87] Die "Gewerkschaftliche Frauenzeitung" erschien 1922 in einer Auflage von 430 000 Exemplaren und wurde kostenlos von den Verbänden an die weiblichen Mitglieder abgegeben.[88] Ihre Aufgabe bestand vor allem darin, "Agitation" unter den weiblichen Arbeitskräften zu betreiben und "die Arbeiterinnen besonders interessierende Fragen aufzugreifen".[89]

Handelte es sich sowohl beim "Korrespondenzblatt"[90] als auch bei der "Betriebsräte-Zeitung" um mehr oder weniger reine Funktionärsorgane, die im wesentlichen eine Bildungsfunktion erfüllten, so stellte die "Gewerkschaftliche Frauenzeitung" eine Mischform von Mitglieder- und Funktionärsblatt dar; die Verbreitung all dieser Publikationen beschränkte sich aber auf den Kreis von Gewerkschaftsmitgliedern; nur selten gelangten

---

85   Zuvor hatte es einige Meinungsverschiedenheiten darüber gegeben, ob alle Gewerkschaftsverbände ein gemeinsames Organ benutzen könnten oder nicht. Hintergrund der Diskussion dürfte gewesen sein, daß sich vor allem im Deutschen Metallarbeiterverband, aber auch in anderen Verbänden, in denen die Opposition stark war, Widerstand gegen den Betriebsrätekurs des ADGB-BV regte. Die Beschlußfassung über die Betriebsrätezeitung war deshalb zunächst verschoben worden. Vgl. Quellen zur Geschichte der deutschen Gewerkschaftsbewegung im 20. Jahrhundert, Bd. 2, a.a.O., S. 117 und 127.

86   Vgl. die Aufstellung in: Klaus Koopmann: Gewerkschaftliche Vertrauensleute. Darstellung und kritische Analyse ihrer Entwicklung und Bedeutung von den Anfängen bis zur Gegenwart unter besonderer Berücksichtigung des Deutschen Metallarbeiterverbandes (DMV) und der Industriegewerkschaft Metall (IGM). 2 Bde. München 1979, Bd. 1, S. 291.

87   Die bis Anfang 1917 von Clara Zetkin geleitete "Gleichheit" war die seit 1891 erscheinende sozialdemokratische Frauenzeitung. Während des Krieges stellte sie sich auf die Seite der Kriegsgegner und der Opponenten gegen die Burgfriedenspolitik der Parteimehrheit und der Gewerkschaften. Darin bestand dann wohl auch der eigentliche Grund, weshalb die Freien Gewerkschaften im Juli 1915 die Schaffung einer Frauenzeitung beschlossen. Zur gewerkschaftlichen Diskussion über die Notwendigkeit einer eigenen Frauenzeitung vgl. das Protokoll der Vorständekonferenz v. 5.-7.7.1915, in: Quellen zur Geschichte der deutschen Gewerkschaftsbewegung im 20. Jahrhundert. Bd. 1: Die Gewerkschaften in Weltkrieg und Revolution 1914-1919. Bearb.v. Klaus Schönhoven. Köln 1985, S. 216-219, sowie den Abschnitt "Gewerkschaftliche Frauenzeitung", in: Gisela Losseff-Tillmanns: Frauenemanzipation, a.a.O., S. 605-618.

88   In den ADGB-Gewerkschaften waren 1922 fast 1,5 Millionen Frauen organisiert, so daß bei weitem nicht alle weiblichen Mitglieder die Zeitung bezogen.

89   Vgl. dazu die Aufgabenbestimmung in: Allgemeiner Deutscher Gewerkschaftsbund: Jahrbuch 1924, a.a.O., S.200.

90   So hieß das "Correspondenzblatt" nach dem 1. Weltkrieg.

sie in die Hände Nichtorganisierter. Deshalb erwies es sich als dringend notwendig zu versuchen, auch in allgemein zugängliche Zeitungen Informationen über das gewerkschaftliche Wollen zu lancieren. Zu dem Zweck stellte die Redaktion des "Korrespondenzblattes" seit Beginn des Jahres 1919 einen "Gewerkschaftlichen Nachrichtendienst" zusammen, der zunächst wöchentlich, ab April 1919 dann zwei- bis dreimal pro Woche an 340 Zeitungen versandt wurde.[91]

Die Hyperinflation des Jahres 1923 beendete den sukzessiven Ausbau der Gewerkschaftspresse erst einmal. Auf dem Höhepunkt der Krise mußten beinahe alle Blätter ihr Erscheinen vorübergehend einstellen (das galt z. B. für die "Gewerkschaftliche Frauenzeitung") oder ihre Auflage stark herabsetzen ("Korrespondenzblatt" und alle Mitgliederzeitungen).[92] Auch auf die Verbreitung des "Gewerkschaftlichen Nachrichtendienstes" mußte man seit Anfang September 1923 aus finanziellen Gründen verzichten. Nach 1923, als sich die Gewerkschaften langsam wieder von den Inflationsverlusten erholten, erweiterte der ADGB sein Pressewesen erneut.

Ab 1924 erschien das "Korrespondenzblatt" unter dem neuen Namen "Gewerkschafts-Zeitung" in größerem Umfang und gesteigerter Auflagenzahl.[93] Wie das "Korrespondenzblatt" war auch die "Gewerkschafts-Zeitung" für haupt- und ehrenamtliche Funktionäre bestimmt und behandelte dementsprechend neben gewerkschaftspolitischen und -organisatorischen Fragen überwiegend Themen aus den Bereichen Wirtschafts- und Sozialpolitik - und dies alles in langen Artikeln eher bildenden Charakters.[94]

Doch so ganz zufrieden zeigte man sich innerhalb des ADGB mit dem umgestalteten Organ nicht. Der Vorsitzende des freigewerkschaftlichen Holzarbeiterverbandes, Fritz Tarnow, schlug auf der Bundesausschuß-Sitzung im Januar 1924 vor, die "Gewerkschafts-Zeitung" zu einem wirtschaftswissenschaftlichen Organ auszubauen. Falls sich

---

91 Zum Beschluß, eine gewerkschaftliche Korrespondenz zu schafffen, vgl. das Protokoll der Konferenz der Verbandsvorstände v. 3.12.1918, in: Quellen zur Geschichte der deutschen Gewerkschaftsbewegung im 20. Jahrhundert. Bd. 1, a.a.O., S. 596. Zur Entwicklung des Gewerkschaftlichen Nachrichtendienstes vgl. auch Allgemeiner Deutscher Gewerkschaftsbund: Protokoll der Verhandlungen des zehnten Kongresses der Gewerkschaften Deutschlands, a.a.O., S. 231f. und S. 241 und Allgemeiner Deutscher Gewerkschaftsbund: Protokoll der Verhandlungen des elften Kongresses der Gewerkschaften Deutschlands, abgehalten zu Leipzig vom 19. bis 24. Juni 1922. Berlin 1922, S. 245f. und Allgemeiner Deutscher Gewerkschaftsbund: Geschäfts- und Kassenbericht des Vorstandes über das Jahr 1919. Berlin 1920, S. 31.

92 Vgl. dazu "Wiederaufbau in den Gewerkschaften", in: Gewerkschafts-Zeitung, Nr. 1, 1.5.1924, S. 4.

93 Mit der Nummer 1, 1924 hatte die "Gewerkschafts-Zeitung" einen Umfang von zwölf statt bis dahin acht Seiten; ein Jahr später vergrößerte er sich auf 16 Seiten. Die Auflage von 49 000 Exemplaren Anfang 1924 steigerte sich bis zum Jahresende auf 72 000. Vgl. Allgemeiner Deutscher Gewerkschaftsbund: Jahrbuch 1924, a.a.O., S. 199. 1930 erreichte die "Gewerkschafts-Zeitung" eine Auflage von 84 000, danach sank sie in der Krise wieder. Zur Entwicklung der Auflagenzahl nach 1924 vgl. die ADGB-Jahrbücher der Jahre 1925ff.

94 1926 etwa wies das Inhaltsverzeichnis der "Gewerkschafts-Zeitung" folgende Rubriken aus: Leitende Aufsätze; Aus Politik und Gesetzgebung; Aus Wirtschaft und Statistik; Aus der Sozialpolitik; Aus den Gewerkschaften; Vom Auslande; Internationales; Aus dem Unternehmerlager; Aus anderen Organisationen (z. B. über die KPD oder über "Gelbe" Gewerkschaften, aber auch über die Arbeiterwohlfahrt oder die Bauhüttenbewegung); Von den Genossenschaften; Arbeitsrecht; Rechtsfragen; Aus der Hygiene; Bildungswesen; Literatur; Bundesmitteilungen. Dazu kam die Beilage "Arbeiterrecht und Arbeiterversicherung".

dies nicht durchsetzen lasse, beantrage er die Schaffung einer wirtschaftswissenschaftlichen Fachzeitschrift. Der Antrag Tarnows wurde zunächst an den ADGB-Bundesvorstand überwiesen;[95] der entschied sich für die zweite Lösung. Schon im Juli 1924 erschien die erste Nummer der von Theodor Leipart herausgegebenen "wissenschaftlichen" Monatsschrift "Die Arbeit", die im Untertitel als "Zeitschrift für Gewerkschaftspolitik und Wirtschaftskunde" firmierte.

Die Freien Gewerkschaften reagierten mit dieser Publikation auf das von ihnen seit der Revolution zu besetzende erweiterte Aufgabenfeld in Staat und Wirtschaft, das wesentlich größere Kenntnisse und Informationen bei ihren Funktionsträgern verlangte als während des Kaiserreichs. So wandte sich "Die Arbeit" vor allem an die "heranwachsende gewerkschaftliche Führergeneration", der sie "Wegbereiter zu den neuen Zielen" sein wollte, die sich für die Gewerkschaften "aus ihrem Recht zu aktiver Mitwirkung an den wirtschaftsorganisatorischen und wirtschaftspolitischen Aufgaben, wie am Ausbau des Arbeitsrechts" ergaben.[96] Die "Arbeit" sollte Fragen der "sozialistischen Wirtschaft" und der "sozialistischen Kultur" sowie "die Stellung der Gewerkschaften im Ganzen der Arbeiterbewegung" theoretisch klären, aber immer den praktischen Bezug zur konkreten gewerkschaftlichen Tätigkeit wahren. Und sie sollte Diskussionsorgan sein, in dem eine "von politischen Vorurteilen und gewerkschaftsbürokratischer Bevormundung freie" Aussprache gewährleistet wäre.[97] Deshalb war auch eine publizistische Wirkung über reine Gewerkschaftskreise hinaus gewünscht.[98]

---

95 Vgl. das Protokoll der Bundesausschuß-Sitzung v. 15./16.1.1924, in: Quellen zur Geschichte der deutschen Gewerkschaftsbewegung im 20. Jahrhundert, a.a.O., Band 3: Die Gewerkschaften von der Stabilisierung bis zur Weltwirtschaftskrise 1924-1930. Bearbeitet v. Horst-Albert Kukuck und Dieter Schiffmann. 1. Halbband, Köln 1986, S. 108 und S. 113.

96 Vgl. die Ankündigung der neuen Zeitschrift, in: Gewerkschafts-Zeitung, Nr. 30, 26.7.1924, S. 266.

97 Vgl. ebenda, sowie Allgemeiner Deutscher Gewerkschaftsbund: Jahrbuch 1924, a.a.O., S. 199. Im ersten Heft der "Arbeit" fanden sich sieben längere Beiträge: vom Redakteur der Zeitschrift, Lothar Erdmann, über "Der Weg der Gewerkschaften"; vom Vorsitzenden des Holzarbeiterverbandes, Fritz Tarnow, über "Wandlungen im Tarifvertragswesen"; vom Professor für Nationalökonomie und führendem Vertreter der Sozialreform, Lujo Brentano, über "Die deutschen Gewerkschaften nach dem Versailler Friedensvertrag"; vom ADGB-Vorsitzenden, Theodor Leipart, über "Die Stellung der Gewerkschaften in der internationalen Arbeiterbewegung"; vom Dozenten an der Deutschen Hochschule für Politik in Berlin, Carl Mennicke, über "Die Kulturbedeutung des Achtstundentages"; vom Angestellten beim ADGB-Bundesvorstand, Franz Spliedt, über "Ausbau des Arbeitslosenschutzes und vom Berliner Stadtbaurat, Martin Wagner, über "Gemeinwirtschaftspolitik". Dazu kamen einige kürzere Abhandlungen unter der Überschrift "Rundschau der Arbeit" zu Lohn- und Tariffragen, zur gewerkschaftlichen Angestellten- und Beamtenarbeit, zur internationalen Gewerkschaftsbewegung etc. Das Inhaltsverzeichnis des 1. Jahrganges 1924 wies die Rubriken "Deutsche Gewerkschaftsbewegung" (unterteilt in Allgemeine Fragen, Angestelltenbewegung, Beamtenbewegung, Lohn- und Tarifpolitik, Wirtschaftspolitik, Sozialpolitik, Betriebsrätewesen, Gewerkschaftliches Bildungswesen, Lehrlingswesen), "Ausländische Gewerkschaftsbewegung", Internationale Gewerkschaftsorganisation", "Arbeitsrecht" (unterteilt in Deutsches Arbeitsrecht und Internationale Arbeitsgesetzgebung), "Wirtschaft" (unterteilt in Deutsche Volkswirtschaft und Weltwirtschaft), "Gemeinwirtschaft", "Konsumgenossenschaftsbewegung", "Bodenrecht und Bodenwirtschaft", "Sozialwissenschaft", "Arbeitswissenschaft und Betriebslehre" und "Geschichte der Gewerkschaften" aus.

98 Inwiefern dieser Wunsch in Erfüllung ging, dem konnte hier nicht nachgegangen werden. Feststeht, daß die Auflage der "Arbeit", die ein Jahr nach dem erstmaligen Erscheinen 5 300 betrug (davon 42 000 im Abonnement), stagnierte und ab 1930 stark rückläufig war. 1931 betrug die Auflage noch 3 400 Exemplare. Zu den Zahlen vgl. die Angaben in den Jahrbüchern des ADGB. Allerdings hatte

Nimmt man das seit 1926 von der Freigewerkschaftlichen Jugendzentrale herausgegebene Acht-Seiten-Blatt "Jugend-Führer" als Funktionärsorgan der Arbeiterjugend
hinzu, so deckte das Publikationsangebot des ADGB alle Zielgruppen im Funktionärs-
bereich ab (Hauptamtliche, Betriebsräte, Frauen, Jugendliche), die Masse der Gewerkschaftsmitglieder wurde von den Mitgliederzeitschriften der Einzelverbände angesprochen, doch über die schon organisierten Gewerkschaftsmitglieder hinaus reichten die
Anstrengungen auch Ende der zwanziger Jahre nicht. So imposant sich die Auflagenzahlen der Gewerkschaftspresse zunächst lasen - Ende 1927 wies eine vom ADGB
durchgeführte statistische Erhebung 36 Verbandsorgane mit einer Auflage von 4,7 Millionen Exemplaren, die zumeist einmal pro Woche erschienen, aus; dazu kamen 13
Branchenzeitungen (Auflage: 240 000), 15 Fachzeitschriften (Auflage: 370 000), 13 Ju-
gendblätter (Auflage: 430 000), 21 Spezialpublikationen für Betriebsräte, für Frauen, zu
Arbeitsrechts- und Wirtschaftsfragen etc. (Auflage: 1,2 Millionen), die im Abstand von
zwei bis vier Wochen, zum Teil allerdings nur mit sehr geringem Umfang von den Verbänden herausgegeben wurden[99] - als so wenig effektiv galt diese jedoch. Auch wenn
der ADGB 1928 in seinem Jahrbuch voller Stolz erklärte, die Gewerkschaftspresse habe
in den letzten Jahren "zunehmende Beachtung weit über die Grenzen der Organisationen
hinaus" gefunden,[100] so waren Zweifel an dieser Meldung doch angebracht. Davon
zeugt auch die just zu dieser Zeit sich verstärkende Debatte über die "Großmacht Gewerkschaftspresse", die Julius Fries 1926 im Oktoberheft des "Gewerkschafts-Archivs"
in Gang gesetzt hatte[101] und die in den folgenden Jahren auch in der "Arbeit" und in der
"Gewerkschafts-Zeitung" ihre Fortsetzung fand.

Die gewerkschaftliche Presse war mit mancherlei Problemen behaftet: Einmal fehlte
es ihr an Aktualität - das hing vor allem mit der Erscheinungsweise (höchstens einmal
pro Woche), aber auch mit innerorganisatorischen Mängeln zusammen. Zum anderen
besaß sie nur eine vergleichsweise geringe Reichweite. In der Regel wurde die Gewerkschaftspresse lediglich von den Gewerkschaftsmitgliedern gelesen. Und in welcher
Weise die "ihre" Zeitungen rezipierten, ist schwer einzuschätzen. Nicht immer werden
sie die kostenlos von den Verbänden gelieferten Zeitungen als Einwickelpapier für
schmutzige Arbeitskittel verwendet oder gleichgültig in den Werkzeugkasten gesteckt
haben, wie Paul Otzen 1927 im "Gewerkschafts-Archiv" mutmaßte,[102] doch sonderlich

---

die "Arbeit" im von Karl Zwing in Jena ebenfalls seit 1924 herausgegebenen "Gewerkschafts-Archiv" eine ernste Konkurrenz, die sich mit ähnlichen bzw. denselben Themen wie die "Arbeit" beschäftigte und einen weitgehend identischen Leserkreis ansprach. Zur Entstehung und zum Verhältnis
der Freien Gewerkschaften zum "Gewerkschafts-Archiv", der zweiten gewerkschaftlichen Theoriezeitschrift, vgl. Gewerkschafts-Zeitung, Nr.31, 2.8.1924, S. 278.

99   Vgl. die Statistik der Verbandspresse, in: Allgemeiner Deutscher Gewerkschaftsbund: Jahrbuch 1927.
     Berlin 1928, S. 265-271. Zur Presse des AfA-Bundes vgl. Die Angestelltenbewegung 1928-1931.
     Berlin 1932, S. 336-343 sowie Jos Amann und Paul Lange: Angestelltengewerkschaften und Presse.
     Das Schrifttum des Zentralverbandes der Angestellten. Berlin 1928.

100 Vgl. ebenda, S. 265.

101 Vgl. Julius Fries: Die Gewerkschaftspresse - eine Großmacht?, in: Gewerkschafts-Archiv, Bd. 5, 2.
     Halbjahr 1926, S. 187-192.

102 Vgl. Paul Otzen: Zum Thema Gewerkschaftspresse, in: Gewerkschafts-Archiv, Bd. 6, 1. Halbjahr
     1927, S. 129-134, dort S. 132.

attraktiv können diese Presseerzeugnisse, wenn man die Debatte um die Ausgestaltung der Zeitungen betrachtet, auch nicht gewesen sein. Nicht umsonst machte man sich seit Mitte der zwanziger Jahre verstärkt Gedanken darüber, wie Form und Inhalt der Gewerkschaftspresse so zu verbessern seien, daß ihnen ein größerer Leserkreis sicher wäre. Die meisten Vorschläge zielten auf eine geänderte typographische Gestaltung, ein neues Layout; mehr Abbildungen und Karrikaturen sollten die Bleiwüsten auflockern, ein handlicheres Format den Gebrauch erleichtern. Daneben beschäftigte man sich aber auch mit der Einführung neuer Themen in die Gewerkschaftspresse. Immer wieder tauchte die Forderung nach einem Unterhaltungs- und Familienteil in den Verbandszeitungen auf.[103]

Seit Mitte der zwanziger Jahre diskutierte man auch darüber, welche Zielgruppen die Gewerkschaftszeitungen überhaupt ansprechen sollten: nur die Mitglieder, deren Familien oder auch die Unorganisierten? Immer mehr erkannte man die Bedeutung, die den Ehefrauen bzw. der Familie im Hinblick auf das Organisationsverhalten der Männer zukam. Paul Otzen brachte es 1927 im "Gewerkschafts-Archiv" auf den Punkt, als er schrieb: "Die Familie ist unser erster Agitationsbezirk!"[104] Demzufolge plädierte er für eine generelle Reform der Gewerkschaftspresse, die einen Strukturwandel des gewerkschaftlichen Pressewesens einschloß. Er schlug vor, arbeitsrechtliche, sozialpolitische und wirtschaftspolitische Beiträge allgemeiner Art weitgehend aus den Mitgliederzeitungen herauszunehmen, um sie von dieser teilweise schwer verdaulichen Kost zu entlasten und sie nur noch als einheftbare Beilagen an Funktionäre zu liefern. Die Verbandszeitungen sollten lieber in Richtung Illustrierte ausgebaut werden.

Ganz ähnlich argumentierte der Schriftleiter der "Deutschen Werkmeister-Zeitung", Curt Wilden, der eine Trennung des gewerkschaftlichen Pressewesens in reine Mitgliederzeitungen, die sich an eine breite Öffentlichkeit wandten und die die "ganze Gesellschaft" zu beeinflussen suchten, und in die eigentlichen Funktionärszeitschriften mit juristischen, volkswirtschaftlichen und gewerkschaftspolitischen Schwerpunkten favorisierte.[105] Da stellte sich doch gleich die Frage: weshalb nicht ein zentrales Organ für alle Freien Arbeitergewerkschaften schaffen und branchenspezifische Themenbereiche nur noch als Beilagen behandeln? Überlegungen in dieser Richtung tauchten seit Beginn der zwanziger Jahre vor allem im Hinblick auf ein gewerkschaftliches Tageszeitungsprojekt auf. Bereits im August 1921 debattierte der Bundesausschuß die Gründung einer gewerkschaftlichen Tageszeitung. Während sich damals der ADGB-Vorsitzende Theodor Leipart, das für das Bildungswesen zuständige Vorstandsmitglied Alexander Knoll und der Redakteur des "Korrespondenzblattes" Paul Umbreit, der ebenfalls dem ADGB-Vorstand angehörte, für ein solches Projekt aussprachen, meldeten die meisten der anwesenden Verbandsvorsitzenden Bedenken wegen der zu erwartenden "Störung des

---

103 Vgl. ebenda, S. 131; vgl. auch Jakob Altmaier: Die Gewerkschaftspresse, in: Die Arbeit, H. 1, Januar 1927, S. 18-24, dort S. 20ff., sowie Fritz Kummer: Die Gewerkschaften und ihre Presse, in: Die Arbeit, H. 4, April 1927, S. 253-262, dort S. 261f..

104 Vgl. Paul Otzen: Zum Thema Gewerkschaftspresse, in: Gewerkschafts-Archiv, Bd. 6, 1. Halbjahr 1927, S. 129-134, dort S. 133.

105 Vgl. Curt Wilden: Die Gewerkschaftspresse, in: Gewerkschafts-Archiv, Bd. 6, 1. Halbjahr 1927, S. 58-64, dort S. 64.

Gewerkschaftslebens" an. Nachdem Knoll als Ziel einer Tageszeitung die Verdeutli-
chung gewerkschaftlicher Positionen "im politischen Bereich", die er gleichzeitig als
Offensive gegen die Kommunisten verstanden wissen wollte, benannt hatte, fürchteten
seine Kollegen offenbar, daß sich der Parteienstreit durch eine solche Zeitung vermehrt
in den Gewerkschaften ausbreiten würde. Welche Rolle Verbandsegoismen bei der
Ablehnung der gewerkschaftlichen Tageszeitung spielten, läßt sich nur erahnen; zum
Ausdruck kamen sie auf der Sitzung nicht.[106] Das Schicksal der "Betriebsräte-Zeitung"
und die späteren Auseinandersetzungen über eine gemeinsame Bildungsarbeit der Gewerkschaften, etwa im Zusammenhang mit dem 1925 eingeführten "Kulturbeitrag",[107]
weisen aber darauf hin, daß partikulare und politische Interessen einzelner Verbände
auch bei der Ablehnung der gewerkschaftlichen Tageszeitung virulent gewesen sein
dürften. Mit dem Ende der Sitzung war das Projekt Tageszeitung damit fürs erste gestorben, auch wenn die Diskussion darüber später immer mal wieder aufflammte. So berichtete Julius Fries 1926 im "Gewerkschafts-Archiv" von "erst kürzlich" geführten gemeinsamen Gesprächen der freigewerkschaftlichen Spitzenverbände [gemeint sind der
ADGB, der AfA-Bund und der ADB, F. M.] wegen der Schaffung einer großen Tageszeitung, die "im Gegensatz zu der sozialdemokratischen Presse mehr auf die Bedürfnisse und den Geschmack der Stehkragenproletarier [!] im weitesten Sinne" eingestellt
sein sollte. Doch seien die Gespräche im Sande verlaufen.[108]

Eine Aktualisierung und Attraktivitätssteigerung der gewerkschaftlichen Presse wäre
aber auch ohne weiterreichende strukturelle Eingriffe möglich gewesen. Ein großes Defizit der Gewerkschaftszeitungen zeigte sich nach Ansicht ihrer Kritiker in der fehlenden
Verbindung zwischen Zeitung und Leserkreis, vor allem beklagte man die Nichtexistenz
betrieblicher Vorkommnisse in diesen Organen. Willi Krahl, der Redakteur des freigewerkschaftlichen "Korrespondent für Deutsche Buchdrucker und Schriftgießer", forderte
aus diesem Grund die Schaffung von Betriebsrätebeilagen, die auch von Betriebsräten
selbst verfaßt würden.[109] Curt Wilden griff das Beispiel der russischen Arbeiter- und
Bauernkorrespondenten auf, wie es die KPD-Presse seit Mitte der zwanziger Jahre in
Deutschland imitierte,[110] und regte an, ein ähnlich organisiertes Netz betrieblicher Mitarbeiter aufzubauen.[111] Mit seinem Plädoyer für "Journalismus statt Gelehrsamkeit" traf
er die Gewerkschaftspresse darüber hinaus an ihrem wunden Punkt. Die meisten Artikel

---

106 Vgl. das Protokoll der Bundesausschuß-Sitzung v. 16.-18.8.1921, in: Quellen zur Geschichte der
deutschen Gewerkschaftsbewegung im 20. Jahrhundert, a.a.O., Band 2, a.a.O., S. 341f.

107 Zum "Kulturbeitrag" vgl. die Diskussion in der Bundesausschuß-Sitzung am 29.1.1925, in: Quellen
Quellen zur Geschichte der deutschen Gewerkschaftsbewegung im 20. Jahrhundert, a.a.O., Band 3, 1.
Halbband, a.a.O., S. 282-288.

108 Vgl. Julius Fries: Die Gewerkschaftspresse - eine Großmacht?, in: Gewerkschafts-Archiv, Bd 5, 2.
Halbjahr 1926, S. 187-192, dort S. 191.

109 Vgl. Willi Krahl: Falsche und gesunde Kritik an der Gewerkschaftspresse, in: Die Arbeit, H. 3, 1927,
S. 181-188, dort S. 187.

110 Zu den kommunistischen "Arbeiterkorrespondenten" vgl. Christa Hempel-Küter: Die kommunistische Presse und die Arbeiterkorrespondentenbewegung in der Weimarer Republik, a.a.O., bes. S.
149-251.

111 Vgl. Curt Wilden: Die Gewerkschaftspresse, in: Gewerkschafts-Archiv, Bd. 6, 1. Halbjahr 1927, S.
58-64, dort S. 62f.

der Gewerkschaftspresse wirkten merkwürdig ledern und papieren und entsprachen in vielen Fällen nicht journalistischen Standards. So kritisierten auch den Gewerkschaften wohlgesonnene Experten die Langatmigkeit der Versammlungs- und Tagungsberichte und die "Traditionalität" der Nachrichtengebung, vor allem beklagten sie das publizistische Selbstverständnis der Gewerkschaften und deren Verhältnis zur "Öffentlichkeit". Deutlich wird dies in einem Artikel des "Vorwärts"-Redakteurs Josef Steiner-Jullien, der sich 1928 in der "Gewerkschafts-Zeitung" mit dem Verhältnis der Gewerkschaften zur Presse beschäftigte. Steiner-Julliens Artikel war angeregt worden durch die Pressearbeit der Arbeiterorganisationen anläßlich der Streiks der Berliner Holzarbeiter und der Bergarbeiter im mitteldeutschen Braunkohlenrevier, die nach seiner Ansicht nicht zuletzt wegen der guten Pressearbeit und der "Beeinflussung der öffentlichen Meinung" zum Erfolg geführt hatten. Er meinte, die Gewerkschaften betrieben diese Form von Öffentlichkeitsarbeit viel zu selten und brachte dies in Zusammenhang mit den üblichen "Geheimverhandlungen" der Gewerkschaften, die ihre Erfolge zumeist hinter verschlossenen Türen mit den Arbeitgebern bzw. mit staatlichen Stellen aushandelten.[112]

In dieselbe Kerbe schlug eine Nummer später der Redakteur der sozialdemokratischen "Rheinischen Zeitung", Wilhelm Sollmann, der als Hinderungsgrund für eine lebendigere gewerkschaftliche Berichterstattung "taktische Hemmungen" oder kalkulierte Rücksichtnahmen auf Arbeitgeber und Betriebsführer vor, während und nach Lohnkämpfen und Tarifverhandlungen identifizierte.[113] Das gaben führende Gewerkschafter durchaus zu, und sie begründeten dies mit ihrer Verantwortung gegenüber Millionen von Arbeitnehmern, die es oft geraten sein lasse, bei Streitfällen nicht an die Presse zu gehen. Und an die Redakteure Steiner-Jullien und Sollmann gerichtet, schrieb die "Gewerkschafts-Zeitung":

"es besteht in der Tat ein Widerspruch zwischen dem in 'Aufmachung' schwelgenden Sensationsbedürfnis der Presse und dem ganz unsensationellen Wesen der Gewerkschaften",

das sich dadurch auszeichne, jeweils Schritt für Schritt und unter Beachtung aller Vorsichtsregeln die Lage der Arbeitnehmer zu verbessern und einen Streik zu verhindern.[114] Oder wie es der ADGB-Bundesvorstand 1926 in einer Antwort an den Chefredakteur des sozialdemokratischen Pressedienstes, Erich Alfringhaus, auf dessen Vorschlag hin, zur Verbesserung der Berichterstattung über Gewerkschaftsthemen dem SPD-Pressedienst eine tägliche Gewerkschaftsbeilage anzufügen, ausgedrückt hatte:

---

112 Vgl. Josef Steiner-Jullien: Die Gewerkschaften und die Presse", in: Gewerkschafts-Zeitung, Nr. 12, 24.3.1928, S. 179-181, dort S. 179.

113 Vgl. Wilhelm Sollmann: Gewerkschaften und Tagespresse, in: Gewerkschafts-Zeitung, Nr. 13, 31.3.1928, S. 196ff., dort S. 198.

114 Vgl. "Presse und Gewerkschaften", in: Gewerkschafts-Zeitung, Nr. 15, 14.4.1928, S. 226ff., dort S. 227.

"Allerdings ist das Interesse der Gewerkschaften an der Publizität ihrer Tätigkeit in vielen Fällen nicht ebenso groß wie der Wunsch der Presse nach schneller Orientierung. Eine gewisse Gegensätzlichkeit in dieser Hinsicht liegt in der Natur der Sache begründet."[115]

Der ADGB lehnte den Vorschlag Alfringhaus' ab, obwohl ein täglicher Pressedienst auch zur Aktualisierung der Gewerkschaftspresse selbst hätte beitragen können. Curt Wilden, der dieses Defizit erkannt hatte, regte 1927 deshalb an, Verbandskorrespondenzen zu etablieren, die untereinander verbunden wären und einen entscheidenden Aktualitätsgewinn erbringen könnten. Bis dato bezogen die Redakteure der Verbandszeitungen ihre Informationen nämlich zum Großteil aus der politischen Tagespresse, weil die Kommunikation zwischen den Verbänden wenig klappte.[116] Das Problem der Koordination und Information der Gewerkschaftspresse untereinander griff man im ADGB erst Anfang 1929 wieder auf, als der Bundesausschuß auf seiner Sitzung am 26./27. März beschloß, den "Fachausschuß der Gewerkschaftspresse" ins Leben zu rufen, dessen Aufgabe es war, die Redakteure der Gewerkschaftszeitungen beim technischen und inhaltlichen Ausbau ihrer Organe zu beraten und die Gewerkschaftspresse "zu einer Einheit" zusammenzufassen.[117] Daß dies nicht gelang, mußte zweieinhalb Jahre später der Vorsitzende des Gremiums, Hermann Scheffler, eingestehen:

"Die Bemühungen des Fachausschusses, der Gewerkschaftspresse in der großen Öffentlichkeit und bei den Behörden das Ansehen zu verschaffen, auf das sie ihrer Größe, wirtschaftlichen und kulturellen Bedeutung nach Anspruch hat, haben keinen vollen Erfolg aufzuweisen."[118]

Das Hauptproblem der gewerkschaftlichen Presse, eine breitere Öffentlichkeit zu erreichen, wurde auf diesem Weg ebenfalls nicht gelöst, so daß sich für die Gewerkschaften angesichts des starken Ausbaus der Massenkommunikation in der Weimarer Republik immer dringlicher die Frage stellte, wie es ihnen gelingen könnte, Einfluß auf die Gestaltung der "öffentlichen Meinung" zu nehmen, nachdem ihre eigene Presse offenbar dazu nicht ausreichte. Denn, daß die öffentliche Meinung "mitentscheidend" für den Erfolg der Gewerkschaften war, davon zeigten sie sich überzeugt.[119] Unstrittig mußten die Arbeitnehmerorganisationen sich etwas einfallen lassen, um die Öffentlichkeit besser über ihr Tun und Wollen zu unterrichten und gewerkschaftliches Gedankengut in die politische Debatte einzuführen. Ob dies mit Hilfe des neuen Mediums Rundfunk möglich wurde, wird in den folgenden Kapiteln zu untersuchen sein. Dabei wäre es gut, die Diskussion über die Gewerkschaftspresse präsent zu halten; manche der Fragen (wie die

---

115 Quellen zur Geschichte der deutschen Gewerkschaftsbewegung im 20. Jahrhundert, a.a.O., Band 3, 1. Halbband, a.a.O., S. 661.

116 Vgl. Curt Wilden: Die Gewerkschaftspresse, in: Gewerkschafts-Archiv, Bd. 6, 1. Halbjahr 1927, S. 58-64, dort S. 61.

117 Vgl. Quellen zur Geschichte der deutschen Gewerkschaftsbewegung, a.a.O., Bd. 3, 2. Halbband, S. 1226ff.

118 Vgl. Quellen zur Geschichte der deutschen Gewerkschaftsbewegung, a.a.O., Bd. 4, S. 378.

119 Vgl. "Presse und Gewerkschaften", in: Gewerkschafts-Zeitung, Nr. 15, 14.4.1928, S. 226ff., dort S. 226.

nach Zielgruppen und inhaltlichen Konzeptionen) stellten sich nämlich so oder so ähnlich auch für die gewerkschaftliche Rundfunkarbeit, ohne daß allerdings eine erkennbar
intensive Auseinandersetzung über deren Ausgestaltung in den Reihen der Gewerkschaften geführt worden wäre.

2

1923 - 1927

DIE GEWERKSCHAFTEN

ENTDECKEN DEN RUNDFUNK

2.1 Die Freien Gewerkschaften und die Einführung des Rundfunks in Deutschland

Als Ende Oktober 1923 der Rundfunk in Deutschland seinen Betrieb aufnahm, steckte das Land in einer existenzbedrohenden Krise, im Rheinland und in Bayern machten sich separatistische Bestrebungen bemerkbar, wenige Tage später putschte Hitler in München. Die sozialdemokratische Arbeiterbewegung stand vor einem politischen und organisatorischen Scherbenhaufen. Am selben Tag, an dem in Berlin die erste deutsche Rundfunkgesellschaft ihr Programm eröffnete, wurde in Sachsen die aus Sozialdemokraten und Kommunisten gebildete Regierung mit Billigung des Reichspräsidenten Friedrich Ebert von Reichskanzler Gustav Stresemann abgesetzt, marschierte dort und in Thüringen die Reichswehr ein und erreichte der Konflikt zwischen den Sozialdemokraten in Mitteldeutschland und der Reichsregierung, in der ebenfalls Sozialdemokraten saßen, einen vorläufigen Höhepunkt. Als die Reichsregierung sich weigerte, gegen das reaktionäre Regime Gustav Ritter v. Kahrs in Bayern in derselben Weise vorzugehen wie gegen die sächsische Regierung, verließen die Sozialdemokraten am 2. November die Große Koalition und gingen in die Opposition, wo sie bis Mitte 1928 verblieben. Auf die Ausgestaltung des Rundfunksystems konnten sie so ab November 1923 nur noch über die Länder Einfluß nehmen.[1]

Auch wirtschaftlich stand das Land vor einer Katastrophe. Die Inflation hatte nach dem Abbruch des passiven Widerstandes im Ruhrgebiet schwindelerregende Höhen erreicht - am 1. November 1923 betrug der Dollarkurs 2,194 Billionen Mark -, die Gewerkschaften, die den "Ruhrkampf" an vorderster Stelle mitgetragen hatten, waren finanziell am Ende. Seit Anfang des Jahres hatten allein die freigewerkschaftlichen Arbeiterverbände zwei Millionen Mitglieder verloren, und auch nach dem Währungsschnitt Mitte November sank ihre Zahl bis 1927 stetig. 19 Prozent der Gewerkschaftsmitglieder in den nichtbesetzten Gebieten waren arbeitslos, und 47 Prozent arbeiteten kurz. Bis Dezember 1923 kletterte die Zahl der erwerbslosen Gewerkschaftsmitglieder auf über 28 Prozent, während die der Kurzarbeiter nur wenig zurückging.[2] Die Beschäftigungssituation verbesserte sich erst Mitte 1924, die Arbeitslosenquote lag danach aber selbst in den besten Jahren der Weimarer Republik nie unter sechs Prozent, seit 1930 stieg sie dann wieder dramatisch an, um Mitte 1932 mit annähernd 30 Prozent ihren Kulminationspunkt zu erreichen.[3] Dazu kam, daß die durchschnittlichen tariflichen Nominalwochenlöhne gelernter Arbeiter Anfang 1924 nur knapp die 20-Reichsmark-Grenze überschritten, Ungelernte gingen mit weniger als 16 Reichsmark nach Hause. Im November 1923 betrugen die Arbeiterlöhne nur 53,3 Prozent des Vorkriegsstandes.[4] Für die mei-

---

1   Vgl. Heinrich-August Winkler: Von der Revolution zur Stabilisierung. Arbeiter und Arbeiterbewegung in der Weimarer Republik 1918 bis 1924. 2. Aufl. Berlin/Bonn 1985, S. 551-734.

2   Zu den Arbeitslosen- und Kurzarbeiterzahlen vgl. ebenda, S. 720f.

3   Zur Entwicklung der Arbeitslosigkeit in der Weimarer Republik vgl. Sozialgeschichtliches Arbeitsbuch III. Materialien zur Statistik des Deutschen Reiches 1914-1945. Von Dieter Petzina, Werner Abelshauser und Anselm Faust. München 1978, S. 119.

4   Zu den Einkommensverhältnissen von Arbeitern in den Jahren 1923 und 1924 vgl. Heinrich-August Winkler: Von der Revolution zur Stabilisierung, a.a.O., S. 721-725.

sten Arbeiter kam unter diesen Umständen die Anschaffung eines Radiogerätes, das zunächst unter 60 Mark nicht zu haben war (dabei handelte es sich dann um einen einfachen Detektorenempfänger, der lediglich einen örtlichen Empfang ermöglichte), nicht in Frage. Ein besserer Apparat mit vier Röhren kostete bis zu 500 Mark. Und selbst die Rundfunkgebühr in Höhe von zwei Mark im Monat (ab 1. April 1924) bedeutete für viele Arbeiterhaushalte eine Belastung, die sie zu der Zeit nicht aufbringen konnten, ohne am Lebensnotwendigsten zu sparen.[5]

Der Rundfunksendebeginn am 29. Oktober 1923 berührte deshalb die Gewerkschaften und ihre Anhänger wohl höchstens am Rande; sie hatten andere Sorgen. Am 1. April 1924 wies die Rundfunkstatistik außerdem noch keine 1 000 angemeldeten Geräte aus. Ein Jahr später war ihre Zahl jedoch bereits auf knapp 780 000 angewachsen, um 1926 dann die Millionengrenze zu überschreiten.[6]

Je größer der potentielle Hörerkreis dann wurde, je umfangreicher das tägliche Sendeprogramm, das in der ersten Zeit nicht mehr als drei bis vier Stunden am Tag ausmachte und darüber hinaus sich weitgehend auf musikalische Beiträge beschränkte,[7] desto stärker wuchs das öffentliche und politische Interesse am Rundfunk, und auch die Gewerkschaften kamen nicht umhin, sich mit dem Medium auseinanderzusetzen. Dies geschah seit Mitte 1925; zu dieser Zeit waren aber schon einige wichtige Entscheidungen im Hinblick auf die Organisation der Rundfunklandschaft der Weimarer Republik gefallen - so unter anderem über die private Anfangsfinanzierung der Rundfunkgesellschaften, die staatliche Kontrolle über das gesamte Rundfunkwesen und die Dezentralisierung des Rundfunksystems.

Beginnen wir mit letzterem. Bis Oktober 1924 waren in Deutschland neun Sendegesellschaften ins Leben gerufen worden, die jeweils für ihr Sendegebiet ein Monopol erhalten hatten: Das waren die "Funkstunde AG" in Berlin, die "Mitteldeutsche Rundfunk AG" in Leipzig (Mirag), die "Deutsche Stunde in Bayern GmbH" in München, die "Südwestdeutsche Rundfunkdienst AG" (Süwrag) in Frankfurt am Main, die "Nordische Rundfunk AG" (Norag) in Hamburg, die "Süddeutsche Rundfunk AG" (Sürag) in Stuttgart, die "Schlesische Funkstunde AG" in Breslau, die "Ostmarken-Rundfunk AG" (Orag) in Königsberg und die "Westdeutsche Funkstunde AG" (Wefag) in Münster. Aus technischen Gründen hatte sich die Reichspost, die innerhalb der Regierung federführend in Rundfunkangelegenheiten war, für einen dezentralen Aufbau des Rundfunksystems in Deutschland entscheiden müssen, obwohl ihr aus politischen Gründen eine

5   Zur weiteren Lohnentwicklung in der Weimarer Republik vgl. Heinrich-August Winkler: Der Schein der Normalität. Arbeiter und Arbeiterbewegung in der Weimarer Republik 1924 bis 1930. 2. Aufl. Berlin/Bonn 1988, S. 46-57.

6   Vgl. die Tabelle der Rundfunkteilnehmer 1923-1926 in: Winfried B. Lerg: Rundfunkpolitik in der Weimarer Republik. München 1980, S. 116

7   Zur Programmstruktur des Weimarer Hörfunks in den Jahren 1923 bis 1925 vgl. Auf der Suche nach sich selbst. Anfänge des Hörfunks in Deutschland - Oktober 1923 bis März 1925. Von Susanne Großmann-Vendrey, Renate Schumacher, Horst O. Halefeldt, Dietmar Reese und August Soppe, in: Materialien zur Rundfunkgeschichte Band 2. Hrsg. v. Deutschen Rundfunkarchiv - Historisches Archiv der ARD. Frankfurt am Main 1986, S. 11-31, dort bes. S. 15ff..

Zentralisierung lieber gewesen wäre.[8] Erst 1926 kam mit der "Deutschen Welle" ein reichsweit ausstrahlender Sender hinzu.[9]

Die neun - vornehmlich von Unternehmern, sowie Vertretern von Banken und von Industrie- und Handelskammern[10] - überwiegend in Form von Aktiengesellschaften mit privatem Kapital gegründeten Rundfunkgesellschaften standen aber von Anfang an unter staatlicher Aufsicht. So war die faktische Zweiteilung in den von der Reichspost verwalteten funktechnischen Betrieb und die für die Programmarbeit verantwortlichen Regionalgesellschaften kennzeichnend für das Weimarer Rundfunksystem. Die Reichspost baute und unterhielt die Sender und kassierte dafür die Gebühren. Sie entschied darüber, in welcher Höhe die Programmgesellschaften an den Gebühreneinnahmen beteiligt wurden. Die Programmgesellschaften wiederum benötigten staatliche Betriebsgenehmigungen und unterstanden von Beginn an behördlicher Aufsicht. Sie mußten sich verpflichten, sowohl den politischen Nachrichtenteil als auch Kulturprogramme von Organisationen herstellen bzw. betreuen zu lassen, die von der Reichspost und dem Reichsinnenministerium kontrolliert wurden. Bei diesen Organisationen handelte es sich um die Gesellschaft "Drahtloser Dienst AG" (Dradag), deren Aufgabe in der Herstellung und Verbreitung von Nachrichtensendungen und von politischen Programmteilen bestand und die vom Reichsinnenministerium beherrscht wurde, und um die vom Reichspostministerium kontrollierte "Deutsche Stunde GmbH", die für das Kulturprogramm verantwortlich zeichnete.[11] Zwischen den beiden Ministerien entwickelte sich jedoch schon bald ein Streit über die jeweiligen Kompetenzen. Das Spannungsverhältnis zwischen Reichspost- und Reichsinnenministerium (das erste war 1922/23 in der Hand des Zentrum-Mitgliedes Anton Höfle, das zweite vom Oktober 1921 bis 23. November 1922 in der des Sozialdemokraten Adolf Köster, ab dem Zeitpunkt bis Mitte August 1923 in der des DDP-Mitgliedes Rudolf Oeser und danach bis zum 2. November 1923 kurz in der des Sozialdemokraten Wilhelm Sollmann) resultierte aus einem Interessenskonflikt zwischen den beiden Ministerien, der wiederum Folge der unterschiedlichen Einschätzung der jeweiligen Mitarbeiter über die künftige Funktion des Mediums war. Im Reichspostministerium verfolgte Staatssekretär Hans Bredow[12] den nur "unterhaltenden und belehrenden" Rundfunk, während man im Reichsinnenministerium

---

8 Vgl. Wolfgang Schütte: Regionalität und Föderalismus im Rundfunk. Die geschichtliche Entwicklung in Deutschland 1923-1945. Frankfurt am Main 1971, bes. S. 9-22, sowie Winfried B. Lerg: Über die Entstehung der deutschen Rundfunktopographie, in: Rundfunk in der Region. Probleme und Möglichkeiten der Regionalität. Hrsg. v. Walter Först. Köln u. a. 1984, S. 13-50 und Klaus Pabst: Kulturlandschaften als Alibi. Strukturfragen der frühen Sendegesellschaften, ebenda, S. 51-86.

9 Zur Sonderstellung der Deutschen Welle vgl. Winfried B. Lerg: Rundfunkpolitik in der Weimarer Republik, a.a.O., S. 168-176.

10 Dazu, welche Personen und Gruppen im einzelnen an der Gründung der neun regionalen Rundfunkgesellschaften beteiligt waren, vgl. ebenda, S. 150-168.

11 Zur Entstehung und Entwicklung der beiden Gesellschaften vgl. ebenda, S. 85-93; speziell zur Dradag vgl. Rainer Krawitz: Die Geschichte der Drahtloser Dienst AG 1923 - 1933. Diss. Köln 1980.

12 Zu Hans Bredow vgl. Horst O. Halefeldt: Hans Bredow und die Organisation des Rundfunks in der Demokratie, in: Studienkreis Rundfunk und Geschichte: Mitteilungen, H. 1, 1980, S. 10-28 und Winfried B. Lerg: Hans Bredow - Schwierigkeiten mit einem 100. Geburtstag, in: ebenda, S. 28-36.

den Rundfunk als Mittel der politischen Information und demokratischen Integration nutzen wollte.

Aufgrund des Ressortstreits, der auch ein Streit über unterschiedliche politisch-pu-blizistische Präferenzen war, nahmen die meisten Rundfunkgesellschaften den Pro-grammbetrieb zunächst einmal mit einer provisorischen Konzession auf, weil sich of-fenbar die wirtschaftlichen Interessen der Kapitalgeber durchsetzten, die nicht länger auf ihre Renditen warten wollten. Kompliziert wurde die Lage, als sich auch die Länder, die auf ihre Kulturhoheit pochten, in den Streit um die Programmkontrolle einschalteten. Dies geschah im Frühjahr 1925, zu einer Zeit also, als die Gewerkschaften gerade daran gingen, das Medium für sich zu entdecken.

Auslösendes Element für den Streit zwischen dem Reich und den Ländern wurde ei-ne Vorlage des Reichspostministeriums vom März 1925 an den Verwaltungsrat der Deutschen Reichspost, die sich mit dem Ausbau des Unterhaltungsrundfunks beschäf-tigte.[13] Das Reichspostministerium schlug darin die Gründung einer "Reichs-Rundfunk-Gesellschaft" als Dachorganisation für die regionalen Sendegesellschaften vor; außer-dem plädierte es dafür, die Überwachung der Programmgestaltung künftig allein der Drahtlose Dienst AG zu übertragen. Diese Klausel vor allem rief den Widerspruch der Länder hervor, die ebenfalls an der staatlichen Aufsicht teilhaben wollten.

---

13   Zu den Auseinandersetzungen zwischen dem Reich und den Ländern vgl. Hans Bausch: Der Rund-funk im politischen Kräftespiel der Weimarer Republik 1923 bis 1933, S. 41f.

2.2   Der Rundfunk in Deutschland -
eine Gefahr für die Arbeiterbewegung?

Die Freien Gewerkschaften beschäftigten sich Ende Juni 1925 erstmals intensiver mit dem Rundfunk - in einem Augenblick, als die Auseinandersetzungen über die Gestaltung des Rundfunksystems in vollem Gange waren. Wenige Wochen zuvor war mit der "Reichs-Rundfunk-Gesellschaft" (RRG)[14] ein gemeinsames Verwaltungsorgan für die neun regionalen Sendegesellschaften geschaffen worden. Die RRG, die von der Reichspost beherrscht wurde, hatte die Aktienmehrheit der ursprünglich mit privatem Kapital errichteten Programmgesellschaften und damit die wirtschaftliche Kontrolle über die nun gemischt-wirtschaftlich organisierten Gesellschaften übernommen. Außerdem verhandelten Reichs- und Ländervertreter gerade über die endgültigen Lizenzierungsbedingungen für die Sendegesellschaften und die Kompetenzverteilung hinsichtlich der Überwachung des Rundfunkprogramms. Da dies aber alles hinter den verschlossenen Türen des Verwaltungsrates der Deutschen Reichspost und der Reichsratsausschüsse, quasi also unter Ausschluß der Öffentlichkeit (auch unter Umgehung des Reichstags, der offiziell erst im Dezember 1926 über die Grundzüge der Rundfunkorganisation informiert wurde) passierte, erwies es sich für die Gewerkschaften, wie für alle anderen gesellschaftlichen Gruppen, als sehr schwer, sich ein umfassendes und korrektes Bild von der geplanten Rundfunkordnung zu machen.

So einigten sich Reichs- und Ländervertreter im Laufe des Sommers 1925 dahingehend, die Länder "maßgeblich" an der geplanten Überwachung des Nachrichten- und politischen Programms zu beteiligen.[15] Die neun Sendegesellschaften erhielten eine bis 1937 geltende Betriebsgenehmigung mit der Auflage, einen politischen Überwachungsausschuß und einen kulturellen Beirat einzurichten[16] und den Nachrichten- und Vortragsdienst "streng überparteilich" zu gestalten.[17] Alle überregionalen Nachrichten mußten sie ohnehin weiter von der Dradag beziehen. Über das, was unter "strenger Überparteilichkeit" oder politischer Neutralität zu verstehen sei, entwickelte sich schon bald ein Streit zwischen den politischen Instanzen im Reich und in den Ländern, den Rundfunkmachern und Mitgliedern in den Überwachungsgremien sowie den Parteien, aus dem die politische Linke als Verliererin hervorgehen sollte. Während alles, was "links" und fortschrittlich war, schnell in den Parteipolitikverdacht geriet, konnte sich konservatives und reaktionäres Gedankengut ungehindert über den Äther ausbreiten. Kurt Tucholsky brachte es 1926 auf den Punkt:

"Nichts ist so abscheulich wie der 'unpolitische Mensch'. Er tut nämlich immer, als gäbe es ihn, und so schafft er unpolitische Generalanzeiger, unpolitische Magazine, unpolitische Filme, unpolitische Parteien. Nun gibt es selbstverständlich nichts Unpolitisches, und man kann darauf schwören, hinter diesem Getu allemal einen

---

14   Zu Entstehung und Tätigkeit der Reichs-Rundfunk-Gesellschaft vgl. Winfried B. Lerg: Rundfunkpolitik in der Weimarer Republik, a.a.O., S. 200ff., 252ff. und 271ff..

15   Vgl. Hans Bausch, a.a.O., S. 40ff.

16   Vgl. unten Kapitel 2.4.

17   Vgl. Hans Bausch, a.a.O., S. 201.

*Hugenberg-Redakteur, einen mittleren Bürger, einen Patrioten zu finden, der ent-
weder schwindelt oder dem seine Lebensauffassung so zur Natur geworden ist,
daß er gar nicht begreift, wie gerade sie einen Streitpunkt abgeben kann. So ist's
auch mit dem Rundfunk. Militärmärsche und bebartete Vaterlandsvorträge und
körperliche Leibesübungsertüchtigung und kölnische Befreiungsfeiern, kurz:
Deutsche Volkspartei, wo sie am finstersten ist.*"[18]

Von einer "neutralen" Berichterstattung, wie sie allenthalben von den zuständigen
Stellen als Credo des Weimarer Rundfunks betont wurde, konnte keine Rede sein.
"Politisches" fand sich in den Nachrichtensendungen ebenso wie in Sondersendungen zu
aktuellen Anlässen und im Vortragsprogrammn.[19] Aber die politische Linke fühlte sich
eindeutig unterrepräsentiert. So druckte die sozialdemokratische und kommunistische
Presse immer wieder Artikel, in denen die republikfeindliche, antidemokratische, chauvinistische und nationalistische Tendenz vieler Rundfunkbeiträge angeprangert wurde[20]
und beklagte gleichzeitig das Fehlen von Programmen mit eindeutig prorepublikaischer
und sozialistischer Ausrichtung.

Die Mitglieder des Ende März 1925 gegründeten "Arbeiter-Radio-Klub Deutschland
e.V." (ARKD) waren die ersten innerhalb der sozialdemokratischen und kommunistischen Arbeiterbewegung, die dieses Thema aufgriffen und in Parteien, Gewerkschaften
und Arbeiterkulturorganisationen für ein größeres Engagement im Rundfunkbereich
warben.[21] Der ARKD war es denn auch, der die Freien Gewerkschaften auf die Dring-

---

18 Ignaz Wrobel (Kurt Tucholsky): Der politische Rundfunk, in: Der Neue Rundfunk, H. 18, 1.8.1926,
    abgedruckt in: Peter Dahl: Arbeitersender und Volksempfänger. Proletarische Radiobewegung und
    bürgerlicher Rundfunk bis 1945. Frankfurt am Main 1978, S. 155f., dort S. 155.

19 Vgl. Auf der Suche nach sich selbst, a.a.O., S. 24.

20 Vgl. z. B. die Artikel "Stunk im Rundfunk", in: Vorwärts Nr. 139, 23.3.1925, AA und Nr. 140,
    24.3.1925, MA, sowie "Die nationale Radiowelle" in: Vorwärts Nr. 184, 19.4.1925, Sonntagsbeilage.
    Zur kommunistischen Sicht vgl. z. B. Karl Grünberg: Der Rundfunk als Werkzeug der politischen
    Reaktion, in: Die Rote Fahne, Nr. 153, 9.11.1924, abgedruckt in: Peter Dahl: Arbeitersender und
    Volksempfänger, a.a.O., S. 149f. Zur kritischen Rezeption des frühen Weimarer Rundfunkpro-
    gramms in der sozialdemokratischen Presse vgl. Daniela Tosch: Der Rundfunk als "Neues Medium"
    im Spiegel der Münchner Presse 1918-1926. München 1987, wo die Autorin die sozialdemokratische
    "Münchener Post" zitiert, die sich gegen die "einseitig politische und parteipolitische" Handhabung
    des Rundfunks verwahrte. Vgl. ebenda S. 224f.

21 Der Arbeiter-Radio-Klub (ARK) war ein Zusammenschluß verschiedener Rundfunkinteressierter aus
    dem linken politischen Spektrum, die sich zunächst hauptsächlich auf den Bau billiger Empfangsge-
    räte konzentrierten, darüber hinaus aber auch Einfluß auf das Rundfunkprogramm nehmen wollten.
    Erste örtliche Gruppen des ARK entstanden im Frühjahr 1924 in Berlin, Leipzig und Chemnitz,
    Ortsgruppen in anderen Großstädten folgten. Im März 1925 organisierten sie sich reichsweit im Ar-
    beiter-Radio-Klub Deutschland e. V.. Laut Satzung bezweckte der ARK "a.) den Zusammenschluß
    der am Radiowesen interessierten werktätigen Bevölkerung Deutschlands; b.) den Rundfunk in den
    Dienst der kulturellen Bestrebungen der Arbeiterschaft zu stellen; c.) das Verständnis für die Radio-
    technik in der arbeitenden Bevölkerung zu wecken und zu fördern; d.) den Mitgliedern auf Grund der
    gesetzlichen Bestimmungen und unter Berücksichtigung der öffentlichen Verkehrsbelange die Mög-
    lichkeit zur praktischen Betätigung auf dem Gebiete der Funktechnik zu schaffen; e.) die Einwirkung
    auf die das Radiowesen berührende Gesetzgebung und die Einflußnahme auf alle Unternehmungen
    am Sender und Sendeprogramm; f.) die Herausgabe eigener gemeinverständlicher Organe und Schrif-
    ten; g.) Fühlungnahme mit anderen Vereinen." Vgl. Paragraph 2 der Satzung in: Der Neue Rundfunk,

lichkeit der Beschäftigung mit dem Rundfunkwesen hinwies. Am 29. Mai 1925 schickte sein Vorsitzender, der ehemalige Reichstagsabgeordnete der SPD/USPD, Wilhem Hoffmann-Schmargendorf, der jetzt der KPD angehörte und zweiter Vorsitzender der Freien Postgewerkschaft war, ein gleichlautendes Rundschreiben "Das Rundfunkmonopol - eine Gefahr für die Arbeiterbewegung" an den Allgemeinen Deutschen Gewerkschaftsbund (ADGB), die Arbeitsgemeinschaft Freier Angestelltenverbände (AfA) und den Allgemeinen Deutschen Beamtenbund (ADB), in dem er auf die ideologische Beeinflussung der Arbeitnehmer und ihrer Familien durch den Rundfunk hinwies und das Postulat der "Neutralität" als Chimäre entlarvte:

> *"In meisterhafter Weise verstand es bis jetzt die Regierung, den Rundfunk als neutral hinzustellen. Wer sich aber die verschiedenen Programme ansieht und beobachten muß, wie den Arbeitern, Angestellten und Beamten jeden Tag in Gestalt von wissenschaftlichen Vorträgen, Kunst und Musik die bürgerliche Ideologie eingelöffelt wird, der darf als Vertreter des Proletariats die Radiobewegung nicht mehr teilnahmslos 'neutral' mitansehen."*[22]

Deshalb, so erklärte er, sei es schon höchste Zeit, daß sich die politische und gewerkschaftliche Arbeiterbewegung mit der Rundfunkentwicklung und der Organisierung der Hörer beschäftigten. Zu diesem Zweck schlug er den Gewerkschaften vor, zunächst einen für Rundfunkfragen zuständigen Genossen zu benennen, der Kontakt mit dem ARKD halten solle.

Für den ADGB antwortete am 11. Juni der beim ADGB-Bundesvorstand unter anderem für Bildungsfragen zuständige Sekretär, Alexander Knoll,[23] der in der Folgezeit auch den Bereich Rundfunk für den gewerkschaftlichen Dachverband bearbeitete. Knoll signalisierte das generelle Interesse seiner Organisation an einer baldigen Aussprache mit Vertretern des ARKD; allerdings wollte er zunächst eine Verständigung mit dem AfA-Bund herbeiführen.[24] Am 23. Juni schob Hoffmann-Schmargendorf einen weiteren Brief nach, in dem er, auf die laufenden Verhandlungen im Verwaltungsrat der Reichspost sowie zwischen Reichsbehörden und Rundfunkgesellschaften hinweisend, zur Eile mahnte.[25] Gleichzeitig brachte er - auf einen Brief von Rundfunkkommissar Bredow bezugnehmend, in dem dieser "der Arbeiterschaft" einen oder mehrere Sender zugesagt hatte,[26] - seinen Plan einer "Arbeiter-Funkgesellschaft auf genossenschaftlicher

---

H. 16, 17.7.1926, abgedruckt in: Peter Dahl: Arbeitersender und Volksempfänger, a.a.O., S. 154. Zur 1. Reichskonferenz des ARK am 29.3.1925 vgl. Vorwärts Nr. 151, 30.3.1925, AA.

22   Vgl. das Schreiben Hoffmann-Schmargendorfs v. 29.5.1925 in: HiKo NB 452 Rundfunk 1925-1931.

23   Alexander Knoll (1864-1955) war von 1892 bis 1920 Vorsitzender des Steinsetzerverbandes und seit 1902 auch Mitglied der Generalkommission gewesen. 1919 bis 1931 fungierte er als Sekretär in der sozialpolitischen Abteilung des ADGB-Bundesvorstandes, wo er unter anderem für Bildungsfragen zuständig zeichnete. Zu Knoll vgl. Günter Springer: Der Steinsetzer. Erinnerungen an Alexander Knoll, einen Pionier der deutschen Gewerkschaftsbewegung. Hrsg. v. Bezirksvorstand des FDGB Frankfurt/Oder. Frankfurt/Oder 1989.

24   Vgl. das Schreiben Knolls v. 11.6.1925 an den AfA-Bund, in: HiKo NB 452 Rundfunk 1925-1931.

25   Vgl. Hoffmann-Schmargendorf an ADGB, AfA-Bund und ADB am 23.6.1925, in: ebenda.

26   Der Brief Bredows ist abgedruckt in: Rote Fahne, Nr. 224, 29.9.1925.

Grundlage" in die Diskussion, über den er noch in derselben Woche mit den Gewerkschaften verhandeln wollte. Die Arbeiter-Funkgesellschaft sollte offenbar einen eigenen Arbeitersender, der sich aus den Beiträgen der Funkhörer finanzierte, betreiben. Hoffmann drängte deshalb auf Eile, weil die Gesellschaft noch vor der Verabschiedung eines Rundfunkgesetzes errichtet werden müsse, um überhaupt eine Genehmigung erhalten zu können. Am 29. Juni 1925 fand dann die erste Besprechung zwischen ADGB, AfA-Bund, ADB und ARKD statt, die wohl dazu beitrug, die Aufmerksamkeit der Gewerkschaften hinsichtlich des Rundfunks zu wecken.[27] Bis zu diesem Zeitpunkt hatten die Freien Gewerkschaften sich wenig oder gar nicht um das neue Medium gekümmert. Jedenfalls war das Radio bis dahin kein Thema für die Gewerkschaftspresse bzw. die gewerkschaftliche Öffentlichkeit überhaupt gewesen.

Über die Unterredung zwischen Gewerkschaften und ARKD drang nichts nach aussen, möglicherweise hatte man auch beschlossen, die Verhandlungen zwischen dem Reich und den Ländern abzuwarten oder über die Vertreter der Arbeiterparteien im Reichstag Einfluß auf die Rundfunkordnung zu nehmen.

Ein Vorfall, der sich am 6. September 1925 bei der Berliner Funkstunde ereignete, belebte das Interesse der Freien Gewerkschaften am Rundfunk neu. An diesem Tag hatte Reichsbahndirektor Ludwig Homberger während eines Vortrages über die Reichsbahn sich - abweichend vom Manuskript - zu dem gerade laufenden Lohnkonflikt bei dem Staatsunternehmen geäußert, was die Gewerkschaften als einen unzulässigen Beitrag im angeblich doch "neutralen" Rundfunk empfanden.[28] Der freigewerkschaftliche Eisenbahnerverband reagierte mit einem Protestschreiben an die Direktion der Funkstunde.[29] Der außerordentliche Gewerkschaftstag des ADB wandte sich in einer Entschließung gegen diesen "Mißbrauch des Rundfunks", in der er die Arbeiter-, Angestellten und Beamtenschaft aufforderte, den Rundfunk als "Massennachrichten- und Beeinflussungsmittel" nicht weiter den "kapitalistischen Funkgesellschaften" zu überlassen, sondern zum "Kulturinstrument" des arbeitenden Volkes zu machen.[30]

Wie dies geschehen sollte, blieb einstweilen noch unklar; und auch über die eigenen Wirkungsmöglichkeiten im Radio war man sich nicht sicher. Allerdings wäre es unredlich, dies den Gewerkschaften zum Vorwurf zu machen; das Medium war neu und unterschied sich in vielem von dem, was die Gewerkschaften bis dahin als Kommunikationsmittel kannten. Darüber hinaus herrschte in den Gründerjahren des Rundfunks allgemein noch Uneinigkeit über seinen Nutzen und seine Wirkung. Daß es jedoch galt, sich Zugang zum Rundfunk zu verschaffen, davon hatte die Gewerkschaften der Vorfall bei der Berliner Funkstunde überzeugt. Die Frage war nur noch, auf welchem Weg man dieses Ziel am besten erreichte.

---

27 Vgl. die Einladung des ADGB an den ARK v. 26.6.1925, in: HiKo NB 452 Rundfunk 1925-1931, sowie den Arbeitsbericht der AfA-Zentrale v. 26. Mai bis 10. Juli 1925, in: AfA-Bundeszeitung Nr. 7/8, Juli/August 1925, S. 111.

28 Vgl. AfA-Bundeszeitung Nr. 10 Oktober/1925, S. 143. Zum Konflikt um den Vortrag Hombergers vgl. auch Vorwärts Nr. 423, 8.9.1925, MA. In der Nr. 430 des Vorwärts v. 11.9.1925, AA antwortete die Berliner Funkstunde auf die Vorwürfe.

29 Vgl. die Abschrift des Briefes v. 9.9.1925, in: HiKo NB 452 Rundfunk 1925-1931.

30 Vgl. die Abschrift ebenda.

2.3   Ein eigener Arbeitersender?[31]

Mit dem Rundfunk war ein Massenmedium entstanden, auf das die Gewerkschaften zunächst keinerlei Einfluß besaßen. So sahen sie sich spätestens 1925 einer ähnlichen Situation gegenübergestellt wie bei der Ausbreitung des Films. Grundsätzlich hatten sie
zwei Möglichkeiten: Sie konnten sich gegen die Verbreitung des Radios stemmen, oder
sie konnten das Medium annehmen und versuchen, es für ihre Zwecke zu nutzen. Erste-
res schied von vornherein aus; zum einen wußten die Gewerkschaften sehr gut, daß es
sinnlos gewesen wäre, sich dieser technischen Errungenschaft entgegenstellen zu wollen, zum anderen hätte eine solche Option überhaupt nicht zur Technikbegeisterung der
Zeit und dem Fortschrittsglauben der Arbeiterbewegung gepaßt. So ging es allein
darum, am Medium teilzuhaben, vor allem das Programm mitzugestalten.

Rein theoretisch gesehen gab es auch hier mindestens zwei Wege. Die Gewerkschaften konnten versuchen, sich einen direkten Zugriff auf den Rundfunk zu verschaffen.
Das hätte bei der Konstruktion des deutschen Rundfunksystems, das sich 1925/26 allerdings erst in Ansätzen abzeichnete, bedeutet, daß die Gewerkschaften analog zur
Gründung eigener Presseorgane auch einen oder mehrere eigene Gewerkschafts- bzw.
Arbeitersendegesellschaften errichtet hätten und damit dem alten Prinzip, eigene Öf-
fentlichkeiten zu schaffen und Interessen selbst zu organisieren, gefolgt wären. Als Alternative dazu bot sich ein institutionalisiertes Mitsprache- und Mitwirkungsrecht bei
den bestehenden Sendegesellschaften an. Beide Möglichkeiten wurden innerhalb der
sozialdemokratischen Arbeiterbewegung diskutiert.

Am 7. September 1925 wandte sich Alexander Knoll an AfA-Bund, ADB und
ARKD und lud die Organisationen zu einer gemeinsamen Sitzung für den 14. September ein.[32] Gegenstand der Beratungen war die Frage, auf welchem Weg die Gewerkschaften sich Einfluß beim Rundfunk verschaffen könnten. Auf dem Tisch lag der Vorschlag Hoffmann-Schmargendorfs, eine Arbeiter-Sendegesellschaft zu errichten; alter-
nativ dazu regte Knoll jetzt an, sich durch den Erwerb von Aktienanteilen bei den örtlichen Sendegesellschaften eine Mitgestaltungsmöglichkeit zu sichern.[33] Er glaubte nicht,
daß die zuständigen Stellen im Reichspostministerium die Genehmigung für den Bau
eines Arbeitersenders erteilten. Darüber hinaus war er der Überzeugung, daß die Kosten
eines eigenen Senders die finanziellen Möglichkeiten der Gewerkschaften ohnehin bei
weitem überstiegen.[34] Die anderen Gewerkschaftsvertreter schlossen sich Knolls Vorschlag an und plädierten ebenfalls für die finanzielle Beteiligung an bestehenden Sendegesellschaften. Einen verbindlichen Beschluß faßten sie auf dem Treffen am 14. September aber noch nicht. Dies war Sache der Gewerkschaftsvorstände.

---

31   Gemeint ist eine "Arbeiter-Sendegesellschaft". Allerdings verwendete man umgangssprachlich häufig
      "Sender", wenn "Sendegesellschaft" korrekter gewesen wäre.

32   Vgl. die Schreiben Knolls v. 7.9.1925, in: HiKo NB 452 Rundfunk 1925-1931.

33   Vgl. die Notizen Knolls v. 14.9.1925, in: ebenda.

34   Vgl. ebenda. Knoll erwähnt an der Stelle 60 000 RM Gründungskapital, die als Einstieg ins Rund-
      funkgeschäft nötig waren; dazu kamen die laufenden Kosten für den Unterhalt und den Betrieb des
      Senders, die allerdings durch Gebühreneinnahmen gedeckt werden konnten.

Am 16. September beschäftigte das Thema die AfA-Vorstandssitzung. Die freigewerkschaftliche Angestelltenspitze lehnte es ab, sich durch den Erwerb von Aktien im
Rundfunkbereich zu engagieren. Stattdessen beschloß sie,

> *"daß die Gewerkschaften sich um Aufnahme in den bestehenden Beirat der Zentra-
> le bemühen sollten, und daß man bei den einzelnen Sendestellen den Versuch ma-
> chen soll, auf gleichem Wege auf die Redaktion und den Verwaltungskörper der
> Sendestellen einzuwirken."*[35]

Diese Entscheidung des AfA-Bundes zeigt, wie wenig man dort über die zu der Zeit
gültige Rundfunkordnung und die Kompetenzverteilung zwischen den einzelnen Institutionen wußte.[36] Mit dem erwähnten "Beirat der Zentrale" meinte man wohl den Aufsichtsrat der im Mai 1925 gegründeten Reichs-Rundfunk-Gesellschaft, der sich aus sieben - von der Reichspost und den Rundfunkgesellschaften vorzuschlagenden - Mitgliedern zusammensetzte.[37] Nur verkannte der AfA-Bund, daß die Reichs-Rundfunk-Gesellschaft lediglich für die wirtschaftliche und finanztechnische Seite des Rundfunks
zuständig zeichnete, Programmentscheidungen jedoch bei den angeschlossenen Regionalgesellschaften lagen.[38]

Der ADGB-Bundesvorstand entschied am 30. September über ein Engagement in Sachen Rundfunk. Knoll trug seine Idee vor, wonach allein die finanzielle Beteiligung an
den Sendegesellschaften erfolgversprechend sei und empfahl, das Projekt Arbeitersender abzulehnen. Als Begründung führte er die hohen Anschaffungs- und Betriebskosten
an. Er erklärte:

> *"Ich persönlich halte das [die Arbeiter-Sendegesellschaft, F. M.] für unzweckmä-
> ßig, solange den Gewerkschaften die Möglichkeit gegeben ist, die vorhandenen
> Sender für ihre Zwecke zu benutzen. Zur Zeit ist dies der Fall."*[39]

Welches die Zwecke der Gewerkschaften waren, bzw. wie Knoll zu dieser optimisti-
schen Einschätzung kam, blieb im Verborgenen. Sollte er mit den den Gewerkschaften
gegebenen Partizipationsmöglichkeiten die gelegentlichen Vorträge bei einigen Sendegesellschaften gemeint haben,[40] so zeugte dies allenfalls von einem niedrigen An-
spruchsniveau der Gewerkschaften, das keineswegs mit den sonstigen Klagen aus den
Reihen der Arbeiterbewegung korrespondierte. Der ADGB-Vorstand jedenfalls stimmte
Knolls Initiative zu, zunächst versuchsweise in Berlin Aktien zu erwerben, um bei diesem Pilotprojekt die Einflußchancen zu testen. Die Berliner Funkstunde bot sich deshalb

---

35   Vgl. das Schreiben des AfA-Bundes an ADGB und ARK v. 16.9.1925, in: HiKo NB 452 Rundfunk
     1925-1931.

36   Dafür spricht auch die Tatsache, daß der AfA-Bund in seinem Schreiben v. 16.9. den ADGB bat, ihm
     die "Verordnungen und Satzungen, die auf diesem Gebiet vorhanden sind" zuzuschicken. Vgl. eben-
     da.

37   Vgl. Winfried B. Lerg: Rundfunkpolitik in der Weimarer Republik, a.a.O., S. 200.

38   Vgl. den Vertrag zwischen der Reichs-Rundfunk-Gesellschaft und den regionalen Sendegesellschaf-
     ten, in: ebenda, S. 196ff..

39   Knoll, in: HiKo NB 452 Rundfunk 1925-1931.

40   Vgl. dazu Kapitel 2.5.

an, weil sie die weitaus größte Hörerzahl aufwies.[41] Knoll setzte sich mit dem Vorsitzenden des Berliner ADGB-Ortsausschusses, Gustav Sabath, in Verbindung, der den Kontakt mit der Funkstunde aufnehmen sollte. Der Bund selbst wollte sich an dem Unternehmen nicht beteiligen.[42] Der Vorstoß Sabaths erbrachte dann jedoch den Bescheid, daß sich sämtliche Aktienanteile bereits in festen Händen befänden, ein Einkauf des ADGB deshalb unmöglich sei.[43]

Das Thema finanzielle Beteiligung am Rundfunk war damit abgeschlossen, nicht aber die Streitfrage des eigenen Senders. Offensiv von Vertretern des ARKD propagiert, blieb der Arbeitersender auch innerhalb der Gewerkschaftsbewegung auf der Tagesordnung. Am 29. Januar 1926 wies Hoffmann-Schmargendorf in einem Brief an den dem AfA-Bund angeschlossenen "Bund der Technischen Angestellten und Beamten" (Butab) auf den mit Unterstützung der österreichischen Gewerkschaften errichteten Sender des Arbeiter-Radio-Klub Österreich hin und brachte damit den Arbeitersender wieder ins Gespräch.[44] Am 22. Februar 1926 beschäftigte sich der AfA-Vorstand deshalb erneut mit dem Thema. Er schlug dem ADGB vor, die freigewerkschaftlichen Spitzenorganisationen sollten als nächstes beim Reichspostministerium bzw. bei Staatssekretär Bredow vorstellig werden und klären, "inwieweit überhaupt auf dieser Seite die Bereitschaft zur Errichtung eines solchen Senders besteht."[45] Außerdem regte er an, einen Sachverständigen-Ausschuß aus Vertretern des ADGB, des AfA-Bundes und des ADB zu bilden, der den Plan des Senderbaues prüfen möge.

Dieser Ausschuß, über den keine Unterlagen vorliegen, brauchte möglicherweise nicht mehr zusammenzutreten, da mittlerweile entschieden war, daß keine Lizenzen an politische oder gesellschaftliche Gruppen vergeben werden würden.[46] Und dennoch tauchte die Forderung nach einem Arbeitersender auch in den folgenden Jahren immer wieder auf. Im August 1927 veröffentlichte die "Gewerkschafts-Zeitung" einen Beitrag über die erfolgreiche Arbeit des Chicagoer Gewerkschaftssenders "Die Arbeiterstimme", der über Extrabeiträge der Gewerkschaftsmitglieder finanziert wurde und bei

---

41 Von 779 000 Rundfunkteilnehmern, die es laut Statistik am 1.4.1925 gab, entfielen 316 000 auf den Bezirk der Oberpostdirektion Berlin. Vgl. Winfried B. Lerg: Rundfunkpolitik in der Weimarer Republik, a.a.O., S. 116.

42 Vgl. das Schreiben Knolls an den ADB v. 22.10.1925, in: HiKo NB 452 Rundfunk 1925-1931.

43 Vgl. den Bericht Knolls an den ARK über die Verhandlungen in Sachen Rundfunk v. 21.9.1925, in: ebenda.

44 Der Wortlaut des Briefes ist in einem Schreiben des AfA-Bundes an den ADGB v. 26.2.1926 wiederholt, vgl. ebenda.

45 Ebenda.

46 Auf der Sitzung des Postverwaltungsrates am 16./17. März 1926 hatte der kommunistische Reichstagsabgeordnete Torgler angefragt, ob die Postverwaltung sich bereits Gedanken über die Zulassung eines Arbeitersenders gemacht habe, worauf Postminister Stingl (Z) zwar versprach, die Frage des Bedürfnisses danach prüfen zu wollen, jedoch gleichzeitig auch mitteilte: "Eine Spezialisierung nach politischen Gruppen usw. liegt nicht in unserem Sinne." Vgl. Niederschrift über die Sitzung des Verwaltungsrates der Deutschen Reichspost v. 16./17.3.1926, in: Deutsches Rundfunkarchiv Frankfurt am Main, Historisches Archiv der ARD, Nr. 15: DRP-VR Bd. 1, 1925-1929. Auf der Reichstagssitzung vom 25.3.1926 lehnte Stingl einen Arbeitersender ebenfalls ab. Vgl. das Protokoll der Sitzung in: Verhandlungen des Reichstags. III. Wahlperiode 1924. Bd. 389. Stenographische Berichte. Berlin 1926, S. 6665.

dem die örtliche Gewerkschaftsleitung das Sagen hatte.[47] Der Artikel ist nicht namentlich gekennzeichnet, und aus seinem Inhalt wird auch nicht deutlich, ob der Schreiber der positiven Bewertung des Experiments durch den Präsidenten des Amerikanischen Gewerkschaftsbundes für den Bezirk Chicago zustimmte oder ob er die Übertragbarkeit des Modells auf deutsche Verhältnisse für wünschenswert und machbar hielt. Im Grunde spielte dies zu dem Zeitpunkt aber fast schon keine Rolle mehr, denn Sozialdemokratie und Freie Gewerkschaften hatten sich bereits 1926 dafür entschieden, ihre spezifischen Ansprüche an das Medium innerhalb des 1925/26 etablierten Rundfunksystems zu verfolgen und mittels aktiver Mitarbeit bei der Programmgestaltung bzw. über die im Laufe der Jahre 1926/27 installierten Überwachungsausschüsse und Kulturbeiräte ihre Interessen durchzusetzen.

Eine größere Diskussion über die Sinnhaftigkeit einer eigenen Sendegesellschaft führten die Gewerkschaften erkennbar nicht. Die Vorteile einer solchen Einrichtung - Programmautonomie, Beeinflussung potentiell großer Hörermassen im Sinne der sozialdemokratischen Arbeiterbewegung, schnelle Information der Mitglieder im Falle von Streiks, Demonstationen etc. - wogen für sie die offenkundigen Nachteile eines Arbeitersenders nicht auf. Auch wenn sie das unkalkulierbare finanzielle Risiko und die erkennbar hohen Kosten bei der Ablehnung des Senders in den Vordergrund stellten, so fürchteten sie nicht weniger, mit dem Arbeitersender nur die ohnehin schon Überzeugten zu erreichen und darauf zu verzichten, bislang gegenüber den Zielen der Arbeiterbewegung indifferente Bevölkerungsteile anzusprechen und für sich zu gewinnen.[48] Dies entsprach auch dem SPD-Konzept eines demokratischen, politisch und sozial integrativen Rundfunks[49] und darüber hinaus dem generellen Bemühen der Sozialdemokratie und der Freien Gewerkschaften, die ehemals aus dem politischen und gesellschaftlichen Leben ausgeschlossene Arbeiterbewegung in den Staat von Weimar zu integrieren und diesen selbst auf allen Ebenen mitzugestalten.[50]

---

47 Vgl. "Die Radio-Sendestation der Chicagoer Gewerkschaften", in: Gewerkschafts-Zeitung Nr. 34, 20.8.1927, S. 482f.

48 Vgl. den Bericht über die Rundfunkkonferenz der sozialdemokratischen Bezirksbildungsausschüsse am 4. Oktober 1926, in: Arbeiterbildung, H. 12, Dezember 1926, S. 201. Vgl. auch Richard Woldt: Arbeiterschaft und Rundfunk, in: Der Neue Rundfunk, H. 13, 27.3.1927, S. 339f.. Er führte dort folgende Gründe für seine Ablehnung eines Arbeitersenders auf: "Erstens ergibt sich die Undurchführbarkeit nach dem Funkgesetz. Zweitens würde ein Arbeitersender Gegenforderungen auslösen: Berufungen von Deutschnationaler oder Zentrumsseite könnten nicht abgelehnt werden. Dazu kommen die rein wirtschaftlichen Interessengruppen, eine Entwicklung zu einer Art Amerikanismus wäre unaufhaltbar, eine Vergewaltigung des Radio durch einseitige Interessengruppen. Der Rundfunk muß eine allgemeine Volksangelegenheit bleiben."

49 Zur sozialdemokratischen Rundfunkpolitik vgl. Hans-Dieter Iske: Die Film und Rundfunkpolitik der SPD in der Weimarer Republik. Leitfaden und Dokumente. Berlin 1985, S. 112-181.

50 Dieser Vorsatz galt vor allem auch für den Bereich der Bildungsarbeit, aber auch für den der Kulturarbeit. Vgl. Dieter Langewiesche: Kompetenzerweiterung und Bildung: Zur Bedeutung der Bildungsarbeit für die Gewerkschaften in der Weimarer Republik. Einführung in: Gewerkschafts-Zeitung 1924 (Reprint) Berlin/Bonn 1984, S. 9-30; sowie ders.: Politik - Gesellschaft - Kultur. Zur Problematik von Arbeiterkultur und kulturellen Arbeiterorganisationen in Deutschland nach dem Ersten Weltkrieg, in: Archiv für Sozialgeschichte 22 (1982), S. 359-402. Den neueren Forschungsstand zum Thema Arbeiterkultur und Massenkultur faßt Heinrich-August Winkler zusammen, in: ders.: Der Schein der Normalität, a.a.O., S. 120-145. Vgl. hierzu auch: Peter Lösche und Franz Walter: Zur Or-

Inwiefern auch Bedenken wegen fehlender inhaltlicher Kompetenzen oder wegen der übermächtigen Konkurrenz kapitalistischer, und damit privatwirtschaftlich geleiteter Rundfunksender sich auswirkten, war nicht zu ermitteln. Ein nicht unbedeutender Faktor bei der Entscheidung für die Partizipation am Programm der bestehenden Sendegesellschaften dürfte aber die Tatsache der gespaltenen Arbeiterbewegung gewesen sein, die es - anders als in Österreich, wo die KPÖ in solchen Überlegungen nur eine untergeordnete Rolle spielte, - speziell den Gewerkschaften geraten sein ließ, auf den Arbeitersender zu verzichten. Der Streit zwischen Kommunisten und Sozialdemokraten beim Betrieb eines gemeinsamen Senders wäre vorprogrammiert gewesen. Diese Ansicht setzte sich auch in der sozialdemokratischen Arbeiter-Radio-Bewegung durch.[51]

Nachdem die 3. Reichskonferenz des ARKD im März 1927 den Bau eines Arbeitersenders endgültig abgelehnt hatte,[52] blieben nur noch die Kommunisten, die diese Forderung weiterhin erhoben und zu ihrem wichtigsten Programmpunkt in Sachen Rundfunk machten.[53] Allerdings hatten die Kommunisten auch den meisten Grund für ihre Ablehnung des "bürgerlichen" Rundfunks, kamen sie dort doch noch weniger zu Wort als Vertreter der sozialdemokratischen Linken.[54] SPD und Freie Gewerkschaften aber konzentrierten sich spätestens seit 1927 auf die Mitbestimmung und Partizipation an den bestehenden Sendegesellschaften.

---

ganisationskultur der sozialdemokratischen Arbeiterbewegung in der Weimarer Republik. Niedergang der Klassenkultur oder solidargemeinschaftlicher Höhepunkt?, in: Geschichte und Gesellschaft, H. 4, 1989, S. 511-536.

51 Vgl. z. B. Alfred Flatau: Sollen wir einen Arbeitersender fordern?, in: Arbeiterfunk, H. 22, 31.5.1929, S. 289.

52 Neben der Abwahl des bisherigen 1. Vorsitzenden Hoffmann-Schmargendorf sowie weiterer kommunistischer Funktionäre war die Ablehnung des Arbeitersenders durch die Mehrheit der Delegierten ein wichtiger Grund für die spätere Spaltung des ARKD, der sich auf der Konferenz in Arbeiter-Radio-Bund-Deutschland umbenannte. Vgl. den Bericht "Die 3. Reichskonferenz des Arbeiter-Radio-Klub Deutschlands e. V.", in: Der Neue Rundfunk, H. 11, 13.3.1927, S. 283f., der die Frage des Arbeitersenders allerdings mit keinem Wort erwähnte. Dieses Thema findet sich erst in dem zwei Wochen später abgedruckten Referat des sozialdemokratischen Regierungsrates im preußischen Kultusministerium, Richard Woldt. Vgl. Richard Woldt: Arbeiterschaft und Rundfunk, in: Der Neue Rundfunk, H. 13, 27.3.1927, S. 339. Vgl. auch den Bericht des Vorwärts, Nr. 111, 7.3.1927, AA. "Reichskonferenz des Arbeiter-Radio-Klubs". Zur kommunistischen Sicht vgl. "Zur 3. Reichskonferenz des Arbeiter-Radioklubs in Berlin", in: Rote Fahne, Nr. 53, 4.3.1927.

53 Zur kommunistischen Rundfunkpoltik vgl. Horst Hanzl: Der Rundfunk der Weimarer Republik als Klasseninstrument der Bourgeoisie und der Kampf der Arbeiterklasse um das Mitbestimmungsrecht. Diss. Leipzig 1961.

54 So waren kommunistische Politiker grundsätzlich vom Rundfunk ausgeschlossen; allenfalls kommunistisch orientierte Wissenschaftler und Künstler durften von Zeit zu Zeit vor das Mikrophon.

2.4   Die Freien Gewerkschaften und die Etablierung der Politischen Überwachungsausschüsse und der kulturellen Beiräte

Nachdem die Arbeiter-Sendegesellschaft zumindest auf absehbare Zeit zurückgestellt und die finanzielle Beteiligung der Gewerkschaften an den bestehenden Gesellschaften als aussichtslos erkannt worden waren, richteten die freigewerkschaftlichen Spitzenorganisationen ihre Bemühungen daraufhin aus, Mitglieder in die Rundfunkgremien "Überwachungsausschuß" und "Kulturbeirat" zu entsenden.

Wie bereits erwähnt, hatten sich das Reich und die Länder im Herbst 1925 darauf geeinigt, sich die politische Programmkontrolle zu teilen. Zu diesem Zweck mußten alle Rundfunkgesellschaften einen politischen Überwachungsausschuß und einen kulturellen Beirat einrichten. Der Überwachungsausschuß setzte sich aus drei Personen zusammen, von denen (mindestens) zwei von den Ländern, in deren Hoheitsgebiet die Rundfunkgesellschaft lag, und eine vom Reich benannt wurden. Dieser Ausschuß besaß ein Einspruchsrecht bei allen "politischen" Programmteilen. Die Sendegesellschaft mußte ihm die Manuskripte zur Überprüfung vorlegen; mit Stimmenmehrheit konnte er diese dann ablehnen oder Änderungen am Text verlangen. In seinen Entscheidungen hatte sich der Überwachungsausschuß, an die "Richtlinien für den Nachrichten- und Vortragsdienst" zu halten, die eine strikte parteipolitische Neutralität verlangten.[55]

Nicht zuständig war der Überwachungsausschuß für "Fragen der Kunst, Wissenschaft und Volksbildung". Dafür gab es den "kulturellen Beirat", der drei bis sieben Mitglieder umfassen durfte, die von den Ländern im Einvernehmen mit der Reichsregierung bestimmt wurden. Der Beirat sollte die Sendegesellschaften "hinsichtlich ihrer Darbietungen aus Kunst, Wissenschaft und Volksbildung" beraten und überwachen. Außerdem war er berechtigt, Vorschläge für die Programmgestaltung zu machen.[56]

Die Etablierung der beiden Rundfunkgremien fiel in das Jahr 1926. Dabei erfolgte die Besetzung der Überwachungsausschüsse weitgehend ohne Berücksichtigung der Gewerkschaften und hinter den Kulissen der staatlichen Bürokratie. Entsprechend dem Postulat der parteipolitischen Neutralität des Rundfunks war man im Reichsinnenministerium bestrebt, ausschließlich "unpolitische" Sachverständige in die Gremien zu berufen.[57] Dementsprechend handelte auch Reichsinnenminister Külz (DDP), der fast durchweg Finanzbeamte einsetzte, während Preußen, das die weitaus meisten Mitglieder der Überwachungsausschüsse stellte, sich für "Herren" entschieden hatte [und um solche handelte es sich ausschließlich, F. M.], "die nicht im Vordergrunde des politischen Kampfes stehen", wie Ministerpräsident Otto Braun (SPD) in seinem Begleitschreiben zur preußischen Vorschlagsliste für die Besetzung der Überwachungsausschüsse anmerkte.[58] Für die Gewerkschaften bestand also von vornherein wenig Hoffnung, einen

---

55   Vgl. die "Bestimmungen für den Überwachungsausschuß der Sendegesellschaften", im Wortlaut abgedruckt in: Rainer Krawitz: Die Geschichte der Drahtloser Dienst AG, a.a.O., S. 261f.

56   Vgl. die "Bestimmungen über den kulturellen Beirat der Sendegesellschaften" in: ebenda, S. 263f.

57   Vgl. das Protokoll der Sitzung über Rundfunkangelegenheiten im preußischen Ministerium für Wissenschaft, Kunst und Kultur v. 4.1.1926 in: GStA Berlin, Rep 76 Ve, Sekt. 1, Abt. VII, 67, Bd. 1.

58   Vgl. das Schreiben Brauns v. 26.3.1926, in: ebenda.

der Ihren in dem Gremium zu plazieren. Das zeigte sich, als die Namen der Kandidaten im August 1926 feststanden.[59] Preußen hatte zumeist sozialdemokratische, demokratische und Zentrumspolitiker nominiert,[60] Gewerkschafter waren - bis auf den christlichen Arbeitersekretär Gerhard Gotthardt in Frankfurt - nicht darunter.

Als ein Jahr später die "Westdeutsche Rundfunk AG" (Werag) in Köln ihren Betrieb aufnahm, benannte Otto Braun dann mit Jakob Kaiser und Wilhelm Schack doch noch zwei Gewerkschafter für einen Überwachungsausschuß, was aber auch später, als es zu einigen Veränderungen in der Zusammensetzung der Ausschüsse kam, die absolute Ausnahme blieb. Inwiefern die Gewerkschaften überhaupt große Anstrengungen unternommen hatten, um einen Sitz in diesem Gremium zu erhalten, muß im Dunkeln bleiben. Akten zu diesem Thema haben zumindest die Gewerkschaften keine hinterlassen, und auch in staatlichen Überlieferungen finden sich keine Hinweise darauf.

Anders sieht es mit der Besetzung der Kulturbeiräte aus, auf die die Gewerkschaften (wie die sozialdemokratische Arbeiterbewegung insgesamt) ihr Hauptaugenmerk richteten. Erstmals in die Öffentlichkeit gebracht worden war die geplante Einrichtung der Kulturbeiräte Anfang 1925. Am 6. Februar 1925 berichtete die Berliner Zeitung "BZ am Abend" unter der Überschrift "Der Ausbau des deutschen Rundfunks":

> *"Das Reichspostministerium hat sich in den Sendekonzessionen die Einsetzung eines Kulturbeirats für die Programmgesellschaften vorbehalten, der als Vertreter der Öffentlichkeit einen Einfluß auf die Programmgestaltung ausüben soll".*

---

59 Vgl. das Schreiben des Reichsinnenministers an den Reichspostminister v. 14.8.1926 in: BA Koblenz R 78/617, das die endgültige Liste der Überwachungsausschußmitglieder enthielt. Vgl. dazu auch Karl Wilhelm: Die politische Überwachung des Rundfunks, in: Der Neue Rundfunk H. 27, 3.10.1926, S. 627, der sich kritisch mit dem Zustandekommen der Überwachungsausschüsse auseinandersetzte. Eine Liste der Mitglieder in den Ausschüssen ist ebenda, S. 628, abgedruckt .

60 Im einzelnen handelte es sich dabei um den Oberschulrat Dr. Hubert Tschersig (SPD) und den Universitätsprofessor Dr. Franz Xaver Seppelt (Z) für die Schlesische Funkstunde in Breslau; um den Stadtrat a. D. Friedrich Legatis (SPD) und den Justizrat Dr. Carl Siehr (DDP) für die Orag in Königsberg; um den Kieler Landrat Eduard Adler (SPD) für die Norag in Hamburg; um den Dozenten an der Akademie der Arbeit in Frankfurt Dr. Wilhelm Sturmfels (SPD) und den Arbeitersekretär Gerhard Gotthardt (Z) für die Süwrag in Frankfurt am Main; um den Landtagsabgeordneten Ernst Heilmann (SPD) für die Mirag in Leipzig; Heilmann saß auch im Überwachungsausschuß der Funkstunde in Berlin. Neben ihm entsandte die preußische Regierung noch den Landtagsabgeordneten Oswald Riedel (DDP) dorthin. Dem Überwachungsausschuß der Westdeutschen Funkstunde in Münster gehörten zunächst ebenfalls Heilmann sowie Dr. Helmut Stricker (Z) von der "Reichszentrale für Heimatdienst" an. Als die westdeutsche Sendegesellschaft 1926 nach Köln überwechselte und sich fortan "Westdeutsche Rundfunk AG" nannte, berief die preußische Regierung das Vorstandsmitglied des Gesamtverbandes der christlichen Gewerkschaften Jakob Kaiser (Z) und den Bildungssekretär der Freien Gewerkschaften in Köln, Wilhelm Schack (SPD). In den Überwachungsausschuß der Deutschen Welle in Berlin delegierte Preußen die beiden Landtagsabgeordneten Oberstudiendirektor Theodor Bohner (DDP) und Studienrat Leo Schwering (Z). Diese Herren wurden alle im Laufe der Jahre 1926 und 1927 berufen; in einigen Fällen kam es später zu Wechseln, ohne daß sich allerdings an der Zusammensetzung der Gremien grundsätzlich etwas geändert hätte. Die sozialdemokratischen Mitglieder der Überwachungsausschüsse blieben immer in der Minderheit, bei der Sürag in Stuttgart und bei der Deutschen Stunde in Bayern waren sie überhaupt nicht vertreten. Zu den Mitgliedern der Überwachungsausschüsse vgl. auch Hubert Heinrich Konert: Rundfunkkontrolleure in der Weimarer Republik. Eine Vorstudie zur Gremienforschung. MA Münster 1983, dessen politische Zuordnungen allerdings nicht in allen Fällen zutreffend sind.

Am 29. Juni 1925 trafen sich - wie erwähnt - die Freien Gewerkschaften und der ARKD erstmals zu einer Sitzung über Rundfunkfragen. Das Thema Kulturbeirat kam dort ebensowenig zur Sprache wie bei den folgenden Zusammenkünften des Jahres 1925, auch wenn ein Vorschlag des AfA-Vorstandes vom 16. September[61] in Richtung personeller Einflußnahmeversuche bei den Sendegesellschaften zielte. Ein Grund für die Vernachlässigung der Gremienbesetzungen könnte sein, daß vor allem die Kommunisten im Arbeiter-Radio-Klub, von dessen Informationen die Gewerkschaften zu der Zeit wohl stark abhängig waren, von einer Beteiligung am "bürgerlichen" Rundfunkbetrieb nichts wissen und lieber ihr Projekt des Arbeitersenders forcieren wollten.

Die Gewerkschaften beschäftigten sich erst mit den Kulturbeiräten, nachdem sich deren Installierung in den Verhandlungen zwischen Reich und Ländern konkretisiert hatte und die "Richtlinien über die Regelung des Rundfunks" Anfang 1926 beschlossen waren. Zuständig für die Besetzung der Beiräte waren die Länderregierungen, dort in der Regel das Ministerium für Wissenschaft, Kunst und Volksbildung.[62] In Unkenntnis dieser Sachlage wandte sich der ADGB-Bundesvorstand am 22. Februar an das Reichspostministerium. Unter Berufung auf die Gewerkschaftsbewegung als "eine der bedeutendsten Kulturbewegungen der Gegenwart" meldete er seinen Anspruch an, "in entsprechender Weise" berücksichtigt zu werden.[63] Er schlug vor, die verschiedenen Richtungsgewerkschaften analog der Regelung im Reichswirtschaftsrat zu beteiligen.[64] Unklar ist, ob diese Initiative des ADGB mit dem christlichen Gewerkschaftsdachverband abgesprochen war. Jedenfalls hatte der davon erfahren, denn er schrieb eine Woche später ebenfalls an das Reichspostministerium mit der Bitte, die christlichen Gewerkschaften nicht zu vergessen. Allerdings sprach er sich gegen den im Reichswirtschaftsrat angewandten "Schlüssel" aus und plädierte stattdessen mit der etwas nebulösen Formel der "angemessenen gleichmäßigen Vertretung" der "drei großen Gewerkschaftsrichtungen".[65] Der Reichspostminister schickte beide Briefe an das preußische Staatsministerium weiter.[66]

Otto Braun hatte am 15. Februar 1926 auf eine kleine Anfrage des KPD-Abgeordneten im preußischen Landtag, Wilhelm Pieck, hinsichtlich der Besetzung der Kulturbei-

---

61   Vgl. das Schreiben des AfA-Bundes an ADGB und ARK v. 16.9.1925 in HiKo NB 452 Rundfunk 1925-1931.

62   Dies gilt zumindest für Preußen. In Sachsen allerdings lag die Zuständigkeit beim Wirtschaftsministerium, in Hamburg bei der Staatlichen Pressestelle.

63   Vgl. das Schreiben Knolls an das Reichspostministerium v. 22. Februar 1926 in: GStA Berlin, Rep 76 Ve Sekt. 1, Abt. VII 67 Bd. 1.

64   Einen formellen Proporz sah die Verordnung über den Vorläufigen Reichswirtschaftsrat v. 4. Mai 1920 nicht vor, vgl. Reichsgesetzblatt 1920 (Nr. 1 bis einschl. Nr. 243) Hrsg. v. Reichsministerium des Innern. Berlin 1920, S. 858-869, doch nach einer Vereinbarung in der Zentral-Arbeitsgemeinschaft waren Freie, christliche und Hirsch-Dunckersche Gewerkschaften im Bereich "Industrie und Handwerk" im Verhältnis 27:11:4 vertreten. Vgl. das Schreiben des Mitglieds im Zentralvorstand der Zentral-Arbeitsgemeinschaft, Braun, an den ADGB-Bundesvorstand v. 10.4.1920, in: HiKo NB 424 R. W. R. Mitglieder-Berufungen 1920-1932.

65   Vgl. das Schreiben des Deutschen Gewerkschaftsbundes an das Reichspostministerium v. 2.3.1926 in: GStA Berlin, Rep 76 Ve, Sekt. 1, Abt. VII 67 Bd. 1.

66   Vgl. das Schreiben des Reichspostministers an das Preußische Staatsministerium v. 10.3.1926, ebenda.

räte geantwortet, die Wahl der Beiräte werde "unter Hinzuziehung aller Kreise der Bevölkerung, auch der Arbeiterschaft", erfolgen.[67] Am 24. März erklärte er denn auch gegenüber dem preußischen Minister für
, Kunst und Volksbildung, Carl Heinrich Becker, er halte den Wunsch der
Gewerkschaften, an den Beiräten beteiligt zu werden, für legitim; allerdings machte er
sich den Einwand der christlichen Gewerkschaften zu eigen, daß die Verteilung der
Sitze auf die Gewerkschaften nicht nach einem Proporz wie im Reichswirtschaftsrat
möglich sei, da es sich um kulturelle und nicht um wirtschaftliche Belange handele.[68]
Vorausgegangen war dieser Mitteilung an Becker ein Schreiben des ADGB an das
preußische Staatsministerium, das auch vom Vorstand des AfA-Bundes, des christlichen
"Deutschen Gewerkschaftsbundes" (DGB) und des liberalen "Gewerkschaftsrings
deutscher Arbeiter-, Angestellten- und Beamtenverbände" (GDA) unterzeichnet war.[69]
Im Kultusministerium, bei dem nach einer internen Regelung das Entscheidungsrecht
lag, hatte man aber bereits Anfang 1926 beschlossen, keine Vertreter von
Organisationen und Verbänden bei der Auswahl der Kulturbeiräte zuzulassen, und dies
galt auch für die Gewerkschaften. Becker teilte Braun mit:

> *"Es kommen nur Persönlichkeiten in Frage, die auf den Gebieten der Wissen-
> schaft, Kunst und Volksbildung besondere Erfahrung und Eignung besitzen und in
> ihrer Urteilsbildung von jeder Rücksichtnahme auf einzelne Interessentengruppen
> befreit sind."[70]*

Bei dieser Sachlage hatte auch das Ersuchen des Arbeiter-Kultur-Kartells Groß-Berlin vom 10. März 1926, dem u. a. die Freien Gewerkschaften angehörten, die Organisation bei der Sitzvergabe zu berücksichtigen, keine Aussicht auf Erfolg.[71] Das Kultur-
Kartell erhielt ebenso wie die gewerkschaftlichen Spitzenorganisationen keine Antwort
aus dem Ministerium, obwohl letztere im Mai noch zweimal schriftlich nachgehakt hatten.[72] Nach einer Besprechung mit Ministerialrat Hans Goslar, dem Leiter der Pressestelle im Preußischen Staatsministerium, der den Gewerkschaften versprach, ihr Anliegen bei Braun zu unterstützen, reklamierte der ADGB Anfang Juli 1926 im Namen aller
Gewerkschaftsrichtungen deren bisherige Nichtbeachtung beim preußischen Kultusministerium.[73] In der Zwischenzeit hatte das Ministerium bereits für einige Sendegesell-

---

67 Vgl. das Schreiben Otto Brauns an das Ministerium für Wissenschaft, Kunst und Volksbildung v.
    5.2.1926 ebenda.

68 Vgl. ebenda

69 Vgl. das Schreiben v. 13.4.1926 an das Preußische Staatsministerium ebenda.

70 Schreiben Beckers an Braun v. 26.4.1926 in: GStA Berlin, Rep 76 Ve, Sekt. 1, Abt. VII 66, Bd. 1.

71 Vgl. das Schreiben des Arbeiter-Kultur-Kartells v. 10.3.1926 in: GStA Berlin, Rep 76 Ve, Sekt. 1,
    Abt. VII 67 Bd. 1.

72 Es handelte sich dabei um Schreiben v. 12. und 21.5. 1926. Vgl. ebenda, sowie auch die Notiz in der
    AfA-Bundeszeitung Nr. 6 v. 6.6.1926, S. 100, in der berichtet wurde, daß das Preußische Staatsmini-
    sterium auf die schriftlich angemeldeten Wünsche der Gewerkschaften noch nicht eingegangen sei.

73 Vgl. das Schreiben des ADGB-BV v. 2.7.1926 in: GStA Berlin, Rep 76 Ve, Sekt. 1, Abt. VII 67 Bd.
    1.

schaften Personalvorschläge bei der Reichs-Rundfunk-Gesellschaft eingereicht.[74] Am 18. August 1926 teilte Becker dem ADGB dann auch mit, daß die Gewerkschaften selbst zwar keine Berücksichtigung bei der Besetzung der Kulturbeiratsposten finden könnten; allerdings wolle er "Persönlichkeiten" berufen, "die das Vertrauen weitester Bevölkerungskreise genießen".[75] Auch der prompte Protest des ADGB (wiederum im Namen aller Gewerkschaftsrichtungen) mit Hinweis auf die Bedeutung der Gewerkschaften als "geistig-kultureller" Bewegung half da nicht weiter.[76]

Möglicherweise wären die Freien Gewerkschaften günstiger weggekommen, wenn sie beizeiten enger mit den sozialdemokratischen Kulturorganisationen, die ihrerseits Einfluß auf den Rundfunk zu nehmen suchten, kooperiert hätten. Aber sie hatten es vorgezogen, gemeinsam mit den anderen Gewerkschaftsrichtungen vorzugehen und blieben damit letztlich erfolglos. Wenn dennoch später einige wenige "Gewerkschafter" in den Kulturbeiräten auftauchten, dann war dies dem entschieden erfolgreicheren Vorgehen des Sozialistischen Kulturbundes[77] zu verdanken. Bereits im Juniheft der "Arbeiterbildung", dem Organ des Reichsausschusses für sozialistische Bildungsarbeit, hatte ein anonymer Autor vorgeschlagen, Gewerkschaften und sozialdemokratische Bildungsausschüsse sollten in ihrem Bemühen, möglichst viele Vertreter in den Kulturbeiräten zu erhalten, am besten in enger Absprache miteinander handeln.[78] Anfang August 1926 reichte der Sozialistische Kulturbund Ministerpräsident Braun und Kultusminister Becker eine Vorschlagsliste ein, die unter anderem die Namen des Redakteurs der "Gewerkschafts-Zeitung" und Vorsitzenden des Berliner Arbeiter-Kultur-Kartells, Richard Seidel, und den des Referenten an der gewerkschaftsnahen Frankfurter "Akademie der Arbeit", Erik Nölting, enthielt.[79] Zwei Wochen später schob der Kulturbund weitere Namen nach; dabei handelte es sich u. a. um den Geschäftsführer des AfA-Bundes in Berlin, Erich Flatau, den Leiter der Berliner Gewerkschaftsschule, Fritz Fricke, den Breslauer Gewerkschaftssekretär, Peter Przybilski, und den Bezirksleiter des ADGB Rheinland/Westfalen, Dr. Heinrich Meyer.[80] Inwiefern die Freien Gewerkschaften an

---

74   Vgl. das Schreiben des Kultusminsteriums an Ministerialrat Giesecke von der Reichs-Rundfunk-Gesellschaft v. 19.6.1926 in: ebenda.

75   Vgl. das Schreiben Beckers an Braun v. 3.8.1926 in: ebenda.

76   Vgl. das Schreiben des ADGB an das preußische Kultusministerium v. 20.8.1926 in: ebenda.

77   Der Sozialistische Kulturbund war ein Zusammenschluß sozialdemokratischer Bildungs-, Kultur- und sonstiger Vorfeldorganisationen. Vgl. dazu Kapitel 3.2.2.

78   Vgl. "Arbeiterschaft und Rundfunk", in: Arbeiterbildung, H. 6, Juni 1926, S. 94f.

79   Vgl. das Schreiben des Sozialistischen Kulturbundes vom 7.8.1926 in: GStA Berlin, Rep 76 Ve, Sekt. 1, Abt. VII 67 Bd. 1. Richard Seidel war als Mitglied des Kulturbeirats der Berliner Funkstunde vorgesehen. Dies galt auch für den Schriftsteller Robert Breuer, Staatssekretär a. D. Curt Baake und den Geschäftsführer der Volkshochschule Berlin, Dr. Geyger. Für die Süwrag in Frankfurt wurden Prof. Dr. Erik Nölting und der Redakteur der Frankfurter "Volksstimme", Hermann Wendel, vorgeschlagen, für den Nebensender in Kassel, der zunächst ebenfalls einen Kulturbeirat erhalten sollte, der Gießener Philosophie-Professor Ernst v. Aster. Für die Schlesische Funkstunde in Breslau waren der Medizin-Professor und preußische Staatsrat Dr. Richard Fuchs und der Redakteur der "Volkswacht", Immanuel Birnbaum, vorgesehen, für den Ostmarken-Rundfunk in Königsberg der Arzt Dr. Gottschalk.

80   Vgl. das Schreiben des Sozialistischen Kulturbundes v. 20.8.1926 in: ebenda. Als weitere Namen enthielt es noch für die Berliner Funkstunde den des SPD-Stadtrats Albert Horlitz, der sich jahrelang

der Aufstellung dieser Listen beteiligt waren, läßt sich aus den überlieferten Materialien nicht erkennen. Die Freien Gewerkschaften waren nicht Mitglied im Sozialistischen Kulturbund, allerdings gehörte Alexander Knoll der Organisation als persönliches Mitglied an. Da die Vorschläge für die Sendestellen außerhalb Berlins wohl nicht vom Sozialistischen Kulturbund stammten, der als Dachverband der sozialdemokratischen Kultur- und Vorfeldorganisationen lediglich Koordinationstätigkeiten auf Reichsebene verfolgte, sondern eher von den Arbeiter-Kultur-Kartellen vor Ort, ist es wahrscheinlich, daß die Gewerkschaften als Mitglieder dieser Kartelle ein Mitspracherecht bei der Nominierung der Kandidaten ausgeübt hatten.

Als die Namen der endgültig bestellten Kulturbeiräte dann 1927 bekannt wurden, zeigte es sich, daß Alexander Knoll mit seiner auf der Tagung des Reichsausschusses für Sozialistische Bildungsarbeit im Oktober 1926 abgegebenen Einschätzung, wonach bei den maßgebenden Stellen "keinerlei Neigung" bestehe, Vertreter der Arbeiterorganisationen in die Kulturbeiräte zu berufen,[81] weitgehend richtig gelegen hatte - zumindest was die Gewerkschaften betraf. Im Grunde konnte allein der Leipziger Ortsausschuß-Vorsitzende des ADGB, Erich Schilling, bei der Mitteldeutschen Rundfunk AG als "echter" Arbeiter- und Gewerkschaftsvertreter gelten; alle anderen sozialdemokratischen Kulturbeiräte entstammten dem "akademischen Milieu", waren Redakteure sozialdemokratischer Tageszeitungen oder wie in Hamburg sozialdemokratische Lokalpolitiker.[82] Insgesamt hatte sich das Kultusministerium mit seiner Präferenz für

---

im sozialdemokratischen Bildungswesen engagiert hatte. Für die Frankfurter Süwrag werden der Vorsitzende des dortigen Kulturkartells und SPD-Parteisekretärs, Conrad Broßwitz, und der "Volksstimme"-Redakteur Oskar Quint, genannt. Für die Schlesische Funkstunde waren Prof. Dr. Siegfried Marck, der Gewerkschaftssekretär und Vorsitzende der "Arbeiter-Funk-Freunde Schlesien", Peter Przybilski, und Oberschulrat Dr. Rudolf Tschersig, der dann Mitglied des Politischen Überwachungsausschusses wurde, vorgesehen. Für die Orag in Königsberg benannte der Kulturbund Dr. Alfred Gottschalk und den Redakteur der "Königsberger Volkszeitung", Otto Wyrgatsch, für den Westdeutschen Rundfunk schließlich den Bezirkssekretär Oberrhein der SPD, Conrad Miss, den Bezirksparteisekretär für das Rheinland, Karl Kolass, und den Sekretär des Bezirks Westfalen, Franz Klupsch.

81 Vgl. die Wiedergabe der Aussprache über ein Referat Richard Weimanns auf der Reichskonferenz der SPD-Bezirksbildungsausschüsse am 4. Oktober 1926 in Blankenburg über das Thema "Film und Radio" in: Arbeiterbildung H. 12, Dezember 1926, S. 201.

82 Im einzelnen handelte es sich um Prof. Dr. Paul Honigsheim, Direktor der Volkshochschule Köln, bei der Werag, dem im November 1929 der sozialdemokratische Bildungssekretäur Max Skuhr aus Dortmund folgte; um den Philosophieprofessor Siegfried Marck und den Geschäftsführer des "Bundes für Arbeiterbidlung" in Hindenburg/Oberschlesien, Hans Zelder, bei der Schlesischen Funkstunde, letzterer wurde 1931 von seinem Nachfolger im Amt, Paul Hawellek, abgelöst; um den Intendanten des "Berliner Theaters", Prof. Dr. Leopold Jessner, den Ministerialrat im preußischen Kultusministerium, Richard Woldt, der an die Stelle des zunächst benannten Gewerkschaftsredakteur Richard Seidel trat und um den Staatssekretär a. D. und Bildungsfachmann der SPD, Heinrich Schulz, bei der Berliner Funkstunde; um den Chedredakteur der "Königsberger Volkszeitung", Otto Wyrgatsch, bei der Orag; den Senator Friedrich Kirch, den Regierungsrat Nissen und den zeitweiligen Präsidenten der Hamburger Bürgerschaft, Rudolf Ross, bei der Norag; den Vorsitzenden des Arbeiter-Radio-Bundes in Dresden, Alfred Althus und den Regierungsrat Fritz Kaphahn, die neben Gewerkschaftssekretär Schilling bei der Mirag berufen wurden; um den Ökomomieprofessor Erik Nölting bei der Süwrag; den Schriftsteller Hermann Esswein bei der Deutschen Stunde in Bayern; um Heinrich Schulz und Curt Baake bei der Deutschen Welle.

"Persönlichkeiten" durchgesetzt, wobei die Rolle der Ministerialbürokratie noch einmal genauer zu untersuchen wäre. Manches spricht dafür, daß sie hinter den Kulissen die Fäden zog.[83] Wenn Otto Brattskoven am 4. Juli 1926 in der Zeitschrift des Arbeiter-Radio-Klub Deutschland schrieb, "daß es den Anschein hat, als ob diese Frage [die Besetzung der Kulturbeiräte, F. M.] in den offiziellen Dunkelmännerkreisen schon längst erledigt ist",[84] und ebendort im Oktober desselben Jahres zu lesen war, die Entscheidung habe sich in den "verschwiegenen Kanzleien weltentlegener Ministerien" vollzogen,[85] dann traf das durchaus die Realität. Aber auch die Gewerkschaften hatten sich an der Geheimdiplomatie beteiligt und ausschließlich auf dem Weg diverser Eingaben versucht, im Spiel zu bleiben. Das Rundfunkthema war ihnen jedenfalls in ihrer Presse keine Zeile wert. Lediglich das den Freien Gewerkschaften nahestehende "Gewerkschafts-Archiv" hatte im Februar 1926 einen Artikel des Bergarbeiterfunktionärs Wilhelm Büscher über "Gewerkschaften und Rundfunk" veröffentlicht, der die Besetzung der Kulturbeiräte aber nicht erwähnte.[86]

Das abwartende Verhalten der Gewerkschaften in dieser Frage war 1926 mehrfach Gegenstand der Kritik in der Zeitschrift des Arbeiter-Radio-Klubs. So forderte der Redakteur des "Neuen Rundfunk", Otto Brattskoven, im Juli 1926 die Gewerkschaften auf, endlich eine öffentliche Stellungnahme zum Rundfunk, zu seiner Funktion und seinem Programm abzugeben. Brattskoven warf den Arbeiterorganisationen vor:

> *"In Gewerkschaftskreisen scheint man heute schon damit zufrieden zu sein, wenn von verantwortlicher Seite an sie herangetreten wird, damit sie in der Frage des sogenannten Kulturbeirates einen Vertreter von ihrer Seite nominieren."*[87]

Und er bedauerte, daß sie darüber hinaus keinerlei Initiativen entwickelten. Insgesamt war das allerdings nicht weiter schlimm, denn es sollte sich rasch zeigen, daß die Gewerkschaften und die Sozialdemokratie das Instrument Kulturbeirat weit überschätzt hatten. Der Einfluß der Kulturbeiräte auf das Rundfunkprogramm war gering; in der Regel besaß das Gremium lediglich beratende Funktion. So wurde etwa der Kulturbeirat der Werag als "herzlich einflußlos" und als "ohnmächtiger Honoratiorenzirkel" cha-

---

83   So zum Beispiel die Tatsache, daß es in erster Linie Beamte des preußischen Kultusministerium waren, die auf einer Sitzung über "Rundfunkangelegenheiten" am 4.1.1926 die "Marschroute" über das künftige Vorgehen bei der Berufung der Gremienmitglieder festlegten. Auf dem Treffen erklärten sich die Teilnehmer bereit, namentliche Vorschläge zu erarbeiten und an die Oberpräsidenten der preußischen Provinzen wegen der Nominierung der Überwachungsausschuß- und Kulturbeiratsmitglieder heranzutreten. Vgl. das Protokoll der Sitzung in: GStA Berlin, Rep 76, Sekt. 1, Abt. VII, 67 Bd. 1. In der Tat lag die Zuständigkeit der formellen Ernennung dann auch bei den Oberpräsidenten.

84   Otto Brattskoven: Wie steht es mit den Kulturbeiräten?, in: Der Neue Rundfunk, H. 14, 14.7.1926, S. 317.

85   Vgl. "Kulturbeiräte?", in: Der Neue Rundfunk, H. 28, 10.10.1926, S. 651.

86   Vgl. Wilhelm Büscher: Rundfunk und Gewerkschaften, in: Gewerkschafts-Archiv Bd. I, Januar 1926, S. 76-79.

87   Otto Brattskoven: Stellungnahme der Gewerkschaften zum Rundfunk?, in: Der Neue Rundfunk, H. 17, 25.7.1926, S. 387.

rakterisiert.[88] In den späten zwanziger Jahren bemühten sich sozialdemokratische Politiker zwar, die Befugnisse der Kulturbeiräte auszuweiten - jedoch ohne großen Erfolg.[89] Derweil suchten Gewerkschafter und rundfunkinteressierte Sozialdemokraten vor Ort aber schon nach neuen Mitteln und Wegen, wie sie das Programm auch an den Kulturbeiräten vorbei doch noch mitgestalten konnten. Eine der Möglichkeiten bestand in der direkten Kontaktaufnahme mit den Programmleitern, um in persönlichen Gesprächen zum Beispiel Gewerkschaftsvorträge durchzusezten, ein anderer Weg, den die Arbeiterorganisationen dann auch gingen, führte über die Etablierung besonderer Ausschüsse für Arbeitersendungen bei den Rundfunkgesellschaften, in denen Vertreter der organisierten Arbeiterschaft zusammen mit Rundfunkmitarbeitern gesonderte Programme aufstellten.[90]

88 Vgl. Wolf Bierbach: Rundfunk zwischen Kommerz und Politik. Der westdeutsche Rundfunk in der Weimarer Zeit. Frankfurt am Main u. a. 1987, S. 239 und 249; vgl. auch Sybille Grube: Die staatliche Programmüberwachung bei der Süddeutschen Rundfunk AG in Stuttgart 1926-1933, in: Rundfunk und Politik 1923-1973. Hrsg. v. Winfried B. Lerg und Rolf Steininger. Berlin 1975, S. 19-35, dort S. 20.

89 Zu den Bemühungen, die Befugnisse der Kulturbeiräte auszuweiten vgl. die Rundfunk-Reform-Vorschläge Carl Severings in seiner Amtszeit als Reichsinnenminister, die abgedruckt sind in: Wolf Bierbach: Reform oder Reaktion? Anmerkungen zu den Rundfunk-Reformvorschlägen des Reichsinnenminsters Carl Severing, in: ebenda, S. 38ff. Severing hatte in seinem Papier Forderungen zusammengefaßt, die schon in der sozialdemokratischen Rundfunkpublizistik und auf sozialdemokratischen Kulturkonferenzen erhoben worden waren. Vgl. dazu ebenda, S. 37-85.

90 Vgl. dazu Kapitel 4.4 und 4.5..

2.5   "Eine Zensur findet statt." Rahmenbedingungen gewerkschaftlicher Radioarbeit[91]

"Im Rundfunk kann nicht ein Wort gesprochen werden, das nicht eine unkontrollierbare, unverantwortliche und fast geheim wirkende Schar von beamteten und freien Reaktionären, mittleren Bürgern, braven Geschäftlhubern verstanden und gebilligt hat. Mithin kann der Rundfunk niemals ein gewisses mittleres Maß übersteigen, was nicht allzuschlimm wäre - aber großen Volksseelen ist dadurch die Möglichkeit genommen, ihre Lebensformen, ihre politischen Forderungen, ihre Ideale, Wünsche, Anschauungen zum Ausdruck zu bringen, wie das in einer Republik, die Demokratie plakatiert, der Fall sein müßte. Die Zensoren verstecken ihre wahren Ziele hinter zwei Ausreden: erstens, der Rundfunk solle unpolitisch sein; zweitens, der Hörer beschwere sich über zu krasse und radikale Vorträge."[92]

Wollten die Gewerkschaften das Medium nutzen, so mußten sie sich auf seine Bedingungen einlassen. Das hieß: Sie mußten sich damit zufriedengeben, in strikter "Objektivität" wissenschaftliche und nicht "politische" Vorträge im Rundfunk zu halten; und sie mußten sich darüber hinaus den Zensureingriffen der Politischen Überwachungsausschüsse beugen oder aber auf einen Beitrag verzichten. Welche Hindernisse sich vor einer gewerkschaftlichen Rundfunkarbeit auftürmten und wie die Gewerkschaften mit den ihnen auferlegten Beschränkungen umgingen, soll Gegenstand der folgenden Betrachtungen sein.

Grundlage politischer Eingriffe in das Rundfunkprogramm waren - wie erwähnt - die im November 1925 vom Reichsrat beschlossenen und im Frühjahr 1926 dann in Kraft getretenen "Richtlinien für den Nachrichten- und Vortragsdienst" mit ihrem Insistieren auf "Überparteilichkeit" und politischer Neutralität; Zensurorgane waren die Politischen Überwachungsausschüsse.

Wie verhielten sich nun die Gewerkschaften gegenüber dem Instrument Zensur? Teilten sie die Meinung, wonach es einen unpolitischen Beitrag im Radio überhaupt nicht geben konnte? Zunächst fällt auf: Die Gewerkschaften akzeptierten den Spielraum, den ihnen die Zensur ließ, und sie richteten sich von Anfang an darauf ein, daß sie nicht alles, was sie über den Äther verbreiten wollten, auch sagen konnten. So hielt Alexander Knoll bereits im Oktober 1925 in einem Rundschreiben an die Bezirkssekretäre und Agitationskommissionen des ADGB, in dem er diese aufforderte, sich um eigene Beiträge bei den Sendegesellschaften zu kümmern, fest:

---

91   Zur Zensur im Weimarer Rundfunk vgl. das Kapitel "Eine Zensur findet statt", in: Radio-Kultur in der Weimarer Republik. Hrsg. v. Irmela Schneider. Tübingen 1984, S. 202-230 mit Beiträgen von Kurt Tucholsky, Arno Schirokauer, Ernst Bloch etc.

92   Ignaz Wrobel: Rundfunkzensur, in: Weltbühne, H. 16, 17.4.1928, S. 590-593, dort S. 592.

"Natürlich dürfen diese Vorträge ihre Tendenz nicht ganz offen zur Schau tragen. Aber es läßt sich in ihnen doch mancherlei sagen, was den Hörern sonst nicht zu Ohren kommt und ihnen eine freie Urteilsbildung leicht ermöglicht."[93]

Zum Zeitpunkt dieser Äußerung besaßen die Freien Gewerkschaften allerdings noch wenig Erfahrung im Umgang mit dem Medium. Es erscheint zumindest fraglich, ob sich die relativ optimistische Einschätzung Knolls angesichts der perfektionierten Kontrolle nach Verabschiedung der "Richtlinien" und der Einsetzung der Überwachungsausschüsse in den Jahren nach 1926 so aufrechterhalten ließ. Allein das Prozedere der Zensur und die inhaltliche Beschränkung der Gewerkschaften auf bestimmte Themenbereiche lassen Zweifel daran aufkommen. Die Referenten mußten ihr Redemanuskript spätestens fünf Tage vor der Sendung bei der Rundfunkgesellschaft einreichen, wo es dann von Mitgliedern des Überwachungsausschusses geprüft, auf politische Aussagen hin zensiert, gegebenenfalls zurückgestellt und in der nächstfolgenden Sitzung des Gremiums beraten wurde.

Auf welche Weise sich die Freien Gewerkschaften mit Eingriffen in ihre Rundfunkarbeit konfrontiert sahen und wie groß ihr Spielraum bei der Themenauswahl war, das läßt sich ganz gut am Beispiel eines Gewerkschaftsvortrags bei der Deutschen Welle[94] darstellen: Am 29. November 1926 wandte sich der ehemalige freie Gewerkschaftsfunktionär und Staatssekretär im Reichswirtschaftsamt, August Müller, der inzwischen zum Professor für Nationalökonomie und Leiter des "Volkswirtschaftsfunks" bei der Deutschen Welle avanciert war, mit der Frage an das ADGB-Vorstandsmitglied Wilhelm Eggert, ob dieser nicht einen Vortrag über den reichsweit ausstrahlenden Sender halten wolle.[95] Da die "Richtlinien für die Vortragenden im Rundfunk" der Deutschen Welle, wie es sie auch woanders gab, "jede Berührung politischer und religiöser Anschauungen, sowie privatwirtschaftliche Interessen" ausschlossen,[96] illustrierte er auch gleich, wie ein Beitrag Eggerts aussehen könne:

"Bei der Auswahl der Themen müßten natürlich ganz umstrittene Fragen, bei denen die Anschauungen sich sehr schroff gegenüberstehen, ausgeschieden werden. [...]. Eine Darlegung über die Entwicklung der Freien Gewerkschaften oder der Christlichen Gewerkschaften oder der Hirsch-Dunckerschen Gewerkschaften im Jahre 1926 wäre nicht nur unbedenklich, sondern sehr erwünscht. Dagegen würde

---

93 Rundschreiben Nr. 18 des ADGB-BV an die Bezirkssekretäre und Agitationskommissionen v. 26.10.1925, in: HiKo NB 452 Rundfunk 1925-1931.

94 Die Deutsche Welle war die einzige reichsweit auf Langwelle sendende Rundfunkgesellschaft der Weimarer Republik. Ursprünglich als privates Unternehmen gegründet, wechselte sie 1926 in den Besitz der Reichs-Rundfunk-Gesellschaft und gehörte damit zu 51 Prozent der Deutschen Reichspost; im Frühjahr 1927 erhielt das Land Preußen eine 30prozentige Beteiligung. Zur Deutschen Welle vgl. Gabrieles Rolfes: Die Deutsche Welle - ein politisches Neutrum im Weimarer Staat? Frankfurt/M. u. a. 1992.

95 Vgl. das Schreiben Müllers vom 29.11.1926 an Eggert in: HiKo NB 452 Rundfunk 1925-1931. Die Deutsche Welle verstand sich in erster Linie als Bildungssender und hatte unter anderem auch eine Sendung im Programm, die in regelmäßiger Abfolge volkswirtschaftliche Fragen sowie Themen der Sozialpolitik abhandelte. Zur Deutschen Welle vgl. auch Kapitel 4.10.

96 Vgl. die "Richtlinien", die ein Mitglied des Arbeitsausschusses für den Volkswirtschaftsfunk Eggert am 17.1.1927 zuschickte, in: HiKo NB 452 Rundfunk 1925-1931.

der Ausschuß wahrscheinlich einen Vortrag über den Achtstundentag lieber von einer ganz uninteressierten Seite, z. B. von einem Akademiker [!] halten lassen. Vermutlich würde er allerdings dieses Thema im Augenblick deshalb nicht behandeln lassen, weil er es nicht für opportun erachtet.[97]

Eggert einigte sich daraufhin mit dem Ausschuß auf einen Vortrag über "Die wirtschaftlichen Bestrebungen der Gewerkschaften", der am 17. März 1927 ausgestrahlt werden sollte. In einem Brief vom 21. Januar 1927 teilte er der Sendegesellschaft mit, worüber er reden wolle:

"Mir schwebt vor, hierbei unter Anlehnung an die Bestimmungen der Reichsverfassung darzulegen, wie sich nach dem Kriege der Aufgabenkreis der Gewerkschaftsbewegung über das sozialpolitische Gebiet hinaus auch auf das wirtschaftliche Gebiet erstreckt hat, ferner wie die Gewerkschaften auf einzelnen Wirtschaftsgebieten ihre Tätigkeit entfaltet haben und das Interesse der Mitbestimmung in der Welt der Wirtschaft zu verwirklichen gedenken.[98]

Ob der Vortrag, der am 18. März gesendet wurde, tatsächlich das von Eggert skizzierte Themenfeld abhandelte, war nicht zu ermitteln. Wie ein gewerkschaftliches Manuskript für die Deutsche Welle in der Regel aber aussah, demonstriert der in der Hauszeitschrift der Sendegesellschaft abgedruckte Vortrag Alexander Knolls über "Das Bildungswesen der Gewerkschaften", den dieser 1928 im "Arbeiterfunk", einer weiteren Sendereihe der Deutschen Welle, hielt.[99] Knoll berichtete dort über den Zweck und die Einrichtungen der gewerkschaftlichen Schulungsarbeit, und dies in einer in der Tat völlig "unpolitischen" Art und Weise. Themen wie "Der ADGB, seine Aufgaben, sein Aufbau" oder "Arbeiterbildung und Gewerkschaften" waren denn auch bei allen Rundfunkgesellschaften beliebter Gegenstand gewerkschaftlicher Vorträge, die nicht verdächtigt wurden, mit dem programmatischen Credo der politischen Neutralität in Widerspruch zu geraten.

Wo eigentlich politische Debatten und geistige Auseinandersetzung angesagt waren, herrschte bei den Sendegesellschaften Harmoniestreben vor; anstatt Streitfragen aufzugreifen, bevorzugten sie es,

"um alle Volksgenossen, hoch und niedrig, arm und reich, ein einigendes geistiges Band zu schlingen, sie zu einer großen Kulturgemeinschaft zusammenzuschließen"

und auch die "Stammesgenossen jenseits der Landesgrenzen in unmittelbare Verbindung mit dem kulturellen Leben unseres Volkes zu bringen".[100]

---

97 Prof. August Müller am 29.11.1926 an Wilhelm Eggert, in: ebenda. Zu den Themen des Volkswirtschaftsfunks vom September 1926 bis zum Mai 1927 vgl. Die Deutsche Welle. Berlin 1927, S. 54-57.

98 Eggert am 21.1.1927 an das Ausschuß-Mitglied Jacoby von der Industrie- und Handelskammer Berlin, in: ebenda.

99 Vgl. Alexander Knoll: Vom Bildungswesen der Gewerkschaften, in: Deutsche Welle, H. 6, 15.3.1928, S. 149.

100 Die Deutsche Welle. Berlin 1927, S. 3-7, dort S. 3.

Wo bei einer solchen Positionsbestimmung noch Platz für kontroverse wirtschaftliche, soziale und politische Fragen blieb, dies mußten vor allem Vertreter der Arbeiterbewegung jedesmal neu ausloten und dies nicht nur bei der Deutschen Welle. Vor allem
in den Jahren 1926 bis 1928 vertraten Programmacher und politische Gremienmitglieder
die Auffassung, wonach gesellschaftlich und politisch strittige Themen überhaupt nicht
im Radio zugelassen werden sollten, und das erstreckte sich im Extremfall dann auf jeden gewerkschaflichen Beitrag überhaupt, wie das Beispiel der Ostdeutschen Rundfunk
AG in Königsberg zeigt. Dort erklärte der Reichsvertreter im Überwachungsausschuß
im Juli 1927 in einem Bericht an den Reichsinnenminister:

> *"In letzter Zeit machen sich Bestrebungen linksstehender Gewerkschaften bemerk-*
> *bar, Vorträge im Rundfunk zu bringen, die ihrem Inhalt nach zwar neutral gehal-*
> *ten waren, aber durch die Tatsache des Vortrages eine gewisse Propaganda be-*
> *deuten. Wenn sich auch aus politischen Gründen die Darbietung solcher Vorträge*
> *nicht immer wird verbieten lassen, so halte ich sie doch im allgemeinen Interesse*
> *des Rundfunks nicht für erwünscht, da sie leicht dazu führen kann, die sozialen*
> *Gegensätze zu verschärfen. Es wird daher m. E. die Aufgabe der Verwaltung der*
> *Rundfunk-Gesellschaften sein müssen, die wiederholte Darbietung solcher Vor-*
> *träge mit dem Hinweis darauf abzulehnen, daß ein Bedürfnis dafür nicht aner-*
> *kannt werden kann, da eine Schädigung des Rundfunks dadurch zu erwarten sei,*
> *daß ein großer Teil der Hörer durch solche Darbietungen abgeschreckt werden*
> *könnte."*[101]

Auch wenn sich dieser Beamte mit seiner Auffassung auf Dauer nicht durchsetzen
konnte, so illustrierte sein Report doch treffend, wie Konservative in der Weimarer Republik versuchten, den Rundfunk zu instrumentalisieren - in der Weise, daß sie alles,
was nicht in ihr Weltbild paßte, am liebsten aus dem Rundfunkprogramm verbannt hätten. Als "politisch" galt ihnen, was "links" war: die Übertragung einer Maifeier war
demnach eine parteipolitische Angelegenheit, eine Gedenkfeier zur Schlacht von Tan-
nenberg fiel nicht unter dieses Verdikt.

Unterstützung fanden die beamteten Überwacher oft bei den Rundfunkdirektoren, die
zum Teil wenig Courage an den Tag legten. In vielen Fällen wandten die sich nämlich
von sich aus an die Überwachungsgremien, offenbar um sich nach allen Seiten hin a'
zusichern. So fragte z. B. die Leitung der Norag in Hamburg im Februar 1927 h
Überwachungsausschuß sogar an, ob Bedenken dagegen bestünden, wenn in Franz
fels Drama "Juarez und Maximilian" die Marseillaise gespielt würde. Der Ausschu
darin keine Gefahr.[102]

1928 äußerte der sozialdemokratische Reichstagsabgeordnete Arthur Crispi
dem Parlament deutliche Worte der Kritik an den Zensurmaßnahmen und bekla
Praktiken der Zensoren:

---

101 Bericht des Vertreters der Reichsregierung im Überwachungsausschuß der Ostmark
     AG am 18.7.1927 an den Reichsinnenminister, in: BA Koblenz, R78/617.
102 Vgl. das Protokoll des Überwachungsausschusses der Norag v. 26.2.1927, in: BA Kobl

*"Wenn es sich nun um Darbietungen handelt, die der Arbeiterbewegung dienen
sollen, dann erlauben sich die Herren Bürokraten, die eingereichten Manuskripte
zu ändern, ihre eigene Meinung dazwischenzuschieben und darzutun, wie so ein
richtiger Vortrag ausschauen muß. "[103]*

Am Beispiel eines Vortrages des Vorsitzenden des Dortmunder Arbeiter-Turn- und
Sportbundes zeigte er dann das Vorgehen der Überwachungsausschüsse auf, die nach
Gutdünken alle Anmerkungen, die sie für politische Aussagen hielten, strichen oder
doch zumindest mit eigenen Kommentaren versahen.[104]

Zwar waren gewerkschaftliche Beiträge von der Zensur im allgemeinen weniger betroffen als die von sozialdemokratischen Parteipolitikern, doch hing dies möglicherweise damit zusammen, daß bei Referenten aus dem Gewerkschaftslager die "Schere im
Kopf" besser funktionierte und sie die potentiellen Einwände der Zensoren schon vor-
wegnahmen. Allerdings drang über eventuelle Eingriffe in von Gewerkschaftern vorge-
legte Manuskripte selten etwas nach außen. Eine Ausnahme bildete da schon die Be-
schwerde des AfA-Bundes im Oktober 1927 bei der Berliner Funkstunde über Änderungen im Manuskript des Sekretärs des Bundes der Technischen Angestellten und Beamten und Mitglieds im Berliner AfA-Vorstand, Georg Rogatz, der über "Die Angestellten
in der modernen Wirtschaft" reden wollte. Der AfA-Bund wies im Zusammenhang mit
seinem Protest darauf hin, daß die Vertreter anderer Gewerkschaftsrichtungen nicht
solche Schwierigkeiten hätten, angemessen zu Wort zu kommen.[105] In die Öffentlichkeit ging der AfA-Bund damit aber genausowenig wie etwa die Frankfurter Freien Gewerkschaften in späteren Jahren, als dort 1929 ein Beitrag des ADGB-Ortsausschuß-
Vorsitzenden, Otto Misbach, vom Überwachungsausschuß abgelehnt wurde. Der Ausschuß wies Misbachs Manuskript mit dem Titel "Gegenwartsforderungen der Gewerkschaften" im Februar 1929 zurück, weil es die erforderliche "sachliche Klarheit und
Richtigkeit" vermissen ließe und nicht den Grundsätzen einer "sachgemäßen und objektiv richtigen Darstellung" genüge.[106] Ein sicht- und hörbarer Protest folgte dem nicht.

Überhaupt wurden von gewerkschaftlicher Seite keine Äußerungen bekannt, die sich
mit der Zensur befaßt hätten. Die Gewerkschaften hofften augenscheinlich, durch
Wohlverhalten wenig Anlaß zu Eingriffen zu liefern, um die Möglichkeiten, die ihnen
verblieben, ungehindert nutzen zu können. Als der Vorsitzende des "Keramischen
Bundes", Hermann Grünzel, im Oktober 1927 einen Artikel "Rundfunk im Zeichen der
Reaktion" an den "Gewerkschafts-Zeitung"-Redakteur Paul Umbreit schickte, mit der
Bitte, diesen im Zentralblatt des ADGB zu veröffentlichen, passierte daraufhin nichts;
jedenfalls wurde er - auf wessen Betreiben auch immer - nicht abgedruckt.[107]

---

103 Redebeitrag Crispien in der 409. Sitzung des Reichstages v. 24.3.1928, in: Verhandlungen des
    Reichstags. III. Wahlperiode 1924, Bd. 395. Stenographische Berichte. Berlin 1928, S. 13702.

104 Vgl. ebenda.

105 Vgl. das Schreiben des AfA-Bundes v. 13.10.1927 an die Berliner Funkstunde, in: BA Koblenz,
    R55/1271.

106 Vgl. das Protokoll der Überwachungsausschuß-Sitzung der Süwrag v. 15.2.1929, in: BA Koblenz,
    R78/633.

    Vgl. das Schreiben Grünzels an Umbreit v. 3.11,1927 in: HiKo NB 452 Rundfunk 1925-1931.

2.6   Drei Jahre gewerkschaftliche Rundfunkarbeit.
Erste Erfahrungen und eine Zwischenbilanz

Auch ohne die durch die Zensur bedingten Einschränkungen gewerkschaftlicher Radio-
aktivitäten, die den "Gebrauchswert" der Beiträge für klassenbewußte Arbeitnehmer und
Arbeitnehmerinnen durchaus geschmälert haben dürften, wäre Ende 1927 eine ehrliche
Bilanz - so sie die Freien Gewerkschaften nach beinahe dreijährigen Bemühungen, im
Rundfunk Fuß zu fassen, gezogen hätten - wohl ziemlich düster ausgefallen. Die
Einflußnahme mittels finanzieller Beteiligung an den Rundfunkgesellschaften konnte als
ebenso gescheitert gelten wie die Versuche, durch Gewerkschaftsvertreter in den
Rundfunkgremien das Programm mitzubestimmen. Geblieben war lediglich die Mög-
lichkeit, unter den oben geschilderten Bedingungen ab und zu einen Vortrag bei der ei-
nen oder anderen Sendegesellschaft zu gestalten.

Erste Erfahrungen in konkreter Rundfunkarbeit sammelten Gewerkschafter denn
auch bereits in den Anfangsjahren des Mediums. So gelang es 1925 und 1926, bei der
Berliner Funkstunde jeweils sechs Beiträge von ADGB- und AfA-Vertretern zu plazieren, die den dort Verantwortlichen von den Gewerkschaften aber "geradezu abgerungen
werden mußten".[108] Nicht viel besser sah es bei den anderen Regionalgesellschaften
aus; einen Lichtblick stellten nur der Südwestdeutsche Rundfunk in Frankfurt am Main
und die Schlesische Funkstunde in Breslau dar. Nachdem die Gewerkschaften im Herbst
1926 mit der Bitte an die Leitung der Süwrag herangetreten waren, gewerkschaftliche
Beiträge in ihr Programm aufzunehmen, strahlte man dort ab November 1926 allmonatlich einen Gewerkschaftsvortrag aus.

Weil die Vortragstitel typisch sind für gewerkschaftliche Beiträge im Radio, sollen
die 1926/1927 gehaltenen Vorträge an dieser Stelle aufgeführt werden. Zu Beginn der
Reihe sprach am 20. November 1926 der Frankfurter ADGB-Ortsausschuß-Vorsitzende,
Otto Misbach, über "Entwicklung und Aufbau der Freien Gewerkschaften"; der zweite
Vortrag beschäftigte sich am 1. Dezember 1926 mit "Erwerbslosenfürsorge und Sozialversicherung", Referent war der Arbeitersekretär Georg Abrahamson. Es folgten 1927
neun weitere Vorträge unter dem Titel "Vortragszyklus des ADGB": Am 19. Januar
1927 sprach Otto Misbach über "Staat und Gewerkschaften", am 25. Februar Georg Abrahamson über "Die Aufgaben der Betriebsräte", am 25. April der sozialdemokratische
Stadtrat Dr. Max Michel über "Der Tarifgedanke im neuen Deutschland", am 14. Mai

---

108 Vgl. "Gewerkschaftsvorträge im Berliner Sender", in: Der Neue Rundfunk, H. 3, 18.4.1926, S. 55.
   Am 8. April 1926 sprach der Vorsitzende der Ortsgruppe Berlin des Zentralverbandes der Angestellten, Hans Gottfurcht, über das Thema "Inhalt, Sinn und Zweck des Tarifvertrages für Privatange-
   stellte", am 20. Mai folgte ihm der Vorsitzende des AlfA-Bundes, Siegfried Aufhäuser, mit einem
   Beitrag über "Die Bedeutung ausreichender Freizeit für die Gesundheit und den kulturellen Aufstieg
   eines Volkes", am 8. Juli beschäftigte sich der Geschäftsführer des Bundes der technischen Angestellten und Beamten, Fritz Pfirrmann, mit "Fortschritt der Technik - Erfindungen", am 19. August
   hielt der Präsident der Genossenschaft deutscher Bühnenangehöriger, Oskar Rickelt, einen Vortrag
   über "Menschenrechte der Bühnenkünstler", am 30. September informierte der Hauptgeschäftsführer
   des Allgemeinen Verbandes der deutschen Bankangestellten, Karl Emonts, über "Börse und Arbeitnehmer", am 11. November der Vorsitzende des Deutschen Werkmeisterverbandes, Hermann
   Buschmann, über "Die Stellung des Werkmeisters im Betrieb".

Arbeitersekretär Hugo Dornheim über "Die gewerkschaftliche Jugendbewegung", am 19. Juli wiederum Otto Misbach über "Die Bildungsbestrebungen der Gewerkschaften", am 21. September ebenfalls Misbach über den "Aufbau des Arbeitsnachweises und der Arbeitslosenversicherung", am 22. Oktober Georg Abrahamson über "Die Leistungen der Arbeitslosenversicherung" und am 22. November über "Das Verfahren in der Arbeitslosenversicherung und der Arbeitsvermittlung" und am 17. Dezember Hugo Dornheim über "Die Unfallversicherung".[109] Auch der AfA-Bund war mit einem Vortragszyklus vertreten, ebenso der liberale Gewerkschaftsbund der Angestellten und der christliche Deutschnationale Handlungsgehilfenverband.

Im Programm der Schlesischen Funkstunde in Breslau waren die Gewerkschaften schon 1925 mit elf Vorträgen, 1926 mit 18 und 1927 mit 23 Vorträgen präsent gewesen;[110] die Deutsche Welle strahlte seit Oktober 1926 die Sendung "Arbeiterfunk" aus (ab April 1927 hieß sie "Stunde des Arbeiters"), innerhalb derer die Gewerkschaften ebenfalls das eine oder andere Mal zu Wort kamen. Auch in den anderen Funkhäusern durften Gewerkschafter gelegentlich vor die Mikrophone; nur die süddeutschen Sendegesellschaften Süddeutscher Rundfunk und Deutsche Stunde in Bayern sahen dafür keine Veranlassung. Sie hielten es offenbar nicht einmal für nötig, dem Verlangen der Arbeiterbewegung, im Programm ausreichend repräsentiert zu sein, gerade soweit entgegenzukommen, daß deren mit immer größerem Nachdruck vorgetragenen Beschwerden über die politische Tendenz des Rundfunkprogramms die Spitze genommen wurde.[111]

Allerdings waren die meisten Gewerkschafter zu sehr mit anderer Arbeit belastet, als daß sie auf dem Rundfunksektor große Aktivitäten hätten entfalten können. Das zeigte sich Anfang 1927, als der für den Kulturbeirat der Berliner Funkstunde bestimmte Redakteur der "Gewerkschafts-Zeitung", Richard Seidel, bereits nach der ersten Sitzung dieses Gremiums seinen Rücktritt bekanntgab. Als Grund für seinen Schritt nannte er seine zu hohe Arbeitsbelastung.[112] Auch wenn die Zeitung des Arbeiter-Radio-Klubs

---

109 Vgl. die Liste, die der ADGB-Bezirkssekretär, Karl Grötzner, am 18. Dezember 1928 an den Bundesvorstand schickte, in: HiKo NB 452 Rundfunk 1925-1931. Entweder ist die Zusammenstellung der Themen und Referenten nicht ganz korrekt oder der Programmausdruck der "Südwestdeutschen Rundfunkzeitung" weist Fehler auf. Dort zeigt die Programmvorschau für den 17. Dezember 1927 den Vortrag eines Dr. Altschul über "Die sozialen Auswirkungen der Konjunkturschwankungen" an. Aber selbst wenn sich die Angaben in diesem Fall nicht decken, so bietet die Liste doch insgesamt einen Überblick über das Themenspektrum, das die Gewerkschaften im Rundfunk behandelten.

110 Vgl. "Schlesische Gewerkschaften und Rundfunk", in: Arbeiterfunk, H. 13, 29.3.1929, S. 194.

111 Zur Alibifunktion des Arbeiterfunks vgl. auch das Schreiben der Süwrag vom 14.8.1926 an den Sachbearbeiter für Rundfunkfragen im Reichsinnenministerium, Schnitzler, zum Vorschlag des Sozialistischen Kulturbundes, Erik Nölting als Kulturbeirat zu nominieren; dort wies die Süwrag darauf hin, daß mit der Berufung Nöltings "mit einem Schlag" das "große Mißtrauen", das in der Arbeiterschaft gegen den Rundfunk herrsche, "so gut wie beseitigt" wäre. In diesem Zusammenhang sah die Sendeleitung auch die geplanten Vorträge des sozialistischen Kulturkartells Frankfurt. Vgl. GStA Berlin, Rep. 76 Ve Sekt. I, Abt. II 80 Südwestdeutscher Rundfunk AG, Bd. I vom Februar 1926 bis März 1932.

112 Vgl. das Schreiben Seidels an den Oberpräsidenten der Provinz Brandenburg und Berlin vom 9.2.1927, in: GStA Berlin, Rep. 76, Abt. VII 84, Bd. 1, Funkstunde AG Berlin v. Dezember 1926 bis März 1932.

mutmaßte, Seidel habe es offenbar für "aussichtslos" gehalten, in diesem Kulturbeirat wertvolle Arbeit zu leisten und habe sich deshalb zurückgezogen,[113] so dürfte Seidels Beweggrund doch tatsächlich der fehlender freier Kapazitäten gewesen sein.

Daß es mit den Radioaktivitäten auf Gewerkschaftsseite nicht allzu weit her war, zeigen die Klagen aus den Reihen der Arbeiter-Radio-Bewegung über das mangelnde Engagement der Gewerkschaften auf dem Rundfunksektor. Sie ziehen sich durch alle Konferenzen der Arbeiter-Radio-Bewegung und durch die Spalten des "Neuen Rundfunk/Arbeiterfunk", aber sie bezogen sich nicht nur auf die Zurückhaltung der Gewerkschaften, sondern auch auf das Desinteresse der beiden Arbeiterparteien.[114] Doch während sowohl SPD als auch KPD im Laufe des Jahres 1926 sich dem Thema Rundfunk theoretisch wie praktisch näherten, hielten sich die Gewerkschaften noch immer bedeckt. Das änderte sich erst 1927/1928, als alle gewerkschaftlichen Dachorganisationen sich stärker im Rundfunksektor engagierten.

Betrachtet man die Rundfunkarbeit der Freien Gewerkschaften für die Jahre 1925/1926 bis Anfang 1927, dann fällt auf, daß ihre Vorstöße bei den Sendegesellschaften weitgehend unkoordiniert erfolgten; darüber hinaus blieben alle Partizipationsversuche höchst punktuell. In der Regel konzentrierten sich die Freien Gewerkschaften darauf, "bei wichtigen Anlässen"[115] an die Gesellschaften heranzutreten, um zu einem bestimmten Thema im Rundfunk zu reden. Doch wie ein Artikel des "Neuen Rundfunk" vom September 1926 zeigt, scheint dies nicht einmal bei bedeutenden Ereignissen gelungen bzw. versucht worden zu sein.[116]

Was not tat, war deshalb zum einen eine Systematisierung und Koordinierung der Rundfunkaktivitäten der verschiedenen Arbeiterorganisationen (auch der von Partei und Gewerkschaften) und parallel dazu eine theoretische Klärung des Verhältnisses von sozialdemokratischer Arbeiterbewegung und Rundfunk.

Diesen Anforderungen stellte sich die Konferenz der Bezirksbildungsausschüsse der SPD im Mai 1927 in Kiel, an deren Verhandlungen die Freien Gewerkschaften teilnahmen und deren Beschlüsse auch für sie eine gewisse Verbindlichkeit besaßen.

---

113 Vgl. "Was tut der Berliner Kulturbeirat?", in: Der Neue Rundfunk, H. 14, 2.4.1927, S. 373.

114 Vgl. "Zur 2. Reichskonferenz des Arbeiter-Radio-Klubs", in: Der Neue Rundfunk, H. 2, 11.4.1926, S. 28.

115 Vgl. das Rundschreiben des ADGB-Bundesvorstandes an die Bezirkssekretariate und die Agitationskommissionen v. 26.10.1925, in: HiKo NB 452 Rundfunk 1925-1931. Wichtige Anlässe waren dabei unter anderen der 1. Mai (vgl. hierzu Kap. 6.5), die Veranstaltung von Gewerkschaftskongressen oder andere Großereignisse der sozialdemokratischen Arbeiterbewegung.

116 Vgl. "Gewerkschaftspolitik und Rundfunk", in: Der Neue Rundfunk, H. 26, 26.9.1926, S. 603.

3

1927 - 1928

ORGANISATORISCHE VORBEREITUNGEN UND

KONZEPTIONELLE ÜBERLEGUNGEN FÜR EINE

GEWERKSCHAFTLICHE RUNDFUNKARBEIT

3.1 Erste konzeptionelle Überlegungen innerhalb der sozial-demokratischen Arbeiterbewegung: Die Kieler Reichsbildungs-konferenz der SPD im Mai 1927 und die "Richtlinien über die Stellung der Arbeiterschaft zum Rundfunk"

Schon ein Jahr nach der Rundfunkordnung von 1926 setzte innerhalb der Arbeiterbewegung eine Diskussion über die Weiterentwicklung der Rundfunkorganisation ein. Es hatte sich nämlich gezeigt, daß zum einen die Überwachungsgremien der einzelnen Sendegesellschaften die Bestimmungen für den Nachrichten- und Vortragsdienst, die "Überparteilichkeit" und "politische Neutralität" für das Programm verlangten, sehr restriktiv auslegten und allzu oft einseitig auf Beiträge der politischen Linken anwandten; daß zum anderen die Interessenvertretung der Arbeiterbewegung in den Funkhäusern weit hinter ihrer zahlenmäßigen Stärke und Bedeutung im politischen und gesellschaftlichen Leben zurückblieb.[1] Schon gar nicht wollte sich die Arbeiterbewegung mehr mit wenigen Alibisendungen zufriedengeben, die einzelne Sendegesellschaften ihrem Arbeiterpublikum zukommen ließen.

Nachdem sich bereits die Blankenburger Tagung des Sozialistischen Kulturbundes im Oktober 1926 mit "Film und Radio" beschäftigt hatte,[2] sollte dann die Kieler Reichsbildungskonferenz der SPD, die im Mai 1927 im Anschluß an den Parteitag der SPD zusammentrat, erste Klarheit über das Verhältnis der sozialdemokratischen Arbeiterbewegung zum Rundfunk bringen, ihre Ansprüche an das Medium definieren und Maßnahmen zur Effektivierung der Rundfunkarbeit diskutieren. Das Referat zum Thema "Rundfunk und Arbeiterschaft" hielt der Reichstagsabgeordnete und Rundfunkexperte der Partei, Arthur Crispien,[3] der der Versammlung auch - offenbar von ihm ausgearbeitete - "Richtlinien über die Stellung der Arbeiterschaft zum Rundfunk"[4] zur Verabschiedung vorlegte. Sie sollten für die kommenden Jahre Richtschnur sozialdemokratischer Rundfunkarbeit sein, an der sich auch die Freien Gewerkschaften orientieren konnten.

Im ersten Absatz (überschrieben: Grundsätzliches und Allgemeines) bescheinigten die "Richtlinien" dem Rundfunk, Mittel der Massenbeeinflussung und Propaganda "von größter Bedeutung" zu sein, während der Stellenwert des Rundfunks als Bildungsinstrument eher gering geschätzt wurde.[5] Danach gingen sie auf die vielbeschworene

---

1 Vgl. dazu die exemplarische Kritik des sozialdemokratischen Rundfunkexperten Arthur Crispien Anfang 1927 in der Zeitschrift des Leipziger Arbeiterbildungsinstitutes, "Kulturwille": Arthur Crispien: Fort mit der Kulturdiktatur! Mitbestimmungsrecht!, in: Kulturwille, H. 2, Februar 1927, S. 27.

2 Vgl. den Vortrag Richard Weimanns "Film und Radio" sowie die anschließende Diskussion, die abgedruckt sind in: Arbeiterbildung, H. 12, Dezember 1926, S. 200ff. sowie den Artikel "Sozialismus und Kultur", in: Vorwärts, Nr. 467, 4.10.1926, AA, in dem eher negativ über die Folgen berichtet wurde, die die Radionutzung für die kulturelle Selbsttätigkeit und den Massengeschmack haben könnten.

3 Vgl. den Bericht über die Reichskonferenz in: Vorwärts, Nr. 254, 31.5.1927, AA.

4 Die Richtlinien sind abgedruckt in: Arbeiterbildung, H. 6, Juni 1927, S. 92ff..

5 Die Gewerkschaften teilten diese Auffassung, die vor allem von Mitarbeitern der Erwachsenenbildung vertreten wurde, nur bedingt. Sie glaubten, das Medium durchaus im Sinne einer breit ange-

Überparteilichkeit und politische Neutralität des Rundfunks ein und definierten die sozialdemokratische Sicht dieser Begriffe: Überparteilichkeit und politische Neutralität
waren demnach so zu verstehen, daß im Radio alle weltanschaulichen Richtungen und
Parteien (mit Ausnahme der Kommunisten und Nationalsozialisten) zu Wort kommen
sollten, ohne daß die eine oder andere bevorzugt oder benachteiligt werden durfte. Kei-
nesfalls konnte politische Neutralität aber so ausgelegt werden, daß alle politischen Fragen überhaupt aus dem Medium zu verbannen waren, weil darunter die Aktualität der
Programme litt und der Rundfunk seiner Informationsaufgabe nicht nachzukommen in
der Lage war. Im Grunde plädierten die Sozialdemokraten für ein pluralistisches Programm, das auch der Arbeiterbewegung einen ihrer Bedeutung entsprechenden Zugang
zum Rundfunk ermöglichte.

Im Absatz zwei: "Mitarbeit der Arbeiterschaft am Rundfunk" legten die Delegierten
in Kiel fest, auf welche Weise die organisierte Arbeiterbewegung Einfluß auf den Rundfunk nehmen sollte. Dies konnte geschehen:

> *"1. durch eine systematische Radiokritik in der Arbeiterpresse; 2. durch die Mit-*
> *wirkung von Vertretern der Arbeiterschaft in den Überwachungsausschüssen und*
> *Kulturbeiräten; 3. durch die Tätigkeit besonderer Rundfunkausschüsse für die*
> *Programmgestaltung".*

Während die Radiokritik eine Angelegenheit der sozialdemokratischen Tagespresse
und der im sozialdemokratischen Bereich angesiedelten Kulturzeitschriften war und
blieb,[6] berührten die Tätigkeit der Arbeitervertreter in den Überwachungs- und Bera-
tungsgremien der Sendegesellschaften und die geplanten Rundfunkausschüsse ureigene
gewerkschaftliche Interessen auf dem Feld der Rundfunkarbeit und führten in der Folgezeit auch zu Konflikten mit der Partei und den sozialdemokratischen Kulturorganisationen. Besonders umstritten waren die von den Arbeiter-Kultur-Kartellen bzw.
Arbeiterbildungsausschüssen an den jeweiligen Sendestandorten zu errichtenden Rundfunkausschüsse, deren Funktion darin bestehen sollte, Verbindungen zwischen den Arbeiterorganisationen und den Rundfunkgesellschaften herzustellen und dort Programmvorschläge einzureichen.

Dabei kam der Programmarbeit absolute Priorität zu. Im Abschnitt drei hielten die
Richtlinien fest:

> *"Als wichtigste Aufgabe der Arbeiterorganisationen ist die positive Mitarbeit am*
> *Rundfunk durch Aufstellung geeigneter Programme anzusehen, die der Anschau-*
> *ungs- und Ideenwelt der Arbeiterschaft entsprechen und deren Aufnahme in die*
> *allgemeinen Funkprogramme durchzusetzen ist."*

---

legten Massenbildungsarbeit sinnvoll nutzen zu können. Zum Streit kam es über die abweichenden
Einschätzungen aber nicht.

6   Zur Rundfunkkritik der sozialdemokratischen Tagespresse vgl. Else Reventlow: Rundfunk-Bespre-
     chungen. Radiokritik in der Parteipresse, in: Mitteilungen des Vereins Arbeiterpresse, Nr. 296, Dez.
     1929 und Fritz Habicht: Radiokritik und Parteipresse, in: ebenda, Nr. 297, Jan. 1930 sowie ders.:
     Rundfunk-Programme, in: ebenda, Nr. 302, Juni 1930.

Im einzelnen sollten die Rundfunkausschüsse leisten:

"a) die Mitarbeit an den allgemeinen Rundfunkprogrammen mit dem Ziel, ihr Niveau zu heben und sie den Bedürfnissen der Zeit anzupassen,

b) Gewinnung von geeigneten Vortragenden und Lehrkräften, Vorbereitung von wissenschaftlichen Einzelvorträgen und Vortragsreihen über die wichtigsten für die Arbeiterschaft in Betracht kommenden Wissensgebiete,

c) Vermittlung von aufklärenden Vorträgen über Wesen und Zweck der einzelnen Organisationen,

d) Durchführung von weltlichen und freigeistigen Feiern gegenüber den religiösen Morgenfeiern, wobei auch die ausführenden Kräfte von der Rundfunkkommission auszuwählen sind,

e) Veranstaltung von Arbeiterfesten und proletarischen Feierstunden unter Mitwirkung der eigenen Kräfte der Arbeiterschaft,

f) Durchführung von Übertragungen besonders wertvoller Veranstaltungen, die weitere Kreise der Bevölkerung interessieren (Tagungen, Gedenkfeiern, Jugendweihen usw.),

g) Durchführung von geeigneten Rundfunkveranstaltungen an den großen Festtagen der Arbeiterschaft (Mai-, Verfassungs-, Revolutionsfeiern),

h) Mitwirkung bei der regelmäßigen Verbreitung der Arbeitersportnachrichten,

i) Kritische Stellungnahme bei Rundfunkdarbietungen, die gegen die Arbeiterschaft gerichtet sind."

Die Rundfunkarbeit auf zentraler Ebene fiel laut Richtlinien in den Zuständigkeitsbereich des Sozialistischen Kulturbundes. Seine Aufgaben erstreckten sich darauf, "die allgemeinen Erfahrungen des Rundfunkwesens auszuwerten, die Tätigkeit der örtlichen Rundfunkausschüsse anzuregen und Material und Programme auszutauschen". Ihm kam also eine im wesentlichen koordinierende Funktion zu.

Zuletzt bestimmten die Richtlinien auch noch das Verhältnis der sozialdemokratischen Arbeiterbewegung zum Arbeiter-Radio-Klub (der sich Anfang März 1927 in "Arbeiter-Radio-Bund" umbenannt hatte, was dem Verfasser der Richtlinien wohl entgangen war). Sie erkannten ihn als "die für die sozialistische Arbeiterschaft in Betracht kommende Radioorganisation" an und forderten dazu auf, deren örtliche Vereine in die Arbeit der Rundfunkausschüsse einzubeziehen.[7]

Welche Rolle den Freien Gewerkschaften innerhalb der Rundfunkausschüsse bzw. auf der zentralen Ebene zufallen sollte, das ging aus den Richtlinien nicht hervor. Sie legten lediglich fest, daß "die örtlichen Arbeiterorganisationen" an der Arbeit der Rundfunkausschüsse und eventueller Unterausschüsse für bestimmte Programmsparten zu be-

---

7 Dieser Schritt dürfte den Konferenzteilnehmern schon deshalb leicht gefallen sein, weil die zwei Monate zuvor tagende 3. Reichskonferenz des ARK den ehemaligen Staatssekretär Friedrich Eberts, Curt Baake, zum Nachfolger des Kommunisten Hoffmann-Schmargendorf gewählt hatte und auch alle anderen Kommunisten aus dem Vorstand - mit Ausnahme Hoffmann-Schmargendorfs, der Baakes Stellvertreter wurde - dort keine Mehrheit für eine weitere Amtszeit mehr gefunden hatten.

teiligen seien und "den Hauptorganisationen der Arbeiterschaft" eine ständige Vertretung in den Ausschüssen garantiert werden müsse. Dies bedeutete für die Gewerkschaften nicht mehr und nicht weniger, als daß sie in den Ausschüssen nur eine (wenn auch einflußreiche) Kraft unter mehreren waren, und diese Aussicht ließ sie offenbar befürchten, daß ihre spezifischen Interessen bei einem Zusammengehen mit der Partei und deren Kulturorganisationen unter die Räder geraten könnten. Sie standen vor der Alternative, ihre eigene in Ansätzen bereits existente Rundfunkarbeit mit dem AfA-Bund und dem ADB zusammen, eventuell auch in Absprache mit den anderen Gewerkschaftsrichtungen, zu forcieren und sich damit in gewissem Grade von der Partei abzusetzen, oder eine Übereinkunft mit der Partei zu suchen, die es ihnen zwar ermöglichte, in der einen oder anderen Rundfunksache mit dieser zu kooperieren, andererseits auch ein hohes Maß an Eigenständigkeit zu bewahren.

3.2 Die Organisation der freigewerkschaftlichen Rundfunkarbeit - Zwischen Kooperation und Konflikt mit der Sozialdemokratie und der Arbeiter-Radio-Bewegung

3.2.1 Die gemeinsame Bildungs- und Kulturarbeit von Gewerkschaften und Partei im Sozialistischen Kulturbund und den Arbeiter-Kultur-Kartellen

Waren Gewerkschaften und Partei im Kaiserreich weitgehend "eins" gewesen, wie es das Mitglied der "Generalkommission", Theodor Bömelburg, auf deren Kongressen 1902 und 1905 unter der Zustimmung der Delegierten betont hatte[8] und wie es mit dem "Mannheimer Abkommen" 1906 noch einmal bestätigt worden war,[9] so mußte die Beziehung der beiden Arbeiterorganisationen nach der Parteispaltung im Krieg und der daraus folgenden Existenz zweier sozialistischer Parteien neu bestimmt werden. Dies geschah mit dem "Neutralitätsbeschluß" auf dem Kongreß der Generalkommission im Juni 1919, der die quasi offizielle Abkoppelung der Freien Gewerkschaften von der Mehrheitssozialdemokratie brachte.[10] Als sich 1922 die Rest-USPD und die MSPD wiedervereinigten, wurde der Neutralitätsbeschluß formell nicht aufgehoben. Allerdings änderte dies nichts an der engen personellen und programmatischen Verflechtung von Freien Gewerkschaften und sozialdemokratischer Partei, auch wenn in der Folgezeit in einzelnen Politikfeldern unterschiedliche Prioritätensetzungen erfolgen mochten.[11] Dies galt beispielsweise für den Bereich der Bildungs-, Medien- und Kulturarbeit.[12] Trotz im

---

8 Vgl. Paul Barthel: Handbuch der deutschen Gewerkschaftskongresse. Dresden 1916, S. 378.

9 Zum Wortlaut des "Mannheimer Abkommen" vgl. Einheitsgewerkschaft und Parteipolitik. Zum 75. Jahrestag des Mannheimer Abkommens zwischen der SPD und den Freien Gewerkschaften von 1906. Protokoll einer Diskussionsveranstaltung des Instituts für Sozialwissenschaften an der Universität Mannheim und der Lorenz-von-Stein-Gesellschaft mit Willy Brandt und Heinz-Oskar Vetter. Hrsg. v. Erich Matthias. Düsseldorf 1982, S. 77f. Zu diesem Thema vgl. auch: Joachim Eichler: Von Köln nach Mannheim. Die Debatten über Maifeier, Massenstreik und das Verhältnis der Freien Gewerkschaften zur deutschen Sozialdemokratie innerhalb der Arbeiterbewegung Deutschlands 1905/06. Zur Entstehung des "Mannheimer Abkommens". Münster/Hamburg 1992. Zum Verhältnis von SPD und Freien Gewerkschaften im Kaiserreich vgl. auch SPD und Gewerkschaften. Bd. 1: Zur Geschichte eines Bündnisses. Darstellung und Dokumentation von Michael Schneider. Hrsg. v. Jochem Langkau, Hans Matthöfer und Michael Schneider. Bonn 1994, 13-32.

10 Vgl. die Resolution Paeplow, in: Allgemeiner Deutscher Gewerkschaftsbund: Protokoll der Verhandlungen des 10. Kongresses der Gewerkschaften Deutschlands. Abgehalten zu Nürnberg vom 30. Juni bis 5. Juli 1919. Reprint Berlin/Bonn 1980, S. 56.

11 Zum Verhältnis von Freien Gewerkschaften und SPD in der Weimarer Republik vgl. Heinrich Potthoff: Freie Gewerkschaften 1918-1933. Der Allgemeine Deutsche Gewerkschaftsbund in der Weimarer Republik. Düsseldorf 1987, S. 217-237 sowie SPD und Gewerkschaften. Bd. 1, a.a.O., S. 32-51.

12 Im Gegensatz zur Vorkriegszeit grenzten sich die Gewerkschaften nach 1918 zum Beispiel stärker von der Parteibildungsarbeit ab, weil sie davon ausgingen, daß sich gewerkschaftliche Bildung ihrem Inhalt nach von der politischen Bildung der Partei unterscheide. Während sich die Bildungsarbeit der Partei auf Propaganda beschränken könne, habe die der Gewerkschaften eine weit schwerere Aufgabe, für konkrete Funktionen in Betriebsräten, Arbeitsgerichten, Schlichtungsausschüssen etc. vorzubereiten und trage damit eine viel größere Verantwortung. Vgl. Richard Seidel: Partei und Gewerkschaften in der Bildungsarbeit, in: Gewerkschafts-Archiv, I, 1924, S. 225-230.

Grundsätzlichen gemeinsamer Zielvorstellungen konnten Gewerkschaften und Partei hier unterschiedliche Wege beschreiten, um Arbeiter-, aber auch Organisationsinteressen durchzusetzen. In der Regel handelte es sich dabei eher um eine Art Arbeitsteilung als um grundlegende Meinungsverschiedenheiten. Das läßt sich auch anhand der Rundfunkarbeit gut zeigen.

Zunächst einmal gab es für Freie Gewerkschaften und Sozialdemokratie zwei Kooperationsebenen im Bereich der Bildungs- und Kulturarbeit: im Reich und in den Bezirken bzw. in Städten und Gemeinden. Auf zentraler Ebene konstituierte sich Anfang Februar 1926 der Sozialistische Kulturbund, dem neben dem Reichsausschuß für sozialistische Bildungsarbeit, dem Verband der Arbeiterjugendvereine Deutschlands, dem Hauptausschuß für Arbeiterwohlfahrt, der Arbeitsgemeinschaft sozialdemokratischer Lehrer und Lehrerinnen und der Reichsarbeitsgemeinschaft der Kinderfreunde mehrere Arbeiterkulturorganisationen (Arbeitersportler, Arbeitersänger, Volksbühnenvereinigung etc.) angehörten.[13] Die Verhandlungsführung lag beim Reichsausschuß für sozialistische Bildungsarbeit.[14] Der Sozialistische Kulturbund bildete "eine Art Dachorganisation der sozialistischen Spitzenverbände mit vorzugsweise kulturellen Aufgaben",[15] die sich laut Satzung auf die "Erweckung und Stärkung aller kulturschöpferischen Kräfte der Arbeiterschaft auf den Gebieten der Wissenschaft, Kunst, Erziehung, Volksbildung, Jugendwohlfahrt und Körperpflege" erstreckten.[16] Die Freien Gewerkschaften traten dem Kulturbund nicht bei, sie waren durch die für Bildung und Kultur zuständigen ADGB- bzw. AfA-Vorstandsmitglieder Alexander Knoll und Wilhelm Stähr aber personell dort vertreten.

Den organiatorischen Unterbau des Sozialistischen Kulturbundes bildeten die Arbeiter-Kultur-Kartelle in Städten und Gemeinden. Konzentrierte sich der Kulturbund darauf, Fragen der Bildung, Erziehung, Kunst und Kultur theoretisch zu klären - zu diesem Zweck führte er mehrere große Tagungen in der Weimarer Republik durch, die über die Arbeiterorganisationen hinaus Beachtung fanden[17] - so blieb die konkrete Bildungs-

---

13   Vgl. den Bericht über die konstituierende Sitzung des Kulturbundes am 9. Februar 1926, in: Arbeiterbildung, H. 3, März 1926, S. 48. Vgl. auch: Vorwärts, Nr. 71, 12.2.1926, MA. Vorsitzender des Sozialistischen Kulturbundes wurde Heinrich Schulz, der schon vor dem Krieg Vorsitzender des Zentralbildungsausschusses der Partei gewesen war, sein Stellvertreter der Vorsitzende der Sozialistischen Arbeiterjugend, Max Westphal. Zu Geschäftsführern bestimmte man die Sekretäre des Reichsausschusses für Sozialistische Bildungsarbeit, Richard Weimann und Alexander Stein.

14   Vgl. den Bericht Heinrich Schulz auf dem Kieler Parteitag 1927, in: Protokoll über die Verhandlungen des SPD-Parteitags in Kiel. Reprint Berlin/Bonn/Bad Godesberg 1974, S. 54.

15   Ebenda.

16   Vgl. den Bericht über die konstituierende Sitzung, in: Arbeiterbildung, H. 3, März 1926, S. 48. Zur Funktion des Sozialistischen Kulturbundes vgl. auch Anna Siemsen: Sozialistischer Kulturbund, in: Sozialistische Monatshefte, H. 4, April 1926, S. 231-234.

17   Seine 1. Reichstagung veranstaltete der Sozialistische Kulturbund am 2. und 3. Oktober 1926 in Blankenburg/Thür. 1927 erschienen die Referate der Tagung gedruckt unter dem Titel: Sozialismus und Kultur. Tagung des Sozialistischen Kulturbundes vom 2. bis 3. Oktober 1926 in Blankenburg/Thür. Hrsg. v. Sozialistischen Kulturbund. Berlin 1927. Die 2. Tagung des Sozialistischen Kulturbundes am 28. und 29. September 1929 in Frankfurt am Main stand ganz im Zeichen der neuen Medien Film und Funk. "Film und Funk", so lautete denn auch der Titel der Broschüre, die der Kulturbund 1930 herausgab. Vgl. Film und Funk. Sozialistischer Kulturtag in Frankfurt am Main. 28.-29.

und Kulturarbeit vor Ort eine Domäne der Kultur-Kartelle und der ihr angeschlossenen Verbände. Sie planten und koordinierten die Veranstaltungsprogramme der verschiedenen Arbeiterorganisationen und luden zu gemeinsamen Lichtbild- und Filmvorführungen, wissenschaftlichen Vorträgen, zu Kursen, Festen und Feiern.[18]

Im Gegensatz zu ihrer Abstinenz in der Spitzenorganisation Kulturbund beteiligten sich die Gewerkschaften an vielen Orten an den Kultur-Kartellen. Seit Mitte der 20er Jahre hoben Gewerkschaften und Partei ihre nach dem Krieg getrennten Bildungs- und Kultureinrichtungen zunehmend wieder auf, um die Kräfte zu bündeln. So riefen sie 1925 in München das Arbeiter-Bildungskartell ins Leben, dem neben den Bildungsausschüssen der Partei und des ADGB-Ortsausschusses auch die entsprechenden Einrichtungen der Sozialistischen Arbeiterjugend und des ADGB-Jugendkartells angehörten. Das Arbeiter-Bildungskartell hatte die Aufgabe "wissenschaftliche, künstlerische und sonstige kulturelle Bestrebungen durch geeignete Veranstaltungen zu pflegen und zu fördern sowie auf eine Vereinheitlichung und einen methodischen Aufbau der Bildungsbestrebungen, insbesondere des Unterrichtswesens, hinzuwirken."[19] Ähnliche Zielsetzungen vertraten auch die Arbeiter-Kultur-Kartelle in anderen Städten. In Hamburg gründeten die Bildungsausschüsse der Freien Gewerkschaften und der Partei 1928 die "Zentralkommission für das Bildungswesen", in deren Zuständigkeitsbereich das volkswirtschaftliche, geschichtliche und gesellschaftswissenschaftliche Unterrichtswesen, die Bibliothek, künstlerische Veranstaltungen und die Ferienreisen fielen. Daneben führten die weiterhin existierenden Gewerkschafts- und Parteibildungsausschüsse eigene Unterrichtskurse durch.[20] In Frankfurt am Main beteiligten sich die Gewerkschaften an der Arbeit des "Kulturkartells der modernen Arbeiterbewegung",[21] in Leipzig an der des Arbeiterbildungsinstituts.[22]

Ohne die finanzielle Stärke der Gewerkschaften hätten die Kartelle viele Veranstaltungen gar nicht durchführen können; allerdings verlief die Zusammenarbeit der Arbeiterorganisationen auch dort nicht immer friktionslos. In Berlin löste sich das 1924 geschaffene Arbeiter-Kultur-Kartell 1927 wieder auf.[23] In seinem Geschäftsbericht für das

---

September 1929. Berlin o. J. (1930). Der Band enthielt die Ansprachen, Referate und Diskussionen der Veranstaltung. Vgl. auch die H. 9 und 10, September und Oktober 1929 der Zeitschrift "Sozialistische Bildung".

18 Zu den Aufgaben der Kultur-Kartelle vgl. Richard Weimann: Vom Bildungsausschuß zum Kulturkartell, in: Arbeiterbildung, H.1, Januar 1926, S. 4f.

19 Zu Entstehung, Funktion und Programm des Bildungskartells vgl. Allgemeiner Deutscher Gewerkschaftsbund, Ortsausschuß München: Die Münchener Gewerkschaftsbewegung 1925. München 1926, S. 50-62. Vgl. auch die Jahrbücher 1926 ff.

20 Vgl. Allgemeiner Deutscher Gewerkschaftsbund, Ortsauschuß Groß-Hamburg: Bericht über das Geschäftsjahr 1928. 32. Jahresbericht. Hamburg 1929, S. 61-68, sowie die entsprechenden Abschnitte in den Geschäftsberichten der Jahre 1929 bis 1931.

21 Vgl. dazu Rainer Stübling: Kultur und Massen. Das Kulturkartell der modernen Arbeiterbewegung in Frankfurt am Main von 1925 bis 1933. Offenbach 1983.

22 Zur Tätigkeit des Leipziger Arbeiterbildungsinstituts vgl. Frank Heidenreich: Arbeiterbildung und Kulturpolitik. Berlin 1983, S. 10-37.

23 Zur Gründung der Organisation und ihren Aufgaben vgl. Allgemeiner Deutscher Gewerkschaftsbund, Ortsausschuß Berlin: 33. Geschäftsbericht für das Jahr 1924. Berlin 1925, S. 105f. und Allgemeiner

Jahr 1927 schrieb der ADGB, der sich mit den anderen Verbänden nicht über die Finanzierung hatte einigen können, zu dem Vorgang:

> *"Im Einverständnis mit den am Kulturkartell beteiligten Organisationen wurde [...] die Auflösung desselben beschlossen. In allen gemeinsam interessierenden Kulturfragen werden jedoch auch in Zukunft alle in Frage kommenden Organisationen miteinander zusammenarbeiten."*[24]

Ob es noch einen anderen Anlaß für den Rückzug der Gewerkschaften aus dem Kulturkartell gab, war nicht zu ermitteln. Der Jahresbericht der Berliner SPD für 1925/26 sprach ebenfalls vom Scheitern des Kultur-Kartells:

> *"Vielfach werden verheißungsvolle Ansätze auf diesem Gebiete [der Bildungs- und Kulturarbeit, F. M.] durch Organisationsegoismus und Vereinsmeierei zunichte gemacht."*[25]

Die Gründe für die Differenzen können persönliche Animositäten der Beteiligten gewesen sein oder spezielle Organisationsinteressen, vielleicht konnten gerade die Gewerkschaften aber manchmal auch die "Abgehobenheit" der Kulturtheoretiker der Partei nicht nachvollziehen,[26] vielleicht störte sie die Tatsache, daß viele der sozialdemokratischen Bildungs- und Kulturfachleute eher dem linken Parteispektrum zuzurechnen waren. Aufschlußreich für das gespannte Verhältnis zwischen Gewerkschaften und Parteiintellektuellen ist eine Aussage Alexander Knolls, die dieser in einer Festschrift der "Akademie der Arbeit" machte:

> *"Es ist ja kein Zufall, daß der weitaus größte Teil der Intellektuellen, der aus bürgerlichen Kreisen zur Arbeiterbewegung gestoßen ist, sich der politischen Bewegung zugewandt hat. Hier stehen der theoretischen Spekulation weit größere Möglichkeiten offen als in der gewerkschaftlichen Bewegung. Wobei nicht verschwiegen zu werden braucht, daß diese Freiheit der theoretischen Spekulation der Gesamtbewegung nicht immer zum Nutzen gereicht hat."*[27]

Deutscher Gewerkschaftsbund, Ortsausschuß Berlin: 34. Geschäftsbericht für das Jahr 1925. Berlin 1926, S. 92f..

24 Allgemeiner Deutscher Gewerkschaftsbund, Ortsausschuß Berlin: 36. Geschäftsbericht für das Jahr 1927. Berlin 1928, S. 125.

25 Zit. nach Gert-Joachim Glaessner: Wissen ist Macht - Macht ist Wissen. Die Kultur- und Bildungsarbeit der Berliner Arbeiterbewegung, in: Studien zur Arbeiterbewegung und Arbeiterkultur in Berlin. Hrsg. v. Gert-Joachim Glaessner, Detlef Lehnert und Klaus Sühl. Berlin 1989, S. 237-269, dort S. 243.

26 Zur Kritik an der "Abgehobenheit" mancher im kulturellen Bereich tätigen Parteimitglieder vgl. z. B. "Sozialistische Kulturaufgabe. Nachwort zur sozialistischen Kulturtagung", in: Vorwärts, Nr. 471, 6.10.1926, AA.

27 Alexander Knoll: Gewerkschaftliches Bildungswesen einst und jetzt, in: Die Akademie der Arbeit an der Universität Frankfurt am Main 1921-31. Hrsg. v. Ernst Michel. Frankfurt am Main 1931, S. 135-139, dort S. 136.

3.2.2 Die Freien Gewerkschaften und der Arbeiter-Radio-Klub[28]

Das Verhältnis zwischen den Freien Gewerkschaften und dem 1925 auf Reichsebene gegründeten Arbeiter-Radio-Klub war nie ganz ungetrübt. Das hing einerseits damit zusammen, daß die Radio-Organisation für sich die Führungsrolle in Rundfunkfragen innerhalb der Arbeiterbewegung reklamierte - ein Anspruch, den sowohl die Gewerkschaften als auch die SPD zurückwiesen.[29] Schwerer gewogen haben dürfte freilich die Tatsache, daß die Reichsleitung des Arbeiter-Radio-Klubs zumindest in der Anfangszeit eindeutig kommunistisch dominiert war. Bei der Gründung der ersten Ortsgruppen im Frühjahr 1924 in Berlin, Leipzig und Chemnitz hatten sich in fast allen Fällen Kommunisten als Geburtshelfer betätigt,[30] was auch den staatlichen Überwachungsbehörden nicht entgangen war.[31] Nach außen hin versuchte die KPD jedoch den Eindruck zu vermeiden, es handele sich bei den Radio-Vereinen um kommunistische Organisationen.[32]

Auf der 1. Reichskonferenz der Arbeiter-Radio-Gruppen am 28. und 29. März 1925 in Berlin, auf der der Arbeiter-Radio-Klub Deutschland e. V. gegründet wurde, wählten die Delegierten den KPD-Landtagsabgeordneten und zweiten Vorsitzenden der Freien Postgewerkschaft, Wilhelm Hoffmann-Schmargendorf, zum ersten, Paul Kiessig aus Leipzig zum zweiten Vorsitzenden.[33] Als sich Hoffmann-Schmargendorf am 29. Mai 1925 an die freigewerkschaftlichen Spitzenverbände ADGB, AfA-Bund und ADB wandte, um ein gemeinsames Vorgehen in der drängenden Rundfunkfrage anzuregen,[34] reagierten diese nicht zuletzt deshalb zurückhaltend, weil sie hinter dem ARKD eine

---

28 Zum Arbeiter-Radio-Klub vgl. die in der Einleitung, Abschnitt 3 aufgeführte Literatur.

29 Vgl. dazu die Stellungnahme des Geschäftsführers im Sozialistischen Kulturbund, Weimann, auf dessen Tagung im Oktober 1926, der betonte, "daß die kulturelle Interessenvertretung der Arbeiterschaft dem Rundfunk gegenüber nicht Sache einer Spezialorganisation, wie sie der Arbeiter-Radio-Klub darstellt, sein kann, sondern von den Arbeiter-Kultur-Kartellen [...] ausgeübt werden muß". Richard Weimann: Film und Radio, in: Arbeiterbildung, H. 12, Dezember 1926, S. 200f., dort S. 201.

30 In Berlin verteilte die KPD am 1. April 1924 ein Flugblatt mit der Überschrift "Achtung Radio-Arbeiter!", das für "alle KPD-Genossen, die in der Radio-Industrie beschäftigt sind", bestimmt war. Die KPD lud damit zu einer Versammlung ein, bei der jeder Betrieb von Radioherstellern durch einen Genossen vertreten sein sollte. Der Aufruf war unterzeichnet von einem "Komitee zur Vorbereitung eines Arbeiter-Radio-Klubs". Darunter stand der Name des Berliner KPD-Sekretärs Erich Heintze. Vgl. BA Koblenz, Abt. Potsdam, Reichskommissar Überwachung der öffentlichen Ordnung, St 12/93, Bd. 1. In Leipzig rief ein vorbereitendes Komitee um den kommunistischen Lagerarbeiter Karl Krause zum 30. April 1924 in das Volkshaus ein, um auch dort einen Arbeiter-Radio-Klub zu gründen. Vgl. ebenda.

31 Vgl. den Polizeibericht, den das preußische Ministerium des Innern am 26.6.1924 an den Reichskommissar für Überwachung der öffentlichen Ordnung schickte, in: ebenda.

32 Vgl. das Schreiben des ZK der KPD vom 30.9.1925 an die Zentralagitprop-Abteilung, in: SAPMO, IV 3/2/1078, I 4/5/2 Arbeiter-Radio-Verbände.

33 Zur Vorbereitung und zum Verlauf der Reichskonferenz vgl. "Vorbereitung der Reichskonferenz im März", in: Rote Fahne, Nr. 21, 23.1.1925 und "Reichskonferenz des Arbeiter-Radio-Klub", in: Rote Fahne, Nr. 84, 30.3.1925, sowie "1. Reichskonferenz des Arbeiter-Radio-Klub am 29.3.1925", in: Vorwärts, Nr. 151, 30.3.1925, AA.

34 Vgl. Kapitel 2.2 dieser Arbeit.

kommunistisch gesteuerte Organisation vermuteten.[35] Das Unbehagen der Gewerkschaften gegenüber der Führung des ARKD muß auch in den gemeinsamen Unterredungen zum Ausdruck gekommen sein. Auf einer Besprechung Hoffmanns mit dem Mitarbeiter der Gewerkschaftsabteilung der KPD-Zentrale, Paul Merker, und einem Genossen Wiest "über die weitere Bearbeitung der Arbeiter-Radio-Bewegung" teilte Hoffmann mit, Knoll vom ADGB sei gegen ihn "sehr mißtrauisch", weil die Gewerkschaften den ARKD für "eine kommunistische Sache" hielten.[36] Für diese Sicht sprachen neben der Zusammensetzung der zentralen ARKD-Leitung nach der 2. Reichskonferenz im März 1926[37] auch die Forderungen, die der ARKD stellte.

Hatte der ARKD zunächst noch versucht, Mitglieder in die Kulturbeiräte zu entsenden (im Falle des Dresdener Vorsitzenden des ARKD, Alfred Althus, SPD, war ihm dies beim Mitteldeutschen Rundfunk auch gelungen),[38] so änderte zumindest der kommunistisch dominierte Berliner Bezirk des ARKD spätestens Anfang 1927 seine Meinung gegenüber den Mitwirkungsmöglichkeiten in den nun offiziell gewordenen Rundfunkgremien. Anstelle der von den Sozialdemokraten und den Freien Gewerkschaften favorisierten Mitarbeit in den bestehenden Rundfunkgesellschaften, der Beteiligung an den Politischen Überwachungsausschüssen und Kulturbeiräten forderte der ARKD die Errichtung von Arbeitersendern und daneben die Schaffung eines "Rundfunkparlaments" für jede Sendegesellschaft. Das Rundfunkparlament war gedacht als Ersatz für die Kulturbeiräte, deren Einfluß man in der Arbeiterbewegung allgemein für zu gering hielt.[39] Im Februar 1927 machte der ARK, Berlin in einem Flugblatt unter der Überschrift "Was wir wollen" einen Vorschlag für den Wahlmodus eines solchen Hörerparlaments: Alle Rundfunkteilnehmer eines Sendebezirks sollten unter den von den

---

35 Vgl. das Schreiben des AfA-Bundes v. 10.6.1925 an den ADGB, in dem Aufhäuser Knoll warnte: "Ob der genannte Arbeiter-Radio-Klub geeignet ist, unsere Interessen zu vertreten, bedarf aber einer eingehenden Prüfung, insbesondere auch, da der Vorsitzende, Herr Hoffmann, Schmargendorf, zu den rührigsten kommunistischen Agitatoren gehört." In: HiKo NB 452 Rundfunk 1925-1931.

36 Vgl. SAPMO, IV 3/2/1078, I 4/5/2, Arbeiter-Radio-Verbände.

37 Dem ARK-Vorstand gehörten nun an: Wilhelm Hoffmann-Schmargendorf (KPD) als Vorsitzender, Paul Kiessig als stellvertretender Vorsitzender, Oskar Schaefer und Paul Richter (KPD) als Schriftführer, Frieda Richter (KPD) und Reinhold Franke als Kassierer, sowie als Beisitzer Bruno Voigt (SPD), Richard Kummich und Erich Heintze (KPD), den Polizeiberichte als den "intellektuellen Leiter" des ARK bezeichneten. Heintze war Mitarbeiter der Berliner KPD-Zentrale. Zur amtlichen Einschätzung des ARK im Frühjahr 1926 vgl. den Bericht des Berliner Polizeipräsidenten für das Reichsinnenministerium v. 13.4.1926, in: BA Koblenz, Abt. Potsdam, Reichskommissar für Überwachung der öffentlichen Ordnung, St 12/93/Bd. 1.

38 Allerdings bestanden von Anfang an wenig Chancen dafür, daß die Arbeiter-Radio-Klubs Vertreter in die Kulturbeiräte entsenden würden, hatte doch das Reichspostministerium bereits im Januar 1926 dem Reichsinnenministerium sowie den für die Auswahl der Kulturbeiräte zuständigen Staatsministerien und Länderministern mitgeteilt, "daß diese Bewegung von Rußland gefördert wird". Vgl. den Bericht des Reichspostministeriums v. 25.1.1926, in: StA Bremen, Nachrichtenstelle der Polizeidirektion 4,65-1059, Arbeiter-Radio-Bund.

39 Allerdings hatte auch Arthur Crispien, der dem linken Flügel der SPD zuzurechnen ist, im Oktober 1926 im "Vorwärts" ein "Rundfunkparlament" gefordert. Vgl. "Demokratie im Rundfunk!" in: Vorwärts, Nr. 470, 6.10.1926, MA.

einzelnen "Kulturrichtungen" aufgestellten Kandidaten ihre Vertreter wählen können. Als Wahlberechtigung dienten die Quittungen über die bezahlten Rundfunkgebühren.[40]

Als der ARK für den 19. November 1926 zu einer Rundfunkkonferenz über Programmfragen ins Berliner Rathaus lud, lehnten Freie Gewerkschaften, SPD und Sozialistischer Kulturbund eine Teilnahme daran ab. Letzterer erklärte, zuständig für die Programmarbeit der Berliner Arbeiterorganisationen sei das Arbeiter-Kultur-Kartell, das bereits eine Rundfunkkommission eingesetzt habe.[41] Als der Arbeiter-Radio-Klub um seine Aufnahme in das Berliner Arbeiter-Kultur-Kartell nachgesucht hatte, war das mit der Begründung abgelehnt worden, die Interessen der Radiohörer würden schon durch das Kulturkartell wahrgenommen.[42] In Wahrheit verhielt es sich aber wohl so, daß der Anschluß des Arbeiter-Radio-Klubs gerade in Berlin aus politischen Gründen nicht erwünscht war.

Als der Propagandaleiter der Bezirksgruppe Berlin im Januar 1927 beim ADGB anfragte, ob dieser in einem Beitrag für ein Festbuch des ARK zu den Fragen "Warum ist der Rundfunk für die Fortentwicklung des Proletariats mit von entscheidender Bedeutung?" Stellung nehmen wolle, schrieb der ADGB-Vorstand kühl zurück, erstens sei er nicht der Auffassung, daß der Rundfunk für die Fortentwicklung des Proletariats mit von entscheidender Bedeutung sei, und zweitens halte er es nicht für erforderlich, auf die Fragen überhaupt zu antworten.[43]

Das Verhältnis zwischen Freien Gewerkschaften, SPD und Arbeiter-Radio-Klub verbesserte sich erst nach dessen 3. Reichskonferenz im März 1927, auf der der sozialdemokratische Staatssekretär a. D., Curt Baake, Hoffmann-Schmargendorf als Vorsitzenden des Arbeiter-Radio-Klubs ablöste und die Sozialdemokraten die Reichsleitung übernahmen.[44] Einen endgültigen Kurswechsel gegenüber der 1927 in "Arbeiter-Radio-Bund Deutschland" (ARBD) umbenannten Organisation vollzogen die Freien Gewerkschaften nach der 4. Reichskonferenz des ARBD im September 1928, nachdem mit Erich Flatau ein Vertreter des Berliner AfA-Kartells und mit dem Gauleiter des Bundes der Technischen Angestellten und Beamten für Rheinland-Westfalen, Heinrich Gramm,

---

40 Vgl. SAPMO, IV 3/2/1078, I 4/5/1 Arbeiter-Radio-Verbände.

41 Vgl. das Schreiben des Sozialistischen Kulturbundes v. 16.11.1926, in: ebenda. Allerdings berichtete der "Vorwärts" am 23. November 1926 der ARK habe kürzlich eine Versammlung von Schriftstellern, Künstlern und Vertretern gewerkschaftlicher Organisationen einberufen, die sich mit der Frage der Beeinflussung der Rundfunkprogramme im Sinne der Werktätigen beschäftigt habe. Obwohl einige wichtige Organisationen gefehlt hätten (anwesend war laut "Vorwärts" aber der sozialdemokratische Fraktionsvorsitzende im preußischen Landtag, Ernst Heilmann), habe man einen Ausschuß, bestehend aus 25 Leuten gewählt, die in verschiedenen Kommissionen Richtlinien für einzelne Programmsparten erarbeiten und eingehende Vorschläge sichten sollten. Vgl. Vorwärts, Nr. 551, 23.11.1926, MA.

42 Vgl. Allgemeiner Deutscher Gewerkschaftsbund, Ortsausschuß Berlin: 35. Geschäftsbericht für das Jahr 1926. Berlin 1927, S. 80.

43 Vgl. das Schreiben des ARK v. 24.1.1927 und die Antwort des ADGB v. 3.2.1927, in: HiKo NB 452 Rundfunk 1925-1931.

44 Vgl. "Die 3. Reichskonferenz des Arbeiter-Radio-Klub Deutschland e. V.", in: Der Neue Rundfunk, H. 11, 13.3.1927, S. 283f., sowie "Reichskonferenz des Arbeiter-Radioklubs", in. Vorwärts, Nr. 111, 7.3.1927, AA und "Zur 3. Reichskonferenz des Arbeiter-Radioklubs in Berlin" in: Rote Fahne, Nr. 53, 4.3.1927 sowie "Reichskonferenz des Arbeiter-RadioKlubs", in: Rote Fahne, Nr. 56, 8.3.1927.

zwei freigewerkschaftliche Angestelltenfunktionäre in den erweiterten Vorstand des Arbeiter-Radio-Bundes eingetreten waren.[45] Auch wenn Curt Baake zu dieser Zeit noch
beklagte, daß bei den Freien Gewerkschaften insgesamt "leider die Erkenntnis von der
Bedeutung des Rundfunks noch nicht so weit vorgeschritten" sei,[46] so kannte doch auch
der ADGB immer weniger Berührungsängste vor einer Zusammenarbeit mit dem
ARBD. Als beispielsweise der ADGB-Ortsausschuß München im Mai 1928 beim
ADGB-Bundesvorstand wegen der Unterstützung durch die ARBD-Zentrale nachfragte,
verwies Knoll darauf, daß man sich ohne Bedenken an Curt Baake wenden solle.[47]

Vollends unproblematisch wurde das Verhältnis nach dem Ausschluß der kommunistisch orientierten Berliner Gruppen des ARBD im Sommer 1929[48] und der Gründung
des "Freien Radio-Bundes" 1930,[49] zumal die im ARBD verbliebenen Gruppen (und
das war die große Mehrheit) sich auf den Bau von Radiogeräten und Übertragungsmög-
lichkeitenn für die sozialdemokratischen Organisationen konzentrierten und Programmfragen weitgehend den Rundfunkausschüssen überließen, in denen Vertreter der Partei
und der Gewerkschaften dominierten.

Insgesamt gesehen bleibt festzuhalten, daß sich die Freien Gewerkschaften in ihrer
konkreten Rundfunkarbeit von den Querelen im ARKD/ARBD ohnehin nicht sonderlich
beeinflussen ließen. Da, wo es ihnen nutzte, suchten sie die Zusammenarbeit mit den
Radio-Klubs - etwa beim Einsatz der von Mitgliedern des ARBD gebauten Lautspre-
cheranlagen; darüber hinaus stellte die Radioorganisation für sie eine eher zu vernach-
lässigende Größe dar, und dies im wahrsten Sinn des Wortes: zählte der ARBD doch
auch in seinen besten Zeiten nie mehr als 10 000 Mitglieder.

---

45   In seinem Bericht für die Jahre 1925-1928 schrieb der AfA-Bund 1928: "Die Zusammenarbeit mit
     dem ARB e. V. hat sich im letzten Abschnitt der Geschäftsperiode besser gestaltet. Einer noch enge-
     ren Zusammenarbeit steht, nachdem der kommunistische Einfluß stark zurückgedrängt ist, nichts im
     Wege." Vgl. AfA-Bund: Die Angestelltenbewegung 1925-1928. Berlin 1928, S. 273. Zur Reichskon-
     ferenz des ARB im September 1928 vgl. "Die vierte Reichstagung des Arbeiter-Radio-Bundes", in:
     Arbeiterfunk, H. 39, 21.9.1928, S. 611ff.; Zur 4. Reichskonferenz vgl. auch "Vom ARB. Beginn der
     Reichskonferenz", in: Vorwärts, Nr.425, 8.9.1928, MA und "Reichskonferenz des ARB", in: Vor-
     wärts, Nr. 427, 9.9.1928, MA. Zur kommunistischen Sicht vgl. "Reichskonferenz des Arbeiter-Ra-
     diobundes", in: Rote Fahne, Nr. 211, 7.9.1928 und "Reichskonferenz des Arbeiter-Radiobundes", in:
     Rote Fahne, Nr. 212, 8.9.1928.

46   Vgl. Curt Baake: Von der 3. zur 4. Reichskonferenz, in: Arbeiterfunk, H. 37, 7.9.1928, S. 577f., dort
     S. 578.

47   Vgl. den Briefwechsel zwischen dem ADGB-Ortsausschuß-Vorsitzenden von München, Gustav
     Schiefer, und Alexander Knoll, in: HiKo NB 452 Rundfunk 1925-1931.

48   Zur Spaltung der Arbeiter-Radio-Bewegung vgl. Alfred Flatau: Gefahrenpunkte, in: Arbeiterfunk, H.
     17, 26.4.1929; "Aufwärtsentwicklung", in: ebenda, H. 26, 28.6.1929, S. 306ff. und H. 27, 5.7.1929,
     S. 310ff., sowie "Jetzt ist der Radiobund dran! Die Kommunisten in den Kulturverbänden.", in: Vor-
     wärts, Nr. 292, 25.6.1929, MA; "Wiederaufbau im Arbeiter-Radio-Bund", in. Vorwärts, Nr. 389,
     21.8.1929, MA und zur kommunistischen Sicht Peter Dahl: Arbeitersender, a.a.O., S. 54-57, der
     Hanzl kritiklos folgt. Vgl. Horst Hanzl: Der Rundfunk der Weimarer Republik, a.a.O., S. 75-81.

49   Zum Freien Radiobund Deutschlands (FRBD) vgl. ebenda, S. 81ff. und Ullrich Brurein: Zur Ge-
     schichte der Arbeiter-Radio-Bewegung, T. 2, a.a.O., S. 3-53.

3.2.3 Die Gründung regionaler und lokaler Rundfunkausschüsse

Noch bevor die Kieler Konferenz der Bezirksbildungsausschüsse im Mai 1927 die Gründung von Rundfunkausschüssen auf regionaler bzw. lokaler Ebene beschlossen hatte, war es im Westen der Republik zur quasi institutionalisierten Zusammenarbeit von Gewerkschaften und Partei in Sachen Rundfunk gekommen. Dort hatte der ADGB-Bezirk Rheinland/Westfalen/Lippe mit den Bezirksbildungsausschüssen der SPD in Düsseldorf, Dortmund und Köln und dem Arbeiter-Radio-Klub der Region bereits im Frühjahr 1926 einen Arbeitsausschuß ins Leben gerufen, der es sich zur Aufgabe gemacht hatte, "die Sendeprogramme der staatlichen [sic!] Radiosender nach Möglichkeit in unserem Sinne durch Vorträge, Referate usw. zu beeinflussen", wie der Sekretär des Bezirksbildungsausschusses Niederrhein der SPD am 11. Juni 1926 an den ADGB-Bundesvorstand berichtete.[50] In dieser Form blieb der "Arbeitsausschuß", in dem wohl die Parteivertreter führend waren, zunächst das einzige Modell, wenngleich sich auch an anderen Orten sporadisch Initiativen im Rundfunksektor entwickelten. Erst im Anschluß an die Kieler Konferenz wurden dann 1928 in Berlin und Breslau und 1929 in München ähnliche Ausschüsse gegründet, während die Gewerkschaften an den anderen Orten mit Sendeeinrichtungen ihre Rundfunkarbeit unabhängig von der Partei organisierten bzw. nur - wie in Leipzig - eine eher informelle Runde mit Vertretern der Partei und der Kulturorganisationen bildeten.

Im "Zentralausschuß für den Westdeutschen Rundfunk", wie sich der "Arbeitsausschuß" für das Rheinland und Westfalen seit 1928 nannte, waren die Mitgliedsorganisationen (die Bezirksverbände des ADGB, des AfA-Bundes und des ADB, die drei Bezirksausschüsse für sozialistische Bildungsarbeit der SPD Oberrhein, Niederrhein und westliches Westfalen sowie der Bezirk Rheinland-Westfalen des Arbeiter-Radio-Bundes) "entsprechend ihren Mitgliederzahlen" vertreten.[51] Die Gewerkschaften hatten sich der Radiokommission, wie sie auch genannt wurde, formell offenbar erst im Laufe des Jahres 1928 angeschlossen.[52] Die Leitung des Ausschusses lag in den Händen des Redakteurs der "Rheinischen Zeitung" (SPD), Georg Beyer.

In Breslau hatte sich diese Position der Vertreter des Arbeiter-Radio-Bundes, Peter Przybylski, gesichert, der als Bezirkssekretär des Deutschen Verkehrsbundes hauptamtlicher Gewerkschaftsfunktionär war. Dem am 11. März 1928 gewählten "Rundfunk-Ausschuß der freien Arbeiterbewegung in Schlesien" gehörten außerdem der ADGB-Bezirkssekretär Oswald Wiersich, der Gauleiter des Zentralverbandes der Angestellten, Ismar Wachsner für den AfA-Bund, Max Felsen für den ADB und der Redakteur Albert

---

50 Bezirksbildungsausschuß der SPD Niederrhein an ADGB-BV, 11.6.1926, in: HiKo NB 452 Rundfunk 1925-1931.

51 Vgl. den Bericht des ADGB-Bezirks Rheinland-Westfalen-Lippe an den ADGB-BV v. 27.11.1928, in: HiKo NB 452 Rundfunk 1925-1931. Ob es einen formellen Proporz gab, war nicht zu ermitteln, genausowenig wie die personelle Zusammmensetzung des Ausschusses.

52 Darauf deutet jedenfalls der Bericht über eine Rundfunk-Konferenz für Rheinland/Westfalen, die am 7. August 1927 stattfand, hin. Dort werden als Veranstalter nur die SPD-Bezirke und der Arbeiter-Radio-Bund erwähnt. Vgl. "Rundfunk-Konferenz für Rheinland/Westfalen", in: Arbeiterbildung, H. 9, September 1927, S. 143.

Kranold vom Arbeiter-Bildungs-Ausschuß der Partei an. Weitere Mitglieder waren (offenbar als Experten in Bildungs- und Kulturangelegenheiten) Professor Dr. Hubert Winckler von der Universität Breslau, der Breslauer Studienrat Dr. Josef Wicke und der Chefredakteur der sozialdemokratischen Zeitung in Hindenburg/Oberschlesien, Heinrich Koitz.[53]

Nach längeren Verhandlungen zwischen Gewerkschaften und Partei bildete sich ebenfalls 1928 auch in der Reichshauptstadt der "Berliner Rundfunk-Ausschuß". Seine Mitglieder waren Robert Bredow, ein angestellter Funktionär des ADGB-Ortsausschusses Groß-Berlin, Erich Flatau, der Berliner Geschäftsführer des AfA-Bundes, Heyne vom Berliner ADB-Bezirksausschuß, der Parteisekretär und Vorsitzende des Berliner Arbeiter-Kultur-Kartells, Wilhelm Schenk, und der Geschäftsführer des Sozialistischen Kulturbundes, Richard Weimann. Mithin gehörten dem Ausschuß drei Gewerkschafts- und zwei Parteivertreter an.[54] Auffallend ist das Fehlen des Arbeiter-Radio-Bundes. Das hängt aber mit der besonderen Situation dieser Organisation in Berlin zusammen, in der bis zur Spaltung der Arbeiter-Radio-Bewegung 1929 die Kommunisten dominierten.[55]

Dem Berliner Rundfunk-Ausschuß war allerdings kein langes Leben beschieden; bereits ein Jahr nach seiner Gründung finden sich keinerlei Hinweise mehr auf seine Existenz. Insgesamt stellte sich die Situation in Berlin ohnehin schwieriger dar als anderswo. Der Kompetenzwirrwarr zwischen den örtlichen Arbeiterverbänden und den zentralen Organisationen (in Berlin hatten sowohl die gewerkschaftlichen Dachverbände von ADGB, AfA-Bund und ADB als auch die SPD und der Sozialistische Kulturbund ihren Sitz) war offenkundig so groß und die Verständigung so schwierig, daß sich der lokale Berliner Rundfunk-Ausschuß auflöste und die jeweiligen Spitzenorganisationen die Rundfunkarbeit an sich zogen.[56]

In München übernahm der Anfang 1929 von Vertretern der Sozialdemokratischen Partei, der Freien Gewerkschaften, der Volksbühne, der Arbeitersänger, des Arbeiter-Sportkartells und des Arbeiter-Radio-Bundes gegründete "Bund für soziale Kulturpflege" die Radioarbeit; Vorsitzender wurde der sozialdemokratische Stadtrat Georg Mauerer. Der "Bund" sollte als "einheitliche Zentrale für den Bereich der bayerischen Sender die Ideenwelt der modernen Arbeiterbewegung" fördern.[57] Im Frühjahr 1930 etablierte sich dann auch am zweiten bayerischen Sendeort, in Nürnberg, eine "Funkkommission".

In Frankfurt am Main beteiligten sich die Freien Gewerkschaften zwar am 1925 gegründeten "Kulturkartell der modernen Arbeiterbewegung",[58] dem neben dem SPD-Bildungsausschuß die Jungsozialisten, die Arbeiterabstinenzler, die Arbeitersänger und die

---

53 Vgl. die Anlage zum Schreiben Przybylskis an den ADGB-BV v. 28.4.1928, in: HiKo NB 452 Rundfunk 1925-1931.

54 Vgl. "Berliner Rundfunk-Ausschuß", in: Allgemeiner Deutscher Gewerkschaftsbund, Ortsausschuß Berlin: 37. Geschäftsbericht für das Jahr 1928. Berlin 1929, S. 56.

55 Vgl. Kapitel 3.2.2.

56 Vgl. dazu auch Kapitel 3.2.4.

57 Vgl.: Allgemeiner Deutscher Gewerkschaftsbund, Ortsausschuß München: Jahrbuch der Münchener Gewerkschaftsbewegung 1929. München 1930, S. 120.

58 Zum Frankfurter Kulturkartell vgl. Rainer Stübling: Kultur und Massen, a.a.O..

sozialdemokratischen Lehrer und Elternbeiräte angehörten - mit dem Leiter der Frank-furter Arbeiterbibliothek, Gerhard Sauer, stellten sie auch den zweiten Vorsitzenden - doch in der Rundfunkarbeit verfolgten sie eigene Ziele.[59] Nur in Einzelfällen arbeiteten sie mit Partei und Arbeiterkulturorganisationen zusammen. Eine Kooperation nur von Zeit zu Zeit bevorzugten die Gewerkschaften auch in Hamburg - dort hatte der gewerk-schaftliche Zentralbildungsausschuß die Rundfunkarbeit übernommen; in Leipzig ver-ständigten sich die Gewerkschaften innerhalb des Arbeiter-Bildungsinstituts mit den an-geschlossenen Organisationen. Über die restlichen Sendestandorte (Stuttgart, Königs-berg) ließen sich keine Angaben ermitteln.

Die Gründe für die unterschiedlichen Strategien der Gewerkschaften stehen zumeist wohl in Zusammenhang mit der jeweiligen (gewerkschafts-)politischen Situation vor Ort. Da, wo die Gewerkschaften sich stark wähnten, bevorzugten sie ein eigenständiges Vorgehen (Beispiel Hamburg) oder sahen zu, daß sie sich die Vormachtstellung in den Ausschüssen sicherten (Beispiel Breslau). Anderswo ließen sie sich lediglich von Fall zu Fall und eher gezwungenermaßen (Beispiel Frankfurt am Main) auf Bündnisse mit der Partei ein. Daß sie - zunächst wenig erfolgreich - in Leipzig lieber eigene Wege gin-gen, läßt sich leicht mit dem gespannten Verhältnis der beiden Organisationen in Sach-sen erklären.[60] In Gebieten, in denen die Freien Gewerkschaften eher schwach waren (Beispiel Bayern oder auch in Teilen des Rheinlandes und Westfalens), schienen sie ge-neigter gewesen zu sein, mit Parteiorganisationen zu kooperieren. Insgesamt müssen diese Feststellungen aber Vermutungen bleiben. Belege gibt es dafür nicht. In welchem Maße und mit welcher Begründung die Gewerkschaften bisweilen zur Partei auf Distanz gingen, das zeigt aber ihr Widerstand gegen die institutionalisierte Zusammenarbeit mit dem Sozialistischen Kulturbund und der von diesem initiierten Freien Rundfunkzentra-le.

3.2.4 Freie Gewerkschaften und Freie Rundfunkzentrale

Im Juli 1928 beschäftigte sich eine kulturpolitische Arbeitswoche des Reichsausschus-ses für sozialistische Bildungsarbeit mit der "Radiofrage".[61] Der Referent zum Thema "Rundfunk und Arbeiterschaft", Richard Weimann, schlug dort vor, die Programmarbeit zukünftig zentral in Angriff zu nehmen. Die bislang vorliegenden Vortrags- und künstlerischen Sendemanuskripte müßten gesichtet und möglichst für alle Sendegesell-schaften ausgewertet werden. Weimann regte an, den Sozialistischen Kulturbund mit dieser Aufgabe zu betrauen.[62]

---

59   Vgl. Kapitel 4.4.4 dieser Arbeit.

60   Vgl. Heidenreich, Frank: "... das wichtigste Agitationsmittel für die Partei". Zur Geschichte der sozi-aldemokratischen Presse in Sachsen vor 1933, in: Internationale Wissenschaftliche Korrespondenz zur Geschichte der Arbeiterbewegung, H. 2, 1991, S. 139-171, dort S. 161.

61   Vgl. den Bericht über die Kulturpolitische Arbeitswoche, in: Arbeiterbildung, H. 8, August 1928, S. 113-118, dort S. 118.

62   Vgl. ebenda.

Handlungsbedarf bestand vor allem in Berlin, wo die verschiedensten Arbeiterorganisationen bis dahin ohne großen Erfolg versucht hatten, Programme nach ihrem Geschmack bei den Hauptstadtsendern Berliner Funkstunde und Deutsche Welle durchzusetzen. Das hatte auch der sozialdemokratische Ministerialrat im preußischen Kultusministerium, Richard Woldt, als Berater der Deutschen Welle in Sachen "Arbeiterfunk" erkannt. Er lud deshalb für den 13. Oktober 1928 mehrere Arbeitnehmervertreter zu einer Sitzung ins Ministerium, um Fragen der Programmgestaltung bei der Funkstunde und der Deutschen Welle mit ihnen zu besprechen und das bisherige "planlose Nebeneinander"-Vorgehen der Arbeiterorganisationen zu beenden.[63] Im Zuge dieser Unterredung kam es zu Mißverständnissen zwischen den Gewerkschaften und dem Sozialistischen Kulturbund, die Aufschluß darüber geben, welche Haltung die Gewerkschaften zur Zusammenarbeit mit der Partei in Rundfunk-Angelegenheiten einnahmen. Auf dem Treffen am 13. Oktober, an dem das für Rundfunkfragen zuständige ADGB-Vorstandsmitglied, Alexander Knoll, wegen anderweitiger Verpflichtungen nicht hatte teilnehmen können und zu dem offenbar auch kein anderer ADGB-Vertreter delegiert worden war, griff Woldt die Anregung der Kulturpolitischen Arbeitswoche auf und schlug vor, "eine Kommission aus den beteiligten uns nahestehenden Kreisen einzusetzen", wie der AfA-Vertreter Wilhelm Stähr am 27. Oktober in einem Schreiben an Knoll über den Inhalt der Unterredung berichtete.[64] Die Kommission, die nach Stährs Angaben "unter der Federführung des Arbeiter-Kultur-Bundes" [sic!] stehen könne, sollte die eingehenden Vortragsmanuskripte prüfen, eventuelle Änderungen vornehmen, um der Zensur zuvorzukommen [!], und die Auswahl der Referenten überwachen.

In seinem Schreiben zeigte sich Stähr verwundert darüber, daß der ADGB nach Weimanns Aussage dem bereits zugestimmt habe. Für den AfA-Bund teilte er mit, daß dieser mit einer solchen Regelung sich nicht einverstanden erklären könne; er befürchte nämlich, daß bei einem solchen Abkommen, "eine sehr starke Gefahr für die wirksame Beteiligung der Gewerkschaften" vorliege. Der AfA-Bund sei der Meinung,

> *"daß die Interessen der Gewerkschaften viel besser gewahrt werden könnten, wenn diesen die Entscheidung über die Vorträge und auch über die Bestellung der Vortragenden selbst überlassen bliebe."*[65]

Aus Stährs Brief geht nicht zweifelsfrei hervor, welches Gremium überhaupt zur Diskussion stand. Offenbar glaubte er aber, daß in Zukunft sämtliche Manuskripte, die die Arbeiterorganisationen beim Rundfunk einreichen wollten, erst die Prüfungsinstanz einer zentralen Kommission durchlaufen sollten. Knoll ging noch einen Schritt weiter. Er entnahm Stährs Bericht, die Kommission solle nicht nur die Beiträge auswählen und redigieren, sondern auch die Besetzung der Rundfunkgremien durch Arbeitervertreter zentral regeln. In einem Brief an den Vorsitzenden des Sozialistischen Kulturbundes bekräftigte er daraufhin die alte Haltung des ADGB:

---

63 Vgl. das Schreiben Woldts v. 3.10.1928 an den ADGB, in: HiKo NB 452 Rundfunk 1925-1931.

64 Vgl. das Schreiben Stährs v. 27.10.1928 an Knoll, in: ebenda.

65 Vgl. ebenda.

"Es kann keine Rede davon sein, daß wir unsere Ansprüche etwa an den Sozialistischen Kulturbund abgetreten haben."[66]

Allerdings war dies auch gar kein Thema der Besprechung gewesen; Knolls Intervention zeigt aber das latent vorhandene Mißtrauen der Gewerkschaften gegenüber den sozialdemokratischen Kulturorganisationen, denen sie offenbar unterstellten, gewerkschaftliche Interessen nicht in ausreichendem Maße zu unterstützen oder deren Vorgehen sie bisweilen für eher kontraproduktiv hielten.

Klärung brachte das Antwortschreiben Weimanns an Knoll. Er wies darauf hin, daß keineswegs daran gedacht werde, eine quasi halbamtliche Einrichtung zur Überwachung und Kontrolle des Rundfunks zu schaffen. Geplant sei aber, "eine Spitzenkommission der Arbeiterschaft", die Rundfunkangelegenheiten zentral bearbeite und die bestehenden regionalen und örtlichen Rundfunkausschüsse mit Material versorge. Dies sei vor allem in den schwächeren Bezirken notwendig. Und auch die Situation bei der Berliner Funkstunde und der Deutschen Welle, die beide eine zentrale Bedeutung besäßen, könne durch die Kommission verbessert werden. Deshalb sollten diesem Gremium neben Vertretern der Spitzenverbände auch einige Vertreter der Berliner Arbeiterorganisationen angehören.[67]

Am 18. November 1928 tagte dann in Berlin die erste Reichs-Rundfunkkonferenz des Sozialistischen Kulturbundes, an der Vertreter der großen Arbeiterorganisationen, Mitglieder der sozialdemokratischen Reichstags- und Landtagsfraktionen, die sozialdemokratischen Mitglieder der Überwachungsausschüsse und der Kulturbeiräte, Vertreter der örtlichen Rundfunkausschüsse und die Sendekreisleiter des Arbeiter-Radio-Bundes teilnahmen.[68] Sie beschlossen, eine "Arbeiter-Funkkommission" innerhalb des Sozialistischen Kulturbundes zu bilden. Als deren konkrete Aufgaben wurden benannt: 1. Programmaufstellung (Auswahl der Referate und der Redner, Prüfung der Manuskripte); 2. Verhandlungen mit den Rundfunkgesellschaften über die Durchführung von Arbeiterprogrammen; 3. Vertretung der Arbeiterinteressen gegenüber den Behörden; 4. Fühlungnahme mit den bezirklichen Rundfunkausschüssen, den Kulturbeiräten und Politischen Überwachungsausschüssen.[69] Über die personelle Zusammensetzung entschied die Konferenz noch nicht. Jedoch teilte Weimann schon wenige Tage später dem Leiter der wirtschaftspolitischen Abteilung im AfA-Bund, Dr. Otto Suhr,[70] der für seine Organisation an der Konferenz teilgenommen hatte, mit, daß die Vorbereitungen zur Bildung der zentralen Kommission soweit fortgeschritten seien, daß ADGB und AfA-Bund ihre Vertreter nur noch zu benennen brauchten. Die Kommission werde aus fünf Personen bestehen, wovon der Vorsitzende des Arbeiter-Radio-Bundes, Curt Baake, und die

---

66 Knoll am 30. Oktober 1928 an Weimann, in: ebenda.

67 Vgl. das Schreiben Weimanns v. 8.11.1928 an Knoll, in: ebenda.

68 Vgl. den Bericht über die Konferenz, in: Arbeiterbildung, H. 12, Dezember 1928, S. 191f..

69 Vgl. die von Otto Suhr Ende 1928 verfaßte "Denkschrift über die Ausgestaltung der Beziehungen zwischen Gewerkschaften und Rundfunk", in: HiKo NB 452 Rundfunk 1925-1931.

70 Ab Ende 1928 war offenbar der Leiter der wirtschaftspolitischen Abteilung des AfA-Bundes, Dr. Otto Suhr, für die Rundfunkarbeit seiner Organisation zuständig. Darauf deutet auch die Tatsache hin, daß er die in Anm. 62 erwähnte Denkschrift in Sachen Rundfunk verfaßte.

Reichstagsabgeordnete Clara Bohm-Schuch als Delegierte der Partei schon feststünden. Das fünfte Mitglied konnten die Arbeiterkulturverbände benennen.[71] Die Kommission war befugt, darüber hinaus noch weitere Mitglieder zu kooptieren und für die besonderen Berliner Belange je zwei Vertreter der Berliner Gewerkschaftsorganisationen und der SPD hinzuzuziehen.[72]

Doch die Gewerkschaften plagten große Bedenken, sich der "Freien Rundfunkzentrale", wie die Kommission benannt wurde, anzuschließen. Am 20. November 1928 beschäftigte sich der AfA-Bundesvorstand mit der Frage eines korporativen Beitritts zur Rundfunkzentrale. Otto Suhr empfahl, zweigleisig vorzugehen, wie die Freien Gewerkschaften dies zum Beispiel in Hamburg täten: das hieß einerseits in der Zentralkommission mit der Partei und der Arbeiterkulturbewegung zu kooperieren und andererseits, "soweit besondere gewerkschaftliche und wirtschaftliche Probleme in Frage kommen", eine gemeinschaftliche Aktion der Gewerkschaften aller Richtungen zu bevorzugen.[73] Die übrigen Mitglieder des AfA-Vorstandes mochten diesem Rat nicht folgen. Sie führten an, die praktischen Erfahrungen bisher hätten gezeigt, daß die Gewerkschaften "bei geschlossenem Vorgehen" aller Gewerkschaftsrichtungen einen größeren Einfluß auf die Gestaltung des Rundfunkprogramms ausüben könnten als bei einem Zusammengehen mit der Partei. Außerdem bestehe bei einer solchen Zusammenarbeit die Gefahr, daß alle gewerkschaftlichen Beiträge als "parteipolitisch abgestempelt" erschienen und die Freien Gewerkschaften auch von unmittelbaren Verhandlungen mit den Rundfunkgesellschaften ausgeschlossen würden. Die Gewerkschaften befürchteten, von dem in den Richtlinien der Sendegesellschaften ausgesprochenen Verbot "politischer" Themen im Rundfunk noch stärker betroffen zu werden, als dies ohnehin schon der Fall war. Als Spezifikum kam für den AfA-Bund hinzu, daß die der Angestelltenorganisation angeschlossene Genossenschaft deutscher Bühnenangehöriger, die die Interessen der Schauspieler im Rundfunk vertrat, als Tarifpartner der Rundfunkgesellschaften Verhandlungsspielraum für sich einforderte.[74] Der AfA-Vorstand beschloß, Verhandlungen mit dem ADGB und dem ADB aufzunehmen und mit diesen eine gemeinsame Kommission zu bilden, die die Rundfunkangelegenheiten der Gewerkschaften bearbeiten sollte.

Ob ein solches Gremium eingesetzt wurde, ist unklar; jedenfalls schloß sich der ADGB der Meinung des AfA-Bundes an. Am 26. November 1928 informierte Knoll den Reichsausschuß für sozialistische Bildungsarbeit darüber, daß die Freien Gewerkschaften "vorläufig" von einer Beteiligung an der Rundfunkzentrale absehen wollten.[75] Der AfA-Vorstand, der sich am 17. Dezember 1928 erneut mit dem Thema beschäftigte, bekräftigte noch einmal seine Ansicht, wonach die Gewerkschaften "unmöglich ihre selbständige Stellungnahme mit den Direktionen des Rundfunks aufgeben könn-

---

71	Vgl. das Schreiben Suhrs v. 27.11.1928 an Knoll, in: HiKo NB 452 Rundfunk 1925-1931.

72	Vgl. Suhrs Denkschrift, in: ebenda.

73	Vgl. ebenda.

74	So jedenfalls argumentierte der Vorsitzende der "Genossenschaft deutscher Bühnenangehöriger", Wallauer, auf der AfA-Vorstandssitzung. Vgl. ebenda.

75	Vgl. das Schreiben Knolls v. 26.11.1928 an Weimann, in: ebenda.

ten".[76] In einer in Kürze anzuberaumenden Sitzung mit dem ADGB und dem ADB und Ministerialrat Woldt, zu der auch Vertreter des ADGB-Ortsausschusses Berlin und des Berliner AfA-Ortskartells hinzugezogen werden sollten, wollte man das weitere Vorgehen der Gewerkschaften beraten.

Am 3. Januar 1929 fiel dann auf einer Sitzung des ADGB-Bildungsausschusses, an der auch drei AfA-Vertreter teilnahmen, die endgültige Entscheidung gegen den korporativen Beitritt der Freien Gewerkschaften zur Rundfunkzentrale.[77] Gegenüber den Bezirkssekretären begründete Knoll das Fernbleiben des ADGB von der Freien Rundfunkzentrale damit, daß bei einem Beitritt die erfolgreiche gewerkschaftliche Beteiligung am Programm des Breslauer, Hamburger oder westdeutschen Sender gefährdet wäre.[78] Nur dort, wo es den Gewerkschaften bislang noch nicht gelungen sei, einen entsprechenden Einfluß zu erringen, wie zum Beispiel in Berlin, könne ein vereintes Vorgehen von Gewerkschaften und Partei erwogen werden.[79]

Insgesamt zogen es die Freien Gewerkschaften aber vor, in gemeinsamen Aktionen der örtlichen Arbeiter-, Angestellten und Beamtenverbände an die jeweiligen Regionalgesellschaften heranzutreten, um dort gewerkschaftlichen Interessen den nötigen Nachdruck zu verleihen. Bei der Deutschen Welle sollten diese Aufgabe die Rundfunksachbearbeiter der Spitzenorganisationen übernehmen.[80] Den Bezirken und Ortsausschüssen stellte der ADGB die Beteiligung an den örtlichen Rundfunkausschüssen im Rahmen der Arbeiter-Kulturkartelle jedoch frei. Alexander Knoll trat der Freien Rundfunkzentrale lediglich als Person bei, wie er es schon beim Reichsausschuß für sozialistische Bildungsarbeit und beim Sozialistischen Kulturbund getan hatte. Dem AfA-Bund empfahl er, genauso zu handeln. Beide Organisationen vollzogen den Anschluß an die Zentrale erst Ende 1932.

3.2.5 Die Abgrenzung personeller und organisatorischer Kompetenzen innerhalb der Freien Gewerkschaften

Die Aufteilung des deutschen Sendegebiets in neun Rundfunkbezirke mit neun regionalen Sendegesellschaften hatte es mit sich gebracht, daß die Ausgestaltung der gewerkschaftlichen Rundfunkarbeit in der Hauptsache bei den im jeweiligen Sendebereich angesiedelten Bezirken und Ortsausschüssen lag. Der ADGB gliederte sich 1928 in die zwölf Bezirke: Stuttgart (290 000 Mitglieder), Nürnberg (343 000 Mitglieder), Düsseldorf (488 000 Mitglieder), Frankfurt am Main (262 000 Mitglieder), Jena (396 000 Mitglieder), Dresden (635 000 Mitglieder), Berlin (549 000 Mitglieder), Breslau (266 000 Mitglieder), Hannover (278 000 Mitglieder), Hamburg (352 000 Mitglieder),

---

76   Vgl. das Schreiben Stährs an Knoll v. 21.12.1928, in: ebenda.

77   Vgl. das Schreiben Knolls an Woldt v. 4.1.1929, in: ebenda.

78   In der Tat waren dies die drei Regionalsendegesellschaften, bei denen die Gewerkschaften vergleichsweise am häufigsten zu Wort kamen. Vgl. dazu die Kapitel 4.4.

79   Vgl. das Rundschreiben Nr. 2 des ADGB v. 8.1.1929, in: HiKo NB 452 Rundfunk 1925-1931.

80   Vgl. das Schreiben Knolls an den ADB v. 4.1.1929, in: ebenda.

Stettin (75 000 Mitglieder) und Königsberg/Pr. (91 000 Mitglieder).[81] In der Regel war jeweils ein Bezirk für die Rundfunkarbeit zuständig. Nur im Einzugsgebiet der Mirag und der Norag teilten sich zwei Bezirke (Jena und Dresden, Hamburg und Hannover) die Verantwortlichkeit. Vieles weist jedoch darauf hin, daß die eigentlichen Träger der Rundfunkaktivitäten nicht die Bezirke, sondern die großen Ortsausschüsse waren, in deren Bereich die Sendegesellschaften ihren Sitz hatten. 1929 existierten neben den neun zentralen in Köln/Langenberg (Werag), Breslau (Schlesische Funkstunde), Hamburg (Norag), Königsberg (Orag), Berlin (Berliner Funkstunde), Frankfurt am Main (Süwrag), Stuttgart (Sürag) und München (Deutsche Stunde in Bayern) fünfzehn Nebensender, die auch eigene Programmteile für die jeweiligen regionalen Sendegesellschaften produzierten. So gab es Nebensender der Werag in Münster, Dortmund, Elberfeld und Aachen, der Schlesischen Funkstunde in Gleiwitz, der Norag in Kiel, Hannover und Bremen, der Berliner Funkstunde in Stettin, der Süwrag in Kassel, der Sürag in Freiburg und der Deutschen Stunde in Bayern in Nürnberg und Augsburg.[82] Auf diese Weise fügte es sich, daß fast jeder der großen ADGB-Ortsausschüsse auch eine Sendestelle in unmittelbarer Nähe hatte.[83]

Welche örtlichen/bezirklichen Organe im einzelnen jedoch jeweils mit der Rundfunkarbeit befaßt waren, wird aus den Geschäftsberichten und Jahrbüchern nicht deutlich; wahrscheinlich gehörte die Rundfunkarbeit zu den Aufgaben der Bildungsausschüsse bzw. der in Zusammenarbeit mit der Partei und den Kulturverbänden aufgebauten Rundfunkausschüsse und Arbeiter-Kultur-Kartelle. Jedenfalls tauchen Berichte über die Rundfunkarbeit in den Geschäftsberichten zumeist unter der Rubrik Bildungsarbeit auf.

Der ADGB-Bundesvorstand kümmerte sich hauptsächlich um die Berliner Funkstunde und die reichsweit ausstrahlende Deutsche Welle sowie um übergeordnete rundfunkpolitische Fragen. Rundfunkarbeit und Rundfunkpolitik (falls man bei den Gewerkschaften davon überhaupt sprechen kann) fielen beim ADGB in das Ressort des unter anderem für Bildung und Kultur zuständigen hauptamtlichen Vorstandsmitgliedes (das war bis Ende 1931 Alexander Knoll, ihm folgte der ADGB-Bildungssekretär Otto Hessler), für das die Rundfunkarbeit nur ein Arbeitsgebiet unter mehreren darstellte und sicherlich nicht das allergrößte Augenmerk finden konnte. Im Bundesausschuß spielte der Rundfunk keine Rolle, und auch der ADGB-Bundesvorstand befaßte sich wohl nur selten mit dem Thema, allenfalls beschäftigte ihn in den frühen Jahren der Bau eines Arbeitersenders.[84] Ansonsten kamen Rundfunkfragen auch noch im Bildungsausschuß zur Sprache.

81   Vgl. die Zahlen für Ende 1928, in: Allgemeiner Deutscher Gewerkschaftsbund: Jahrbuch 1928. Berlin 1929, S. 214.

82   Vgl. die Aufzählung der Senderstandorte, in: Winfried B. Lerg: Rundfunkpolitik in der Weimarer Republik. München 1980, S. 353.

83   Vgl. die Tabelle der größten ADGB-Ortsausschüsse, in: Allgemeiner Deutscher Gewerkschaftsbund: Jahrbuch 1928, a.a.O., S. 215.

84   Vgl. Knolls Vorlage für eine Bundesvorstandsitzung im Herbst 1925, in: HiKo NB 452 Rundfunk 1925-1931. Protokolle der Vorstandssitzungen sind nicht überliefert.

Intensiver befaßte sich der AfA-Vorstand mit dem neuen Medium.[85] Dort war zunächst Wilhelm Stähr der zuständige Mann für den Rundfunk; 1929, als der AfA-Bund eine besondere Abteilung für die fortlaufende Bearbeitung der Rundfunkfragen einrichtete,[86] übernahm offenbar Otto Suhr deren Betreuung. Ohnehin scheint die Angestelltenorganisation innerhalb der Gewerkschaften federführend in Sachen Rundfunk gewesen zu sein - dafür spricht zum Beispiel eine von Suhr Ende 1928 verfaßte Denkschrift.[87] Außerdem paßt es zu den anderen Aktivitäten der Angestelltenorganisation im kulturellen Bereich; AfA-Bund-Vertreter engagierten sich auch beim Arbeiter-Radio-Bund oder im Volksbühnenverband, während sich der ADGB dort eher zurückhielt.[88] Die Vorreiterrolle des AfA-Bundes hing einerseits mit dem Sozialprofil seiner Mitglieder zusammen, andererseits möglicherweise auch damit, daß die Angestellten (wie auch die Beamten) sowohl unter der Gesamthörerschaft als auch unter den Gewerkschaftern, die im Rundfunk referierten, überproportional, die Arbeiter bzw. Arbeiterfunktionäre dagegen unterdurchschnittlich vertreten waren.[89]

Im übrigen teilten sich auch beim AfA-Bund die Bezirks- und Ortskartelle die konkrete Arbeit vor Ort.[90] Im Gegensatz zu den im ADGB zusammengeschlossenen Arbeitergewerkschaften, die als Akteure in der Rundfunkarbeit nicht auftraten, spielten die Einzelverbände des AfA-Bundes durchaus eine Rolle.

---

85   Vgl. dazu die Berichte der AfA-Zentrale in der "AfA-Bundeszeitung" der Jahre 1925ff..

86   Vgl. AfA-Bund: Die Angestelltenbewegung 1928-1931. AfA-Bund. Berlin o. J. (1931), S. 333.

87   Vgl. die Denkschrift in: HiKo NB 452 Rundfunk 1925-1931.

88   So teilte der Geschäftsbericht des Volksbühnenverbandes für 1928/29 mit, daß in fast allen örtlichen Organisationen Funktionäre des AfA-Bundes politische Positionen innehätten. Vgl. Dietmar Klenke, Peter Lilje und Franz Walter: Arbeitersänger und Volksbühnen in der Weimarer Republik. Bonn 1992, S. 273.

89   Vgl. dazu die Kapitel 6.2 und 6.6.1.

90   Vgl. AfA-Bund: Die Angestelltenbewegung 1928-1931, a.a.O., S. 333. Zur räumlichen Abgrenzung der Bezirkskartelle und zur Verteilung der Ortskartelle vgl. ebenda, S. 361-363.

4

1928 - 1930

DIE INTENSIVIERUNG DER GEWERKSCHAFTLICHEN RUNDFUNKARBEIT UNTER VERÄNDERTEN POLITISCHEN RAHMENBEDINGUNGEN

4.1 Gewerkschaftliche Rundfunkpolitik während der Amtszeit der Großen Koalition

Nach der Kieler Konferenz intensivierten die Arbeiterorganisationen zwar ihre Aktivitäten im Rundfunkbereich, doch der große Durchbruch ließ einstweilen noch auf sich warten. Überwachungsausschüsse und Kulturbeiräte waren auf Jahre hinaus besetzt, und bald schon stellte sich heraus, daß erstens die Überwachungsausschüsse zweierlei Maß bei Beiträgen der politischen "Rechten" und "Linken" nahmen und zweitens den Kulturbeiräten nur wenige Befugnisse in der Programmplanung und -gestaltung zugestanden wurden. Doch die sozialdemokratischen Kritiker dieser Mißstände hatten wenig Gelegenheit, daran etwas zu ändern. Erst als die SPD bei der Reichstagswahl im Mai 1928 mit 29,8 Prozent der abgegebenen Stimmen stärkste Partei wurde und sich erstmals seit Ende 1923 wieder an der Reichsregierung beteiligte, sie mit Hermann Müller den Reichskanzler und mit Carl Severing den Reichsinnenminister stellte, schienen Korrekturen am Rundfunksystem im Bereich des Möglichen zu liegen. Die sozialdemokratische Arbeiterbewegung befand sich im Aufwind, ihre Bildungs- und Kultureinrichtungen standen in voller Blüte,[1] auch wenn es bereits Ende des Jahres erste Anzeichen für eine Verschlechterung der politischen Großwetterlage und der Verschiebung der machtpolitischen Gewichte gab.[2]

Nachdem der Reichsausschuß für sozialistische Bildungsarbeit auf seiner kulturpolitischen Arbeitswoche im Juli 1928 eine öffentliche/parlamentarische Kontrolle des Rundfunks in Deutschland und größere Rechte für die Überwachungsausschüsse und die Kulturbeiräte gefordert und eine stärkere Beteiligung von Vertretern der Arbeiterschaft an diesen Gremien angemahnt hatte,[3] faßte Carl Severing die Reformvorstellungen der sozialdemokratischen Arbeiterbewegung 1929 in einem Sechs-Punkte-Papier zusammen.[4] Severings Plan sah zunächst eine Neuzusammensetzung des Verwaltungsrates und der Gesellschafterversammlung innerhalb der Reichs-Rundfunk-Gesellschaft vor.

---

1   Zur Sozialdemokratie in der "Stabilisierungsphase" der Weimarer Republik vgl. Heinrich August Winkler: Der Schein der Normalität. Arbeiter und Arbeiterbewegung in der Weimarer Republik 1924 bis 1930. 2. Aufl. Berlin/Bonn 1988. Zur Bildungs- und Kulturarbeit der Partei sowie zu der der Sozialdemokratie nahestehenden Arbeiterkulturbewegung vgl. Wilfried van der Will und Rob Burns: Arbeiterkulturbewegung in der Weimarer Republik. Eine historisch-theoretische Analyse der kulturellen Bestrebungen der sozialdemokratischen Arbeiterschaft. Frankfurt am Main/Berlin/Wien 1982 sowie Arbeiterkulturbewegung in der Weimarer Republik. Texte, Dokumente, Bilder. Hrsg. v. Wilfried van der Will und Rob Burns. Frankfurt am Main/ Berlin/Wien 1982; Hartmann Wunderer: Arbeitervereine und Arbeiterparteien. Kultur- und Massenorganisationen in der Arbeiterbewegung (1890-1933). Frankfurt am Main/New York 1980.

2   Zu nennen wären hier sowohl die Auseinandersetzung um den Bau des Panzerkreuzers A als auch der Ruhreisenstreit im Herbst 1928, die die Arbeiterbewegung in die Defensive drängten. Vgl. Heinrich-August Winkler: Der Schein der Normalität, a.a.O., S. 541-555 und S. 557-572.

3   Vgl. die Rundfunkrichtlinien der kulturpolitischen Arbeitswoche, in: Arbeiterbildung, H. 8, August 1928, S. 118.

4   Das Reformpapier ist als Dokument 1 abgedruckt im Anhang zu Wolf Bierbachs Aufsatz: Reform oder Reaktion? Anmerkungen zu den Rundfunk-Reformvorschlägen des Reichsinnenministers Carl Severing, in: Rundfunk und Politik 1923-1973. Hrsg.: v. Winfried B. Lerg und Rolf Steininger. Berlin 1975, S. 37-45, dort S. 38ff.

Er forderte die Entsendung von Vertretern des Reichsinnenministeriums in den Verwaltungsrat, dem bislang der vom Reichspostministerium berufene Rundfunkkommissar, Hans Bredow plus fünf weitere von der Post bestellte Mitglieder und fünf Vertreter regionaler Sendegesellschaften angehörten.[5] Außerdem verlangte das Papier eine entsprechende Repräsentation des Innenministeriums in der Gesellschafterversammlung,[6] wobei "auch geeignete Persönlichkeiten aus der Arbeiterschaft zu berücksichtigen" waren. "Vertreter der Arbeiterschaft" sollten zukünftig auch bei der Besetzung "wichtiger Verwaltungsposten" in der Geschäftsführung der Reichs-Rundfunk-Gesellschaft zum Zuge kommen.[7]

Die Vorschläge Severings zielten außerdem auf die Neubesetzung und die Ausweitung des Aufgabenbereichs der Kulturbeiräte. Deren Beteiligungsrechte hinsichtlich der Programmgestaltung sollten grundsätzlich erweitert und "in stärkerem Umfang Persönlichkeiten des Volksbildungswesens und der Arbeiterschaft" dafür herangezogen werden. Über die Befugnisse der Politischen Überwachungsausschüsse sagte das Papier nichts aus - sie hatten sich nach Severings Ansicht bewährt. Einen Abbau der bis dahin bekannt gewordenen Zensurpraxis hielt aber auch Severing in gewissem Maße für erforderlich. Konkret hieß es dazu in Punkt 3 des Papiers:

> *"Ein Abbau der heute geltenden Zensurpraxis, insbesondere soweit es sich um die Einreichung fertiger Manuskripte handelt, ist anzustreben. Bei Referenten, die nicht genügend bekannt sind, oder das erste Mal im Rundfunk sprechen, ist das Anfordern des Manuskriptes wohl kaum zu entbehren, ebenso bei Themen, die sich auf das politische Gebiet begeben. Aber bei Persönlichkeiten von anerkanntem wissenschaftlichen Ruf oder solchen, die wiederholt im Rundfunk gesprochen haben und damit eine gewisse Gewähr bieten, daß sie sich der Verantwortlichkeit als Rundfunkredner bewußt sind, dürfte es genügen, wenn statt des Manuskriptes zusammenfassende Leitsätze über den Vortrag eingereicht werden."*

Unter dem Punkt "Sonstige Forderungen" beschäftigte sich der Innenminister mit der Hinzuziehung der Kulturbeiräte und Überwachungsausschüsse zu den Sitzungen des Programmrates,[8] der Anstellung von Rundfunkmitarbeitern und der Berufung von ehrenamtlich in Fachausschüssen Aktiven "aus den Kreisen der werktätigen Bevölkerung", der Aufhebung "aller Bestimmungen, die den werktätigen Massen das Recht auf

---

5   Zur Zusammensetzung und den Aufgaben des Verwaltungsrates vgl. Winfried B. Lerg: Rundfunkpolitik in der Weimarer Republik. München 1980, S. 253f. und S. 258.

6   Die Gesellschafterversammlung der Reichs-Rundfunk-Gesellschaft bestand aus Vertretern der Reichspost und Vertretern der Sendegesellschaften. Vgl. ebenda, S. 254.

7   Die Geschäftsführung der Reichs-Rundfunk-Gesellschaft lag in den Händen der beiden Direktoren, dem Wirtschaftsjuristen Kurt Magnus und dem Ministerialrat a. D. Heinrich Giesecke, die zusammen mit Rundfunkkommissar Bredow die Geschicke des zentralen Leitungsgremiums bestimmten.

8   Der im Juni 1926 ins Leben gerufene Programmrat war ursprünglich ein von der Reichs-Rundfunk-Gesellschaft unabhängiges Gremium der Programmleiter aller Regionalgesellschaften und der Deutschen Welle gewesen; Ende des Jahres übernahm jedoch der Direktor der RRG Kurt Magnus den Vorsitz. Ab der Zeit nahmen Vertreter der Reichs-Rundfunk-Gesellschaft an den Sitzungen des Programmrates teil, der sich in erster Linie mit Fragen des Programmaustausches und der Diskussion übergeordneter Programmfragen beschäftigte. Vgl. Winfried B. Lerg: Rundfunkpolitik, a.a.O., S. 310-322.

Rundfunkveranstaltungen, die ihrer Weltanschauung entsprechen, streitig machen",[9] und der Aktualisierung des Rundfunkprogramms.

Punkt 5 erstreckte sich auf die Verabschiedung eines Reichsrundfunkgesetzes. Wörtlich hieß es dort:

"Zur einheitlichen Regelung aller einschlägigen Fragen ist ein Reichsrundfunkgesetz zu fordern mit der Tendenz, den Rundfunk seines heutigen Charakters als eines gemischt-wirtschaftlichen Betriebes zu entkleiden und in eine gemeinnützige Einrichtung des demokratischen Volksstaates unter parlamentarischer Kontrolle umzuwandeln."

Bis zum Erlaß eines Rundfunkgesetzes sollte der Staat den Aufkauf der in privatem Besitz befindlichen Aktien der regionalen Sendegesellschaften forcieren, denn in derem gemischt-wirtschaftlichen Charakter sahen Gewerkschafter wie Parteivertreter einen Grund für den mangelnden Einfluß der Arbeiterbewegung im Rundfunk. So wies schon der Bergarbeiter-Funktionär Wilhelm Büscher in seinem Aufsatz "Rundfunk und Arbeiterklasse", den er 1926 im "Gewerkschafts-Archiv" veröffentlichte, darauf hin, daß sich z. B. bei der Westdeutschen Funkstunde in Köln 49 Prozent der Aktien in den Händen der rheinisch-westfälischen Handelskammern befänden, dementsprechend sei dann auch das Programm.[10] Was er damit meinte, wurde aus seinem Redebeitrag auf der Reichskonferenz der SPD-Bildungsausschüsse im Oktober 1926 klar; dort berichtete er von der Störung einer Sendung über Konsumgenossenschaften, die dem Einzelhandel nicht gepaßt hatte.[11]

Nachdem der Versuch der Gewerkschaften gescheitert war, selbst Geschäftsanteile an den bestehenden Sendegesellschaften zu erwerben[12], vertraten sie deshalb im Verein mit der Sozialdemokratie die Forderung, die Interessen der privaten Aktionäre am Rundfunk zurückzudrängen und die Gesellschaften vollständig in staatlichen Besitz zu überführen.

Punkt 6 verlangte die Herabsetzung bzw. Staffelung der Rundfunkgebühren unter sozialen Gesichtspunkten. Doch in welcher Weise der Rundfunk letztendlich zu organisieren war, darüber herrschten nur unklare Vorstellungen.[13] Formulierungen wie die des ARBD-Vorsitzenden Baake 1929 auf der Tagung des Sozialistischen Kulturbundes, der Rundfunk müsse

---

9   Hierbei handelte es sich z. B. um Weltliche Feierstunden oder Veranstaltungen zum 1. Mai. Zu letzterem vgl. Kapitel 6.5.

10 Vgl. Wilhelm Büscher: Rundfunk und Arbeiterklasse, in: Gewerkschafts-Archiv Bd. 4, Januar 1926, S. 76-79, dort S. 78.

11 Vgl. "Reichskonferenz der Bezirksbildungsausschüsse", in: Arbeiterbildung, H. 12, Dezember 1926, S. 201 und ausführlich zu dem Zwischenfall: "Die 'Neutralität' des deutschen Rundfunks", in: Der Neue Rundfunk, H. 11, 13.6.1926, S. 243ff.

12 Vgl. dazu Kapitel 2.4.

13 Vgl. dazu die Beiträge Ernst Heilmanns und Curt Baakes auf der Tagung des Sozialistischen Kulturbundes im September 1929, in: Film und Funk. Sozialistischer Kulturtag in Frankfurt am Main 28. - 29. September 1929. Hrsg. v. Sozialistischen Kulturbund. Berlin 1930, S. 61-75.

"zu einer gemeinnützigen Einrichtung des demokratischen Volksstaates unter der Kontrolle der Öffentlichkeit und der großen Bildungsverbände umgewandelt werden",[14]

halfen da nicht viel weiter, weisen jedoch auf ein Rundfunk-Modell hin, das der Aufsicht der Rundfunkanstalten nahekam, wie sie die Alliierten nach 1945 in Deutschland durchsetzten - mit dem Unterschied allerdings, daß man in der Weimarer Republik auch in den Kreisen der sozialdemokratischen Arbeiterbewegung auf eine "Geschmackszensur", wie Curt Baake sich ausdrückte, nicht verzichten mochte. Ein Vortrag sollte jedoch nicht wegen seiner "politischen, sozialen, religiösen oder ethischen Weltanschauung" von vornherein abgelehnt werden dürfen.[15] Eine große Hilfe war das Kriterium "guter Geschmack" nun allerdings auch nicht gerade; und bei den Erfahrungen, die Sozialdemokraten bis dahin mit der Zensur gemacht hatten, hätte es durchaus nahegelegen, die Überwachungsausschüsse gleich ganz abzuschaffen, was etwa Ernst Heilmann erwogen hatte,[16] doch dazu konnten sich die Genossen nicht durchringen. Dennoch war mit Severings Reformpapier sozialdemokratischen Politikern und Gewerkschaftern eine Vorlage an die Hand gegeben, an der sie sich in ihrer konkreten Rundfunkpolitik orientieren konnten.

Während sich die Freien Gewerkschaften zu den meisten Forderungen des Papiers nicht explizit äußerten - weder zu Fragen der Zensur noch zur Verabschiedung eines Reichsrundfunkgesetzes - hatten sie das Thema "gewerkschaftliche Repräsentation in den Kulturbeiräten" schon im Herbst 1928 aufgegriffen. Die "AfA-Bundeszeitung" meldete im November 1928, "die Vertretung der Gewerkschaften bei den Rundfunkgesellschaften" sei Gegenstand mehrerer Beratungen der Spitzengremien gewesen.[17] Am 31. Oktober 1928 wandte sich Alexander Knoll im Namen der freigewerkschaftlichen Spitzenverbände an den preußischen Ministerpräsidenten Otto Braun und brachte die Gewerkschaften für eine Neubesetzung der Kulturbeiräte in Erinnerung.[18] Auch wenn eine personelle Veränderung innerhalb dieses Gremiums im Augenblick gar nicht anstand, so zeigte das gewerkschaftliche Begehren doch, daß sie mit der bestehenden Form der Kul-

---

14 Curt Baake: Der Rundfunk im Volksstaat, in: Film und Funk, a.a.O., S. 68-75, dort S. 74.

15 Vgl. ebenda, S. 70f.; außerdem den Redebeitrag Baakes auf einer Veranstaltung der Reichs-Rundfunk-Gesellschaft am 15.5.1930, in: BA Koblenz, R78/892.

16 Vgl. Ernst Heilmann: Die Aktualisierung des Rundfunks, in: Film und Funk, a.a.O., S. 61-66, dort S. 63.

17 Vgl. AfA-Bundeszeitung, Nr. 11, November 1928, S. 160. Auch Anfang 1929 beschäftigten sich die Gewerkschaften mit dem Thema. In ihrem Arbeitsbericht für die Zeit vom 26. November bis 23. Dezember 1928 berichtete das AfA-Bundesorgan im Januar 1929: "Die Verhandlungen über die Reform des Rundfunks und über die Beteiligung der Gewerkschaften wurden fortgeführt." AfA-Bundeszeitung, Nr. 1, Januar 1929, S. 20.

18 Vgl. das Schreiben Knolls an Braun v. 31.10.1928, in: HiKo NB 452 Rundfunk 1925-1931. In dem Brief bezog sich Knoll auf Mitteilungen der Presse, wonach Braun eine Änderung hinsichtlich der Zensur bei den Rundfunkanstalten plane. In der Tat hatte Braun eine entsprechende Anweisung an die preußischen Mitglieder der Überwachungsaussüsse gegeben, die Zensur in Zukunft weniger engherzig zu handhaben. Vgl. "Milderung der Rundfunk-Zensur. Eine Verfügung des preußischen Ministerpräsidenten", in: Vorwärts, Nr. 491, 17.10.1928 MA. Allerdings stand eine intendierte Änderung bei der politischen Zensur in keinem Zusammenhang mit einer eventuellen Neubesetzung der Kulturbeiräte. Davon war bei Braun nichts zu lesen gewesen.

turbeiräte nicht einverstanden waren. Der Vorsitzende des Freien Funkausschusses für Schlesien, Przybylski, artikulierte dies Ende November 1928 in einem Brief an den ADGB-Bundesvorstand deutlich:

> *"Bemängeln möchten wir noch die heutige Zusammensetzung der politischen Überwachungs-Ausschüsse und Kulturbeiräte bei den einzelnen Sendegesellschaften. Die Ernennung dieser Vertreter erfolgte durch die Regierung auf Vorschlag der einzelnen Parteien. Die Gewerkschaften sind darum gar nicht befragt worden, und so haben wir erleben müssen, daß in diese Ausschüsse Vertreter entsandt wurden, die weder mit der großen Masse des arbeitenden Volkes eine Fühlung haben, noch sich selbst für das Radiowesen interessiert haben."*[19]

Ende 1930 kamen die Freien Gewerkschaften dann auf Severings Vorschlag, die Zusammensetzung des Verwaltungsrates der Reichs-Rundfunk-Gesellschaft zu verändern, zurück. Am 1. Dezember 1930 baten sie Rundfunkkommissar Bredow schriftlich darum, "Vertreter der gewerkschaftlichen Spitzenorganisationen" in den "Aufsichtsrat" der RRG zu berufen.[20] Weshalb dies erst mehr als ein Jahr nach der Vorlage der Reformpläne Severings geschah und zudem zu einem Zeitpunkt, als die Chancen auf Veränderungen nach dem Scheitern der Großen Koalition und dem Ausscheiden der SPD aus der Regierung im März 1930 nicht eben gewachsen waren, bleibt im Dunkeln. Ihren Anspruch auf Beteiligung begründeten die Gewerkschaften jedenfalls damit, daß sie als Interessenvertretung der großen Zahl von Hörern unter den Arbeitnehmern (60 bis 70 Prozent der drei Millionen Hörer, wie man annahm) legitimiert und in ihrer Funktion als bedeutende Volksbildungsinstanz prädestiniert seien, als Verbindungsglied zwischen dem Rundfunk und diesen Hörern zu fungieren.[21] Sie hofften mit ihrer Repräsentanz bei der Reichs-Rundfunk-Gesellschaft, Einfluß auf das Rundfunkprogramm zu erlangen.

Wie nicht anders zu erwarten, ging Bredow darauf nicht ein. Er verwies auf die alleinige Zuständigkeit des Reichspostministeriums für das oberste Rundfunkgremium und bestritt darüber hinaus jede Einwirkungsmöglichkeit dieser Institution auf das Programm der Regionalgesellschaften. Eine Vertretung der Gewerkschaften bei der Reichs-Rundfunk-Gesellschaft kam für ihn nicht in Frage.[22]

Doch die Gewerkschaften wollten sich mit dieser Antwort nicht zufriedengeben. Unter Hinweis auf Artikel 165 der Weimarer Reichsverfassung[23] wiederholten sie am 6. Februar 1931 in einem erneuten Schreiben an Bredow ihre Forderung nach einem Sitz

---

19 Przybylski an ADGB-BV v. 30.11.1928, in: HiKo NB 452 Rundfunk 1925-1931. Vgl. auch das Schreiben des ADGB-Bezirksauschuß-Vorsitzenden Wiersich an Knoll v. 1.12.1928, in: ebenda.

20 Vgl. das Schreiben Knolls an Bredow v. 1.12.1930 in: HiKo NB 452 Rundfunk 1925-1931. Gemeint war der Verwaltungsrat der RRG.

21 Vgl. ebenda. Den Entwurf für das Schreiben hatte am 29.11.1930 Otto Suhr geliefert; vgl. ebenda. Knoll übernahm ihn ohne Änderungen.

22 Vgl. das Schreiben Bredows an den ADGB-Bundesvorstand v. 6.1.1931, in: HiKo NB 452 Rundfunk 1925-1931. Eine Abschrift ging auch an den christlichen Deutschen Gewerkschaftsbund, d. h. die Richtungsgewerkschaften waren auch in diesem Falle vereint vorgegangen.

23 Artikel 165 der Weimarer Verfassung schrieb die Anerkennung der Gewerkschaften als wirtschaftliche und soziale Interessenvertretung der Arbeitnehmer durch den Staat fest.

im Verwaltungsrat. Sie schlugen vor, dieses Gremium zahlenmäßig zu vergrößern.[24] Nach einer Woche teilte Bredow dem ADGB lapidar mit, daß seines Erachtens "die Erfüllung des Wunsches der Gewerkschaft nach wie vor unmöglich" sei, und daß er sich in dieser Auffassung in Übereinstimmung mit dem amtierenden Reichspostminister befinde.[25]

Wenige Wochen später bot Bredow dann aber Vertretern verschiedener Weltanschauungsgruppen an, einen Ausschuß beim Amt des Rundfunkkommissars zu bilden, dessen Aufgabe darin bestehen könne, den Rundfunk in Fragen der Kulturarbeit zu beraten und die Tätigkeit des Programmrates der Reichs-Rundfunk-Gesellschaft kritisch zu begleiten. Dem Ausschuß sollten je drei Repräsentanten der katholischen, evangelischen und sozialistischen Weltanschauung angehören.[26] Wie Knoll am 22. April 1931 in einer Vorlage für die nächste Bundesvorstandssitzung anmerkte, hatte der Sozialistische Kulturbund einer Beteiligung an dem Ausschuß bereits zugestimmt. Die Freien Gewerkschaften sollten eines der drei sozialistischen Mitglieder stellen, die Partei sowie der Reichsausschuß für sozialistische Bildungsarbeit die beiden anderen. Knoll schlug als Gewerkschaftsvertreter den Redakteur der "Gewerkschafts-Zeitung", Richard Seidel, vor.[27] Ob dieser Ausschuß dann tatsächlich zustandekam, war nicht zu ermitteln. Möglicherweise handelte es sich bei Bredows Angebot um eine isolierte Einzelinitiative, die bei den zuständigen Ministerien auf wenig Gegenliebe gestoßen war.

Auch die restlichen Forderungen, die in Severings Paper aufgelistet waren, konnte die sozialdemokratische Arbeiterbewegung nicht durchsetzen, obwohl es mehrere Vorstöße aus ihren Reihen gab, den Rundfunk zu "demokratisieren".[28] Rundfunkfragen erwiesen sich als Machtfragen, die unabhängig von der politischen Konjunktur und dem organisatorischen Zustand der Arbeiterbewegung nicht zu lösen waren. An der Zusammensetzung der Rundfunkgremien änderte sich auch nach 1929 nichts Wesentliches, und die Zensur wurde wie gehabt weiterhin ausgeübt; ein Reichsrundfunkgesetz wurde nicht verabschiedet.

---

24 Vgl. das vom ADGB- und AfA-Vorstand unterzeichnete Schreiben v. 6.2.1931, in: HiKo NB 452 Rundfunk 1925-1931.

25 Bredow am 12.2.1931 an den ADGB, in: HiKo NB 452 Rundfunk 1925-1931. Bei dem Postminister handelte es sich um Georg Schätzel von der Bayerischen Volkspartei.

26 Vgl. die Notiz Knolls v. 22.4.1931, in: HiKo NB 452 Rundfunk 1925-1931.

27 Vgl. ebenda. Der Name Seidels ist auf dem Dokument handschriftlich hinzugefügt worden.

28 Mitte Juni 1929 hatte sich der preußische Ministerpräsident Braun an Rundfunkkommissar Bredow gewandt und eine Ausweitung der Rechte der Überwachungsausschüsse angeregt. Braun wollte die Ziffer 3 der "Bestimmungen für den Überwachungsausschuß der Sendegesellschaften", wonach die Rundfunkgesellschaften verpflichtet waren, sich in allen politischen Fragen der Programmgestaltung mit dem Überwachungsausschuß in Verbindung zu setzen, dermaßen interpretiert wissen, daß die Mitglieder der Überwachungsausschüsse auch ein "positives Mitwirkungsrecht" bei der Programmplanung und -gestaltung besaßen. So sollte beispielsweise in Fällen, wo eine Rundfunkgesellschaft innerhalb einer Sendereihe nur eine bestimmte politische Richtung zu Wort kommen ließ, der Überwachungsausschuß von sich aus eingreifen und eine unfassende Darstellung eines Problems oder eines Sachverhaltes erzwingen können. Vgl. das Schreiben Brauns an Bredow v. 14.6.1929, in: BA Koblenz, R78/607. Vgl. ebenda die Antwort Bredows v. 24.6.1929, der Brauns Verlangen hinhaltend begegnete. Durchsetzen konnte sich Braun letztendlich nicht.

Fortschritte erzielten die Sozialdemokraten während der Amtszeit Severings nur bei der Organisation der zentralen Nachrichtenstelle "Dradag", bei der der Innenminister Ende 1928 eine Erweiterung des Aufsichtsrates durchsetzen konnte. Zu den zwei Vertretern der Reichsregierung, den sechs Ländervertretern (zwei aus Preußen, je einer aus Bayern, Württemberg, Baden und Hamburg), den sieben Repräsentanten der Parteien (DVP, DNVP, Wirtschaftliche Vereinigung, Zentrum, Bayerische Volkspartei, DDP und SPD) und den fünf Vertretern der Minderheitsaktionäre (Mosse-Verlag, Wolffsches Telegraphen-Büro, Telegraphen-Union, Reichsverband der Deutschen Presse und Scherl-Verlag) sowie dem Vertreter der Pressestelle des preußischen Staatsministeriums als dem stellvertretenden Vorsitzenden des Dradag-Aufsichtsrates (Vorsitzender war der Vertreter des Reiches aus dem Innenministerium, der deutschnationale Oberregierungsrat Erich Scholz) kamen 1928 14 neue Mitglieder hinzu.[29] Dabei handelte es sich um sieben Vertreter von Pressediensten (u. a. auch des Sozialdemokratischen Pressedienstes), drei Mitglieder aus publizistischen Berufsorganisationen (Nachrichtenbüro des Vereins Deutscher Zeitungsverleger, Augustinusverein der Katholischen Presse, Verein Arbeiterpresse), je ein Mitglied des Arbeiter-Radio-Bundes und der Rundfunkarbeitsgemeinschaft der katholischen Verbände sowie den Präsidenten der Deutschen Hochschule für Politik in Berlin, Ernst Jäckh, und den Fraktionsvorsitzenden der SPD im preußischen Landtag, Ernst Heilmann. Diese Veränderung, die die konservativ/nationale Übermacht im Gremium in keiner Weise gefährden konnte, veranlaßte die deutschnationale Hugenberg-Presse zum Aufschrei gegen Severings "Griff nach dem Rundfunk".[30] Allerdings fragte man sich: Weshalb das Getöse?, wo sich doch an der Zusammensetzung der Redaktion, in der sich nach wie vor kein Sozialdemokrat befand, nichts änderte. Und allein dort erfolgte Tag für Tag die Zusammenstellung der politischen Nachrichten, die über alle deutschen Sender gingen.

Besaß Severings "Erfolg" bei der Erweiterung des Dradag-Aufsichtsrates genau besehen nicht mehr als symbolischen Wert, so erreichten die Sozialdemokraten doch die Zulassung "kontradiktorischer" politischer Sendungen im Rundfunk, wie sie liberale Publizisten und Politiker sowie die Vertreter der sozialdemokratischen Arbeiterbewegung seit langem schon forderten. Severing gestattete der Deutschen Welle, innerhalb der Reihe "Gedanken zur Zeit" auch politisch kontroverse Themen aufzugreifen, nachdem bis zu seinem Amtsantritt "Neue Fragen der Seelenerkenntnis" oder "Die Not des Theaters" das Programm der Reihe bestimmt hatten. Ab Ende 1928 trafen jeweils zwei Vertreter unterschiedlicher politischer und weltanschaulicher Richtungen aufeinander

---

29 Vgl. die Namen des Dradag-Aufsichtsrates von 1926, in: Rainer Krawitz, Die Geschichte der Drahtloser Dienst AG, a.a.O., S. 256f. und die von 1928 in: Winfried B. Lerg: Rundfunkpolitik, a.a.O., S. 299.

30 Vgl. ebenda, S. 296-300 und Hans Bausch: Der Rundfunk im politischen Kräftespiel der Weimarer Republik. 1923-1933. Tübingen 1956, S. 80-85, der sich dazu verstieg, die 14 neuen Mitglieder des Dradag-Aufsichtsrates als "durchweg erprobte Anhänger der Linkskoalition"(!) zu bezeichnen. Vgl. ebenda, S. 80. Abgesehen davon, daß es sich bei der "Großen Koalition" der Jahre 1928 bis 1930 um alles andere als eine "Linkskoalition" gehandelt hat, waren gerade vier der 14 "Neuen" Sozialdemokraten. Vgl. dazu auch Lerg, a.a.O., S. 298ff.

und stellten ihre Meinungen über strittige Zeitfragen zur Diskussion.[31] Zu diesem Zweck wurde eigens ein "parlamentarischer Überwachungsausschuß" nur für diese Sendereihe eingesetzt, dem zwei Beamte (je einer aus dem Reichsinnenministerium und einer aus dem preußischen Staatsministerium) und zehn Vertreter politischer Parteien (je zwei von DNVP, DVP, Zentrum, DDP und SPD) angehörten.[32]

Auch führende Gewerkschafter wurden von der Deutschen Welle als Referenten und Gesprächsteilnehmer geladen. So sprach am 3. März 1929 zuerst der DDP-Abgeordnete und Generalsekretär der Hirsch-Dunckerschen Gewerkvereine, Ernst Lemmer, über "Löhne und Wirtschaftskonjunktur", und danach referierte der Vorsitzende des freigewerkschaftlichen Holzarbeiterverbandes und SPD-Reichstagsabgeordnete, Fritz Tarnow, über "Löhne und Kaufkraft der Arbeitnehmer". In den folgenden Monaten hielten u. a. der Leiter der Forschungsstelle für Wirtschaftspolitik des ADGB, Fritz Naphtali, und Leon Zeitlin von der DDP Vorträge über "Individualisierte Wirtschaftsdemokratie" (14.4.1929) und der stellvertretende ADGB-Vorsitzende, Peter Grassmann, und der Vorsitzende der Vereinigung der deutschen Arbeitgeberverbände, Gerhard Erdmann, über die "Arbeitslosenversicherungsreform" (3.7.1929). Am 16. Dezember 1929 kam es dann zu einem Disput zwischen dem Wirtschaftsexperten der NSDAP, Gottfried Feder, und dem sozialdemokratischen Wirtschaftsprofessor, Erik Nölting, über "Sozialismus und Nationalsozialismus", der Schlagzeilen machen sollte und am 3. Januar 1931 eine Fortsetzung fand.[33] Am 17. März 1931 diskutierten Fritz Naphtali und der liberale Prof. Ludwig Bernhard über "Kapitalismus oder Sozialismus?", am 16. Februar 1932 der beim ADGB-Bundesvorstand für die Jugendarbeit zuständige Walter Maschke und der Reichstagsabgeordnete der Wirtschaftlichen Vereinigung, Gottfried Sachsenberg, über "Arbeitsdienstpflicht?", am 19. April 1932 Fritz Tarnow und der Handelsredakteur Dr. Miksch über "Wiederkehr oder Ende des Kapitalismus?". Auch Gewerkschafter anderer Richtungen beteiligten sich an den "Gedanken zur Zeit".[34]

Einen weiteren Erfolg neben der Einführung der "kontradiktorischen" Vorträge und Diskussionen konnte die Arbeiterbewegung noch mit dem Erlaß der Rundfunkgebühren für bestimmte, von der Wirtschaftskrise besonders betroffene Gruppen erzielen. Zum 1. Mai 1930 trat der erste Gebührenerlaß für einen Teil der Erwerbslosen in Kraft.[35]

---

31 Allerdings fand ein wirklicher Schlagabtausch nicht statt, die Redner mußten sich an ihre vorbereiteten Manuskripte halten; in der ersten Zeit lief die Sendung gar so ab, daß zwei Referenten hintereinander ihr Manuskript verlasen und ein Gespräch nicht zustande kam. Zur Reihe "Gedanken zur Zeit", die gemeinsam von der Deutschen Welle und dem Südwestdeutschen Rundfunk in Frankfurt am Main entwickelt worden war, vgl. Winfried B. Lerg: Rundfunkpolitik, a.a.O., S. 418-428 und Gabriele Rolfes: Die Deutsche Welle, a.a.O., S. 107-127.

32 Vgl. ebenda, S. 239-250.

33 Vgl. Heinz Pohle: Der Rundfunk als Instrument der Poltik. Zur Geschichte des deutschen Rundfunks 1923 bis 1938. Hamburg 1955, S. 100. Zur Einschätzung der Reihe durch die sozialdemokratische Presse vgl. "Gegen Hakenkreuzkonfusion", in: Vorwärts, Nr. 5, 4.1.1931, Sonntagsbeilage.

34 Vgl. die Liste der Sendungen in: Gabriele Rolfes: Die Deutsche Welle, a.a.O., S. 119-125 sowie auch zur Bewertung der Sendungen Winfried B. Lerg: Rundfunkpolitik in der Weimarer Republik, a.a.O., S. 422-427.

35 Vgl. Winfried B. Lerg: Rundfunkpolitik, a.a.O., S. 284.

4.2 Inhaltlich-methodische Überlegungen der Freien Gewerkschaften zum Rundfunkprogramm

4.2.1 Die Einschätzung des Mediums durch die Gewerkschaften und allgemeine Forderungen an das Rundfunkprogramm

Welche Bedeutung die Gewerkschaften dem Radio im Rahmen ihrer Medien-, Bildungs- und Kulturarbeit beimaßen, das hing nicht zuletzt davon ab, wie sie dessen Funktionen in Staat und Gesellschaft und dessen Wirkungsmöglichkeiten einschätzten. Eine Selbstverständigung darüber fand allerdings innerhalb einer wie auch immer gearteten gewerkschaftlichen Öffentlichkeit so gut wie nicht statt. Die Protokolle von Gewerkschaftstagen geben über das Thema Rundfunkarbeit sowenig Auskunft wie die Gewerkschaftspresse. Die "Gewerkschafts-Zeitung", das zentrale Organ des ADGB, beschäftigte sich mit dem Rundfunk erstmals Mitte 1926 im Zusammenhang mit Rundfunkvorträgen über Unfallgefahren im Betrieb, die während der Mittagspausen in die Aufenthaltsräume der Arbeiter und Arbeiterinnen übertragen werden sollten.[36] Die Zeitungen der Einzelverbände berichteten höchstens über das technische "Wunder" Radio; die Theoriezeitschrift "Die Arbeit" widmete dem neuen Medium keine Zeile, so daß man sagen kann: Rundfunkprobleme fanden bis weit in das Jahr 1927 hinein in der Gewerkschaftspresse kein Echo. Die Diskussion über Chancen und Risiken des neuen Mediums erreichte weder die große Mehrheit der Gewerkschaftsfunktionäre noch gar der Gewerkschaftsmitglieder.

Auch wenn in den zwanziger Jahre in Deutschland über Medienwirkungen noch wenig bekannt war,[37] so erschien das Radio den Zeitgenossen (vor allem den Politikern) doch als eine gefährliche Waffe im Kampf um die Köpfe - nicht umsonst hatten sie die Staatskontrolle über den Rundfunk und die politische Überwachung der Programme eingeführt. Auch die Gewerkschaften sahen im Rundfunk ein "Massennachrichten-" und "Massenbeeinflussungsmittel" von großer Wichtigkeit. Und schon früh merkten sie, daß von der alleinigen Inbesitznahme des Rundfunks durch bürgerliche und kapitalistisch orientierte Kreise, wie sie sich abzeichnete, der Arbeiterbewegung Gefahr drohte.[38] Das Beispiel Englands, wo die Regierung 1926 via Radio in den Generalstreik der Bergarbeiter eingriff, "zeigte" nach Meinung der Gewerkschaften "blitzartig, zu welch furchtbarer Waffe gegen die Arbeiterschaft das Radio in Zeiten des Kampfes werden kann."[39]

---

36 Vgl. Gertrud Hanna: Rundfunkvorträge in den Arbeitspausen, in: Gewerkschafts-Zeitung, Nr. 24, 12.6.1926, S. 338f. und L. P.: Unfallgefahrenbekämpfung durch den Rundfunk, in: Gewerkschafts-Zeitung, Nr. 27, 3.7.1926, S. 375f..

37 Die Medienwirkungsforschung auf dem elektronischen Sektor begann eigentlich erst Anfang der 40er Jahre in den USA mit dem Radio-Research-Project Paul Lazarsfelds. Vgl. Paul F. Lazarsfeld/Frank N. Stanton: Radio Research 1942-1943. New York 1944. In der Weimarer Republik gab es allenfalls Ansätze zu einer Hörerforschung. Vgl. dazu Hansjörg Bessler: Hörer- und Zuschauerforschung. München 1980, S. 17-33. Vgl. auch Wolfgang Joußen: Massen und Kommunikation. Zur soziologischen Kritik der Wirkungsforschung. Wiesbaden 1990.

38 Vgl. das Schreiben Knolls v. 26.10.1925 an die ADGB-Bezirkssekretäre und die Agitationskommissionen, in dem er auf die Gefahr hinwies, in: ebenda.

39 Wilhelm Büscher: Rundfunk und Arbeiterklasse, in: Arbeiterbildung, H. 8, 1926, S. 116ff., dort S. 117. Zu diesem Thema vgl. auch "Streik und Radio", in: Der Neue Rundfunk, H. 6, 9.5.1926, S. 124.

Dieser Gefahr wollten die Gewerkschaften dadurch begegnen, daß sie sich selbst in das Medium einschalteten, indem sie Mitbestimungsrechte am Programm für sich einforderten und sich für die Beseitigung des privaten Kapitaleinflusses beim Rundfunk und die Überführung der Gesellschaften in parlamentarisch kontrollierte bzw. unter staatlicher Aufsicht stehende Einrichtungen einsetzten.[40] Im übrigen lehnten die Gewerkschaften den Rundfunk nicht ab; vielmehr lobten sie das neue Medium von Anfang an als große technische Erfindung, als "gewaltiges Bildungsmittel" und "kulturelle Errungenschaft", die nur in den Dienst der Arbeiterbewegung gestellt werden müsse, um segensreich für sie wirken zu können. Die Gewerkschaften sahen im Rundfunk ein Medium, das anders als die oft weltanschaulich gebundenen Zeitungen der Weimarer Republik, wenigstens tendenziell Klassenschranken aufhob, weil es sich an alle Teile der Bevölkerung wandte. "Die gesellschaftliche Schichtung muß vor dem Rundfunk haltmachen" frohlockte der Vorsitzende des AfA-Bundes, Siegfried Aufhäuser, 1930 und pries als Vorzug des Radios dessen Fähigkeit, neben Klassen- auch Ländergrenzen überspringen und so zur internationalen Verständigung beitragen zu können.[41] Andere verwiesen auf die die Kunst sozialisierende Wirkung des Mediums. Unter dem Motto "Die Kunst dem Volke!" hatte es der Gewerkschafter Wilhelm Büscher schon 1926 im "Gewerkschafts-Archiv" begrüßt, daß nun endlich auch die Bevölkerungskreise, auf deren Interessen und Bedürfnisse der bürgerliche Kulturbetrieb bislang keine Rücksicht genommen habe, in den Genuß von Kunst und Kultur kommen konnten.[42] Und der Vorsitzende des Kulturbeirates der Schlesischen Funkstunde, der sozialdemokratische Philosophieprofessor in Breslau, Siegfried Marck, verlieh 1929 seiner Freude darüber Ausdruck, "daß wir ein solches Mittel haben, die Kultur aus ihrer aristokratischen Gesamtheit zu befreien".[43]

Neben dem Rundfunk als "Kulturfaktor" war das Radio als Mittel der Massenbildung vor allem für die Gewerkschaften von Interesse, auch wenn der Bildungswert von Rundfunkvorträgen von führenden Vertretern der Arbeiterbildung bisweilen in Zweifel gezogen wurde, sie ihm bestenfalls anregende Funktion zubilligten. Für die Gewerkschaften stellte sich der Rundfunk jedoch als ein Forum dar, auf dem sie auch Menschen mit gewerkschaftlichem Gedankengut zu erreichen hofften, die nie in eine Arbeiter- oder Gewerkschaftsversammlung kommen würden.[44]

Typisch für die Hoffnungen, die sich mit dem Rundfunk verbanden, ist der Artikel Siegfried Aufhäusers "Rundfunk und Arbeiterklasse", den dieser im Juni 1930 für die Zeitschrift des Arbeiter-Radio-Bundes schrieb. Den Einwand von Rundfunkkritikern beiseite schiebend, das Medium isoliere die Hörer zuhause vor ihrem Apparat und verhindere somit, daß die Klassengenossen zusammenkämen, um ihre Interessen zu organisieren, betonte er vielmehr:

---

40   Vgl. Wilhelm Büscher: Rundfunk und Arbeiterklasse, a.a.O., ebenda.

41   Vgl. Siegfried Aufhäuser: Rundfunk und Arbeiterklasse, in: Arbeiterfunk, H. 26, 27.6.1930, S. 300.

42   Vgl. Wilhelm Büscher: Rundfunk und Arbeiterklasse, in: Gewerkschafts-Archiv, Bd. 4, H. 1, Januar 1926, S. 76-79, dort S. 77.

43   Siegfried Marck: Die kulturelle Aufgabe des Rundfunks, in: Film und Funk, a.a.O., dort S. 49.

44   Vgl. Peter Przybylski: Schlesische Gewerkschaften und Rundfunk, in: Arbeiterfunk, H. 13, 29.3.1929, S. 294.

"In Wirklichkeit bringt jedoch der Rundfunk die Menschen einander näher; er ist eine motorische Kraft, den einzelnen Arbeiter mit seiner Umwelt, insbesondere seiner Schicksalsgemeinschaft, der Arbeiterklasse, zu verbinden. Der stärkste Antrieb zum Kollektivismus ist die Erkenntnis von der ökonomischen Wirklichkeit. Wissen, kultureller Aufstieg und Weitung des Blickfeldes, wie sie der Rundfunk auch dem einfachen Proletarier vermitteln kann, müssen naturgemäß auch seine Initiative wecken, gemeinsam mit den übrigen proletarischen Rundfunkhörern eine neue und bessere Welt zu bauen. Der Rundfunk mündet in der einzelnen Wohnung, nicht um seine Hörer zu isolieren, sondern um ein Bindemittel der arbeitenden Menschen zu werden. Er bringt gemeinsames Erleben und damit eine weitere Voraussetzung für Organisation und Koalition."[45]

Gleichzeitig verwies Aufhäuser allerdings auch darauf, daß dies alles bisher noch ein Traum sei, den die Arbeiterbewegung aufgerufen bleibe zu verwirklichen. Denn die Realität sah anders aus. Auch Aufhäuser wußte, "in welch großem Umfang die Sender als Werbemittel der kapitalistischen Gesellschaft mißbraucht werden"[46], sowohl durch direkte politische Propaganda wie auch in eher verschleierter Form in scheinbar unpolitischen Unterhaltungssendungen. In dem Sinne stellte der Rundfunk weiterhin eine reale Gefahr für die sozialistische Arbeiterbewegung dar, indem er desorientierend und zersetzend vor allem auf noch indifferente Mitglieder der Arbeiterklasse wirke, in seiner "Zerstreuungs- und Ablenkungstendenz"[47] potentiell auch organisationshemmend sei.

Diese negativen Wirkungen waren jedoch nicht dem Radio an sich anzulasten, wie Alexander Knoll es in seinem Vortrag "Gewerkschaften und Rundfunk" 1929 formulierte:

"Er [der Rundfunk, F. M.] ist an sich weder gut noch schlecht, sondern er ist das, was die, die ihn brauchen, aus ihm zu machen verstehen."[48]

Knoll erhielt in dieser Hinsicht auch Unterstützung vom sozialdemokratischen Rundfunkexperten Marck, der 1929 auf der Konferenz "Film und Funk" des Sozialistischen Kulturbundes eine Lanze für den Rundfunk brach,

"weil wir als Marxisten wissen, daß die Kulturproblematik der Maschine durch die Gesellschaft, durch die soziologische Situation, durch den kapitalistischen Betrieb der Maschine, aber nicht durch Maschine und Technik als solche hervorgerufen wird."[49]

Deshalb kam es nur darauf an, den Rundfunk für die Arbeiterbewegung zu erobern.

---

45 Siegfried Aufhäuser: Rundfunk und Arbeiterklasse, in: Arbeiterfunk, H. 26, 27.6.1930, S. 300.
46 Ebenda.
47 Vgl. auch Siegfried Marck: Die kulturelle Aufgabe des Rundfunks, a.a. O., S. 48.
48 Alexander Knoll: Gewerkschaften und Rundfunk, in: Arbeiterfunk, H. 39, 27.9.1929, S. 383.
49 Siegfried Marck: Die kulturelle Aufgabe des Rundfunks, a. a. O., S. 48f..

In ihrer Bewertung und Einschätzung des Mediums unterschieden sich Partei und Freie Gewerkschaften da überhaupt nicht, auch wenn sie in ihrer praktischen Arbeit dann unterschiedliche Akzente setzen mochten. So konzentrierten sich die Gewerkschaften ganz auf das "wissenschaftliche" Vortragsprogramm und überließen die Gestaltung sozialistischer Feierstunden und kultureller Sendungen der Sozialdemokratischen Partei und den Kulturorganisationen. Zum dominierenden Programmsektor Unterhaltung fiel ihnen wenig ein. Sie anerkannten das Bedürfnis der Arbeiter, nach einem anstrengenden Tag Ablenkung und Muße vor dem Radiogerät zu suchen, auch wenn sie nicht so weit gingen wie beispielsweise Richard Woldt, der das unterhaltende Rundfunkprogramm als Kompensation für entfremdete und geisttötende Arbeit empfahl.[50] Im Gegensatz zu vielen sozialistischen Kulturtheoretikern und -praktikern sahen führende Gewerkschafter im Bereich der Unterhaltung keine Gefahren im Hinblick auf eine Beeinflussung der Arbeiter mit bürgerlich-kapitalistischem Gedankengut.[51]

Andererseits befanden sich die Freien Gewerkschaften hinsichtlich der Einschätzung des Massenmediums Radio durchaus auf der Höhe ihrer Zeit. Die Gewerkschaften erkannten und begrüßten die Funktionen, die man in der Weimarer Republik gemeinhin mit dem Rundfunk verknüpfte. Idealtypisch kamen dem Rundfunk folgende Aufgaben zu: Er war Unterhaltungsmedium, Bildungsinstrument, Kulturfaktor und Dienstleistungsunternehmen; darin trafen sich die Gewerkschaften mit den Gründervätern des Radios in Deutschland und der wissenschaftlichen Öffentlichkeit.[52] Darüber hinaus war das Radio für sie aber auch tendenziell Medium internationaler und nationaler Verständigung zwischen den Völkern und zwischen den Klassen, und es war in ihren Augen "Massenbeeinflussungsmittel", das heißt, es diente der politischen Information und der Meinungsbildung - dies allerdings in einer sehr einseitigen Art und Weise. Hatte das Radio sich nach dem Willen eines seiner Väter, Hans Bredow, überhaupt ganz von der Politik fernhalten und als Freizeitmedium von den Alltagssorgen ablenken und die Arbeitsfreude steigern sollen,[53] so zeigte es sich doch schon sehr früh, daß sich der Rundfunk keineswegs politikabstinent verhielt. Politik kam vor allem über zwei Kanäle ins Programm: über Sondersendungen zu aktuellen Anlässen sowie über "wissenschaftliche" Vorträge und über Feierstunden, die nicht selten offen chauvinistische, nationalisti-

---

50 Vgl. Richard Woldt: Arbeiterschaft und Rundfunk, in: Der Neue Rundfunk, H. 13, 27.3.1927, S. 339.

51 Zur Tendenz des Unterhaltungsprogramms vgl. z. B.: Artur Crispien, der 1927 schrieb: "Schon im Unterhaltungsteil finden wir oft minderwertige oder arbeiterfeindliche Darbietungen. Blöde Operettenschlager, Schundmusik, humoristische Vorträge mit schmutzigen oder nationalistischen Pointen." Artur Crispien: Fort mit der Kulturdiktatur! Mitbestimmungsrecht!, in: Kulturwille, H. 2, 1927, S. 27.

52 Vgl. Susanne Großmann-Vendrey, Renate Schumacher, Horst O. Halefeldt, Dietmar Reese und August Soppe: Auf der Suche nach sich selbst. Anfänge des Hörfunks in Deutschland - Oktober 1923 bis März 1925, in: Materialien zur Rundfunkgeschichte, Bd. 2., a.a.O., S. 11-31, dort S. 23 und Horst O. Halefeldt: Das erste Medium für alle? Erwartungen an den Hörfunk bei seiner Einführung in Deutschland Anfang der 20er Jahre, in: ebenda, S. 83-151.

53 Vgl. Hans Bredow: Geleitwort zur Eröffnung des Rundfunks, in: Der deutsche Rundfunk, H. 1, 23.10. 1923", S. 1. Abgedruckt in: Hans Bredow: Aus meinem Archiv. Probleme des Rundfunks. Heidelberg 1950, S. 15.

sche und reaktionäre Züge trugen.[54] Ziel vieler Politiker und Rundfunkmacher war denn auch weniger die demokratische Integration, wie sie der sozialdemokratischen Arbeiterbewegung am Herzen lag, sondern vielmehr die "nationale" Integration. Entsprechend sah das Programm aus. Die politische Linke fühlte sich nicht nur unterrepräsentiert, sie war es auch.

> *"Die leisen Revanche-Töne, die Reichs-Archiv-Töne, die Lebensanschauung von Grundbesitzern, ehemaligen Offizieren, jetzigen Richtern, Großindustriellen, ihre Moral und ihre sittliche Überzeugung - sie finden im Rundfunk mit einer Selbstverständlichkeit Gehör, die eben aufzeigt, welcher Klasse die Zensoren angehören [...]."*[55]

Durch Mitbestimmung bei der Programmgestaltung, durch Demokratisierung der Rundfunkgremien und die Partizipation an der Ausschußarbeit hoffte die sozialistische Arbeiterbewegung, die Einseitigkeit des Programms verändern zu können. Dabei plädierte sie für die öffentliche Auseinandersetzung zwischen den verschiedenen Weltanschauungen im Radio, für den Dialog und das Streitgespräch, für einen Pluralismus der Themen und Meinungen[56] und setzte sich für eine großzügigere Handhabung der Zensur ein, ohne allerdings auf dieses Instrument mit Hinblick auf Nazis und Kommunisten gänzlich verzichten zu wollen.

4.2.2 Spezielle gewerkschaftliche Ansprüche an ein Arbeiterfunk-Programm

In erster Linie der Vorstellung vom Rundfunk als Bildungs- und Kulturinstrument verpflichtet, richteten die Gewerkschaften ihr Augenmerk innerhalb ihrer konkreten Radioarbeit auf das wissenschaftliche Vortragsprogramm, das zwar im Laufe der zwanziger Jahre eine Einschränkung erfuhr, mit 25 bis 30 Prozent jedoch immer noch einen bedeutenden Anteil am Sendeprogramm des Weimarer Rundfunks einnahm.[57]

Auch wenn Überlegungen darüber, in welcher Form und in welchem Kontext gewerkschaftliche Programmarbeit ablaufen sollten, fast völlig fehlten, so war klar, daß Vorträge bildender und informierender Natur absolute Priorität besaßen - mochte dies im Rahmen einer gesonderten Arbeiterstunde geschehen oder auch innerhalb des allgemeinen sozial- und wirtschaftswissenschaftlichen/-politischen Vortragswesens. In der

---

54 Vgl. Susanne Großmann-Vendrey, Renate Schumacher, Horst O. Halefeldt, Dietmar Reese und August Soppe: Auf der Suche nach sich selbst, a.a.O., S. 24f. So schrieb die Projektgruppe über das Rundfunkprogramm von Oktober 1923 bis März 1925: "Publizisten, Professoren und Politiker, die oft nicht auf dem Boden der demokratischen Verfassung standen, fanden bei fast allen Sendegesellschaften offene Mikrofone, wenn sie Vorträge über Kolonien oder besetzte Gebiete, über Auslands- oder Grenzdeutschtum anboten." (S. 25)

55 Ignaz Wrobel: Rundfunkzensur, in: Weltbühne, Nr. 16, 17.4.1928, S. 590-593, Zitat S. 591.

56 Vgl. Theodor Leipart: Arbeiterfunk, in: Arbeiterfunk, H. 46, 14.11.1930, S. 495.

57 Zum quantitativen Umfang des Vortragswesens im Weimarer Rundfunk vgl. Pohle, Heinz: Der Rundfunk als Instrument der Politik. Hamburg 1955, Anm. 188, S. 108 und die Tabelle S. 109.

Regel griffen die Gewerkschaften aber den Gedanken einer speziellen "Arbeiterstunde" auf, wie ihn der Jenaer Professor Julius Schaxel bereits im Februar 1927 zur Diskussion gestellt hatte. Schaxel hatte als Einstieg für Sozialdemokraten und freie Gewerkschafter angeregt,

> *"daß wir bei einer Sendestation, die Klassengenossen in ihrer Programmkommission besitzt, unermüdlich darauf dringen, wenigstens eine bestimmte Zeit, etwa zwei halbe Wochenstunden an verschiedenen Tagen oder eine Stunde an einem bestimmten Wochentag für wissenschaftliche Vorträge in unserem Sinn regelmäßig zugebilligt zu erhalten."*[58]

In diesem Sinne appellierten die Gewerkschaften seitdem an die Sendeleitungen, in regelmäßiger Folge von Arbeitervertretern gestaltete Beiträge in das Programmangebot aufzunehmen. Ihren Anspruch auf Beteiligung begründeten sie mit ihrer Rolle als "berufene Vertreter" von Arbeitnehmerinteressen, die sich auch auf das Gebiet von Bildung und Kultur erstrecke, und dies umso mehr, als die überwältigende Mehrheit der Rundfunkhörer sich aus den Kreisen der Lohnabhängigen rekrutiere. Darüber hinaus - und dies sahen sie als das gewichtigere Argument an - betonten die Gewerkschaften ihr jahrzehntelanges Engagement auf dem Gebiet der Kultur- und Bildungsarbeit; einerseits schafften die Gewerkschaften die wirtschaftlichen Voraussetzungen für die kulturelle Teilhabe der Arbeiter, andererseits weckten sie durch ihre Organisations- und Bildungsbemühungen erst den Wunsch nach Kunst und Kultur. Ohne den wirtschaftlichen Kampf, der die materiellen Grundlagen, ohne die Arbeitszeitverkürzung, die den zeitlichen Spielraum, und ohne die Verbesserung des Bildungsniveaus durch die Anstrengungen der Arbeiterbewegung, die die geistigen Voraussetzungen für die Partizipation der Arbeitnehmer und Arbeitnehmerinnen am kulturellen Leben herstellten, gab es keinen technischen und kulturellen Fortschritt. Daneben machten sich die Gewerkschaften mit ihrer Erziehungsarbeit auch um die politische Kultur verdient, indem sie demokratisches Bewußtsein und die Fähigkeit zur politischen Teilhabe der Arbeiterklasse vermittelten.[59]

Mit dieser Argumentation griffen die Gewerkschaften den Anspruch der Politiker und Radiomacher auf, wonach der Rundfunk in erster Linie Kulturarbeit leisten und Wissen und Bildung vermitteln sollte. Sie als "die größte Kulturbewegung" der Zeit beanspruchten ihre Beteiligung. Und sie taten dies in der unterschiedlichsten Weise. Auch wenn Unterlagen über die Verhandlungen mit den Sendegesellschaften kaum überliefert sind, so scheint es doch im Verlauf des Jahres 1927 überall zu Vorstößen gekommen zu sein. Teils geschah das in Form direkter gewerkschaftlicher Kontakte mit den verantwortlichen Programmleitern, teils im Rahmen der Kulturkartelle oder der bestehenden Rundfunkausschüsse, zum Teil auch über die sozialdemokratischen Mitglieder der Überwachungsausschüsse und Kulturbeiräte. Nicht in allen Fällen führten diese Initiati-

---

58   Julius Schaxel: Wissenschaftliche Vorträge im Rundfunk, in: Kulturwille, H. 2, Februar 1927, S. 33ff., dort S. 32.

59   Zu dieser Argumentation vgl. z. B. Alexander Knoll: Die Kulturarbeit der Gewerkschaften, in: Arbeiterbildung, H. 10, Oktober 1926, S. 148f. oder Walter Eschbach: Gewerkschaftliche Kulturarbeit, in: AfA-Bundeszeitung, Nr. 10. Oktober 1926, S. 133.

ven auch zum baldigen Erfolg. Die erste regionale Sendegesellschaft, die eine "Arbeiterstunde" in ihr Programm aufnahm, war der Westdeutsche Rundfunk, der ab dem 12. November 1927 eine "Stunde des Arbeiters" ausstrahlte. Ihm folgte ab dem 2. August 1928 die Schlesische Funkstunde in Breslau; die Norag zog am 19. November 1928 mit der "Stunde der Werktätigen" nach, und der Südwestdeutsche Rundfunk eröffnete seine Reihe "Die Stunde des Arbeiters" am 13. Juli 1929. Auch die meisten der anderen Rundfunkgesellschaften richteten Ende der zwanziger Jahre Arbeitersendungen ein, wenngleich sie diese zum Teil weniger regelmäßig oder nicht immer unter der Bezeichnung Arbeiterstunde verbreiteten.

Reflexionen darüber, was dieser "Arbeiterfunk" leisten sollte und was er leisten konnte, welche Themen er aufgreifen und wer die Sendungen gestalten würde, hatten Gewerkschaften und sozialdemokratische Bildungs- und Kulturexperten bis dahin nur vereinzelt angestellt. Ganz allgemein forderten die Repräsentanten der sozialistischen Arbeiterbewegung von den Rundfunkgesellschaften, Programme zu senden, die "einen besonderen, der Arbeiterschaft entsprechenden Charakter tragen, durch die sie sich von den sonstigen Rundfunkdarbietungen unterscheiden".[60] Die Frage war nur, wie dieser "besondere" Charakter auszusehen hatte und in welcher Form er sich in der Programmgestaltung niederschlagen sollte. Mit der Einführung des Arbeiterfunks suchten Freigewerkschafter und Sozialdemokraten hierauf verstärkt nach Antworten.

Hatten gerade die Bildungsfachleute der Partei dem Medium zunächst nur eine geringe Funktion innerhalb der Massenbildungsarbeit zubilligen wollen, so rückten sie später davon unter bestimmten Bedingungen ab. Eine der Voraussetzungen sahen sie im systematischen Aufbau des Vortragswesens, eine andere in der Beschränkung der Themenwahl auf wenige zentrale Wissensgebiete - als da wären: Gesellschaft, Kultur, Wirtschaft und die Erkenntnis der eigenen Lage im Produktionsprozeß.[61]

Auf die Frage: "Was erwarten und verlangen nun die Gewerkschaften vom Rundfunk?" antwortete der Leipziger ADGB-Ortsausschußvorsitzende und Kulturbeirat beim Mitteldeutschen Rundfunk, Erich Schilling, im Dezember 1929: "Sie wollen, daß die besonderen Interessen der Arbeiterschaft ausreichend am Rundfunk berücksichtigt werden." Der Arbeiter wolle "einmal von sich etwas hören, von seinem Lebenskreise und von seinen Bedürfnissen". Danach konkretisierte er die Themen, die dafür in Frage kamen. Am stärksten sei der Arbeiter an der Grundlage seiner wirtschaftlichen Existenz, an der Erhaltung und Sicherung seiner Arbeitskraft interessiert, woraus sich notwendigerweise seine Aufmerksamkeit für Fragen des Arbeitsrechts und der Arbeits- und Urlaubszeitproblematik ergäben. Schilling: "Er wünscht also die Behandlung des Arbeitsrechts und der Sozialversicherung." Ebenso zeige er großes Interesse für das Gebiet der Arbeitsvermittlung, der Arbeitsmarktentwicklung und der Berufsfindung, aber auch für Wohnungs- und Mietfragen, für wirtschaftliche Probleme und für Technik. Daneben sollten auch die Leistungen der Arbeiterkünstler und Arbeitergesangvereine, der prole-

---

60 Vgl. die "Richtlinien über die Stellung der Arbeiterschaft zum Rundfunk", in: Arbeiterbildung, H.6/1927, S. 94.

61 Vgl. Jacob Blauner: Proletarische Bildungsarbeit durch den Rundfunk?, in: Der Neue Rundfunk, H. 4, 25.4.1926, S. 76.

tarischen Kinder- und Jugendchöre etc. Ausdruck im Medium Rundfunk finden können, ebenso wie die Produktionen der Arbeiterdichter und -schriftsteller. Mit einem Satz: Die Arbeiter wollten "ihr Leben und ihre Lebensverhältnisse" im Radio behandelt wissen.[62] Oder abstrakter ausgedrückt: Der Rundfunk sollte so etwas wie eine authentische Arbeiteröffentlichkeit herstellen. Um dies zu gewährleisten, sollten die Arbeiter selbst im Radio sprechen, als Referenten in Arbeitersendungen nur Personen auftreten, die der Arbeiterschaft entstammten oder ihr doch nahestanden. In jedem Falle mußten die Vortragenden aber die Sprache der Arbeiter beherrschen und ihre Gewohnheiten und Bedürfnisse kennen, um auch verstanden zu werden.

Insgesamt sollten die Rundfunkvorträge sowohl dazu dienen, praktische Lebenshilfe zu leisten, als auch Orientierungshilfen in einer immer komplizierter werdenden Welt zu geben, oder wie der ADGB-Vorsitzende, Theodor Leipart, es im November 1930 ausdrückte:

> *"Die von uns gewünschten Darbietungen wollen den Rundfunkhörern die persönlichen Beziehungen zu den Ereignissen der Umwelt erleichtern. Die Last, die der einzelne trägt, soll erleichtert werden durch das Bewußtsein, einer Gemeinschaft anzugehören, die sich für das Schicksal des einzelnen verantwortlich fühlt. "[63]*

Ob sich diese Wünsche im Arbeiterfunk der Weimarer Republik realisieren ließen, soll Gegenstand der folgenden Betrachtungen sein. Bevor wir jedoch konkret auf das Programm der erwähnten Sendungen eingehen, soll zunächst den Vorstellungen, die die sozialdemokratische Arbeiterbewegung mit dem Arbeiterfunk verband, die Sicht der Programmleiter und Rundfunkdirektoren auf das Arbeiterprogramm gegenübergestellt werden, schon um die Chancen und Spielräume aufzuzeigen, die sich für Freie Gewerkschaften und Sozialdemokratie überhaupt nur eröffneten.

---

62   Vgl. Erich Schilling: Rundfunk und Gewerkschaften, in: Arbeiterfunk, H. 51, 20.12.1929, S. 493.

63   Theodor Leipart: Arbeiterfunk, in: Arbeiterfunk, H. 46, 14.11.1930, S. 495.

4.3   Die Programmleiter und der Arbeiterfunk

Daß fast alle Rundfunkgesellschaften in den Jahren 1928 und 1929 einen Arbeiterfunk einrichteten, dürfte nicht unwesentlich von der Tatsache beeinflußt worden sein, daß die SPD ab Juni 1928 erstmals seit Ende 1923 wieder in der Regierungsverantwortung im Reich stand, sie mit Carl Severing auch den Innenminister stellte, in dessen Ressort die Rundfunküberwachung fiel. Die organisierte Arbeiterbewegung hatte sich von den Tiefschlägen der Anfangsjahre der Republik erholt und stellte einen Machtfaktor dar, den man auch in den Funkhäusern nicht mehr so ohne weiteres übergehen konnte. Die Programmleiter jedenfalls berücksichtigten den Machtzuwachs der Arbeiterbewegung in der Stabilisierungsphase der Weimarer Republik. Wie anders ist es zu erklären, daß praktisch alle Rundfunkgesellschaften sich innerhalb relativ kurzer Zeit bereitfanden, die spezielle Zielgruppensendung Arbeiterfunk in ihre Programmplanung aufzunehmen, zumal man davon ausgehen muß, daß die große Mehrzahl der Rundfunkmitarbeiter in den Sendegesellschaften wenig bis überhaupt keinen Kontakt zur Arbeiterbewegung hatte, eine direkte Lobby für Arbeiterinteressen dort nicht existierte und zudem das Gebot der politischen Neutralität die Radioarbeit von Freien Gewerkschaften und Sozialdemokraten erschwerte. Handelte es sich um "geschäftliche Erwägungen", der Sendegesellschaften, wie Valentin Latay 1929 im "Arbeiterfunk" mutmaßte?[64] Hatten sie ein potentielles Massenpublikum aus der Arbeiterschaft vor Augen, das es galt als Rundfunkhörer zu gewinnen, oder reagierten sie einfach nur auf die öffentlichen Anwürfe aus den Reihen der organisierten Arbeiterbewegung, die sich im Rundfunkprogramm nicht ausreichend vertreten sah? Vieles spricht für letzteres; vor allem auch die Art und Weise, wie die Sendungen zustandekamen. Dazu gehört auch der Zeitpunkt der Einführung der Arbeiterstunden.

Außerordentlich aufschlußreich dafür, welche Gründe die Programmleiter dazu bewogen, den schon seit längerer Zeit von Arbeitervertretern vorgebrachten Wünschen nachzukommen, sowie dafür, welche Funktion sie einer solchen Sendung beimessen wollten, ist die Diskussion der Rundfunkdirektoren und Programmleiter auf der Programmratstagung der Reichs-Rundfunk-Gesellschaft am 6./7. Juni 1928, wenige Tage nach dem Regierungsantritt der Großen Koalition,[65] die sich auch mit dem Thema "Arbeiterschaft und Rundfunk" beschäftigte. Der Programmleiter des Westdeutschen Rundfunks, Ernst Hardt,[66] sprach dort sehr deutlich aus, daß der Arbeiterfunk eine Reaktion auf die Kritik der Arbeiterbewegung war, der Rundfunk bringe zu wenig, was Arbeiterhörer interessiere:

---

64   Vgl. Valentin Latay: Weshalb "Arbeiterfunk"?, in: Arbeiterfunk, H. 37, 13.9.1929, S. 366.

65   Vgl. das Protokoll der Programmratstagung, in: BA Koblenz, R78/888.

66   Ernst Hardt (1876-1947) gehörte zu den Mitbegründern der Deutschen Demokratischen Partei. Von 1919 leitete er das Weimarer Nationaltheater, 1925 und 1926 war er Intendant des Kölner Schauspielhauses, bevor er die Leitung der Werag in Köln übernahm. Zu Hardt vgl. Wolf Bierbach: Versuch über Ernst Hardt, in: Aus Köln in die Welt. Beiträge zur Rundfunkgeschichte. Hrsg. v. Walter Först. Köln/Berlin 1975, S. 363-405 sowie neuerdings Susanne Schüssler: Ernst Hardt. Eine monographische Studie. Frankfurt am Main u. a. 1994.

"Solange wir nicht etwas Arbeitergesellschaftliches und dennoch Unpolitisches haben, was wir unsererseits dem Arbeiter anbieten können, stehen wir mit leeren Händen da und lesen dann in der Arbeiterpresse, der Rundfunk bietet dem Arbeiter nichts, was den Arbeiter in Sonderheit anginge. [...] Um nun diese leeren Hände dem Arbeiter gegenüber nicht zu haben, haben wir auf allen möglichen Umwegen [sic!] versucht, der Menschlichkeit der Arbeiter nahe zu kommen, mit dem Erfolg, daß der Arbeiter, soweit er Ausdruck besitzt, uns diese Menschlichkeit nun seinerseits entgegenzutragen anfängt."[67]

Auch wenn (oder gerade weil) die anderen Teilnehmer der Tagung nicht davon überzeugt waren, daß die Arbeiter vom Rundfunk die "Menschwerdung" erwarteten, wie Hardt sich ausdrückte,[68] so fand dessen Befürchtung, der Wahlsieg der SPD am 20. Mai 1928 werde zur Folge haben,

"daß uns in unsere Programmgestaltung plötzlich Menschen hineingesetzt werden, nicht weil sie geistige Führer sein können, sondern weil sie Bildungssekretäre sind",

doch allgemeine Zustimmung.[69] Dem galt es vorzubeugen, indem man der Arbeiterschaft einige Konzessionen machte:

"Wenn wir beispielsweise versuchen, die Einweihung eines Ebert-Denkmals zu übertragen oder wenn eine augenscheinliche Gefälligkeit möglich ist, meinetwegen dadurch, daß ich einen Vortrag fallen lasse, weil ich gerade um einen eiligen Arbeitervortrag gebeten werde, so sind das diplomatische Wege, die zum Ausdruck bringen, daß ich mich bemühe, den Wünschen dieser Kreise gerecht zu werden,

---

67   Protokoll der Programmratstagung, in: BA Koblenz, R 78/888. Was Hardt damit meinte, erläuterte er seinen Kollegen gleich an einem Beispiel. Ein Kranführer aus Essen hatte ihm eine "Unterhaltung" unter Arbeitskollegen während der Mittagspause eingeschickt: "Frage: Was ist wohl das höchste Glück für uns Menschen hier auf Erden? Antwort: Das höchste Glück ist innere Zufriedenheit des einzelnen Menschen mit sich selbst. Frage: Aber man kann doch nicht immer zufrieden sein. Es kommt im Leben so vieles vor, wo es fast unmöglich ist, ruhig zu bleiben und zufrieden zu sein! Antwort: Allerdings meine Freunde! Es ist wohl auseinander zu halten: die eigene und die allgemeine Zufriedenheit. Die Zufriedenheit mit allen Kreisen und äußeren Vorkommnissen ist natürlich ein Unding. [...] Frage: Aber die Reichen können doch mit sich selbst zufrieden sein. Wenn ja, dann bleibt meiner Ansicht nach immer noch eine Staffel: Glück und höheres Glück. Dieses ist nur scheinbar, denn kein Mensch auf dieser Erde bleibt frei von Kummer und Schmerz. Wenn Ihr Menschen kennt, die reich und scheinbar glücklich sind, so seht Ihr aber meistens nicht den verborgenen Kummer und Gram dieser gar nicht Glücklichen. Auch könnte ich noch anführen, daß der Selbstmord prozentual genau so oft bei Reichen vorkommt wie bei den Armen [...]."

68   Vgl. ebenda, sowie Ernst Hardt: Arbeiterschaft und Rundfunk, in: Rundfunk-Jahrbuch. Hrsg. v. der Reichs-Rundfunk-Gesellschaft. Berlin 1929, S. 227ff.

69   Vgl. das Protokoll der Programmratstagung in: BA Koblenz, R78/888. Hardt nahm an dieser Stelle auf eine Reichstagsrede des SPD-Abgeordneten Arthur Crispien vom 24.3.1928 Bezug, in der dieser sich über die Benachteiligung der Arbeiterbewegung und die Zensurmaßnahmen der Überwachungsausschüsse beklagt hatte. Vgl. den Redebeitrag Arthur Crispiens in: Verhandlungen des Reichstags. III. Wahlperiode 1924. Bd. 395, Stenographische Berichte. Berlin 1928, S. 13701f.

*was in ganz kurzer Zeit eine Art Liebe erzeugt, ganz abgesehen von der rein
menschlichen und rein kulturellen Einstellung.* "[70]

Wie wenig man in den Funkhäusern über die Interessen zumindest der in den Freien
Gewerkschaften organisierten Arbeiter und Arbeiterinnen wußte, belegt anschaulich der
Fortgang der Aussprache über Hardts Referat. So knüpfte etwa der Direktor der Vortragsabteilung der Berliner Funkstunde, Wilhelm Wagner, an Hardt an und fragte: "Wie
kann ich die seelischen Bedürfnisse der Arbeiterkreise befriedigen?" Um darauf eine
Antwort zu finden, mußte man seiner Meinung nach zuerst wissen, "womit sich der Arbeiter beschäftigt". Und da nahm Dr. Wagner an:

*"Er beschäftigt sich mit seinem Verhältnis zu Gott, mit seinem Verhältnis zum
Glück und mit seinem Verhältnis zur Frau. Es beschäftigt den Arbeiter außerdem
die Frage, soll ich Fleisch essen oder soll ich Diät-Reform leben? In den Fabriken
wird diese Frage merkwürdigerweise überall besprochen.* "[71]

Etwas realistischer sah der Direktor der Süwrag, Dr. Hans Flesch, die Sache. Er orte-
te die Bedürfnisse der Arbeiter zum einen in deren Verlangen nach Bildungsmöglichkei-
ten durch den Rundfunk, zum anderen in deren Bestreben nach dem "seelisch-künstlerischen" Erlebnis. Während Flesch über die "Volksbildungs"-Aufgaben, die der Rundfunk
gegenüber Arbeitern besaß, keine weiteren Ausführungen machte, bekräftigte er seine
Überzeugung, wonach Arbeiter keine anderen seelisch-künstlerischen Bedürfnisse hatten als Mitglieder anderer Gesellschaftsschichten und deshalb in dieser Hinsicht auch
kein gesondertes Programm erforderlich sei.[72]

Mehrere Redner gingen auf die Frage ein, ob ein spezielles Arbeiterprogramm überhaupt angebracht wäre und wer an einem solchen Programm mitarbeiten sollte.[73] Der
Programmleiter des Süddeutschen Rundfunks, Dr. Alfred Bofinger, der zwei Arten von
Arbeiterprogrammen unterschied: "Sonderprogramme für die Arbeiter" und "Arbeiter-
programme in dem Sinne, daß sie Fragen über Arbeit und Arbeiter waren", glaubte, daß
die einzelnen Rundfunkgesellschaften mit der Konzeption einer Arbeitersendung überfordert seien und forderte deshalb "Direktiven von der Zentralleitung des Rundfunks".[74]
Damit war Hans Bredow, der Vorsitzende des Verwaltungsrates der Reichs-Rundfunk-
Gesellschaft, direkt angesprochen. Der wiederum wandte sich zunächst gegen die Auffassung, wonach einige Zugeständnisse an die Arbeiterschaft, wie Hardt sie erwähnt
hatte, diese zufriedenstellen würden. Er beklagte das "Herumexperimentieren" einzelner
Sendegesellschaften auf dem Gebiet des Arbeiterfunks und erklärte, der Rundfunk
müsse mehr als dies bislang geschehen sei, auf "die Psyche" des Arbeiters eingehen. Da
im bürgerlichen Umkreis sozialisierte Rundfunkmacher dazu möglicherweise nicht in

---

70   Ernst Hardt in: Protokoll der Programmratstagung, a.a.O.

71   Ebenda.

72   Vgl. ebenda. Zu Hans Flesch vgl. August Soppe: Rundfunk in Frankfurt am Main 1923-1926: Zur
     Organisations-, Programm- und Rezeptionsgeschichte eines neuen Mediums. Mit einem Nachwort
     hrsg. von Jörg Jochen Berns. München u. a. 1993, S. 164-172.

73   Vgl. ebenda.

74   Vgl. ebenda. Mit der "Zentralleitung" meinte Bofinger wohl die Reichs-Rundfunk-Gesellschaft, die
     allerdings für Programmfragen von ihrer Satzung her nicht zuständig war.

der Lage seien, dürfe man "unter Umständen vor den äußersten Mitteln nicht zurück-
schrecken"; das hieß für Bredow, daß die Sendegesellschaften auch Mitarbeiter heran-
ziehen sollten, die "die Weltanschaung" der Arbeiter kannten und teilten. Zentrale
Richtlinien für einen Arbeiterfunk lehnte Bredow ab.[75] Der Leiter der Vortragsabteilung
beim Mitteldeutschen Rundfunk, Erwin Jäger, forderte daraufhin, die Arbeiter künftig
selbst an der Programmgestaltung zu beteiligen und schlug vor:

> *"Man muß sich mit den Arbeiterkreisen verständigen und vielleicht auch Herren*
> *aus der Arbeiterschaft in unsere Programmleitung hineinnehmen. Das allein*
> *schon würde die Arbeiterschaft beruhigen, wenn sie wüßten, daß aus ihren Kreisen*
> *Herren und Frauen bei der Programmgestaltung mittätig sind."*[76]

Genau dies verlangte die organisierte Arbeiterbewegung schon seit Jahren; in Form
gesonderter Programmausschüsse für Arbeitersendungen wurde die Forderung dann
auch in die Praxis umgesetzt. In welcher Weise das geschah, wie es zur Etablierung von
Arbeiterstunden kam, welchen Anteil die Freien Gewerkschaften an deren Gestaltung
besaßen und wie sich die Sendungen im Laufe der Jahre entwickelten, dem soll in den
folgenden Kapiteln bei ausgewählten Sendegesellschaften nachgegangen werden. Kriterien der Auswahl sind dabei Umfang und Qualität des vorliegenden Quellenmaterials.

---

75 Vgl. ebenda.
76 Vgl. ebenda.

4.4   Gewerkschaften und Arbeiterfunksendungen bei den einzelnen Rundfunkgesellschaften

4.4.1   "Stunde des Arbeiters" bei der Westdeutschen Rundfunk AG (Werag) in Köln

Als erste regionale Sendegesellschaft startete die Werag am 12. November 1927 die "Stunde des Arbeiters".[77] Die Sendung ging zweimal in der Woche - am Samstag und am Mittwoch - zwischen 19.00 Uhr und 20.00 Uhr über den Äther und dauerte jeweils 25 Minuten. Auf wessen Initiative die Sendereihe zustandekam, war nicht eindeutig zu klären; sowohl der "Zentralausschuß für den Westdeutschen Rundfunk"[78] als auch Werag-Programmleiter Ernst Hardt beanspruchten die Idee für sich. Wahrscheinlich ist aber, daß tatsächlich rundfunkinteressierte Vertreter der organisierten Arbeiterschaft an die Sendegesellschaft herangetreten waren, um die Arbeiterstunde dort zu installieren.[79] Allerdings zeigte sich Hardt bereit, auf die Anregung einzugehen, wenngleich er auch Vorstellungen über die Sendung entwickelte, die mit denen der sozialdemokratischen Arbeiterbewegung nicht unbedingt übereinstimmten.[80] Nach seinen Angaben "bemühte sich" der Westdeutsche Rundfunk in seiner Stunde des Arbeiters, "sich dem Menschlichen des Arbeiters nach bestem Einfühlungsvermögen jenseits aller Politik mit seelhaften Werten gegenüberzustellen."[81] Und mit dieser Auffasung prägte Hardt die Sendereihe außerordentlich stark.

Welche Rolle der "Zentralausschuß" bei der Gestaltung der "Stunde des Arbeiters" spielte, läßt sich wegen der fehlenden Quellen nicht sagen, auch nicht, wie groß der Einfluß der Gewerkschaften in diesem Gremium war und ob es unabhängig davon noch einen nur von Gewerkschaftern aller Richtungen besetzten Arbeitsausschuß eigens für gewerkschaftliche Sendungen gab, wie er bei anderen Sendegesellschaften zum Teil existierte.

"Ureigene" gewerkschaftliche Themen waren innerhalb der Arbeiterstunde jedoch eindeutig unterrepräsentiert: Die Reihe begann mit der Lesung Ernst Hardts aus einer Arbeiterbiographie. Es folgten 1927 noch elf weitere Sendungen hauptsächlich zum

---

77   Heide-Erika Koppe nennt den 6. März 1927 als Sendebeginn; doch war eine solche Sendung in der Programmzeitung "Werag" nicht aufzufinden. Vgl. Heide-Erika Koppe: Von der Mission des Rundfunks - Ernst Hardt, in: Literatur und Rundfunk 1923-1933. Hrsg. v. Gerhard Hay. Hildesheim 1975, S. 121-123, dort S. 123.

78   Vgl. hierzu Kapitel 3.2.3.

79   Vgl. den Bericht über die Rundfunkkonferenz für das Rheinland und Westfalen in: Arbeiterbildung, H. 9, September 1927, S. 143.

80   Vgl. die Äußerungen Hardts auf der Programmratstagung der Reichs-Rundfunk-Gesellschaft am 6./7. Juni 1928, S. 134, in: BA R78/888, wie in Kapitel 4.3 zitiert. Zu Hardts Einfluß auf die "Stunde des Arbeiters" vgl. auch Wolf Bierbach: Rundfunk zwischen Kommerz und Politik. Der Westdeutsche Rundfunk in der Weimarer Zeit. Frankfurt am Main/Bern/New York 1986, S. 366f.

81   Ernst Hardt: Arbeiterschaft und Rundfunk, in: Rundfunk-Jahrbuch. Hrsg. v. der Reichs-Rundfunk-Gesellschaft. Berlin 1929, S. 227-232, dort S. 230.

Thema Arbeiterdichtung; Mitwirkende: Ernst Hardt, Willi Schäferdieck[82] und Heinrich Lersch.[83] Einziges Gewerkschaftsthema: Die Rationalisierung im Bergbau, Referent: F. Vogt (?).

1928 wurde die Arbeiterstunde zunächst mit denselben Inhalten wie 1927 fortgesetzt. Einen weiteren Schwerpunkt in der ersten Jahreshälfte bildeten mehrere Vorträge des Volkswirtschafters Hans Stein[84] zur "Geschichte der europäischen Arbeiterbewegung". Als explizit gewerkschaftliche Themen können nur zwei gelten: "Der Kündigungsschutz älterer Angestellter" (H. Effelsberg) und "Die Gemeinwirtschaft im Kohlebergbau" (August Halbfell). Verstärkt wurden Vorträge aus den Bereichen Arbeiterschutz, Sozialpolitik, Sozialversicherung erst in der zweiten Jahreshälfte übertragen, also nach der Reichstagswahl und der schon erwähnten Programmratstagung der Reichs-Rundfunk-Gesellschaft im Juni 1928.

> *22.7. Der Rechtsanspruch auf Urlaub (Dr. Krotoschiner)*
>
> *29.7. Arbeiter und Ferienurlaub (Alwin Reißmann, Redakteur der "Westfälischen Allgmeinen Volkszeitung", Dortmund, SPD)*
>
> *5.8. Ein Jahr Arbeitsgerichtsgesetz (H. Effelsberg)*
>
> *12.8. Ein Jahr Arbeitsgerichtsgesetz (H. Effelsberg)*
>
> *25.8. Die sozialpolitische Gesetzgebung des Reiches im Jahr 1927 (Amtsgerichtspräsident Riß)*
>
> *6.10. Die Arbeitnehmer im Reichsbahnbetrieb (Josef Leimbach, Bezirksleiter des freigewerkschaftlichen Eisenbahnerverbandes)*
>
> *9.12. Die Rationalisierung im Steinkohlebergbau (August Halbfell, Bund der Technischen Angestellten und Beamten, Essen)*
>
> *15.12. Unfallgefahr und Sozialversicherung im Bergbau (P. Leistenschneider, Schriftleiter)*
>
> *16.12. Die Angestelltenversicherung 1 (Clemens Bramlage)*
>
> *22.12. Die Angestelltenversicherung 2 (Carl Wörner, Schriftleiter)*
>
> *23.12. Die Tarifvertragsordnung, ihre Geschichte und Bedeutung (Wilhelm Herschel, Studienrat)*
>
> *27.12. Die Angestelltenversicherung 3 (Carl Wörner)[85]*

---

82 Willi Schäferdieck, Sohn eines Gutsverwalters, Schreinerlehrling und Absolvent eines Lehrerseminars trat 1921 in die KPD ein, verließ sie ein Jahr später wieder und schloß sich der Freideutschen Jugend an. Er arbeitete als Bankangestellter, war schriftstellerisch tätig und verfaßte u. a. ein Theaterstück "Mörder für uns". Bei der Werag war er für den literarischen Teil der "Stundes des Arbeiters" zuständig. Zu Schäferdieck und seinen politischen Intentionen vgl. Willi Schäferdieck: Lebens-Echo. Erinnerungen eines Schriftstellers. Düsseldorf 1985.

83 Heinrich Lersch (1889-1936) entstammte einem katholischen Umfeld und wandte sich gegen jede Zugehörigkeit zu einer sozialen oder politischen Organisation. Zu Lersch vgl. z. B. Lexikon deutschsprachiger Schriftsteller. 20. Jahrhundert. Hrsg. v. Kurt Böttcher u. a. Hildesheim 1993, S. 474f.

84 Zu Hans Stein (1894-1941) vgl. Norbert Reichling: Akademische Arbeiterbildung in der Weimarer Republik. Münster 1983, S. 214ff. und Renate Schumacher: "Hans Stein - mit allen Wassern der Dialektik gekocht". Mitarbeiter der Westdeutschen Rundfunk AG (1927-1933), in: Beiträge zur Marx-Engels-Forschung. Neue Folge 1994. Quellen und Grenzen von Marx' Wissenschaftsverständnis. Hamburg 1994, S. 174-189.

85 Das Programm der "Stunde des Arbeiters" für 1927/1928 ist abgedruckt in: Wolf Bierbach: Rundfunk zwischen Kommerz und Politik, a.a.O, S. 368ff. Die Funktionen der Referenten wurden von mir - soweit sie zu ermitteln waren - ergänzt. Bei den Referenten, die ich nicht als Freigewerkschafter

Insgesamt sendete der Westdeutsche Rundfunk 1928 nach eigenen Angaben 107 "Arbeiterstunden",[86] von denen die meisten nach wie vor dem Thema Arbeiterdichtung und Beiträgen zu staatsbürgerlichen Fragen vorbehalten blieben. Vorträge, die sich mit der gewerkschaftlichen Organisation oder betrieblichen Problemen beschäftigt hätten, fehlten ganz im Programm der Arbeiterstunde.

Bei dieser Sachlage muß es verwundern, daß die Gewerkschaften sich Ende 1928 im großen und ganzen zufrieden mit ihrer Beteiligung am Werag-Programm zeigten. So teilte der ADGB-Bezirkssekretär für Rheinland-Westfalen-Lippe, Hans Böckler, auf eine entsprechende Anfrage des Bundesvorstandes diesem im November 1928 mit, die von den Gewerkschaften benannten Redner seien bisher von "ganz wenigen" Ausnahmen abgesehen beim Westdeutschen Rundfunk zu Wort gekommen.[87] Kaum einen Monat später meinte Böckler sogar, der Einfluß der Gewerkschaften sei bei der Werag größer als beim Breslauer oder Hamburger Sender.[88] Und im März 1930 meldete der Bezirksausschußvorsitzende, das Ergebnis der gewerkschaftlichen Bemühungen um den Rundfunk sei bei der Werag "außerordentlich günstig" und werde von keinem anderen Sender erreicht.[89] Böckler berief sich bei seinen Äußerungen auf Angaben des Zentralausschußvorsitzenden Georg Beyer und dessen Zusammenstellung von Vorträgen, die Sozialdemokraten in der Zeit von Oktober 1928 bis März 1930 bei der Werag gehalten hatten. Die Liste führt 182 Beiträge auf, davon aber nur zehn von Gewerkschaftsvertretern.[90] Im einzelnen handelte es sich um einen Beitrag Böcklers über die Stellung der Arbeitnehmer im Kapitalismus, zwei Vorträge des Geschäftsführers im Bund der technischen Angestellten und Beamten in Essen, August Halbfell, über Rationalisierung im Bergbau und Arbeitsvermittlung und Arbeitslosenversicherung, vier Sendungen des Kölner ADGB-Ortsausschuß-Vorsitzenden, Peter Mois, zur Neuwahl der Betriebsräte und über die Tätigkeit eines Gewerkschaftssekretärs, einen Vortrag des Düsseldorfer Gauleiters im Zentralverband der Angestellten, Bruno Süss, über den Tarifvertrag sowie drei Beiträge des Mitarbeiters der volkswirtschaftlichen Abteilung des Bergarbeiterverbandes, Dr. Georg Berger, zum Bergarbeitsgesetz, zur Arbeiterschaft des Ruhrgebiets und zur Genfer Arbeitszeitkonferenz.[91] Die Mehrzahl der wirtschafts- und sozialpolitischen Vorträge wurde von Akademikern gehalten, u. a. vom SPD-Reichstagsabgeordne-

---

identifizieren konnte, handelte es sich sehr wahrscheinlich um christliche Gewerkschafter oder Zentrumsmitglieder, die im Einzugsgebiet der Werag überproportional vertreten waren.

86   Vgl. Bericht über das Geschäftjahr 1929. Hrsg. v. der Westdeutschen Rundfunk AG. Köln 1929, Anhang, S. 2.

87   Vgl. das Schreiben Böcklers an Knoll vom 27. November 1928, in: HiKo NB 452.

88   Vgl. das Schreiben Böcklers an Knoll vom 19.Dezember 1928, in: ebenda.

89   Vgl. das Schreiben Böcklers an Knoll vom 24. März 1930, in: ebenda. Spätestens zu diesem Zeitpunkt trifft diese Aussage nicht mehr zu, was ein Blick auf das Arbeiterprogramm zum Beispiel der Schlesischen Funkstunde beweist; auch im Vergleich etwa zum Norag-Programm scheint man bei der Werag nicht unbedingt erfolgreicher gewesen zu sein. Vgl. dazu die Kapitel 4.6 und 4.7.

90   Die Liste findet sich in: HiKo NB 452 Rundfunk 1925-1931.

91   Vgl. ebenda. In der Liste ist zwar ein Jacob Süss aufgeführt, mit großer Wahrscheinlichkeit handelte es sich aber um oben genannten Bruno Süss, auch die Werag-Programmzeitung weist einen Bruno Süss aus.

ten Max Cohen-Reuss und von Professor Bruno Kuske von der Universität Köln. Der Rechtsanwalt Dr. Albert Biesantz war für mehrere sozial- und arbeitsrechtliche Vorträge verantwortlich.[92]

Neben den wirtschafts- und sozialpolitischen Themen standen Vorträge über das Arbeiterwandern, die Tätigkeit der Arbeiterwohlfahrt, über Sozialstatistik ebenso wie über die Hygiene der geistigen Arbeit auf dem Sendeplan. Auffällig ist das beinahe vollständige Fehlen von Themen aus dem Bereich Arbeiterkultur/Arbeiterbewegungskultur - abgesehen von eher katholisch inspirierten Beiträgen. Böckler bedauerte dies in seinem Schreiben an Knoll im März 1930 ausdrücklich.[93]

Ebenfalls Fehlanzeige herrschte bei Beiträgen mit direkten Bezügen zur Arbeitswelt. Erst im Oktober 1929 begann eine Reihe mit dem Titel "30 junge Arbeiter berichten von ihrem Leben", die in 13 Folgen unter der Regie des sozialdemokratischen Chefredakteurs der Rheinischen Zeitung, Köln, Georg Beyer, einen Einblick in Arbeit und Leben von jungen Arbeitnehmern verschaffen sollte.[94] Im März 1930 startete die Werag dann die Serie "Menschen im Beruf" - sie lief immer sonntags von 19.05 Uhr bis 19.25 Uhr - und die Sendefolge "Der westdeutsche Wirtschaftsraum" (immer donnerstags 19.40 Uhr - 20.00 Uhr, Regie: Hans Stein). Ab November 1930 hatte sie die Serie "Der westdeutsche Arbeitsmann" im Programm; sie wurde einmal im Monat (abwechselnd mittwochs und samstags) ausgestrahlt und lief über ein ganzes Jahr.[95] Eine weitere für Arbeitnehmer interessante Sendung war die "Gemeinverständliche Rechtskunde" am Samstag zwischen 18.30 Uhr und 18.50 Uhr. In diesen Sendungen traten allerdings nur gelegentlich Gewerkschafter auf.

Anregender als die "Stunde der Arbeit" dürften für interessierte Gewerkschafter Beiträge innerhalb des wirtschafts- und sozialwissenschaftlichen Vortragswesens des Westdeutschen Rundfunks gewesen sein - besonders seit dort Hans Stein 1928 die Leitung übernommen hatte. Hans Stein, der wie Bruno Kuske und Albert Biesantz am Freigewerkschaftlichen Seminar in Köln lehrte und bis Ende der 20er Jahre der KPD angehörte, hielt jede Woche einen Vortrag aus dem Gebiet der Wirtschafts- und Sozialwissenschaften und war darüber hinaus für die Buchbesprechungen im Ressort Wirtschaft und Gesellschaft zuständig. Rechneten die Gewerkschaften so alles zusammen, dann kamen sie auf die oben erwähnte Anzahl von 182 Sendungen innerhalb eines Zeitraums von fast eineinhalb Jahren. Nichts gesagt ist damit aber über die Qualität der Beiträge im Hinblick auf die konkreten Interesssen, die die sozialdemokratische Arbeiterbewegung

---

92 Professor Kuske leitete auch das Freigewerkschaftliche Seminar für Wirtschafts- und Sozialwissenschaften an der Kölner Universität und war dadurch mit den Gewerkschaften verbunden, ebenso wie der Rechtsanwalt Dr. Albert Biesantz, der mehrere arbeits- und sozialrechtliche Vorträge hielt. Vgl. dazu: Norbert Reichling: Akademische Arbeiterbildung, a.a.O., S. 195-208.

93 Vgl. das Schreiben Böcklers an Knoll vom 19. Dezember 1930, in: HiKo NB 452 Rundfunk 1925-1931.

94 Vgl. dazu Georg Beyer: 30 junge Menschen über sich selbst, in: Die Werag, Nr. 42, 20.10.1929, S. 2f.

95 Vgl. Vgl. Georg Beyer: Der westdeutsche Arbeitsmann, in: Die Werag, Nr. 47, 23.11.1930, S. 226f.

mit ihnen verband. Dieser Aspekt wird im Verlaufe dieser Arbeit später noch eine Rolle spielen.[96]

4.4.2 "Stunde des Arbeiters" bei der Schlesischen Funkstunde AG in Breslau

Die Schlesische Funkstunde galt den Zeitgenossen als "arbeiterfreundlicher" Sender.[97] Seit 1925 konnten die Gewerkschaften dort einmal im Monat einen Vortrag halten und die Zahl der Beiträge bis 1927 auf 23 pro Jahr steigern.[98] Die Sendezeit lag zumeist an einem Donnerstagabend zwischen 18.55 und 19.20 Uhr, die Zuständigkeit innerhalb der Sendegesellschaft bei der Vortragsabteilung. Die einzelnen Beiträge liefen unter den Rubriken "Wohlfahrtspflege" oder "Sozialpolitik". Ab dem 2. August 1928 strahlte die Schlesische Funkstunde dann, ebenfalls donnerstags, aber auf Wunsch der Gewerkschaften etwas später, nämlich von 19.25 bis 19.50 Uhr, die "Stunde der Arbeit" aus.

Wie der ADGB-Bezirkssekretär Oswald Wiersich im Frühjahr 1929 auf einer Konferenz der freigewerkschaftlichen Ortsausschüsse mitteilte, hatte die Schlesische Funkstunde die "Stunde der Arbeit", innerhalb derer die Gewerkschaften "eine bevorzugte Rolle" spielten, auf Antrag des "Freien Funkausschusses für Schlesien" eingerichtet.[99]

Am Programm der Arbeiterstunde waren alle Gewerkschaftsrichtungen beteiligt. Zur Ausgestaltung der Sendungen bildeten sie einen "Arbeitsausschuß", dem fünf Vertreter der Freien Gewerkschaften, zwei der christlichen Gewerkschaften und ein Vertreter der Hirsch-Dunckerschen Gewerkvereine angehörten. Dieser Ausschuß traf sich alle zwei Monate, um das Programm festzulegen. Zwei Drittel der Beiträge verantworteten die Freien Gewerkschaften, ein Drittel die beiden anderen Gewerkschaftsrichtungen.[100]

Schon ein erster Blick auf das Programm der Arbeiterstunde zeigt, daß die schlesischen Freien Gewerkschaften das Programm der "Stunde der Arbeit" ungleich stärker beeinflußten als die westdeutschen dies bei der Werag tun konnten. Als symptomatisch für die Unterschiede zwischen den beiden Sendereihen kann der jeweilige Auftaktbeitrag gelten. Während die westdeutsche Arbeiterstunde ihr Programm mit der Lesung des Intendanten Ernst Hardt aus einer Arbeiterautobiographie begann,[101] wurde das schlesische Pendant mit einem Vortrag Oswald Wiersichs über die deutsche Gewerkschafts-

---

96   Vgl. dazu Kapitel 6.

97   Vgl. Heinz Pohle: Der Rundfunk als Instrument der Politik. Zur Geschichte des deutschen Rundfunks 1923 bis 1938. Hamburg 1955, S. 93, Anm. 159. Auf welche Quellen sich Pohle bei seiner Aussage stützt, teilt er nicht mit.

98   Vgl. "Schlesische Gewerkschaften und Rundfunk", in: Arbeiterfunk, H. 13, 29.3.1929, S. 194

99   Vgl. ebenda.

100 Vgl. Peter Przybylski: Die Arbeiterschaft im schlesischen Rundfunk, in: Arbeiterfunk, H. 9, 1.3.1930, S. 115f.

102 Über den Charakter dieser autobiographischen Beiträge geben die Ausschnitte, die Hardt auf der Programmratstagung der Reichs-Rundfunk-Gesellschaft im Juni 1928 vortrug, Aufschluß. Vgl. das Protokoll dieser Tagung in: BA R78/888.

bewegung eröffnet.[102] Eine wesentliche Divergenz zur westdeutschen Arbeiterstunde bestand darin, daß in Breslau ausschließlich örtliche oder bezirkliche Gewerkschafts-funktionäre vor das Mikrophon traten, während man auf die Mitarbeit von Akademikern bewußt verzichtete.[103] Diese kamen nur außerhalb der "Stunde der Arbeit" zu Wort, wo sie dann nach den Angaben des ADGB beispielsweise im Winterhalbjahr 1928/29 über Themen wie "Einführung in die Volkswirtschaftslehre", "Die wirtschaftliche Entwick-lung der europäischen Staaten in der Neuzeit", "Die Triebkräfte in der Weltgeschichte", aber auch über Kants Schrift "Zum ewigen Frieden" oder über das Volkslied spra-chen.[104] Die "Stunde der Arbeit" selbst brachte nur Beiträge zu gewerkschaftlichen, so-zialpolitischen und arbeitsrechtlichen Themen. Dazu zählten dann Vorträge über die Not der älteren Angestellten ebenso wie arbeitsrechtliche Dialoge; Vorträge zur Wahl der Betriebsräte standen neben solchen über die Bildungsarbeit der Gewerkschaften, Spiel-szenen über Verhandlungen vor dem Arbeitsgericht oder im Schlichtungsausschuß run-deten das Programm ab.

Seit dem 2. September 1928 strahlte die Schlesische Funkstunde ergänzend zur "Stunde der Arbeit" meist zweimal im Monat, jeweils sonntags zwischen 18.30 und 18.55 Uhr, die Sendung "Der Arbeitsmann erzählt" aus. In dieser Reihe äußerten sich gewerkschaftlich organisierte Arbeitnehmer der verschiedenen Branchen und Berufs-gruppen. Straßenbahnschaffner, Schuhverkäuferinnen, Dreher oder Chorsänger schil-derten schilderten darin in ihrer Sprache Erlebnisse aus der Arbeitswelt. Alle drei Ge-werkschaftsrichtungen waren im Verhältnis wie bei der "Stunde der Arbeit" beteiligt.[105] Das Arbeiterprogramm, das im ersten Jahr seiner Existenz gerade einmal einen Beitrag gebracht hatte, der sich speziell an Frauen richtete - es hatte sich dabei um einen Vortrag Maria Krauses über die Stellung der Frau im Berufsleben gehandelt -, erhielt im Sep-tember 1929 mit der "Stunde der werktätigen Frau" ein Gegenstück für die weiblichen Mitglieder der Arbeiterbewegung. Auch diese 25minütige Sendung, die dienstags ab 20.05 Uhr lief, kam auf Drängen des Freien Rundfunkausschusses für Schlesien zustan-de. An der Programmarbeit partizipierten dann aber auch die anderen Gewerkschafts-richtungen. Die Programmplanung erfolgte im schon erwähnten Arbeitsausschuß für die Arbeiterstunde, der um je eine Frau der verschiedenen Gewerkschaftsrichtungen erwei-tert wurde. Für die Freien Gewerkschaften engagierte sich dort offenbar Lina

---

102 Die genauen Themen, die Namen der Referenten bzw. Mitwirkenden der Sendungen sowie Sendetag und -zeit, auf die ich mich in diesem Kapitel beziehe, wurden der Programmzeitschrift "Schlesische Funkstunde" entnommen. Eine Übersicht über die freigewerkschaftlichen Beiträge in der Zeit von August 1928 bis Januar 1929 findet sich auch in: HiKo NB 452 Rundfunk 1925-1931. Vgl. auch die in Tabelle 1 im Anhang abgedruckte Programmfolge der Sendung "Die Stunde des Arbeiters".

103 Vgl. dazu das Schreiben des ADGB-Bezirksausschusses für Schlesien vom 1. Dezember 1928 an Knoll, in: HiKo NB 452 Rundfunk 1925-1931.

104 Vgl. die Themenliste, die der ADGB-Bezirksausschuß für Schlesien am 8. Dezember 1928 beim Bundesvorstand einreichte, in: ebenda. Diese Liste schickte Knoll wenige Tage später an alle Be-zirksausschüsse weiter, um diesen zu zeigen, welche Erfolge die Gewerkschaften beim Rundfunk er-reichen konnten. Vgl. das Rundschreiben Nr. 71 vom 14. Dezember 1928 an die Bezirkssekretäre des ADGB, in: ebenda.

105 Vgl. dazu die Liste, die der ADGB-Bezirk Ende 1928 dem Bundesvorstand zugesandt hatte, in: ebenda. Ansonsten sind die einzelnen Sendungen der Programmzeitschrift der Schlesischen Funk-stunde zu entnehmen.

Schaertl.[106] Der Freie Funkausschuß konnte die speziell für "die proletarische Frau" ge-
dachte Sendung vor allem mit dem Argument durchsetzen, daß im bereits existierenden
"Frauenfunk" vornehmlich die Interessen und Bedürfnisse bürgerlicher Frauen berücksichtigt würden, proletarische Frauen dagegen sich in dessen Programm nicht wieder-
fänden, sie einen Großteil der Sendungen sogar als Provokation empfinden müßten.[107]
    Verglichen mit den Gewerkschaften anderer Regionen konnten die schlesischen mit
ihrer Beteiligung am Radioprogramm zufrieden sein. 1929 gestalteten die Freien Gewerkschaften bei der Funkstunde 129 Vorträge und Veranstaltungen allein oder zusammen mit sozialdemokratischen Genossinnen und Genossen; 43 davon in der "Stunde der
Arbeit", 35 in der "Stunde der werktätigen Frau" und 26 in "Der Arbeitsmann erzählt".
Der Rest waren Beiträge zu weltlichen Morgenfeiern, Reportagen und Übertragungen
von Arbeiterfesten[108] - letztere bereitete der Freie Funkauschuß vor, während für die
Arbeiterstunden der "Arbeitsausschuß" aller Gewerkschaftsrichtungen verantwortlich
zeichnete. Am zahlenmäßigen Umfang der Arbeiterinnen- und Arbeitersendungen änderte sich auch in den Jahren nach 1929 nur wenig. Allerdings heißt das nicht, daß die
Arbeiterbewegung in Breslau keinen Grund zur Klage über die thematische und inhaltliche Beschränkung ihrer Programmarbeit gehabt hätte.[109]

4.4.3 "Schule der Weltwirtschaft" und "Stunde der Werktätigen" bei der Nordischen Rundfunk AG (Norag) in Hamburg

In Hamburg zogen es die Freien Gewerkschaften vor, ihre Rundfunkarbeit zunächst unabhängig von der Partei zu organisieren. Bereits 1926 verhandelten sie mit der Norag-
Leitung über die Ausstrahlung von Gewerkschaftsvorträgen, ohne daß diese zu dem
Zeitpunkt bereits zu größeren Zugeständnissen bereit gewesen wäre.[110] Es dauerte noch
bis zum Oktober 1927, bis die Gewerkschaften Gelegenheit erhielten, sich im Rahmen

---

106 Jedenfalls nennt der Vorsitzende des Freien Funkausschusses, Przybylski, diesen Namen in einem
    Artikel des "Arbeiterfunk". Przybylski spricht dort von der "Genossin" Lina Schaertl; ob diese auch
    als eigentliche Gewerkschaftsvertreterin anzusehen ist, war nicht ermitteln. Vgl. Przybylski: Die Ar-
    beiterschaft im schlesischen Rundfunk, in: Arbeiterfunk, H. 9, 1.3.1930, S. 115f; dort S. 115.

107 Vgl. dazu auch den Leserbrief im sozialdemokratischen "Hamburger Echo", Nr. 2, 2.1.1932. Unter
    der Rubrik "Der Hörer hat das Wort" schildert eine Rundfunkteilnehmerin bzw. ein Rundfunkteil-
    nehmer wie sich der "Hausfrauenfunk" der Norag gegen die Interesen von Arbeitnehmerinnen richte-
    te. Am Beispiel eines Zwiegesprächs zum Thema "Gilt die Lohnsenkung auch für den Hausangestell-
    ten?", das eine "Frau Sparsam" und ein Rechtsanwalt miteinander führten, wurde "bürgerlichen"
    Hausfrauen Ratschläge erteilt, wie sie eine Herabsetzung des Lohnes für Hausangestellte vornehmen
    konnten. Zur "Stunde der werktätigen Frau" vgl. Kapitel 6.3.

108 Vgl. "Schlesiens Freie Gewerkschaften und der Rundfunk", in: Arbeiterfunk, H. 44, 1.11.1930, S.
    464.

109 Zum Thema Zensur und zur Einschränkung gewerkschaftlicher Programmarbeit vgl. Kapitel 5.2.

110 Vgl. Allgemeiner Deutscher Gewerkschaftsbund, Ortsausschuß Groß-Hamburg: 30. Jahresbericht
    über das Geschäftsjahr 1926. Hamburg 1927, S. 120f.

der neu eingeführten Sendereihe "Schule der Weltwirtschaft" zu artikulieren.[111] Die "Schule der Weltwirtschaft" - zunächst gedacht als Weiterbildungsmöglichkeit für Kaufleute, die die Aufgabe verfolgte, "die neuesten Forschungen, Fortschritte und Ereignisse auf dem Gebiete der Betriebswirtschaft, der Volkswirtschaft, der Weltwirtschaft und des Rechts [...] zu behandeln" - sollte "an Hand praktischer Beispiele und des aktuellen Geschehens [...] Fragen des Verkehrswesens, des Überseehandels, der Warenkunde, des Finanzwesen, des Versicherungswesens, der Handelsverträge, Politik und des Werbewesens, der Wirtschaftsgeographie und durchgehend durch alle Zweige, das Deutschtum im Auslande" aufgreifen und erläutern.[112] Eine gewerkschaftliche Beteiligung an dieser Sendereihe hatte man zunächst nicht vorgesehen.

An der ersten Besprechung zur Konzeption der Sendung am 20. Februar 1926 nahmen neben Vertretern der Norag hauptsächlich Mitglieder der Handelskammern in Hamburg, Bremen, Lübeck, Kiel und Hannover teil. Sie setzten eine Kommission ein (wiederum zumeist Vertreter der Handelskammern), die einen Arbeitsplan ausarbeiten und Vorschläge für ein zu gründendes Kuratorium machen sollte. Geplant war, dem Kuratorium die inhaltliche Gestaltung der "Schule der Weltwirtschaft", die Wahl von Themen und Referenten zu übertragen.[113] Zu welchem Zeitpunkt und auf welche Weise die Gewerkschaften ihre Partizipation an der Sendereihe einklagten, war nicht zu ermitteln. Als Norag-Direktor Hans Bodenstedt auf der Kulturbeiratssitzung am 14. Mai 1927 das Kuratorium vorstellte, befand sich unter den Namen auch der eines Vertreters des freigewerkschaftlichen Zentralverbandes der Angestellten; ebenfalls repräsentiert waren der Gewerkschaftsbund der Angestellten und der christliche Deutsche Gewerkschaftsbund.[114] Ein ADGB-Vertreter tauchte auf der Liste nicht auf. Möglicherweise hing dies mit der anvisierten Zielgruppe der Sendereihe zusammen. Diese sahen die Veranstalter ja in erster Linie in den im kaufmännischen Bereich Tätigen, und die waren, falls es sich um Arbeitnehmer handelte, in den Angestelltenverbänden der Gewerkschaften organisiert.

Ohnehin gehörten "Arbeiter-und Gewerkschaftsfragen" nicht zu den geplanten Inhalten der "Schule der Weltwirtschaft". Und dennoch müssen die Gewerkschaften im Laufe des Jahres 1927 mit dem Wunsch an die Norag herangetreten sein, auch den Bereich Sozialpolitik in das Programm aufzunehmen. Nachdem das gewerkschaftliche Verlan-

---

111 Die "Schule der Weltwirtschaft" war Bestandteil der "Hans-Bredow-Schule", des wissenschaftlichen Vortragsprogramms des Nordischen Rundfunks. Zu den Aufgaben der Sendereihe aus Norag-Sicht vgl. Geschäftsbericht der Norag. Hamburg 1927, S. 27f.

112 Vgl. das Papier, das ein vorbereitendes Gremium im Februar 1926 der Norag vorlegte. Das Papier findet sich in Akten der Handelskammer Bremen: Archiv der Handelskammer Bremen PII 10, Bd. 1, Radio 1924-1928 Sendestation Bremen. Dem Gremium gehörten in erster Linie Mitglieder der Handelskammern in Hamburg, Bremen, Hannover und Lübeck an.

113 Vgl. das Protokoll der Besprechung am 20. Februar 1926, in: Archiv der Handelskammer Bremen PII 10, Bd. 1, Radio 1924-1928 Sendestation Bremen. Am 1. März 1926 schickte die Norag gleichlautende Schreiben an oben erwähnte Handelskammern und an den Professor am Weltwirtschaftsinstitut in Kiel, Harms, in denen sie dazu aufforderte, Vorschläge für die Besetzung des Kuratoriums zu machen. Vgl. das Schreiben an die Bremer Handelskammer in: ebenda.

114 Vgl. das Protokoll der Norag-Kulturbeiratssitzung vom 14.5.1927, in: StA Hamburg, Staatliche Pressestelle I, ZII Bb1. Dort finden sich die Namen Bauer (Zentralverband der Angestellten), Henry Schaper (Gewerkschaftsbund der Angestellten) und Hans Gloy (Deutscher Gewerkschaftsbund).

gen in einer Sitzung des Kuratoriums am 16. Juni 1927 kontrovers diskutiert worden war, hielt der Vertreter der Bremer Handelskammer, von Wurmb, in seinem Bericht über dieses Treffen fest:

> *"Abzulehnen ist aber unbedingt die Anregung, Arbeiter-und Gewerkschaftsfragen als besondere Themen zu behandeln. Sie gehören unbedingt zu den allgemeinen Themen, bei denen sie nebenbei berücksichtigt werden können."*[115]

Im endgültigen Kuratorium, das vier- bis sechsmal im Jahr tagte, saßen laut Norag-Geschäftsbericht von 1927 der ADGB-Ortsausschußvorsitzende von Groß-Hamburg, Ludwig Selpien, der Hamburger AfA-Funktionär, Wilhelm Dörr, Hans Gloy vom Deutschnationalen Handlungsgehilfenverband und der Hamburger Bürgerschaftsabgeordnete Henry Schaper vom Gewerkschaftsbund der Angestellten als Vertreter der drei Gewerkschaftsrichtungen. Die übrigen zehn Mitglieder des Gremiums rekrutierten sich aus den Kreisen der Wirtschaft bzw. aus Professoren der Universität Hamburg und dem Kieler Institut für Weltwirtschaft sowie dem Leiter des Deutschen Auslandsinstituts in Stuttgart.[116] Das Kuratorium einigte sich schließlich mit der Sendeleitung darauf, das Programm der "Schule der Weltwirtschaft" in die Sparten Volkswirtschaftslehre, Sozialpolitik und Betriebswirtschaftslehre aufzuteilen; "Arbeiterfragen" sollten "mit" behandelt werden.[117]

Von 22 Sendungen im Wintersemester 1927/1928 gestalteten die Freien Gewerkschaften lediglich drei,[118] und genau diese Vorträge wurden von den meisten Mitglieder des Kuratoriums mit großem Mißtrauen beäugt. Hatten sie zunächst die sozial- und gewerkschaftspolitischen Themen ausschließlich von Wissenschaftlern erläutert sehen wollen, so stimmten sie dem Einsatz gewerkschaftlicher Referenten letztlich doch - wenn auch zähneknirschend - zu. Sie taten dies nicht zuletzt deshalb, weil sie wußten, daß die Beiträge ohnehin einer Vorzensur durch den Politischen Überwachungsausschuß unterworfen wurden, der immer noch gegen unliebsame gewerkschaftliche Äußerungen einschreiten konnte. Am 25. November 1927 berichtete das Kuratoriumsmitglied der Bremer Handelskammer, von Wurmb, über die vorangegangene Sitzung:

> *"In dem Vortragsplan der Norag sind die Vorträge 1. Kollektiver Arbeitsvertrag und Gewerkschaften, 2. Selbsthilfe in der Arbeitnehmerbewegung, 3. Der Gehaltstarif der Angestellten zweifellos nicht unbedenklich. Diese Bedenken werden aber zurückgestellt werden müssen und wohl auch zurückgestellt werden können, weil die Norag seinerzeit zugesagt hat, in jedem Fall ein Konzept des Vortrags einzufordern. [...]. Im übrigen [...] wurde dem Gewerkschaftsvertreter das Zugeständnis gemacht, neben den Vertretern der Universitäten auch Vertreter der Gewerk-*

---

115 Bericht des Kuratorium-Mitgliedes v. Wurmb an den Direktor der Bremer Handelskammer Noltenius vom 23.7.1927, in: Archiv der Handelskammer Bremen PII. 10 Bd.1, Radio 1924-1928 Sendestation Bremen.

116 Vgl. Geschäftsbericht der Norag. Hamburg 1927, S. 30.

117 Vgl. Allgemeiner Deutscher Gewerkschaftsbund, Ortsausschuß Groß-Hamburg: 31. Jahresbericht über das Geschäftsjahr 1927. Hamburg 1928, S. 99.

118 Zum Gesamtprogramm des Wintersemesters vgl. ebenda., sowie den Vortragsplan in: Archiv der Handelskammer Bremen PII, 10 Bd.1, Radio 1924-1928 Sendestation Bremen.

schaften zu Wort kommen zu lassen. Eine Änderung der Themen oder eine Ände-
rung der vortragenden Personen scheint mir daher so gut wie ausgeschlossen."[119]

Tatsächlich wurde das erste Thema am 28. November 1927 vom stellvertretenden
ADGB-Bundesvorsitzenden Peter Grassmann behandelt, das zweite am 12. Dezember
vom Mitglied des Deutschnationalen Handlungsgehilfenverbandes Paul Bröcker und das
dritte eine Woche später vom Hamburger AfA-Funktionär Wilhelm Dörr. Davor hatten
bereits am 24. Oktober 1927 Prof. Heinrich Sieveking "über Wirtschaftsauffassungen im
Wandel der Zeit", am 31. Oktober Prof. Waldemar Zimmermann über "Die Aufgaben
der Sozialpolitik", am 7. November Dr. Plaut über "Aktuelle Tendenzen der Indu-
strieorganisation, am 14. November Dr. Siegfried Landshut über "Arbeitgeber- und Arbeitnehmerorganisationen", am 21. November Prof. Hüninger aus Freiburg über
"Grundprobleme des moderenen Arbeitsrechts" referiert. Alle anderen Vorträge, die in
das Ressort Betriebs- und Volkswirtschaft fielen, blieben von Anfang an Vertretern wissenschaftlicher oder wirtschaftlicher Institutionen vorbehalten. Neben den Vorträgen,
die seit dem 10. Oktober 1927 jeden Montag von 19.25 bis 19.50 Uhr ausgestrahlt wurden, liefen im Rahmen der "Schule der Weltwirtschaft" noch ergänzende Zwiegespräche
am Sonntag ab 12.30 Uhr sowie ein "Erläuterungsvortrag" an wechselnden Wochenta-
gen. An diesen Gesprächen waren die Gewerkschaften so gut wie nicht beteiligt; dennoch begrüßten sie die Sendereihe als Ganzes, weil dadurch die Möglichkeit gegeben
war, "zahlreichen Volksgenossen die Zusammenhänge der Wirtschaft und ihren Zusammenhang mit der Sozialpolitik zu übermitteln."[120]

Auch wenn die Arbeitnehmer und die Wirtschaft nach Ansicht der Gewerkschaften
ein gemeinsames Interesse an der Klärung wirtschaftspolitischer Forderungen im nationalen und internationalen Bereich hatten,[121] so stimmten sie doch nicht darin überein,
aus welcher Sicht wirtschafts- und sozialpolitische Probleme beleuchtet werden sollten.
Bereits Anfang 1928 hielten es die Freien Gewerkschaften für angebracht, das Arbeitnehmer "besonders berührende" Gebiet der Sozialpolitik in einer gesonderten
"Rundfunkstunde" zu thematisieren.[122]

Tatsächlich konnten sich die Gewerkschaften mit ihrem Plan einer sozialpolitischen
Sondervortragsreihe innerhalb der "Schule der Weltwirtschaft" durchsetzen. Schon im
Herbst/Winter 1928/29 nahm die Norag eine solche Reihe in ihr Programm auf. Arbeits-
schutz, Arbeitslosenversicherung und Tarifvertragswesen standen als Oberbegriffe für
den Inhalt der Sendungen, die jeweils samstags in der Zeit von 19.00 bis 19.25 Uhr in
Norddeutschland zu hören waren.[123]

Den schon erwähnten Vertreter der Bremer Handelskammer veranlaßte die Einführung der neuen Reihe zu der Äußerung, "daß sich im Verlauf der Sitzung [am 28. Okto-

---

119 Bericht v. Wurmbs in: ebenda.

120 Allgemeiner Deutscher Gewerkschaftsbund, Ortsausschuß Groß-Hamburg: 31. Jahresbericht, a.a.O.,
    S. 99f.

121 Vgl. Allgemeiner Deutscher Gewerkschaftsbund, Ortsausschuß Groß-Hamburg: Bericht über das Ge-
    schäftsjahr 1928. 32. Jahresbericht. Hamburg 1929, S. 68

122 Vgl. ebenda.

123 Zu den Themen des Wintersemesters 1928/1929 vgl. ebenda., S. 69

ber 1928, F. M.] deutlich gezeigt hat, daß die Gewerkschaften den Rundfunk soweit nur möglich in ihrem Sinne auszunutzen suchen."[124]

Außerdem hielt er fest, daß es bei der Zusammenstellung der Sendungen nicht nur zu Meinungsverschiedenheiten zwischen Gewerkschaften und Unternehmern komme, sondern auch zwischen den einzelnen Gewerkschaftsrichtungen.

Woraus die Konflikte zwischen Freien, christlichen und Hirsch-Dunckerschen Gewerkschaften resultierten, drang nicht in die Öffentlichkeit; wahrscheinlich stritt man sich darüber, welche Organisation zu einem bestimmten Thema den Referenten vorschlagen durfte. Das Bremer Handelskammermitglied notierte dazu, die Gewerkschaften" hätten die Forderung aufgestellt, jede Gruppe müsse "in gleicher Zahl" Vortragsredner benennen können".[125] Wer in dem Fall mit "die Gewerkschaften" gemeint war, ist der Niederschrift nicht zu entnehmen; ein Interesse an einer Gleichbehandlung können aber nur die christlichen und Hirsch-Dunckerschen Verbände gehabt haben. Der ADGB Groß-Hamburg teilte in seinem Geschäftsbericht für das Jahr 1928 nur mit, die Festlegung der sozialpolitischen Themen habe "infolge des umfangreichen Aufgabengebietes" Schwierigkeiten verursacht.[126]

Welcher Art die Schwierigkeiten zwischen Gewerkschaften und Wirtschaftsvertretern waren, darüber gibt ein Protokoll Wurmbs vom 14. Mai 1929 über die Kuratoriumssitzung vom 3. Mai Aufschluß. Im Sommersemester 1929 wollte man sich schwerpunktmäßig mit Arbeitsrecht beschäftigen. Geplant waren folgende Beiträge:

1.   *Werden des Rechts am Beispiel der Arbeitskraft;*

2.   *Welche Aufgaben sind dem Arbeitsrecht gestellt?;*

3.   *Angestellte, Beamte und Arbeiter (Eine arbeitsrechtliche Plauderei);*

4.   *Der Schutz ungerechtfertigter Kündigungen und Entlassungen;*

5.   *Besteht Lohnanspruch bei Teilstreik?;*

6.   *Hörbilder aus dem Gebiet des Arbeitsrechts;*

7.   *Bericht des Leiters des Arbeitsrichterkurses des GdA, Hannover;*

8.   *Klage auf Weiterbeschäftigung oder Entschädigung auf Grund unberechtigter fristloser Entlassung (Hörbild);*

9.   *Ist der Lehrvertrag gleichzeitig Arbeitsvertrag?;*

10.   *Urlaubsanspruch aus Tarifverträgen bei Krankheiten und Werksbeurlaubung;*

11.   *Die Regelung von Lohnrückständen bei Konkursverfahren;*

12.   *Arbeitsrechtliche Folgen bei vorzeitiger Auflösung des Lehrvertrages;*

13.- *Praktische Fälle aus dem Arbeitsrecht. Zwiegespräche von*
15.   *Herrn Bresk, Hamburg;*

16.   *Das Kündigungsrecht im Arbeitsvertrag des Angestellten.*

Weitere drei Sendungen standen noch offen.

---

124 Bericht v. Wurmbs vom 31. Oktober 1928, in: Archiv der Handelskammer Bremen, PII 10, Bd. 1, Radio 1924-1928 Sendestation Bremen.

125 Vgl. ebenda.

126 Vgl. Allgemeiner Deutscher Gewerkschaftsbund, Ortsausschuß Groß-Hamburg: Bericht über das Geschäftsjahr 1928, a.a.O., S. 69

Der ADGB sprach von "geklärten Streitfragen",[127] während Wurmb darauf hinwies, daß eine "sachlich objektive Behandlung" der Themen kaum möglich sein werde, weil einzelne strittige Punkte noch nicht endgültig geregelt seien. Außerdem habe man bemängelt, "daß die Themen einseitig vom Arbeitnehmerstandpunkt" ausgewählt worden seien.[128] Wurmb verlangte in diesem Zusammenhang, daß vor allem die Themen 4 und 8 umbenannt werden müßten - offenbar störte er sich an der Vokabel "unberechtigt", da es seiner Meinung nach unberechtigte Kündigungen nicht gab[129]; darüber hinaus beschloß die Mehrheit des Kuratoriums, über solche Themen auch Vertreter der Arbeitgeber sprechen zu lassen.[130] Die beiden umstrittenen Sendungen wurden dann von dem Arbeitsrichter Dr. Hans Winckelmann und Wilhelm Nicolei gestaltet.[131]

So ganz zufrieden können die Freien Gewerkschaften mit ihrer Beteiligung an der "Schule der Weltwirtschaft" aber nicht gewesen sein, denn seit Herbst 1928 begannen sie ihr Engagement im Rundfunkbereich durch die Zusammenarbeit mit der Partei und dem Arbeiter-Radio-Bund auszuweiten.[132] Mit vereinten Kräften gelang es ihnen, bei der Norag eine "Stunde der Werktätigen" durchzusetzen, die als Ergänzung zur "Schule der Weltwirtschaft" gedacht war und sich der Gebiete der "Staatsbürgerkunde, Kommunalpolitik, Volkshygiene und Volkserziehung" annehmen sollte.[133] Als Initiatoren der "Stunde der Werktätigen" nennt der Geschäftsbericht des ADGB-Groß-Hamburg die Ortsausschüsse Hannover, Bremen und Kiel [gemeint sind wohl die Ortsausschüsse des ADGB, F. M.] "in Verbindung mit dem freien Bildungswesen des Gaues Norddeutschland des Arbeiter-Radio-Bundes Deutschland".[134]

Die Programmgestaltung für die "Stunde der Werktätigen" übernahm jedenfalls ein eigens für die Sendung gebildetes Kuratorium, dem Partei- und Gewerkschaftsvertreter aus Hamburg, Hannover, Bremen und Kiel angehörten. Für Hamburg entsandte

---

127 Vgl. Allgemeiner Deutscher Gewerkschaftsbund, Ortsausschuß Groß-Hamburg: Bericht über das Geschäftsjahr 1929. 33. Jahresbericht. Hamburg 1930, S. 83.

128 Vgl. den Bericht Wurmbs vom 14. Mai 1929 in: Archiv der Handelskammer Bremen P II 10, Bd. 2, Radio 1929-1930 Sendestation Bremen.

129 Es scheint, daß v. Wurmb für die Umbenennung keine Mehrheit fand, denn in der Programmzeitschrift des Nordischen Rundfunks "Die Norag" steht die ursprüngliche Bezeichnung.

130 Am 21. Mai schlug v. Wurmb der Norag den Bremer Richter Dr. H. Schmincke als Referenten für die Themen 4, 5 und 16 vor. Vgl. dazu das Schreiben v. Wurmbs an die Norag vom 21. Mai 1929 in: Archiv der Handelskammer Bremen P II 10, Bd. 2. Radio 1929-1930. Sendestation Bremen.

131 V. Wurmb war also mit seinem Vorschlag nicht durchgekommen; ob die beiden Referenten, über die nichts in Erfahrung zu bringen war, im Sinne des Wirtschaftsvertrters sprachen, ließ sich nicht ermitteln.

132 Zur Hamburger Arbeiter-Radio-Bewegung vgl. Projektgruppe Arbeiterkultur Hamburg: Vorwärts und nicht vergessen. Arbeiterkultur in Hamburg um 1930. Materialien zur Geschichte der Weimarer Republik. Hamburg 1982, S. 264-274.

133 Vgl. Allgemeiner Deutscher Gewerkschaftsbund, Ortsausschuß Groß-Hamburg: Bericht über das Geschäftsjahr 1928, a.a.O., S. 69f.

134 Vgl. ebenda. Hier muß es sich um einen Irrtum oder um einen Druckfehler handeln, möglicherweise fehlen einige Wörter im Text. Wahrscheinlich sind der gemeinsame Bildungsausschuß von Gewerkschaften und Partei in Norddeutschland und der Arbeiter-Radio-Bund gemeint.

die "Zentralkommission für das Bildungswesen"[135] den Vorsitzenden des SPD-Bezirksbildungsausschusses und Vorsitzenden des Arbeiter-Radio-Bundes in Hamburg, Johannes Begier, den für das Bildungswesen zuständigen Parteisekretär, Dr. Alfred Mette, den ZdA-Sekretär, Rudolf Böttger, und das ADGB-Vorstandsmitglied, Ludwig Selpien, der auch schon im Kuratorium der "Schule der Weltwirtschaft" saß.

Die erste Sendung unter der Bezeichnung "Stunde der Werktätigen" lief am 29. November 1928. Johannes Begier gab eine Einführung in das geplante Programm. Jeden Montag von 19.25 bis 19.50 Uhr sollte ein aktueller Beitrag für Arbeitnehmer gesendet werden.

"Unsere besten Köpfe werden zu Fragen der politischen Erziehung, der Wohlfahrt, der neuen Schule, der Gesundheitspflege, der Kunst und Weltanschauung Stellung nehmen"

- und all dies in "sachlicher, nicht in tendenziöser Form", wie der Rundfunkkritiker des "Hamburger Echo" am 24. November 1928 anläßlich der ersten Sendung schrieb.[136] Der ADGB bestand darauf, daß alle Fragen "vom Standpunkt des Arbeitnehmers" aus betrachtet wurden.[137] Da die "Stunde der Werktätigen" gelegentlich auch sozialpolitische Fragen behandelte,[138] führte dies sachlich zu einer Überschneidung mit der sozialpolitischen Reihe der "Schule der Weltwirtschaft". Jedenfalls erklärte der ADGB so 1930 die personelle Ergänzung des bis dahin ausschließlich aus Sozialdemokraten zusammengesetzten Kuratoriums der "Stunde der Werktätigen" um Vertreter anderer Weltanschauungen und die Integration der sozialpolitischen Vorträge in das Programm der "Stunde der Werktätigen". Die Richtungsgewerkschaften sollten entsprechend ihrer Mitgliederstärke an der Programmgestaltung beteiligt werden, die Geschäftsführung des Kuratoriums verblieb in den Händen der Sozialdemokraten.[139]

Auf wessen Initiative diese Zusammenlegung erfolgte, war nicht zu klären; im Geschäftsbericht des ADGB Groß-Hamburg für das Jahr 1930 war lediglich zu lesen:

"Die Bestrebungen führten deshalb dahin, eine organisatorische Erweiterung des Kuratoriums der Stunde der Werktätigen durch Hereinnahme von Vertretern der

---

135 Der Hamburger "Zentralkommission für das Bildungswesen" gehörten je sechs Vertreter der SPD und der Freien Gewerkschaften an. Sie war seit 1928 für die Koordinierung und Durchführung der Bildungsarbeit der Partei und der Gewerkschaften zuständig. Für einzelne Arbeitsgebiete konnte die Zentralkommission satzungsgemäß Unterausschüsse einrichten, die ebenfalls paritätisch besetzt wurden. Auf diese Weise entstand offenbar auch ein Rundfunkausschuß. Zur Zentralkommission vgl. Allgemeiner Deutscher Gewerkschaftsbund, Ortsausschuß Groß-Hamburg: Bericht über das Geschäftsjahr 1928, a.a.O., S. 62f.

136 Vgl. auch Hamburger Echo, Nr. 177, 29.6.1929, wo der Rundfunkkritiker mitteilte: "Die Stunde der Werktätigen, deren Gestaltung in Händen eines von der Norag ziemlich unabhängigen Kuratoriums liegt, bietet Gelegenheit den ganzen Umkreis sozialistischer Lebens- und Kultureinstellung zu durchmessen."

137 Vgl. Allgemeiner Deutscher Gewerkschaftsbund, Ortsausschuß Groß-Hamburg: Bericht über das Geschäftsjahr 1930. 34. Jahresbericht. Hamburg 1931, S. 92.

138 Zu den Themen der "Stunde der Werktätigen" vgl. die Geschäftsberichte des ADGB-Ortsausschusses Groß-Hamburg für die Jahre 1928-1931.

139 Vgl. Allgemeiner Deutscher Gewerkschaftsbund, Ortsausschuß Groß-Hamburg: Bericht über das Geschäftsjahr 1930, a.a.O., S. 90.

übrigen Gewerkschaftsrichtungen vorzunehmen, um diesem Kuratorium die Bearbeitung der gesamten Sozialpolitik mit zu übertragen. Diesem Vorschlag ist allseitig zugestimmt worden. "[140]

Von welcher Seite die "Bestrebungen" ausgegangen waren, teilte der ADGB nicht mit. Die Begründung, daß es bei den sozialpolitischen Vorträgen zu Überschneidungen gekommen sei, ist aber nicht schlüssig. Betrachtet man das Programm der "Stunde der Werktätigen" von 1929, so finden sich dort ganz wenige Themen aus diesem Bereich. Das änderte sich erst mit der Zusammenlegung der beiden Sendungen.

Der eigentliche Grund für die Zustimmung der Freien Gewerkschaften dürfte wohl der gewesen sein, daß sie sich von der Beteiligung an der "Stunde der Werktätigen" einen größeren Einfluß auf die Sendung erhofften, innerhalb derer sie bis dahin - obwohl im Kuratorium vertreten - selbst so gut wie nicht zu Wort gekommen waren. Möglicherweise sahen sie darin auch eine größere Chance, ihre sozialpolitischen Vorträge an die Frau und den Mann zu bringen, als dies im Rahmen der sozialpolitischen Reihe der "Schule der Weltwirtschaft" möglich gewesen war, zumal die Norag sich Mitte 1930 damit einverstanden erklärt hatte, die "Stunde der Werktätigen" künftig dreimal in der Woche zu senden. Ab Juli 1930 konnten interessierte Arbeiterhörer die Sendung außer montags auch mittwochs und freitags empfangen. Die Freien Gewerkschaften stellten im Schnitt zwei- bis dreimal im Monat den Referenten, der zu Themen aus den Bereichen Sozialpolitik und Arbeitsrecht sprach. Die Mitarbeiter rekrutierten sich zumeist aus dem Kreis der örtlichen Funktionäre. So traten in Hamburg unter anderem der ADGB-Ortsausschuß-Vorsitzende Ludwig Selpien und die Gewerkschaftssekretäre Stephan Piotrowski und Alfred Ehlers (beide Hamburger Zentralverband der Angestellten) oder der Branchenleiter im Verkehrsbund, Heinrich Feindt, und der Leiter der Hamburger Zahlstelle des Zimmererverbandes, Heinrich Steinfeldt, vor die Mikrophone. Kamen die Beiträge aus Hannover, dann hörte man zumeist Mitglieder des dort ansässigen Hauptvorstandes des Fabrikarbeiterverbandes - so den Vorsitzenden August Brey, seine Vorstandskollegen Otto Adler und Gustav Riemann und den Gauleiter Willy Scheinhardt. Aus Bremen berichtete z. B. der Vorsitzende des ADGB-Ortsausschusses, Oskar Schulze, oder der Redakteur des freigewerkschaftlichen Tabakarbeiterverbandes Friedrich Dahms; aus Kiel der dortige ADGB-Vorsitzende Friedrich Böttcher und aus Flensburg der Arbeitersekretär Hermann Brennecke.

Eine kleine Auswahl der Themen aus dem Jahr 1930 zeigt schon, daß sich die Freien Gewerkschaften auch in Hamburg auf die typischen Felder Organisationsgeschichte und Sozialpolitik konzentrierten:

24.2.1930	*Der 8-Stunden-Tag - eine gesundheitliche Forderung (Luwig Selpien)*
28.6.1930	*40 Jahre Kampf. Verband der Fabrikarbeiter Deutschlands (August Brey)*
14.7.1930	*Die Lage der Arbeiter und Angestellten in vorgewerkschaftlicher Zeit (Oskar Schulze)*

---

140 Ebenda.

28.7.1930	*Aus der Praxis eines Werftbetriebsrates (Oskar Schulze im Gespräch mit dem Betriebsrat Georg Ziegler)*
20.8.1930	*Aus der Arbeitswelt des Tabakarbeiters (Friedrich Dahms)*
5.12.1930	*Was muß die Arbeiterfrau von der Sozialgesetzgebung wissen? (Ludwig Selpien)*

Vorträge dominierten, Gespräche waren seltener, ebenso wie kleine Spielszenen vor dem Arbeitsgericht oder Gespräche mit Arbeitnehmern und Arbeitnehmerinnen. Solche fanden erst 1931 verstärkt Eingang in die Arbeitersendung.

4.4.4 "Stunde des Arbeiters" bei der Südwestdeutschen Rundfunk AG (Süwrag) in Frankfurt am Main

In Frankfurt setzten die Freien Gewerkschaften wie in Hamburg zunächst auf die eigene Kraft. Nachdem sie im Herbst 1926 mit der Bitte an die Süwrag-Leitung herangetreten waren, gewerkschaftliche Beiträge in ihr Programm aufzunehmen, hatte die Rundfunkgesellschaft eingewilligt, ab November 1926 allmonatlich einen Gewerkschaftsvortrag zu senden. Dasselbe Recht gestand sie den anderen Richtungsgewerkschaften zu. Die Themen der auch 1928 und 1929 in verringerter Anzahl fortgeführten Reihe - 1928 handelte es sich um fünf Beiträge des ADGB, einen des AfA-Bundes, während der Gewerkschaftsbund der Angestellten sechsmal zu Wort kam, der Deutschnationale Handlungsgehilfenverband dreimal - erstreckten sich wie in den Vorjahren vor allem auf das Gebiet der Sozialversicherung, des Lehrlings- und Mutterschutzes und der gewerkschaftlichen Bildungsarbeit.[141]

Bis Juli 1929 strahlte die Süwrag dann 13 Gewerkschaftsvorträge aus - verteilt auf alle drei Gewerkschaftsrichtungen. Zuständig für die Ausgestaltung der Gewerkschaftssendungen war ein "Arbeitsausschuß", der die Themen festlegte und die Referenten bestimmte. Dieses Gremium leitete der Vorsitzende des ADGB-Ortsausschusses Otto Misbach.[142] Ob der Kommission auch Vertreter der anderen Gewerkschaftsrichtungen angehörten, konnte nicht ermittelt werden. Angesichts der Tatsache, daß dies bei fast allen Sendegesellschaften die Regel war, ist anzunehmen, daß auch die Süwrag so verfuhr, zumal die verschiedenen Gewerkschaftsrichtungen in Frankfurt schon seit 1919 im "Bund für Volksbildung" zusammenarbeiteten. Der "Bund" selbst konnte seit 1926 ebenfalls Rundfunkvorträge halten.[143]

Mitte 1929 führte der Süwrag dann die "Stunde des Arbeiters" ein. Unklar ist, welche Rolle die Gewerkschaften bei der Einrichtung der Arbeiterstunde spielten. Die Initiative ging in dem Fall offenbar von der Sendegesellschaft aus. Anlaß zur Etablierung der Ar-

---

141 Vgl. Kapitel 2.6.

142 Vgl. "Die Arbeiterschaft im Südwestdeutschen Rundfunk", in: Arbeiterfunk, H. 35, 28.8.1931, S. 419.

143 Zum "Bund für Volksbildung" vgl. Rainer Stübling: Kultur und Massen. Das Kulturkartell der modernen Arbeiterbewegung in Frankfurt am Main von 1925 bis 1933. Offenbach 1983, S. 159-163. Zu den Vorträgen, die der "Bund" im Rundfunk hielt, vgl. die Angaben in der "Südwestdeutschen Rundfunkzeitung" sowie August Soppe: Rundfunk in Frankfurt am Main, a.a.O., S. 308ff.

beiterstunde gab ein Artikel in der Frankfurter "Volksstimme" vom 7. März 1929, in dem die "antisoziale Tendenz" des Süwrag-Programms und die mangelnden Gestaltungsmöglichkeiten der Arbeiterbewegung im Rundfunk beklagt wurden.[144] Bei dem Artikel handelte es sich um einen Bericht des Frankfurter "Kulturkartells der modernen Arbeiterbewegung" über proletarische Kulturarbeit im Jahre 1928, das selbst seit Ende Oktober 1926 wenigstens einmal im Monat die "Stunde des Kulturkartells" beim Frankfurter Sender gestaltete und dort Vorträge über Arbeiterdichtung, das "Deutsche Geistesleben in der ersten Hälfte des 19. Jahrhunderts", über "Bernhard Shaw als Gesellschaftskritiker" oder "Die freigeistige Weltanschauung" zu Gehör brachte.[145] Die Freien Gewerkschaften waren an dieser Sendung nicht beteiligt, obwohl sie dem Kulturkartell als Organisation angehörten.

Die Kritik des Kulturkartells verärgerte den Programmchef Flesch offenbar so, daß er das Thema auf die Tagesordnung der Kulturbeiratssitzung am 20. März 1929 setzte. Bezug nehmend auf den erwähnten Artikel der "Volksstimme" eröffnete er den Anwesenden, er habe sich deswegen an das Kulturkartell gewandt und sämtliche noch geplanten Vorträge der nächsten Zeit abgesetzt. Gleichzeitig berichtete er, für die Zukunft solle eine "Arbeiterstunde" konzipiert werden, die die Süwrag gemeinsam mit Gewerkschaftssekretär Otto Misbach, dem Vorsitzenden des Arbeiter-Radio-Bundes im Gau Hessen-Nassau, Norbert Sinsheimer, dem sozialdemokratischen Stadtrat Ernst Kahn, Kulturbeiratsmitglied Erik Nölting, Professor Wilhelm Sturmfels, dem Vorsitzenden des Kulturkartells, Conrad Broßwitz, dem Leiter der Frankfurter Arbeiterbibliothek, Gerhard Sauer, und dem Leiter des Bezirksbildungsausschusses der SPD für Hessen-Nassau und Vorsitzenden des Freigewerkschaftlichen Dachdeckerverbandes, Theodor Thomas, vorbereiten wolle.[146] Auf der Kulturbeiratssitzung vom 10. Juni 1929 teilte der Süwrag-Programmreferent Ernst Schoen ergänzend mit, das Beratergremium für die "Stunde des Arbeiters" rekrutiere sich aus Leuten, "die sich paritätisch und gemäß Vorschlägen der interessierten Kreise selbst zusammengefunden" hätten.[147]

Die erste Arbeiterstunde strahlte die Süwrag am 13. Juli 1929 aus. Von da an lief sie bis 1932 jeden Samstagabend zwischen 18.30 und 19.00 Uhr. In bunter Folge wechselten sich Vorträge, Zwiegespräche, Spielszenen und Reportagen ab. Für das Jahr 1930 wies das Programm ein Hörspiel ("Unbillige Härte" - Eine Betriebsrats-Sitzung, von

---

144 Vgl. "Tätigkeitsbericht des Frankfurter Kulturkartells für das Jahr 1928", in: Volksstimme, Nr. 56, 7.3.1929

145 Zu Themen und Referenten vgl. im einzelnen die Angaben in der "Südwestdeutschen Rundfunkzeitung". In einem Zeitschriftenbeitrag vom Juni 1929 spricht der Vorsitzende des Kulturkartells, Conrad Broßwitz, von 33 Vorträgen und fünf Proletarischen Feierstunden in den Jahren 1927 und 1928. Von den Vorträgen hätten neun "geschichtlichen", 17 "literarischen" und sieben einen "sozialpolitischen" Inhalt gehabt. Vgl. Conrad Broßwitz: Mitarbeit beim Rundfunk, in: Sozialistische Bildung, H. 6, Juni 1929, S. 186f.

146 Vgl. den Bericht des Kulturbeirats der Südwestdeutschen Rundfunk AG Frankfurt über das Jahr 1929, in: GStA Berlin, Rep. 76 Ve Sekt. 1, Abt. VII 80 Süwrag Bd. I vom Febr. 1926 bis März 1932. Ob es sich bei diesen Männern um den von der Kieler Konferenz geforderten Rundfunkausschuß von Partei und Gewerkschaften handelte, ist ungewiß. Jedenfalls taucht ein solcher in keiner Veröffentlichung auf.

147 Vgl. das Protokoll der Kulturbeiratssitzung vom 10. Juni 1929, in: ebenda.

Hein de Kort) aus, dazu kamen zwei Reportagen, 15 Zwiegespräche und 34 Einzelvorträge.[148] Freie Gewerkschafter gestalteten die Sendung etwa einmal im Monat. Christliche und Hirsch-Dunckersche Gewerkschafter kamen seltener zu Wort; ob sie auch am
Programmausschuß für die Arbeiterstunde beteiligt waren, war nicht in Erfahrung zu
bringen.

4.4.5 Arbeitersendungen der Mitteldeutschen Rundfunk AG (Mirag) in Leipzig

Sichtlich umstrittener als bei anderen Sendegesellschaften war die Einführung der Arbeiterstunde bei der Mirag. Am 22. Oktober 1927 stand das Thema auf der Tagesordnung der Überwachungsausschuß-Sitzung. Der für das Vortragswesen der Mirag verantwortliche Dr. Erwin Jäger berichtete dort, daß im Kulturbeirat die Einrichtung einer
Arbeiterstunde beantragt worden sei. Gleichzeitig sprach er sich jedoch gegen eine gesonderte Arbeitersendung aus - nicht weil er kein für Arbeitnehmer interessantes Programm machen wollte, sondern weil es seiner Ansicht nach Aufgabe des Rundfunks
war, "die verschiedenen Kreise der Hörer zusammenzuführen" und nicht sie nach Gruppen zu trennen. Jäger plädierte deshalb dafür, zu gewissen Zeiten, in denen Arbeiter
vermutlich Radio hörten, Darbietungen zu bringen, die diese "in besonderer Weise" ansprechen könnten. Er schlug vor, dreimal pro Woche Beiträge der Deutschen Welle zu
übernehmen, die sich mit Arbeiterproblemen beschäftigten. Darüber hinaus könnten
auch noch "aus mitteldeutschen Arbeiterkreisen" Vorträge gehalten werden. Der preußische Vertreter im Überwachungsausschuß, der Sozialdemokrat Ernst Heilmann, erklärte
sich mit den Plänen Jägers einverstanden.[149]

Am 2. November 1927 arrangierte die Mirag dann eine Programmsitzung mit Arbeitervertretern, an der neben Jäger, das Kulturbeiratsmitglied, Alfred Althus, der auch
Vorsitzender des Arbeiter-Radio-Klubs Dresden war, die Redakteure der "Dresdener"
bzw. der "Leipziger Volkszeitung", Wolfgang Schumann und Jacob Blauner, der Vorsitzende des Leipziger Arbeiterbildungsinstituts, Martin Lohse, Richard Woldt sowie
die Direktoren für das Wort und das Musikprogramm Julius Witte und Alfred Szendrei
von seiten der Sendegesellschaft teilnahmen. Die anwesenden Arbeitervertreter - unter
ihnen kein ausgewiesener Gewerkschafter - billigten "nach langen Verhandlungen"
schließlich das Angebot des Senders, wie Jäger es auf der Sitzung des Überwachungsausschusses formuliert hatte, bestanden aber darauf, auf jeden Fall noch zweimal pro
Woche eine halbstündige Sendung ins Programm aufzunehmen, in der besondere Probleme der mitteldeutschen Arbeiterschaft zur Sprache kommen konnten. Diese Sendung

---

148 Vgl. "Die Arbeiterschaft im Südwestdeutschen Rundfunk", in: Arbeiterfunk, H. 35, 28.8.1931, S. 419
und die Angaben in der "Südwestdeutschen Rundfunkzeitung" 1930. Zum Inhalt der Sendungen vgl.
auch "Arbeiterstunde in Südwestdeutschland", in: Arbeiterfunk, H. 6, 7.2.1930, S. 68 und "Eine
halbe Stunde Betriebsrat im Rundfunk. Hörfolge eines Arbeiters", in: Arbeiterfunk, H. 32, 7.8.1931,
S. 380.

149 Vgl. das Protokoll der Sitzung des Mirag-Überwachungsausschusses vom 22. Oktober 1927, in: BA
Koblenz, R78/597.

könne unter der Bezeichnung "Zeit und Volk", "Kultur und Arbeit" oder "Stunde des werktätigen Volkes" firmieren.[150]

In einem Brief Jägers an den Vorsitzenden des Überwachungsausschusses, Oberregierungsrat Dr. Walter Friedrich Hünefeld, mit dem er diesen über das Ergebnis der Sitzung unterrichtete, erklärte er, die Mirag würde, falls der Überwachungsausschuß dem zustimme und Woldt die Verantwortung für den Inhalt übernähme, eine solche mitteldeutsche Arbeitersendung einrichten.[151] Anfang November 1928 kritisierte Jacob Blauner auf einer weiteren Programmsitzung der Mirag mit Arbeitervertretern das Fehlen einer "systematisch" durchgeführten Arbeiterstunde, die durch einen festen Sendeplatz und einen unverwechselbaren Namen gekennzeichnet sei, der es Arbeiterhörern ermögliche, sie auch sofort als solche zu identifizieren.[152] Die Arbeitervertreter, unter ihnen dieses Mal auch Mitglieder "verschiedener" Gewerkschaften, konnten aber nur durchsetzen, daß zukünftig "eine feste Stunde der Arbeiterschaft, die aber nicht als solche im Programm bezeichnet wird, nach Möglichkeit donnerstags von 19.00 bis 19.30 Uhr und sonntags von 11.00 bis 11.30 Uhr abgehalten werden soll"[153]. Außerdem erklärte sich die Mirag in der Sitzung bereit, eine von Richard Woldt vorgeschlagene "Fünferkommission" als "alleinige Beratungsstelle" für die Mitarbeit bei der Arbeiterprogramm-Gestaltung anzuerkennen. Da der ADGB im Dezember 1928 über Schwierigkeiten mit der Partei hinsichtlich der Zusammensetzung der Kommission berichtete,[154] ist nicht ganz klar, ob sich das Gremium jemals konstituierte. 1931 sprach ein Mirag-Vertreter nur von einem "Ausschuß", dem Vertreter der Freien Gewerkschaften und "insbesondere" des Arbeiterbildungsinstituts in Leipzig angehörten.[155]

Innerhalb der nicht als solcher benannten Arbeitersendung am Donnerstagabend in der Zeit zwischen 19.00 und 19.30 Uhr finden sich bis zu Beginn der dreißiger Jahre allerdings nur ganz wenige Beiträge mit einem direkten gewerkschaftlichen Bezug. Die Referenten entstammten anfangs zumeist den Bildungs- und Kultureinrichtungen des sozialdemokratischen Umfeldes - so referierten Alfred Braunthal und Otto Jenssen, die beide an der sozialistischen Heimvolkshochschule Tinz lehrten, ebenso wie die in der sozialistischen Bildungsarbeit engagierte Oberschulrätin/Professorin Anna Siemsen, der Jenaer Professor Julius Schaxel, der Leiter der zentralen Bildungsstätte des Deutschen Metallarbeiterverbandes in Dürrenberg, Georg E. Graf, oder auch der Arbeiterbewegung nahe stehende Wissenschaftler wie Prof. Alfons Goldschmidt. Ausgewiesene Gewerkschafter sprachen nur dann, wenn die Mirag Sendungen der Deutschen Welle aus Berlin

---

150 Vgl. das Schreiben Jägers an den Vorsitzenden des Überwachungsausschusses, Hünefeld, vom 8. November 1927, in dem er diesem über die Sitzung mit den Arbeitervertretern Bericht erstattet, in: BA Koblenz, R78/601.

151 Vgl. ebenda.

152 Vgl. Protokoll einer Sitzung mit den Herren Vertretern der Arbeiterschaft zur Besprechung programmatischer Fragen, in: BA Koblenz, R78/602.

153 Ebenda.

154 Vgl. das Schreiben des sächsischen ADGB-Bezirkssekretärs, Karl Arndt, an den Bundesvorstand vom 18. Dezember 1928, in: HiKo NB 452 Rundfunk 1925-1931.

155 Vgl. das Protokoll der Sitzung des Mirag-Überwachungsausschusses vom 28. September 1931, in: BA Koblenz, R78/602.

übernahm. Erst gegen Ende des Jahres 1929 war mit Alex Katzer, einem angestellten Funktionär des sächsischen Textilarbeiterverbandes, ein regionaler Gewerkschaftsvertreter zu hören; ihm folgten Richard Müller (Angestellter im "Verband der Hotel-, Restaurant- und Cafeangestellten", Chemnitz) und die ADGB-Bezirkssekretäre für Sachsen und Thüringen, Karl Arndt und Karl Hartmann.

Nachdem der Bezirksvorsitzende des ADGB in Sachsen, Karl Arndt, am 19. Dezember 1929 über den organisatorischen Aufbau der Gewerkschaften berichtet hatte, trat er in den folgenden Monaten vermehrt vor das Mikrophon, und auch andere Gewerkschaftsfunktionäre kamen jetzt verstärkt zu Wort: neben dem ADGB-Bezirksvorsitzenden für Thüringen, Karl Hartmann, der Arbeitersekretär des ADGB-Ortsausschusses Dresden, Alfred Krüger, der Bezirkssekretär des Eisenbahnerverbandes in Sachsen, Walter Oelkers, der Bezirksleiter Sachsen des Verbandes der sozialen Baubetriebe, Karl Hermann, um nur einige zu nennen. Das Programm der donnerstäglichen Arbeiterstunde verlagerte sich weg von den Vorträgen eher kultureller und geschichtlicher Art hin zu sozialpolitischen, arbeitsrechtlichen und gewerkschaftlichen Themen. 1930 gab es innerhalb dieser Sendereihe nur noch wenige Beiträge im Bereich Arbeiterkultur/ Arbeiterbewegungskultur. Sie rückten auf andere Sendeplätze.

Neben der Arbeiterstunde am Donnerstagabend war der jeden zweiten Freitag von 18.05 bis 18.20 Uhr gesendete "Sozialversicherungsfunk" mit dem Untertitel: Invaliden-, Kranken-, Angestellten-, Arbeiter- und Unfallversicherung für Arbeitnehmer von Interesse. Gewerkschafter wirkten an dieser Sendung nicht mit. Wieder anders sah dies bei der Sendefolge "Von der Arbeitsstätte", jeden zweiten Montag, 19.00 bis 19.30 Uhr, aus, innerhalb derer Arbeitnehmer und Arbeitnehmerinnen von ihrer beruflichen Tätigkeit als Porzellanarbeiter, als Spitzenklöpplerin, als Eisenformer oder Zigarrenarbeiterin berichteten. Ab Juni 1929 hieß die Sendung "Aus dem Leben für das Leben", inhaltlich veränderte sich damit jedoch nichts.[156]

In welcher Weise und in welchem Umfang die sozialdemokratische Arbeiterbewegung im Programm der Mirag vertreten war, zeigt eine Liste, die sich in den Unterlagen der Abteilung Knoll beim ADGB-Bundesausschuß findet. Es handelt sich dabei um eine Zusammenstellung von Sendungen, die in dem Zeitraum 7. Januar bis 9. Mai 1930 in der mitteldeutschen Rundfunkgesellschaft liefen, überschrieben mit "Leipziger Sender, Veranstaltungen der Arbeiterschaft, Januar bis April 1930:"[157]

> *7. Januar:*   *Adele Luxemburg, Leipzig, Umschau in der Welt der Frau*
>
> *9. Januar:*   *Walter Oelkers (Bezirkssekretär des Eisenbahnerverbandes),*
>   *Dresden, Rechtsstellung der Gewerkschaften*
>
> *11. Januar:*   *Max Sachs (Redakteur der "Dresdener Volkszeitung"), Dresden,*
>   *Wirtschaftsrundschau*
>
> *12.Januar:*   *Liederhalle, Dresden, Konzert*
>
> *13. Januar:*   *Gespräch mit Verkäuferinnen vom Zentralverband der Angestellten,*
>   *Leipzig*

---

156 Zu allen diesen Sendungen vgl. die Programmankündigungen der Zeitschrift "Die Mirag" der Jahre 1929-1932.

157 Vgl. HiKo NB 452 Rundfunk 1925-1931. Die Funktionen der Referenten habe ich, soweit ich sie ermitteln konnte, hinzugefügt.

14. Januar:	*Ernst Toller, Tonfilm in Amerika*
16. Januar:	*Dr. Horst Schiekel (Regierungsrat), Dresden, Arbeitsrechtliche Probleme I*
17. Januar:	*Andersen-Nexö, Vorlesung*
19. Januar:	*Paul Pisk, Wien, Kompositionen*
23. Januar:	*Dr. Horst Schiekel, Dresden, Arbeitsrechtliche Probleme II*
25. Januar:	*Erkes, Leipzig, Museum für Völkerkunde*
26. Januar:	*Johannsen, Hamburg, Hörspiel Brigadevermittlung*
28. Januar:	*Adele Luxenburg, Umschau in der Welt der Frau*
30. Januar:	*Karl Arndt (ADGB-Bezirkssekretär Sachsen), Dresden, Selbsthilfe gedanken*
6. Februar:	*Else Niviera, Berlin, Frauen in den Gewerkschaften (Gewerkschaftsangestellte in Berlin und Reichstagsabgeordnete der SPD in Thüringen)*
10. Februar:	*Wolfgang Schumann (Redakteur der "Dresdener Volkszeitung"), Dresden, Gespräch mit einem Holzarbeiter*
13. Februar:	*Karl Hartmann (ADGB-Bezirkssekretär Thüringen), Jena, Mitteldeutsche Probleme*
15. Februar:	*Lisa Tetzner, Berlin, Märchenerzählen*
15. Februar:	*Clemens Nörpel (Betriebsräte-Sekretär des ADGB-Bundesvorstandes), Berlin, Betriebsrätegesetz*
16. Februar:	*Wolfgang Schumann (Redakteur der "Dresdener Volkszeitung"), Dresden, Gespräch über "Der Mensch als Apparat"*
20. Februar:	*Alfred Krüger (Arbeitersekretär), Dresden, Jugend und und Gewerkschaften*
20. Februar:	*Johannsen, Hamburg, Brigadevermittlung (Wiederholung)*
21. Februar:	*Gustav Wiegand (Bezirkskartell Sachsen, Provinz, des AfA-Bundes), Leipzig, Betriebsrätegesetz*
22. Februar:	*Walter Fabian (Redakteur der "Chemnitzer Volksstimme"), Chemnitz, August Bebel*
25. Februar:	*Adele Luxenburg, Umschau in der Welt der Frau*
27. Februar:	*Wilhelm Eggert (Sekretär des ADGB-Bundesvorstandes für Wirtschaftsfragen), Die wirtschaftlichen Unternehmungen der Arbeiter*
28. Februar:	*Fritz Heller (Wirtschaftsredakteur der "Leipziger Volkszeitung"), Leipzig, Gespräch "Was geschieht für Erwerbslose?"*
28. Februar:	*Gedächtnisviertelstunde für Ebert*
4. März:	*Heiland, Oberregierungsrat Leipzig, Hellsehen und Polizei*
6. März:	*Karl Arndt (ADGB-Bezirkssekretär, Sachsen), Dresden, Sozialpolitik*
7. März:	*Werner Illing, Korsikanisches Reisebuch; Hörspiel Bottlegers (?)*
8. März:	*Arbeiterchöre auf Schallplatten*
10. März:	*Didamsche Chöre, Leipzig, Fausts Verdammung*
12. März:	*Theo Mayer, Leipzig, Feuerbestattung*
13. März:	*Otto Fürstenberg (Arbeiterbank), Dresden, Arbeiterbank*
14. März:	*Max Sachs (Redakteur der "Dresdener Volkszeitung"), Dresden, Wirtschaftsrundschau*
16. März:	*Veranstaltung der Sozialen Radiohilfe des Arbeiter-Radio-Bundes*

19. März:	*Dr. Horst Schiekel, Dresden, Arbeitsrechtliche Probleme III*
20. März:	*Walter Oelkers (Bezirkssekretär des Eisenbahnerverbandes), Dresden, Gewerkschaften im Rechtsleben*
20. März:	*Berliner Liederfreunde, Konzert*
24. März:	*Kraftdroschkenführer Heller, Leipzig, Gespräch mit Krahe (Mirag)*
25. März:	*Adele Luxenburg, Umschau in der Welt der Frau*
27. März:	*Kammer, Leipzig, Kinderfreunde*
3. April:	*Alfred Krüger (Arbeitersekretär), Dresden, Gewerkschaften als Kulturträger*
4. April:	*Gustav Wiegand (Bezirkskartell Sachsen, Provinz, des AfA-Bundes), Leipzig, Betriebsräte*
5. April:	*Arbeiter-Radio-Bund, Dresden, Gründungsfeier*
10. April:	*Karl Hermann (Bezirksleiter des Verbandes sozialer Baubetriebe), Leipzig, Die deutsche Bauhüttenbewegung*
17. April:	*Walter Fabian (Redakteur der "Chemnitzer Volksstimme"), Chemnitz, Jugendbewegung und Lebensreform*
18. April:	*Gustav Wiegand, (Bezirkskartell Sachsen, Provinz, des AfA-Bundes), Leipzig, Reisetage im Tessin*
24. April:	*Karl Arndt (ADGB-Bezirkssekretär), Dresden, Volksfürsorge*
27. April:	*Johannes Kretzen (Redakteur der "Leipziger Volkszeitung"), Leipzig, Freies Wandern - freie Menschen*
29. April:	*Adele Luxenburg, Umschau in der Welt der Frau*
29. April:	*Paul Zech, Vorlesung*
1. Mai:	*Lothar Erdmann (Redakteur der "Arbeit"), Berlin, Gewerkschaften und Staat*
1. Mai:	*Heinrich Lersch, Vorlesung*
1. Mai:	*Michaelsche Chöre, Leipzig, Konzert*
2. Mai:	*Johannes Kretzen (Redakteur der "Leipziger Volkszeitung"), Leipzig, Tagesfragen der Wirtschaft*
4. Mai:	*Gustav Wiegand (Bezirkskartell Sachsen, Provinz, des AfA-Bundes), Leipzig, Rede an den Opernfeind*
6. Mai:	*Fritz Heller, Leipzig, Gespräch mit einem Zeitungsverkäufer*
8. Mai:	*Franz-Josef Furtwängler (Angestellter des ADGB), Berlin, Die Gewerkschaften und die Welt*
9. Mai:	*Hans Prager, Wien, Menschenökonomie*

Alle Beiträge des inoffiziellen Arbeiterprogramms wurden augenscheinlich nur von Sozialdemokraten (und wenigen Kommunisten) aus den großen Städten des Sendegebietes gehalten; Gewerkschafter anderer Weltanschauung und politischer Ausrichtung kamen bis in die dreißiger Jahre hinein nicht zum Zuge. Zur Vorbereitung der Sendungen scheint es in Leipzig, Dresden und Halle eigene Arbeitsgremien gegeben zu haben,[158] die ihre Vorschläge dann in den zweimal jährlich bei der Mirag stattfindenden zentralen Programmgesprächen einbrachten.

---

158 Vgl. den Hinweis der Ortsgruppe Halle des Arbeiter-Radio-Bundes im "Arbeiterfunk": "Die Vorarbeiten zur Bildung eines Programmausschusses mit dem Arbeiterbildungs-Institut Halle, den Gewerkschaften, den Kulturorganisationen und dem Arbeiter-Radio-Bund Halle sind nun so weit fortgeschritten, daß demnächst mit der ersten Sitzung begonnen werden kann." In: Arbeiterfunk, H. 45,

4.4.6 Gewerkschaftsvorträge der Berliner Funkstunde AG

Die größten Sorgen bereitete den Freien Gewerkschaften die Berliner Funkstunde. Obwohl oder vielleicht weil sich in Berlin mehrere Arbeiterorganisationen bemühten, Zutritt zum Rundfunk zu erlangen,[159] fiel es gerade hier den Gewerkschaften sehr schwer, Vorträge im Programm zu plazieren. 1925 sendete die Funkstunde sechs Referate von Vertretern der freigewerkschaftlichen Spitzenverbände, 1926 ebenfalls, wobei es sich zuletzt ausschließlich um Beiträge hoher Angestelltenfunktionäre handelte.

Anfang November 1926 startete die Funkstunde dann die Reihe "Mensch und Arbeit", in der Angehörige der verschiedensten Berufe - Arbeiter, Angestellte, Beamte - selbst zu Wort kamen und über ihre Arbeitsbedingungen berichteten.[160] In seinem Geschäftsbericht für das Jahr 1926 teilte der ADGB-Ortsausschuß dazu mit, im Zeitraum von November 1926 bis Sommer 1927 seien von Mitgliedern der Freien Gewerkschaften neun Sendungen gestaltet worden.[161] Nach Angaben des Berliner ADGB äußerten Unternehmer gegen einige der Beiträge heftige Proteste.[162] und auch Teile der Rundfunkpresse schlossen sich deren Kritik an. So schrieb die Zeitschrift "Funk" nach der ersten Folge von "Mensch und Arbeit", in der der Lokomotivführer Grübler über seine Tätigkeit berichtet hatte:

> *"Eine Gefahr jedoch zeigte er deutlich [der Vortrag, F. M.]: daß der Arbeitende auf das Gewerkliche abschweift, daß er mit der Schilderung Arbeitszeit- und Lohnforderungen verquickt, die nicht vor das Forum der Öffentlichkeit gehören."*

In diesem Zusammenhang warf der Verfasser die Frage auf, wie das Mitglied des Politischen Überwachungsausschusses der Funkstunde, Oberregierungsrat Erich Scholz, "versteckte und offene Angriffe gegen die Lohnpolitik der deutschen Reichsbahngesellschaft" zulassen konnte, und er beschuldigte Scholz, das Zensurverfahren zu lasch zu handhaben.[163]

Ob diese Kritik Auswirkungen auf die weitere Gestaltung der Sendereihe hatte, bleibt ungewiß; jedenfalls wurde sie auch in den nächsten drei Jahren beibehalten. Mit dem Herbst-/Winterprogramm 1927/28 teilte die Funkstunde "Mensch und Arbeit" in zwei Vortragszyklen auf, die unter den Namen "Aus Arbeit und Leben" und "Mein Arbeits-

---

6.11.1927, S. 1450. Vgl. dazu auch den Artikel "Arbeiter-Vorträge beim Mitteldeutschen Sender", in: Klassenkampf (Halle), Nr. 13, 16.1.1928.

159 Zum Organisationswirrwar in der Rundfunkarbeit der Arbeiterbewegung vgl. Kapitel 3.2.4.

160 Vgl. dazu die Vorankündigungen der Funkstunde, wie sie im Heft 45 der Zeitschrift "Funk" 1926 unter dem Titel "Mensch und Arbeit. Neue Vorträge im Berliner Rundfunk" wiedergegeben werden. Funk, H. 45, 5.11.1926, S. 398.

161 Vgl. Allgemeiner Deutscher Gewerkschaftsbund, Ortsausschuß Berlin: 34. Geschäftsbericht für das Jahr 1926. Berlin 1927, S. 83. Dort sind auch die Themen der einzelnen Sendungen aufgeführt.

162 Vgl. ebenda.

163 Vgl. "Der erste Vortrag 'Mensch und Arbeit'", in: Funk, H. 47, 19.11.1926, S. 413.

platz" liefen.[164] Während man in der Serie "Mein Arbeitsplatz" die Berichte von Werktätigen fortsetzte, wurden in "Aus Arbeit und Leben" "von höherer Warte aus instruktive Aufschlüsse über die verschiedenen Strömungen auf dem Gebiete der berufstätigen Arbeit und ihre soziologischen Auswirkungen gegeben."[165] Hierunter fielen unter anderem Vorträge über das "Massen- und Führerproblem in der modernen Arbeiterschaft" von Richard Woldt oder von Gewerkschaftsredakteur Paul Ufermann über "Arbeit und Kultur".

In welcher Weise die Freien Gewerkschaften an der Konzeption und Durchführung dieser Sendungen beteiligt waren, war nicht festzustellen. In der Vorankündigung für "Mensch und Arbeit" hatte die Sendeleitung 1926 erklärt, die Auswahl der mitwirkenden Arbeitnehmer erfolge

> *"in enger Fühlungnahme mit Verbänden und Vereinigungen von Werktätigen, besonders auch im Einvernehmen mit Werkgenossenschaften, so daß eine Gewähr für richtige Auswahl der Redner gegeben sein dürfte".*[166]

Abgesehen davon, daß bei der Funkstunde offensichtliche Verwirrung über die korrekte Bezeichnung der verschiedenen Gewerkschaften herrschte - was meinte die Funkstunde mit den in besonderer Weise heranzuziehenden "Werkgenossenschaften"? - ist nicht bekannt, ob eine feste Programmkommission für die Sendung existierte oder ob die Programmverantwortlichen ad hoc Berliner Gewerkschaftsvertreter zur Mitarbeit heranzogen.[167]

Neben "Mensch und Arbeit" strahlte die Funkstunde auch noch Gewerkschaftsvorträge aus: 1927 waren es 35, "gleichmäßig verteilt" auf die freigewerkschaftlichen Spitzenorganisationen AfA-Bund und ADB, den Hirsch-Dunckerschen Gewerkschaftsbund der Angestellten und den christlichen Gesamtverband Deutscher Angestelltengewerkschaften.[168] 1928 spricht der Geschäftsbericht der Funkstunde von insgesamt 27

---

164 Zu den Themen vgl. 5 Jahre Berliner Rundfunk 1923 - 1928. Hrsg. v. der Funkstunde Berlin. Berlin 1928, S. 240, sowie für die Sendungen, die Mitglieder der Freien Gewerkschaften gestalteten, die Geschäftsberichte des ADGB, Ortsausssschuß Berlin für die Jahre 1927 und 1928.

165 So formulierte die Berliner Funkstunde das Programm der Sendung "Aus Arbeit und Leben", in: 5 Jahre Berliner Rundfunk. 1923 - 1928, a.a.O., S. 240.

166 Vgl. "Mensch und Arbeit. Neue Vorträge im Berliner Rundfunk", in: Funk, H. 45, 5.11.1926, S. 398 und Karl Wilhelm: Neuerungen im Berliner Rundfunk, in: Der Neue Rundfunk, H. 32, 7.11.1926, S. 747.

167 Vgl. hierzu auch die Fragen Karl Wilhelms ebenda nach der Kommission, die das Programm zusammenstellte, bzw. danach, welche Verbände, Gewerkschaften und Werkgenossenschaften angesprochen wurden. Wilhelm regte in seinem Beitrag an, in der Programmvorschau des Senders anzugeben, welcher Organisation der jeweilige Redner angehörte. Dies geschah jedoch ebensowenig wie bei den anderen Rundfunkgesellschaften.

168 Vgl. den Geschäftsbericht der Funkstunde für das Jahr 1927, in: BA Koblenz, R55/1274. Der Bericht erwähnt den ADGB nicht; allerdings muß das nicht heißen, daß Vertreter der Freien Arbeitergewerkschaften in diesem Jahr in der Funkstunde nicht zu Wort gekommen wären. Der Geschäftsbericht des ADGB-Ortsausschusses Berlin erwähnt drei Vorträge, die der Vorsitzende des ADGB, Theodor Leipart, der Leiter der Berliner Gewerkschaftsschule, Fritz Fricke, und der Berliner Arbeitersekretär, Paul Zippel, über die Themen "Die internationale Gewerkschaftsbewegung", "Die Seele des Arbeiters" und "Die neueren Bestimmungen in der Unfallversicherung und ihre Bedeutung für die Versi-

Gewerkschaftsvorträgen,[169] acht davon wurden von Freien Gewerkschaftern gehalten. Dazu kamen zwölf Beiträge in der Sonderreihe "Aus der Praxis der Sozialversicherung" und fünf innerhalb der Sendefolge "Mensch und Arbeit".[170] 1929 verringerte sich die Gesamtzahl der Sendungen, auf die die Freien Gewerkschaften direkten Einfluß besaßen, auf zwölf.[171] Alle diese Beiträge liefen nicht im Rahmen eines eigenen Arbeiterfunks, sondern waren Bestandteil des wirtschafts- und sozialpolitischen Vortragsprogramms. Der Geschäftsbericht der "Funkstunde "führt sie unter der Rubrik "Wirtschaftsfragen", "Lebensfragen der Arbeiterschaft", "Fragen der Beamtenschaft", "Allgemeine soziale Fragen" auf.[172] Der genaue Anteil der Freien Gewerkschaften an diesen Vortragsreihen läßt sich allein aus den Angaben des Berliner ADGB nicht ermitteln. Wahrscheinlich ist, daß der örtliche ADGB-Geschäftsbericht nur die von Berliner Gewerkschaftsorganisationen vermittelten bzw. gestalteten Sendungen aufführt, diejenigen, die auf Initiative der Hauptvorstände von ADGB, AfA-Bund oder ADB zustandekamen, nicht erwähnt. Der Geschäftsbericht des ADGB für 1929 wies darauf hin, daß durch den Einsatz anderer Stellen noch "eine größere Anzahl" von Vorträgen durch "Gewerkschaftskollegen und Genossen" gehalten worden seien, die in seiner Statistik nicht enthalten waren.[173] Wie schon im Jahr zuvor beklagte er "die große Zersplitterung", die auf dem Gebiet der Rundfunkarbeit innerhalb der sozialdemokratischen Arbeiterbewegung herrschte,[174] und dies, obwohl Anfang 1929 der "Berliner Rundfunkausschuß" gegründet worden war,[175] den man sich als alleinigen Ansprechpartner für die Berliner Funkstunde gedacht hatte. In Verhandlungen mit der Funkstunde erreichte der Ausschuß dann 1929, daß die Sendegesellschaft für 1930 40 Gewerkschaftsvorträge fest zusagte, die sich die Richtungsgewerkschaften teilen sollten.[176] Aufgrund eines Wechsels in der Funkstunde-Leitung wurde diese Vereinbarung von ihr aber nicht eingehalten.[177] Für 1930 berichtet der ADGB-Berlin nur von "einigen offiziellen Gewerk-

---

cherten" gehalten hatten. Vgl. Allgemeiner Deutscher Gewerkschaftsbund, Ortsausschuß Berlin: 36. Geschäftsbericht für das Jahr 1927. Berlin 1928, S. 124.

169 Vgl. Geschäftsbericht der Funkstunde für 1928, in: BA Koblenz, R55/1274.

170 Vgl. Allgemeiner Deutscher Gewerkschaftsbund, Ortsausschuß Berlin: 37. Geschäftsbericht für das Jahr 1928. Berlin 1929, S. 57f.

171 Vgl. Allgemeiner Deutscher Gewerkschaftsbund, Ortsausschuß Berlin: 38. Geschäftsbericht für das Jahr 1929. Berlin 1930, S. 62.

172 Vgl. Das 4. Berliner Rundfunkjahr. Berlin 1927, S. 72ff. und 5 Jahre Berliner Rundfunk 1923 - 1928, a.a.O., S. 247ff., sowie Das 6. Berliner Rundfunkjahr. Berlin 1929, S. 128f.

173 Vgl. Allgemeiner Deutscher Gewerkschaftsbund, Ortsausschuß Berlin: 38. Geschäftsbericht, a.a.O., S. 62.

174 Vgl. Allgemeiner Deutscher Gewerkschaftsbund: 37. Geschäftsbericht für das Jahr 1928. Berlin 1929, S. 56.

175 Vgl. Kapitel 3.2.4.

176 Vgl. Allgemeiner Deutscher Gewerkschaftsbund, Ortsausschuß Berlin: 37. Geschäftsbericht, a.a.O., S. 56.

177 Dies jedenfalls war die Auffassung, die der ADGB Berlin in seinem Geschäftsbericht vertrat. Vgl. ebenda. Mitte 1929 löste Hans Flesch den bisherigen Programmleiter der Funkstunde, Carl Hagemann, ab.

schaftsvorträgen",[178] der Geschäftsbericht der Funkstunde weist genau neun solcher Vorträge aus, wobei vier davon auf Freigewerkschafter entfielen.[179] 1931 meldete der Berliner Ortsausschuß: "Die Verbindungen der Gewerkschaften zur Sendestelle Berlin waren auch im letzten Jahre keine guten." Die Rede ist von nur drei Gewerkschaftsvorträgen.[180] Die im Vergleich zu anderen Sendegesellschaften geringe Repräsentanz der Arbeiterorganisationen änderte sich auch bis 1933 nicht mehr. Eine spezielle "Arbeiterstunde" gab es bei der Funkstunde in Berlin zu keinem Zeitpunkt.

4.4.7 Die Gewerkschaften im Arbeiterfunk der Deutschen Welle GmbH in Berlin

Anders dagegen die Situation bei der Deutschen Welle in Berlin. Die Deutsche Welle war die erste Sendegesellschaft überhaupt, die eine "Arbeiterstunde" präsentierte.[181] Hervorgegangen aus einem technischen Lehrgang für Facharbeiter, brachte der "Arbeiterfunk" seit November 1926 allwöchentlich halbstündige Vorträge, die sich im weitesten Sinne mit "Arbeitern" und deren tatsächlichen oder vermeintlichen Problemen und Bedürfnissen beschäftigten. Ab Frühjahr 1927 hieß die Sendung offiziell "Stunde des Arbeiters", während sie die Monate davor in den Programmzeitschriften nicht besonders gekennzeichnet worden war. Ende 1927 firmierte sie auch unter der Bezeichnung "Stunde für den Arbeiter".[182] Dieser Titel kam dem auch näher, was inhaltliches Ziel der Sendungen sein sollte. Nach Auskunft Richard Woldts, der der Deutschen Welle für den Arbeiterfunk beratend zur Seite stand, behandelte die Sendung nämlich Angelegenheiten "für den Arbeiter", die ihn "unmittelbar aus seiner Lebenswelt heraus angehen".[183] Arbeiter selbst kamen nie und Gewerkschaften nur ganz selten zu Wort. Woldt

---

178 Vgl. Allgemeiner Deutscher Gewerkschaftsbund, Ortsausschuß Berlin: 39. Geschäftsbericht für das Jahr 1930. Berlin 1931, S. 86.

179 Vgl. Das Berliner Rundfunkjahr 1930. Berlin 1930, S. 199.

180 Vgl. Allgemeiner Deutscher Gewerkschaftsbund, Ortsausschuß Berlin: 40. Geschäftsbericht für das Jahr 1931. Berlin 1932, S. 63.

181 Das Programm der Deutschen Welle, die sich in erster Linie als "Bildungseinrichtung" verstand, teilte sich in zwei große Bereiche: den pädagogischen Funk in Zusammenarbeit mit dem Zentralinstitut für Erziehung und Unterricht (er bestand im wesentlichen aus dem Schulfunk und Sprachunterricht) und dem beruflichen Fortbildungsfunk, unter dessen Dach 1927 die Sendefolgen Landwirtschaftsfunk, Volkswirtschaftsfunk, Juristenfunk, Beamtenfunk, Technischer Funk, Kaufmännischer Funk, Ärztefunk, Zahnärztefunk, Tierärztefunk, Stunde der Hausfrau und Mutter und Arbeiterstunde ausgestrahlt wurden. Vgl. Die Deutsche Welle. Berlin 1927, S. 4ff., sowie ausführlicher zur quantitativen Einteilung des Programms Schubotz: Die Deutsche Welle GmBH, in: Jahrbuch der Deutschen Welle. Berlin 1928, S. 7-14.

182 Vgl. die Programmangaben für Dezember 1927 in: BA Koblenz, R 55/1278.

183 Vgl. Richard Woldt: Die Lebenswelt des Arbeiters, in: Deutsche Welle H.3, 1926, S. 102f., dort S. 102. Richard Woldt, der ursprünglich Ingenieur war und nach dem Krieg als Referent im preußischen Ministerium für Unterricht, Kultur und Wissenschaft arbeitete, interessierte sich sehr für Fragen der Betriebs- und Arbeitswissenschaft und engagierte sich damit auch im Bereich der gewerkschaftlichen Bildungsarbeit. Woldt gehörte zu den Vertretern einer gewerkschaftlichen Bildungsarbeit, die eine eher konsensorientierte Linie verfolgten und sich ökonomischen Rationalitäten beugten. Vgl. dazu

und die Deutsche Welle waren vor allem an den "soziologischen Ausprägungen der modernen Arbeiterschaft" interessiert. Den Charakter der Arbeitersendung hielt Woldt 1928 folgendermaßen fest:

> *"Die Vorträge berühren irgendwie Fragen des Arbeiterlebens. Für die Vorträge sind Rundfunkredner gewonnen worden, die entweder als Wissenschaftler oder als Menschen der Praxis die Lebenswelt des Arbeiters unmittelbar kennen [..]. So konnten im Laufe der Zeit Beiträge entstehen, die über den Rahmen der gehaltenen Vorträge hinaus, als soziologische Studien zur Arbeiterfrage bezeichnet werden können. Denn unsere Absicht war und ist geblieben, diese Dinge soziologisch zu betrachten."*[184]

Für aktive Gewerkschafter blieb da freilich kein Raum - denn sie betrachteten die Probleme im allgemeinen weniger "soziologisch" als eher praktisch und konkret. Und das schloß auch Kontroverses nicht aus. Davon allerdings wollte man bei der Deutschen Welle nicht so gerne hören. Hier sollten "fern vom Streit der Parteien politischer und konfessioneller Art [...] tüchtige Kenner des Arbeiterlebens" über Dinge sprechen, "die der Arbeiter kennt, an denen er nicht vorübergehen darf";[185] und bei diesen "Kennern" handelte es sich eben in den meisten Fällen nicht um gewerkschaftliche Funktionäre oder die Arbeiter selbst, sondern um über den Dingen stehende [jedenfalls nach Ansicht der "Deutschen Welle", F. M.] Akademiker, die zum Beispiel die Themen abhandelten, die Richard Woldt im Heft 3 des offiziellen Organs der Deutschen Welle von 1926 vorstellte:

> *"So wird z. B. der Maler Hans Baluschek das Verhältnis der Arbeiterschaft zur bildenden Kunst erörtern, ausgehend von dem Standpunkt, daß die bildende Kunst, wie die Kunst überhaupt, nicht Sache eines Teiles des Volkes sein darf. Andere Sachkenner auf dem Gebiet der Wohnungskultur und des Siedlungswesens, der Architektur, des Theaters, der Musik und der Literatur werden sprechen. In der gleichen Richtung sind Vorträge sozialer und volkswirtschaftlicher Art gedacht, die das heutige Arbeiterleben in den Beziehungen zu den Strömungen und Ausdrucksformen der Zeit aufzeigen."*[186]

Zu letzteren gehörten dann Beiträge von Oberregierungsrat Goldschmidt über "Das Recht des Tarifvertrags und der Betriebsvereinbarung" am 30. November 1926, von Geheimrat Oskar Weigert über "Die deutsche Arbeitslosigkeit und ihre Bekämpfung" am 27. Dezember 1926 oder von Professor August Müller über "Die Bedeutung der Ge-

---

Richard Woldt: Wirtschaftliche Schulungsarbeit und gewerkschaftliches Führertum. Leipzig 1921 und ders.: Betriebsräteschulung. 2. Aufl. Jena 1922.

184 Richard Woldt: Der Arbeiterfunk der Deutschen Welle, in: Jahrbuch der Deutschen Welle. Berlin 1928, S. 71f., dort S. 71. Dieser Artikel ist kommentarlos abgedruckt in: Arbeiterfunk, H. 20, 11.5.1928, S. 308.

185 Vgl. Richard Woldt: Die Lebenswelt des Arbeiters, in: Deutsche Welle, H. 3, 1926, S. 102f., dort S. 102.

186 Ebenda, S. 102f.

werkschaften" am 18. Februar 1927.[187] Ob diese Referenten für (im Sinne von "im Interesse von") die Arbeiter sprachen, ist an dieser Stelle nicht zu entscheiden;[188] bestenfalls sprachen sie wohl zu den Arbeitern, aber selbst das ist nicht einmal sicher. Denn die Zielgruppe der "Stunde für den Arbeiter" bestand nicht nur aus Arbeiterhörern, sondern mindestens ebenso angesprochen sollten sich Hörer anderer Gesellschaftsschichten fühlen, die die Probleme und die "Lebenswelt" der Arbeiter nur aus der Ferne kannten. So sollten die Sendungen gleichzeitig den Arbeitern zeigen,

> *"wie sie sich in ihren Beziehungen zur Gesellschaft, zum Staat, zum Volke zu sehen haben" und "dem bürgerlichen Menschen Einblicke verschaffen, um zu erkennen, was in der Tiefe [des Arbeiters, F. M.] vorgeht".*

Sie sollten erfahren, wie der Arbeiter denkt und empfindet, "welche Strömungen und Stimmungen" aus ihm "herauswachsen."[189]

Innerhalb der Sendereihe "Stunde des Arbeiters" bzw. "Stunde für den Arbeiter", die zunächst einmal pro Woche an wechselnden Tagen, später dann regelmäßig am Samstag zwischen 18.00 Uhr und 18.25 Uhr bzw. 19.00 Uhr und 19.25 Uhr ausgestrahlt wurde, finden sich im Zeitraum von November 1926 bis Ende 1927 lediglich die Namen Adam Stegerwalds, Walter Maschkes, Heinrich Gramms, Ernst Lemmers, und Fritz Husemanns, die als Gewerkschaftsvertreter bezeichnet werden können.[190] Die meisten dieser Referenten traten jedoch offenbar mehr deswegen auf, weil sie Mitglieder des Reichstages und nicht, weil sie auch prominente Gewerkschafter waren. Festzuhalten bleibt in jedem Fall, daß die Gewerkschaften mit ihrer Repräsentation in der Arbeiterstunde der

---

187 Das Programm von November 1926 bis Mai 1927 ist unter der Rubrik "Der Arbeiter" abgedruckt in: Die Deutsche Welle. Berlin 1927, S. 63ff.

188 Über Oberregierungsrat Goldschmidt war nichts Näheres in Erfahrung zu bringen; bei Geheimrat Weigert handelte es sich wahrscheinlich um den Ministerialbeamten und Hochschullehrer Oscar Weigert, der ab 1919 die Abteilung Arbeitsvermittlung und Erwerbslœenfürsorge des Reichsarbeitsministeriums leitete und 1925-1930 an der Verwaltungshochschule Berlin lehrte. August Müller, der aus den Reihen der Freien Gewerkschaften kam und während des Krieges im Kriegsernährungsamt als Unterstaatssekretär tätig gewesen war, hatte 1926 die SPD verlassen und war zur DDP übergewechselt. Doch schon während des Krieges hatte sich Müller "als Gegner der gewerkschaftlichen Forderungen erwiesen", wie das "Correspondenzblatt" am 19. Oktober 1918 geschrieben hatte. Vgl. Quellen zur Geschichte der deutschen Gewerkschaftsbewegung im 20. Jahrhundert. Bd. 1. Die Gewerkschaften in Weltkrieg und Revolution 1914-1919. Bearbeitet von Klaus Schönhoven. Köln 1985, S. 493.

189 Vgl. Richard Woldt: Der Arbeiterfunk der Deutschen Welle, in: Jahrbuch der Deutschen Welle. Berlin 1928, S. 71f.

190 Adam Stegerwald war von 1903 bis 1920, als er Reichsarbeitsminister wurde, Generalsekretär des Gesamtverbandes der christlichen Gewerkschaften und ab 1919 bis 1930 Vorsitzender des christlichen Deutschen Gewerkschaftsbundes (DGB). Von 1919 bis 1933 gehörte er dem Reichstag als Abgeordneter des Zentrums an. Walter Maschke war von 1925 bis 1933 hauptamtlicher Funktionär beim ADGB-Bundesvorstand und dort zuständig für die Jugendarbeit. Heinrich Gramm war Gauleiter des Bundes der Technischen Angestellten und Beamten im AfA-Bund, Ernst Lemmer war von 1922 bis 1933 Generalsekretär des Hirsch-Dunckerschen Gewerkschaftsrings der Arbeiter-, Angestellten- und Beamtenverbände und von 1924 bis 1933 Reichstagsabgeordneter der DDP bzw. der Staatspartei. Fritz Husemann war von 1919 bis 1933 Vorsitzender des freigewerkschaftlichen Bergarbeiterverbandes und saß von 1924 bis 1933 für die SPD im Reichstag.

reichsweit sendenden Deutschen Welle nicht zufrieden sein konnten. Und das änderte sich auch in den folgenden Jahren nicht wesentlich.[191]

Wer die Einrichtung der Arbeiterstunde bei der Deutschen Welle veranlaßt hatte, ist nicht geklärt. Anfang der dreißiger Jahre stritten sich Regierungsrat Woldt und der Direktor der Deutschen Welle, Schubotz, darüber, wer die Idee für die Sendung gehabt hatte.[192] Doch wer auch immer es gewesen sein mochte, Tatsache war, daß die Gewerkschaften nur wenig Einfluß auf das Programm der Arbeitersendung besaßen. Ein "Arbeitsausschuß", wie er beispielsweise für den "Volkswirtschaftsfunk" oder den "Beamtenfunk" der Deutschen Welle existierte, ist für den "Arbeiterfunk" nicht eindeutig zu belegen.[193] Während der ADGB seit 1927 im Arbeitsausschuß des Volkswirtschaftsfunks mit Vorstandsmitglied Wilhelm Eggert und der ADB mit seinem Vorsitzenden Albert Falkenberg im entsprechenden Gremium des Beamtenfunks vertreten waren,[194] scheint es eine institutionalisierte Mitwirkung der Gewerkschaften am Pro-

---

191 Vgl. die Programmangaben in der Programmzeitschrift "D. W. Funk" der Jahre 1928ff..

192 Vgl. das Schreiben Schubotz an Knoll vom 6.5.1930, in: HiKo NB 452 Rundfunk 1925-1931.

196 Zu den Ausschüssen, die die Deutsche Welle für einige ihrer Sendereihen eingerichtet hatte, vgl. Die Deutsche Welle. Berlin 1927, S. 5f. Hier wird auch ein Ausschuß für die Arbeiterstunde erwähnt, ohne daß allerdings (wie für die meisten der anderen Ausschüsse gilt) irgendwelche Angaben über die Zusammensetzung dieses Gremiums gemacht werden. An anderer Stelle ist lediglich von Richard Woldt als Berater für die Sendung die Rede. Vgl. BA Koblenz, R 55/1278. In einem Bericht über die Tätigkeit der Deutschen Welle im Jahr 1930, der die Arbeitsauschüsse namentlich aufführt, fehlt ein solcher für die Arbeiterstunde ebenfalls. Vgl. BA Koblenz R 78/591. Und auch die Tatsache, daß Richard Woldt Ende 1928 zu einer Besprechung über die Rundfunkarbeit der sozialdemokratischen Arbeiterbewegung bei der Deutschen Welle lud, die endlich in koordinierter Weise erfolgen sollte, spricht dafür, daß ein Arbeitsauschuß wenigstens zu der Zeit nicht existierte. Vgl. dazu Kapitel 3.2.4 dieser Arbeit.

194 Wilhelm Eggert gehörte dem Ausschuß nicht von Anfang an an, wie eine Liste der Mitglieder vom Frühjahr 1927 zeigt. Vgl. die Liste, die die Deutsche Welle dem ADGB im Frühjahr 1927 zur Information zuschickte, in: HiKo NB 452 Rundfunk 1925-1931. Eggert kann erst im Laufe der Jahre 1927 oder 1928 in das Gremium eingetreten sein. Vgl. dazu den Bericht des Ausschuß-Vorsitzenden August Müller im Jahrbuch der Deutschen Welle für 1928. Dort hielt er fest: "Der Volkswirtschaftsfunk wird betreut von einer Kommission, die [...] durch ihre Zusammensetzung eine Gewähr für die Berücksichtigung verschiedenartiger Anschauungen über Wirtschaftsprobleme" bietet. Dazu zählten dann "Vertreter der akademischen Nationalökonomie, uninteressierte [?] Wirtschaftssachverständige, die keiner der großen Interessengruppen angehören, Vertreter der vorwiegend mit Wirtschaftsfragen betrauten Ministerien im Reich und in Preußen, Repräsentanten der Zentralverbände, die Handel, Industrie, Landwirtschaft und Arbeiterschaft im öffentlichen Leben vertreten." August Müller: Der Volkswirtschaftsfunk der Deutschen Welle, in: Jahrbuch der Deutschen Welle. Berlin 1928, S. 61ff., dort S. 62. In der oben erwähnten Liste vom Frühjahr 1927 liest sich das dann so: Vertreten waren in dem Ausschuß das Reichswirtschaftsministerium, das Preußische Ministerium für Handel und Gewerbe, die Industrie- und Handelskammer zu Berlin, der Reichsverband der Deutschen Industrie, der Deutsche Industrie und Handelstag, der Zentralverband des Deutschen Großhandels e. V., die Hauptgemeinschaft des Deutschen Einzelhandels, der Chefredakteur der Vossischen Zeitung und Vorsitzende der Reichsarbeitsgemeinschaft der deutschen Presse, Georg Bernhard, der Direktor der Charlottenburger Wasserwerke, Dr. Blach, der Schriftleiter der Kolonialzeitung, Dr. Arthur Dix (vormals Schriftleiter der Nationalzeitung), Kammerpräsident von Kleefeld, Staatssekretär a. D. Prof. Dr. August Müller, der Berliner Professor für Betriebswirtschaftslehre Willi Prion, der Geheime Justizrat Prof. Dr. Riesser, der Präsident des Zentralverbandes des Deutschen Bank- und Bankiersgewerbes, Dr. Walter Schotte, Prof. Dr. Ernst Wagemann als Präsident des Statistischen Reichsamtes und der Geheime Regierungsrat Prof. Dr. Wolf. Vgl. HiKo NB 452 Rundfunk 1925-1931. Zum Programm

gramm des Arbeiterfunks lange Jahre nicht gegeben zu haben. Die Kontakte der Freien Gewerkschaften zur Deutschen Welle liefen wohl über Woldt; gelegentlich kam es auch zu einem Zusammentreffen zwischen einem Vertreter des ADGB-Bundesvorstandes und dem Direktor der Deutschen Welle, bei dem die Gewerkschaften ihre Programmwünsche vortrugen.[195] Ein Arbeitsausschuß für die Arbeiterstunde existierte nachweisbar erst 1932. Als Mitglieder führte ein Protokoll der Aufsichtsratssitzung vom 2. Juni 1932 die Namen des Bildungssekretärs beim ADGB-Bundesvorstand, Otto Hessler, des Leiters der Wirtschaftspolitischen Abteilung beim AfA-Bundesvorstand, Dr. Otto Suhr, des Leiters des christgewerkschaftlichen Bildungswesens, Dr. Franz Röhr, des Generalsekretärs des Hirsch-Dunckerschen Gewerkschaftsrings der Arbeiter-, Angestellten- und Beamtenverbände, Ernst Lemmer, und des Redakteurs und DNVP-Abgeordneten, Walther Lambach, vom Deutsch-Nationalen-Handlungsgehilfenverband auf.[196]

Was das Programm der "Stunde für den Arbeiter" anlangte, die seit 1931 "Die Welt des Arbeiters" hieß, so veränderte sich dieses in den Jahren nach 1927 allenfalls in der Form, nicht aber in den grundsätzlichen Inhalten. Seit Dezember 1928 brachte die Deutsche Welle innerhalb der Arbeiterstunde "Zwiegespräche mit Industriearbeitern". Die Sendung wurde von Richard Woldt geleitet, in ihr durften Arbeiter aus dem Betrieb selbst vor das Mikrophon.[197] 1931 traten an die Stelle isolierter Vorträge zu den verschiedensten Themen Vortragszyklen wie "Der jugendliche Arbeiter", "Der Angestellte", "Die Arbeiterfrau", die der Systematisierung des Arbeiterprogramms dienen sollten.[198] Die Gewerkschaften selbst kamen deshalb aber nicht stärker zu Wort, so daß man insgesamt sagen muß: Der Einfluß der Gewerkschaften blieb auch über die Jahre hinweg gesehen bei der Deutschen Welle eher gering. Woran das lag, darüber läßt sich nur spekulieren: Entweder die Programmleitung sträubte sich gegen eine institutionalisierte Mitarbeit der Gewerkschaften oder das Engagement der für die Rundfunkarbeit bei der Deutschen Welle zuständigen Sachbearbeiter der gewerkschaftlichen Spitzenverbände reichte nicht aus, spezielle gewerkschaftliche Interessen durchzusetzen. Vielleicht rächte es sich, daß die freigewerkschaftlichen Spitzenverbände Anfang 1929 beschlossen hatten, sich nicht an der Freien Rundfunkzentrale zu beteiligen und die Rundfunkarbeit ihren ohnehin überlasteten Sachbearbeitern aufzubürden.[199] Nicht zuletzt deshalb beschränkte sich die gewerkschaftliche Rundfunkarbeit bei der Deutschen

---

des Volkswirtschaftsfunks vgl. die Übersicht "Volkswirtschaft" in: Die Deutsche Welle. Berlin 1927, S. 54-57, sowie die Angaben in der Programmzeitschrift D. W. Funk der Jahre 1928ff.

195 Vgl. den Schriftwechsel zwischen der Deutschen Welle und dem ADGB-Bundesvorstand von Mai bis Juli 1930 in: HiKo NB 452 Rundfunk 1925-1931.

196 Vgl. Protokoll der Aufsichtsratssitzung der Deutschen Welle vom 2.6.1932, in: BA Koblenz, R 55/1283.

197 Vgl. auch Kapitel 6.7.2.

198 Vgl. dazu die Einführung "Die Welt des Arbeiters" in: Deutsche Welle, H. 1, 1931, S. 5, sowie die Programmhinweise in dieser Zeitschrift insgesamt.

199 Vgl. das Protokoll der Besprechung über Fragen des Rundfunks am 3. Januar 1929, in: HiKo NB 452 Rundfunk 1925-1932.

Welle darauf, ab und zu prominente Redner zur Verfügung zu stellen,[200] die im Rahmen des Arbeiterfunks oder des Volkswirtschaftsfunks bzw. im Falle des freigewerkschaftlichen ADB im Beamtenfunk auftraten.

200 Am 19. Dezember 1928 wandte sich Knoll zu dem Zweck an die Vorstandsmitglieder und Sachbearbeiter des ADGB mit der Bitte, sich für Referate im Rundfunk zur Verfügung zu stellen. Vgl. das Rundschrieben Knolls vom 19.12.1928 in: HiKo NB 452 Rundfunk 1925-1931. Daraufhin erklärten sich der Angestellte der Volkswirtschaftlichen Abteilung beim ADGB-BV, Dr. Hans Arons, der Angestellte der Sozialpolitischen Abteilung, Dr. Bruno Broecker, die BV-Angestellten, Otto Hessler, Dr. Franz-Karl Meyer-Brodnitz und Robert Sachs, sowie die Vorstandsmitglieder Wilhelm Eggert und Peter Grassmann, der Arbeitersekretär Richard Peterhansel und der Sekretär des Reichsbundes der Kriegsbeschädigten, Heinrich Backhaus, bereit, Vorträge aus ihren Spezialgebieten zu halten. Vgl. die Liste, die sich als Anlage zum Protokoll vom 3. Januar 1929 findet.

4.5 Die Freien Gewerkschaften und der Arbeiterfunk - eine Zwischenbilanz Ende 1930

Bis Anfang 1930 hatten fast alle deutschen Sendegesellschaften Arbeitersendungen eingeführt, auch wenn sie wie im Fall der Leipziger Mirag nicht immer als solche im Programm firmierten. Selbst die Deutsche Stunde in Bayern strahlte in mehr oder weniger regelmäßiger Folge seit dem Sommer 1928 eine "Stunde für den Arbeiter" (seit 1930 "Stunde der Arbeit") aus,[201] nachdem am 16. April 1928 eine Besprechung des Münchener Ortsausschuß-Vorsitzenden, Gustav Schiefer, und des Vorsitzenden des Arbeiter-Radio-Bundes München, Hofmeister, mit Intendant Kurt von Boeckmann stattgefunden hatte, auf der die Arbeitervertreter eine Arbeiterstunde einforderten.[202] Die Süddeutsche Rundfunk AG in Stuttgart übernahm seit Ende der zwanziger Jahre einzelne Folgen der Südwestdeutschen Rundfunk AG in Frankfurt am Main.

Zum Teil geschah dies auf Druck der organisierten Arbeiterbewegung, zum Teil waren auch die Sendegesellschaften initiativ geworden, um weitergehenden Ansprüchen der Arbeiterorganisationen zuvorzukommen. Die meisten Regionalgesellschaften und die Deutsche Welle strahlten die Arbeiterstunde wöchentlich (manche wie die Deutsche Stunde in Bayern vierzehntägig oder wie der Ostmarken Rundfunk in Königsberg in unregelmäßigen Abständen) aus; der Mitteldeutsche Rundfunk in Leipzig kündigte seine Beiträge für Arbeiterhörer nicht explizit unter der Bezeichnung Arbeiterstunde an, aber ansonsten unterschieden sich die Themenstruktur und die Referentenauswahl an der Oberfläche nicht wesentlich voneinander. Inhaltlich kreisten die Schwerpunkte, die die Gewerkschaften im Programm setzten, um Fragen der Sozial- und Gewerkschaftspolitik, der Sozialversicherung und der gewerkschaftlichen Organisation; wirtschaftliche Probleme blendeten sie zumeist aus, kulturelle Fragen überließen sie der Behandlung durch Parteivertreter. Und dies gilt für die Gewerkschaften aller Richtungen.

Aktuelle, tagespolitische Themen tauchten in den Programmen kaum auf, was einerseits damit zusammenhängt, daß die Vorträge langfristig geplant und eingereicht werden mußten, und andererseits die Gewerkschaften auch nicht so flexibel waren (und die vorhandene Aufnahmetechnik auch nicht), als daß sie kurzzeitig an jedem beliebigen Ort zu jedem gerade auftauchenden Problem hätten Stellung nehmen können. Außerdem war dies im Weimarer Rundfunk auch gar nicht vorgesehen: "Politik" hatte draußen zu bleiben, und schließlich sahen die Programmmverantwortlichen in den Funkhäusern und deren Überwachungsausschüsse ohnehin fast alles, was Gewerkschaften zu aktuellen Anlässen hätten sagen können, als "politisch" an. So mußten sich die Gewerkschaften darauf beschränken "Das Bildungswesen der Organisation" oder "Neuerungen in der Arbeitslosenversicherung" zu behandeln. Da 25minütige Referate über "Die Unfallversicherung" selbst die gutwilligsten Hörer oft überforderten oder auch schlichtweg langweilten, gingen die Sendegesellschaften mit der Zeit dazu über, Zwiegespräche zuzulassen bzw. die Arbeiterstunden vereinzelt mit Reportagen und Spielszenen lebendiger und

---

201 Vgl. "Sommer-Sende-Pläne der Deutschen Stunde in Bayern", in: Funk, H. 23, 1.6.1928, S. 179.

202 Vgl. das Schreiben Schiefers an Knoll v. 24.5.1928, in: HiKo NB 452 Rundfunk, 1925-1931 und das beigefügte Protokoll der Besprechung bei der Deutschen Stunde am 16.4.1928, in: ebenda.

hörgerechter zu gestalten. Insgesamt dominierten jedoch auch Anfang der dreißiger Jahre noch Vorträge das Arbeiterprogramm, das nach Angaben des Programmdirektors Hans Flesch oft "herzlich langweilig" gewesen sein soll.[203]

Unterschieden sich die Sendungen auch wenig in Inhalt und Form, so doch im Ausmaß gewerkschaftlicher Beteiligung an der Arbeiterstunde. In Breslau kamen Gewerkschafter zum Beispiel wesentlich häufiger zu Wort als in Hamburg, in Köln liefen für Gewerkschafter interessante Beiträge öfter im allgemeinen wirtschafts- und sozialpolitischen Programm als in der "Stunde der Arbeit". In welchem Umfang und in welcher Weise Gewerkschaften also jeweils Zugang zum Radio fanden, das hing in starkem Maße vom Engagement einzelner Personen und dem Einfluß der Gewerkschaften in den örtlichen oder bezirklichen Rundfunkausschüssen bzw. der Stärke der Arbeiterbewegung vor Ort ab. Als nicht unwichtig erwies sich für die Gewerkschaften auch, wenn sie bei den Rundfunkgesellschaften selbst auf Mitarbeiter stießen, die der Arbeiterbewegung nahestanden - wie das beim Westdeutschen Rundfunk mit dem Leiter der wirtschafts- und sozialwissenschaftlichen Vortragsabteilung, Hans Stein, der Fall war. Wo es solch günstige Konstellationen nicht gab und wo die Arbeiterbewegung (die politische wie die gewerkschaftliche) auch noch auf schwachen Füßen stand, da hatten die Gewerkschaften wesentlich mehr Schwierigkeiten, sich im Rundfunk Gehör zu verschaffen. Eine andere Frage ist, ob die Gewerkschaften da, wo sie im Programm stärker repräsentiert waren, mit den zugelassenen Themen auch zufrieden sein konnten. Ohnehin stellten sich sowohl Umfang als auch Qualität der gewerkschaftlichen Beteiligung an den Arbeitersendungen als recht vielschichtig und differenziert dar. Ob die Gewerkschaften diese Unterschiede in ihrer vollen Dimension angemessen wahrnahmen und bewerteten, das läßt sich anhand einer Umfrage, die der ADGB-Bundesvorstand bei den Bezirkssekretariaten 1928/1929 durchführte, wenigstens ansatzweise klären.

Anläßlich einer vom preußischen Ministerpräsidenten Otto Braun angekündigten Änderung der Zensurhandhabung verschickte das ADGB-Vorstandsmitglied Alexander Knoll am 26. November 1928 ein Rundschreiben an alle Bezirke, in dem er diese aufforderte, doch einmal bei den entsprechenden Ortsausschüssen nachzufragen, ob bei ihrer Sendegesellschaft "die Interessen der Gewerkschaften genügende Berücksichtigung finden".[204] Wie "die Interessen" der Gewerkschaften beim Rundfunk aussahen, bzw. was unter "genügender Berücksichtigung" zu verstehen war, blieb unklar und konnte von den angeschriebenen Bezirkssekretären je nach Gusto ausgelegt werden. So schrieb der Bezirkssekretär von Ostpreußen in seiner Antwort an Knoll:

> *"Wir hätten es aber gerne gesehen, wenn man uns in dem Rundschreiben mehr Fingerzeige gegeben hätte, nach welcher Richtung hin unsere Anfragen an die Ortsausschüsse lauten sollten und nach welcher Richtung hin wir unsere Wünsche und Beschwerden an Euch zu übermitteln hätten."*[205]

Entsprechend vage und kurz fielen die Reaktionen der angesprochenen Bezirke aus.

---

203 Vgl. Protokoll der Programmratstagung, in: BA Koblenz, R78/888.
204 Vgl. das Rundschreiben Nr. 69 v. 26. 11. 1928, in: HiKo NB 452 Rundfunk, 1925-1931.
205 Vgl. das Schreiben des Bezirkssekretariates Ostpreußen v. 11.12.1928, in: ebenda.

Als erster Bezirk meldete sich bereits einen Tag später Rheinland-Westfalen-Lippe. Sein Sekretär, Hans Böckler, verwies auf die Tätigkeit des "Zentralausschusses für den Westdeutschen Rundfunk" und zeigte sich mit der Beteiligung der Gewerkschaften am Programm im großen und ganzen zufrieden. Böckler hielt die Stellung der Gewerkschaften beim Westdeutschen Rundfunk sogar für so günstig, daß er hinzufügte:

> *"Als im vorigen Jahre der Genosse Crispien im Reichstage eine scharfe Rede gegen den Rundfunk gehalten hat, war die Rheinische Zeitung [SPD-Tageszeitung F. M.] in Köln gezwungen, der Rede einen Nachsatz anzuhängen, der zum Ausdruck brachte, daß die Verhältnisse beim Westdeutschen Rundfunk weseentlich anders gelagert sind."*[206]

Böckler führte dies auf das Wirken des "Zentralausschusses" zurück.[207] Der gewerkschaftliche Vertreter im Überwachungsausschuß, Wilhelm Schack, habe erfolgreich gewirkt; nichtsdestotrotz halte er aber eine Zensuränderung, wie sie Otto Braun vorschlage, "zweifellos [für] erforderlich".

Außer dem Bezirk Rheinland-Westfalen äußerten sich auch die Bezirke Schlesien, Hamburg, Sachsen, Hessen und Württemberg-Hohenzollern, Baden und Pfalz[208] beinahe uneingeschränkt positiv gegenüber dem Bundesvorstand, was ihr Verhältnis zu den jeweiligen Sendegesellschaften anging.

Selbst das Bezirkssekretariat für Ostpreußen mit Sitz in Königsberg teilte mit, es habe das Rundschreiben des ADGB-Vorstandes an den Ortsausschuß Königsberg des ADGB, das Provinzial-AfA-Kartell und die Redaktion des SPD-Organs "Königsberger Volkszeitung" gesandt und von dort erfahren, "daß die Gewerkschaften und die Partei- und Kulturvereine allgemein keine allzu schlechten Erfahrungen mit der Zensur gemacht haben".[209] Und lediglich der Bezirk Pommern, der bis Anfang Dezember 1926 mit dem Sender in Stettin zu tun gehabt hatte, erklärte:

> *"Unsere Erfahrungen mit der hiesigen Rundfunkleitung sind keineswegs gut [...]. Entsprechende Unterredungen unsererseits sind in der Vergangenheit unter Hinweis auf die berühmte Neutralität nicht berücksichtigt"* [worden].[210]

Konfrontierte man die Aussagen der Bezirkssekretäre mit den Sendeprogrammen ihrer zuständigen Rundfunkgesellschaften, so zeigte sich ein etwas anderes Bild. Allerdings zeugten die meisten Antworten auf Knolls Anfrage von einer wenig profunden Kenntnis des Rundfunkgeschehens, sieht man vom Schreiben des Bezirkes Schlesien ab, das aber auch vom "Rundfunkfachmann" und Vorsitzenden des "Freien Funkausschusses", Przybylski, verfaßt war. So mutet etwa die lapidare Mitteilung des Bezirks Württemberg-Hohenzollern, Baden und Pfalz, er habe weder bei der Sendestelle in Stuttgart noch bei der in Freiburg jemals Schwierigkeiten bei der Zulassung gewerkschaftlicher

---

206 Böckler meinte wohl die Rede Arthur Crispiens im März 1928, in: Verhandlungen des Reichtags. III. Wahlperiode 1924. Bd. 395, Stenographische Berichte. Berlin 1928, S. 13701f.

207 Vgl. das Schreiben des Bezirkssekretariates Rheinland-Westfalen-Lippe v. 27.11.1928, in: ebenda.

208 Vgl. ebenda.

209 Vgl. das Schreiben des Bezirkssekretariates Ostpreußen v. 11.12.1928, in: ebenda.

210 Vgl. das Schreiben des Bezirkssekretariates Pommern v. 27.11.1928, in: ebenda.

und sozialpolitischer Vorträge gehabt,[211] als bloße Pflichterfüllung an, die nichts weniger bewies, als daß sich die Gewerkschaften in diesem Bezirk noch nicht besonders
mit dem Medium befaßt haben konnten. Dies gilt wohl auch für die meisten anderen
Gewerkschaftsgliederungen. Wie sonst könnten Böckler in Köln oder der Hamburger
Bezirkssekretär Hermann Günther zu ihren Beurteilungen gekommen sein? Einige Bezirke, darunter Bayern, antworteten gar nicht, allerdings hatte der Ortsausschuß des
ADGB-München dem Bundesvorstand bereits im Mai 1928 berichtet, er habe schon
wiederholt mit der Leitung der Deutschen Stunde verhandelt, "um einen Einfluß auf den
Sender überhaupt zu bekommen".[212] Über die Verhältnisse in Berlin, wo der Bundesvorstand selbst für die Radioarbeit zuständig zeichnete, war auf diesem Weg ebenfalls
nichts zu erfahren.

Daß die Einschätzungen der ADGB-Bezirkssekretäre insgesamt zu optimistisch ausgefallen waren, sollte sich dagegen spätestens zu Beginn der dreißiger Jahre erweisen.

---

211 Vgl. das Schreiben des Bezirkssekretariates Stuttgart v. 10.12.1928, in: ebenda.
212 Vgl. das Schreiben des Ortsausschuß-Vorsitzenden Schiefer v. 24.5.1928, in: ebenda.

5

1931 - 1933

FREIE GEWERKSCHAFTEN UND RUNDFUNK

IN DER STAATS- UND WIRTSCHAFTKRISE

5.1 Freie Gewerkschaften und Sozialdemokratie zur "Rundfunkreform" des Jahres 1932

Mit dem Bruch der Großen Koalition im März 1930 und dem Machtantritt des Kabinetts Brüning tendierten die Chancen, den Weimarer Rundfunk zu demokratisieren, endgültig gegen Null. Stattdessen setzten noch im selben Jahr die Diskussionen über eine "Verstaatlichung" des Mediums ein. Konkrete Pläne legte der deutschnationale Ministerialrat im Reichsinnenministerium, Erich Scholz, im Frühjahr 1931 vor. Seine Vorstellungen zur Neuorganisation des Rundfunks zielten vor allem dahin, die politische Aufsicht über die Rundfunkdarbietungen zu verstärken, die Nachrichtengesellschaft Dradag aufzulösen und an deren Stelle bei der Reichs-Rundfunk-Gesellschaft eine Nachrichtenabteilung zu bilden, die allein dem Reichsinnenministerium unterstehen sollte. Außerdem schlug Scholz vor, alle Rundfunkgesellschaften zu verstaatlichen, die Privataktionäre also völlig auszuschalten.[1]

Zwar gelang es Scholz während der Regierungszeit Brünings nicht mehr, seinen Plan in die Praxis umzusetzen, doch mit dem Amtsantritt des Kabinetts Franz v. Papen Mitte 1932 waren die Voraussetzungen für Eingriffe in das Weimarer Rundfunksystem erfüllt. Dank der Unterstützung des Reichskanzlers v. Papen und seines Parteifreundes von der DNVP, Wilhelm v. Gayl, konnte Scholz die "Rundfunkreform" zum größten Teil verwirklichen.

Am 13. Juli 1932 legte Scholz von ihm verfaßte "Leitsätze zur Neuregelung des Rundfunks" vor.[2] Diese wurden dann in modifizierter Form am 27. Juli 1932 im Reichsrat verabschiedet. Die "Leitsätze" forderten, alle noch in privatem Besitz befindlichen Anteile an den Rundfunkgesellschaften in die öffentliche Hand (das hieß in den Besitz des Reiches und der Länder) zu überführen und den Rundfunk zu "entpolitisieren" (oder was Deutschnationale und Nationalsozialisten darunter verstanden). Das Nähere bestimmten noch zu erstellende Richtlinien.

Der Reichs-Rundfunk-Gesellschaft, die bis dahin für die technische und wirtschaftliche Seite des Rundfunks zuständig gewesen war, wurden jetzt auch "grundsätzliche Programmfragen", der bisher von der Dradag geleitete "Nachrichtendienst" und der Programmaustausch übertragen. Zu diesem Zweck ordnete man der Reichs-Rundfunk-Gesellschaft zwei "Reichskommissare" über, von denen einer (der auch dem Verwaltungsrat vorstand) vom Reichspostminister, der andere vom Reichsinnenminister ernannt wurde. Letzterer leitete den 15köpfigen, vom Reichsinnenminister berufenen "Programmbeirat", der bei allen grundsätzlichen Programmfragen zu hören war. Gleichzeitig erhielten auch alle Sendegesellschaften einen vom zuständigen Land im Einvernehmen mit dem Reichsinnenminister zu ernennenden Staatskommissar, der die Befugnisse des alten Politischen Überwachungsausschusses übernahm. An die Stelle des Kulturbeirates

---

1   Vgl. Hans Bausch: Der Rundfunk im politischen Kräftespiel der Weimarer Republik 1923-1933. Tübingen 1956, S. 87ff. Der Plan Scholz' ist abgedruckt in: ebenda, S. 202ff.

2   Vgl. ebenda, S. 92f.. Der Wortlaut des Scholzschen Entwurfs und die engültigen Fassung der "Leitsätze" sind abgedruckt in: ebenda, S. 205-210.

trat ein Programmbeirat, dessen bis zu elf Mitglieder ebenfalls die Länder mit Zustimmung des Reichsinnenministers beriefen.

Außerdem bestimmten die Leitsätze die Deutsche Welle zum "Reichssender" und ihre Überführung in die Verfügungsgewalt der Reichs-Rundfunk-Gesellschaft.[3] Die Drahtlose Dienst AG wurde liquidiert. Leiter der neuen Nachrichtenredaktion wurde der spätere Referent und Abteilungsleiter im Reichsministerium für Volksaufklärung und Propaganda, Hans Fritzsche, aus dem Hugenbergkonzern.[4]

Und wie reagierte die sozialdemokratische Arbeiterbewegung auf die "Rundfunkreform" des Jahres 1932? Mit Parolen, Zweckoptimismus und hilflosen Gesten.[5] Am 22. Juli 1932, wenige Tage nach Beginn der Verhandlungen von Reich und Ländern über die Neuorganisation des Rundfunks und zwei Tage nachdem die preußische Regierung von v. Papen abgesetzt worden war, antwortete zum Beispiel die inzwischen in "Volksfunk" umbenannte Zeitschrift des Arbeiter-Radio-Bundes mit der Parole "Verbreitung des Volksfunk, der Funkillustrierten der Eisernen Front, Beitritt zum Arbeiter-Radio-Bund und vor allen Dingen: der Sieg der Liste 1 am 31. Juli" auf die Neuordnungspläne von Scholz.[6]

Aber die Reichstagswahl am 31. Juli stärkte nur die NSDAP. Und auch die Hoffnungen auf einen energischen Widerstand aus den Reihen der Länder gegen die Zentralisierung und Bürokratisierung des Rundfunks erfüllten sich nicht.[7]

Am 18. November 1932 standen nach mehrmaligen Beratungen im Reichsrat die "Richtlinien für die Sendungen des deutschen Rundfunks", die Bestimmungen für die Programmräte sowie die Ausführungsbestimmungen für die im Juli verabschiedeten Leisätze fest.[8] Die "Richtlinien" definierten den Rahmen, innerhalb dessen Rundfunkdarbietungen sich künftig bewegen sollten und besagten unter anderem:

"Der deutsche Rundfunk dient dem deutschen Volke [...]. Die natürliche Einordnung der Menschen in Heimat und Familie, Beruf und Staat ist durch den deutschen Rundfunk zu erhalten und zu festigen. Der Rundfunk spricht darum die Hörer nicht nur als Einzelmenschen, sondern auch als Glieder dieser natürlichen Ordnungen des Volkes an [...]. Der deutsche Rundfunk wahrt christliche Gesinnung und Gesittung und die Achtung vor der ehrlichen Überzeugung Andersdenkender. Was das

---

3   Die Deutsche Welle befand sich davor zu 70 Prozent im Besitz des Reiches, 30 Prozent hielt das Land Preußen. Vgl. Winfried B. Lerg: Rundfunkpolitik in der Weimarer Republik. München 1980, S. 176.

4   Vgl. hierzu: Rainer Krawitz: Die Geschichte der Drahtloser Dienst AG 1923-1933. Diss. Köln 1980, S. 229ff..

5   Zur Reaktion der Sozialdemokratie auf die "Rundfunkreform" vgl. Wolf Bierbach: Rundfunk zwischen Kommerz und Politik. Der Westdeutsche Rundfunk in der Weimarer Zeit. Frankfurt am Main/Bern/New York 1986, S. 374-379.

6   Vgl. "'Neuordnung' der Rundfunk-Organisation", in: Volksfunk-Arbeiterfunk H. 30, 22.7.1932, S. 1.

7   Vgl. Hans Bausch: Der Rundfunk im politischen Kräftespiel, a.a.O., S. 101-106.

8   Zum Zustandekommen dieser Bestimmungen vgl. Hans Bausch: Der Rundfunk im politischen Kräftespiel, a.a.O., S. 97-106. Vgl. auch: Winfried B. Lerg: Rundfunkpolitik in der Weimarer Republik, a.a.O., S. 486-500.

Christentum entwürdigt und Sitte und Kultur des deutschen Volkes gefährdet, ist vom Rundfunk ausgeschlossen."9

So viel Deutschtum und natürliche Sitte erweckte bei der politischen Linken zu Recht den Verdacht, daß für sie nun endgültig kein Platz mehr im Rundfunk sein würde. Am 18. November 1932 schrieb der "Volksfunk":

"In Wirklichkeit bedeuten die Richtlinien Bevorzugung und Betonung des Mukkertums, aber Ausschaltung eines freiheitlichen Geistes."

Gleichzeitig sprach der Verfasser den Leserinnen und Lesern Mut zu, indem er erklärte:

"Man kann nicht glauben, daß die Staatsregierungen im Reichsrat bereit sind, derartige Richtlinien bedingungslos anzunehmen. Vor allem wehren sich die Vertreter der rechtmäßigen preußischen Regierung."10

Mit seiner Hoffnung auf ein Eingreifen der Länder stand der Autor des Artikels aber auf verlorenem Posten. Wie die Ereignisse seit Juli 1932 gezeigt hatten, war ein energischer Widerstand von seiten der Länder nicht mehr zu erwarten. Dort regierten im Herbst fast nur noch geschäftsführende Kabinette ohne parlamentarische Mehrheiten,[11] in Preußen focht die letzte sozialdemokratische Regierung vergebens ihre Absetzung durch v. Papen vor dem Reichsgericht an.[12]

Ende November 1932 empfahl eine Konferenz der Freien Funkzentrale, der mittlerweile auch die Freien Gewerkschaften korporativ beigetreten waren,[13] als mögliche Protestformen gegen die Inbesitznahme des Radios durch reaktionärste, nationalistische Kräfte die Abfassung von Einzel- und Massenbeschwerden sowie die Veranstaltung öffentlicher Kundgebungen.[14] Als "letzte Waffe" im Kampf gegen die Reaktion bezeichnete sie den Hörerstreik, der von den Kommunisten propagiert wurde.[15]

Kurz vor Weihnachten führte der Sozialistische Kulturbund eine Kulturkonferenz durch, die als Auftaktveranstaltung für zwei größere Kundgebungen im Januar 1933

---

9 Die "Richtlinien" sind abgedruckt bei Hans Bausch: Der Rundfunk im politischen Kräftespiel, a.a.O., S. 212-214.

10 L.Z.: Die "Richtlinien" für den Rundfunk, in: Volksfunk-Arbeiterfunk,H. 47, 18.11.1932, S. 5.

11 Vgl. Keesings Archiv der Gegenwart. Jg. 1/2 (1931/1932), S. 580-582.

12 Zu den politischen Mehrheitsverhältnissen in den Ländern vgl. Wahlen und Abstimmungen in der Weimarer Republik. Materialien zum Wahlverhalten 1919-1933. Hrsg. v. Jürgen Falter, Thomas Lindenberger und Siegfried Schumann. München 1986, S. 88-113.

13 Vgl. dazu die Aufforderung des neuen Vorsitzenden des ARB, Albert Falkenberg, der gleichzeitig auch an der Spitze des Allgemeinen Deutschen Beamtenbundes stand, an die Freien Gewerkschafen, sich dem ARB anzuschließen: Albert Falkenberg: Kampf um den Rundfunk, in: Volksfunk-Arbeiterfunk, H. 33, 12.8.1932, S.1.

14 Vgl. "Gegen die Diktatur im Rundfunk! Forderungen und Abwehrmaßnahmen", in: Volksfunk-Arbeiterfunk, H. 49, 2.12.1932, S. 5. Der Artikel ist auch abgedruckt in: Sozialistische Bildung, H. 11, 1932, S. 189ff..Vgl. ebenso Otto Heßler: Die Situation im Rundfunk, in: Gewerkschafts-Zeitung, Nr. 45, 5.11.1932, S. 708ff.

15 Zur Rundfunkpolitik der Kommunisten vgl. Peter Dahl: Arbeitersender und Volksempfänger. Proletarische Radio-Bewegung und bürgerlicher Rundfunk bis 1945. Frankfurt am Main 1978, S. 77-83. Zur Diskussion über den "Hörerstreik" vgl. "Streik oder Mitarbeit", in: Vorwärts, Nr. 394, 22.8.1932, AA und "Die Front der Hörer", in: Vorwärts, Nr. 406, 29.8.1932, AA.

fungieren sollte und unter dem Motto "Gemeinsame Abwehr gegen die Kulturreaktion" stand. Die Konferenz sprach sich gegen den Hörerstreik aus und regte stattdessen an, auf das deutschsprachige Programm des Senders Hilversum auszuweichen und im übrigen mit der positiven eigenen Programmarbeit fortzufahren.[16] Allerdings zeigte sich zu dem Zeitpunkt bereits, daß das immer schwieriger werden würde. Als im Dezember 1932 die ersten Namen für die neuen Programmbeiräte bekannt wurden, befanden sich darunter so gut wie keine sozialdemokratischen und linksliberalen Kräfte mehr. Während die Vertreter konfessioneller Gruppen und "neutrale" Persönlichkeiten aus Wissenschaft und Kunst aus den alten Kulturbeiräten oft übernommen worden waren, fehlten etwa bei der Berliner Funkstunde jetzt die beiden Sozialdemokraten Richard Woldt und Leopold Jeßner sowie der Komponist Max Butting als Vertreter der modernen Musik,[17] bei der Frankfurter Sendegesellschaft mußten der Sozialdemokrat Wilhelm Sturmfels und der Demokrat Heinrich Scharp weichen.[18] Großkundgebungen der Freien Funkzentrale im Januar 1933 änderten daran so wenig wie die publizistischen Versuche der Arbeiterbewegung, mittels Aufklärung und Massenmobilisierung eine Änderung herbeizuführen. Zeitweilige Zeitungsverbote und die drastische Reduzierung der Artikulationsmöglichkeiten von Freien Gewerkschaften und Sozialdemokratie im Radio beschränkten diese in ihrer öffentlichen Wirkung ohnehin. Die Reaktion der sozialdemokratischen Arbeiterbewegung auf den Anschlag der Deutschnationalen und ihrer Verbündeten gegen die Rundfunkfreiheit entsprach somit in ihrer ganzen Hilflosigkeit genau ihrer abwartenden und defensiven Haltung, die sie insgesamt während der Endphase der Weimarer Republik an den Tag legte.[19]

---

16 Vgl. F. S.: Gemeinsame Abwehr gegen die Kulturreaktion, in: Volksfunk-Arbeiterfunk, H. 2, 6.1.1933, S. 13.

17 Zur Zusammensetzung der Programmbeiräte vgl. Winfried B. Lerg: Rundfunkpolitik in der Weimarer Republik, a.a.O., S. 518ff..

18 Zu den Veränderungen beim Südwestdeutschen Rundfunk vgl. Ansgar Diller: Der Frankfurter Rundfunk 1923-1945. unter besonderer Berücksichtigung der Zeit des Nationalsozialismus. Diss. Frankfurt am Main 1975, S. 30-46.

19 Zur Politik der SPD und der Freien Gewerkschaften in der Endphase der Weimarer Republik vgl. Heinrich-August Winkler: Der Weg in die Katasrophe. Arbeiter und Arbeiterbewegung in der Weimarer Republik 1930 bis 1933. Berlin/Bonn 1987, S. 611-949.

5.2   Verschärfte Zensur

Schon bevor der Handlungsspielraum der Arbeiterbewegung nach dem Schlag gegen Preußen immer enger geworden war und schon vor Inkrafttreten der "Rundfunkreform" hatten sich die Arbeitsmöglichkeiten der Freien Gewerkschaften und Sozialdemokraten in den Funkhäusern zusehends verschlechtert. Nach dem Ausscheiden der Sozialdemokraten aus der Großen Koalition im Reich im Frühjahr 1930 und der politischen Rechtswendung entfielen die politischen Rücksichten von Rundfunkmitarbeitern; manches frühere Zugeständnis an die Arbeiterbewegung erwies sich als überholt, darüber hinaus hatten vor allem die krisengeschüttelten Gewerkschaften alle Hände voll zu tun, ihre Organisationen am Leben zu halten. Die politische, ökonomische und soziale Entwicklung im Gefolge der Staats- und Wirtschaftskrise bestimmte das Tagesgeschehen in einer Weise, wie es die Gewerkschaften noch nicht erlebt hatten. Auch wenn sich die geänderte politische Lage nicht sofort auf die Rundfunkarbeit der Gewerkschaften auswirkte - in der Regel wurden die Vortragsprogramme jeweils für ein halbes Jahr im voraus festgelegt - so kam es doch seit 1930 zu verstärkten Zensureingriffen und Absetzungen von Sendungen, die politisch nicht genehm waren.

Eine beliebte Methode bestand darin, Sendungen an den Stellen zu unterbrechen, an denen Sozialdemokraten und freie Gewerkschafter das Wort ergriffen. Hermann Hieber berichtete 1931 in der Zeitschrift "Neue Blätter für den Sozialismus" über einen Fall:

> *"Als man die Opfer der Bergwerkkatastrophe von Zeche Maybach begrub, waren klar und deutlich der Verlauf der kirchlichen Handlung und auch alle platonischen Beileidsversicherungen des Regierungsbeamten zu verstehen - nur bei der Rede des Vorsitzenden des Bergarbeiterverbandes riß nach den ersten Sätzen der Faden ab."*[20]

Während sich die Zensur vor 1931 vor allem gegen die Verbreitung sozialistischen Gedankenguts gerichtet hatte, weitete sich das Verdikt nun auf jegliche Kritik an staatlichen, wirtschaftlichen und militärischen Maßnahmen aus. In vorauseilendem Gehorsam wandte sich etwa die Mirag im Februar 1930 an den Vorsitzenden des Überwachungsausschusses und teilte ihm mit:

> *"Es ist uns von Arbeiterseite vorgeschlagen worden, Herrn Karl Hartmann, Jena, Abgeordneter des Thüringer Landtages [und ADGB-Bezirksvorsitzender, F. M.], über die Bedeutung der Berufsschulen für die Wirtschaft sprechen zu lassen. Da es uns bekannt ist, daß die Thüringer Regierung mit dem Gedanken umgeht, die in ihrem Bezirk gelegenen Berufsschulen nicht mehr durch den Staat zu unterstützen, sondern ihre Pflege den Gewerbe-, bzw. Handelskammern zuzuweisen, so ist es durchaus möglich, daß die Thüringer Regierung, sowie sie von unserem Vorhaben Kenntnis bekommt, darin einen Vorstoß gegen ihre eigene Planung sieht."*[21]

---

20 Hermann Hieber: Kritik am Rundfunk, in: Neue Blätter für den Sozialismus, H. 4, 1931, S. 189ff., Zitat S. 191.

21 Die Mirag-Leitung am 25.2.1930 an den Vorsitzenden des Überwachungsausschusses, in: BA Koblenz, R78/602.

Um möglicher staatlicher Kritik auszuweichen, wollte sich die Mirag-Leitung absichern, indem sie die Entscheidung über den Vortrag dem politischen Überwachungsgremium überließ.

Als im Frühherbst 1931 der Gewerkschaftsfunktionär Walter Streicher anläßlich des ADGB-Kongresses in Leipzig über das bevorstehende Ereignis ebenfalls bei der Mirag einen Vortrag halten wollte, beanstandete deren Überwachungsausschuß eine Passage des Manuskriptes mit der Begründung, in dem Redeentwurf sei "eine Kritik der deutschen Wirtschaftsführung und der gegenwärtigen Handelspolitik enthalten, die als zu stark parteipolitisch gefärbt anzusehen" und deshalb zu streichen sei. Der Programmdirektor wandte sich daraufhin an Streicher und legte ihm nahe, die entsprechenden Zeilen wegzulassen, was dieser dann auch tat.[22]

Bereits im Frühjahr 1931 war bei der Mirag ein Zwiegespräch zwischen dem Redakteur der Dresdner Volkszeitung, Wolfgang Schumann, und einem Betriebsratsvorsitzenden über das Verhältnis Betriebsrat-Unternehmer zunächst nicht zugelassen worden, weil in dem ausgewählten Betrieb diese Beziehung besonders schlecht und deshalb nicht repräsentativ sei. Der Überwachungsaussschuß hatte Schumann deshalb zu verstehen gegeben, er solle einen anderen Gesprächspartner suchen, in dessen Firma sich das Verhältnis harmonischer gestalte.[23]

Diese drei Beispiele stehen wahrscheinlich für viele andere; wegen der schlechten Quellenlage lassen sich keine weiteren Fälle dokumentieren. Dies wiederum ist auch auf die Zurückhaltung der Arbeiterorganisationen zurückzuführen, Zensurfälle nicht an die große Glocke zu hängen, um sich dadurch nicht aller Mitwirkungschancen zu berauben.

Was aber dennoch auffällt, ist die neue "Qualität" der Zensureingriffe. Hatten sich die Zensoren in den Überwachungsausschüssen vor 1931 im wesentlichen auf die Streichung von Textpassagen oder die Beanstandung einzelner Manuskriptstellen beschränkt - sieht man einmal davon ab, daß bestimmte politisch kontroverse Themen gar nicht erst ins Auge gefaßt werden konnten - so wurden die Eingriffe seit 1931 immer massiver und die Verantwortlichen in den Rundfunkhäusern immer ängstlicher.

Bisweilen wurden ganze Beiträge einfach vom Programm abgesetzt. So geschehen in Hamburg nach einer Intervention der Reichsbahndirektion Altona gegen ein Hörbild mit dem Titel "Beim Beamtenrat der Reichsbahn", das innerhalb der "Stunde der Werktätigen" laufen sollte. Über den geplanten Inhalt der Sendung berichtete eine Zeitung:

> *"In der Mitte der Verhandlung steht die Erörterung neuer Dienstpläne der Reichsbahn, die eine Erhöhung der Arbeitszeit von 48 auf 56 Stunden und eine entsprechende Verkürzung der Schichtzeit vorsehen. Die Vertreter des Beamtenrats sowie der Gewerkschafter nehmen entschieden gegen diese Pläne Stellung. Ihr gewichtiges Argument ist dabei, daß ein überangestrengtes und ermüdetes Personal die Betriebssicherheit der Eisenbahn beeinträchtigen muß."[24]*

---

22   Vgl. das Protokoll der Überwachungsausschuß-Sitzung der Mirag v. 31.8.1931, in: BA Koblenz, R78/602.

23   Vgl. das Protokoll der Überwachungsausschuß-Sitzung der Mirag v. 17.3.1931, in: ebenda.

24   "Radio-Rückschau" in: Hamburger Echo, Nr. 202, 25.7.1931.

5.3   Strukturelle Eingriffe in den Arbeiterfunk

Die Fortführung des Arbeiterfunks in den Jahren nach 1930 gestaltete sich bei den einzelnen Rundfunkgesellschaften in unterschiedlicher Weise. Dies betraf sowohl Themen
und Inhalte als auch die Anzahl der Sendungen. Was die quantitative Entwicklung angeht, so kam es, je mehr die Zeit voranschritt, desto häufiger zu Einschränkungen bzw.
zum Abbau der Arbeitersendungen. Die Werag in Köln produzierte ab 1931 deutlich
weniger Sendungen im Rahmen ihres Arbeiterfunks. Dies war nicht unbedingt die Folge
finanzieller Engpässe - auch wenn die Verantwortlichem im Haus dies herausstrichen.
Die Kosten für den Arbeiterfunk lagen wegen des geringen Aufwandes mit Sicherheit
weit unter denen für andere Sendungen. Daß vielmehr andere Gründe für den Abbau der
"Stunde der Arbeit" ausschlaggebend waren, darauf wies ein Bericht in der Zeitschrift
des Arbeiter-Radio-Bundes hin. Unter der Überschrift "Kulturklassenkampf in Westdeutschland" berichtete ein Mitglied des Arbeiter-Radio-Bundes im Juli 1931 über konzentrierte Vorstöße der "Reaktion" in Gestalt der rheinisch-westfälischen Schwerindu-
strie und nationalistischer Kreise gegen die Programmarbeit von Sozialdemokraten und
Freigewerkschaftern. Der Funktionär des Arbeiter-Radio-Bundes in Rheinland und
Westfalen, Christian Schmitz, teilte mit, die erwähnten Gruppen hätten ein eigenes
Rundfunkdezernat eingerichtet, um "politische, soziale und gewerkschaftliche Beiträge"
zu kontrollieren und Beschwerden gegen diese bei der Sendegesellschaft einzureichen.
Der Artikel mündete in das Fazit:

"Die Stellung unseres freigewerkschaftlichen, sozialistischen Zentralausschusses
für westdeutsches Rundfunkwesen ist demgegenüber schwieriger geworden."[25]

Ähnliches war aus Hamburg zu hören. Dort reduzierte die Norag Mitte 1931 die
"Stunde der Werktätigen" von drei auf zwei Sendungen pro Woche. Als Begründung für
diesen Schritt nannte die Sendeleitung allgemeine Sparmaßnahmen. Zumindest öffentlich zweifelten Gewerkschafts- und Parteivertreter nicht explizit an dieser Erklärung,[26]
doch lassen einige Meldungen auch den Schluß zu, daß andere Ursachen für den Abbau
der Arbeitersendung bestimmend gewesen sein dürften. So berichtete das "Hamburger
Echo" am 15. August 1931 unter der Überschrift "Arbeitgeber 'rühren' sich":

"Die Arbeitgeber unter sich haben eine Parole erlassen, gegen die seltenen sozial-
politischen Veranstaltungen des Rundfunks Sturm zu laufen. Sie bedienen sich der
verschiedensten Waffen. Sie lancieren in die ihnen nahestehenden, das heißt von
ihrem Kapital abhängigen Tageszeitungen kleine Hetzartikelchen gegen Rundfunk-
vorträge mit sozialpolitischen Themen. Sie bombardieren die Sendeleitungen mit
Drohbriefen. Sie nennen in der Deutschen Arbeitgeberzeitung die sachliche Auf-
klärung der Arbeitnehmer über die Arbeitsrechtlichkeit 'sozialpolitische Hetze ge-

---

25   Christian Schmitz: Kulturklassenkampf in Westdeutschland, in: Arbeiterfunk, H. 28, 10.7.1931, S.
     330.

26   Vgl. "Programmaustausch statt Programmabbau", in: Hamburger Echo, Nr. 230, 22.8.1931 und
     Allgemeiner Deutscher Gewerkschaftsbund, Ortsausschuß Groß-Hamburg: Bericht über das Ge-
     schäftsjahr 1931. Hamburg 1932, S. 61.

gen das Unternehmertum'. Und sie lassen neuerdings im Rundfunk auch Vorträge
gegen die sozialpolitischen Interessen der Arbeitnehmer halten."27

Und auch die Einlassung des ADGB Hamburg in seinem Geschäftsbericht über das
Jahr 1931:

> *"Der Grad der Mitwirkung im Rundfunk ist abhängig von der politischen Situa-*
> *tion. Was 'gut bürgerlich' ist, hat im Rundfunk stets freien Lauf gehabt, und was*
> *stark den Willen der organisierten Arbeiterschaft betonte, verursachte Hemmun-*
> *gen, manchmal solcher Art, daß sie zur Ablehnung eingereichter Vorträge führ-*
> *ten"28*

zeigt an, daß der Spielraum für die gewerkschaftliche Rundfunkarbeit sich immer weiter
verengte. Solch kritische Äußerungen gegenüber dem Rundfunk findet man in den Jahren zuvor in den ADGB-Publikationen nicht. Ein weiterer Hinweis dafür, daß die Luft
für Sozialdemokraten und Freigewerkschafter im Studio immer dünner wurde, ist die
Tatsache, daß Norag-Direktor Stapelfeldt in der Überwachungsausschuß-Sitzung vom 5.
April 1932 erstmals - "auf Wunsch", wie es im Protokoll hieß - über die "Organisation"
der "Stunde der Werktätigen" Auskunft geben mußte.[29] Diese Stelle im Protokoll ist
durchaus so zu interpretieren, daß sich einflußreiche Kräfte regten, die die relative Unabhängigkeit des Kuratoriums in der Programmgestaltung einschränken wollten. Darauf
deutet auch die verstärkte Zensur der Sendemanuskripte hin.[30] Ende Juli 1932 meldete
das "Hamburger Echo":

> *"Zum Beispiel fiel ein Gespräch der Schere des Zensors zum Opfer, in dem die*
> *Tatsache vermerkt wurde, daß die französischen Gewerkschaften für 150 bedürfti-*
> *ge Nestfalken die Kosten tragen(!) Auch eine Stelle, die sich auf die Arbeitslosig-*
> *keit bezog, mußte fallen. Anrüchig schienen der Norag auch die Worte Solidarität*
> *und Genosse."31*

Trotz verschärfter Eingriffe in das Programm der "Stunde der Werktätigen" - so kam
beispielsweise 1932 ein Dreiergespräch zum Thema "Besteht Pflicht zur Streikarbeit?"
deshalb nicht zustande, weil im Manuskript ein Streikbrecher "Streikbrecher" genannt
worden war[32] - setzte die Norag die Reihe doch bis Ende 1932 fort. Die letzte Sendung
weist die Programmzeitung "Die Norag" für den 22. November 1932 aus.

Daß die Initiativen, die konservative und nationale Kreise in Köln und Hamburg gegen die Arbeitersendungen entwickelten, kein Einzelphänomen darstellten, zeigen auch

---

27 "Arbeitgeber 'rühren' sich", in: Hamburger Echo, Nr. 223, 15.8.1931.

28 Allgemeiner Deutscher Gewerkschaftsbund, Ortsausschuß Groß-Hamburg: Bericht über das Ge-
    schäftsjahr 1931, a.a.O., S. 62.

29 Vgl. Niederschrift über die 23. Sitzung des Überwachungsausschusses bei der Norag am Dienstag,
    dem 5. April 1932, in Hamburg, Rothenbaumchaussee 132, in: BA Koblenz, R78/607.

30 Vgl. ebenda, sowie das Schreiben des Regierungsrats und Überwachungsausschußmitglieds, Dr.
    Stoltz, vom 21. Januar 1932 an die Norag, in: BA Koblenz, R78/610.

31 Hamburger Echo, Nr. 208, 30.7.1930.

32 Vgl. Allgemeiner Deutscher Gewerkschaftsbund, Ortsausschuß Groß-Hamburg: Bericht über das
    Geschäftsjahr 1931, a.a.O., S. 62.

die Vorkommnisse bei der Süwrag in Frankfurt am Main. Dort setzte die Sendeleitung zu Beginn des Jahres 1931 die bisherige "Stunde des Arbeiters" ab und hob an ihrer Stelle die "Stunde der Arbeit" aus der Taufe. Damit verbunden war auch eine Änderung im Konzept der bisherigen Arbeitersendung. "Nach entsprechender Vereinbarung", berichtete die Süwrag, habe die "Stunde des Arbeiters" die "allgemeinere" Benennung "Stunde der Arbeit" erhalten. Dies sei deshalb geschehen, damit in Zukunft bei "wichtigen Anlässen" Gelegenheit für "kontradiktorische Betrachtungen von Arbeitgeber- und Arbeitnehmerseite" bestehe.[33]

Unter welchen Bedingungen die Vertreter der Arbeiterbewegung im Arbeitsausschuß der Sendung dem zustimmten, darüber drang nichts in die Öffentlichkeit. Tatsache ist, daß es in den Fällen, in denen Arbeitgeber in der "Stunde der Arbeit" auftraten, sich nicht um Zwiegespräche zwischen Unternehmer- und Gewerkschaftsvertretern handelte, sondern zumeist um Gespräche von Rundfunkmachern mit Unternehmern oder um Einzelvorträge von Arbeitgebern[34].

Auch bei allen anderen Sendegesellschaften - vielleicht mit Ausnahme der Schlesischen Funkstunde in Breslau - zeigten sich qualitative Veränderungen. Nur die schlesische Regionalgesellschaft strahlte die "Stunde der Arbeit" ebenso wie die "Stunde der werktätigen Frau" bis in das Jahr 1933 hinein ohne erkennbare Einschnitte aus. Hatten Deutschnationale und Nationalsozialisten auch seit 1932 verstärkt Zugang zum Schlesischen Sender gefunden, so schlug sich dies in den Arbeitersendungen - im Gegensatz zu denen anderer Sendegesellschaften - bis ins Frühjahr 1933 weder personell noch inhaltlich nieder. Überall sonst verringerte sich entweder die Anzahl der Arbeitersendungen oder kam es zu Umstrukturierungen bei der Organisation der Arbeiterstunden; so geschehen beim Mitteldeutschen Rundfunk in Leipzig. Dort hatten bis zum Herbst 1931 nur Mitglieder der sozialdemokratischen Arbeiterbewegung am Programm der Arbeitersendung mitgewirkt. Auf der Sitzung des Überwachungsausschusses am 28. September 1931 berichtete die Mirag dann, daß jetzt auch die anderen Gewerkschaftsrichtungen verlangten, bei der Programmgestaltung beteiligt zu werden. Als sich die bisherigen Mitglieder des Ausschusses gegen dieses Ansinnen wehrten, schlug die Sendeleitung vor, christlichen und Hirsch-Dunckerschen Gewerkschaften die Möglichkeit einzuräumen, Programmvorschläge einzureichen, sie aber nicht in die Ausschußarbeit selbst einzubeziehen. Da der Überwachungsausschuß dieses Vorgehen billigte,[35] blieb auch den Arbeitervertretern keine andere Wahl, als sich in die Änderung zu fügen.

Inwiefern die in den Programmzeitungen ausgedruckten Sendungen nach dem Juli 1932 tatsächlich auch ausgestrahlt wurden, darüber liegen keine zuverlässigen Angaben vor; tatsächlich fielen immer mehr mißliebige Beiträge den neuen Umständen zum Opfer. Der "Vorwärts" vom 2. August 1932 berichtete:

---

33 Vgl. Bericht über das Programm seit Anfang November und die Programmpläne bis Ende März in der Kulturbeiratssitzung am 20. Februar 1931, in: GStA Berlin, Rep 76 Sekt. I, Abt. II 80 Süwrag, Bd. I von Februar 1926 bis März 1932.

34 Vgl. Tabelle 2 im Anhang.

35 Vgl. das Protokoll der Sitzung des Mirag-Überwachungsausschusses v. 28. September 1931, in: BA Koblenz R78/602.

"Im deutschen Rundfunk sind gegenwärtig nur noch Vorträge gelitten, die einen heroisch oder romantisch verklärten Wirklichkeitsersatz geben; die übrigen, soweit sie noch durch einen Zufall bis ins Programm vordringen konnten, sterben an technischen Störungen oder verschwinden stillschweigend in der Versenkung."[36]

Anlaß der harschen Kritik war das Verbot eines Vortrages, den der Bezirksleiter des Zentralverbandes der Angestellten, Hans Gottfurcht, über "Gewerkschaftsarbeit in Krisenzeit" in der Berliner Funkstunde hatte halten wollen. Die Begründung der Sendegesellschaft: Der Vortrag mußte wegen des "Burgfriedens" ausfallen. Gottfurcht hatte in seinem Beitrag Fragen der Arbeitslosenhilfe, der Arbeitszeitverkürzung, der Betreuung von Erwerbslosen durch Gewerkschaft und Staat thematisiert, und der "Vorwärts" mutmaßte, der Vortrag sei abgesetzt worden, weil Gottfurcht Stellung gegen die Arbeitsdienstpflicht nehmen wollte.

Verbunden mit den organisatorischen Neuerungen bei den Arbeiterstunden waren in den meisten Fällen auch Themen- und Referentenwechsel. Spätestens seit Mitte 1932 drangen immer stärker "national/völkische" Themen in die Arbeitersendungen ein, wie ein Blick auf das Programm der "Stunde der Arbeit" in Frankfurt zeigt. Den Anfang machte am 9. Juli der Nationalsozialist Robert Fritsch mit einem Vortrag über das italienische Arbeitsrecht, ihm folgte Prof. Dr. Ernst Michel[37] über "Arbeitslosigkeit und Volkspolitik", ein Gespräch zwischen einem "Akademiker" und einem "Arbeiter" über das Thema "Klasse oder Volk" oder ein Gespräch zwischen dem Geschäftsführer des Deutschnationalen Handlungsgehilfenverbandes und einem Syndikus des Arbeitgeberverbandes über die Frage "Sind Tarifvertrag und Schlichtungswesen notwendig?"[38]. Zwar konnte gelegentlich auch noch ein Freigewerkschafter vor das Mikrophon treten, doch insgesamt änderte sich der Charakter der "Stunde der Arbeit" spätestens Mitte 1932 mit der Entmachtung der preußischen Regierung und der "Rundfunkreform" Papens bei den meisten Sendern grundlegend. Der Schritt zum Programm der "nationalen Arbeit" der Nazis war da nicht mehr weit.

---

36   "Nazidiktatur im Rundfunk. Gewerkschaftsvortrag verboten", in: Vorwärts, Nr. 359, 2.8.1932, MA.

37   Ernst Michel vertrat einen "christlichen Sozialismus" mit starken Anklängen volksgemeinschaftlichen Denkens. Zu Michel vgl. Norbert Reichling: Akademische Arbeiterbildung in der Weimarer Republik. Münster 1983, S. 163f.

38   Vgl. Tabelle 2 im Anhang.

5.4 Sozialdemokratische und freigewerkschaftliche Initiativen auf dem Rundfunksektor zugunsten der Erwerbslosen

Auf die steigende Zahl der Erwerbslosen unter ihren Mitgliedern reagierten die Freien Gewerkschaften im Hinblick auf den Rundfunk in zweierlei Weise. Einmal setzten sie sich für die Verminderung bzw. den vollständigen Erlaß von Rundfunkgebühren für Erwerbslose ein, zum anderen regten sie die Einführung spezieller Sendungen für Arbeitslose an. Die Senkung bzw. der Erlaß der Rundfunkgebühr für besonders von der Wirtschaftskrise betroffene Radiohörer wurde spätestens 1931 eine dringliche Forderung auch der Gewerkschaften, nachdem die Arbeiterparteien schon seit Jahren im Reichstag ihre Herabsetzung verlangt hatten. Sie argumentierten damit, daß Deutschland, was die Höhe der monatlichen Hörerabgabe betreffe, im internationalen Vergleich an der Spitze liege, Radiohören aber wesentlich billiger sein könne.[39]

Während sich die Sozialdemokraten auch mit einer Staffelung nach sozialen Gesichtspunkten und einer Befreiung bzw. Ermäßigung für Blinde, Schwerbeschädigte und Erwerbslose zufrieden gezeigt hätten,[40] bestanden die Kommunisten auf einer allgemeinen Verringerung der Rundfunkgebühr. 1931 brachte der sozialdemokratische Reichstagsabgeordnete Paul Hertz im Verwaltungsrat der Reichspost einen Antrag ein, in dem er vorschlug, Hörern, die seit längerer Zeit arbeitslos waren oder sich in einer besonderen Notlage befanden, von der Zahlung des Teilnehmerbeitrags zu befreien.[41] Ergebnis der Bemühungen war schließlich, daß ab dem 1. März 1931 Krisenunterstützungs- und Wohlfahrtsempfänger in den Genuß des kostenlosen Rundfunkempfangs kommen konnten.[42] Allerdings ergaben sich aus der Regelung, daß die Wohlfahrtsempfänger zuvor Krisenunterstützung bezogen haben mußten, Härtefälle, weil es durchaus nicht selten war, daß gegenwärtige Wohlfahrtsbezieher keine Krisenunterstützung erhalten hatten. Außerdem benachteiligte die Regelung Sozial- und Kleinrentner, deren Einkommen nicht über dem der anderen beiden Gruppen lag.[43] Am 20. Oktober 1931 wandte sich die sozialdemokratische Reichstagsfraktion deshalb wegen einer Neuformulierung des

---

39 So plädierten der SPD-Abgeordnete Max Seppel und Ernst Torgler für die KPD bei den Haushaltsberatungen des Reichstags am 21. März 1927 für eine Herabsetzung der Rundfunkgebühren. Vgl. Verhandlungen des Reichstags III. Wahlperiode 1924, Bd. 392 Stenographische Berichte. Berlin 1927, S. 9722ff.. Im Februar 1928 verlangte Torgler im Verwaltungsrat der Post eine Senkung von 2 Reichsmark auf 1,50 Reichsmark, ohne sich damit durchsetzen zu können. Zu den Versuchen von SPD und KPD, eine Gebührensenkung bzw. einen Erlaß für bestimmte Gruppen zu erzielen, vgl. Hans Bausch: Der Rundfunk im politischen Kräftespiel, a.a.O., S. 65-69.

40 Vgl. das Schreiben des Reichsausschusses für sozialistische Bildungsarbeit an den "Arbeiterfunk", in: Arbeiterfunk, H. 20 v. 11.5.1928, S. 306.

41 Auch diesmal stellte Torgler einen weitergehenden Antrag mit dem Ziel, die Gebühren für alle "werktätigen Hörer" zu senken und für Erwerbslose, Sozial- und Kleinrentner sowie alle Unterstützungsempfänger ganz zu streichen. Vgl. Hans Bausch: Der Rundfunk im politischen Kräftespiel der Weimarer Republik 1923-1933, a.a.O., S. 67.

42 Zu der Einteilung der Erwerbslosen in Hauptunterstützungsempfänger, Krisenfürsorgeempfänger und Wohlfahrtserwerbslose sowie deren jeweilige finanzielle Situation vgl. Heinrich-August Winkler: Der Weg in die Katastrophe, a.a.O., S. 26-33.

43 Vgl. ein Schreiben der sozialdemokratischen Reichstagsfraktion an den Leiter der Sozialpolitischen Abteilung beim ADGB, Bruno Broecker, v. 20.10.1931, in: HiKo NB 452 Rundfunk 1925-1931.

Erlasses zur Gebührenbefreiung an den Leiter der Sozialpolitischen Abteilung beim ADGB-Bundesvorstand, Dr. Bruno Broecker, der ihr drei Tage später einen entsprechenden Entwurf zusandte.[44] Nicht zuletzt auf Drängen der Gewerkschaften kam es Anfang Dezember 1931 zu einer Änderung des Gebührenerlasses, der alle langfristig Erwerbslosen (Krisenunterstützungsempfänger, Wohlfahrtserwerbslose, aus der Krisenfürsorge ausgesteuerte Kriegsbeschädigte) in den Kreis der Begünstigten aufnahm.[45] Im Februar 1932 fielen 280 000 Invaliden, Altersrentner und Erwerbslose unter die Regelung und dies bei einer Arbeitslosenzahl von annähernd sechs Millionen.[46]

Ebenfalls 1931 starteten die Freien Gewerkschaften eine Initiative zur Etablierung spezieller "Erwerbslosensendungen", die beim Mittel- und Westdeutschen Rundfunk sowie der Berliner Funkstunde zum Erfolg führte. Als erste deutsche Sendegesellschaft strahlte die Mirag seit Februar 1931 unter dem Titel "Erwerbslosenfunk" von Montag bis Donnerstag jeweils von 14.00 bis 14.15 Uhr Sendungen aus, die sich an arbeitslose Rundfunkhörer richteten. Zum Zweck der Neuerung teilte der Mirag-Mitarbeiter Fritz Mack in der Hauszeitschrift des Senders mit, den Erwerbslosen sollten Anleitungen zur "praktischen Betätigung" vermittelt werden; darüber hinaus wolle man sie über wichtige Rechtsfragen und über die Lage auf dem Arbeitsmarkt informieren und Fragen der Lebensgestaltung für sie erörtern.[47]

Personell waren die Gewerkschaften in die Sendungen kaum involviert. Ein Grund für ihre Zurückhaltung mag in ihrer Arbeitsüberlastung gelegen haben. Ein Moment, das aber sicherlich auch nicht zu vernachlässigen ist, könnte in ihrer generellen Politik zu sehen sein, die auf die Interessen von Arbeitsplatzbesitzern gerichtet war und die Erwerbslosen eher links liegen ließ.[48]

Die zweite Rundfunkgesellschaft, die eigens eine Sendung für Erwerbslose einrichtete, war die Werag in Köln. Dort beteiligten sich neben den Arbeitsämtern, den Landesjugendverbänden und konfessionellen Jugendgruppen auch die Gewerkschaften an der Organisation der Veranstaltungen der Sendereihe "Mensch und Welt", die die Werag seit November 1931 jeden Vormittag zwischen 10.15 und 11.15 Uhr mit dem Untertitel "Gemeinschaftsempfang für Arbeitslose" anbot.[49]

---

44 Vgl. ebenda.

45 Vgl. Berliner Tageblatt, Nr. 285. 6.12.1931, 2. Beiblatt. Vgl. dazu auch das Schreiben des ADGB an den Deutschen Sattler-, Tapezierer- und Portefeuiller-Verband v. 11.12.1931, in: HiKo NB 452 Rundfunk 1925-1931 und das Schreiben an das Bezirkssekretariat des ADGB Württemberg v. 14.12.1928, in: ebenda. Vgl. auch "Langfristig Erwerbslose erhalten Gebührenerlaß", in: Vorwärts, Nr. 47, 29.1.1931, MA.

46 Vgl. "Rundfunkfinanzen", in: Vorwärts, Nr. 100, 29.2.1932, AA. Wie hoch die Zahl der erwerbslosen Radiobesitzer war, die nicht von der Gebühr befreit wurden, war nicht zu ermitteln. Zahlen hierfür liegen nur für Anfang 1931 vor, als sich unter 4.4 Millionen Arbeitslosen lediglich 350 000 angemeldete Radiohörer befanden. Vgl. "Gebührenbefreiung für langfristig Erwerbslose", in: Arbeiterfunk, H. 7, 13.2.1931, S. 76.

47 Vgl. Fritz Mack: Wie kommt ein Mirag-Programm zustande?, in: Mirag, H. 1, 1932, S. 2.

48 Zur gewerkschaftlichen Arbeitslosenpolitik vgl. Rose-Marie Huber-Koller: Gewerkschaften und Arbeitslose. Erfahrungen der Massenerwerbslosigkeit und Aspekte freigewerkschaftlicher Arbeitslosenpolitik in der Endphase der Weimarer Republik. Bd. 2, Pfaffenweiler 1992.

49 Vgl. Georg Beyer: Gemeinschaftsempfang, in: Volksfunk - Arbeiterfunk, H. 15, 8.4.1932, S. 1

Die Freien Gewerkschaften benutzten die Sendungen von "Mensch und Welt" auch innerhalb der eigenen Kurse für erwerbslose junge Mitglieder, für deren Durchführung ihnen ohnehin Referenten fehlten.[50] Eine Woche vor Beginn der Reihe wandte sich deshalb der ADGB-Bezirksvorsitzende von Rheinland und Westfalen, Hans Böckler, an die ADGB-Ortsausschüsse sowie die Bezirks- und Gauleiter der Freien Gewerkschaften mit der Bitte, zu erkunden, wieviele Gemeinschaftsempfangsstellen es in Städten und Gemeinden gäbe und dies dem Bezirkssekretariat mitzuteilen.[51] Nach Angaben Georg Beyers verfolgten im Frühjahr 1932 pro Tag an 500 bis 600 Orten junge Erwerbslose die von Hans Stein und Willi Schäferdiek zusammengestellten Sendungen.[52]

Als dritte Regionalgesellschaft startete die Berliner Funkstunde im April 1932 mit der Sendung "Aus Arbeit und Leben" eine Reihe, die ebenfalls Erwerbslose als Zielgruppe anpeilte. In systematischer Form sollte an fünf Tagen der Woche jeweils in der Zeit von 15.20 bis 15.45 Uhr ein "bestimmtes Gebiet unter dem Gesichtspunkt des Zusammenhangs mit dem praktischen Leben" dargestellt werden. So jedenfalls formulierte die Funkstunde das Anliegen, das sie mit der Neuerung verband.[53] Um den Gebrauchswert der Sendungen für die Arbeitslosen zu optimieren, sollten die Hörer wie in Westdeutschland Hörgemeinschaften bilden und die Sendungen im Rahmen des Gemeinschaftsempfangs verfolgen, um offene Fragen gleich hinterher untereinander und mit einem anwesenden Leiter zu klären. Wie der "Vorwärts" nach der ersten Woche der Ausstrahlung "Aus Arbeit und Leben", die unter dem Oberthema "Technik" stand, mitteilte, hatten sich bereits für den Empfang der ersten Vortragsfolge zahlreiche Hörgemeinschaften zusammengeschlossen. Durch viele Arbeitsämter und gewerkschaftliche Organisationen seien zu dem Zweck Räume zur Verfügung gestellt worden.[54]

Über den sachlichen Inhalt und den ideologischen Gehalt der Beiträge ist nur wenig bekannt. Beide lassen sich lediglich über Sekundärquellen erschließen. Hinweise liefern neben den Referenten und Mitwirkenden vereinzelte Rezensionen in der Arbeiterpresse.[55] Programmausdrucke und Presseberichte über den "Arbeiterfunk" dienen denn auch als Grundlage für das nächste Kapitel.

---

50   Zu den gewerkschaftlichen Kursen für erwerbslose Jugendliche vgl. Allgemeiner Deutscher Gewerkschaftsbund: Jahrbuch 1931. Berlin 1932, S. 201f., sowie "Erwerbslosenschulung und Gewerkschaften", in: Gewerkschafts-Zeitung, Nr. 50, 12.1.1931, S. 797.

51   Vgl. Rundschreiben Nr. 16 des ADGB-Bezirkssekretariats für Rheinland-Westfalen-Lippe v. 6.11.1931, in: HiKo NB 452 Rundfunk 1925-1931 und Jahrbuch 1931 des Allgemeinen Deutschen Gewerkschaftsbundes. Berlin 1932, S. 200f.

52   Zum Charakter der Sendungen vgl. Wolf Bierbach: Rundfunk zwischen Kommerz und Politik, a.a.O., S. 374.

53   Vgl. "Vortragsfolgen für Erwerbslose", in: Vorwärts, Nr. 169, 11.4.1932, AA.

54   Vgl. ebenda.

55   Vgl. Kapitel 6.4.

6

DER ARBEITERFUNK DER WEIMARER REPUBLIK -

THEMEN, AKTEURE, ZIELGRUPPEN, FUNKTION,

REZEPTION UND GEBRAUCHSWERTBESTIMMUNG

Nachdem in den vorangegangenen Kapiteln die rundfunkpolitischen Initiativen der Freien Gewerkschaften und die Organisation ihrer Radioarbeit in chronologischer Abfolge dargestellt wurde, soll nun in einem eher systematisch gegliederten Teil noch näher auf das Arbeiterfunkprogramm eingegangen und untersucht werden, welche Themen innerhalb des Arbeiterfunks dominierten, welche Personen sich an der Rundfunkarbeit beteiligten, welche Zielgruppen die Rundfunkmacher anvisierten und welche sie aller Wahrscheinlichkeit nach tatsächlich erreichten. Am Schluß dieses Kapitel soll der Versuch stehen, objektive Funktion und subjektiven Gebrauchswert des Arbeiterfunks für die Freien Gewerkschaften auf der einen und die Arbeitnehmer auf der anderen Seite zu bestimmen.

6.1 Manifeste Programminhalte und Akteure des Arbeiterfunks

Der Leipziger ADGB-Ortsausschuß-Vorsitzende und Mitglied des Kulturbeirates beim Mitteldeutschen Rundfunk, Erich Schilling, zählte 1930 in einem programmatischen Aufsatz für die Zeitschrift "Arbeiterfunk" sieben Themenbereiche auf, die seiner Meinung nach für Arbeitnehmerinnen und Arbeitnehmer von Interesse waren und deshalb in den Arbeitersendungen Berücksichtigung finden sollten. Es handelte sich dabei im einzelnen um: 1. Arbeitsrecht; 2. Sozialversicherung; 3. Arbeitsmarkt/Arbeitsvermittlung/Berufsbildung; 4. Wohnen/Miete; 5. Wirtschaft; 6. Technik; 7. Arbeiterkultur.[1]

Eine etwas andere Systematik benutzte der "Arbeiterfunk" ebenfalls 1930; er unterteilte das Programm in die Rubriken: 1. Soziale Frage; 2. Gewerkschaftsfrage; 3. Arbeiterrecht; 4. Arbeiterschutz; 5. Arbeitslosenproblem; 6. Berufszweige; 7. Berufsausbildung; 8. Arbeiterbildung; 9. Historisches/Literarisches; 10. Allgemeine Politik.[2]

Auffällig ist, daß zwei zentrale Bereiche des Arbeiterdaseins - Sozialisation in der Familie, in der Volksschule, im Viertel, in der Nachbarschaft sowie die Arbeit im Betrieb und in der Werkstatt - in beiden Listen nicht auftauchten. In allen Programmen dominierten Arbeitsrechts- und Sozialversicherungsfragen; daneben fanden sich Vorträge zu Aufbau und Entwicklung der Gewerkschaften sowie zur Tätigkeit ihrer Selbsthilfeeinrichtungen; nahezu nicht existent waren die Themenbereiche, die Arbeiterinnen und Arbeiter in ihrer Eigenschaft als Lohnabhängige mit am direktesten berührten: die sozialen Bedingungen des Arbeitsprozesses (Tarif- und Lohnpolitik, Rationalisierung, Arbeitszeitfragen), die allgemeinen Arbeitsbedingungen und Aspekte von Herrschaft und Ausbeutung sowie betriebliche wie überbetriebliche Konflikte. Daß diese nicht auf die Tagesordnung kamen, hing nun allerdings weniger mit der Zurückhaltung der Gewerkschaften zusammen; diese Themen galten einerseits in den Funkhäusern als zu politisch und konfliktbeladen, als daß die die dort Verantwortlichen sie von Gewerkschaftern hätten öffentlich behandeln lassen. Zum anderen fehlte bei den Rundfunkmachern

---

1 Vgl. Erich Schilling: Rundfunk und Gewerkschaften, in: Arbeiterfunk, H. 51, 20.12.1929, S. 493.
2 Vgl. "Die Arbeiterfrage in den Programmen der Osterwoche", in: Arbeiterfunk, H. 17, 25.4.1930, S. 210.

wohl schlicht das Verständnis und das Vorstellungsvermögen für die Arbeits- und Lebenssituation von Industriearbeitern und deren Angehörigen.

Am Beispiel der "Stunde der Arbeit" bei der Schlesischen Funkstunde in Breslau sowie der Arbeiterstunde des Südwestdeutschen Rundfunks in Frankfurt am Main (bzw. der dortigen "Gewerkschaftszyklen") soll das Arbeiterprogramm in exemplarischer Weise dargestellt werden.[3] Die Arbeitersendung der Schlesischen Funkstunde begann am 2. August 1928 mit einer mehrteiligen Vortragsreihe des ADGB-Bezirksvorsitzenden Oswald Wiersich über "Die deutsche Gewerkschaftsbewegung", die in den folgenden Wochen im Wechsel mit einer Vortragsserie des liberalen Angestelltenfunktionärs Erich Siebraner über "Das Wesen der Sozialpolitik" die "Stunde der Arbeit" bestimmte. Dazwischen gestreut wurden Vorträge oder Zwiegespräche über arbeitsrechtliche Fragen. Das Themenspektrum änderte sich 1929 nicht wesentlich. Die meisten Beiträge waren eher allgemein gehalten, eine zwingende Notwendigkeit, sie zu einem bestimmten Zeitpunkt auszustrahlen, bestand erkennbar nicht. Als Vorträge aus aktuellem Anlaß können lediglich zwei vom Geschäftsführer des ADGB-Ortsausschusses Breslau, Max Ruffert, im Vorfeld der Betriebsrätewahlen im Februar 1929 und einer des Breslauer Fabrikarbeiterverbandsfunktionärs Ferdinand Medlin Ende Oktober 1929 über die Stellung der Gewerkschaften zum Berufsschulwesen anläßlich der Diskussion um ein Berufsbildungsgesetz gelten.

Einen deutlichen Zeitbezug erhielt die Sendung erst ab Mitte 1930 durch die Thematisierung des Massenphänomens Arbeitslosigkeit. Ab Ende Juli 1930 kreisten die meisten der von Freigewerkschaftern gehaltenen Vorträge um die Auswirkungen der Arbeitslosigkeit, das Problem der Arbeitsvermittlung und der Arbeitslosenversicherung. Und auch einige Beiträge über aktuelle politische Streitfragen tauchten im Programm auf: Oswald Wiersich beschäftigte sich Mitte Dezember 1930 mit der Frage "Belasten hohe Löhne die Wirtschaft?", der Gewerkschaftssekretär des Zentralverbandes der Angestellten, Kurt Swolinsky, erläuterte Mitte Juni 1931 die Stellung der Freien Gewerkschaften zu Zollfragen.[4] Insgesamt änderte dies aber nichts am Charakter der "Stunde der Arbeit" als "Ratgebersendung" in Sachen Arbeitsrecht und Arbeiter- und Angestelltenversicherung, wo es schon als Erfolg galt, wenn man am Ende einer Sendung auf die Tätigkeit der Rechtsabteilungen der Freien Gewerkschaften oder der Betriebsräte hinweisen konnte.[5]

Ein ganz ähnliches Bild zeigt ein Blick auf die Vortragszyklen der Richtungsgewerkschaften bei der Süwrag in Frankfurt am Main, die seit November 1926 ausgestrahlt wurden. Im Unterschied zur "Stunde der Arbeit" in Breslau behandelten die Referenten der Frankfurter "Stunde des Arbeiters" seit Mitte 1929 auch Erziehungsfragen oder Themen der Arbeiter(bewegungs)kultur. Arbeiterdichtung und Sozialistische Literatur standen hier im Vordergrund. Eine Besonderheit stellte die Reihe "Mensch und

---

3   Vgl. die in den Tabellen 1 und 2 im Anhang abgedruckten Programme.

4   Vgl. dazu die Kritik "Die schlesischen Sender", in: Arbeiterfunk, H. 27, 3.7.1931, S. 321, die einen Eindruck davon vermittelt, was in der Sendung zur Sprache kam.

5   Vgl. "Die schlesischen Sender", in: Arbeiterfunk, H. 31, 1.8.1931, S. 369.

Maschine" unter der Regie Hendrik de Mans dar;[6] aus dem Rahmen des Üblichen fielen auch die Reportagen Paul Lavens[7] - zumindest hinsichtlich Form und Gestaltung. Laven ging mit seinem Mikrophon in eine Arbeiterwohnsiedlung und eine Berufsschule und später dann in eine Erwerbslosenküche, er sprach mit Arbeitern und einem Arbeiterdichter, doch entbehrten seine Versuche, die "Stunde der Arbeit" lebendiger zu gestalten, nicht der Tendenz zum "Sozialkitsch".[8] Explizit (gewerkschafts)politische oder tagesaktuelle Probleme fanden auch hier in der Regel keinen Eingang in die Sendung. Befaßte sich eine Hörfolge einmal mit Problemen der Betriebsarbeit, dann geschah dies in einer Weise, die Klassengegensätze eher verwischte als erhellte. Als Beispiel kann die Hörszene "Eine halbe Stunde Betriebsrat" dienen, die im Sommer 1931 auf dem Programm stand: Die Hörfolge schilderte das Gespräch eines Betriebsratsvorsitzenden mit mehreren Arbeiterinnen und Arbeitern, die sich über willkürliche Festlegungen von Stückzahlen bei der Akkordproduktion durch den Kontrolleur beschwerten. Der Betriebsrat griff zum Telefonhörer und machte den Betriebsleiter auf den untragbaren Zustand aufmerksam. Als der eigentliche Kontrahent in dem Konflik mußte der Kontrolleur erscheinen; daß die Arbeitsorganisation im Betrieb und das Akkordleistungssystem die Ursachen für Lohnkürzung und Arbeitshetze waren, wurde ausgeblendet und der Konflikt auf der personalen Ebene gelöst.[9] Dennoch war die Thematisierung eines Streitfalles im Betrieb schon ein Fortschritt gegenüber der Abhandlung rein versicherungstechnischer Fragen in der abstrakten Form des Vortrages; doch bleibt als Fazit der Betrachtungen zum Arbeiterfunk trotzdem bestehen: die im Sinne "bürgerlicher Öffentlichkeit"[10] als privat geltenden Lebenswelten von Arbeiterinnen und Arbeitern (Sozialisation und Produktion) blieben im Arbeiterfunk beinahe ebenso konsequent ausgeblendet wie im Normalprogramm. Von einer unmittelbaren Darstellung des Arbeiterlebens kann keine Rede sein - das gilt von wenigen Ausnahmen abgesehen selbst für die bei nahezu allen Rundfunkgesellschaften Ende der zwanziger/Anfang der dreißiger Jahre populär werdenden Sendungen, in denen Arbeiterinnen und Arbeiter in Interviews selbst das Wort ergriffen.[11]

Mit Ausnahme der "Stunde der Arbeit" bei der Schlesischen Funkstunde - dort gestalteten überwiegend örtliche und regionale Gewerkschaftsangestellte das Programm - rekrutierten sich die Mitwirkenden der meisten anderen Arbeiterstunden in erster Linie aus Redakteuren der Parteizeitungen, Abgeordneten und sozialdemokratischen Bildungspolitikern und Kulturarbeitern. Sie bestimmten auch die Programmarbeit des Arbeiter-Radio-Bundes. Denn obwohl dieser es sich zum Ziel gesetzt hatte, nicht nur als

---

6   Vgl. dazu Kapitel 6.7.2.

7   Vgl. hierzu Frank Biermann: Paul Laven. Rundfunkberichterstattung zwischen Aktualität und Kunst. Münster/N. Y. 1989, S. 64 und 73-79.

8   Vgl. ebenda, S. 64.

9   Vgl. "Eine halbe Stunde Betriebsrat im Rundfunk", in: Arbeiterfunk, H. 32, 7.8.1931, S. 380.

10 Zum Begriff der "bürgerlichen Öffentlichkeit" und deren Aus- und Abgrenzungsmechanismen vgl. Oskar Negt/Alexander Kluge: Öffentlichkeit und Erfahrung. Zur Organisationsanalyse von bürgerlicher und proletarischer Öffentlichkeit. Frankfurt am Main 1972.

11 Vgl. Kapitel 6.7.2.

Bastler-Vereinigung tätig zu sein, sondern auch ein Forum für die Programmgestaltung zu bieten, gelang es der Organisation nicht, die Masse der Mitglieder für die Partizipation an der Programmarbeit heranzuziehen. Um etwa ehrenamtliche Gewerkschafts- und Parteifunktionäre oder Nur-Mitglieder der Arbeiterorganisationen für die praktische Rundfunkarbeit zu gewinnen, hätte es spezieller Bildungsangebote bedurft. Mit solchen Schulungsmaßnahmen auf dem Mediensektor begann die sozialdemokratische Arbeiterbewegung erst gegen Ende der Weimarer Republik, und sie beschränkten sich, soweit die Quellenlage ein Urteil zuläßt, auf den Freien Funkausschuß in Breslau, der Rundfunkmitarbeiter, die der Arbeiterbewegung nahestanden, in seine Veranstaltungen einlud, um mit diesen Fragen der praktischen Rundfunkarbeit zu diskutieren.

Die Sendegesellschaften bevorzugten denn auch eher rechtssozialdemokratische und wissenschaftlich gebildete Akademiker,[12] die nach ihrer Meinung Gewähr boten, streng "objektiv" und unter Abstraktion von den konkreten Lebenslagen abhängig Beschäftigter Themen wissenschaftlich "neutral" und "ausgewogen" abzuhandeln,[13] und dies in einer Sprache, die vielen Arbeitern höchstwahrscheinlich fremd und unverständlich erscheinen mußte[14] - verlangten doch einerseits die "Richtlinien" der Sendegesellschaften größte Zurückhaltung von den Vortragenden, was ihre "Sprache" anging, und legten sich andererseits auch manche sozialdemokratischen Rundfunkmacher aus taktischen Gründen selbst diese Zurückhaltung auf, um bürgerliche Hörer nicht "abzuschrecken". So erklärte etwa Georg Beyer, der häufig in der "Stunde der Arbeit" des Westdeutschen Rundfunks auftrat:

> *"Es erwies sich nämlich, daß der übliche Vortrag politischer, sozialer und kultureller Natur, wie er zur gesicherten Tradition vor dem Kreis der geschulten Parteigenossenschaft gehörte, für den Rundfunk denkbar ungeeignet war. Wir haben wohl alle zuerst die gleichen Fehler gemacht und dürfen daher offen bekennen, daß unsere alte Ausdrucksweise, die mit bestimmten Worten, wie Ausbeutung, Profitinteresse, kapitalistische Konzentration und ähnlichem, vor dem Kreis unserer Freunde sofort einen bestimmten Vorstellungskreis erweckt, am Mikrophon grade die gegenteilige Wirkung haben kann, die man sich von einer scharfen Herausarbeitung unserer Anschauungen verspricht."*[15]

Wie Beyer entstammten sozialdemokratische Referenten sehr oft dem Kreis derer, die den Sozialismus in erster Linie, wenn nicht ausschließlich, als Kulturbewegung definierten und sich zu Beginn der dreißiger Jahre um die "Neuen Blätter für den Sozialismus" scharten.[16] Mit Georg Beyer und Hendrik de Man standen dem Arbeiterfunk in Köln und in Frankfurt zwei Männer zur Verfügung, die aus ihrer intimen Kenntnis des

---

12 Zu diesem Kreis vgl. Franz Walter: Sozialistische Akademiker- und Intellektuellenorganisationen in der Weimarer Republik. Bonn 1990.

13 Besonders deutlich ist diese Tendenz bei der Deutschen Welle und der Werag.

14 Vgl. Frank Biermann: Paul Laven, a.a.O., S. 74 zur "Stunde der Arbeit" bei der Süwrag.

15 Georg Beyer: Der Passionsweg zum Rundfunk, in: Sozialistische Bildung, H.1, Januar 1930, S. 11ff., Zitat S. 11f.

16 Vgl. Die Entstehung und politische Bedeutung der "Neuen Blätter für den Sozialismus" und ihres Freundeskreises, in: Vierteljahrshefte für Zeitgeschichte, H. 3, 1977, S. 373-419.

Arbeiterlebens heraus - beide beschäftigten sich als Lehrer am Freigewerkschaftlichen Seminar der Universität Köln und an der Akademie der Arbeit in Frankfurt mit dem "Seelenleben" der Arbeiterschaft - geradezu prädestiniert für Gesprächssendungen mit Arbeitnehmern waren,[17] zumal sie auch das Vertrauen der Freien Gewerkschaften besaßen.[18] Der Dritte im Bunde derjenigen Akteure, die das Gesicht des Arbeiterfunks prägten, war der sozialdemokratische Oberregierungsrat im preußischen Kultusministerium Richard Woldt, der sich bei der Berliner Funkstunde und der Deutschen Welle für Arbeiterbelange engagierte. Woldt ist zwar nicht zum Kreis der oben genannten Kultursozialisten zu rechnen; wie Beyer und vor allem de Man interessierte er sich aber sehr für die Soziologie der Arbeiterschaft und gewann sein Wissen darüber ebenfalls aus der gewerkschaftlichen akademischen Arbeiterbildung. Woldt lehrte unter anderem an den akademischen Gewerkschaftskursen der Universität Münster und verfaßte auch etliche Schriften für die gewerkschaftliche Betriebsräteschulung.[19]

Abgesehen davon, daß soziale und politische Affinitäten zwischen den Kultursozialisten und manchem Programmleiter nicht zu übersehen sind, brauchten die Verantwortlichen in den Funkhäusern nicht zu befürchten, daß klassenkämpferische Töne ihre Idylle stören könnten. Wer Sozialismus als eine mit dem Christentum vergleichbare Kulturbewegung und als "Seelenerlebnis" verstand und propagierte,[20] der konnte sich zum Beispiel mit einem Ernst Hardt, dem die "Menschwerdung" des Arbeiters am Herzen lag, aber auch mit anderen Programmdirektoren, sicherlich arrangieren. Referenten aus dem Gewerkschaftslager, besonders wenn es sich um örtliche Gewerkschaftsfunktionäre handelte, dürfte eine Verständigung mit den gebildeten Herren in den Sendezentralen schon schwerer gefallen sein.

---

17   Vgl. Kapitel 6.7.2.

18   Zu den Auffassungen Beyers und de Mans vgl. Georg Beyer: Katholizismus und Sozialismus. Berlin 1927 und Hendrik de Man: Der Sozialismus als Kulturbewegung. Berlin 1926, ders.: Zur Psychologie des Sozialismus. Jena 1927, sowie seine Autobiographie "Gegen den Strom. Memoiren eines europäischen Sozialisten". Stuttgart 1953. Zu de Man vgl. auch Kersten Oschmann: Über Hendrik de Man. Marxismus, Plansozialismus und Kollaboration. Ein Grenzgänger in der Zwischenkriegszeit. Diss. Freiburg 1987.

19   Vgl. Richard Woldt: Wirtschaftliche Schulungsarbeit und gewerkschaftliches Führertum. Leipzig 1921 und ders.: Betriebsräteschulung. 2. Aufl. Jena 1922. Zu Woldts Tätigkeit in den akademischen Arbeiterbildungskursen der Universität Münster vgl. auch Norbert Reichling: Akademische Arbeiterbildung in der Weimarer Republik. Münster 1983, S. 121-133.

20   Zum Kultursozialimsus vgl. Wilfried van der Will und Rob Burns. Arbeiterkulturbewegung in der Weimarer Republik. Eine historisch-theoretische Analyse der kulturellen Bestrebungen der sozialdemokratisch organisierten Arbeiterschaft. Frankfurt am Main u. a. 1982, S. 48-61.

6.2   Arbeiterfunk - Angestelltenfunk - Arbeitnehmerfunk?

Ein großes Defizit des Arbeiterfunks zeigte sich darin, daß die Zielgruppen der Sendungen nie genau bestimmt wurden - weder von den an der "Arbeiterstunde" beteiligten Organisationen noch von den Sendeleitungen - so daß eine gezielte Ansprache von vornherein unmöglich war. Aus der fehlenden Zielgruppenbestimmung resultierte schließlich auch die Unsicherheit darüber, was die Hörerinnen und Hörer überhaupt empfangen wollten und aufnehmen konnten. Vom Anspruch der Arbeiterbewegung her gesehen sollten alle Arbeiter - organisierte wie unorganisierte (von den Arbeiterinnen und den Arbeiterfrauen wird später noch die Rede sein) - die Sendungen hören, wobei in der Terminologie von Gewerkschafts- und Parteivertretern "Arbeiter" zumeist alle abhängig Beschäftigten mit unteren und mittleren Einkommen, d. h. auch Angestellte und Beamte, meinte. Deren unterschiedlichen Interessen- und Lebenslagen, deren stark differenzierten Ausgangsbedingungen für die Rezeption der Sendungen fanden keine Berücksichtigung bei der Planung.

Als wäre es nicht schon schwierig genug gewesen, die abhängig Beschäftigten und deren Bedürfnisse und Ansprüche an den Arbeiterfunk zu beachten, so gingen die Intentionen der Programmgestalter noch darüber hinaus. Sie wollten auch "bürgerliche Kreise", die der Lebens- und Erfahrungswelt von Arbeitern weit entfernt und unwissend gegenüberstanden, mit dem Schicksal und den Ideen der werktätigen Bevölkerung vertraut machen. Das heißt: Die Sendungen sollten im Grunde etwas leisten, was die übrigen Medien infolge der segmentierten Presselandschaft nicht taten - sie sollten zur Integration der Weimarer Gesellschaft beitragen und gleichzeitig bei den Bürgern Verständnis für die Forderungen der Arbeiterschaft wecken. So schrieb zum Beispiel der Rundfunkkritiker des "Hamburger Echo" über die idealtypische Funktion der "Stunde der Werktätigen":

> *"Der Arbeiter kann sich selbst, seine eigene Not, seine Arbeit, sein Leben darstellen, um aufrüttelnd auf nichtproletarische Volksschichten zu wirken. Der Arbeiterfunk kann zeigen, wofür die Arbeiterschaft kämpft, ihren Kulturwillen, ihre Ideale."*[21]

Allerdings bedeutete die "doppelte" Zielgruppe eine ständige Gratwanderung für die Programmacher zwischen den Bedürfnissen eines "bürgerlichen" Publikums und denen eines Arbeiterpublikums. Beiden Gruppen in einer Sendung gerecht werden zu wollen, erwies sich als schwieriges Unterfangen. Und auch die Differenzierungen innerhalb der Arbeiterhörerschaft konnten zum Problem werden, besonders dann, wenn man die seit 1930 ständig wachsende Zahl der Arbeitslosen noch hinzunimmt.[22] Wahrscheinlich liegt man nicht allzu falsch, wenn man die Rezipienten der Arbeitersendungen vor allem bei bildungshungrigen Facharbeitern und mehr noch bei den Angestellten und Beamten

---

21   "Die Radio-Rückschau", in: Hamburger Echo, Nr. 207, 28.7.1928.
22   Zur "Zielgruppe" Arbeitslose vgl. 6.4.

sucht, zumal diese auch weit über ihren Anteil an den Beschäftgten hinaus unter der Gesamthörerschaft des Weimarer Rundfunks vertreten waren.[23]

In der Tat erweist sich der Arbeiterfunk bei näherem Hinsehen eher als eine Veranstaltung von und für Angestellte als für Industriearbeiter. Fragen des Angestelltenverhältnisses, der Angestelltenversicherung, der wirtschaftlichen "Notlage" der Angestellten in den Krisenjahren der Republik tauchen vergleichsweise häufig in allen Arbeiterstunden auf. Ganz deutlich wird dies bei der Schlesischen Funkstunde, wo Angestelltenvertreter besonders oft zu Wort kamen und Themen, die speziell "Stehkragenproletarier" ansprachen, überproportional vertreten waren.

Die Erklärung für das auffällige Erscheinungsbild der Angestellten im Arbeiterfunk kann unterschiedlich ausfallen: Neben dem großen Anteil der Angestellten und Beamten an der Gesamthörerschaft des Rundfunks wäre es immerhin möglich, daß es sich örtliche Angestelltenfunktionäre eher zutrauten im Rundfunk zu reden als Mitarbeiter der Arbeitergewerkschaften oder sich die Angestelltenorganisationen stärker um den Rundfunk kümmerten. Vielleicht wußten die Gewerkschaften auch, daß die Angestellten überproportional unter den Hörern des Arbeiterfunks repräsentiert waren. Relativ gesichert ist das Faktum, daß Angestellte eher in der Lage waren, Vorträgen von 25minütiger Dauer zu folgen, zumal bei ihnen erwiesenermaßen auch das Bildungsbedürfnis größer und die Bildungsvoraussetzungen meist etwas besser waren als bei Arbeitern.[24]

Eine plausible Erklärung für die Dominanz der Angestellteninteressen in den Arbeiterfunkprogrammen scheint auch die von Hans Speier in seinem Buch über die Angestellten in der Weimarer Republik getroffene Feststellung zu sein, daß die "öffentliche Meinung" diese "vielfältig zusammengesetzte Schicht" aufgrund ihrer "Modernität" bevorzugte.[25] Den Angestellten wurden in den zwanziger Jahren nicht nur viele soziologische und sozialpsychologische Studien gewidmet, sie fanden auch die ungeteilte Aufmerksamkeit aller Medien, ob es sich nun um Romane, Filme, Zeitungs- und Zeitschriftenbeiträge handelte oder eben auch um Rundfunkvorträge und -reportagen.[26]

Explizit zum Thema gemacht wurden die unterschiedlichen Zielgruppen aber nicht. Eine Ausnahme bildeten die Frauen, für die die Schlesische Funkstunde im Herbst 1929 eine eigene "Stunde der werktätigen Frau" einrichtete.

---

23   Vgl. Kapitel 6.6.1.

24   Zur Funktion der Bildung bei den Angestellten vgl. Hans Speier: Die Angestellten vor dem Nationalsozialismus. Ein Beitrag zum Verständnis der deutschen Sozialstruktur 1928-1933. Göttingen 1977, S. 102-109, sowie zu den unterschiedlichen Bildungsinteressen von Arbeitern und Angestellten Franz Grosse: Die Bildungsinteressen des großstädtischen Proletariats. Breslau 1932.

25   Vgl. Hans Speier: Die Angestellten, a.a.O., S. 14f.

26   Vgl. hierzu beispielhaft Siegfried Kracauer: Die Angestellten. Aus dem neuesten Deutschland. Frankfurt am Main 1971 (Erstveröffentlichung 1929 in der "Frankfurter Zeitung"). Zum Thema "Angestellte im Film" vgl. Holger Schettler: Arbeiter und Angestellte im Film. Bielefeld 1992.

6.3 Arbeiterfrauen-Funk oder proletarischer Frauenfunk?

Spezielle Sendungen, die sich an Arbeiterfrauen oder Arbeiterinnen oder allgemeiner an Arbeitnehmerinnen gerichtet hätten, gab es innerhalb der Arbeiterstunden nur ganz wenige - und das, obwohl Frauen zu den "Problemgruppen" der Gewerkschaften gehörten. Ihr Organisationsgrad lag weit unter dem von Männern, die Fluktuationsrate war noch höher, und der Ausbildungsstand in der Regel niedriger - alles Gründe, die eine besondere Berücksichtigung von Frauen im Programm eigentlich notwendig gemacht hätten. Aber wie in der gesamten Politik der Gewerkschaften führten die Interessen von Arbeiterinnen und weiblichen Angestellten ein Schattendasein innerhalb des Arbeiterfunks.[27] Das mußte selbst der Kritiker des "Hamburger Echo" im März 1930 zugeben, als er feststellte:

> *"Die 'Stunde der Werktätigen' verfolgt etwas einseitig eine 'männliche' Linie - die Nöte und Interessen der werktätigen Frau stehen zurück."*[28]

Doch anstatt daraus sofort die Konsequenz zu ziehen, mehr spezifische Frauenthemen in die Arbeiterstunde zu integrieren bzw. eine gesonderte Sendereihe für weibliche Werktätige zu fordern, dauerte es in Hamburg noch ein weiteres Jahr, bis sich Frauen in der "Stunde der Werktätigen" wiederfanden. Erst ab Feburar 1931 behandelten Referentinnen im Schnitt einmal pro Monat Angelegenheiten aus dem "Lebenszusammenhang" berufstätiger Frauen und Hausfrauen unter Titeln wie

> *Mein Junge will in die Lehre*
> *Aus der Praxis der Wohnungspflegerin*
> *Die Alkoholfrage - eine Frauenangelegenheit*
> *Tageserlebnisse einer Fürsorgerin*
> *Die Hausfrau als Wirtschaftsfaktor*
> *Wie gestaltet die Mutter die Schulferien ihres Kindes?*
> *Kindergärten und Tagesheime*
> *Interview mit einer Stenotypistin*
> *Wie die überlastete Mutter das Kleinkind bei Spiel und Arbeit dennoch anregen kann*
> *Dienst am Krankenbett in einem großen Krankenhaus*
> *Ehenöte der Gegenwart - soziale Gründe*
> *Die Frau mit dem Stimmzettel*
> *Moderne Berufsausbildung in ihrem Kampf zwischen Maschine und Handarbeit*
> *Lily Braun, eine Kämpferin.*[29]

---

27 Zur gewerkschaftlichen Frauenarbeit in der Weimarer Republik vgl. Gisela Losseff-Tillmanns: Frauenemanzipation und Gewerkschaften (1800-1975). Diss. Berlin 1975.

28 "Eine Stunde der werktätigen Frau?", in: Hamburger Echo, Nr. 67, 8.3.1930.

29 Die Sendetitel sind den Ankündigungen der Programmzeitung "Die Norag" entnommen.

Diese Sendungen liefen ohne weitere Kennzeichnung innerhalb der "Stunde der Werktätigen"; ab Juli 1932 tauchte dann plötzlich der Hinweis "Die werktätige Frau" bei den entsprechenden Beiträgen auf, ohne daß sich an deren Charakter etwas Wesentliches geändert hätte. Nach wie vor sprachen die Sendungen die Frauen eher in ihrer Eigenschaft als Hausfrauen und Mütter an denn als Berufstätige. Wenn sie sie als Werktätige zeigten, dann zumeist als Angestellte und fast nie als Arbeiterin.

Weshalb man in Hamburg keine Extrastunde für werktätige Frauen bei der Sendeleitung beantragte, wie dies in Breslau geschah, und stattdessen sich dafür entschied, lieber mehr Sendezeit für die "Stunde der Werktätigen" von der Norag zu verlangen und die dann um Frauenfragen anzureichern, war nicht zu klären. Ganz anders dagegen bei der Breslauer Sendegesellschaft. Dort war den Gewerkschaften das Fehlen spezifischer Frauenthemen im Arbeiterfunk schon 1929 aufgefallen. Weil sie dies für einen Mißstand hielten, setzten sie sich dafür ein, daß das Programm der Schlesischen Funkstunde um eine Sendung für "die werktätige Frau" ergänzt wurde. Da die Sendeleitung in Breslau mitspielte, kam es analog zur "Stunde der Arbeit" zur Einführung der "Stunde der werktätigen Frau". Ab dem 3. September 1929 strahlte die Schlesische Funkstunde die Frauensendung jeden Dienstag in der Zeit von 20.05 bis 20.30 Uhr aus. Zur anvisierten Zielgruppe gehörte die proletarische Hausfrau ebenso wie die Arbeiterin oder die Angestellte; so genau definierte man es nicht, was unter der "werktätigen Frau" zu verstehen sei. Wahrscheinlich wählte man den Sendetitel hauptsächlich in Abgrenzung zum ansonsten üblichen Frauenfunk. Dieser diente auch als Begründung für die Notwendigkeit spezieller Sendungen für werktätige Frauen. Ihre Initiatoren betonten nämlich immer wieder, daß der Frauenfunk fast ausschließlich auf die Bedürfnisse bürgerlicher Frauen zugeschnitten sei.[30] Was sollten Arbeiterinnnen oder Arbeiterfrauen mit Themen anfangen, wie sie Margarete Bauer bereits 1926 in ihrer Betrachtung über "Frau und Radio" aufgeführt hatte.[31] Sendungen über "Wohin reise ich?", "Die Frau am Teetisch", "Moderne operative Schönheitsverbesserungen" oder "Eleganz in der Kleidung" besaßen für Arbeiterfrauen nur wenig Relevanz; und selbst Beiträge unter der Überschrift "Warum wünschen wir Frauen uns Einheitsgeräte" oder "Süßspeisen und Zuckergebäck" zielten wohl eher auf besser gestellte Frauen aus dem Bürgertum oder den Mittelschichten als auf Arbeiterinnen, die über nur ein geringes Haushaltsbudget verfügten.[32]

Aber nicht nur die Themen des Frauenfunks entstammten dem Umkreis bürgerlicher Interessen und Empfindsamkeiten, sämtliche Gegenstände wurden auch noch aus der

---

30 Vgl. Peter Przybylski: Die Arbeiterschaft im schlesischen Rundfunk, in: Arbeiterfunk, H. 9, 1.3.1930, S. 115f. Zum Frauenfunk der Weimarer Republik vgl. auch: August Soppe: Rundfunk in Frankfurt am Main, a.a.O., S. 349-353.

31 Vgl. Margarete Bauer: Frau und Radio, in: Der Neue Rundfunk, H. 22, 29.8.1926, S. 507. Der Artikel ist auch abgedruckt in: Peter Dahl: Arbeitersender und Volksempfänger. Proletarische Radio-Bewegung und bürgerlicher Rundfunk bis 1935. Frankfurt am Main 1978, S. 156ff.

32 Zur Lebenssituation von Arbeiterfrauen vgl. dagegen Karen Hagemann: Frauenalltag und Männerpolitik. Alltagsleben und gesellschaftliches Handeln von Arbeiterfrauen in der Weimarer Republik. Bonn 1990. Zur Situation von weiblichen Angestellten vgl. Ellen Lorentz: Aufbruch oder Rückschritt? Arbeit, Alltag und Organisation weiblicher Angestellter in der Kaiserzeit und Weimarer Republik. Bielefeld 1988.

"Damen"-Perspektive abgehandelt.[33] Proletarische Frauen kamen nicht zu Wort. Und nur ganz selten erlebte man es nach Meinung des "Vorwärts"-Kritikers, daß eine Frau vor das Mikrophon trat, die auch nur im entferntesten eine Ahnung von den Lebensumständen der Arbeiterfrauen besaß.[34] Und er führte auch gleich ein schönes Exempel dafür vor:

> *"Charakteristisch [...] war kürzlich das Zwiegespräch über die Preissenkung, bei dem eine Dame im altklugen und neckischen Ton sich an den Vertreter des Reichskommissars mit einer Reihe von Fragen wandte, an deren Beantwortung ihr eigentlich nichts lag [...]. Nun denke man sich, der Rundfunk hätte statt ihrer eine oder zwei proletarische Hausfrauen den offiziellen Vertreter des Reichskommissars interviewen lassen. Das wäre sicher nicht nur eine Anklage geworden [...]. Aber es hätte ein Bild von den wirklichen Auswirkungen der bisherigen Preissenkungen ergeben."[35]*

Bliebe die Frage zu stellen, ob die Sendungen für die "werktätige Frau" diese Mängel vermeiden und tatsächlich "andere" Themen aus einem "anderen" Blickwinkel beleuchten konnten. Anhand der "Stunde der werktätigen Frau" bei der Schlesischen Funkstunde soll dem nachgegangen werden. Programmatische Aussagen fehlen auch hier; zur Intention und zum potentiellen Wert der Sendereihe erklärte der Vorsitzende des Freien Funkausschusses für Schlesien, der Gewerkschaftsfunktionär Przybylski, 1930 im "Arbeiterfunk":

> *"Wie oft muß die junge Maid, kaum daß sie die Schulbank verlassen hat, zum Lebensunterhalt beisteuern oder gar, da manche nicht einmal die Eltern kennen gelernt hat, sich selbst ernähren. Sie kennt nur die Schlafstelle und die Arbeitsstätte; einen ordentlichen Haushalt hat sie nie kennen gelernt. Sie soll mit etwa 20 Jahren heiraten, soll Mutter werden und mit dem Wenigen, das der Mann nach Hause bringt, auskommen. Oft wird diese Hauswirtschaft zur Plage, weil - ohne daß die junge Frau verschwenderisch oder nachlässig wäre - die zur Verfügung stehenden Mittel nicht ausreichen. Vielleich hätte die junge Mutter anders wirtschaften können; doch leider hat sie niemanden, der ihr mit gutem Beispiel zur Seite steht."[36]*

An diesem Punkt konnte seiner Ansicht nach der Rundfunk als Helfer einspringen. In der Werktätigen-Sendung sollten nämlich Arbeiterfrauen ihre praktischen Erfahrungen an junge Proletarierfrauen weitergeben und diesen mit gutem Beispiel vorangehen. Vorträge über "Haushaltführen bei 35,- Reichsmark Wochenlohn" oder über Kindererziehung konnten da schon eine Hilfe sein. Doch nicht nur Haushaltsfragen bestimmten die Sendung. Die Referentinnen beschäftigten sich zum Beispiel in den ersten Monaten unter anderem mit der Sozialgesetzgebung in Bezug auf weibliche Lebensinteressen, mit

---

33 Vgl. Margarete Bauer: Frau und Radio, a.a.O..

34 Vgl. "Frauenstunden", in: Vorwärts, Nr. 89, 22.2.1932, AA.

35 Ebenda.

36 Peter Przybylski: Die Arbeiterschaft im schlesischen Rundfunk, in: Arbeiterfunk, H. 9, 1.3.1930, S. 116.

der Lage von Heimarbeiterinnen oder der Stellung der Hausangestellten gegenüber ihrem Arbeitgeber.[37]

Nahezu alle Vorträge wurden von Frauen für Frauen gestaltet - jedenfalls soweit es die Sendungen betraf, für die der Freie Funkausschuß zuständig zeichnete.[38] Für die christlichen Gewerkschaften sprach auch schon mal ein Oberkaplan über den "Segen des Kindes". Aber überblickt man die Referentinnenliste, so dürfte es sich bei den beteiligten Frauen eher um organisierte Sozialdemokratinnen aus den Berufszweigen gehandelt haben, die Frauen damals offen standen: Fürsorge, medizinischer und erzieherischer Bereich. Als Gewerkschafterinnen ausgewiesene Frauen äußerten sich nur ganz selten vor dem Mikrophon. Entsprechend gering war der Anteil der Sendungen, die sich mit Berufsarbeit befaßten. Selbst die in ihrer Art einzigartige Frauensendung des Weimarer Rundfunks dominierten Themen der Haus- und Erziehungsarbeit. Sendungen mit Titeln wie "Ein Arbeitstag der Maschinenstickerin" oder "Der Kampf der Frau um den Arbeitsplatz" bildeten da eher Ausnahmen. Auch wurden die Frauenstunden nicht dazu benutzt, mehr als es im allgemeinen Frauenfunk der Fall war, etwa "die volkswirtschaftliche Bedeutung zwischen Verbrauch und Produktion klarzustellen, um auf die weltwirtschaftliche Bedingtheit der Arbeits- und Lebensmöglichkeit jedes einzelnen Menschen hinzuweisen" oder über Wissenswertes aus Technik, Sozialem und neuester Gesetzgebung zu berichten, wie es in einem Artikel des "Arbeiterfunk" gefordert wurde.[39]

So selten Fragen von Beruf und Gewerkschaft in den Sendungen thematisiert wurden, so wenig wird man einen direkten Bezug zu proletarischen Lebensumständen von Frauen feststellen. Manches spricht dafür, daß auch auf die Werktätigen-Sendungen zutraf, was in einem Artikel des "Vorwärts" über die "normalen" Frauenstunden" gesagt wurde. Dort beklagte sich der Rundfunkkritiker der Zeitung darüber, daß das Proletariat im Rundfunk fast immer als "der kulturell und wirtschaftlich schwächste Grad des Kleinbürgertums betrachtet" würde, dem man "mit einigen wohlgemeinten und herablassenden Ratschlägen dienen kann".[40]

Die herablassende, paternalistische Art und dazu noch die Unverschämtheit von Rundfunkmitarbeitern ärgerten eine Hamburger Hörerin gleichermaßen. Sie schrieb im Februar 1930 an das "Hamburger Echo":

"Mehr eine Veralberung denn eine Belehrung war das Zwiegespräch einer Mütterberatung im Rundfunk. Nach der Darstellung verschiedener Beschwerdeführrerinnen ist unter Leitung von Professor Meyer-Delius eine Beratungsstunde vorgeführt worden, in der die Schwestern die ratsuchenden Frauen markierten. Wahrscheinlich auf Anordnung von Prof. Meyer-Delius wurden die Gespräche in absichtlich falschem Deutsch gehalten. Die beschwerdeführenden Frauen sind em-

---

37 Vgl. das in Tabelle 3 im Anhang abgedruckte Programm.

38 Die "Stunde der werktätigen Frau" wurde wie die "Stunde der Arbeit" von den Freien, den christlichen und den Hirsch-Dunckerschen Gewerkschaftern bestritten.

39 Vgl. "Frauenwünsche an den Rundfunk", in: Arbeiterfunk - Volksfunk, H. 10, 4.3.1932, S. 3.

40 Vgl. "Frauenstunden", in: Vorwärts, Nr. 89, 22.2.1932. AA.

pört über die Art, wie die ratsuchenden Frauen hier dargestellt, ja veräppelt wor-
den sind [...]. Da ist es eine Geschmacklosigkeit und Roheit, deren mangelhafte
Sprachkenntnis zu betonen, ihnen ihre Sprache nachzumachen. "[41]

Doch nicht nur die verständnislosen "bürgerlichen" Referentinnen und Referenten begrenzten den Gebrauchswert von Radiobeiträgen für Arbeiterfrauen und Arbeitnehmerinnen, das eingeschränkte Themenspektrum trug gleichfalls dazu bei. Wie eng der Aktionsspielraum der Referentinnen zum Beispiel in den Werktätigen-Sendungen der Schlesischen Funkstunde war, zeigte sich gleich bei einer der ersten Folgen, in der die sozialdemokratische Ärztin Dora Fuchs unter der Überschrift "Friedel und Martha wollen heiraten" einen Hinweis auf das Thema Sexualberatung gab. Darüber "geriet die ganze schlesische Zentrumspartei in Aufruhr" und Oberkaplan Härtel mußte anschließend einen Vortrag über den "Segen des Kindes" halten.[42] Ein so kontroverser Streitpunkt wie der Paragraph 218 durfte erst gar nicht angepackt werden.[43]

Die Schlesische Funkstunde blieb bis zum Ende der Weimarer Republik (die "Stunde der werktätigen Frau" wurde allerdings früher als die "Stunde der Arbeit", nämlich bereits im Sommer 1932 abgesetzt) die einzige Rundfunkgesellschaft, die eigens eine "proletarische" Frauensendung in ihr Programm aufnahm. Ungefähr zur selben Zeit wie in Breslau tauchte zwar in den Programmankündigungen der Mirag eine Sendung mit dem Titel "Stunde der werktätigen Frau" auf, die auf einem Sendeplatz des Frauenfunks, jeweils dienstags von 18.05 bis 18.30 Uhr, lief. Allerdings verschwand sie - jedenfalls unter der namentlichen Kennzeichnung als Sendung für werktätige Frauen - bereits Anfang 1930 wieder, nachdem sie einige Male auch als "Stunde der berufstätigen Frau" über den Äther gegangen war. Danach wurden Themen, die sich explizit auf werktätige Frauen bezogen, wieder im Rahmen des Frauenfunks abgehandelt. Inwiefern die von der Sozialdemokratin Adele Luxemburg mindestens einmal im Monat gestaltete "Umschau in der Welt der Frau"[44] Fragen weiblicher Erwerbstätigkeit aufgriff, war leider nicht zu ermitteln. Im Zweifelsfall wurden aber auch dort die Stellen einer Zensur unterworfen, die die Probleme von Frauen beim Namen nannten. Jedenfalls berichtete die "Sächsische Arbeiter-Zeitung" aus Dresden im Februar 1928 über einen Vortrag der kommunistischen Leipziger Stadtverordneten Schumann, aus dem "alle Stellen, die als [...] Kritik an den staatlichen Einrichtungen aufgefaßt werden konnten", von den Zensoren ebenso gestrichen wurden wie statistische Angaben zur steuerlichen Belastung von Arbeitern, die der "Metallarbeiter-Zeitung" entstammten.[45]

---

41 Vgl. "Die Radio-Rückschau", in: Hamburger Echo, Nr. 53, 22.2.1930.

42 Vgl. Peter Przybylski: Die Arbeiterschaft im schlesischen Rundfunk, in: Arbeiterfunk, H. 9, 1.3.1930, S. 116.

43 Vgl. dazu das Gedicht "Das ist der Frauenfunk", in der Zeitschrift des kommunistischen Freien Radiobundes "Arbeitersender", H. 21, 22.5.1931, S. 8, abgedruckt in: Peter Dahl: Arbeitersender und Volksempfänger, a.a.O., S. 158.

44 Vgl. Kapitel 4.9.

45 Vgl. "Die proletarische Frau im Rundfunk", in: Sächsische Arbeiter-Zeitung, Nr. 36, 11.2.1928.

6.4   Sendungen für Arbeitslose - Sendungen über Arbeitslose?

Eine weitere Personengruppe, für die der Weimarer Rundfunk gesonderte Sendefolgen konzipierte, waren die Arbeitslosen. Die Initiative dazu war wie bei den Arbeitersendungen selbst von der sozialdemokratischen Arbeiterbewegung ausgegangen.[46] Darüber hinaus beschäftigten sich auch die regulären Beiträge des Arbeiterfunks mit dem Thema. In welcher Weise die Rundfunkgesellschaften das gesellschaftliche Problem der frühen dreißiger Jahre aufgriffen, soll an dieser Stelle illustriert werden; denn seine Behandlung ist durchaus beispielhaft für die Art und Weise, in der sich der Weimarer Rundfunk mit politisch explosiven Stoffen befaßte.

Beschränkte sich die Berichterstattung über den Komplex Arbeitslosigkeit in der Arbeiterstunde der Jahre 1929 und 1930 noch auf Vorträge zur Änderung des Gesetzes über Arbeitsvermittlung und Arbeitslosenversicherung,[47] so änderte sich dies ab 1931 grundlegend. Bei einer Arbeitslosenzahl von annähernd fünf Millionen sahen sich auch die Verantwortlichen in den Funkhäusern gezwungen, ihre bisherige Zurückhaltung aufzugeben. Schriftsteller griffen das Thema auf und verarbeiteten es zu Hörspielen und Hörszenen,[48] im Vortragsprogramm mehrten sich die Beiträge, die einen direkten Bezug zum Leben und Leiden von Erwerbslosen herstellten.

Nachdem die Werag seit April 1931 in der "Stunde des Arbeiters" mehrere Vorträge - hauptsächlich über Versicherungsfragen, die im Zusammenhang mit Arbeitslosigkeit auftauchten - hatte halten lassen,[49] widmete sie dem Phänomen Arbeitslosigkeit im Oktober desselben Jahres eine ganze Woche. Im Rahmen einer "Woche der Sozialen Hilfe" übertrug sie vom 18. bis 24. Oktober jeden Tag ein oder zwei Beiträge (Vorträge, Gespräche, Hörspiel):

Sonntag 18.10.1931, 12.00 - 12.25 Uhr

Die Arbeitslosenunterstützung (Heinz Schmidt)

Sonntag 18.10.1931, 18.50 - 19.10 Uhr

Arbeitslosenschicksale (Schriftsteller Bruno Nelissen-Haken)

---

46   Vgl. Kapitel 5.4.

47   Vgl. z. B. die Sendungen vom 7.3.1929 "Die Organisation der Reichsanstalt für Arbeitslosenvermittlung und Arbeitslosenversicherung" (Oberregierungsrat Ludwig Wagener) und 4.9.1930 "Die neuen Bestimmungen des Arbeitsvermittlungs- und Arbeitslosenversicherungsgesetzes" (Kurt Swolinsky, Herbert Steyer) bei der Schlesischen Funkstunde, Breslau.

48   Vgl. hierzu Hans-Jürgen Krug: Arbeitslosenhörspiele 1930-1933. Frankfurt am Main u. a. 1992 und Reinhard Döhl: Rezeption der Arbeitslosigkeit im literarischen Rundfunkprogramm zu Beginn der 30er Jahre. Siegen 1985.

49   Es handelte sich dabei um folgende fünf Vorträge:

1.4.1931 Die Invalidenversicherung der Arbeitslosen (Gustav Seeberg, Landesinspektor)

8.4.1931 Die Angestelltenversicherung der Arbeitslosen (Carl Wörner)

14.4.1931 Die Krankenversicherung der Arbeitslosen (Heinrich Lünendank)

29.4.1931 Das neue Recht der Arbeitslosenversicherung (Hermann Josef Schunk)

15.6.1931 Praktische Erwerbslosenhilfe (Hans Stein, Oberlehrer Hesse)

24.7.1931 Das neue Recht der Krisenunterstützung (Paul Josef Walter).

Montag, 19.10.1931, 18.40 - 19.10 Uhr

Arbeitslosigkeit-Kind-Schule (Hans Alt)

Montag, 19.10.1931, 19.30 - 19.55 Uhr

Die Arbeitslosigkeit. Wirtschaft und Sozialpsychologie (Dr. Josef Klersch, Städtischer Beamter und Verfasser heimatkundlicher Schriften und Mundartdichtung)

Montag, 19.10.1931, 20.00 - 20.15 Uhr

Ansprache (Intendant Ernst Hardt)

Dienstag 20.10.1931, 19.30 - 19.55 Uhr

Junge Erwerbslose berichten (Karl Zimmermann)

Mittwoch 21.10.1931, 19.30 - 19.55 Uhr

Die Arbeitslosenhilfe nach den Notverordnungen vom 5. Juni und 6. Oktober 1931 (Walter Salzmann)

Donnerstag, 22.10.1931, 19.30 - 19.55 Uhr

Der Kampf der Liebe mit der Not (Pfarrer Philipps)

Freitag, 23.10.1993, 19.30 - 19.55 Uhr

Der Erwerbslose in der zeitgenössischen Literatur (Dr. Adolf Waas, Direktor der Stadtbücherei Köln)

Freitag, 23.10.1931, 21.00 - 22.15 Uhr

Hörspiel "Toter Mann" v. Karl August Düppengießer[50]

Samstag, 24.10.1931, 16.20 - 16.40 Uhr

Straßenhandel und Arbeitslosigkeit (Bruno Sohm)

Samstag, 24.10.1931, 18.20 - 19.00 Uhr

Gedanken zur Erwerbslosenhilfe (Ernst Hardt, Hans Stein, Dr. Reinemann, Gewerbelehrer Hesse)

Gewerkschaften spielten innerhalb dieser Reihe offenbar keine Rolle, wie bei den meisten Beiträgen hinsichtlich der Themenwahl überhaupt zu fragen wäre, welchen "Gebrauchswert" sie für einen von Arbeitslosigkeit betroffenen Arbeiter oder Angestellten gehabt haben könnten. Wahrscheinlich gehörten aber ohnehin weniger Arbeitslose selbst zu den Hörern; die Themen zumindest legen es nahe, daß dort eher "literarisch" als konkret und praktisch über die Auswirkungen der Arbeitslosigkeit geredet wurde, die politischen Implikationen und etwa die Forderungen der Gewerkschaften hinsichtlich der Bekämpfung der Arbeitslosigkeit keinen Eingang in die Manuskripte fanden. Ob die Beiträge dann wenigstens bei Nicht-Betroffenen Verständnis für das Schicksal und die Lebenslage von Arbeitslosen hervorrufen konnten, wie es Intendant Hardts Anliegen war, muß dahingestellt bleiben. Aufschlußreich für den Charakter der Sendefolge ist jedenfalls, was Hardt in der Programmzeitschrift der Werag dazu schrieb:

"Das Programm des Westdeutschen Rundfunks versucht eine Woche lang den leider von allzu vielen nur im kalten Verstande getragenen Begriff 'Arbeitslosigkeit' in ein menschliches Erlebnis umzuwandeln für alle. [...] In vielen Variationen wird dieses Thema abgewandelt, und immer ist das Leitmotiv: Helft lindern die Not! Über das Schicksal der Arbeitslosen, von Unterstützung und Hilfe wird gespro-

---

50   Vgl. hierzu Hans-Jürgen Krug: Arbeitslosenhörspiele, a.a.O., S. 159-190.

chen, wirtschaftliche und sozialpolitische Ausblicke werden von berufener Seite eröffnet, junge Erwerbslose sprechen von ihrem Leid und ihrer Hoffnung."[51]

Alles jedoch sollte "abseits vom Streite wirtschaftlicher Ansichten und parteipolitischer Einstellungen" geschehen und zur "Überwindung der Stände und Klassen" beitragen.[52]

Wesentlich "politischer" gestalteten die Mirag, die Schlesische Funkstunde oder die Norag die Sendungen über Arbeitslosigkeit. Bei der Mirag dominierte das Thema seit Beginn des Jahres 1931 eindeutig die Arbeiterstunden. Im Anschluß an zwei Vorträge im Januar 1931 über die Arbeitslosenversicherung und die Arbeitslosenfrage sowie das Umschulungsproblem startete sie eine Reihe unter dem Titel "Wie schafft sich das deutsche Volk Arbeit", innerhalb derer unterschiedliche Referenten Arbeitsbeschaffungsmaßnahmen zur Diskussion stellten:

> *28.1. Wie schafft sich das deutsche Volk Arbeit? (Dr. Max Richard Behm, Leipzig, Dezernent für Wirtschafts- und Sozialpolitik bei der Mirag)*[53]

> *5.2. Die Arbeitsdienstpflicht (Minister a. D. Dr. Walther Wilhelm, Industriel-ler,[54] und Dr. Walter Fabian, Redakteur der "Volksstimme" Chemnitz, im Gespräch mit Dr. Max Richard Behm)*

> *11.2. Wie schaffft sich das deutsche Volk Arbeit? - Der deutsche Kaufmann am Weltmarkt (Dr. Erich Rieble, Leipzig)*

> *25.2. Wie schafft sich das deutsche Volk Arbeit? - Die mitteldeutsche Indu-striekraft und Deutschlands Exportgestaltung (Otto Schumann, Leipzig)*

> *11.3. Wie schafft sich das deutsche Volk Arbeit? - Arbeiterschaft und Außen-handel (Georg Fuchs, Redakteur der "Leipziger Volkszeitung")*

> *20.5. Wie schafft sich das deutsche Volk Arbeit? - Die Aufgaben der Konsumge-nossenschaften für die künftige Wirtschaftsgestaltung (Wilhelm Fischer, Vorsitzender des Konsumvereins Leipzig)*

Es folgten am 14. September ein Gespräch über den freiwilligen Arbeitsdienst (Teilnehmer: Karl Arndt, ADGB-Bezirksvorsitzender in Sachsen, Max Laase, MdL, Oberregierungsbaurat Walter Troplitzsch) und am 19. November ein Vortrag über Maß-

---

51 Ernst Hardt: Arbeitslosigkeit. Eine Woche der sozialen Hilfe, in: Die Werag, H. 42, 18.10.1931, S. 82.

52 Vgl. ebenda.

53 Über den Dezernenten für Wirtschafts- und Sozialpolitik, der auch den neu geschaffenen "Wirtschaftsfunk" der Mirag leitete, schrieb der "Arbeiterfunk" im März 1931: "Man wird den Wirt-schaftsfunk auch in unseren Kreisen beobachten müssen, obwohl ihn in Dr. M. R. Behm ein Redner eröffnete, der über Arbeitsbeschaffung in Deutschland als typisch unternehmerfreundlicher, kapitali-stisch eingestellter Denker nichts als kleinbürgerliche Ansichten zu geben wußte." W. Se.: Brief über die Mirag, in: Arbeiterfunk, H. 12, 20.3.1931, S. 137. Behm war auch nach 1933 im Nazi-Rundfunk (Reichssender Leipzig) tätig. Zu Behm vgl. Deutsches Biographisches Archiv, Neue Folge.

54 In der Programmzeitung "Die Mirag" ist zwar ein Waldemar Wilhelm ausgedruckt, doch höchst-wahrscheinlich handelte es sich um den ehemaligen sächsischen Wirtschaftsminister Walther Wil-helm (Reichspartei des Deutschen Mittelstandes), der als Vorkämpfer für eine allgemeine Arbeits-dienstpflicht bekannt war. Vgl. Reichshandbuch der Deutschen Gesellschaft. Das Handbuch der Per-sönlichkeiten in Wort und Bild. Bd. 2. Berlin 1930, S. 2036. Zur Sendung vgl. auch die Kritik in: Arbeitersender, H. 7, 12.2.1931, S. 6, wo es über Wilhelm hieß: "Er ist gewiß ein Nazi".

nahmen für die Erwerbslosenschulung im Winter 1931/32 (Regierungsrat Fritz Kaphahn, SPD).

Ebenfalls breiten Raum nahm die Arbeitslosigkeit in der "Stunde der Werktätigen" in Hamburg ein. Hier meldeten sich auch Gewerkschafter zu Wort. Eine Auswahl der Sendungen in den Jahren 1931 und 1932 zeigt die Spannbreite der Themen:

19.1.1931	*Neuordnung der Krisenfürsorge (Dr. Louis Korell, Direktor des Arbeitsamtes Hamburg und SPD-Bürgerschaftsabgeordneter, Otto Kühne)*
20.3.1931	*Der Arbeitslose erobert die Dichtung (Dr. Niels Hansen, Prof. L. Schreyer, Schriftleiter der Hanseatischen Verlagsanstalt[55])*
27.3.1931	*Das Verhältnis unständig Beschäftigter zur Arbeitslosenversicherung (Ludwig Selpien, Vorsitzender des ADGB-Ortsausschusses Groß-Hamburg)*
8.4.1931	*Produktive Arbeitslosenfürsorge (Oberregierungsrat Dr. Johannes Biensfeld[56])*
30.4.1931	*Der Arbeitslose in der Krankenversicherung (Lorenz Popp)*
1.6 1931	*Vorschläge zur allgemeinen Arbeitszeitverkürzung (August Hein, ADGB-Bezirkssekretär)*
5.6.1931	*Kurzarbeit für Angestellte (Hans Ivers)*
10.6.1931	*Möglichkeiten der Schaffung neuer Arbeitsplätze im Staatsrat (H. Pingel, Max Clauser, DDP-Bürgerschaftsabgeodneter)*
17.7.1931	*Aus der praktischen Arbeit mit Arbeitslosen (Max Laudan, Frl. Grandt)*
20.7.1931	*Die Betriebsstillegung vor dem Arbeitsgericht. (Hörbild, Paul Bresk)*
24.7.1931	*Die Arbeit der Arbeitslosen, erziehliche Gefährdung und erziehliche Möglichkeit (Richard Gothe)*
7.3.1932	*Sind die Erwerbslosen ein neuer Stand? (Alfred Faust, Kurt Gentz, DNHV)*
11.3.1932	*Arbeitsnot durch Rationalisierung der kaufmännischen Betriebe (C. A. Wildgrube)*
14.3.1932	*Sind Erwerbslosensiedlungen ein Ausweg? (Gartenbau-Amtmann Carl Rosenbaum, Reichstagskandidat der DDP)*
18.3.1932	*Sorgen im Haushalt des Erwerbslosen (Grete Zabe, SPD-Bürger schaftsabgeordnete, Dialog)*
21.3.1932	*Frauen und Massenarbeitslosigkeit (Rose Uhl)*
4.4.1932	*Arbeitswille - Arbeitsnot. Halte Kontakt - dich trifft es morgen (John Ehrenteit, SPD-Senator, Ludwig Selpien, Vorsitzender des ADGB Groß-Hamburg)*
22.4.1932	*wie 4.4.1932 (John Ehrenteit, Ludwig Selpien)*

---

55 In Kürschners Deutschem Literatur Kalender wird Schreyer als Vertreter der "Mystik" bezeichnet. Vgl. Kürschners Deutscher Literatur-Kalender auf das Jahr 1932. Hrsg. v. Gerhard Lüdtke. 46. Jg. Berlin/Leipzig 1932, S. 1283.

56 Biensfeld war Autor der Zeitschrift "Soziale Praxis und Archiv für Volkswohlfahrt" des Vereins für Sozialpolitik. Vgl. z. B. seinen Artikel "Die Arbeitsdienstpflicht", in ebenda, Nr. 14, 3.4.1924, S. 266f. mit Fortsetzungen in den Nummern 15 und 16, dort S. 297f. und 321f.

27.4.1932	*wie 4.4.1932, Bericht v. H. Hart*
10.10.1932	*Die soziale Umwelt des Arbeitslosen, 71 Wochen arbeitslos. Bericht über das Leben eines langfristig Erwerbslosen (W. Böttcher)*
14.10.1932	*Schmalhans Küchenmeister! Wie ändern sich die Haushaltsausgaben der Erwerbslosen? (Trude Wichert, SPD)*
17.10.1932	*Der Sonntag des Erwerbslosen (Ferdinand Klein)*
21.10.1932	*Freizeitkurse für Erwerbslose (Christian Carlberg)*
28.10.1932	*Erwerbslose arbeiten für Erwerbslose (Senator Neumann, SPD, im Gespräch mit dem erwerbslosen Karl Büscher)*[57]

Hier standen neben Sendungen mit Servicecharakter und Berichten von Erwerbslosen auch solche, die zumindest ansatzweise Vorschläge zur Bekämpfung der Arbeitslosigkeit brachten. Die Ursachen der Arbeitslosigkeit scheinen aber kaum jemals benannt worden zu sein - scheuten sich Rundfunkmitarbeiter doch selbst, das Wort "Erwerbslose" nur auszusprechen. So kündigte zum Beispiel die Programmzeitung "Die Norag" die Sendung "Sind die Erwerbslosen ein neuer Stand?" mit den Sätzen an:

"In früheren Zeiten sind zuweilen furchtbare Katastrophen über das Land gegangen. Es waren die Seuchen, Pest, Cholera oder dergleichen. Während man sonst über alles und jedes zu reden pflegte, vermied man, von dem Unabänderlichen, Schmerzlichen zu sprechen. Die Nächstenhilfe tat stumm das Notwendige. - Ist nicht unsere Arbeitslosigkeit eine gleich schreckliche Seuche? [...] Man sollte das schmerzende Wort 'Erwerbsloser' vermeiden. Amtlich - wenn es nun schon sein muß - aber im täglichen Leben nicht."[58]

Abgesehen davon, daß die Arbeitslosigkeit nicht wie eine "Seuche" über die Betroffenen hereingebrochen war, der gegenüber man sich nur so hilflos verhalten konnte, wie die Menschen es im Mittelalter gegenüber der Pest taten, trug Nichtbenennung des Problems nun auch keineswegs dazu bei, die Arbeitslosigkeit zu bekämpfen, wie eine Hörerin an das "Hamburger Echo" schrieb.[59] Aber dies schien die Norag nicht zu kümmern. Immerhin erwecken die Beiträge aber noch den Eindruck, als seien sie für Arbeitslose bestimmt gewesen. Dies kann man von der Sendereihe "Das Arbeitslosenproblem", die die Berliner Funkstunde 1930 in elf Folgen ausstrahlte, nur bedingt behaupten. Laut ihren Angaben wurde das Arbeitslosenproblem "von den verschiedensten Richtungen und Standpunkten" aus erörtert: Der ehemalige Reichsschatzminister Georg Gothein (DDP) sprach über "Die Weltwirtschaftskrise", Prof. Robert Willbrandt über "Die Arbeitslosigkeit als Gegenwartsproblem", Prof. Götz Briefs über "Der deutsche Arbeitsmarkt der Gegenwart", der Präsident der Reichsanstalt für Arbeitsvermittlung und Arbeitslosenversicherung, Friedrich Syrup, über "Die amtlichen Fürsorgeeinrich-

---

57 Zum Inhalt einzelner Sendungen vgl. die Kritiken im "Hamburger Echo", z. B. Nr. 202, 25.7.1931 (Die Betriebsstillegung vor dem Arbeitsgericht), Nr. 72, 19.3.1932 (Sind die Erwerbslosen ein neuer Stand?) oder Nr. 111, 7.5.1932 (Halte Kontakt - dich trifft es morgen.)

58 Die Norag, H. 10, 1932, zit. nach "Die schwarze Hörtafel", in: Hamburger Echo, Nr. 72, 19.3.1932.

59 Vgl. ebenda.

tungen", der Vorsitzende der Vereinigung der Arbeitgeberverbände, Gerhard Erdmann, und der linksliberale Publizist Leopold Schwarzschild diskutierten über die "Verkürzung der Arbeitszeit", der sozialdemokratische Wirtschaftsprofessor Eduard Heimann hielt einen Vortrag über "Preise, Löhne und Arbeitslosigkeit", Dr. Julius H. West, Tübingen, behandelte "Kleinhandelspreise als Ursache der Arbeitslosigkeit", der Geschäftsführer des freigewerkschaftlichen Bundes der Technischen Angestellten und Beamten, Otto Schweitzer, debattierte mit dem Vorstandsmitglied der Vereinigten Stahlwerke AG, Dr. Helmuth Poensgen, über "Arbeitslohn, Rationalisierung und Arbeitslosigkeit", der Vorsitzende des Deutschen Vereins für öffentliche und private Fürsorge, Prof. Wilhelm Polligkeit, Frankfurt am Main, sprach über "Die kommunale Wohlfahrtspflege im Dienste der Arbeitslosenfür sorge", Karl Bublitz fragte "Was muß ich tun, wenn ich arbeitslos werde?", und das Vorstandsmitglied der Hauptgemeinschaft des deutschen Einzelhandels, Dr. Fritz Neuendorf, beendete die Reihe mit einem Beitrag über "Einzelhandel und Preisabbau".[60]

Richtete sich diese Vortragsreihe wohl in erster Linie an ein eher akademisch gebildetes Publikum,[61] so zielten die im Laufe des Jahres 1931 von der Werag, der Mirag und der Berliner Funkstunde eingerichteten Erwerbslosensendungen speziell auf Arbeitslose selbst. Mehr noch als bei den Arbeitersendungen überwog hier der Servicecharakter, die Ursachen der Arbeitslosigkeit und Wege zu ihrer Überwindung wurden dort nicht diskutiert. Der "Erwerbslosenfunk" der Mirag beschäftigte sich 1931 in seinen ersten vier Sendungen mit den Themen:

16.2. Erwerbslosenberatung

17.2. Erwerbslosigkeit und Einzelhandel

18.2. Telegraphiere schnell und billig

19.2. Arbeitslosigkeit und Vorkriegszeit

Und in der zweiten Augustwoche standen folgende Punkte auf dem Sendeplan:

10.8. Veränderung der Fürsorgeordnung

11.8. Wie wahrt der Erwerbslose seine Krankenkasseninteressen?

12.8. Der Weg zum Bilanzbuchhalter

13.8. Arbeitslosenfürsorge und Finanznot

Zeichnete sich der "Erwerbslosenfunk" der Mirag noch dadurch aus, daß seine Beiträge direkte Bezüge zur sozialen und wirtschaftlichen Lage der angesprochenen Zielgruppe herstellten,[62] so fehlten diese bei dem westdeutschen Pendant "Mensch und Welt" zum großen Teil. Symptomatisch dürfte bereits die Auftaktsendung gewesen sein,

---

60   Vgl. Das Berliner Rundfunkjahr 1930: Ein Rückblick 1. Januar 1930 - 31. Dezember 1930. Anlage zum Geschäftsbericht. Hrsg. v. der Funkstunde Berlin. Berlin o. J., S. 197.

61   Vgl. den Beitrag Eduard Heimanns, der in H. 12, 1930 der "Neuen Blätter für den Sozialismus", S. 535-544 abgedruckt ist.

62   Vgl. allerdings die eher zurückhaltenden Erwartungen, die sich im "Arbeiterfunk" zur Erwerbslosensendung ausdrückten. Dort hieß es: "Man hat da einiges Nützliche geboten, und wer wollte nicht allgemein die 'gute Absicht' anerkennen (wenn auch bei dergleichen regelmäßig einige Furcht und Sorge die Absicht mitbestimmt)." W. Se.: Brief über die Mirag, in: Arbeiterfunk, H. 12, 20.3.1931, S. 137.

die mit einem Vortrag Ernst Hardts begann und mit "biologischen Plaudereien, Lind-
berghgeschichten und Schallplatten" fortgesetzt wurde. "Allerlei Wissenswertes", "Die
Eisbärjagd", "England in der Krise", "Afrika als Erlebnis", "Ein Arbeitstag in einem
Großzirkus", aber auch "Siedlung und Arbeitsdienst" schlossen sich an.[63]

Einen etwas anderen Weg ging man bei der Berliner Funkstunde, wo Arbeitslose in
der Sendung "Aus Arbeit und Leben" seit April 1932 selbst zu Wort kamen. Zur inhaltlichen Gestaltung berichtete der "Vorwärts"[64], die Reihe sei mit einem Gespräch zwischen einem Oberingenieur Hartmann und Ministerialrat Prof. Woldt über die Frage
"Bringt die Technik dem Menschen Segen oder Unheil?" eingeleitet worden. Dabei
seien zum Beispiel auch die Folgen technischer Rationalisierung in den Werkhallen und
Büros angesprochen worden. Am nächsten Tag konnten Hörer vor dem Mikrophon der
Funkstunde über den Beitrag diskutieren. Wiederum einen Tag später stand ein Hör-
bericht auf dem Programm, zu dessen Inhalt sich die Hörer in der folgenden Sendung
äußern durften; der letzte Beitrag der Woche brachte einen zusammenfassenden Schluß-
bericht.

Für die kommenden Wochen waren die Themenbereiche "Siedlung", "Recht", "Je-
mand wird krank", "Fabrik" und "Freizeit" geplant. Inwieweit die Sendungen aber nach
dem Intendantenwechsel bei der Funkstunde im August noch realisiert werden konnten[65], war nicht zu ermitteln. Sozialdemokraten und Freigewerkschafter jedenfalls begrüßten die Sendereihe als Hilfe für die Millionen von Arbeitslosen,

> *"denn wenn auch nur ein kleiner praktischer Rat, eine kleine wesentliche Anre-
> gung für den einzelnen zu erwarten sind, so bedeutet das heute schon viel, ein we-
> nig Hoffnung, ein wenig angenehme Spannung, die es leichter macht, dem Mor-
> gen entgegenzusehen."*[66]

Die Vereinzelung aufzuheben, die Isolierung des Arbeitslosen aufzubrechen und ihn
aus seiner Lethargie zu reißen, galt als eine Intention, die mit Hilfe des Gemein-
chaftsempfangs verwirklicht werden sollte.[67]

Jedoch erreichten die Sendungen des Arbeiterfunks, die von Arbeitslosigkeit handel-
ten, dieses Ziel augenscheinlich in den seltensten Fällen. Zwar gut gemeint, sprachen die
Referenten doch wohl eher über Arbeitslose als zu Arbeitslosen, Erwerbslose selbst kamen fast gar nicht zu Wort. Ausnahmen wie die in Hamburg bestätigten nur die Regel.
Dort waren einige Beiträge explizit als Kontaktsendungen zwischen den Arbeiterorganisationen und Arbeitslosen konzipiert. Ansonsten bildeten die gewerkschaftliche Arbeits-

---

63   Vgl. Hans-Jürgen Krug: Arbeitslosenhörspiele 1930-1933, a.a.O., S. 51f.

64   Vgl. "Arbeitslosenhilfe", in: Vorwärts, Nr. 250, 30.5.1932, AA.

65   Der Intendant der Berliner Funkstunde, Flesch, war Mitte August 1932 das erste Opfer der politi-
     schen "Säuberung" in den Rundfunkhäusern, die bereits unter der Regierung von Papen begann und
     den Nazis 1933 zum Abschluß gebracht wurde. Vgl. Winfried B. Lerg: Rundfunkpolitik in der Wei-
     marer Republik, a.a.O., S. 473. Zur Entlassung Fleschs vgl. aus sozialdemokratischer Sicht "Fleschs
     Nachfolger im Rundfunk", in: Vorwärts, Nr. 380, 13.8.1932, AA und "Rechtsdrehung im Rundfunk",
     in: Vorwärts, Nr. 381, 14.8.1932, MA.

66   "Arbeitslosenhilfe", in: Vorwärts, Nr. 250, 30.5.1932, AA.

67   Zum Gemeinschaftsempfang vgl. Kapitel 6.7.3.

losenpolitik und -arbeit nur ganz selten den Gegenstand der Beiträge, Gewerkschafter als Referenten spielten eine deutlich untergeordnete Rolle - wenn sie überhaupt auftauchten.

Der Grund für die Abwesenheit der Gewerkschaften dürfte neben der Tatsache, daß die Gewerkschaften sich auf dem Sektor der Erwerbslosenarbeit ohnehin nicht besonders hervortaten und ihre Bemühungen sich in der Hauptsache auf die Interessenvertretung der noch Erwerbstätigen konzentrierten, wiederum darin gelegen haben, daß die Aufdeckung der Ursachen und die Initiativen zur Bekämpfung der Arbeitslosigkeit natürlich hochpolitische Themen darstellten, die von den Rundfunkgesellschaften entsprechend vorsichtig behandelt wurden.

Zu welchen Absurditäten der "vorsichtige" und zurückhaltende Umgang in den Funkhäusern mit "politischen" Gegenständen führte, läßt sich am anschaulichsten am Beispiel des 1. Mai illustrieren. An Hand der Konflikte, die sich um die Würdigung des 1. Mai - als dem proletarischen Weltfeiertag - zwischen den Rundfunkgesellschaften und der organisierten Arbeiterbewegung entzündeten, soll nun die Benachteiligung der politischen Linken im Weimarer Rundfunk exemplarisch aufgezeigt werden.

6.5   Beispiel 1. Mai. Die Auseinandersetzungen über die Maifeier

*"Mit einer roten Nelke im Knopfloch tritt der Ansager an das Mikrophon und
spricht mit freudiger Stimme: Achtung, Achtung! heute ist der 1. Mai, der Weltfeiertag der Arbeiterschaft. Wir hielten es für unsere Pflicht, unser ganzes Tagesprogramm der Bedeutung dieser Stunde entsprechend darauf einzustellen. Die besten
Künstler sind verpflichtet worden. Auf allen deutschsprachigen Sendern werden
diese Darbietungen übertragen."*[68]

Was Valentin Latay im "Arbeiterfunk" als Wunsch an den Rundfunk formulierte - ein
Tagesprogramm am 1. Mai, das ganz auf den Sinn des Festtages der internationalen Arbeiterbewegung zugeschnitten wäre - sollte während der Weimarer Republik niemals
Realität werden. Darauf achteten schon die Zensoren und Politiker, denen die Arbeitervertreter jedes Jahr aufs Neue ein paar Zugeständnisse in der Programmgestaltung ab-
ringen mußten - oft genug mit dem Ergebnis, daß nicht mehr dabei herauskam, als ein
Abend mit Frühlingsliedern und ein paar unpolitischen Versen sogenannter Arbeiterdichter.

Das Tauziehen um die Übertragung von Maifeiern bzw. um ein dem Anlaß entsprechendes Rundfunkprogramm begann 1926, als der Arbeiter-Radio-Klub die Arbeiterorganisationen erstmals aufforderte, sich bei den Sendegesellschaften für die Berücksichtigung des 1. Mai einzusetzen.[69] Für die meisten Sendegesellschaften kam der Aufruf 1926 zu spät - nur beim Mitteldeutschen Rundfunk in Leipzig war es gelungen, einen Vortrag zu plazieren - , aber immerhin hatte die Arbeiter-Radio-Bewegung schon
einmal ihre Forderungen für das kommende Jahr angemeldet.

Anfang 1927 stellte denn auch der Arbeiter-Radio-Klub, Breslau, bei der Schlesischen Funkstunde einen Antrag auf Übertragung einer Maifeier. Daraufhin wandte sich
offenbar deren Direktion an den preußischen Ministerpräsidenten, Otto Braun, um anzu-
fragen, ob ein solches Unterfangen zulässig sei. Mit einem Schreiben vom 5. März
1927, das an das Reichsinnenministerium, die preußischen Mitglieder in den Überwachungsausschüssen, die preußischen Oberpräsidenten und den Berliner Polizeipräsidenten adressiert war, bestimmte Braun, daß wegen des Grundsatzes der "Überparteilichkeit" die vom ARK Breslau gewünschte Veranstaltung zum 1. Mai nicht über den Äther
gehen dürfe, da die Maifeier "den Charakter einer parteipolitischen Veranstaltung"
trage.[70] Dennoch schaffte es die Arbeiterbewegung in Breslau, mit dem Vortrag des
ADGB-Bezirksvorsitzenden Oswald Wiersich über "die historische Bedeutung des
Maigedankens für die werktätige Bevölkerung" eine Sendung durchzusetzen, die auf
den 1. Mai hinwies.[71]

Am 28. März stand das Thema auf der Tagesordnung der Überwachungsausschuß-
Sitzung der Mirag. Hier war die Sende-Direktion seit dem 13. November 1926 ver-

---

68   Valentin Latay: Roter 1. Mai, in: Arbeiterfunk, H. 17, 26.4.1929, S. 1.

69   Vgl. "Fordert den Rundfunk für die Maifeier!", in: Der Neue Rundfunk, H. 5, 2.5.1926, S. 99.

70   Vgl. die Anweisung Brauns v. 5.3.1927, in: BA Koblenz, R78/608.

71   Vgl. die Bemerkungen zu Wiersichs Vortrag in: Der Neue Rundfunk, H. 20, 15.5.1927, S. 563.

pflichtet, "bei allen politischen Festtagen oder Tagen, die sonstwie eine politische Bedeutung haben", sich rechtzeitig wegen des Programms mit dem Überwachungsausschuß in Verbindung zu setzen.[72] Da der 1. Mai in Sachsen (wie sonst nur noch in
Hamburg, Lübeck und Schaumburg-Lippe) gesetzlicher Feiertag war, wollte man dem
doch "in irgendeiner Weise", wie es der Vertreter Preußens im Überwachungsausschuß,
Ernst Heilmann, formulierte, Rechnung tragen. Eine "parteipolitische" Maifeier hielt
auch Heilmann für "unangängig". Stattdessen wies er darauf hin, daß die Norag in Hamburg am Vormittag des 1. Mai einen Kirchenvortrag durch einen sozialistisch einge-
stellten Pfarrer halten lasse.[73] Bei der Mirag kam dies nicht in Frage, da sie kirchliche
Morgenfeiern im Rundfunk ablehnte. Dafür brachte Direktor Jäger eine Hörspielfassung
von Tollers "Hinckemann" ins Spiel. Doch die Mitglieder des Überwachungsausschusses wollten ihm darin mehrheitlich nicht folgen. In dem Bericht des Reichsvertreters im
Überwachungsausschuß, Holm Gerlach, an den Reichsinnenminister vom 4. April 1927
hieß es dazu:

> *"Sämtliche Mitglieder des Ausschusses erachteten dieses Stück wegen der bei den*
> *Aufführungen in Dresden und Leipzig vorgekommenen erregten Kundgebungen*[74]
> *gerade für diesen Tag als ungeeignet und lehnten dessen Wiedergabe am 1. Mai*
> *ab."*[75]

Daraufhin schlug Jäger vor, am Abend des 1. Mai einen Arbeiterchor Lieder "unpolitischen Inhalts" zu Gehör bringen zu lassen. Zusätzlich könne man einen Vortrag "ohne
politische Tendenz" ins Auge fassen.

Am 31. März 1927 setzte sich der Mirag-Mitarbeiter Frauendorf mit Gerlach in Verbindung und teilte ihm die Planungen zum 1. Mai mit: Die Mirag beabsichtige eine
"Morgenfeier" zu veranstalten, die sich von "kirchlich-religiösen Darbietungen" fern-
halte und stattdessen Lieder und Musikstücke "pantheistischen Charakters" bzw. solche
"mit dem Bekenntnis zur Allmutter Natur" bringen wolle. Außerdem solle Margarethe
Driesch einen Vortrag zum Thema "Frieden und Völkerbund" halten.[76] Am 20. April
1927 schickte die Mirag Gerlach das endgültige Programm für den 1. Mai zu. Da das
Vortragsmanuskript Margarethe Drieschs und die Texte der von den Lichtschen Chören
zu interpretierenden Lieder keinen Anlaß für einen Einspruch lieferten, wurde das Programm so genehmigt.[77]

Neben Leipzig und Breslau sendete auch der Westdeutsche Rundfunk einen Vortrag
zum 1. Mai. Über den Langenberger Sender sprach der Vorsitzende des ADGB-Ortsausschusses Düsseldorf, Georg Stöver.[78] Ärger gab es in Berlin, wo man ursprünglich

---

72   Vgl. das Protokoll der Überwachungsauschuß-Sitzung v. 13.11.1926, in: BA Koblenz, R78/601.

73   Vgl. das Protokoll der Überwachungsausschuß-Sitzung v. 28.3.1927, in: ebenda.

74   Zu den Auseinandersetzungen über die Aufführung des Toller-Stückes vgl. Andreas Lixl: Ernst Tol-
     ler und die Weimarer Republik. 1918-1933. Heidelberg 1986, S. 95f.

75   Schreiben Gerlachs an den Reichsinnenminister v. 4.4.1927, in: BA Koblenz, R78/601.

76   Vgl. das Schreiben Frauendorfs v. 31.3.1927, in: ebenda.

77   Vgl. die Texte des Vortrags und der Lieder, in: ebenda.

78   Vgl. Der Neue Rundfunk, H. 20, 15.5.1927, S. 563.

die Übertragung einer Maifeier geplant hatte, auf der unter anderem der Vorsitzende des AfA-Bundes, Siegfried Aufhäuser, hatte reden sollen. Nach den Angaben des "Neuen Rundfunk" suchte der deutschnationale Reichsinnenminister Walter v. Keudell Aufhäusers Vortrag zu verhindern, indem er den preußischen Ministerpräsidenten davon überzeugen wollte, daß eine Maifeier durch den Rundfunk nicht nur "staatsfeindlich" sei, sondern daß der Rundfunk dann auch die rechtsradikalen Stahlhelm- und Schlageterfeiern übertragen müßte.[79] Dieser Auffassung mochte sich Otto Braun so nicht anschließen. Er genehmigte die Übertragung einer Maifeier-Rede Aufhäusers bei der Berliner Funkstunde, nachdem die preußischen Vertreter im Überwachungsausschuß, die Landtagsabgeordneten Heilmann (SPD) und Riedel (DDP), den Regierungsvertreter Scholz überstimmt hatten.[80] Doch konnten nicht alle Hörerinnen und Hörer der Berliner Funkstunde Aufhäusers Ansprache am Radio mitverfolgen. "Der Neue Rundfunk" berichtete im Juni über den "Ausfall" des Witzlebener Zwischensenders just bei Aufhäusers Beitrag.[81] Auffallende "technische" Störungen traten auch zu anderen Zeiten und bei anderen Sendegesellschaften oft dann auf, wenn sozialdemokratische Politiker zu den Hörerinnen und Hörern sprechen wollten.

1928 stand das Thema 1. Mai im Rundfunk erneut zur Debatte. Anfang März 1928 wandte sich der Arbeiter-Radio-Bund an alle Sendedirektionen in Deutschland mit der Bitte um Auskunft über die Programmgestaltung am 1. Mai. Der Brief des ARBD ging auch an Rundfunkkommissar Bredow und den Programmrat der Reichs-Rundfunk-Gesellschaft. Während Bredow sowie der Programmrat auf ihre Nichtzuständigkeit in Programmfragen verwiesen, lehnte die Deutsche Welle die Übertragung einer Maifeier unter Bezugnahme auf das Verbot vom Vorjahr ab, erklärte sich jedoch bereit, einen Vortrag zu senden, der auf die Bedeutung des 1. Mai in der Arbeiterbewegung eingehen werde, denn solche Vorträge seien von dem Ministererlaß nicht betroffen.

Der Leiter des Mitteldeutschen Rundfunks, Erwin Jäger, teilte mit, der Politische Überwachungsausschuß sei der Meinung, "daß wir dem 1. Mai als Feiertag Rechnung tragen sollen". Der Sender bereite "ein entsprechendes Programm" vor. Die Schlesische Funkstunde meldete dem ARBD, sie werde den 1. Mai sowohl im Vortragsdienst als auch im Abendprogramm berücksichtigen. Die Berliner Funkstunde wollte ebenfalls einen Vortrag in ihr Programm aufnehmen, "durch welchen der Bedeutung des 1. Mai Rechnung getragen werden soll". "Eigenartig" mutete den ARBD die Antwort aus Köln an, in der sich Programmleiter Hardt auf die Verfügung des Reichsinnenministers von 1927 berief, gleichzeitig aber erklärte: "Wir hoffen jedoch, aus der Trinitatiskirche in Köln eine Feier des Herrn Pastors Fritze übertragen zu können." Der Ostmarken-Rundfunk in Königsberg kündigte an:

"Wir werden in Übereinstimmung mit unserem politischen Überwachungsausschuß und unserem Kulturbeirat ein besonders wertvolles Abendprogramm am

---

79 Vgl. Dr. Brattskoven: Die Arbeiterschaft fordert den Rundfunk für die Maifeier, in: Der Neue Rundfunk, H. 15, 10.4.1927, S. 403.

80 Vgl. "Der Rundfunk und der erste Mai", in: Vorwärts, Nr 187, 20.4.1928, MA. Die Rede Aufhäusers ist abgedruckt in: Der Neue Rundfunk, H. 19, 8.5.1927, S. 531.

81 Vgl. Der Neue Rundfunk, H. 24, 12.6.1927, S. 704.

1. Mai d. J. veranstalten, an dem nach Möglichkeit auch Arbeiterchöre mitwir-
ken."

Und auch der Süddeutsche und der Südwestdeutsche Rundfunk wollten ein Arbei-
terchor-Konzert übertragen.[82] Der Machtzuwachs der Freien Gewerkschaften und der
Sozialdemokratie in den vorangegangenen Jahren schien auch im Rundfunk Wirkung zu
zeigen.

Ein Blick auf das Rundfunkprogramm des 1. Mai 1928 beweist allerdings eher das
Gegenteil. Die Arbeiterbewegung konnte mit dem, was geboten wurde, nicht zufrieden
sein, von der Utopie Latays war sie noch meilenweit entfernt. Anstelle der Massen-
kundgebung der Freien Gewerkschaften in Berlin oder einer der zahlreichen kulturellen
Abendveranstaltungen strahlte die Deutsche Welle einen Vortrag des preußischen Ministerpräsidenten über den Sinn des 1. Mai aus, innherhalb dessen es Otto Braun - laut
"Arbeiterfunk" - vor allem darauf ankam, "den bürgerlichen Hörern klar zu machen,
welche Gedanken die Massen bewegen, die an diesem Tag demonstrieren".[83]

Brauns Beitrag wurde von der Berliner Funkstunde, bei der ursprünglich Alexander
Knoll für den ADGB hatte sprechen sollen, und von der Mirag in Leipzig übernommen.
Knoll war der Funkstunde Anfang April 1928 vom Reichsausschuß für sozialistische
Bildungsarbeit vorgeschlagen worden. Am 12. April teilte die Sendegesellschaft dem
Reichsausschuß dann mit, er sei sich über die Auswahl des Redners noch nicht
"schlüssig" geworden.[84] Unklar ist, was sich in der Zwischenzeit abgespielt hatte. Die
Tatsache, daß auch bei der Mirag der zunächst vorgesehene Vortrag des sächsischen
ADGB-Bezirkssekretärs Karl Arndt über "Maifeiertag und internationale Sozialpolitik"
aus dem Programm genommen und durch Brauns Beitrag ersetzt wurde, weist darauf
hin, daß die Rundfunkgesellschaften kein Risiko eingehen wollten und lieber auf Otto
Brauns "staatsmännische" Rede vertrauten. Beleg hierfür könnte auch sein, daß die Mirag, nachdem der Überwachungsausschuß bereits am 29. März 1928 beschlossen hatte,
den 1. Mai als "allgemeinen Frühlingsfeiertag" zu gestalten,[85] den zweiten geplanten
Vortrag des sozialdemokratischen Oberregierungsrats Dr. Heiland aus Leipzig über
"Strafrechtspflege und Strafvollzug" sowie das Hörspiel "Die Gefangenen" des katholischen Autors Hans Roselieb absetzte und stattdessen einen eher unverfänglichen Vortrag über Frauen im Arbeitersport und eine musikalische Frühlingsfeier ausstrahlte. Die
Änderungen erfolgten, nachdem Direktor Jäger den Programmentwurf am 19. April an
den Vorsitzenden des Überwachungsausschusses, Oberregierungsrat Friedrich Walter

---

82 Der "Arbeiterfunk" druckte die Briefe in seinem Heft v. 27.4.1928 ab. Vgl. "Die deutschen Sendedi-
    rektoren zum 1. Mai", in: Arbeiterfunk, H. 18, 27.4.1928, S. 275f. Vgl. auch: Winfried B. Lerg:
    Rundfunkpolitik in der Weimarer Republik, a.a.O., S. 384ff.

83 Vgl. "Radio-Kritik", in: Arbeiterfunk, H. 20, 11.5.1928, S. 309. Obwohl bei Brauns Mai-Rede, wie
    der "Arbeiterfunk" mit Berufung auf die "Vossische Zeitung" anmerkte, "von einer irgendwie gearte-
    ten parteipolitischen oder gar wahltaktischen Einstellung nichts zu bemerken war", löste der Auftritt
    Brauns bei der Rechtspresse einen Sturm der Entrüstung aus.

84 Vgl. das Schreiben der Funkstunde an den Reichsausschuß für sozialistische Bildungsarbeit v.
    12.4.1928, in: HiKo NB 452, Rundfunk 1925-1931.

85 Vgl. das Protokoll der Überwachungsausschuß-Sitzung v. 29.3.1928, in: BA Koblenz, R78/601, Bl.
    194.

Hünefeld, eingereicht hatte.[86] Am 26. April beschäftigte sich der Überwachungsausschuß noch einmal mit dem Programm für den 1. Mai. Jäger teilte dazu mit, daß der für 11.30 Uhr angesetzte Vortrag über die "sozialen Schulleistungen" der Stadt Leipzig "nur die Schilderung der tatsächlichen Verhältnisse, nicht aber eine Kritik oder einseitige Forderungen" enthalte. Von 12.00 bis 13.00 Uhr wolle man ein in den Räumen der Mirag aufgenommenes Konzert der Lichtschen Arbeiterchöre ausstrahlen. Einer Anregung, die Chöre live während einer öffentlichen Kundgebung singen zu lassen und das Konzert von dort zu übertragen, hatte die Mirag nicht zugestimmt. Wie die Konzertfolge zeigt, mußten sich die Lichtschen Chöre beinahe ganz auf unpolitisches Liedgut beschränken.[87] Anstelle des Hörspiels beschloß der Überwachungsausschuß, nachdem ihm der Text von Roseliebs "Gefangenen" auszugsweise vorlag, lieber eine "musikalische Frühlingsfeier" zu senden.[88]

Daß selbst Liedtexte einer gründlichen Zensur unterworfen wurden, galt auch für die Breslauer Funkstunde. Sie teilte dem Vorsitzenden des Freien Funkausschusses für Schlesien, Przybylski, mit:

"Soeben erhalten wir seitens unseres Überwachungsausschusses die Nachricht, daß es nicht im Sinne unserer Veranstaltungen liegen kann, daß durch etwaige Mißdeutung des Liedes 'Ich warte Dein' die Empfindungen Andersdenkender verletzt werden könnten. Wir bitten sie daher, den Dirigenten des Volkschores Breslau freundlichst zu veranlassen, den Vortrag des genannten Liedes im Konzert am 1. Mai zu unterlassen."[89]

---

86 Vgl. das Schreiben Jägers an Hünefeld v. 19.4.1928, in: ebenda.
87 Das Programm sah folgendermaßen aus:
    1. Männerchor: Empor zum Licht
    2. Lieder für gemischten Chor:
    a) Frühlingsahnung
    b) Die Nachtigall
    c) Im Grünen
    3. Männerchor: Walther v. d. Vogelweide
    4. Volkslieder für gemischten Chor:
    a) Die drei Röselein
    b) Im Mai
    5. Volkslieder für Männerchor:
    a) An einem Bächlein
    b) Es steht eine Lind
    c) Der Jäger aus Kurpfalz
    6. Männerchor mit begleitenden 3 Frauenstimmen:
    Frühlingsbotschaft
    In seinem Schreiben an Hünefeld merkte Jäger an: "Der Text zu dem Lied 'Frühlingsbotschaft' liegt noch nicht vor. Es wird noch geprüft werden, alle anderen Lieder erscheinen uns einwandfrei." Vgl. ebenda. Zu Uthmanns "Tendenzgesängen", die in der Weimarer Republik zum beliebten Repertoir der Arbeiter-Sänger-Chöre gehörten, vgl. Dietmar Klenke, Peter Lilje und Franz Walter: Arbeitersänger und Volksbühnen in der Weimarer Republik. Bonn 1992, S. 54ff. und 123ff.
88 Vgl. das Protokoll des Überwachungsausschusses v. 26.4.1928, in: BA Koblenz, R78/601.
89 Diese Passage aus dem Schreiben der Schlesischen Funkstunde an den Freien Funkausschuß zitiert Przybylski in einem Brief an den ADGB-BV v. 28.4.1928, in: HiKo NB 452, Rundfunk 1925-1931.

Dem Funkausschuß blieb nichts anderes übrig, als der Streichung des Liedes zuzustimmen. Im übrigen sah das Programm der Schlesischen Funkstunde folgendermaßen aus: Von 19.20 bis 19.40 Uhr brachte sie einen Vortrag Dr. Willi Cohns über Ferdinand Lassalle, von 20.00 bis 20.25 Uhr übernahm sie die Rede Otto Brauns zur "Ideenwelt des 1. Mai" von der Deutschen Welle, im Anschluß daran folgte ein Konzert des Volkschores Breslau und von 21.10 bis 22.00 Uhr eine Sendung mit dem Titel "Stätten der Arbeit", bei der es sich um literarische Beiträge zum Thema "Arbeit" handelte.[90]

Die Süwrag in Frankfurt widmete dem 1. Mai eineinhalb Stunden Sendezeit. Von 19.45 bis 20.15 Uhr übertrug sie einen Vortrag des Arbeiter-Kultur-Kartell-Vorsitzenden, Conrad Broßwitz, über "Die geschichtliche und kulturelle Bedeutung des 1. Mai", ihm folgte ein Arbeiter-Chorkonzert, das auch von der Sürag in Stuttgart übernommen wurde. Der Westdeutsche Rundfunk widmete dem Maifeiertag einen Beitrag Hans Steins über "Die Kulturbedeutung der Arbeiterbewegung", der innerhalb der "Stunde der Arbeit" ausgestrahlt wurde, und selbst die Deutsche Stunde in Bayern wies mit einer Sendung unter dem Titel "Arbeit" am Abend des 1. Mai auf den Arbeiterfesttag hin. Mitwirkende waren das bayerische Rundfunkorchester und der Rundfunkchor.

Auch 1929, nachdem die SPD seit einem Jahr an der Reichsregierung beteiligt war, änderte sich an der Programmgestaltung der Rundfunkgesellschaften zum 1. Mai kaum etwas. 1929 sendeten die Deutsche Welle, die Berliner und die Schlesische Funkstunde sowie die Leipziger Mirag eine Ansprache von Reichsarbeitsminister Rudolf Wissell unter dem Titel "Der 1. Mai im Wandel der Zeiten"; die Frankfurter Süwrag würdigte den Arbeiterfesttag mit der Übertragung einer Feierstunde des Kulturkartells (u. a mit den Programmpunkten: Volkshymne [nach Bach] und Frühlingsahnung von Mendelssohn-Bartholdy, gesungen von den Chören der "Eintracht", Seckbach, sowie einem Vortrag von Prof. Erik Nölting). Die Norag in Hamburg wartete zwischen 19.25 und 19.50 Uhr mit "Maigedanken" des SPD-Senators Paul Neumann auf, nachdem sie am Vorabend des 1. Mai einen ihrer "Werktätigenabende" ausgestrahlt hatte.[91] Die Sürag

---

90   Das Programm sah im einzelnen so aus:
     Grubenkatastrophe
     Der Mensch - das Vieh?   Upton Sinclair
     Das Bohren
     Das Lied vom Eisen   L. Ridge
     Kräne   T. W. Earp
     Manhattan   John dos Passos
     Bei den Holzfällern   J. Schmidel
     Flußschiffer   G. A. Goldschlag
     Fräser   Paul Zech
     Und keiner blickt zum Glanz der Sterne   Max Barthel
     Schlesische Funkstunde, H. 17, 27.4.1928, S. 7.

91   Bei diesen Veranstaltungen handelte es sich um seit Anfang 1928 in unregelmäßigen Abständen, seit 1929 allmonatlich, von Mitgliedern der Arbeiterkulturvereine gestaltete Sendungen innerhalb des Norag-Programms, in denen Arbeiterdichtung und -musik, proletarische Sprechchorwerke, etc. zur Aufführung gelangten. Zum Inhalt und zur Diskussion über die Gestaltung der Sendungen vgl. z. B. Hamburger Echo, Nr. 207, 28.7.1928, Nr. 122, 4.5.1929, Nr. 129, 11.5.1929, Nr. 156, 8.6.1929, Nr. 56, 25.2.1930, Nr. 60, 1.3.1930, Nr. 267, 27.9.1930, Nr. 265. 26.9.1931. Zu den Titeln der Sendungen vgl. auch die Geschäftsberichte des ADGB-Ortsausschusses Hamburg für die Jahre 1928ff.

in Stuttgart übertrug um 19.30 Uhr eine "Stunde der Lebenden" (!) mit Gesangsdarbietungen der Freien Sängervereinigung, Stuttgart; die Werag in Köln sendete um 19.00 Uhr einen Vortrag des sozialdemokratischen Reichstagsabgeordneten Wilhelm Sollmann, über dessen Auftritt es im Vorfeld beinahe zum Eklat gekommmen wäre. Der Überwachungsausschuß der Sendegesellschaft hatte den "Ein Weltfeiertag" betitelten Beitrag Sollmanns nämlich abgelehnt;[92] daraufhin intervenierte Reichsinnenminister Severing, um den Vortrag Sollmanns doch noch zu ermöglichen.[93] Sein Einsatz brachte Severing in der Rechtspresse nicht zum ersten- und nicht zum letztenmal den Vorwurf der "Rundfunkdiktatur" ein.[94]

Das Programm der deutschen Rundfunksender am 1. Mai 1930 sah dann so aus: Die Berliner Funkstunde, der Südwestdeutsche Rundfunk und der Mitteldeutsche Rundfunk übernahmen von 19.00 bis 20.00 Uhr eine Sendung der Deutschen Welle mit der Ansprache "40 Jahre 1. Mai" des stellvertretenden ADGB-Bundesvorsitzenden Peter Grassmann. Die Schlesische Funkstunde in Breslau beteiligte sich mit einem Vortrag des christlichen Metallarbeiterfunktionärs, Bruno Trawinsky, über "Rationalisierung, Gewerkschaften und Arbeiterschaft" und einer Rede des sozialdemokratischen Oberpräsidenten in Niederschlesien, Hermann Lüdemann, am Maiprogramm. Die Norag ließ den Hamburger SPD-Vorsitzenden Karl Meitmann über "40 Jahre 1. Mai" sprechen.

1931 übernahmen mehrere Sendegesellschaften (u. a. die Berliner Funkstunde, die Süwrag, die Werag) die vom Sozialistischen Kulturbund gestaltete Feierstunde "Vorwärts-Hinan!" mit einer Ansprache Rudolf Wissells von der Deutschen Welle. Die Mirag brachte wie in den Vorjahren Gesänge eines Arbeiterchores (Kantate für gemischten Chor von Robert Kahn mit der Bezeichnung "Befreiung"), einen Vortrag von Walter Bauer aus Halle, betitelt "Ein Werk in Deutschland", bei dem es offenbar um die Arbeit in einer Chemischen Fabrik ging. Der Vorsitzende des Überwachungsausschusses, Hünefeld, wollte in der Sitzung des Gremiums am 14. April 1931 zwei Stellen im Manuskript gestrichen haben, in denen sich Bauer mit einem tödlichen Arbeitsunfall und der Darstellung eines Streiks beschäftigte. In diesem Fall wurde Hünefeld allerdings von den anderen Mitgliedern des Überwachungsausschusses überstimmt. Auch ein Abschnitt aus Ludwig Tureks Buch "Ein Prolet erzählt" wurde als "politisch völlig einwandfrei" angesehen und genehmigt. Das konnte wohl auch deshalb geschehen, weil es sich bei der betreffenden Passage nur um die Schilderung eines dörflichen Feuerwehrballes handelte.[95]

---

92 Und dies obwohl im Überwachungsausschuß des Senders mit Jakob Kaiser (christliche Gewerkschaften) und Wilhelm Schack (Freie Gewerkschaften) zwei Gewerkschaftsvertreter saßen. Einer von ihnen oder auch beide mußten mit dem Reichsvertreter Oberregierungsrat Walter Luyken (bis 1927 DVP, danach parteilos) vom Landesfinanzamt Düsseldorf gestimmt haben. Wenig später - im Juni 1929 - ging das Mandat Schacks auf den sozialdemokratischen Lehrer Jacob Quadt über. Ob die Ablösung Schacks im Zusammenhang mit dem Abstimmungsverhalten anläßlich Sollmanns Maiansprache stand, ist nicht bekannt.

93 Vgl. "Bravo Severing!", in: Arbeiterfunk, H. 19, 10.5.1929, S. 168.

94 Vgl. dazu auch Carl Severing: Über meine Diktatur im Rundfunk, in: Hamburger Echo, Nr. 261, 21.9.1929.

95 Vgl. das Protokoll der Überwachungsausschuß-Sitzung v. 24.4.1931, in: BA Koblenz, R78/602.

Gemessen an den Wünschen der Arbeiterbewegung brachten die deutschen Rundfunkgesellschaften auch 1931 insgesamt nur ein unbefriedigendes Angebot. Das "Hamburger Echo" brachte es auf den Punkt:

> *"Jedes Jahr dasselbe Lied. Der Rundfunk negiert einfach die Tatsache, daß der 1.*
> *Mai der liebste und wichtigste Feiertag für Hunderttausende seiner Hörer ist."*[96]

Auch 1932 hatte das "Hamburger Echo" Grund zur Klage. Mehrere Sendegesellschaften (die Schlesische Funkstunde, der Nordische Rundfunk, der Ostmarken Rundfunk, der Westdeutsche und der Mitteldeutsche Rundfunk) beteiligten sich zwar an der "Feierstunde für die Werktätigen"[97] mit einer Ansprache des preußischen Ministers für Wissenschaft, Kunst und Volksbildung, Adolf Grimme, die wiederum von der Deutschen Welle organisiert worden war, doch darüber hinaus brachten die regionalen Sendegesellschaften nur wenig Ansprechendes: In Hamburg scheiterte der Vorstoß des SPD-Bildungsausschusses, den Vorsitzenden der Bürgerschaftsfraktion, Hans Podeyn, zum Thema "Ein Weltfeiertag der Werktätigen" im Radio sprechen zu lassen,[98] in Berlin strahlte die Funkstunde vormittags einen Beitrag "Werkvolk in der Musik"[99] mit einführenden Worten Rudolf Wissells aus, um 14.30 Uhr folgten Arbeiterlieder,[100] um 15.30 Uhr der "Appenzeller Landgemeindebericht", und um 18.20 Uhr las Karl Bröger aus seinem Werk "Vom Werktag zum Sonntag".[101]

Bei der Süwrag in Frankfurt stand zwischen 13.00 und 14.00 Uhr eine "Stunde des Chorgesangs" mit dem Volkschor "Union" aus Offenbach und einem einleitenden Vortrag des Chorleiters Max Bartsch über "Die Arbeitersängerbewegung als Kulturbewegung" auf dem Programm. Allerdings hatte man Bartsch gezwungen, das Repertoir so zu verändern, "daß der Charakter vollständig vertauscht" worden war, wie Erik Nöltnig auf der Sitzung des Kulturbeirates der Süwrag am 6. Juni 1932 vorwarf. Außerdem kritisierte Nölting, habe es während der Chorstunde keine Möglichkeit gegeben, auf die Bedeutung des 1. Mai hinzuweisen. Direktor Dr. Wilhelm Schüller rechtfertigte die Streichungen im Konzertprogramm damit, daß die Liedtexte "als den Richtlinien des Rundfunks nicht entsprechend" angesehen worden seien.[102] Die ursprünglich geplante

---

96   Vgl. "1. Mai und Rundfunk", in: Hamburger Echo, Nr. 113, 2.5.1931; vgl. auch die Leserzuschrift "1. Mai, St. Anschar, Muttertag", in: Hamburger Echo, Nr. 133, 16.5.1931.

97   Das Programm ist abgedruckt in: Volksfunk-Arbeiterfunk, H. 18, 29.4.1932, S. 1. Es spielten die Berliner Posaunenvereinigung, und es sang der Neuköllner Sängerchor. Die Schauspielerin Gertrud Eysoldt interpretierte Texte u. a. von Gerrit Engelke und Alfred Petzold.

98   Vgl. Niederschrift über die 23. Sitzung des Überwachungsausschusses bei der Norag v. 5.4.1932, in: BA Koblenz, R 78/607.

99   Die Texte der Lieder sind abgedruckt in: Volksfunk - Arbeiterfunk, H. 18, 29.4.1932, S. 1f.

100 Vgl. ebenda, S. 2f.

101 Vgl. "Der 1. Mai im Rundfunk", in: Vorwärts, Nr. 206, 3.5.1932, MA.

102 Vgl. das Protokoll der Kulturbeirats-Sitzung v. 6.6.1932, in: StA Marburg, Bestand 150: Oberpräsidium zu Kassel. Spezialakten betr. Rundfunkgesellschaften, Kulturbeiräte und politische Überwachungsausschüsse Bd. 3, 1932.

Übertragung der 1. Mai-Feier des Kultur-Kartells war wegen "programmtechnischer Schwierigkeiten" zurückgestellt worden.[103]

Das schließlich genehmigte Programm zeigt noch einmal deutlich, in welcher Weise der 1. Mai überhaupt nur Eingang in den Weimarer Rundfunk fand[104]: Wie die Jahre zuvor Chorgesang völlig unpolitischen Inhalts (Frühlingsweisen etc.) und "Arbeiterdichtung" von Heinrich Lersch, Richard Dehmel, Karl Bröger, Gerrit Engelke oder Julius Zerfaß - alles Autoren, die nicht eben durch klassenkämpferische Dichtkunst auffielen. Gedichte von Zerfaß, Engelke und Alfons Petzold auch im Programm der Deutschen Welle. Vom 1. Mai als dem Tag politischer Manifestationen, an dem die Arbeiterbewegung an ihre Ziele der Völkersverständigung und des sozialen Fortschritts öffentlich erinnerte, an dem sie politische Perspektiven entfaltete, konnte im Rundfunk nicht die Rede sein.[105] Das Programm beschränkte sich auf Vorträge, die den Kampf der Arbeiterbewegung um den Achtstundentag oder die internationale Solidarität eher verschwiegen, innerhalb derer sich Minister und Gewerkschaftsvorsitzende höchstens im "staatsmännischen" Stil allgemein über die Geschichte des 1. Mai verbreiten durften. Schon die Titel der Programme: "Stätten der Arbeit", "Stunde der Lebenden", "Wir Werkleut' all'", "Feierstunde für die Werktätigen" oder "Arbeiterfeierstunde" verwiesen durch die Nichtnennung des 1. Mai darauf, daß es sich um eine "unpolitische" Veranstaltung handeln sollte.[106] Bei der Auswahl der Texte berücksichte man überwiegend solche "Arbeiterdichter", deren Werk sich eher durch einen Hang zur Sozialromantik bzw. dadurch auszeichnete, daß es die charakteristischen Alltagserfahrungen von Arbeitern, besonders derer in Großbetrieben sowie deren konkrete (sozial)politischen Ziele konsequent aussparte.[107] Der 1. Mai als "Kampftag" und die politischen Forderungen der Arbeiterorganisationen blieben ausgeblendet, der Termin erschien allenfalls als "Feiertag" der "Schaffenden" ohne klassenspezifischen Bezug, an den die Nazis 1933 ohne weiteres anknüpfen konnten. Das taten sie dann auch in unübersehbarer Weise; das Rundfunkprogramm des 1. Mai 1933 wurde von den Nazi-Strategen ganz in den Dienst der Gewinnung der Arbeiterschaft gestellt. Von früh bis spät wandte sich der deutsche Rundfunk am "Tag der nationalen Arbeit" mit Wort- und Musikbeiträgen an das Arbeiterpublikum.[108]

---

103 Vgl. dazu die Kritik des Kulturkartells und die Antwort des Kulturbeirates auf diese, in: ebenda.

104 Vgl. den Programmabdruck in: Südwestdeutsche Rundfunkzeitung, Nr. 18, 1.5. 1932, S. 7.

105 Zum Verständnis des 1. Mai in der sozialdemokratischen Arbeiterbewegung vgl. Gottfried Korff: Volkskultur und Arbeiterkultur. Überlegungen am Beispiel der sozialistischen Maifesttradition, in: Geschichte und Gesellschaft, H.1, 1979, S. 83-102.

106 Vgl. den Bericht des "Vorwärts" über das Programm der Berliner Funkstunde und der Deutschen Welle am 1. Mai 1932, in dem es hieß: "Beide Sendegesellschaften brachten je eine würdige 'Arbeiterfeierstunde'. Das Wort 'Maifeier' war anscheinend den zensurierenden Rotstiften zum Opfer gefallen." "Der erste Mai im Rundfunk", in: Vorwärts, Nr. 206, 3.5.1932, MA.

107 Vgl. Christoph Rülcker: Proletarische Dichtung ohne Klassenbewußtsein. Zu Anspruch und Struktur sozialdemokratischer Arbeiterliteratur 1918-1933, in: Die deutsche Literatur in der Weimarer Republik. Stuttgart 1974, S. 411-433.

108 Zur Inszenierung des 1. Mai 1933 vgl. Eberhard Heuel: Der umworbene Stand. Die ideologische Integration der Arbeiter im Nationalsozialismus 1933-1935. Frankfurt am Main u. a. 1989, S. 96f. und S. 581f.

6.6   Die Rezeption des Arbeiterfunks - innerhalb der gewerkschaftlichen Öffentlichkeit und durch die Arbeiterhörer

Über die Aufnahme der Arbeiterfunksendungen durch die Hörerinnen und Hörer sowie die Beurteilung der Beiträge durch die Gewerkschaften ist nur wenig bekannt. Die Rezeptions- und Hörerforschung steckte noch in den Kinderschuhen,[109] und die Gewerkschaften äußerten sich nur selten zum Thema Rundfunk. Abgesehen von der schon erwähnten Umfrage des ADGB-Bundesvorstandes vom November 1928[110] und einer weiteren, an dieser Stelle zu berücksichtigenden vom Januar 1930, liegen keine Stellungnahmen der Freien Gewerkschaften zu den Arbeitersendungen vor. Immerhin können sie aber einige Hinweise zur Aufnahme der Beiträge liefern.

Zunächst jedoch einige Bemerkungen über den potentiellen Hörerkreis der Sendungen. Grundsätzlich läßt sich über die tatsächliche Hörerzahl der Arbeitersendungen dann nur spekulieren. Die wenigen Ansätze einer Hörerforschung, die zumeist von Rundfunkzeitschriften initiiert worden waren, gaben keine Auskunft über die Rezeption einzelner Sendungen; sie beschränken sich darauf, die Vorlieben des Publikums für bestimmte Programmsparten in Erfahrung zu bringen.[111] Bei der Einschätzung des Arbeiterfunks sind wir auf Befragungen angewiesen, die der Arbeiter-Radio-Bund Anfang der dreißiger Jahre durchführte und deren Ergebnisse er in seinem Organ veröffentlichte.

6.6.1 Arbeiterhörer - "Die Hauptstütze des Rundfunks"?[112]

Anfang 1927 registrierte die Reichspost über eineinhalb Millionen angemeldete Radiogeräte in Deutschland; ihre Zahl steigerte sich bis Ende 1932 auf 4,2 Millionen.[113] Die Mehrheit der Rundfunkhörer lebte in den großen Städten - 1934 44,3 Prozent. Davor lag der Anteil eher noch höher.[114] Arbeiterhörer waren, entgegen der Annahme der Gewerkschaften, deutlich unterrepräsentiert. Dies bewies spätestens die Rundfunkstatistik der Oberpostdirektionen von 1930, die die (angemeldeten) Rundfunkhörer nach ihrer Stellung im Beruf (Selbständige und Betriebe; Beamte und Angestellte; Arbeiter) und der Beschäftigung in den verschiedenen Erwerbssektoren (Land- und Forstwirtschaft, Fischerei; Industrie und Handwerk, einschließlich Bergbau; Handel und Verkehr; Verwaltung, Heerwesen, Kirche und freie Berufe; Gesundheitswesen, Wohlfahrtspflege; Häusliche Dienste; ohne Beruf oder Berufsangabe, Schüler, Studenten) gliederte. Da-

---

109 Vgl. dazu: Hansjörg Bessler: Hörer- und Zuschauerforschung. München 1980, S. 17-33.

110 Vgl. Kapitel 4.5.

111 Vgl. die Leserbefragungen der Zeitschrift "Der deutsche Rundfunk" vom Mai/Juni 1924, sowie einige spätere Umfragen von Rundfunkgesellschaften, deren Ergebnisse abgedruckt sind in: Hansjörg Bessler: Hörer- und Zuschauerforschung, a.a.O., S. 21-30.

112 Vgl. "Die Radio-Rückschau", in: Hamburger Echo, Nr. 156, 7.6.1930.

113 Vgl. die Zahlen bei Heinz Vollmann: Rechtlich-wirtschaftlich-soziologische Grundlagen der deutschen Rundfunk-Entwicklung. Leipzig 1936, S. 67.

114 Vgl. ebenda, S. 229f.

nach standen reichsweit mit 36 Prozent Beamte und Angestellte an der Spitze der Rundfunkteilnehmer (ihr Anteil an den Erwerbstätigen betrug 1925 nur 17 Prozent), es folgten Selbständige/Betriebe mit 30 Prozent (Anteil der Selbständigen 1925: 15,9 Prozent).
Arbeiter kamen nur auf einen Anteil von 25 Prozent, obwohl sie 46 Prozent der Erwerbstätigen stellten; neun Prozent machten Schüler, Studenten und Hörer ohne Be-
ruf/ohne Berufsangabe aus. Auch in absoluten Zahlen rangierten die Arbeiter erst an
dritter Stelle. Während nur 13,7 Prozent aller Industriearbeiterhaushalte über ein eigenes
Gerät verfügten, war dies bei 41,1 Prozent der Angestellten und Beamten in der Industrie der Fall. Die höchste Rundfunkdichte wies diese Berufsgruppe im Erwerbssektor
Gesundheitswesen/Wohlfahrtspflege mit 62,8 Prozent auf. Insgesamt besaß fast die
Hälfte aller Beschäftigten dieses Bereiches einen Radioapparat, während im Landwirt-
schaftssektor nur 6,8 Prozent aller Haushalte ein Rundfunkgerät sein eigen nennen
konnte.[115]

Noch unter dem Reichsanteil lag der entsprechende Prozentsatz der Arbeiterhörer
zum Beispiel in Hamburg,[116] wo der Berichterstatter des "Hamburger Echo" nur unter
Anstellung komplizierter Rechenvorgänge auf 33,7 Prozent "werktätige" Hörer aus
"Industrie, Bergbau und Baugewerbe" kommen konnte.[117] Um ihr Argument gegenüber
den Rundfunkgesellschaften aufrechterhalten zu können, die Arbeiterschaft stelle den
Großteil der Gebührenzahler und müsse deshalb auch entsprechend im Programm berücksichtigt werden, waren die Arbeitervertreter schon gezwungen, Arbeiter, Angestellte und Beamte jeglicher Couleur zusammenzuzählen, gleichgültig ob die sich jetzt als
Werktätige oder Arbeiter empfanden oder nicht.

Besonders überraschen mußte die Tatsache, daß Bezieher niedrigerer Einkommen,
und dazu zählten nun einmal Arbeiter, unter den Rundfunkhörern eher unterrepräsentiert
waren, nicht. Anfang November 1930 berichteten Teilnehmer der Reichskonferenz des
Arbeiter-Radio-Bundes, zu der wegen der bereits "verheerenden" Arbeitslosigkeit nur
wenige der 400 Gruppen überhaupt einen Vertreter hatten entsenden können, daß die
Organisation in ärmeren Gegenden "Hunderte von Mitgliedern" besitze, die sich ein eigenes Rundfunkempfanggerät gar nicht leisten könnten. Ortsgruppen von 30 Mitgliedern, bei denen nur vier einen Apparat besäßen, seien keine Seltenheit. Daneben fänden
sich Gruppen, bei denen der gesamte Vorstand jetzt arbeitslos sei und auch das letzte
Mitglied die Teilnahme am Rundfunkempfang habe aufgeben müssen, weil es die Ge-

---

115 Vgl. die Zahlen, in: Funk, H.33,16.8.1931, S. 258, sowie Jacob Blauner: Wer hört, und wer hört
     nicht? Gliederung der deutschen Rundfunk-Teilnehmer nach Beruf und sozialer Stellung, in: ebenda,
     S. 257ff. Zur Aufschlüsselung der Erwerbstätigen nach der Stellung im Beruf vgl. die Tabelle in:
     Heinrich-August Winkler: Der Weg in die Katastrophe. Arbeiter und Arbeiterbewegung in der Wei-
     marer Republik 1930 bis 1933. 2. Aufl. 1990, S. 94.

116 Der Anteil betrug 23,9 Prozent im Bereich der Oberpostdirektion Hamburg gegenüber 25,6 Prozent
     im Reichsdurchschnitt. Vgl. die Angaben, die der Vorsitzende des Norag-Kulturbeirates auf dessen
     Sitzung am 21.3.1931 machte, in: StA Hamburg, Staatliche Pressestelle I, Z II Bb1, Sitzungen des
     Kulturbeirats der Nordischen Rundfunk-Aktiengesellschaft 1927-1932.

117 Vgl. "Die Radio-Rückschau", in: Hamburger Echo, Nr. 156, 7.6.1930.

bühr nicht mehr bezahlen konnte.[118] Die Einkommen von Angestellten und Beamten, selbst wenn sie zu den niedrigen Einkommensgruppen zählten, sanken in der Weltwirtschaftskrise in wesentlich geringerem Umfange als die von Arbeitern.[119] Außerdem waren sie von der Arbeitslosigkeit in deutlich geringerem Maße betroffen als andere Arbeitnehmer.[120]

Rechnete man Arbeiter, Angestellte und Beamte zusammen, so kam man 1930 auf knapp zwei Millionen abhängig Beschäftigte, die die Gewerkschaften mit ihren Sendungen hätten ansprechen können. Da man in der zeitgenössischen Statistik davon ausging, daß die Zahl der angemeldeten Geräte mit dem Faktor vier zu multiplizieren wäre, um die Hörerzahl zu ermitteln, erhöhte sich der potentielle Empfangskreis der Arbeitersendungen auf acht Millionen. Wieviele dieser acht Millionen den Arbeiterfunk tatsächlich einschalteten, ist nicht bekannt. Anfang 1930 versuchte der ADGB dies wenigstens für seine Mitglieder in Erfahrung zu bringen.

6.6.2 Eine Umfrage des ADGB

Im Zusammenhang mit Gesprächen bei der Deutschen Welle über die Zukunft der Arbeiterstunde verschickte der ADGB-Bundesvorstand am 9. Januar 1930 ein Rundschreiben an die Bezirkssekretäre, in dem er diese bat, herauszufinden, ob "in den Kreisen der organisierten Arbeiterschaft" überhaupt Interesse für Sendungen sozialpolitischer und arbeitsrechtlicher Art bestehe. Er forderte die Bezirke auf, festzustellen, "wie das Urteil der Arbeiterhörer über die jetzt gebotenen Programme lautet bzw. nach welcher Richtung hin Änderungen erwünscht sind." Außerdem erkundigte sich der Bundesvorstand, ob man in den jeweiligen Landesteilen die Deutsche Welle überhaupt empfangen könne. Ferner regte er an, Hörabende mit anschließenden Aussprachen durchzuführen.[121]

Als erster Bezirk antwortete Hessen. Von dort hatte man bereits Ende 1928 mitgeteilt, daß sich "auf Grund der gewerkschaftlichen Rundfunkvorträge" sehr viele Leute aus den ländlichen Gegenden an das Arbeitersekretariat in Frankfurt gewandt hätten, um sich nähere Auskünfte zu den behandelten Gegenständen einzuholen. In den Augen des Bezirks erfüllten die Vorträge damit eine echte Service- und Informationsfunktion für

---

118 Vgl. "Der ARB vor neuen Aufgaben. Rückblick auf eine erfolgreiche Tagung", in: Arbeiterfunk, H. 46, 14.11.1930, S. 496f., dort S. 496.

119 Sanken die Realeinkommen der Arbeiter seit 1929 bis 1932 kontinuierlich, so stiegen die von Angestellten und Beamten von 1929 bis 1930 noch. Erst ab 1932 erlitten diese Berufsgruppen Einkommensverluste. 1932 betrug das Realeinkommen von Angestellten nur noch 85,3 Prozent dessen von 1929, das der Beamten aber 98,8 Prozent, während Arbeiter mit 62,4 Prozent eindeutig am stärksten von der Wirtschaftskrise betroffen waren. Zur Entwicklung der jährlichen Realeinkommen der verschiedenen Arbeitnehmergruppen in den Jahren 1929 bis 1933 vgl. Heinrich-August Winkler: Der Weg in die Krise, a.a.O., S. 79-87.

120 Vgl. Hans Speier: Die Angestellten, a.a.O., S. 71-74.

121 Vgl. das Rundschreiben Nr 3 des ADGB-BV an die Bezirkssekretäre v. 9.1.1930, in: HiKo NB 452 Rundfunk 1925-1931.

Mitglieder und Nichtmitglieder, die es zu erhalten galt.[122] Im Januar 1930 bestätigte das Bezirkssekretariat seine Ansicht vom Dezember 1928; es schätzte die Zahl der Radiohörer aus Arbeiterkreisen als "recht umfangreich" ein; was Hörerwünsche nach mehr Gewerkschaftsbeiträgen anging, reagierte es jedoch skeptisch. Für den Südwestdeutschen Rundfunk beurteilte der Bezirkssekretär die Situation so, daß er an eine Erweiterung der Sendezeit für die Arbeiterstunde nicht glaubte - ohnehin führe man schon einen ständigen Kampf darum, daß die samstäglichen Vorträge auf eine Zeit nach 19.00 Uhr gelegt würden, weil viele Hörer am Samstagnachmittag nicht zu Haus seien. Zum anderen beobachte man, daß "leichte Musikdarbietungen" den größten Anklang auch bei der Arbeiterbevölkerung fänden, die es vorziehe, sich am Abend von den Mühen des Tages ablenken zu lassen. Von der Anregung des Bundesvorstandes, in Volks- und Gewerkschaftshäusern Lautsprecher aufzustellen, um dort gemeinsam Vorträgen zu lauschen und anschließend über das Gehörte zu diskutieren, hielt Bezirkssekretär Grötzner nicht viel. Aber er versprach, eine Umfrage unter Arbeiterhörern veranstalten und deren Ergebnis dem Bundesvorstand mitteilen zu wollen.[123]

Für den Bezirk Bayern berichtete der Angestellte des ADGB aus Nürnberg, Erhard Kupfer, über die zweimal pro Monat von der Deutschen Stunde ausgestrahlte "Stunde der Arbeit":

> *"Aus Gewerkschaftskreisen habe ich Zuschrift bekommen, daß man mit dieser Neueinrichtung sehr zufrieden ist, und daß man die Stunde der Arbeit nicht mehr missen möchte."*[124]

Etwas mehr Mühe hatte sich der Vorsitzende des Bezirks Hamburg gemacht. Er hatte sich mit dem Vorsitzenden des Arbeiter-Radio-Bundes, Hamburg, in Verbindung gesetzt, der auch Mitglied im Kuratorium der "Stunde der Werktätigen" bei der Norag war, um von diesem nähere Informationen einzuholen. Der schätzte, daß etwa ein Fünftel oder 50 000 der 250 000 Rundfunkteilnehmer im Gebiet der Oberpostdirektion Hamburg die von den Gewerkschaften geförderten sozialpolitischen Vorträge einschalteten. Allerdings ging er auch davon aus, daß von den 50 000 20 000 den Apparat abstellten, wenn sie merkten, daß es sich "nur" um einen Vortrag handelte. Aber auch diese Zahl sei doch immer noch sehr beachtenswert, könne man eine solche Menge doch nie in einer Versammlung erreichen.[125] Zum Empfang der Deutschen Welle meinte er, daß nur "verhältnismäßig wenige" deren Programm hörten, da die unter der Arbeiterschaft verbreiteten Radiogeräte dies in den meisten Fällen technisch gar nicht zuließen.

Der Bezirk Württemberg meldete am 25. April 1930, nach "entsprechenden Erhebungen" auf seinem Gebiet könne er mitteilen, daß das Interesse der "organisierten Arbeiterschaft" am Radio sehr groß sei. Allerdings differenzierte er deutlich zwischen der Masse der Arbeiter und den organisierten und durch die Arbeiterbewegung geschulten

---

122 Vgl. das Schreiben des Bezirkssekretariats Hessen v. 18.12.1928 an den ADGB-BV, in: ebenda.

124 Vgl. das Schreiben Grötzners v. 16.1.1930 an den ADGB-BV, in: ebenda. Ob es zu der Umfrage gekommen ist, war nicht zu ermitteln.

124 Vgl. das Schreiben Kupfers v. 17.1.1930 an den ADGB-BV, in: ebenda.

125 Vgl. das Schreiben des Bezirks Hamburg v. 21.1.1930 an den ADGB-BV, in: ebenda.

Arbeitern, die im Laufe der Jahre gelernt hätten, die einzelnen Rundfunkangebote mit "entsprechendem Abstand" zu beurteilen. Unsicher zeigte er sich allerdings darüber, ob dies auch für die vielen anderen Hörer gelte, die alle Darbietungen "kritiklos und rein gefühlsmäßig" über sich ergehen ließen. Nichtsdestotrotz plädierte er für den weiteren Ausbau der Arbeitersendungen, die bei der Sürag mehr noch als anderswo ein Schattendasein führten.[126]

Die anderen Bezirke gingen auf die Fragen Knolls nicht ein und schickten nur Listen der von ihnen bei der jeweiligen Regionalgesellschaft gehaltenen Vorträge nach Berlin; zur Rezeption der Sendungen enthielten ihre Schreiben keine Angaben.

Am 3. Mai 1930 sandte Knoll eine Kopie des Briefes aus Stuttgart an die Deutsche Welle[127], um die vom dortigen Direktor in einem Gespräch mit ihm vertretene Auffassung, wonach die Arbeitersendungen nur auf wenig Resonanz stießen, zu widerlegen. Durch die Bemühungen des ADGB-BV konnte so zwar verhindert werden, daß die Arbeiterstunde bei der Deutschen Welle eingeschränkt wurde, nicht jedoch, daß die Rundfunkgesellschaft für sie jetzt mehr Sendezeit zur Verfügung gestellt hätte.

Ohnehin legten die wenigen bekannt gewordenen Umfrageergebnisse - auch unter Arbeiterhörern - eher den Schluß nahe, daß ein Bedarf nach mehr Vorträgen nicht bestand, was nicht hieß, daß die Befragten auch Hörspiele oder Hörszenen und Reportagen aus der eigenen Erlebniswelt abgelehnt hätten. Nur machten diese um 1930 bloß einen Bruchteil der Arbeitersendungen aus, während eher langatmige Vorträge dominierten.

6.6.3 Arbeiter-Programmwünsche

Insgesamt gingen die Vorstellungen darüber, was Arbeiter und Arbeiterinnen hören wollten, weit auseinander. Nicht nur zeigten sich erhebliche Differenzen zwischen der Einschätzung der Hörerwünsche durch die Rundfunkdirektoren und der Realität,[128] Meinungsverschiedenheiten taten sich auch innerhalb der sozialdemokratischen Arbeiterbewegung auf, wie die im "Neuen Rundfunk" im Frühjahr 1927 zwischen dem Redakteur des "Hallesches Volksblattes", Felix Habicht, und dem Redakteur der "Leipziger Volkszeitung" und Mitglied des Leipziger Arbeiter-Radio-Klubs, Jacob Blauner, ausgetragene Kontroverse zeigt. Habicht hatte die Leser der Rundfunkbeilage seiner Zeitung aufgerufen, sich zum Programm des Mitteldeutschen Rundfunks zu äussern. "Der Neue Rundfunk" druckte in seinem Heft 14/1927 Auszüge aus den Zuschriften "einfacher Arbeiter" ab. Ein Kriegsbeschädigter aus Brottewitz freute sich über die

---

126 Vgl. das Schreiben des Bezirks Württemberg v. 25.4.1930 an den ADGB-BV, in: ebenda.

127 Vgl. das Schreiben Knolls v. 3.5.1930 an Direktor Schubotz, in: ebenda.

128 Vgl. die Debatte auf der Programmrats-Tagung im Juni 1928, wo mehrere Rundfunkdirektoren die Bedürfnisse der Arbeiterhörerschaft zu erkunden suchten, in: Protokoll der Tagung am 6./7. Juni 1928, in: BA Koblenz, R78/888. Vgl. dazu Kapitel 4.3.

täglichen Nachmittagskonzerte und über Hörspiele wie "Kater Lampe"[129] und "Der Biberpelz". Ein Buchdrucker aus Merseburg wünschte "Musik aus Opern und Operetten, auch mal Militärmusik [An dieser Stelle merkte die Redaktion an, der Schreiber meine Marschmusik, keine militärisch-monarchistische Musik, F. M.], ab und zu ein Hörspiel, Heitere Abende, Freiheitsdichtungen, mehr Volksabende". Ein anderer Arbeiter aus Merseburg sprach sich für "leichte Operettenmusik, volkstümliche Orchesterkonzerte und Bunte Abende" aus. Die meisten votierten für Unterhaltung und leichte Musik am Abend, um sich zu entspannen.[130] Der Programmvorschlag, den Habicht daraufhin machte,[131] entsprach genau den Wünschen seiner Leser, forderte aber eine bitterböse Replik Jacob Blauners heraus, die dieser in Heft 20 unter der Überschrift "Das Programm des Kleinen Mannes" veröffentlichte. Blauner, der bereits Anfang 1926 die Überzeugung vertreten hatte, daß es Aufgabe des Rundfunks sei, den Arbeitermassen Bildungsmaterial zu liefern, mit dem sie in ihrer spezifischen Situation etwas anfangen konnten,[132] bemängelte das vollständige Fehlen von Vorträgen in Habichts Programmschema und warf ihm vor, Kleinbürgern das Wort zu reden und der Bequemlichkeit der proletarischen Hörer nachzugeben, anstatt seiner Pflicht als "Arbeiterführer" Genüge zu tun und erst das Interesse für anspruchsvollere Musik und bildende Vorträge zu wecken.

Weil Blauners Anliegen repräsentativ ist für die Intentionen vieler sozialdemokratischer Bildungs- und Kulturpolitiker in der Weimarer Republik, soll an dieser Stelle ein Abschnitt aus einem seiner Artikel im "Arbeiterfunk" zitiert werden. Nachdem Blauner eingeräumt hatte, daß vielen Arbeitern das rechte Verständnis für anspruchsvollere Darbietungen des Rundfunks fehle, fuhr er fort:

> *"Warum aber? Weil er nur Bier trinken kann und nichts als Bier kennt, schmeckt ihm kein Wein. Handelt man in seinem Interesse, wenn man dann ausschließlich Bier für ihn fordert, weil er sich keinen Wein zu wünschen versteht oder wagt? Weil in der Volksschule die musikalische Bildung nicht über 'Der Mai ist gekommen' und 'Heil, Kaiser, dir' hinausgeht, fehlt es an Vorkenntnissen, um klassische Musik genießen zu können. Deshalb klassische Musik ablehnen hieße, sich mit den zu bekämpfenden Ursachen der Unkenntnis abfinden, die schädlichen Wirkungen nicht beseitigen zu wollen. Soll die Bequemlichkeit und Billigkeit des Rundfunks wirklich nur den Sinn haben, jene kleinen Unterhaltungen, die man dem Proleten gnädigst eingeräumt hat, ihm nun in Massen zu liefern? Es ist wahr, daß sich die Arbeiter größtenteils zufrieden geben würden, wenn ihnen das Radio nicht mehr geben würde, als die Musik, an die sie von ihren Vereins-Vergnügen, von ihren*

---

129 Bei "Kater Lampe" handelte es sich um eine 1902 in Breslau uraufgeführte Komödie des sozialdemokratischen Dramatikers und Journalisten Emil Rosenow (1871-1904), die im erzgebirgischen Spielzugmachermilieu angesiedelt ist und am Rande die sozialen Auseinandersetzungen der "kleinen Leute" mit der "Obrigkeit" schildert. Vgl. Karl Heinz Berger: Schauspielführer in zwei Bänden. Bd. 1. Berlin (O) 1988, S. 988f.

130 Vgl. Felix Habicht: Zur Programmgestaltung. Eine Umfrage unter mitteldeutschen Arbeitern, in: Der Neue Rundfunk, H. 14, 3.4.1927, S. 371.

131 Vgl. ebenda.

132 Vgl. Jacob Blauner: Dem Proletariat die Bildungsarbeit des Rundfunks!, in: Der Neue Rundfunk, H. 4, 25.4.1926, S. 76.

Biergärten her gewöhnt sind. Was aber wäre die Aufgabe ihrer Führer, wenn nicht die, den unbewußten Wünschen dieser Masse Ausdruck zu verleihen, wenn nicht die, den Massen deutlich umrissene Ziele zu setzen für die dumpfen, ungeklärten und gehemmten Triebe in ihr? Und eines der Ziele, die die Führer aufstellen, und nicht zu Unrecht, ist das nach einer Erweiterung des geistigen Horizonts, einer Erhöhung des geistigen Niveaus der Arbeiter in bewußtem Gegensatz zu der be-scheidenen Selbstbeschränkung."[133]

Zwei Nummern später antwortete Felix Habicht auf Blauners Anwürfe. Er hielt seinem Kontrahenten vor, die Welt nur so zu sehen, wie er sie sehen wolle, und nicht so, wie sie wirklich sei. Als warnendes Beispiel führte er die rückläufige Bedeutung der Arbeiterpresse an, die zuviel Politik, zuviel Theorie und Agitation bringe und dabei vergesse, daß der Mensch auch noch andere Interessen habe. Weil die Arbeiterpresse diese vernachlässigt habe, seien die Massen der Arbeiter zur bürgerlichen Generalanzeigerpresse abgewandert, da diese ihren Bedürfnissen Rechnung trage. Bildung und Wissensvermittlung sei zwar gut und schön, müsse aber im Einklang mit dem berechtigten Anspruch der Arbeiterbevölkerung nach Unterhaltung stehen.[134]

Dieser in den Spalten der Arbeiter-Rundfunk-Zeitung ausgetragene Streit offenbarte das ganze Dilemma, in dem sich "fortschrittliche" oder "linke" Rundfunkarbeit befand und immer noch befindet: einerseits den eigenen Anspruch auf Aufklärung und seriöse Information aufrechtzuerhalten, andererseits die "Massen" auch tatsächlich zu erreichen; sie in ihren Wünschen ernst zu nehmen und gleichzeitig die aufgrund größeren Wissens und besserer Ausbildung gewonnene Erkenntnis in komplexe Zusammenhänge weiterzuvermitteln und durchzusetzen.

Die Gewerkschaften mischten sich in diesen Streit nicht ein. Sie anerkannten das "berechtigte" Verlangen der Arbeiter nach Ablenkung und Zerstreuung, doch kümmerten sie sich nicht um die Inhalte von Unterhaltungssendungen. Von ihnen schien den Gewerkschaften weniger "Gefahr" auszugehen als von direkt politischen Beiträgen. Sozialdemokraten, die vor dem "versteckten" reaktionären Gehalt von "Funkbrettln" und anderen Unterhaltungssendungen warnten, standen mit ihrer Meinung eher allein. Dennoch scheint es aber eine Kluft gegeben zu haben zwischen dem, was angestellte Gewerkschaftsfunktionäre favorisierten, und dem, was die Mehrheit der Mitglieder bevorzugte. Der Intendant der "Deutschen Stunde in Bayern", Kurt v. Boeckmann, zitierte 1928 die bayerischen Gewerkschaften mit den Worten: "Wir verlangen das klassische Programm! Wir verlangen das gehobene Programm, und wir wollen nichts mehr wissen vom 'Platzl' und allen diesen Dingen."[135] Rundfunkkommissar Bredow bestätigte v. Boeckmanns Erfahrungen, meinte aber festgestellt zu haben, daß, was die Programmwünsche anbelange, zwischen den Vertretern und Führern der Arbeiterschaft und der

---

133 Jacob Blauner: Das Programm des Kleinen Mannes, in: Der Neue Rundfunk, H. 20, 15.5.1927, S. 563.

134 Vgl. Felix Habicht: Das Programm des kleinen Mannes, in: Der Neue Rundfunk, H. 22, 29.5.1927, S. 631.

135 Protokoll der Programmratstagung der Reichs-Rundfunk-Gesellschaft am 24.6.1928, in: BA Koblenz, R78/888.

Arbeiterschaft selbst ein großer Unterschied bestehe.[136] Die Meldungen, die der ADGB aus seiner Befragung der Bezirksausschüsse erhielt, scheinen dies für die Masse der Hörer zu bestätigen.

Der Chemnitzer SPD-Parteisekretär Otto Steinert hatte auch eine einleuchtende Erklärung dafür parat, weshalb Arbeiterhörer leichte Schallplattenmusik, Opern und selbst Operetten vorzogen: schon die Wohnverhältnisse der Arbeiterschaft verhinderten die angemessene Rezeption ernster Musik:

> *"Eine Arbeiterwohnung ist nun einmal kein Konzertsaal, in dem man sich dem Genuß eines guten Konzertes voll und ganz hingeben könnte."*[137]

Um Genaueres über die Programmwünsche der Arbeiterhörer zu erfahren, veranstaltete der Arbeiter-Radio-Bund Anfang 1931 eine Umfrage unter den Lesern des "Arbeiterfunk". In Heft 7 veröffentlichte er einen umfangreichen Fragebogen, der sich vor allem auf die Hörgewohnheiten und Wünsche der Hörerinnen und Hörer bezog. Über das Ergebnis der Fragebogen-Aktion, an der sich annähernd 17 000 Leserinnen und Leser beteiligten, berichtete der "Arbeiterfunk" in mehreren Ausgaben. In Heft 13/1931 teilte Valentin Latay mit, über welche Radiogeräte die Teilnehmer an der Fragebogenaktion verfügten. Demnach besaßen über die Hälfte (55,4 Prozent) einen 3-Röhren-Empfänger, über 30 Prozent einen 4-Röhren-Apparat, über 13 Prozent einen mit fünf und mehr Röhren und weniger als fünf Prozent ein selbstgebasteltes Gerät.[138] Auch dieser Befund läßt darauf schließen, daß es sich bei den Besitzern von Radiogeräten eher um Bezieher höherer Arbeitnehmereinkommen, also Angestellte und Beamte, vielleicht noch um bessersituierte Facharbeiter handelte, aus denen sich wahrscheinlich auch der Arbeiter-Radio-Bund rekrutierte. Darüber hinaus waren die Hörer/Bezieher des "Arbeiterfunks" laut Umfrage eher jung - fast zu 60 Prozent unter 35 Jahren, die überwiegende Mehrheit zwischen 25 und 35 (55,4 Prozent).[139] Von 16 820 Befragten, die Angaben zum Beruf machten, waren laut "Arbeiterfunk" 61,1 Prozent "Handarbeiter", 13,7 Prozent "Geistesarbeiter", 5,8 Prozent erwerbslos, 7,7 Prozent Kleinrentner und Invalide und 11,7 Prozent fielen unter die Kategorie "übrige Berufe". Was unter den einzelnen Rubriken zu verstehen war, teilte der "Arbeiterfunk" nicht mit; die Einteilung stammte jedoch von ihm, denn im Fragebogen sollten die Leser und Leserinnen (?) - nach dem Geschlecht war nicht gefragt worden - den derzeitigen Beruf oder die gerade ausgeübte Tätigkeit eintragen. In ihrer Zusammenfassung jedenfalls resümierte die Zeitschrift des Arbeiter-Radio-Bundes, es handele sich bei den Befragten um 80,6 Prozent (!) "ausgesprochen proletarische Hörer"; ihren Artikel überschrieb sie mit "Der berufstätige Hörer steht beim ARB".[140]

---

136 Vgl. ebenda.

137 Otto Steinert: Arbeiterschaft und Rundfunk, in: Arbeiterfunk, H. 20, 15.5.1931, S. 231f., dort S. 231.

138 Vgl. Valentin Latay: Die Arbeiterhörer antworten auf den Fragebogen im "Arbeiterfunk", in: Arbeiterfunk, H. 13, 27.3.1931, S. 149.

139 Vgl. Valentin Latay: Mehr Rundfunk für die jüngere Generation, in: Arbeiterfunk, H. 16, 17.4.1931, S. 3f.

140 Vgl. Valentin Latay: Der berufstätige Hörer steht beim ARB, in: Arbeiterfunk, H. 17, 24.4.1931, S. 195f.

Im Oktober 1931 druckte der "Arbeiterfunk" die Programmwünsche bayerischer Arbeiterhörer ab. Weshalb er gerade diese Gruppe ausgewählt hatte, darüber machte er keine Angaben. Bei der Bewertung des Ergebnisses sollte man aber vielleicht berücksichtigen, daß der Arbeiteranteil an der Gesamthörerschaft in Bayern weit unter dem Reichsdurchschnitt lag; 1930 wies die Statistik der Reichspost gerade einmal 6,8 Prozent der Rundfunkteilnehmer in Bayern als Arbeiter aus (im Reich betrug ihr Anteil 25,6 Prozent).[141]

Von 513 bayerischen Befragten gaben an, sie bevorzugten:

Märsche	*469 -*	*91,4 Prozent;*
Liedervorträge	*411 -*	*80,1 Prozent;*
Gesangschöre	*323 -*	*62,8 Prozent;*
Opern	*31 -*	*6,0 Prozent;*
Operetten	*394 -*	*76,8 Prozent;*
Hörspiele	*440 -*	*85,7 Prozent;*
Sinfoniekonzerte	*114 -*	*22,2 Prozent;*
Orchesterkonzerte	*468 -*	*91,2 Prozent;*
Unterhaltungskonzerte	*509 -*	*99,2 Prozent;*
Tanzmusik	*397 -*	*77,4 Prozent;*
Schallplatten	*507 -*	*98,7 Prozent;*
Heitere Vorträge	*421 -*	*85,9 Prozent;*
Ernste Vorträge	*304 -*	*59,2 Prozent;*
Wissenschaftl. Vorträge	*281 -*	*54,4 Prozent.*[142]

Valentin Latay vom Arbeiter-Radio-Bund zog daraus das Fazit: Der Arbeiter will am Radiogerät ausspannen. Aber die Tatsache, daß mehr als die Hälfte der Befragten, bei denen es sich ausschließlich um Arbeiter handelte, wie Latay extra betonte, noch wissenschaftliche Vorträge hörte, stimmte ihn doch optimistisch. Daß 204 der Hörer sich positiv über die am 16. Dezember 1930 und 3. Januar 1931 von der Deutschen Welle übertragene Diskussion zwischen dem Nazi-Wirtschaftsexperten Gottfried Feder und dem sozialdemokratischen Wirtschaftsfachmann Erik Nölting äußerten, obwohl danach gar nicht gefragt worden war, bestätigte das Ergebnis einer Umfrage in Chemnitz, an der sich 354 Hörer beteiligt hatten.[143] In Bayern sprachen sich 64 Prozent dafür aus, solche Sendungen noch oft zu wiederholen, und auch in Chemnitz standen auf die Frage, welche Sendeform man bei politischer und wissenschaftlicher Information bevorzuge, die Diskussionen an der Spitze, während nur wenige Vorträge für geeigneter hielten. Ledig-

---

141 Zur bayerischen Statisitk vgl. die Zeitschrift "Funk", H. 28, 10.7.1931, S. 217f.; zur Reichsstatistik "Funk", H. 33, 16.8.1931, S. 258.

142 Valentin Latay: Programmwünsche bayerischer Arbeiterhörer, in: Arbeiterfunk, H. 43, 23.10.1931, S. 522.

143 Vgl. Otto Steinert: Die Sonntag-Morgenfeiern und der Bildungshunger, in: Arbeiterfunk, H. 21, 22.5.1931, S. 246.

lich 100 von 354 Befragten kreuzten dort bei der Frage: "Wünschen sie mehr Vorträge als bisher?" die Antwort "Ja" an.[144]

Konsequenz der Hörermeinungen konnte - trotz aller Vorbehalte, die man, was die Repräsentativität der Teilnehmer an den Befragungsaktionen angeht, anmelden möchte - nur sein, daß man von seiten der Arbeiterbewegung bei den Rundfunkgesellschaften noch stärker darauf drängte, "hörfunkgerechte" Formen wie Spielszenen, Lehrstücke, Hörspiele, Reportagen, aber auch Diskussionen über politisch kontroverse Themen, in das Programm aufzunehmen und die Arbeiterstunden in dieser Hinsicht zu berücksichtigen.

Daß lebendigere Formen und aktuelle Themen bei den Arbeiterhörern auf Interesse stießen, zeigte die Reaktion auf das "Lehrspiel" "Dreher Schulz wird gekündigt", das die Deutsche Welle am 7. November 1931 im Rahmen der Sendereihe "Aus der Praxis des Arbeitsrechts" ausstrahlte. Bei dem Lehrspiel handelte es sich um ein funkisches Experiment: Es stellte Szenen einer Gerichtsverhandlung nach, in denen die Berechtigung einer Kündigung überprüft wurde. Die Sendung brach vor der Urteilsverkündung ab, und die Hörer wurden aufgerufen, selbst über das Urteil zu entscheiden und dies der Deutschen Welle mitzuteilen.[145]

Aus den Zuschriften hoffte man zu erfahren, welcher sozialen Schicht die Hörer entstammten und welchen Berufen sie nachgingen. Bei etwas über der Hälfte der Briefeschreiber ließ sich eine einigermaßen genaue Zuordnung vornehmen. Danach kamen 16,8 Prozent der Zuschriften "aus den Kreisen der werktätigen Bevölkerung". Unter ihnen befanden sich viele Dreher und Werkmeister - das waren die Berufe, die die Protagonisten des Lehrspiels ausübten. An zweiter Stelle standen mit 13 Prozent die Zuschriften "aus Kreisen der Kaufmannschaft". Frauen (Berufstätige und Hausfrauen) waren mit 6,8 Prozent vertreten. Es folgten mit 5,8 Prozent die Beamten, mit 4,3 Prozent die Akademiker ("vornehmlich Ingenieure"). Landwirte und Förster machten 2,2 Prozent, Angestellte 2,2 Prozent, Lehrer und Pfarrer ca. 2 Prozent und Angehörige Freier Berufe 1,4 Prozent aus.[146] Bei der hohen Dunkelziffer (fast 50 Prozent) und der etwas willkürlichen Einteilung der einzelnen Gruppen (die Kategorien waren wohl von der Deutschen Welle vorgegeben) - so fragt man sich, weshalb "Angestellte" nicht zu den "werktätigen Kreisen" zählten bzw. welche Sondergruppe mit "Angestellte" gemeint war, (denn, daß ihr Anteil an der Hörerschaft der Sendung so gering gewesen sein soll, würde dem Anteil der Angestellten an den Rundfunkhörern allgemein widersprechen) - sind generalisierende Aussagen über die Hörerschaft natürlich schwer vorzunehmen. Der Verfasser des Artikels, der Pressereferent der Deutschen Welle, Kurt Wagenführ, jedenfalls wertete die Zusammenstellung (unwidersprochen) als Beleg dafür, daß das Lehrspiel wirklich an "die Berufsschichten herangetragen worden ist, für die es bestimmt war", nämlich an "den werktätigen Hörer".[147]

---

144 Vgl. ebenda.
145 Vgl. Hans-Jürgen Krug: Arbeitslosenhörspiele 1930-1933, a.a.O., S. 191-207.
146 Vgl. Kurt Wagenführ: Hörerbriefe erzählen, in: Arbeiterfunk, H. 48, 27.11.1931, S. 593.
147 Vgl. ebenda.

6.6.4 Wann hörten Arbeiter Radio?

Im Rahmen seiner Umfrage von 1931 versuchte der Arbeiter-Radio-Bund auch zu eruieren, zu welcher Zeit Arbeiter überhaupt Radio hörten, um damit den günstigsten Sendeplatz für die Arbeitersendungen bestimmen zu können. In Heft 21/1931 druckte der "Arbeiterfunk" die Ergebnisse für die Gaue Bayern, Süddeutschland, Hessen und Westdeutschland ab. Die Zusammenstellung der Hörzeiten basierte auf der Grundlage von 4 163 Personen. In Bayern schalteten Arbeiterhörer und -hörerinnen ihr Gerät hauptsächlich zwischen 7.00 und 8.00 Uhr (57,4 Prozent) am Morgen und dann wieder von 15.00 bis 22.00 Uhr ein, mit einer Spitze zwischen 18.00 und 19.00 Uhr (58 Prozent). In Süddeutschland (im Sendegebiet des Senders Stuttgart/Mühlacker) lag die Hörbeteiligung am Vormittag sehr niedrig, stieg um die Mittagszeit von 12.00 bis 13.00 Uhr auf über 60 Prozent (um diese Zeit wurde das Mittagskonzert ausgestrahlt), um danach wieder steil abzufallen. Die Haupthörzeit lag in der Region zwischen 19.00 und 22.00 Uhr. Hier ermittelte der Arbeiter-Radio-Bund Werte zwischen 74 und 97 Prozent. In Hessen (bzw. im Raum Frankfurt) lauschten den Darbietungen des Rundfunks die meisten zwischen 20.00 und 21.00 Uhr (61,6 Prozent); in Westdeutschland lag der Höhepunkt der Hörbeteiligung zwischen 19.00 und 21.00 Uhr.[148] Mitteldeutsche Arbeiter hörten hauptsächlich zwischen 19.00 und 22.00 Uhr.[149] Die Angaben bezogen sich anscheinend nur auf die Arbeitswoche ohne Sonntag. Aus einer Umfrage des "Hamburger Echo" über die Hörgewohnheiten seiner Leser ging hervor, daß die meisten in der Zeit zwischen 19.00 und 23.00 Uhr das Radio einschalteten, weshalb der Kritiker der Zeitung forderte, der Rundfunk müsse seine Sendungen "aus soziologischen Gründen" in der Zeit von 19.00 bis 23.00 Uhr "vornehmlich" auf die Schicht der berufstätigen Hörer abstimmen.[150]

Die Kritik des "Hamburger Echo" entzündete sich vor allem daran, daß die Mittwochssendung der "Stunde der Werktätigen" bereits um 17.55 Uhr begann und somit wie andere Vorträge in der Zeit vor 19.00 Uhr von vielen Arbeitnehmerinnen und Arbeitnehmern gar nicht gehört werden konnte. Diese Tatsache, aber auch die Programmgestaltung der Rundfunkgesellschaften an Sonntagen hatte den Kritiker des "Hamburger Echo" bereits Mitte 1929 zu seiner Einschätzung veranlaßt, das Programm der Norag sei "summa summarum nur den Lebensverhältnissen bürgerlicher Hörerinnen und Hörer angepaßt" und werde ausschließlich von deren "Bräuchen und Zeitmaßen" bestimmt.[151] Besonders das Sonntagsprogramm provozierte immer wieder Kritik aus den Reihen der Arbeiterbewegung. Ein besonderer Dorn im Auge waren vielen Arbeiterhörern die sonn-

---

148 Vgl. Valentin Latay: Wann hört der süd- und westdeutsche Arbeiter?, in: Arbeiterfunk, H. 21, 22.5.1931, S. 245. Zu den Gründen für die unterschiedlichen Hörgewohnheiten vgl. ebenda.

149 Vgl. Valentin Latay: Wann hört der mitteldeutsche Arbeiter?, in: Arbeiterfunk, H. 7, 8.1.1932, S. 19.

150 Vgl. "Die Frage der Hörgestaltung", in: Hamburger Echo, Nr. 339, 8.12.1930.

151 Vgl. "Die Radio-Vorschau", in: Hamburger Echo v. 16.6.1929. Vgl. auch "Die Radio-Vorschau", in: Hamburger Echo, Nr. 31, 31.1.1931.

täglichen kirchlichen Morgenfeiern, die kein entsprechendes Pendant in weltlichen Feierstunden besaßen.[152]

Vergleicht man die Haupthörzeiten mit den Sendeplätzen der Arbeiterstunden, so kann man aber davon ausgehen, daß für die meisten Werktätigen die Möglichkeit bestand, die Sendungen auch abzuhören. Viele Rundfunkgesellschaften strahlten ihre Arbeiterstunde an einem Werktag nach 19.00 Uhr aus. Probleme dürfte es lediglich bei der Deutschen Welle gegeben haben, die zumindest in den Jahren 1926 bis 1930 die Arbeiterstunde auf die Zeit zwischen 17.30 und 18.30 Uhr gelegt hatte, und dies abwechselnd an allen Tagen von Montag bis Samstag. Das besserte sich erst ab 1931 mit dem neuen Sendeplatz: Samstag 19.00 Uhr. Unzufrieden zeigten sich auch die hessischen Gewerkschaften mit der Sendezeit am Samstag vor 19.00 Uhr. Sie bemühten sich seit 1928, die Frankfurter Rundfunkleitung davon zu überzeugen, daß die Anfangszeit der Arbeiterstunde nicht vor 19.00 Uhr liegen sollte,[153] was ihnen dann 1929 auch gelang.

6.6.5 Stimmen zum Arbeiterfunk

Während die Meinungen über die günstigsten Sendezeiten kaum differierten, gingen die Einschätzungen über Sinn und Zweck der Arbeiterstunden im Rundfunk sowie über ihren Wert für die organisierte Arbeiterbewegung weit auseinander. Am unumstrittensten waren noch die gewerkschaftlichen Vorträge über sozialpolitische und arbeitsrechtliche Fragen, denen man eine gewisse Ratgeber- und Lebenshilfefunktion für Mitglieder und Nichtmitglieder attestieren konnte. Gut kamen in der Regel auch Dskusssionsrunden und Zwiegespräche mit Beteiligten aus unterschiedlichen politischen und weltanschaulichen Lagern an, ebenso wie Sendungen, in denen Arbeiter und Angestellte selbst vor das Mikrophon traten und aus ihrem Arbeits- und Berufsleben erzählten. Aber es hagelte auch harsche Kritik. 1930 erklärte Arthur Crispien anläßlich eines Beitrages für ein Sonderheft des "Arbeiterfunk", die Arbeiterstunden der verschiedenen Sendegesellschaften entsprächen "viel zu selten" den Vorstellungen der Arbeiterbewegung:

"Neben den verhältnismäßig wenigen guten Darbietungen für die arbeitende Bevölkerung wuchert viel zu viel Unkraut. Viel zu viele Gedichte, Hörspiele und andere Darbietungen von zweifelhaftem Wert und gar nicht zweifelhafter Weltfremdheit geben unreife, mißverstandene, individuell zurecht geschusterte, unechte oder entstellte Auffassungen von dem Leben und Ringen der Arbeiter wieder. Sol-

---

152 Die Forderung, den Sonntagmorgen abwechslungsreicher zu gestalten und weniger kirchliche Sendungen zu übertragen, zog sich durch beinahe alle Vorschläge, die aus den Kreisen der sozialdemokratischen und kommunistischen Arbeiterbewegung zur Umgestaltung des Rundfunkprogramms kamen. Verknüpft waren sie oft mit dem Verlangen nach Freidenkerveranstaltungen und sozialistischen Morgenfeiern. Im Mai 1932 druckte das "Hamburger Echo" einen Vorschlag für ein alternatives Sonntagsprogramm ab, das zwar einiges über den Kritiker der SPD-Zeitung verrät, aber nicht unbedingt die Wünsche der Arbeiterhörer wiedergegeben haben muß. Vgl. "Wo bleibt die Reform der Sonntagsprogramme?", in: Hamburger Echo, Nr. 117, 14.5.1932.

153 Vgl. das Schreiben des ADGB-Bezirks Hessen v. 16.1.1930 an den Bundesvorstand, in: HiKo NB 452 Rundfunk 1925-1931.

che Darbietungen sind bestenfalls Spielereien oder ganz interessante Feststellungen, wie sich in manchen Köpfen die Welt der Arbeit malt. "[154]

Crispien nannte keine Namen oder Sendungen, aber sein Urteil trifft sicherlich auf die Auffassungen manches Rundfunkdirektors der Weimarer Republik zu, wie ein Blick in das Protokoll der Programmratstagung der Reichs-Rundfunk-Gesellschaft von 1928 zeigte.[155] Eine kritische Reaktion der Freien Gewerkschaften und der Sozialdemokraten blieb jedoch zumeist aus, wenn zum Beispiel ein Ernst Hardt 1929 über die unter seiner Ägide gestaltete Arbeiterstunde verlauten ließ:

"Der Westdeutsche Rundfunk hat in seiner Stunde des Arbeiters sich bemüht - und ich glaube nicht ohne Erfolg bemüht -, sich dem Menschlichen des Arbeiters nach bestem Einfühlungsvermögen jenseits aller Politik mit seelhaften Werten gegenüberzustellen. "[156]

Im Gegenteil, die sozialdemokratische "Rheinische Zeitung" in Köln druckte Hardts Beitrag für das Jahrbuch der Reichs-Rundfunk-Gesellschaft noch kommentar- und kritiklos nach,[157] während der "Arbeiterfunk" eine beißende Stellungnahme Valentin Latays unter dem Titel "Ernst Hardt und die Arbeiterschaft" veröffentlichte, in der er Hardt seine paternalistische Einstellung gegenüber der Arbeiterschaft vorhielt.[158]

1931 schilderte Trude Schulz - ebenfalls im "Arbeiterfunk" - wie Arbeiter im Radio dargestellt wurden:

"Die Rundfunkdarbietungen sehen und zeigen den Arbeiter fast immer als den proletarisierten Bürger, der unausrottbar die Sehnsucht nach seiner verlorenen bürgerlichen Welt sich bewahrt. [...] Gewiß auch der einzelne Proletarier kommt im Rundfunk zu Wort; er darf von seiner Arbeit, von seinen Nöten und von seinem Wollen erzählen. Das bedeutet aber nur, daß er als Motiv eingeschaltet wird, rasch auf- rasch abgeblendet, e i n e Episode unter vielen. Geist und Inhalt des übrigen Programms werden davon nicht weiter beeinflußt. "[159]

Das Episodenhafte, die Aussparung von Abhängigkeits- und Herrschaftsverhältnissen, die Herauslösung des Einzelnen aus seiner sozialen Umgebung verhinderten es, daß die Werktätigen ihre Klassenlage erkennen und damit auch verändern konnten. Vielfach werde ihnen nur Wissen ohne Bewußtsein vermittelt.

---

154 Arthur Crispien: Für eine gesunde Entwicklung, in: Sonderheft "Arbeiterfunktag 1930" des Arbeiterfunk, S. 6.

155 Vgl. Kapitel 4.3.

156 Ernst Hardt: Arbeiterschaft und Rundfunk, in: Jahrbuch der Reichs-Rundfunk-Gesellschaft 1929. Berlin o. J., S. 227-232, dort S. 230.

157 Vgl. Ernst Hardt: Arbeiterschaft und Rundfunk, in: Rheinische Zeitung, 14.9.1929.

158 Vgl. Valentin Latay: Ernst Hardt und die Arbeiterschaft, in Arbeiterfunk, H. 37, 13.9.1929, S. 366.

159 Vgl. Trude E. Schulz: Der proletarische Mensch im Funkprogramm, in: Arbeiterfunk, H. 26, 26.6.1931, S. 303f., dort S. 303.

*"Der Inhalt solcher Vorträge ist aus dem lebendigen Tag gleichsam herausdestil-
liert; Werktätige müssen ihn erst wieder mühevoll zu ihrer Welt in Beziehung setzen, um ihren Sinn zu erfassen."*[160]

Wenn man davon ausgeht, daß Crispien, Latay, Schulz und andere einen großen Teil
der Arbeitersendungen zutreffend beschrieben, dann verwundert es umso mehr, weshalb
die Kritik von seiten der Arbeiterbewegung im allgemeinen so zurückhaltend agierte,
oder sollte es etwa zugetroffen haben, daß die Mehrheit der Sozialdemokraten und vor
allem der Freien Gewerkschafter, wie es Siegfried Balden in der "Roten Fahne" formuliert hatte, "in den letzten Jahren in unglaublicher Ignoranz die reaktionärsten Rundfunkprogramme gut und schön fanden"?[161] Oder hielt man das, was unter den gegebenen Bedingungen zu erreichen war, immerhin für so erfolgreich, daß man die kleinen
Zugeständnisse nicht gefährden wollte?

Die Frage muß offen bleiben. Um allerdings nicht gar zu negativ über die Ergebnisse
der sozialdemokratischen und freigewerkschaftlichen Rundfunkarbeit zu urteilen, bleiben noch einige Ansätze "emanzipatorischer" Radioarbeit vorzustellen, deren Ausbau
und konzeptionelle Vertiefung der Aufstieg des Nationalsozialismus und der Übergang
von der Demokratie zur Diktatur verhinderten.

---

160 ebenda, S. 304.

161 Vgl. Siegfried Balden: Die Großmacht Rundfunk. Kritik und Forderungen für das Jahr 1928, in: Rote
     Fahne, Nr. 3, 3.1.1928.

6.7   Ansätze einer emanzipatorischen Rundfunkarbeit

6.7.1 Möglichkeiten der Hörerbeteiligung

Die Emanzipation der Arbeiterklasse aus unverschuldeter Unwissenheit und aus der Bevormundung durch bürgerliche Schichten galt auch noch in der Weimarer Republik als eines der "Essentials" sozialdemokratischer und freigewerkschaftlicher Politik. Um dies zu erreichen, war es nötig, die Massen durch Bildungs- und Kulturarbeit zu aktivieren und zur Selbsttätigkeit anzuregen. Diesem Ziel sollte potentiell auch die Rundfunkarbeit dienen. Auf welche Weise das Medium mithelfen konnte, "daß die Arbeiterschaft aus der passiven Rolle des Bettlers, des Almosenempfängers mitleidiger bürgerlicher Kreise in die aktive Rolle des Selbstgestaltens" versetzt würde,[162] diskutierte die Linke in der Weimarer Republik seit Ende der zwanziger Jahre. Ohne sich lange mit großen Theorien abzugeben, fragte man sich in den Reihen der Arbeiterbewegung ganz praktisch, auf welchem Wege die Arbeiterhörer an der Rundfunkarbeit beteiligt und in einen Gesprächszusammenhang mit den Verantwortlichen in den Funkhäusern gebracht werden konnten.

Grundsätzlich hätten sich mehrere Arten der Hörerbeteiligung angeboten: 1. als Mitarbeiter und Mitarbeiterin bei der Programmplanung in den sozialdemokratischen und gewerkschaftlichen Rundfunkausschüssen, 2. als Akteur und Akteurin vor den Mikrophonen, 3. als aktiver Rezipient/aktive Reziepientin beim Gemeinschaftsempfang, als Diskutant und Diskutantin und als Rundfunkkritiker und Rundfunkkritikerin. Alle drei Wege versuchte man innerhalb der sozialdemokratischen Organisationen zu beschreiten - mit unterschiedlichem Erfolg.

Am geringsten war die Partizipation sog. einfacher Mitglieder an der Arbeit der diversen Rundfunkausschüsse - seien es solche der Arbeiterorganisationen oder um die quasi institutionalisierten Gremien bei den Rundfunkgesellschaften. Zwar ist über deren personelle Zusammensetzung nur wenig bekannt; doch da, wo die Namen der Beteiligten zu ermitteln waren, handelte es sich hauptsächlich um örtliche bzw. regionale Partei- und Gewerkschaftsfunktionäre, die zumeist auch in der Bildungs- und Kulturarbeit engagiert oder hauptamtlich als Redakteure beschäftigt waren. Über diesen Kreis hinaus scheint das Interesse bei den Mitgliedern der Partei und der Gewerkschaften eher gering gewesen zu sein. Im März 1931 beklagte sich der Runfunkkritiker des "Hamburger Echo" (der wie oben schon angedeutet, wahrscheinlich identisch war mit dem Vorsitzenden des Arbeiter-Radio-Bundes Hamburg) über die fehlende Mitarbeit der Hörer im Vorbereitungsausschuß der "Stunde der Werktätigen".[163] Gleichzeitig rief er die Leser/Hörer auf, der Zeitung bzw. dem Kuratorium der "Stunde der Werktätigen" mitzuteilen, was ihnen an den Arbeitersendungen gefalle und was ihnen mißfalle und Verbesserungsvorschläge einzureichen. Diese Aufforderung stieß nur auf wenig Resonanz. Einen Monat später konnte man auf der Rundfunkseite des sozialdemokratischen Hamburger

---

162 Vgl. Valentin Latay: Ernst Hardt und die Arbeiterschaft, in: Arbeiterfunk, H. 37, 13.9.1929, S. 366.
163 Vgl. "Die Radio-Rückschau", in: Hamburger Echo, Nr. 80, 21.3.1931.

Organs lesen, auf den Aufruf vom März seien "nicht gerade viele" Zuschriften eingegangen.[164] Ob die Situation anderswo sehr viel positiver aussah, ist nicht bekannt. Ein
Indiz dafür, daß die inhaltliche Vorbereitung der Arbeiterstunden auf den Schultern nur
weniger Funktionäre ruhte, könnte aber die Tatsache sein, daß auch in den Ortsgruppen
des Arbeiter-Radio-Bundes die Programmgestaltung eine untergeordnete Rolle spielte -
jedendenfalls wenn man die Tätigkeitsberichte und Veranstaltungshinweise im "Arbeiterfunk" als Beleg nimmt.[165] Nicht viel anders verhielt es sich mit der direkten Beteiligung von Arbeitern und Angestellten an den Rundfunksendungen. Als Referenten traten
dort in der Regel ebenfalls Funktionäre auf, was allerdings bei der dominierenden Vortragsform auch nicht weiter verwundern muß, erforderte doch die Erstellung eines sendefähigen Manuskriptes einige Fertigkeit im schriftlichen Ausdruck, zumal die Referenten auch noch angehalten waren, sich klassenkämpferischer Rhetorik und eindeutig politisch besetzter Begriffe zu enthalten.

6.7.2 Arbeiterinnen und Arbeiter vor dem Mikrophon

Eine der am häufigsten von Freien Gewerkschaften und Sozialdemokratie vertretenen
Forderungen bezog sich auf eine direkte Artikulationsmöglichkeit für Arbeitnehmer vor
den Rundfunkmikrophonen. Arbeiterinnen und Arbeiter, Angestellte und Beamte sollten zu ihren Klassengenossen sprechen und sie für den gemeinsamen gewerkschaftlichen und politischen Kampf motivieren. Auch wenn die Zensoren in den Rundfunkhäusern dies eben zu verhindern suchten, griffen viele Rundfunkgesellschaften die Anregung auf, Arbeitnehmer von ihrem Beruf oder über ihr Leben berichten zu lassen. Sie
erwarteten sich von einer solchen Neuerung eine Verlebendigung des üblichen Vortragsprogramms und vielleicht die Gewinnung neuer Hörerschichten.

Die erste Sendegesellschaft, die Arbeitnehmer vor das Mikrophon holte, war die
Berliner Funkstunde. Sie startete ihr Experiment am 8. November 1926 unter dem Titel
"Mensch und Arbeit" mit dem Bericht eines Lokomotivführers "Einen Tag auf der Lo-
komotive". Die Sendefolge, innerhalb derer in den kommenden Wochen noch ein
Werkmeister, ein Briefträger, ein Techniker, eine Heimarbeiterin, ein Bankbeamter, ein
Zeitungssetzer, ein Buchhalter, ein Metallarbeiter, eine Verkäuferin, ein Tischler, ein
Artist, ein Maurer, ein Schuhmacher und ein Arbeiter aus einem chemischen Großbe-
trieb von ihrem Berufsleben erzählten, sollte allerdings weniger Berufskolleginnen und -
kollegen einander näher bringen als vielmehr die Allgemeinheit über die Rolle des jeweiligen Berufes im "Wirtschafts- und Kulturleben" des deutschen Volkes unterrich-

---

164 Vgl. "Wie denken Sie über die Veranstaltungen für die Werktätigen?", in: Hamburger Echo, Nr.107,
     18.4.1931.

165 Die Zeitschrift des Arbeiter-Radio-Bundes druckte in jeder Nummmer ein bis zwei Seiten lang Be-
     richte aus der Tätigkeit der Ortsgruppen und Bezirke ab. Hierauf stützt sich meine Aussage.

ten[166] und, wie es die Funkstunde formulierte, "einen Tiefblick in die verschiedensten Arbeitsgebiete und zugleich eine Bereicherung der Menschenkenntnis" liefern.[167]

Die Reihe wurde 1927 und 1928 unter dem neuen Namen "Mein Arbeitsplatz" fortgesetzt,[168] über ihre Rezeption liegen unterschiedliche Reaktionen vor. Der Geschäftsbericht des Berliner ADGB für 1927 meldete, daß "alle Vorträge bei den proletarischen Rundfunkhörern Anerkennung fanden",[169] die eher konservative Rundfunkzeitschrift "Funk" beschwerte sich darüber, daß der erste Redner, der Lokomotivführer aus den Reihen der Freien Gewerkschaften, die Schilderungen seines Arbeitsalltages mit gewerkschaftlichen Arbeitszeit- und Lohnforderungen "verquickt" habe; die "Rote Fahne" schrieb einige Wochen später über den Vortrag des Kellners Krause:

> *"Der Vortrag von Otto Krause über die Arbeit des Kellners war eine Enttäuschung. [...] Eine freigewerkschaftliche Note - vom proletarischen Klassenkampfgedanken ganz abgesehen - war nicht herauszuhören."*[170]

Ob dies Folge der Beschwerden von Arbeitgeberseite gegen einzelne Beiträge der Sendereihe war[171] oder ob der Kritiker der "Roten Fahne" nicht richtig hingehört hatte, muß offen bleiben.

Seit September 1928 strahlte die Schlesische Funkstunde die Reihe "Der Arbeitsmann erzählt" aus, die sich inhaltlich wohl am Berliner Vorbild orientierte und bei der wie in Berlin ausschließlich berufstätige Mitglieder der Richtungsgewerkschaften beteiligt waren. Obwohl es nach Angaben des Vorsitzenden des Freien Funkausschusses für Schlesien, Przybilski, am Anfang schwer gewesen sei, geeignete Arbeitnehmer zu finden, die einen sendefähigen Beitrag verfassen konnten, habe sich dies im Laufe der Zeit doch geändert:

> *"Die Gefahren des Berufes, die Schrecken der lang dauernden Arbeitslosigkeit und die damit verbundene Überalterung des Personals, besonders des kaufmännischen, und ähnliche Vorträge gaben genügend Stoff, um hierüber die interessantesten Vorträge zu halten."*[172]

Hatte es sich bei den beiden genannten Sendungen der Berliner und der Schlesischen Funkstunde um Vortragssendungen mit entsprechend vorgefertigten Manuskripten gehandelt, so bedeutete die Reihe "In Fabrikkontor und Werkstatt", die die Deutsche Welle im Dezember 1928 in ihr Programm aufnahm, eine echte Neuerung. Hier unterhielten sich Richard Woldt und der Leiter der Vortragsabteilung der Deutschen Welle, Dr. Karl Würzburger, mit Arbeitnehmern aus unterschiedlichen Branchen über Themen

---

166 Vgl. Karl Wilhelm: Neuerungen im Berliner Rundfunk, in: Der Neue Rundfunk, H. 32, 7.11.1926, S. 747.

167 Vgl. Das 4. Berliner Rundfunkjahr. Hrsg.v. der Berliner Funkstunde. Berlin 1927, S. 72f.

168 Vgl. 5 Jahre Berliner Rundfunk. Hrsg. v. der Berliner Funkstunde. Berlin 1928, S. 239f.

169 Vgl. ADGB-Ortsausschuß Berlin: 36. Geschäftsbericht für das Jahr 1927. Berlin 1928, S. 124.

170 "Radio der Woche", in: Rote Fahne, Nr. 84, 9.4.1927.

171 Vgl. Walter Baake: Maschine und Arbeiter, in: Der Neue Rundfunk, H. 8, 20.2.1927, S. 201.

172 Przybylski: Die Arbeiterschaft im schlesischen Rundfunk, in: Arbeiterfunk, H. 9, 1.3.1930, S. 114f., dort s. 115.

ihres Arbeits- und Berufslebens. Laut Angabe der Deutschen Welle sollten die Gespräche mit Industriearbeitern "die Stimmungen des Werktätigen in seinem Verhältnis zur beruflichen Umwelt reflektieren".[173] In der ersten Sendung am 1. Dezember 1928 hielt Woldt einen einleitenden Vortrag über das "Wesen der Fabrik". Er schilderte "die Struktur der beruflichen Umwelt des Arbeiters" und stellte die Fabrik "als technisches Kunstwerk" dar. In der folgenden Sendung beschäftigte sich Würzburger mit den "psychologischen Reflektionen des Industriearbeiters in seiner Arbeitswelt", ehe am dritten Abend dann die Werktätigen selbst zu Wort kamen. Am 19. Dezember 1928 berichtete der "Vorwärts" über diese Sendung:

> *"Sechs Personen sitzen an einem runden Tisch! Der Ministerialrat Prof. Woldt, die Arbeiterin am Fließband Marquard, der Wickler Timkowski, der Dreher Rooch, der Werkzeugmacher Goetz und Dr. Würzburger. Vor ihnen stehen zwei Mikrophone: die Deutsche Welle überträgt die von Woldt geleitete 'Arbeiterstunde', in der diesmal in der Form von Zwiegesprächen das Thema: 'Rationalisierung und Arbeiterfrage' behandelt wird. Vollkommen zwanglos, als ob man eben nur am Tisch säße, leitet Woldt die Diskussion ein. Die Fragen werden von ihm gestellt, das Wesen und die Form des Problems hat der Arbeiter von seinem Standpunkt aus selbst zu behandeln. Gleich nach der ersten Frage befindet sich die Gesellschaft mitten im Thema, das die Rationalisierung als Leistungssteigerung herausarbeitet und die fünf Gesichtspunkte der Arbeitstechnik, der Arbeitsorganisation, der Materialwirtschaft, der Energiewirtschaft und der Transportwirtschaft behandelt. Die Redner erkennen, daß die Rationalisierung eine Zwangsnotwendigkeit für unsere Wirtschaft darstellt, um sie auf dem Weltmarkt wettbewerbsfähig zu halten. Die Aufgabe besteht darin, eine Verbindung zwischen rationeller Arbeitswirtschaft und sozialer Menschen ökonomie zu finden. In diesem Sinne muß auch die Frage des Menschen im Produktionsprozeß zu behandeln sein."*[174]

Der in seiner Grundtendenz sehr euphorische "Vorwärts"-Artikel gipfelte in der Hoffnung, daß durch solche Sendungen der eine oder andere Hörer angeregt werden könne, selbst im Radio das Wort zu ergreifen:

> *"Das passsive Verhalten der Rundfunkteilnehmer wandelt sich in aktive Mitarbeit um, die in einer Unterhaltung vom Arbeiter durch das Mikrophon zum Arbeiter ihren stärksten Niederschlag findet."*[175]

Auch die folgenden Sendungen fanden den Beifall der sozialdemokratischen Presse,[176] nachdem sie schon vor dem Start auf große Zustimmung gestoßen waren. So hatte Felix Stiemer im "Vorwärts" betont, durch die neue Sendeform des Zwiegespräches mit Arbeitnehmern solle "die starre Schablone" durchbrochen werden, die bislang Redner

---

173 Vgl. "Zwiegespräche im Rundfunk", in: Arbeiterfunk, H. 51, 21.12.1928, S. 816.

174 "Der Arbeiter hört zu!", in: Vorwärts, Nr. 597, 19.12.1928, MA. Der Artikel ist auch abgedruckt in: Arbeiterfunk, H. 53, 28.12.1928, S. 834.

175 Ebenda.

176 Vgl. Fritz Segall: Der Arbeiter hört zu, in: Arbeiterfunk, H. 2, 11.1.1929, S.19

und Hörer "in zwei getrennte Parteien auseinanderreißt".[177] Das hieß im Grunde nichts anderes, als das Einbahnsystem zwischen Sender und Empfänger aufzubrechen, wie es etwa Bertolt Brecht forderte.[178] In der Konsequenz sollten die Hörerinnen und Hörer schließlich bei der Ausgestaltung und der Wahl der Themen mitbestimmen und auch selbst im Radio reden können.

Ob die Zwiegespräche aus Fabrik, Kontor und Werkstatt dem von Stiemer formulierten Anspruch gerecht wurden, muß allerdings bezweifelt werden. Die Themen waren von den Gesprächsleitern vorgegeben, eine eigentliche Diskussion fand nicht statt. Woldt und Würzburger konnten, wie Fritz Segall, der Geschäftsführer des Arbeiter-Radio-Bundes im "Arbeiterfunk" schrieb, die Unterhaltung in die Bahnen lenken, in der sie sie haben wollten.[179] Immerhin stellte die Sendung aber insofern einen Fortschritt dar, als keine vorformulierten Manuskripte mehr verlesen wurden und in dem einen oder anderen Fall Raum für spontane Äußerungen der Arbeitnehmer verblieb.

Bei der Werag begann im Oktober 1929 eine vierzehnteilige Funkreihe "30 junge Arbeiter berichten von ihrem Leben". Die Sendung ging auf ein Experiment des Redakteurs der "Rheinischen Zeitung", Georg Beyer, zurück, der als Leiter eines Jugendkurses am Freigewerkschaftlichen Seminar für Wirtschafts- und Sozialwissenschaften an der Universität Köln junge Arbeiter und Angestellte ihre Empfindungen und Erfahrungen in Arbeit und Leben sowie ihre Ansprüche an dieselben hatte niederschreiben lassen.[180] Nach drei einleitenden Vorträgen Professor Bruno Kuskes, dem Leiter des Freigewerkschaftlichen Seminars, über deren Inhalt nichts weiter zu erfahren war, "wurde in einer Verbindung zwischen niedergeschriebenen kurzen Mitteilungen der jungen Arbeiter und soziologischen und sozialpsychologischen Schlußfolgerungen Einsicht in eine bis dahin ziemlich unbekannte Welt gegeben."[181] Der Initiator der Reihe, Beyer, begründete sei-

---

177 Felix Stiemer: Achtung! Hier Welle 1250!, in: Vorwärts, Nr. 512, 29.10.1928, AA.

178 Bertolt Brecht, der als Autor von Lehrspielen für den Weimarer Rundfunk arbeitete (vgl. Peter Groth. Hörspiele und Hörspieltheorien in der Weimarer Republik. Studien zum Verhältnis von Rundfunk und Literatur. Berlin 1980, S. 175-244), beschäftigte sich seit 1927 in einigen kleineren Artikeln auch theoretisch mit den Möglichkeiten des Radios. In seinem Aufsatz "Radio - eine vorsintflutliche Erfindung" von 1927 (abgedruckt in: Bertolt Brecht: Gesammelte Werke 18. Schriften zur Literatur und Kunst I. Frankfurt am Main 1967, S. 119ff) kritisierte er vor allem die individualisierende und die Passivität fördernde Wirkung des Massenmediums Rundfunk, das sich nur durch die massenhaft gesteigerte Reproduktion alter Inhalte und alter Formen auszeichne. In den "Vorschlägen für den Intendanten des Rundfunks" (Berliner Börsen-Courier v. 25.12.1927, abgedruckt in: ebenda, S. 121ff.) forderte Brecht, die Herstellung politischer Öffentlichkeit, z. B. durch die Übertragung von Reichstagssitzungen oder Gerichtsverhandlungen, die Organisierung öffentlicher Dispute, um eine Kommunikationsmöglichkeit zwischen Rundfunk und Hörern zu schaffen. Die Organisation der Kommunikation zwischen Sender und Empfänger bildete denn auch die Grundlage für Brechts spätere Forderung, den Rundfunk von einem "Distributionsapparat" in einen "Kommunikationsapparat" umzuwandeln (Vgl. "Der Rundfunk als Kommunikationsapparat", 1932, in: ebenda, S. 127-134).

179 Vgl. Fritz Segall: Der Arbeiter hört zu!, in: Arbeiterfunk, H. 2, 11.1.1929, S. 19. In welche Richtung Woldts Intentionen zielten, ist unter anderem seiner Publikation "Die Lebenswelt des Industriearbeiters", Leipzig 1926, zu entnehmen.

180 Vgl. Georg Beyer: Der Passionsweg zum Rundfunk, in: Sozialistische Bildung, H. 1, 1930, S. 11ff., dort S. 13, sowie die Vorankündigung in der Rheinischen Zeitung v. 12.10.1929.

181 Georg Beyer: Arbeitsleben - wie es ist, in: Arbeiterfunk, H. 29, 17.7.1931, S. 345. Vgl. auch: Ders.: 30 junge Menschen über sich selbst, in: Die Werag, H. 42, 20.10.1929, S. 2f.

nen Anspruch 1930 so: Er wolle den Hörer mit Hilfe der Sendungen aus der Vereinzelung befreien umd zum Allgemeinen hinlenken. Dies sei möglich durch die Synthese individueller Arbeiterberichte und der wertenden Zusammenfassung sowie Gewichtung dieser Berichte durch eine wissenschaftlich und politisch gebildete Persönlichkeit. Seine Aufgabe sah er in der Abstaktion der Schilderungen im Hinblick auf die allen Arbeitern gemeinsamen Erfahrungen, Bedürfnisse und deren Bündelung zu Forderungen an Staat und Gesellschaft. Dies sei vor allem wichtig bei der zu beobachtenden abnehmenden direkten Kommunikation der Arbeiter untereinander auf Grund der veränderten Arbeitsorganisation in den Betrieben und zwischen den Arbeitern und ihren Organisationen.[182]

Von Januar bis März 1930 bereicherten von Hendrik de Man geleitete Gespräche mit Arbeitnehmern zum Thema "Mensch und Maschine" auch das Programm der Arbeiterstunde bei der Süwrag in Frankfurt am Main. De Man, der an der Akademie der Arbeit in Frankfurt unterrichtete, hatte 1927 eine Untersuchung veröffentlicht, die sich mit dem Verhältnis von Industriearbeitern und Angestellten zu ihrer Arbeit beschäftigte. Dieses Buch diente offenbar als Grundlage für die Sendereihe.[183] Nach einem einführenden Vortrag de Mans unterhielt dieser sich an fünf aufeinanderfolgenden Samstagen mit Werktätigen verschiedener Berufe über ihre Erfahrungen in der je eigenen Arbeitswelt. Der "Arbeiterfunk" schrieb dazu:

"Der erste Redner, ein Frankfurter Schreiner, der in der Tischlerwerkstatt einer Metallwarenfabrik beschäftigt ist, erzählte, wie die Herstellung verschiedener Teilprodukte mit Maschinen große Anforderungen und Verantwortung an den Arbeiter stellt. Die geistige Arbeit des Arbeiters wird im allgemeinen unterschätzt. Auch die Nachteile der Maschine wurden erörtert. Trotz guter Staubsauganlagen setzt sich der feine Staub auf die Atmungsorgane. Obwohl die Körperermüdung keine allzu große wird, ist die Nervenermüdung um so größer. Akkord- und Zeitstudiensysteme werden immer mehr ausgebaut und wirken sich zum Nachteil des Arbeiters aus. Für die Arbeit an der Maschine ist die Arbeitszeit viel zu lang, eine größere Erholungszeit ist unbedingt erforderlich. Bessere Entlohnung, eine Verlängerung des Urlaubs usw. könnten wesentlich dazu beitragen, die Arbeitsfreudigkeit des Arbeiters zu erhöhen. Auch durch einen größeren Anteil an dem Arbeitsertrage selbst und durch die Höherwertung des Arbeiters durch die Gesellschaft wäre die Arbeitsfreudigkeit zu fördern."[184]

In den weiteren Folgen nahmen ein Schwerarbeiter aus einem Hütten- und Walzwerk, ein ungelernter Arbeiter am Fließband, ein Metallarbeiter, eine Hausfrau und ein Landwirt Stellung zu ihrer Arbeit mit Maschinen.[185]

---

182 Vgl. Georg Beyer: Der Passionsweg zum Rundfunk, in: Sozialistische Bildung, H. 1, 1930, S. 11ff., dort S. 13.

183 Vgl. Hendrik de Man: Der Kampf um die Arbeitsfreude. Eine Untersuchung auf Grund von Aussagen von 78 Industriearbeitern und Angestellten. Jena 1927.

184 "Arbeiterstunde in Südwestdeutschland", in: Arbeiterfunk, H. 6, 7.2.1930, S. 68.

185 Vgl. ebenda.

Ende der zwanziger Jahre setzte schließlich ein wahrer Boom von Sendungen ein, die sich dem "Seelenleben" des Arbeiters annähern wollten, indem sie ihn dazu brachten, über seine berufliche Tätigkeit und über sein Privatleben zu sprechen. Die Zielgruppe solcher Sendungen sahen die Radiomacher dabei eher in einem bürgerlichen Publikum, das den Arbeiter als gewissermaßen exotisches Objekt entdeckt hatte, als in den Betroffenen selbst, oder wie es Theodor Geiger 1931 in der "Gesellschaft" formulierte:

> *"und nachgerade dämmert die Einsicht, daß der Industrieproletarier ein grundsätzlich anders strukturierter Typus mit anderen Wertungen, anderen Impulsen, anderen Daseinsformen als der Bürger sei. [...]. So sehen wir in jüngster Zeit zahlreiche bürgerliche Intellektuelle bemüht, die Seele des Industriearbeiters in ihrer Eigenart zu erfassen, zu deuten und zu schildern."*[186]

De Man gehörte zu den Mitgliedern der sozialdemokratischen Arbeiterbewegung, die glaubten, andere Gesellschaftsschichten würden den Forderungen der Arbeiterschaft nicht mehr so negativ gegenüberstehen, wenn sie nur über das Schicksal der Arbeiterbevölkerung aufgeklärt würden. Nicht umsonst forderte er in einem Vortrag über "Die Seele des Industriearbeiters" von seinen Zuhörern:

> *"Du kannst den Arbeiter verstehen, wenn du dich in die Lebensbedingungen des Arbeiters hineinversetzt, und dieses Verständnis ist der erste Schritt zu einer Neugestaltung der Gesellschaft."*[187]

Etwas niedriger hängte man die Gespräche mit Arbeitern und Angestellten in Hamburg, wo seit 1929 innerhalb der "Stunde der Werktätigen" in unregelmäßigen Abständen Arbeitnehmer unterschiedlichster Branchen zu ihrem Beruf befragt wurden. Der Kritiker des "Hamburger Echo" meinte dazu:

> *"Der Rundfunk erweist sich als einzigartiges Mittel zur Aufklärung der Massen über die Berufsverhältnisse und zur Berufsberatung."*[188]

Über den Vortrag eines Hafenarbeiters hielt er fest:

> *"In der 'Stunde der Werktätigen' erzählte Hafenarbeiter Emil Geiger aus seinem Arbeitstag. Erzählte in ungekünstelter Sprache und mit den fachlichen Ausdrücken seiner Branche. So bekam man ein unverfälschtes Bild von der harten, männlichen, dauernd von Lebensgefahr bedrohten Tätigkeit eines Schutenführers."*[189]

Doch wie die Sendungen von den Hörerinnen und Hörern aufgenommen wurden, darüber war nur wenig in Erfahrung zu bringen. Ein Indiz dafür, daß die Meinungen durchaus auseinanderdrifteten, ist die Leserzuschrift eines Arbeiters zur Folge "Ein

---

186 Theodor Geiger: Zur Kritik der arbeiterpsychologischen Forschung, in : Gesellschaft, Bd. 1, 1931, S. 237-254, Zitat S. 238.

187 Der Rundfunkkritiker des "Hamburger Echo" zitiert de Man so zustimmend in seinem Rückblick auf die Sendung "Die Seele des Industriearbeiters" in: "Die Radio-Rückschau", in: Hamburger Echo, Nr. 324, 23.11.1929.

188 "Die Radio-Rückschau", in: Hamburger Echo, Nr. 321, 21.11.1931.

189 "Die Radio-Rückschau", in: Hamburger Echo, Nr. 331, 30.11.1929.

Werftarbeiter". Was der Kritiker des "Hamburger Echo" als einen "wichtigen Beitrag zur Psychologie des Werftarbeiters" bezeichnet hatte,[190] empfand ein Arbeiterhörer ganz anders:

"Der Vortrag war fachlich gut, aber zu fachlich, es war eine Arbeit eines Ingenieurs, nicht eines Arbeiters."[191]

In Köln knüpfte Georg Beyer 1930 an seine Erfahrungen mit den Jungarbeiterberichten an und schlug der Werag eine neue Reihe unter dem Titel "Der westdeutsche Arbeitsmann" vor, die ab dem 26. November 1930 zu hören war. Ziel der Sendefolgen war es, "das wirkliche Leben des deutschen Arbeiters" zu zeigen.[192]

Dem Einleitungsvortrag "Die Lebenswelt der vielen, die Seelenwelt des einzelnen" folgten Vorträge über die Arbeits- und Lebensbedingungen von Arbeitern bestimmter Berufe und Gegenden. Zur Vorbereitung der Sendungen hatten Beyer und seine Helfer vom "Zentralausssschuß für den Westdeutschen Rundfunk"[193] monatelang mehr als 150 Arbeiter in deren Wohnungen besucht, um vor Ort einen Eindruck von deren Lebensumständen zu gewinnen. In den Sendungen kamen die interviewten Arbeiter dann aber nicht selbst zu Wort; lediglich Gesprächsausschnitte wurden in Beyers Vorträge "eingestreut", um so zu allgemeingültigen Aussagen über Arbeit und Leben spezifischer Arbeitnehmergruppen zu gelangen, die dann ihrerseits wieder daheim vor den Apparaten diskutiert werden konnten. Gezeigt werden sollte:

"So arbeiten, so leben Menschen, die das Schicksal des Proletariertums auf ungefähr der gleichen Ebene erleiden müssen. So wohnen, so denken Menschen, die in vielfältig verzweigten Berufsgruppierungen ihr Leben fristen, nicht viel besser, nicht viel schlechter als ihresgleichen."[194]

Ob diese und andere Beiträge als "Bausteine der Solidarität" wirkten, wie es der Kritiker des "Hamburger Echo" von den Arbeitsplatzschilderungen im Rahmen des Norag-Programms erhofft hatte, läßt sich nicht verifizieren. Es scheint, daß die direkte Beteiligung von Arbeitnehmern an den Sendungen des Arbeiterfunkes aber noch am ehesten dem entsprach, was von sozialdemokratischer Seite an Authentizität und Lebensnähe im Rundfunk eingefordert wurde. Dadurch, daß man ständig darauf hinwies, die Hörer sollten die Sendungen auch als Material benutzen, um ihre eigene Situation zu reflektieren, barg eine so bestimmte Rundfunkarbeit, die zur Aktivierung der Hörerinnen und Hörer beitragen wollte, unbestreitbar emanzipatorische Ansätze, die die Arbeiterbewegung mit der Institutionalisierung des Gemeinschaftsempfangs noch zu verstärken suchte und die bei Wegfall der Zensur erst richtig hätten zur Geltung kommen können.

---

190 Vgl. ebenda.

191 "Die Radio-Rückschau", in: Hamburger Echo, Nr. 338, 7.12.1929.

192 Georg Beyer: Sozialpsychologie am Mikrophon, in: Sozialistische Bildung, H. 3, März 1931, S. 70-74, dort S. 71.

193 Dem Ausschuß gehörten Vertreter der SPD-Bildungsorganisationen, des ADGB-Bezirkssekretariats Rheinland-Westfalen-Lippe und der Gauleitung des Arbeiter-Radio-Bundes an. Vgl. Kapitel 3.2.3.

194 Georg Beyer: Sozialpsychologie am Mikrophon, in: Sozialistische Bildung, a.a.O., S. 74. Vgl. dazu auch: ders.: Arbeitsleben - wie es ist, in: Arbeiterfunk, H. 29, 17.7.1931, S. 345.

6.7.3 Der Gemeinschaftsempfang

Bereits Anfang 1929 forderte der "Arbeiterfunk", gemeinsame Abhörstunden in den Gruppen des Arbeiter-Radio-Bundes einzurichten, um im Radio Gehörtes zu besprechen und zu verarbeiten.[195] Die Arbeiterpresse nahm die Anregung auf,[196] und auch die Freien Gewerkschaften befürworteten den Gemeinschaftsempfang in Gewerksschafts- und Volkshäusern.[197] Sie wiesen darauf hin, daß im Anschluß an Vorträge etwa sozial-politischer Natur auch gleich anfallende Fragen beantwortet werden könnten, so daß sich Interessenten nicht extra an das Arbeitersekretariat zu wenden brauchten.[198] Die Klärung strittiger Fragen bzw. die Erläuterung unverstanden gebliebener Sachverhalte galt denn auch allgemein als Vorzug eines organisierten kollektiven Rundfunkemp-fangs. Durch den Gedankenaustausch sollte das Gehörte vertieft und durch Kritik die Allgemeinbildung der Arbeiter-Radiohörer verbessert werden.[199]

Im Vordergrund der Bemühungen stand jedoch die Absicht, zum "richtigen" Hören anzuleiten.

"Man kann nämlich immer wieder feststellen, daß viele Menschen Gedanken-gänge, auch einzelne wichtige Redewendungen gehört haben wollen, die gar nicht geäußert worden sind",[200]

beschrieb Hertha Maria Funck 1929 eine Tatsache, die heute ein anerkanntes Ergebnis der Rezeptionsforschung darstellt. Gemeint ist das Phänomen der selektiven Wahrneh-mung, die dahin tendiert, nur das zur Kenntnis zu nehmen, was die eigene, schon vor-handene, (Welt)Anschauung bestätigt bzw. Fakten und Ereignisse so einzupassen, daß das Gehörte, Gelesene, Gesehene nicht in Gegensatz zum eigenen Weltbild gerät.[201]

Von seiten der sozialdemokratischen Bildungs- und Kulturpolitiker verband man die Hörabende zudem mit der deutlich medienpädagogischen Intention, die Hörer zum kriti-schen und bewußten Umgang mit dem Medium Rundfunk zu erziehen und durch Pro-grammvorgaben den Medienkonsum überhaupt einzuschränken. Bereits 1929 druckte der "Arbeiterfunk" Programmempfehlungen für den Gemeinschaftsempfang der Deut-schen Welle ab,[202] seit Herbst 1931 stellte die Deutsche Welle nach Verständigung mit "den großen Volksbildungsverbänden", darunter auch dem Sozialistischen Kulturbund und den Freien Gewerkschaften, ein Programm auf, das jeden Dienstagabend entweder in der Zeit zwischen 19.30 und 20.15 Uhr oder von 20.15 bis 21.00 Uhr speziell zum

---

195 Vgl. Hertha Maria Funck: Abhörstunden, in: Arbeiterfunk, H. 8, 22.2.1929, S. 117.

196 Vgl. "Die Radio-Vorschau", in: Hamburger Echo, Nr. 68, 9.3.1929.

197 Vgl. das Rundschreiben des ADGB-BV v. 9.1.1930, in: HiKo NB 452 Rundfunk 1925-1931.

198 Vgl. das Schreiben des ADGB-BV an das Bezirkssekretariat Hessen v. 20.1.1930, in: ebenda.

199 Vgl. P. Barthel: Hörerorganisation und Abhörstunden, in: Arbeiterfunk, H. 12, 20.3.1931, S. 137.

200 Vgl. Hertha Maria Funck: Abhörstunden, in: Arbeiterfunk, H. 8, 22.2.1929, S. 117.

201 Zum Phänomen der selektiven Wahrnehmung vgl. Klaus Merten: Inszenierung von Alltag. Kommu-nikation, Massenkommunikation, Medien, in: Funkkolleg: Medien und Kommunikation. Konstruk-tionen von Wirklichkeit. Studienbrief 1. Weinheim/Basel 1990, S. 79-108, dort S. 91-97.

202 Vgl. "Wie wird die Deutsche Welle abgehört?", in: Arbeiterfunk, H. 9, 1.3.1929, S. 134.

Zwecke des kollektiven Empfangs ausgestrahlt wurde. Das Angebot des Gemeinschaftsempfangs begann mit der Reihe "Weltanschauung und Gegenwart", innerhalb derer Vorträge und Gespräche über die Ideenwelt der verschiedenen Geistesströmungen (Sozialismus, Humanismus, Konservatismus) und über das Verständnis des Protestantismus, des Katholizismus, des Sozialismus, des Kommunismus und des Nationalsozialismus zum Eigentumsbegriff zur Diskussion gestellt wurden. Im Januar 1932 begann dann eine Vortragsserie über "Das Problem der Arbeitslosigkeit".[203]

Im November 1931 veröffentlichte der "Arbeiterfunk" eigens "Richtlinien für Rundfunkhörstunden", die dazu dienen sollten, die Abhörabende optimal zu gestalten.[204] In den Richtlinien empfahl der Arbeiter-Radio-Bund, zur Vorbereitung der Veranstaltungen einen Arbeitsausschuß zu bilden, dem möglichst Vertreter "aller örtlichen sozialistischen Spitzenorganisationen" und der Presse angehören sollten. Der ADGB sprach sich dafür aus, die Durchführung der Hörstunden den Arbeiterbildungsausschüssen bzw. den Kulturkartellen zu übertragen, und auch die Arbeiterfunkausschüsse waren aufgerufen, sich mit dem Gemeinschaftsempfang zu beschäftigen.[205] Als wichtig erachtete man auch vorherige Presseankündigungen und die Heranziehung "eines unbedingt sachkundigen Ausspracheleiters", der die Diskussion fest im Griff haben mußte. Die Veranstaltung im Anschluß an die Übertragung gliederte sich im Idealfall in die Teile "Rundfunkkritik (Wert, Wirksamkeit, Zweckmäßigkeit, Mängel, neue Vorschläge u. ä.)" und Aussprache zum Thema selbst. Umrahmen konnte man das Ganze mit einem kürzeren Schallplatten- und Rundfunkkonzert, bei künstlerischen Sendungen auch mit Rezitationen und Musikeinlagen. Beim Empfang von Sendungen mit politischem/weltanschaulichem Inhalt empfahl es sich, auch solche mit gegnerischer Tendenz in das Programm aufzunehmen. Hinsichtlich des Teilnehmerkreises legten die Richtlinien eine Höchstzahl von 100 fest.

Auf welche Resonanz der Gemeinschaftsempfang stieß, läßt sich natürlich nur schwer sagen. Das "Hamburger Echo" berichtete Mitte 1932 von 749 Hörgemeinden im Deutschen Reich;[206] wie oft diese zusammentraten und wie viele Menschen sich an den Veranstaltungen beteiligten, darüber gibt es keine Zahlen. Allerdings wurde der Gemeinschaftsempfang von in der Arbeiterbildung engagierten Versammlungsleitern und Referenten als positiv bewertet und als durchaus taugliches Hilfsmittel der Massenbildungsarbeit gesehen.[207] Besonderen Wert bescheinigte man dem Gemeinschaftsempfang für Erwerbslose, die damit auch aus ihrer Isolierung befreit werden sollten.

Betrachtet man nun die Versuche der sozialdemokratischen Arbeiterbewegung, die Arbeiter-Radiohörerinnen und -hörer zu aktivieren, sie zur Selbsttätigkeit und kritischem Umgang mit dem Medium zu qualifizieren, dann zeigen sich durchaus Ansätze

---

203 Zu den Themen von November 1931 bis Januar 1932 vgl. "Die nächsten Abende für Gemeinschaftsempfänge durch Rundfunk", in: Hamburger Echo, Nr. 307, 7.11.1931.

204 Vgl. "Richtlinien für Rundfunkhörstunden", in: Arbeiterfunk, H. 45, 6.11.1931, S. 549.

205 Vgl. die Vorlage Alexander Knolls für den ADGB-Bundesvorstand v. 27.11.1931, in: HiKo NB 453 Rundfunk 1925-1931.

206 Vgl. Hamburger Echo, Nr. 146, 18.6.1932.

207 Vgl. "Gemeinschaftsempfang", in: Hamburger Echo, Nr. 134, 14.11.1931.

einer positiven Medienarbeit, die vielleicht nur zu wenig Zeit hatte, sich weiter zu entfalten - immerhin fielen die oben genannten Experimente (Arbeiterinnen und Arbeiter vor dem Mikrophon, Gemeinschaftsempfang in medienpädagogischer Absicht) schon in eine Zeit, die geprägt war von Arbeitslosigkeit und politischen Kämpfen, die nur wenig materielle Ressourcen und individuellen Spielraum ließen für eine Intensivierung der Bildungsarbeit. Unter günstigeren Rahmenbedingungen - Wegfall der politischen Zensur, gesteigerten Ausbildungsanstrengungen in Sachen Radioarbeit, gezielter Ansprache von Gewerkschafts- und Parteimitgliedern - hätte es möglicherweise unter Einbezug der Arbeiterbewegung nahestehender Journalisten und Rundfunkmitarbeiter (die es vereinzelt gab) gelingen können, das emanzipatorische und partizipative Element der Medienarbeit zu stärken und für die Organisationsziele zu nutzen.

7

GEWERKSCHAFTEN UND RUNDFUNK

AM ENDE DER WEIMARER REPUBLIK -

EINE BILANZ

Ein Rückblick auf die Rundfunkarbeit der Freien Gewerkschaften in der Weimarer Republik sollte Anwort auf mindestens zwei Fragen geben: 1. Was wurde erreicht? und 2. Welche Defizite blieben - gemessen an den subjektiven Wünschen der Gewerkschaften und den objektiven Möglichkeiten, wie sie das Weimarer Rundfunksystem zuließ - bestehen? Außerdem wären in einer solchen Bestandsaufnahme einige Worte zu sagen über den Stellenwert, den die Rundfunkarbeit innerhalb der gewerkschaftlichen Medienarbeit überhaupt einnahm. Als Bezugspunkte könnten dabei die gewerkschaftlichen Aktivitäten im Bereich der Presse- und Filmarbeit dienen.

Zunächst: Was wurde erreicht? Bis zum Beginn der dreißiger Jahre war es den Gewerkschaften bei allen Sendegesellschaften gelungen, in der einen oder anderen Weise - zumeist im Rahmen der sog. Arbeiterstunden - zu Wort zu kommen. Nachdem die Errichtung eines Arbeitersenders gescheitert war, hatten sich die Gewerkschaften darauf konzentriert, ihre Klientel mit eigenen Beiträgen innerhalb des allgemeinen Rundfunkprogramms anzusprechen. Bei den Rundfunkgesellschaften, die auf politischen Druck der Arbeiterorganisationen hin eigens Ausschüsse zur Ausgestaltung des Arbeiterfunks etabliert hatten, waren die Gewerkschaften mit Vertretern präsent und beteiligten sich dort an der Programmplanung. Darüber hinaus riefen sie zusammen mit Vertretern der Sozialdemokratischen Partei und der Arbeiter-Radio-Bewegung die Freien Funkausschüsse ins Leben, von denen manche Anregung für die konkrete Programmtätigkeit ausging. In einer Art Arbeitsteilung mit der Partei und den sozialistischen Kulturorganisationen beschränkten sich die Gewerkschaften aber auf das (wissenschaftliche) Vortragswesen, während sie sich um die Konzeption und Durchführung kultureller und politischer Veranstaltungen (soweit dies möglich war) nur wenig kümmerten.

Begonnen hatte die verstärkte Einbeziehung der Gewerkschaften in die Programmarbeit gegen Ende der zwanziger Jahre. Zu der Zeit befand sich die sozialdemokratische Arbeiterbewegung insgesamt im Aufwind - der Allgemeine Deutsche Gewerkschaftsbund wies 1928 mit fast fünf Millionen Mitgliedern den höchsten Bestand seit 1920 aus, die SPD erzielte Mitte 1928 bei der Reichstagswahl mit 29,8 Prozent der Stimmen ihr bestes Ergebnis seit 1920, die wirtschaftlichen und kulturellen Einrichtungen der beiden Organisationen erlebten ihre Blütephase. Nachdem die Freien Gewerkschaften ihre Anstrengungen in den vorangegangenen Jahren auf den Wieder- und den Neuaufbau der Presse- und Bildungseinrichtungen konzentriert hatten, konnten sie nun auch daran gehen, ihre Aktivitäten im Radiobereich zu intensivieren. Die Rundfunkmacher und Sendeleitungen kamen an der sozialdemokratischen Arbeiterbewegung, die ihren Anteil am Programm einforderte, nicht mehr vorbei (wenigstens glaubten sie das) - schon gar nicht, als die SPD als führende Kraft im Sommer 1928 die Regierung der Großen Koalition unter Reichskanzler Müller bildete. In diese Zeit fielen der Ausbau des Arbeiterfunks, die Aktualisierung des Rundfunkprogramms und die Entwicklung neuer Formen der Hörerbeteiligung.

Doch mit dem Beginn der wirtschaftlichen und politischen Krise verrringerten sich die Spielräume für die Freien Gewerkschaften spürbar. Die Anzahl ihrer Programmbeiträge sank spätestens seit Mitte 1931; vor allem 1932 häuften sich die Klagen über die Absetzung von Vorträgen bzw. über Zensureingriffe, die über das "übliche" Maß hinausgingen. Die sozialdemokratische Presse berichtete über vermehrte Vorstöße der organisierten Unternehmer gegen die Arbeitersendungen. Nach der Papenschen Rundfunkreform vom Juli 1932 und der endgültigen Verstaatlichung des Mediums zeigte sich schließlich überdeutlich auch dort, wo die Gewerkschaften bis in die dreißiger Jahre hinein noch relative Erfolge im Radio hatten erzielen können (Breslau, Leipzig, Hamburg), daß Rundfunkfragen Machtfragen waren, wie Ernst Heilmann auf der Medientagung des Sozialistischen Kulturbundes 1929 betont hatte. Der Sozialdemokrat Heilmann behielt Recht mit seiner Auffassung, "daß unser Einfluß auf den Rundfunk genau so groß ist wie unser Einfluß auf die Regierung oder in ihr".[1] Das galt zumindest für ein Rundfunksystem, das nicht zuletzt auch auf Betreiben der SPD so staatsnah organisiert war wie das in Weimar.

Der Versuch einer Hörermobilisierung setzte ansatzweise erst gegen Ende der Weimarer Republik ein. Im Umfeld der Papenschen Rundfunkreform riefen Partei und Freie Gewerkschaften zu Massenkundgebungen und organisiertem Hörerprotest gegen die Reaktion im Rundfunk auf, machte wenigstens die Parteipresse stärker auf das Geschehen in den Rundfunkgesellschaften aufmerksam, während die Gewerkschaften dem Medium wie in den Jahren davor schon auch jetzt in ihren Publikationen nur wenig Interesse entgegenbrachten. Bis auf zwei Artikel zur Übertragung von Rundfunkdarbietungen in Betrieben während der Mittagspausen im Jahr 1926,[2] einem Bericht über die Chicagoer Radio-Sendestation 1927[3] und einem Beitrag zur Rundfunksituation im November 1932[4] war der "Gewerkschafts-Zeitung" das neue Medium keine weiteren Zeilen wert gewesen. Das Theorieorgan der Freien Gewerkschaften, die "Arbeit", beschäftigte sich überhaupt nicht mit dem Rundfunk, und auch die Mitgliederzeitungen der Verbände griffen das Thema nur von Zeit zu Zeit auf, und dann sprachen sie eher das technische Interesse der Leser als die politischen und kulturellen Probleme des Mediums an.[5] Auch wenn sich die Gewerkschaftszeitungsredakteure im Oktober 1931 einmal näher mit dem Rundfunk befaßten,[6] so änderte sich kaum etwas an dem Schattendasein, das das Massenmedium Radio in der Gewerkschaftspresse führte.[7]

---

1   Ernst Heilmann: Die Aktualisierung des Rundfunks, in: Film und Funk. Sozialistischer Kulturtag in Frankfurt am Main 28.-29. September 1929. o. O., o. J., S. 61-67, dort S. 65.

2   Vgl. Gertrud Hanna: Rundfunkvorträge in den Arbeitspausen, in: Gewerkschafts-Zeitung, Nr. 24, 12.6.1926, S. 338f. und L. P.: Unfallgefahrenbekämpfung durch den Rundfunk, in: Gewerkschafts-Zeitung, Nr. 27, 3.7.1926, S. 375f..

3   Vgl. Die Radio-Sendestation der Chicagoer Gewerkschaften, in: Gewerkschafts-Zeitung, Nr. 34, 20.8.1927, S. 482f.

4   Vgl. Otto Heßler: Die Situation im Rundfunk, in: Gewerkschafts-Zeitung, Nr. 45, 5.11.1932, S. 708ff..

5   Typisch für die Behandlung des Rundfunks in der Verbandspresse sind Artikel wie "Der Radiot", den die "Metallarbeiter-Zeitung" des Deutschen Metallarbeiterverbandes im Juli 1927 abdruckte. Vgl. "Der Radiot", in: Metallarbeiter-Zeitung, Nr. 28, 9.7.1927, S. 169.

6   Vgl. "Redakteurkonferenz", in: Gewerkschafts-Zeitung, Nr. 43, 24.10.1931, S. 685.

7   Erst 1932 brachten einige Verbandszeitungen Beiträge mit stärker politischem Gehalt Vgl. z. B. "Sollen die Rundfunkhörer streiken?", in: Metallarbeiter-Zeitung, Nr. 33, 13.8.1932, S. 194 und "Gedanken eines Rundfunkhörers", in: Metallarbeiter-Zeitung, Nr. 5, 30.1.1932, S. 26.

Überhaupt erwiesen sich Medienpolitik und Medienarbeit nicht gerade als ein bevorzugter Gegenstand der Gewerkschaftspresse. Etwas häufiger als den Rundfunk erwähnten die gewerkschaftseigenen Publikationen den Film - zumeist in seiner Eigenschaft als Propaganda- und Bildungsmittel.[8] Wichtigstes Medienthema waren jedoch die eigenen Presseerzeugnisse. So wurde 1927/1928 in mehreren gewerkschaftlichen Organen eine Diskussion über die Defizite, die Funktion und die Ausgestaltung der Gewerkschaftspresse geführt. Angestoßen worden war die Debatte aber von einem Beitrag im unabhängigen "Gewerkschafts-Archiv" im Oktober 1926. Bis die Diskussion die "Gewerkschafts-Zeitung" erreichte, dauerte es noch einige Zeit - konkret bis März 1928.[9] Ein massenwirksames Thema waren Medienpolitik und Medienarbeit nicht - nicht zuletzt deshalb nicht, weil die Gewerkschaften sie niemals zum Objekt der Diskussion machten.

Sieht man sich an, auf welchem Weg die Gewerkschaften ihre Partizipation am Rundfunk verfolgten, so muß man feststellen, daß dies fast ausschließlich über die persönliche Kontaktaufnahme mit Vertretern der Sendegesellschaften geschah. Über die Verhandlungen mit den Intendanten gelangte aber nahezu nie etwas an die Öffentlichkeit. Die Freien Gewerkschaften zogen es vor, entweder zusammen mit den anderen Richtungsgewerkschaften ihre Forderungen direkt in den Funkhäusern vorzutragen oder sich den Initiativen der Partei auf dem Radiosektor anzuschließen. Welche Kooperationspartner man im Einzelfall wählte, hing entscheidend von der politischen Situation am Ort ab und war zuvörderst taktisch bedingt.

Die Mängel der Gewerkschaftspresse, die im allgemeinen in der fehlenden Aktualität und dem vergleichsweise geringen Verbreitungsgrad gesehen wurden, konnte die gewerkschaftliche Rundfunkarbeit nur sehr bedingt ausgleichen. Sie reagierte ganz offensichtlich nicht schneller und aktueller als die Gewerkschaftspublikationen auf neue Ereignisse und Themen (allerdings konnte man dieses Defizit den Gewerkschaften nicht anlasten, es handelte sich dabei sozusagen um einen generellen Fehler im System des Weimarer Rundfunks), und obwohl es erklärtes Ziel der Gewerkschaften war, mit ihren Sendungen auch bürgerliche Hörer und nichtorganisierte Arbeiterhörer zu erreichen, war es fraglich, ob sie an die auch tatsächlich herankamen. Erkennbare Reaktionen auf die Sendungen zeigten sich jedenfalls nur auf seiten der Arbeiterbewegung.

Was den Stellenwert der gewerkschaftlichen Rundfunkarbeit betrifft, so wird man sagen können, daß die Aktivitäten auf dem Sektor deutlich hinter denen bei Presse und auch Film zurückblieben. Das dürfte einmal daran gelegen haben, daß sich die Gewerkschaften zunächst auf das Medium konzentrieren wollten, auf das sie den direkten Zugriff besaßen - und das war nun einmal die eigene Presse. Diese bauten sie in den Jahren nach 1924 systematisch aus, während für die elektronischen Medien die materiellen und personellen Kapazitäten fehlten, die für ein intensives Engagement erforderlich gewesen wären. Manch guter Ansatz blieb wohl wegen der Arbeitsüberlastung der Funktionäre stecken; außerdem ist zu berücksichtigen, daß es sich beim Radio um ein ganz neues

---

8   Vgl. dazu die Hinweise in Kapitel 2.2.

9   Vgl. ebenda.

technisches Phänomen handelte, dessen publizistische und künstlerische Möglichkeiten erst noch ausgelotet werden mußten.

Die Gewerkschaften nutzten den Rundfunk in erster Linie als Service- und Informationsmedium; darüber hinaus förderten sie aber auch den "emanzipatorischen" Gebrauch des Radios mittels Gemeinschaftsempfangs und aktiver Beteiligung von Arbeitnehmern am Rundfunkprogramm. Ehe sie ihre theoretischen wie praktischen Erkenntnisse nach wenigen Jahren auswerten konnten, machte der Machtantritt der Nazis dem Rundfunkexperiment 1933 ein Ende.

Erst nach der Befreiung vom Nationalsozialismus und der Wiederinbetriebnahme des Rundfunks nach 1945 versuchten die Gewerkschaften an die Erfahrungen aus der Weimarer Zeit anzuknüpfen. Ob sie dabei die in der Weimarer Republik gewonnenen Erkenntnisse und die Ansätze einer partizipativen Rundfunkarbeit unter veränderten Bedingungen verwerten konnten, wird im nun folgenden Kapitel zu untersuchen sein.

8

GEWERKSCHAFTLICHE RUNDFUNKARBEIT

IN DEN WESTLICHEN BESATZUNGSZONEN

UND DER FRÜHEN BUNDESREPUBLIK

8.1 Rahmenbedingungen und Voraussetzungen gewerkschaftlicher Rundfunkarbeit nach 1945

Nach Kriegsende bestimmten zunächst die Alliierten die Rahmenbedingungen gewerkschaftlicher Rundfunkarbeit.[1] Ein Dreistufenplan für die Massenmedien[2] sah in der ersten Phase ein totales Publikationsverbot für Zeitungen und die Abschaltung aller noch funktionsfähigen Rundfunksender vor. In der zweiten Phase übernahmen die Besatzungsmächte selbst die Herausgabe von Zeitungen und den Betrieb von Rundfunkstationen, Deutsche durften unter ihrer Kontrolle mitarbeiten; in die dritte Phase schließlich fiel die Lizenzierung von Zeitungen, Zeitschriften und Verlagen. Die Lizenzpflicht wurde in der amerikanischen Zone erst nach der Verabschiedung von Länderpressegesetzen 1949 aufgehoben; in der britischen und französischen Zone endete sie mit Verkündigung des Gesetzes Nr. 5 über Presse, Rundfunk, Information und Unterhaltung durch die Alliierte Hohe Kommission.[3]

Die in den letzten Kriegstagen stillgelegten Sendeanlagen nahmen die Siegermächte nach deren rascher Instandsetzung zum Teil schon nach wenigen Tagen oder Wochen wieder in Betrieb und nutzten sie als einzig noch vorhandene Kommunikationsinstrumente, um den Kontakt zur deutschen Bevölkerung aufrechtzuerhalten. Als erster Sender ging schon am 4. Mai 1945 Radio Hamburg unter Aufsicht der britischen Militärregierung ans Netz; ihm folgten am 12. Mai 1945 mit Radio München, am 2. Juni 1945 mit Radio Frankfurt und Radio Stuttgart und am 23. Dezember 1945 mit Radio Bremen vier Sender in der amerikanisch besetzten Zone. In dem von den Franzosen verwalteten Gebiet fiel der Startschuß für Radio Koblenz am 14. Oktober 1945. Mit der Eröffnung des Sendestudios Köln zum 1. Januar 1946 trug Radio Hamburg den bereits im September 1945 verliehenen Namen Nordwestdeutscher Rundfunk (NWDR) zu Recht; der NWDR diente als zentraler Sender der britischen Zone, der seinen Hauptsitz in Hamburg und einen Nebensitz in Köln unterhielt. Am 31. März 1946 erfolgte in der franzö-

---

1 Zur Rundfunkpolitik der westlichen Besatzungsmächte vgl. Hans Bausch: Rundfunkpolitik nach 1945. Teil 1. 1945-1962. München 1980. Neben dieser Überblicksdarstellung liegen weitere Detailstudien für die drei Westzonen vor. Für die amerikanische Zone vgl. Barbara Mettler: Demokratisierung und Kalter Krieg. Zur amerikanischen Informations- und Rundfunkpolitik in Westdeutschland 1945-1949. Berlin 1975; für die französische Zone vgl. Sabine Friedrich: Rundfunk und Besatzungsmacht. Organisation, Programm und Hörer des Südwestfunks. 1945-1949. Baden-Baden 1991 und Horst Welzel: Rundfunkpolitik in Südwestdeutschland 1945-1952. Diss. Hannover 1976; für die britische Zone vgl. Joachim Josef Görgen: Der britische Einfluß auf den deutschen Rundfunk 1945-1948. Diss. Berlin 1983; Arnulf Kutsch: Unter britischer Kontrolle. Der Zonensender 1945-1948, in: Der NDR. Zwischen Programm und Politik. Beiträge zu seiner Geschichte. Hrsg. v. Wolfram Köhler. Hannover 1991, S. 83-148; Thomas Rölle: Der britische Einfluß auf den Aufbau des Nordwestdeutschen Rundfunks von 1945 bis 1948. Diss. Kiel 1990.

2 Vgl. Ansgar Diller: Die lizensierte Meinung. Neue Aufgaben für Presse und Rundfunk, in: Geschichte der Bundesrepublik. Analyse und Dokumentation in Text, Bild und Ton. Hrsg.v. Jürgen Weber. Bd. 1: Auf dem Wege zur Republik 1945-1947. Paderborn u. a. 1979, S. 237-268, sowie ausführlich zur Pressepolitik der Alliierten: Kurt Koszyk: Pressepolitik für Deutsche 1945-1949. Geschichte der deutschen Presse Teil IV. Berlin 1986.

3 Vgl. ebenda, S. 116-122 und S. 255-258 und S. 315.

sischen Zone der Sendestart des Südwestfunks (SWF) in Baden-Baden, Radio Koblenz wurde zum Regionalstudio des SWF herabgestuft.[4]

Weitgehende Übereinstimmung herrschte bei den Siegermächten hinsichtlich der Programmkontrolle.[5] Bis zur Übergabe der Sender in deutsche Hände 1948/1949 unterstand das gesamte Programm der Überwachung durch die alliierten Kontrolloffiziere - auch nachdem die Programmgestaltung bereits ab 1945 sukzessive an von den Besatzungsmächten als vertrauenswürdig und unbelastet eingestufte Deutsche überging. Dies geschah in der zweiten Phase der alliierten Medienpolitik. Als Richtschnur für die Programmgestaltung und die Auswahl der Programmitarbeiter galten die Ziele der Demokratisierung und Denazifizierung, ab Mitte 1947 trat aber auch der Aspekt des Kalten Krieges und des Antikommunismus immer stärker in den Vordergrund. In die dritte Phase fielen die Vorbereitung und Verabschiedung von Landesrundfunkgesetzen und die Etablierung öffentlich-rechtlicher Rundfunkanstalten.

Hinsichtlich der Rundfunkorganisation kam für die Siegermächte nur ein nach demokratischen Prinzipien aufgebautes System in Frage, das die Grundsätze der Staats- und Regierungsferne und der inneren Pluralität erfüllte. Ausgeschlossen war nach den Erfahrungen im "Dritten Reich"[6] ein Staatsrundfunk, ausgeschlossen war aus finanziellen Gründen auch ein kommerzielles System. Realisiert wurden schließlich Anstalten des Öffentlichen Rechts. Als Vorbild (mit einigen Abweichungen) nahm man sich - nicht nur in der britischen Zone - das Modell der BBC.[7]

Am 1. Januar 1948 wurde durch die Verordnung Nr. 118 der britischen Militärregierung der Nordwestdeutsche Rundfunk (NWDR) als erste Rundfunkanstalt des Öffentlichen Rechts in Deutschland ins Leben gerufen. Bis Mitte 1949 etablierten sich weitere fünf unabhängige Rundfunkanstalten in den Westzonen. Am 1. Oktober 1948 erfolgte die Gründung des Bayerischen und des Hessischen Rundfunks, am 30. Oktober 1948 die des Südwestfunks, am 22. November 1948 die von Radio Bremen, am 6. April 1949 die des Süddeutschen Rundfunks durch die Verabschiedung von Landesgesetzen. In die fünfziger Jahre fiel die Errichtung des Senders Freies Berlin, nachdem bis dahin die Bewohner der geteilten Stadt nur den amerikanischen Sender RIAS und ein NWDR-Programm im Westteil sowie den Berliner Rundfunk im Ostteil der Stadt hatten empfangen können. Am 1. Januar 1957 nahm der Saarländische Rundfunk seinen Betrieb auf.[8]

---

4   Zum Aufbau des Nachkriegsrundfunks in Deutschland vgl. Hans Bausch: Rundfunkpolitik nach 1945, a.a.O., S. 43-143.

5   Vgl. hierzu die in Anmerkung 1 genannte Literatur.

6   Zum Rundfunk unterm Nationalsozialismus vgl. Ansgar Diller: Rundfunkpolitik im Dritten Reich. München 1980.

7   Zur BBC vgl. Hans-Peter Reiter: Die Struktur des britischen Rundfunks. Folgerungen für die Medienlandschaft der Bundesrepublik Deutschland. Pfaffenweiler 1986, S. 21-39.

8   Zur Rundfunkpolitik der Besatzungsmächte und zur Etablierung der einzelnen Rundfunkanstalten vgl. neben den in Anm. 1 genannten Darstellungen: Eva Maria Freiburg: Die Geschichte des Rundfunks in Nordrhein-Westfalen. Vom NWDR zum WDR. Diss. Hannover 1974; Dirk Ludwig Schaaf: Politik und Proporz im NWDR. Rundfunkpolitik in Nord- und Westdeutschland 1945-1955. Diss. Hamburg 1971. Zum Süddeutschen Rundfunk vgl. Edgar Lersch: Rundfunk in Stuttgart 1934-1949. Stuttgart 1990; zum Rundfunk in Berlin vgl. Erik Heinrich: Vom NWDR zum SFB. Rundfunkpolitik

Die Rundfunkgesetze der amerikanischen Zone, die im wesentlichen im Laufe der Jahre 1948 und 1949 von den Länderparlamenten beschlossen wurden - und dies zum Teil nach langen Querelen und Auseinandersetzungen zwischen den Deutschen und den Besatzungsmächten[9] - fixierten den Programmauftrag sowie die Aufgaben und die Zusammensetzung der Rundfunkgremien. Die gesetzlichen Bestimmungen in Bayern, Württemberg-Baden, Hessen und Bremen sahen jeweils drei Organe vor: Rundfunkrat, Verwaltungsrat und Intendant. Der Rundfunkrat, der die "Interessen der Allgemeinheit" zu vertreten hatte und an Weisungen nicht gebunden war, rekrutierte sich aus den Vertretern sogenannter gesellschaftlicher Gruppen, zu denen auch die Gewerkschaften gehörten. Aufgabe des Rundfunkrates war es, die Einhaltung der Grundsätze und Richtlinien für den gesamten Rundfunkbetrieb zu überwachen, den Intendanten bei der Programmgestaltung zu beraten und den Haushalt zu genehmigen. Der Verwaltungsrat, dessen Mitglieder zum einen Teil vom Rundfunkrat bestimmt werden konnten, dessen anderer Teil aber per Gesetz schon feststand - so setzte sich der Verwaltungsrat des Bayerischen Rundfunks z. B. aus sieben Mitgliedern zusammen: dem Präsidenten des bayerischen Landtages, dem Präsidenten des Bayerischen Senats, dem Präsidenten des Bayerischen Verwaltungsgerichtshofs und vier vom Rundfunkrat zu wählenden Mitgliedern[10] - hatte den Intendanten bei der Geschäftsführung zu kontrollieren und zu unterstützen. Dem Intendanten schließlich oblag die Leitung der Rundfunkanstalt und ihre Vertretung nach außen; er war für die Programmgestaltung rechtlich verantwortlich und wurde in der Regel vom Rundfunkrat gewählt.

In der französischen und der britischen Zone wurden die Rechtsgrundlagen der Rundfunksender nicht durch Ländergesetze, sondern durch Verordnungen der Militärregierungen bestimmt, wobei sich die französischen Ordonanzen 187/188 und 198 von 1948 bzw. 1949 weitgehend an den Regelungen der amerikanischen Zone orientierten. Sie etablierten den Südwestfunk ebenfalls als eine Anstalt des öffentlichen Rechts mit den drei Organen Intendant, Rundfunk- und Verwaltungsrat. Eine Besonderheit stellte lediglich ein institutionalisierter Länderproporz dar, der sowohl auf den Rundfunkrat als auch auf den Verwaltungsrat Anwendung fand und der Tatsache geschuldet war, daß es sich beim Südwestfunk um eine Dreiländer-Anstalt handelte.

---

in Berlin 1946-1954. Diss. Berlin 1985, sowie Norbert Frei: Medienpolitik der Alliierten nach dem Zweiten Weltkrieg - die Situation in den Besatzungszonen und in Berlin, in: Studienkreis Rundfunk und Geschichte: Mitteilungen, H. 1, 1985, S. 28-41. Zum Rundfunk im Saarland vgl. Heribert Schwan: Der Rundfunk als Instrument der Politik im Saarland 1945-1955. Berlin 1974.

9   Vgl. hierzu neben den in den Anmerkung 1 aufgeführten Titeln auch: Hans Ulrich Reichert: Der Kampf um die Autonomie des deutschen Rundfunks. Heidelberg/Stuttgart 1955 und Friedrich P. Kahlenberg: Rundfunk-Freiheit im Verständnis der politischen Parteien während der Nachkriegszeit - Ein schwieriger Lernprozeß, in: Studienkreis Rundfunk und Geschichte: Mitteilungen, H. 4, 1981, S. 206-225.

10   Vgl. Art. 8 des Gesetzes über den Bayerischen Rundfunk, in: Rundfunk und Presse in Deutschland. Rechtsgrundlagen der Massenmedien - Texte. Hrsg. v. Wolfgang Lehr und Klaus Berg. Mainz 1971, S. 48. Ähnliche Regelungen galten beim Hessischen Rundfunk und bei Radio Bremen, während beim Süddeutschen Rundfunk fünf der neun Mitglieder des Verwaltungsrates vom Rundfunkrat und vier vom Landtag gewählt wurden, wobei die stärksten vier Fraktionen zu berücksichtigen waren. Vgl. die entsprechenden Paragraphen der Ländergesetze in: ebenda.

Ganz anders die Regelung bei der Mehrländer-Anstalt NWDR: Die von den Briten im Januar 1948 in Kraft gesetzte Verordnung Nr. 118 sah als Organe einen Hauptausschuß, einen Verwaltungsrat und einen Generaldirektor vor. Im Unterschied zu den Rundfunkanstalten der amerikanischen und französischen Zone lag die Programmkompetenz, die Beratung des Intendanten in Programmangelegenheiten, nicht beim weitgehend nach gesellschaftspluralistischen Gesichtspunkten formierten Hauptausschuß, sondern beim Verwaltungsrat, über dessen Zusammensetzung die Satzung nichts weiter aussagte, als daß er sieben Mitglieder umfaßte und vom Hauptausschuß gewählt wurde. Die einzige Funktion des sechzehnköpfigen Hauptausschusses, dem neben den Ministerpräsidenten der Länder Nordrhein-Westfalen, Niedersachsen, Schleswig-Holstein und dem Hamburger Ersten Bürgermeister vier Vertreter des Erziehungswesens, je ein Vertreter der katholischen und evangelischen Kirche, ein Theaterintendant, der Präsident der Staatlichen Musikhochschule in Köln, der Präsident des Zentraljustizamtes, der Vorsitzende des Nordwestdeutschen Journalistenverbandes und der Präsident der Vereinigung der Industrie- und Handelskammern auch der Vorsitzende des Deutschen Gewerkschaftsbundes angehörte, bestand in der Wahl des Verwaltungsrates, der wiederum den Generaldirektor bestimmte und dessen Geschäftsführung kontrollierte. Der Generaldirektor mußte in allen wichtigen Angelegenheiten grundsätzlicher oder finanzieller Art die Genehmigung des Verwaltungsrates einholen und die Weisungen des Verwaltungsrates über die Gestaltung des Rundfunkprogramms und "insbesondere die zur Wahrung der politischen Unparteilichkeit gegebenen Anordnungen" befolgen. Außerdem hatte der Generaldirektor den Vorsitzenden des Verwaltungsrates ständig über die laufenden Angelegenheiten zu unterrichten.[11]

Die Gewerkschaften hatten auf die Ausgestaltung des Rundfunksystems - wenn überhaupt - nur geringen Einfluß nehmen können.[12] Dazu waren die Arbeitnehmerorganisationen in den entscheidenden Phasen der Rundfunkgesetzgebung viel zu sehr mit anderen Dingen beschäftigt gewesen: dem Wiederaufbau der Organisationen, dem Kampf um die Neugestaltung von Wirtschaft und Gesellschaft und der Überwindung von Hunger und Not im zerstörten Nachkriegsdeutschland.[13]

---

11 Vgl. Verordnung Nr. 118. Militärregierung Deutschland - Britisches Kontrollgebiet. Nordwestdeutscher Rundfunk, abgedruckt in: Der neue WDR. Dokumente zur Nachkriegsgeschichte des Westdeutschen Rundfunks. Zusammengestellt und erläutert von Wolf Bierbach. Köln 1978, S. 102-110. Vgl. dort auch die Änderungen, die deutsche Politiker gegenüber dem ursprünglichen Entwurf der Briten hatten durchsetzen können.

12 So war der DGB, britische Zone, zwar auch an Gesprächen mit Hugh Carleton Greene, dem für den NWDR Verantwortlichen Briten beteiligt - vgl. hierzu Thomas Rölle: Der britische Einfluß, a.a.O., S. 217 -, doch gingen von ihm keine größeren Impulse aus.

13 Zur Lage der Gewerkschaften im zerstörten und besetzten Deutschland vgl. Siegfried Mielke: Die Neugründung der Gewerkschaften in den westlichen Besatzungszonen - 1945-1949, in: Geschichte der Gewerkschaften in der Bundesrepublik Deutschland. Von den Anfängen bis heute. Hrsg. v. Hans-Otto Hemmer und Kurt Thomas Schmitz. Köln 1990, S. 19-83; Vgl. auch Quellen zur Geschichte der deutschen Gewerkschaftsbewegung im 20. Jahrhundert. Bd. 6: Organisatorischer Aufbau der Gewerkschaft 1945-1949, Bearb. v. Siegfried Mielke. Köln 1987; Bd. 7: Gewerkschafen in Politik, Wirtschaft und Gesellschaft, bearb. v. Siegfried Mielke. Köln 1991; Bd. 8: Die Gewerkschaften und die Angestelltenfrage, bearb. v. Siegfried Mielke. Köln 1989.

Als die ersten Sender im Mai/Juni 1945 als Radiostationen der Militärregierungen ihren Betrieb aufnahmen, existierten noch nicht einmal örtliche gewerkschaftliche Zusammenschlüsse. Offiziell erlaubten die Siegermächte erst nach der Potsdamer Konferenz im Juli/August 1945 die Gründung von Gewerkschaften. Ab August konstituierten sich gewerkschaftliche Organisationen auf Ortsebene, und erst im Laufe des nächsten und übernächsten Jahres konnten sich Gewerkschaftsbünde auf Länder- bzw. Zonenebene etablieren. Den Anfang machte im August 1946 der Freie Gewerkschaftsbund Hessen,[14] ihm folgte Anfang September der Gewerkschaftsbund Württemberg-Baden[15] und im März 1947 der Bayerische Gewerkschaftsbund.[16] In der französischen Zone gründeten die Gewerkschaften in der Zeit von Mitte Februar bis Anfang März 1947 Landesverbände für Südwürttemberg-Hohenzollern,[17] für Baden[18] und Rheinland-Pfalz,[19] in der britischen Zone wurde im April 1947 der Deutsche Gewerkschaftsbund für die britische Zone ins Leben gerufen.[20] Den meisten Verbänden stand zur Zeit ihres überregionalen Zusammenschlusses kein eigenes Publikationsorgan zur Verfügung. Von dem völligen Publikationsverbot der ersten Monate der Besatzungsherrschaft waren auch die Gewerkschaften betroffen. Das erste Gewerkschaftsblatt überhaupt lizenzierten die Briten im Februar 1946 in Hamburg, wo die "Gewerkschafts-Zeitung" in einer Auflage von zunächst 30 000 Exemplaren erschien; bis April 1947 konnte sie zwar auf 200 00 gesteigert werden, doch reichte auch diese Zahl längst nicht aus, um alle Gewerkschaftsmitglieder zu versorgen. In der amerikanischen Zone warteten die Gewerkschaften noch Mitte 1946 auf ein eigenes Organ.

"Es besteht ein großer Mangel in den Gewerkschaften darin, daß es bis jetzt noch nicht möglich war, eine große Zeitung herauszugeben, im Gegensatz zur russischen Zone, wo bereits eine Tagesgewerkschaftszeitung herauskommt",

erklärte ein führender Gewerkschafter auf einer Sitzug des Vorläufigen Vorstandes des Freien Gewerkschaftsbundes Hessen am 17. Juni 1946 und stellte die Forderung auf,

---

14 Vgl. Anne Weiß-Hartmann: Der Freie Gewerkschaftsbund Hessen 1945-1949. Marburg 1977.

15 Vgl. Christfried Seifert: Entstehung und Entwicklung des Gewerkschaftsbundes Württemberg-Baden bis zur Gründung des DGB 1945 bis 1949. Marburg 1980.

16 Vg. Ulrich Cieplik: Organisation und Funktion: Probleme gewerkschaftlicher Politik in Bayern 1945 bis 1949. Diss. Konstanz 1973 und Claudia Lanig-Heese: Gewerkschaften in Bayern 1945 bis 1949. Marburg 1991.

17 Vgl. Wolfgang Hecker: Der Gewerkschaftsbund Südwürttemberg-Hohenzollern. Zur Gewerkschaftsbewegung in der französischen Besatzungszone 1945-1949. Marburg 1988.

18 Vgl. Margit Unser: Der badische Gewerkschaftsbund. Zur Geschichte des Wiederaufbaus der Gewerkschaftsbewegung im französisch besetzten Südbaden. Marburg 1989.

19 Alain Lattard: Gewerkschaften und Arbeitgeber in Rheinland-Pfalz unter französischer Besatzung 1945-1949. Mainz 1988.

20 Für den DGB, britische Zone, liegt noch keine Gesamtdarstellung vor. Zu einzelnen Ländern und Bezirken vgl. Franz Hartmann: Entstehung und Entwicklung der Gewerkschaftsbewegung in Niedersachsen nach dem Zweiten Weltkrieg. Diss. Göttingen 1977 und Norbert Brozio: Gewerkschaftlicher Wiederaufbau im nördlichen Ruhrgebiet 1945-1947. Münster 1980.

daß die Amerikaner für jedes Land ihrer Zone eine Gewerkschaftszeitung genehmigen sollten.[21]

Wenig später erhielten die Gewerkschaftsbünde in Bayern, in Nordwürttemberg-Nordbaden und in Hessen eigene Zeitungen. In der französischen Zone wurden die Gewerkschaftsmitglieder schon seit August 1945 mit zwei Gewerkschaftsblättern in Koblenz und Neustadt/H. versorgt, ab Juni 1946 verfügten auch die südbadischen Gewerkschaften über ein eigenes Organ.[22] In der britischen Zone wurde die "Gewerkschafts-Zeitung", Hamburg, im April 1947 von dem in Köln lizenzierten "Bund" abgelöst. Die meisten Zeitungen erschienen im vierzehntägigen Rhythmus, Papiermangel zwang die Herausgeber oftmals zur Kürzung des Umfangs. Als besonders mißlich wurde empfunden, daß die Auflagenzahlen der Blätter mit der Mitgliederentwicklung zu keiner Zeit mithalten konnten. So kam etwa Anfang 1947 in der britischen Zone auf je vier Mitglieder ein Exemplar der "Gewerkschafts-Zeitung", und auch im Oktober 1948 noch mußte der Bundesvorstand des DGB in der britischen Zone die Frage "Wo bleibt 'Der Bund'?" mit der Erklärung beantworten, daß das Papier für eine höhere Auflage fehlte.[23]

In einer Situation, in der sich die Gewerkschaften immer noch im Aufbau befanden und wichtige organisatorische und politische Entscheidungen zu treffen waren, hätten die Gewerkschaften ein Medium, das einen schnellen und direkten Kontakt zu den Mitgliedern der Organisationen herstellte, gut gebrauchen können. Der Rundfunk stand ihnen für diesen Zweck nur bedingt zur Verfügung. Ohnehin konzentrierten sie sich erst einmal darauf, ihr ehemals breitgefächertes Pressewesen wieder aufzubauen.

---

21 Vgl. Quellen zur Geschichte der deutschen Gewerkschaftsbewegung im 20. Jahrhundert. Bd. 6, a.a.O., S. 557f.

22 Es handelte sich dabei im einzelnen um die Publikationen: "Gewerkschafts-Zeitung. Organ der bayerischen Gewerkschaften"; "Württembergisch-Badische Gewerkschaftszeitung für Nordwürttemberg und Nordbaden"; "Stimme der Arbeit. Organ des Freien Gewerkschaftsbundes Hes- sen"; "Der badische Gewerkschaftler. Organ des badischen Gewerkschaftsbundes für die französisch besetzte Zone"; "Die Schaffenden. Gewerkschaftszeitung für das Land Südwürttemberg-Hohenzollern"; "Gewerkschafts-Zeitung. Organ der Gewerkschaften von Rheinland/Hessen-Nassau"; "Der Gewerkschaftler" (Hessen-Pfalz); davor erschienen seit August 1945: "Gewerkschaftseinheit", Koblenz, und "Gewerkschafts-Zeitung", Neustadt/Haardt, für die Gewerkschaften im Bezirk Pfalz. Zur Gewerkschaftspresse der Jahre 1945 bis 1949 vgl. auch. Werner Behr: Die Entwicklung unserer Gewerkschaftspresse, in: Der Bund, Nr. 12, 4.6.1949 und Albin Karl: Gewerkschaftliches Pressewesen seit 1945, in: Gewerkschaftspost, Nr. 1, 7.1.1950.

23 Vgl. "Wo bleibt 'Der Bund'?", in: Der Bund, Nr. 21, 9.10.1948.

8.2 Kontinuität oder Neuanfang in der gewerkschaftlichen Medienarbeit?

Nach zwölf Jahren Nazi-Diktatur in Deutschland schien es unmöglich, einfach an dem Punkt anzuknüpfen, an dem die Gewerkschaftsbewegung im Frühjahr 1933 aufgehört hatte. Geprägt von der Niederlage des Jahres 1933 und den Erfahrungen unter dem Nationalsozialismus, beschlossen die Männer und Frauen, die noch vor der endgültigen Kapitulation Deutschlands im Mai 1945 darangingen, die Gewerkschaften wieder ins Leben zu rufen, einen organisatorischen und politischen Neubeginn. An die Stelle der Richtungsgewerkschaften der Weimarer Republik sollte die Einheitsgewerkschaft treten,[24] eine am Gemeinwohl orientierte Wirtschafts- und Gesellschaftsverfassung sollte die privatkapitalistische Ordnung ablösen. Noch auf dem ersten Kongreß des Deutschen Gewerkschaftsbundes forderten die Delegierten eine umfassende Neugestaltung des Wirtschafts- und Sozialsytems in Deutschland.[25] Auf dem Gebiet der Medienarbeit allerdings schlossen sie weitgehend an Bekanntes aus der Zeit vor 1933 an: eine tiefgreifende Reform des Pressewesens ließ sich nach 1945 sowenig durchsetzen wie in den zwanziger Jahren. Zwar entfielen mit der Errichtung der Einheitsgewerkschaft die zahlreichen früheren Publikationen der Richtungsgewerkschaften, doch am Aufbau der Gewerkschaftspresse änderte sich damit nur Unwesentliches. Der DGB-Gründungskongreß im Oktober 1949 entschied, die sieben Länderzeitungen, die die Bezirke bis dahin herausgegeben hatten, durch die neue Bundeszeitung "Welt der Arbeit" (WdA) zu ersetzen. Die 16 Einzelgewerkschaften, die sich zum Deutschen Gewerkschaftsbund zusammenschlossen, lieferten an ihre Mitglieder wie in der Zeit vor 1933 eigene Zeitungen.[26] Im übrigen schloß der DGB beinahe nahtlos an sein Pressewesen der Weimarer Republik an: Das Funktionärsorgan "Die Quelle" folgte der "Gewerkschafts-Zeitung", die "Gewerkschaftlichen Monatshefte" der "Arbeit"; daneben erschienen seit Januar 1949 "Wirtschaft und Wissen" für Angestelltenfunktionäre und "Der deutsche Beamte" für die entsprechende Personengruppe im DGB; ab 1950 übernahm der Bundesvorstand die seit April 1948 vom DGB, britische Zone, herausgegebene Jugendzeitschrift "Aufwärts" für den gesamten Organisationsbereich.[27]

Die Delegierten des Gründungskongresses akzeptierten das Presseprogramm des Vorbereitenden Ausschusses ohne Diskussion, im Antrag 43 wurden Bundesvorstand und Bundesausschuß zusätzlich beauftragt, die Herausgabe einer illustrierten Familienzeitschrift, "welche sich insbesondere dem Schicksal der arbeitenden Frauen annimmt",

---

24 Vgl. Grundlagen der Einheitsgewerkschaft. Historische Dokumente und Materialien. Hrsg. v. Ulrich Borsdorf, Hans-Otto Hemmer und Martin Martiny. Köln/Frankfurt am Main 1977, S. 270-311.

25 Vgl. Werner Müller: Die Gründung des DGB, der Kampf um die Mitbestimmung, programmatisches Scheitern und der Übergang zum gewerkschaftlichen Pragmatismus, in: Geschichte der Gewerkschaften in der Bundesrepublik Deutschlandt, a.a.O., S. 85-147.

26 Zu den Mitgliederzeitungen vgl. Die deutsche Gewerkschaftspresse der Gegenwart, in: Gewerkschaftspresse. "Stimme sozialen Gewissens". Hrsg. v. der Studiengruppe Gewerkschaftspresse. Berlin 1951, S. 18-24.

27 Vgl. Deutscher Gewerkschaftsbund: Geschäftsbericht des Bundesvorstandes des Deutschen Gewerkschaftsbundes 1950 - 1951. Düsseldorf o. J., S. 145ff.

ins Auge zu fassen.[28] Von einer gesonderten Frauenzeitung, wie sie der ADGB in der Weimarer Republik den weiblichen Mitgliedern zur Verfügung gestellt hatte, war nicht die Rede. Dafür tauchte in der Folgezeit immer mal wieder das Thema "gewerkschaftliche Tageszeitung" in der Diskussion auf, ohne daß die Gedankenspiele irgendwelche praktischen Konsequenzen gezeitigt hätten.[29] Orientierten sich schon die Organisatoren des gewerkschaftlichen Pressewesens nach 1945 weitgehend an den Weimarer Vorbildern, so prägten alte Vorstellungen und Präferenzen auf seiten der Gewerkschaftsjournalisten auch den Inhalt der Gewerkschaftszeitungen. 1951 hielt die "Studiengruppe Gewerkschaftspresse"[30] in ihrem Bericht fest:

"Bei den angestellten Untersuchungen stieß man immer wieder auf die Tatsache, daß oftmals einfach der Faden nur dort wieder angeknüpft wird, wo er 1933 zerschnitten worden ist."

Und fuhr dann fort:

"Wenn wir uns heute die Höhe der Auflagen der Gewerkschaftszeitungen im Vergleich zu ihrer Resonanz betrachten, dann müssen wir uns doch ernstlich fragen, ob dieses Instrument immer in dem Sinne gestaltet wird, wie es dem Zweck entsprechen würde."[31]

Da machte auch die "Welt der Arbeit" keine Ausnahme, was sich schon an den fortgesetzten Diskussionen über ihre Gestalt und ihre Zielgruppe zeigte. Zwar sollte die "Welt der Arbeit" "stärker gegenüber der Öffentlichkeit" wirken als die Länderzeitungen, die schon aufgrund ihrer geringen Auflagenzahlen reine Mitgliederorgane gewesen waren, doch scheint sie ihr Ziel zu beinahe keinem Zeitpunkt erreicht zu haben. Die Defizite des gewerkschaftlichen Pressewesens der Weimarer Republik - fehlende Aktualiät, mangelnde Abstimmung der einzelnen Publikationen untereinander, geringe Leserreichweite - reproduzierten sich in der Presse der DGB-Gewerkschaften in der Bundesrepublik. Und auch die Nachrichtenpolitik der Gewerkschaften forderte Kritik heraus. Zwar veröffentlichte die Anfang 1950 in der Hauptabteilung I (Vorsitzender) eingerichtete Pressestelle den "Nachrichtendienst", der offizielle Verlautbarungen und Beschlüsse verbreitete, und seit Ende August 1950 zusätzlich einen "Informationsdienst" mit Hintergrundmaterial und Kommentaren, doch fand die bereits erwähnte Studiengruppe bei ihrer Befragung von Tageszeitungsredakteuren auch heraus, "daß die Zusammenarbeit zwischen Tageszeitungen und Gewerkschaften noch recht viel zu wün-

---

28 Vgl. Deutscher Gewerkschaftsbund: Protokoll des Gründungskongresses des Deutschen Gewerkschaftsbundes, München 12. - 14. Oktober 1949. Köln 1950, S. 369.

29 Vgl. z. B. die Anträge 77 und 78 auf dem DGB-Kongreß 1954, in: Deutscher Gewerkschaftsbund: Protokoll 3. Ordentlicher Bundeskongreß, Frankfurt am Main, 4. - 9. Oktober 1954, Düsseldorf, o. J., S. 758ff.

30 Die "Studiengruppe Gewerkschaftspresse", die 1950 in Berlin von der Unabhängigen Gewerkschafts-Organisation (UGO), Berlin, mit Unterstützung der Amerikaner geschaffen worden war, sollte Untersuchungen über die Gewerkschaftspresse in Berlin und in Westdeutschland anstellen. Ihr gehörten neben Gewerkschaftern auch Journalisten und ein Zeitungswissenschaftler an. Vgl. Gewerkschaftspresse. "Stimme sozialen Gewissens", a.a.O., S. 4.

31 Ludwig Diederich: Suche nach neuen Wegen, in: ebenda, S. 6-12, Zitat S. 6.

schen übrig [ließ]." Die Redakteure klagten über "mangelnde Sachlichkeit", und "einseitige Polemiken", über "langatmige Resolutionen", "veraltete Terminologien" und "lederne Versammlungsberichte", über Nachrichten, die "ihren Neuigkeitswert" längst eingebüßt hatten. Außerdem bemängelten sie, daß die Gewerkschaften es häufig unterließen, sich in aktuelle politische Streitfragen öffentlich einzumischen, um nicht kundzutun, daß auch innerhalb der gewerkschaftlichen Organisationen unterschiedliche Meinungen zu einzelnen Themen keine Seltenheit waren.[32] Wen erinnnerten solche Anwürfe nicht an ähnliche Kritiken aus der Weimarer Zeit?

Nicht so einfach anknüpfen konnten die Gewerkschaften an ihre Rundfunkarbeit in der Weimarer Republik. Abgesehen davon, daß aufgrund des Entschlusses für die Einheitsgewerkschaft eine Zusammenarbeit mit einer Partei - nämlich der Sozialdemokratie - nicht mehr so ohne weiteres möglich war, auch wenn sie später oft praktiziert werden sollte,[33] darüber hinaus auch die Kulturorganisationen der Arbeiterbewegung nach 1945 nicht wieder erstanden und deshalb als Kooperationspartner ausfielen,[34] mußten sich die Gewerkschaften auch noch auf die geänderten rundfunk- und besatzungspolitischen Bedingungen einstellen. So teilte der Geschäftsbericht des DGB, britische Zone, für 1947/1949 mit, die Gewerkschaften hätten "in noch weit stärkerem Maße als auf dem Pressegebiet" bei der Rundfunkarbeit "vollkommen neu" beginnen müssen. Der Berichterstatter erklärte dies damit, daß die Gewerkschaften vor 1933 "abgesehen von wenigen persönlichen Beziehungen" keine systematische Radioarbeit betrieben hätten.[35]

Selbst wenn sich also auf der organisatorischen/personellen Ebene nur wenige Verbindungen zur Rundfunkarbeit in der Weimarer Republik herstellen ließen, bliebe dennoch zu fragen, ob es nicht möglich gewesen wäre, frühere theoretische Überlegungen und Ideen zur gewerkschaftlichen Radioarbeit aufzugreifen, möglicherweise zu modifizieren und weiter zu entwickeln. Schon jetzt ist vorauszuschicken, daß hierzu nur wenige Anstrengungen unternommen wurden - zum Teil war das sicherlich der schwierigen organisatorischen Situation der Gewerkschaften nach 1945 geschuldet, zum anderen entsprach das auch der Tatsache, daß Medienpolitik und -arbeit nach wie vor nur ein

---

32 Vgl. "Über das Verhältnis von Gewerkschaften und Tagespresse", in: ebenda, a.a.O., S. 35-39, dort S. 35f.

33 So orientierte sich der DGB oftmals an den rundfunkpolitischen Vorschlägen der Fachleute der Partei, nahmen seine Vertreter an Sitzungen des Rundfunkpolitischen Ausschusses der SPD teil und kooperierten sie in den Rundfunkgremien mit Sozialdemokraten. Vgl. dazu die Unterlagen in: DGB-Archiv, Ordner: Rundfunk DGB-Allgemein und Ordner: Rundfunk-BV.

34 Zwar war am 13. Oktober 1947 der "Allgemeine Radiobund Deutschlands" (ARBD) mit Sitz in Bielefeld als Nachfolgeorganisation des Arbeiter-Radio-Bundes gegründet worden, doch konnte dieser keinerlei Bedeutung erlangen. Der DGB, der dem ARBD 1950 kollektiv beitrat, verließ die Organisation Ende 1953 wieder, weil er sie nicht zu Unrecht als völlig bedeutungslos einstufte. In den Funkhäusern hielt man den ARBD für eine "Gesellschaft von Phantasten", und das war noch freundlich ausgedrückt. Zum ARBD vgl. DGB-Archiv, Ordner: Bundes-Rundfunk-Gesetze, sowie zur Reaktion der Rundfunkanstalten DRA, 6.751 Allgemeiner Radio-Bund Deutschland und den Briefwechsel ARBD-Fritz Eberhard, in: SDR/HA, 001/01 Intendanz 00/454 Allgemeiner Schriftwechsel A-B [1.9.1949-30.4.1953].

35 Vgl. Deutscher Gewerkschaftsbund (britische Besatzungszone): Die Gewerkschaftsbewegung in der britischen Besatzungszone. Geschäftsbericht des Deutschen Gewerkschafts-Bundes (britische Besatzungszone) 1947-1949. Köln o. J., S. 508.

Schattendasein innerhalb der gewerkschaftlichen Arbeit insgesamt führten. Zwar atte-
stierte man dem Medium Radio neben der Zeitung "die größte Breitenwirkung in der
Formung der öffentlichen Meinung"[36], doch fehlten Vorstellungen darüber, wie die
Gewerkschaften den Rundfunk nutzen oder auf sein Programm einwirken konnten, nahezu völlig. Die Tatsache, daß das für Rundfunkfragen zuständige Vorstandsmitglied
des DGB, britische Zone, in seinem Geschäftsbericht für die Jahre 1947 bis 1949 die
"besondere Wichtigkeit" der Tätigkeit seines Vorsitzenden Hans Böckler im Verwaltungsrat des Nordwestdeutschen Rundfunks hervorhob, deutete aber schon darauf hin,
daß die Gewerkschaften ihre personelle Repräsentanz in den Rundfunkgremien als entscheidende Voraussetzung für ein erfolgreiches Engagement auf dem Rundfunksektor
ansahen. In dieser Meinung standen sie zweifellos nicht weit von ihrer Weimarer Rundfunkpolitik entfernt, nur daß ihnen damals ein Eindringen in die entsprechenden Positionen nicht gelungen war. Unter den geänderten Verhältnissen der Jahre ab 1945 hofften sie aber, besser abzuschneiden. Ob sich den Gewerkschaften über die Mitarbeit in
den Rundfunkgremien hinaus noch weitere Optionen eröffneten, wird in den folgenden
Kapiteln zu untersuchen sein. Zunächst einmal bestimmten ohnehin die von den Besatzungsmächten gesetzten Rahmenbedingungen den Handlungsspielraum der Gewerkschaften, wobei die unter dem Druck der Alliierten von den Länderparlamenten 1948
verabschiedeten Rundfunkgesetze sowie die von den Besatzungsmächten seit 1945 geschaffenen Fakten zunächst gar keine so schlechten Ausgangsbedingungen zu sein
schienen.

---

36 Vgl. ebenda.

8.3   Gewerkschaften machen Programm: Der Gewerkschafts- und Arbeitnehmerfunk 1945 bis 1949

Gewerkschaftsvertreter gehörten mit zu den ersten Deutschen, denen es die Militärs in den Funkhäusern gestatteten, vor die Mikrophone der Besatzungssender zu treten. So konnte etwa der spätere Vorsitzende des Württembergischen Gewerkschaftsbundes (WGB), Markus Schleicher, schon am 18. August 1945, wenige Wochen nach Eröffnung des Sendebeginns bei Radio Stuttgart einen Vortrag über "Gewerkschaftsprobleme" halten, dem acht Tage später ein weiterer folgte. In den kommenden Wochen sprachen die Leiter fast aller Fachgruppen im WGB im Rahmen der Sendung "Echo des Tages" einmal im Radio, im Vordergrund ihrer Beiträge standen Organisationsfragen und Mitteilungen über Veranstaltungen.[37] Örtliche Gewerkschafter wandten sich auch anderswo mit Rundfunkkommentaren und Aufrufen an die Öffentlichkeit.[38]

Im Laufe der Jahre 1946 und 1947 erhielten die Gewerkschaften bei fast allen Sendern das Recht eingeräumt, in regelmäßiger Folge und zu bestimmten Sendezeiten eigene Beiträge über das Radio auszustrahlen. Seit Mitte April 1946 gestalteten sie jeden Donnerstag von 21.15 bis 21.30 Uhr bei Radio München die Sendung "Die Gewerkschaft ruft"; bei Radio Bremen hieß das entsprechende Pendant "Gewerkschaftssendung". Bei Radio Koblenz erklang seit Herbst 1945 jeden Mittwoch um 18.15 Uhr die "Stimme der Einheitsgewerkschaft". Die Sendung wurde später vom Südwestfunk als "Stimme der Gewerkschaften" übernommen. Die badischen Gewerkschaften erhielten im Regionalprogramm des SWF-Studios Freiburg ebenso wie die Gewerkschaften in Südwürttemberg-Hohenzollern im SWF-Studio Tübingen eigene Sendezeiten zugestanden. In Freiburg lief die Sendung ab Herbst 1946 jeden Freitag von 18.15 bis 18.30 Uhr, ab 1949 dienstags von 12.15 bis 12.30 Uhr. Auf Antrag war es auch möglich, daß der Sender den Gewerkschaften unregelmäßig Sendezeit einräumte.[39]

Während die Gewerkschaften diese Sendereihen weitgehend in eigener Regie durchführen konnten, wurden sie bei Radio Frankfurt und bei Radio Stuttgart nur als Partner herangezogen. In Stuttgart lief die Reihe seit dem 2. Juni 1946 unter dem Namen "Arbeiterfunk - Für unsere Werktätigen", in Frankfurt seit Mitte 1946 unter der Bezeichnung "Gewerkschaftsfunk"[40]. Am längsten warteten Arbeitnehmer und Gewerk-

---

37 Vgl. Ausgewählte Manuskripte 1945 - 1948. Hrsg. v. Fachbereich Archivwesen und Dokumentation. Historisches Archiv des Süddeutschen Rundfunks. Stuttgart 1990. Die einzelnen Sendungen sind über das Register, Stichwort "Gewerkschaften" zu erschließen.

38 Vgl. zum Beispiel die Sammlung von Kommentaren im Institut für Zeitgeschichte in München: Radio Bremen Fg 06/1 Kommentare Richard Boljahn in der Reihe "Das aktuelle Wort" und Radio Bremen Fg 06/2 Kommentare Oskar Schulze in der Reihe "Das aktuelle Wort".

39 Vgl. das Schreiben des Allgemeinen Gewerkschaftsbundes Rheinland-Pfalz v. 10.1.1949 sowie das des Badischen Gewerkschaftsbundes v. 15.1.1949 an den Gewerkschaftsrat, in: DGB-Archiv, Bestand 13. In Freiburg lief die Sendung jetzt am Dienstag von 12.45 bis 13.00 Uhr, in Baden-Baden am Freitag von 18.00 bis 18.10 Uhr. Allerdings wechselten die Gewerkschaftssendungen häufig ihren Sendeplatz, wie das auch für Programmbestandteile in den ersten Jahren nach 1945 galt.

40 Der genaue Sendebeginn war nicht zu ermitteln; der Rechenschaftsbericht der Abteilung Politik/Nachrichten für die Zeit vom 1.6.1946 bis 16.1.1949 führt die Sendung erstmals unter der Be-

schaften in der britischen Zone auf ein eigenes Programm; beim NWDR Köln ertönte erst seit Oktober 1946 die Stimme Karl-Eduard v. Schnitzlers in der Sendung "Für den Arbeiter" aus dem Radiolautsprecher. Die Gewerkschaften dienten lediglich als Programmzulieferer.

Die nahezu zeitgleiche Einführung der Arbeiter- und Gewerkschaftssendungen läßt darauf schließen, daß die Gewerkschaften in einer gemeinsamen Aktion mit dem Wunsch an die Alliierten in den Funkhäusern herangetreten waren, eigene Sendezeiten zu erhalten. Belege für ein solches Vorgehen existieren zwar nicht, aber ein Zufall wird es wohl kaum sein, daß zumindest die Sender der amerikanischen Zone beinahe gleichzeitig ihre Zielgruppensendung für Arbeitnehmer starteten.[41] Auch wenn Eva Maria Freiburg in ihrer Dissertation über die Geschichte des Rundfunks in Nordrhein-Westfalen meint, die Sendung "Für den Arbeiter" des NWDR verdanke ihre Entstehung "nicht zuletzt der politischen Einstellung" des Kölner Intendanten Max Burghardt und des Leiters der politischen Abteilung beim NWDR Köln, v. Schnitzler,[42] so erklärt dies noch nicht, weshalb die Sendungen alle um dieselbe Zeit eingeführt wurden. Sicherlich gab es in den frühen Jahren des deutschen Nachkriegsrundfunks der Arbeiterbewegung gegenüber aufgeschlossene Radiomacher - und dies nicht nur beim NWDR, sondern auch in der französischen und mehr noch der amerikanischen Zone. Das mochte daher rühren, daß man zunächst die Forderung nach Entnazifizierung auch in den Funkhäusern erstnahm - und viele der unbelasteten Radioleute, die die Siegermächte einstellten, entstammten eher einem linken fortschrittlich-liberalen Spektrum[43] - doch ausschlaggebend dürfte, wie in der Weimarer Republik im Falle der Etablierung des Arbeiterfunks, eine Initiative der Gewerkschaften gewesen sein, die man in den Sendern mehr oder weniger gerne aufgegriffen hatte, wobei auffällt, daß der von den Briten kontrollierte NWDR eine unabhängige Gewerkschaftssendung erstens nicht zuließ und zweitens auch noch später als alle anderen Sender überhaupt in das Programm aufnahm.

Doch wie auch immer die Gewerkschaftssendungen ins Programm gerieten, die örtlichen Gewerkschaften konnten die ihnen zustehende Sendezeit für Organisationshinweise, für Bildungszwecke oder als Beitrag zur politischen Meinungsbildung nutzen. Und das galt sowohl für die Sendungen in eigener Regie als nur wenig eingeschränkt für diejenigen, die von einem Redakteur betreut wurden. Die Sendungen stellten unter Umständen eine wichtige Ergänzung zu den Mitgliederzeitungen der Gewerkschaftsbünde

zeichnung "Gewerkschaftsfunk" auf. In der Programmzeitschrift "Hör zu" wird die Sendung ab Januar 1947 unter dem Namen "Arbeitersendung" und "Arbeiterfunk" angekündigt.

41 Horst O. Halefeldt, der in seinem Aufsatz "Vom Besatzungs- zum Parteienrundfunk" - Rundfunkkontrolle in Westdeutschland nach 1945, in: Studienkreis Rundfunk und Geschichte: Mitteilungen, H. 4, 1980, S. 171-195, dort S. 178f. die Gewerkschaftssendungen erwähnt, geht auf ihre Entstehungsgeschichte nicht näher ein. Barbara Mettler meinte, bei der Gewerkschaftssendung Radio Münchens bzw. des Bayerischen Rundfunks habe es sich um ein besonderes Zugeständnis der Alliierten gehandelt, das auch als Wiedergutmachung für die Verfolgung der Gewerkschaften zu verstehen gewesen sein. Vgl. Barbara Mettler: Demokratisierung und Kalter Krieg, a.a.O., S. 103.

42 Vgl. Eva Maria Freiburg: Die Geschichte des Rundfunks, a.a.O., S. 22. Sowohl Max Burghardt als auch Karl-Eduard v. Schnitzler gehörten der KPD an und wurden mit Beginn des Kalten Krieges im Frühjahr/Sommer 1947 beim NWDR entlassen. Vgl. dazu ebenda, S. 12-18.

43 Vgl. Barbara Mettler: Demokratisierung und Kalter Krieg, a.a.O., S. 90-98.

dar, die seit Mitte 1946 in der Regel alle zwei Wochen oder auch nur einmal im Monat erschienen.

Dabei stehen schon die Titel der Sendereihen für ein differenziertes Programm und unterschiedliche Zielsetzungen. Bei Radio München wandten sich die Gewerkschaften in der Sendung "Die Gewerkschaft ruft" ebenso direkt an ihre Mitglieder und sonstige interessierte Hörerinnen und Hörer wie in der "Gewerkschaftssendung" bei Radio Bremen. Und auch bei Radio Koblenz bzw. dem Südwestfunk sprachen Vertreter der neu gegründeten Gewerkschaften in der "Stimme der Gewerkschaften" direkt zum Publikum, während die entsprechende Sendung bei Radio Stuttgart von einem verantwortlichen Redakteur[44] unter Hinzuziehung der Gewerkschaften gestaltet wurde. Daß es sich in Stuttgart nicht um eine Gewerkschaftssendung handelte, zeigte schon der Name an; gleiches gilt für die Sendung "Für den Arbeiter", die der NWDR aus seinem Kölner Studio ausstrahlte. In gewisser Hinsicht einen Zwitter stellte der "Gewerkschaftsfunk" bei Radio Frankfurt dar; die Sendung führte zwar einen ähnlichen Namen wie die Pendants in München, Bremen oder in Koblenz/Baden-Baden, doch wurde sie nicht unter gewerkschaftlicher Leitung durchgeführt, sondern von festangestellten Redakteuren zusammengestellt. Entsprechend der unterschiedlichen Verantwortlichkeit wichen Sendeformen und -inhalte nicht unwesentlich voneinander ab.[45] Während die "reinen" Gewerkschaftssendungen in sehr vielen Fällen Kommentare zu politischen, wirtschaftlichen und sozialen Entwicklungen in den jeweiligen Besatzungszonen bevorzugten, die von den örtlichen Gewerkschaftern in einer sehr deutlichen Sprache vorgetragen wurden, beschäftigten sich die Arbeitersendungen, auf die die Gewerkschaften keinen direkten Einfluß besaßen, oftmals eher allgemein mit wirtschaftlichen und sozialen Fragestellungen, denen nicht unbedingt ein aktueller Anlaß zugrundeliegen mußte. Sendungen wie die am 28. Juni 1948 in Bremen über das Thema "Währungsreform und Gewerkschaften" vom Vorsitzenden der Bremer Gewerkschaften, Oskar Schulze, oder die vom stellvertretenden Münchener Gewerkschaftsvorsitzenden, Max Wönner, am 1. Dezember 1946 über die Entnazifizierung gingen in der direkten Form so in Stuttgart nicht über den Äther. Zwar wurden die Manuskripte der Gewerkschaften bis zur Übergabe der

---

44 Die Sendung wurde zunächst von Wilhelm Kagerer, danach von K. Kuntze und schließlich von Oskar Hirschfeld betreut.

45 Die Quellenlage hinsichtlich der Überlieferung von Manuskripten ist sehr unterschiedlich. Am besten ist sie wohl beim Süddeutschen Rundfunk, wo die Manuskripte vollständig in der Honorar- und Lizenzabteilung gesammelt sind; bei den meisten anderen Sendern sind für die Zeit bis 1950 nur wenige Originalunterlagen vorhanden. Folgende Manuskripte waren aber zu verwerten: 22 Manuskripte aus den Jahren 1946 bis 1949 der Sendung "Die Gewerkschaft ruft" beim Bayerischen Rundfunk, in: DGB-Archiv, Bestand 32, Nr. 79; zehn Manuskripte dieser Sendung im Archiv des Bayerischen Rundfunks aus dem Jahr 1948; 20 Manuskripte der Sendereihe "Für den Arbeiter" des Nordwestdeutschen Rundfunks Köln, aus den Jahren 1946 und 1947, in: Historisches Archiv des WDR; einige wenige Manuskripte der Gewerkschaftssendung von Radio Bremen aus den Jahren 1946 bis 1949, in: IfZ München, Bestand Fg. 06/1 und 06/2 Radio Bremen; für den "Gewerkschaftsfunk" von Radio Frankfurt/Hessischer Rundfunk standen nur die Monatsberichte der Abteilung Politik aus dem Jahr 1949 zur Verfügung, die Themen und Referenten/Mitwirkende der Sendungen aufführen; sie befinden sich im Archiv des Hessischen Rundfunks; für Radio Koblenz/Südwestfunk ließen sich für die Zeit vor 1950 keine Manuskripte auffinden. Auf die Auswertung eben angeführter Materialien stützt sich die Beurteilung der Arbeiter- und Gewerkschaftsfunksendungen.

Besatzungssender in deutsche Hände in den Jahren 1948/49 überall einer Vorzensur unterworfen - so mußte zum Beispiel der Vorsitzende der Münchner Gewerkschaften, Georg Reuter, in der ersten Sendung von "Die Gewerkschaft ruft" das Wort "Antikapitalismus" streichen - doch achtete man in den Funkhäusern bei den von Redakteuren verantworteten Arbeitersendungen sehr darauf, moderat im Ton und ausgewogen in der Sache zu agieren. Dieser Befund gilt selbst für die von Karl-Eduard v. Schnitzler beim NWDR Köln von Oktober 1946 bis Mitte Mai 1947 gestaltete Sendung "Für den Arbeiter". Allerdings fällt auf, daß Schnitzler häufiger aus Zeitungen der Sowjetisch Besetzten Zone oder über "Errungenschaften" in der Sowjetunion berichtete, während die Lage der Arbeiterschaft oder der Gewerkschaften in der SBZ für die anderen Arbeiter- und Gewerkschaftssendungen bis weit in das Jahr 1948 hinein kein Thema darstellten. Der Vorwurf, Schnitzler habe im Programm "ganz einseitig Kommunisten und Front-Organisationen" zu Wort kommen lassen,[46] trifft für die Arbeitersendung nicht zu.

Zwar dominierten Beiträge, die vor allem junge Arbeitnehmer über das Wesen der Gewerkschaften aufklären wollten, in der ganz frühen Phase gewerkschaftlicher Radioarbeit überall[47] - hierfür griff man gerne auf das Hilfsmittel eines fiktiven Dialogs zwischen einem erfahrenen und einem jungen Gewerkschafter oder zwischem einem organisierten und einem unorganisierten Arbeitnehmer zurück - doch daneben traten schon bald die Unterschiede zwischen den Arbeiter- und Gewerkschaftssendungen stärker hervor.

Um die Kontraste zu illustrieren, soll an dieser Stelle auf einige Manuskripte näher eingegangen werden. Als Einstieg bieten sich die jeweils ersten Folgen der Sendungen bei Radio München, Radio Stuttgart und dem NWDR Köln an: In München trat am 18. April 1946 Georg Reuter selbst vor das Mikrophon und schilderte die Lage, in der sich Gewerkschaften und Arbeitnehmer im Frühjahr 1946 befanden. Als Ziel der Sendereihe bezeichnete er es, Kontakt mit alten und neuen Gewerkschaftern aufzunehmen und die Sendung als "Erziehungsmittel" für die Jugend zu benutzen, die durch zwölf Jahre Nazi-Diktatur der Arbeiterbewegung entfremdet war.[48] In der Folgezeit sprachen Gewerkschafter jeden Donnerstag in der Zeit von 21.15 bis 21.30 Uhr und damit zu einem für Arbeitnehmer sehr günstigen Abhörtermin.

Für interessierte Radiohörer aus dem Arbeitnehmerlager passend erwies sich auch der Sendeplatz des "Arbeiterfunks" bei Radio Stuttgart. Der "Arbeiterfunk - Für unsere Werktätigen" lief seit dem 2. Juni 1946 zunächst immer sonntags von 9.00 bis 9.15 Uhr, im September wurde er unter Beibehaltung desselben Sendeplatzes auf eine halbe Stunde verlängert. Ab dem 30. Juni 1947 wurde die Sendung zweimal in der Woche: am Montag von 19.30 bis 19.45 Uhr und am Donnerstag um dieselbe Zeit ausgestrahlt. Inhaltlich unterschied sie sich jedoch wesentlich von der Münchner Gewerkschaftssen-

---

46   Vgl. Thomas Rölle: Der britische Einfluß, a.a.O., S. 126, der Peter v. Zahn zitiert.

47   Vgl. zum Beispiel die Sendungen des "Arbeiterfunks" bei Radio Stuttgart v. 30.6.1946: Gespräch zweier Betriebsarbeiter über das Thema "Arbeiter und Verfassung" oder v. 7.7.1946: Gespräch eines alten Gewerkschafters und eines jungen Arbeiters über den Unterschied von Gewerkschaft und nationalsozialistischer Deutscher Arbeitsfront. Manuskripte in: SDR/HA.

48   Vgl. das Manuskript in: DGB-Archiv, Bestand 32, Nr. 79.

dung. So startete der "Arbeiterfunk - Für unsere Werktätigen" in Stuttgart am 2. Mai 1946 mit einen Gedicht Bruno Schönlanks und einer Ansprache des von den Amerikanern als Programmberater engagierten Martin vom Bruch, in der dieser den Charakter der neuen Sendereihe bestimmte. Vom Bruch erklärte dort:

"Wir lehnen uns bewußt an die anerkannten und bewährten Organisationen der Arbeiter-, Angestellten- und Beamtenschaft an."

Der darauf folgende Satz

"Das Wollen und die Bestrebungen der Gewerkschaften machen wir hier zu unserer eigenen Sache. Auf ihren Vorschlag hin ist auch diese Sendung entstanden"

wurde im Manuskript allerdings gestrichen.[49] Als Programm gab vom Bruch an, "ein vielseitiges und umfassendes Bild aus dem Arbeitsleben unserer Zeit" geben und vor allem "brennende Fragen der Sozialpolitik" aufgreifen zu wollen. Ein Sprecher las "Wir Werkleute all" von Heinrich Lersch; am Schluß der Sendung stand das Statement eines Betriebsrates zur Ernährungslage in Württemberg-Baden. Schon der Rückgriff auf die "Arbeiterdichter" Schönlank und Lersch zeigt, daß sich die Arbeitersendung von Radio Stuttgart offenbar stark am Weimarer Vorbild orientierte.

In Köln hatte man sich als Sendetag den Samstag gewählt, der Sendetermin lag in der Zeit von 19.30 bis 19.45 Uhr; Anfang 1947 wurde "Für den Arbeiter" auf eine halbe Stunde verlängert und jeweils am Montagmorgen um 6.00 Uhr wiederholt. In der Auftaktsendung stellte Karl-Eduard v. Schnitzler sein Programm vor:

"Die Probleme und Fragen, die wir in unserer Sendung 'Für den Arbeiter' behandeln und diskutieren wollen, sollen - ob aktueller oder grundsätzlicher Art - in der buntesten, plastischsten, verständlichsten Form sachlich und erschöpfend angepackt werden. Wir werden uns dabei des Vortrages genau so bedienen wie der Diskussion, der Reportage wie der kurzen Hörfolge. Neben den Vertretern der Regierung, der Behörden und Ämter, der Parteien, Gewerkschaften und Kirchen soll es vor allem der Arbeiter selbst sein, der zu Wort kommt."[50]

Zum Inhalt der Sendung führte er aus:

"Es gilt nicht nur Nachrichten aus der Welt des Arbeiters zu bringen, es werden alle Fragen des Lohnes, der Preise, der Arbeitszeit, der Arbeitsbedingungen zu behandeln sein."[51]

Dabei sollten die Gewerkschaften und Betriebsräte "einen wichtigen Platz" einnehmen, weshalb er die Zusammenarbeit mit diesen auch "besonders eng" gestalten wollte. Als bedeutsame Themen nannte er den Neuaufbau der Gewerkschaften, die Neuorganisation der Wirtschaft, Lohn- und Preispolitik, Steuerfragen, Arbeitsschutz, Sozialversicherung, Berufsberatung, Betriebsrätefragen, Arbeiterbildung sowie bemerkenswerte tagespolitische Fragen. Und er kündigte an:

---

49   Vgl. das Manuskript in: SDR/HA.
50   Manuskript der Sendung v. 5.10.1946, in: WDR/HA
51   Ebenda.

"Im Laufe der kommenden Woche werden wir mit unserem Mikrophon morgens auf einen Bahnhof gehen und zur Arbeit strömenden Arbeitern und Arbeiterinnen einige Fragen stellen, wir werden in der Mittagspause in einigen großen Betrieben Meinungen und Wünsche zu einer Arbeitersendung anhören und abends nach Betriebsschluß an irgendeinem Fabriktor über ihre augenblicklichen Lebensbedingungen befragen und über die Möglichkeiten, ihre Freizeit zu gestalten. "[52]

Schließlich teilte v. Schnitzler auch noch mit, welches Publikum er sich vorstellte: Die Sendung sollte alle ansprechen, nicht nur Arbeitnehmer und Arbeitnehmerinnen. Sie sollte bei anderen Bevölkerungsschichten Verständnis für die Nöte und Bedürfnisse der Arbeitnehmer wecken und einen Beitrag zur Verwirklichung sozialer Gerechtigkeit leisten.[53] Das war nun ein relativ ambitioniertes Programm, und es stellt sich wie in den anderen Fällen auch die Frage, in welcher Weise es praktisch umgesetzt wurde.

Betrachtet man die Programme der Jahre 1946 bis 1949 so zeigt sich, daß sich die in den Auftaktsendungen schon angeklungenen Unterschiede der Programmgestaltung in der Sendepraxis fortsetzten. Während sich die Gewerkschaften in München oder Bremen mit ihren allwöchentlichen Kommentaren in die aktuelle Diskussion zu Entnazifizierung, Ernährungssituation, Betriebsrätegesetzen oder Sozialisierungsfragen direkt einschalten konnten, war ihnen dieser Weg in Stuttgart oder Köln versperrt. Allerdings mußte das nicht heißen, daß die Themen dort nicht auch in der einen oder anderen Weise zur Sprache gebracht worden wären. Einige Ausschnitte aus dem Jahr 1947 sollen dies verdeutlichen.

Das Februarprogramm des "Arbeiterfunk - Für unsere Werktätigen":

2.2.1947: Die christlichen Gewerkschaften. Vortrag von Herrn Franz Xaver Roedlach (Vorstandsmitglied im Württembergisch-Badischen Gewerkschaftsbund).
9.2.1947: Das Betriebsrätegesetz (Kontrollratsgesetz Nr. 22). Vortrag von Herrn Direktor Ludwig Kley (Arbeitsministerium); das neue Körperbeschädigten-Leistungsgesetz. Vortrag von Herrn Ernst Müller (Vorsitzender des Verbandes für Körperbeschädigte etc. in Nordwürttemberg)
16.2.1947: Die Industrieverbände haben das Wort. Vortrag des Leiters des Verbandes für das Post- und Fernmeldewesen, Matthäus Ganter; Vortrag über die Anwerbung von Arbeitskräften für den Ruhrbergbau; Stellungnahme zum Arbeitszeitordnungsgesetz und Gehaltszahlung an Angestellte bei Kurzarbeit (Redakteur: Oskar Hirschfeld).
23.2.1947: Die Industrieverbände haben das Wort. Vortrag von Herrn Karl Poehlmann, Leiter des Industrieverbandes Textil und Bekleidung; Fortsetzung des Gesprächs über die Anwerbung von Arbeitskräften für den Ruhrbergbau; Kommentar zur Parteitagung in der britischen Besatzungszone.[54]

"Für den Arbeiter" in Köln behandelte am 22. Februar 1947 in der halbstündigen Sendezeit folgende Themen:

---

52   Ebenda.
53   Vgl. ebenda.
54   Vgl. die Manuskripte, in: SDR/HA.

1. Arbeitsmöglichkeiten für Flüchtlinge - Aufnahmen der Berichterstatterin Helga Norden, die sich mit Flüchtlingsfrauen und -männern unterhielt.

2. Ende des Interzonalen Gewerkschaftskongresses in Berlin - Zwei Sprecher zitieren aus der Berliner SPD-Zeitung "Telegraph" und aus den Reden von Gewerkschaftsvertretern (Kuypers vom Weltgewerkschaftsbund, Jean Jouheaux von den Französischen Gewerkschaften, Bernhard Göhring für den FDGB, Hans Böckler als Vertreter der Gewerkschaften in der britischen Zone, Georg Reuter für die amerikanische Zone und Mathias Schneider für die französische Zone).

3. Neuregelung der Sozialversicherung - Sprecher verlesen einige Passagen aus der Stellungnahme der Zonengewerkschaften zum Neuaufbau der Sozialversicherung und zitieren den Gewerkschafter Helmut Lehmann aus einem Artikel über die Einführung einer einheitlichen Sozialversicherung, den dieser im "Neuen Deutschland" schrieb.

4. Büroarbeit im Winter - Helga Norden berichtet über die Arbeitsbelastung in Büros.

5. Für und gegen die Sozialisierung - Manuskript wahrscheinlich von v. Schnitzler, mit Einspielung einer Stellungnahme eines Gewerkschafters - da der gesamte Punkt 5 im Manuskript durchgestrichen ist, ist anzunehmen, daß dieser Teil nicht gesendet wurde.

6. Blick über den Zaun: Der Arbeitsmarkt in Frankreich.

7. Gewerkschaften in Amerika - Aus einem Zeitschriftenbeitrag des amerikanischen Gewerkschafters George Silver über das amerikanische Gewerkschaftswesen (CIO und AFL).

8. Kurzkommentar zur Ernährungslage (durch v. Schnitzler).[55]

Die Gegenüberstellung der beiden Programme zeigt, daß sie sich in mehr als einer Hinsicht voneinander unterschieden: Während in Stuttgart Kurzvorträge und Kommentare von Rundfunkmitarbeitern dominierten, besaß die Kölner Sendung eher Magazinform, was zum Teil mit der längeren Sendezeit zusammenhängen mag, auf der anderen Seite standen dem NWDR natürlich auch wesentlich größere finanzielle Mittel zur Verfügung als Radio Stuttgart. Während Arbeitnehmer in Stuttgart über bereits gefallene Entscheidungen im Bereich der Wirtschafts- und Sozialpolitik informiert wurden, griffen die Kölner Beiträge in die laufende politische Auseinandersetzung ein.

In derselben Weise wie die eben dokumentierten Sendungen wurden die Reihen bis gegen Ende des Jahres 1947 fortgesetzt. Die Mitarbeit der Gewerkschaften beschränkte sich bei Radio Stuttgart und beim NWDR Köln darauf, sich als Interviewpartner zur Verfügung zu stellen. In Bremen, Koblenz/Baden-Baden und München kostete es die Gewerkschaften wesentlich mehr Aufwand, "ihre" Sendung zu erstellen, weshalb auch die Klagen darüber nicht abrissen, daß die für die Radioarbeit Verantwortlichen viel zu wenig Unterstützung von den Orts- und Kreisausschüssen oder von den Einzelgewerk-

---

55   Vgl. das Manuskript der Sendung vom 22.2.1947, in: WDR/HA.

schaften erhielten.[56] Qualitätsunterschiede in der "funkischen" Gestaltung zwischen den von Profis produzierten Sendungen, die mit Interviews, Reportagen, Hörszenen arbeiteten, und den in der Regel auf die Vortragsform beschränkten "Gewerkschaftssendungen" konnten da nicht ausbleiben[57] - jedenfalls solange wie die Radioarbeit auf den Schultern weniger überlasteter Funktionäre ruhte und bis auf weiteres auch keinerlei Anstrengungen unternommen wurden, ehrenamtliche Funktionsträger in Sachen Radioarbeit zu schulen. Nichtsdestotrotz hielten die Gewerkschaften daran fest, bei allen Rundfunkstationen, speziell beim NWDR, eigene Sendezeiten einzufordern.[58]

Doch war dieser Anspruch spätestens Mitte 1948 bereits Makulatur, zeigte sich doch zu diesem Zeitpunkt, daß die Rundfunkanstalten keinerlei Interesse erkennen ließen, irgendwelchen weiteren Gruppen außer Kirchen eigene Programme einzuräumen; ohnehin ging die Tendenz eher dahin, die Arbeiter- und Gewerkschaftssendungen einzuschränken oder umzugestalten.[59] So erhielt die Arbeitersendung in Stuttgart im Januar 1948 einen neuen Namen und hieß von nun an "Mensch und Arbeit". Weshalb man den Titel geändert hatte, war nicht in Erfahrung zu bringen, zumal auch in der Sendung selbst dazu keine Erklärung abgegeben wurde; vorstellbar ist jedoch, daß die Namensänderung deshalb erfolgte, weil man die Vokabel "Werktätige" für kommunistisch angehaucht hielt und sich im Zuge des beginnenden Kalten Krieges davon trennen wollte. Eine Änderung bei Inhalt und Charakter der Sendung war mit dem Namenswechsel zunächst nicht verbunden; das geschah erst 1949, als auch Unternehmer das Wort erhielten. Davor hatte es sich doch um eine "Arbeitnehmersendung" gehandelt, auch wenn die Gewerkschaften als Arbeitnehmervertreter nicht immer und zu allen Streitfragen Gehör fanden und die Arbeitnehmer selbst ebenfalls nicht. Erste Anzeichen für bevorstehende Veränderungen machten sich vereinzelt allerdings auch schon 1948 bemerkbar. So tauchten jetzt gelegentlich auch Themen wie "Kirche und Arbeiterschaft im Kampf um soziale Gerechtigkeit" (8.1.1948) oder Ausschnitte aus einer Rede von Prof. Ludwig Erhard vor der Industrie- und Handelskammer Ludwigsburg (27.7.1948) im Programm auf, doch daneben standen Beiträge über Entschließungen der Gewerkschaften zur Lohn- und Preispolitik (4.10.1948) oder ein Gespräch mit Markus Schleicher über seine Amerikareise (9.12.1948), und es dominierten Interviews und Stellungnahmen von Gewerkschaftern zu wirtschafts- und sozialpolitischen oder arbeitsrechtlichen Problemen. Mit Beginn des Jahres 1949 traten Gewerkschafter immer seltener vor das Mikrophon. Nun behandelte die Sendung immer öfter Themen wie rationelle Arbeitsorganisation (17.2.1949), sprachen Betriebspsychologen über "Menschliche Beziehungen im Betrieb"

---

56 Vgl. z. B. die Klage des Frankfurter Gewerkschafters Pieper auf der Rundfunktagung v. 28.6.1949. Protokoll über die Konferenz der Bundesvertreter in Fragen des Rundfunks am 28.6.1949 in Frankfurt am Main, in: DGB-Archiv, Ordner: Rundfunk 1948-1950.

57 Vgl. Walter Steigner: Gewerkschaften und Rundfunk, in: Welt der Arbeit, Probenummer B, 19.10.1949, der dort beklagte: "Die dem Arbeiter und dem Gewerkschafter gewidmeten Sendungen sind häufig genug herzlich langweilig."

58 Vgl. Deutscher Gewerkschaftsbund (britische Zone): Die Gewerkschaftsbewegung in der britischen Besatzungszone, a.a.O., S. 509.

59 Vgl. das Schreiben des DGB, britische Zone v. 12.2.1948 an Böckler, in: DGB-Archiv, Ordner: Rundfunk 1948-1949, in dem er mitteilte, Steigner sehe die Gefahr, daß die Arbeitersendung des NWDR "mehr und mehr gekürzt werden solle".

(16.8.1949) oder hielt ein Vorstandsmitglied der Sozialhilfe der Deutschen Wirtschaft einen Vortrag (23.7.1949). Eine Reaktion der Gewerkschaften auf das Vordringen der Unternehmer in die Sendung war nicht nachweisbar, Auseinandersetzungen, über die Gestaltung der Sendung, falls es solche gab, drangen anders als bei anderen Rundfunkanstalten[60] nicht nach außen und sind auch intern nicht dokumentiert.

Noch etwas früher als bei Radio Stuttgart vollzogen sich Änderungen beim NWDR Köln. Sie standen im Zusammenhang mit der Entlassung einiger führender Mitarbeiter im Kölner Funkhaus und beim NWDR insgesamt. Im Frühsommer 1947 mußten sowohl der bisherige Intendant Max Burghardt als auch Karl-Eduard v. Schnitzler ihren Hut nehmen.[61] Am 17. Mai 1947 moderierte v. Schnitzler "Für den Arbeiter" zum letzten Mal, ihm folgten die eher konservativ-liberal eingestellte Julia Nusseck und ab September 1947 der den Gewerkschaften nahestehende Walter Steigner[62] als Verantwortliche für die Sendung. Inhaltlich änderte sich, was die Gewerkschaften anlangte, zunächst nichts Wesentliches. Ob dies auch für die Zeit nach 1948 gilt, war wegen der fehlenden Manuskripte nicht zu überprüfen. Der DGB der britischen Zone berichtete 1949 jedenfalls, es sei ihm mittlerweile gelungen, den Gewerkschaften "einen breiteren Raum in der Mitgestaltung der Sendung" zu verschaffen.[63] Im Frühjahr 1950 erhielt die Sendung den neuen Titel "Aus der Welt der Arbeit", ohne daß die Gewerkschaften davon informiert worden wären.[64] Doch dies fällt dann schon in eine andere Periode gewerkschaftlicher Rundfunkarbeit, auf die noch zurückzukommen sein wird. Bleiben wir zunächst im Jahr 1949, in dem sich die Gewerkschaften erstmals auf Bundesebene mit Rundfunkfragen beschäftigten.

---

60 Vgl. dazu Kapitel 8.7.1 bis 8.7.3.

61 Zur Entlassungsaktion beim NWDR, die Kommunisten und solche Personen traf, die als der KPD nahestehend galten, vgl. Wolfgang Jacobmeyer: Politischer Kommentar und Rundfunkpolitik. Zur Geschichte des Nordwestdeutschen Rundfunks 1945-1951, in: Rundfunk und Politik 1923 bis 1973. Beiträge zur Rundfunkforschung. Hrsg. v. Winfried B. Lerg und Rolf Steininger. Berlin 1975, S. 311-339, dort S. 319-321.

62 Walter Steigner war, bevor er 1947 zum NWDR Köln wechselte, Redakteur bei der SPD-nahen "Rheinischen Zeitung" gewesen. Zur Entlassung v. Schnitzlers vgl. auch die Sicht Steigners zu dem Vorgang in: Walter Steigner: Hier ist der Nordwestdeutsche Rundfunk Köln. Erinnerungen an ein gescheitertes Experiment, in: Aus Köln in die Welt, a.a.O., S. 143-165.

63 Vgl. Deutscher Gewerkschaftsbund (britische Besatzungszone): Die Gewerkschaftsbewegung in der britischen Zone, a.a.O., S. 509.

64 Vgl. das Schreiben Reuters an den NWDR v. 30.3.1950, in: DGB-Archiv, Ordner: NWDR, Generaldirektion Hamburg.

8.4   Ein gewerkschaftliches Rundfunk-Programm?

Eine grundsätzliche theoretische und praktische Auseinandersetzung über die Möglichkeiten, die eine intensive Radioarbeit für die Gewerkschaften hätte eröffnen können,
fand nach 1945 noch weniger statt, als dies in der Weimarer Republik der Fall gewesen
war. Einig war man sich zwar mit den alliierten Siegermächten, daß der Rundfunk
"demokratisch", pluralistisch und staatsfern sein sollte, doch darüber hinaus gab es keine
weitergehenden Überlegungen zur Organisation des Rundfunks oder zu einer eigenständigen gewerkschaftlichen Radioarbeit.[65] Das Bekenntnis zur öffentlich-rechtlichen
Verfaßtheit des Rundfunks, das sich Anfang der fünfziger Jahre auch in einigen Inter-
ventionen zugunsten des Erhalts der von den Alliierten mehr oder weniger erzwungenen
Rundfunkorganisation ausdrückte, stellte allein noch kein Programm dar, an dem sich
Gewerkschafter hätten orientieren können. Und die Forderung nach möglichst viel gewerkschaftlichem "Gedankengut" in den Rundfunkprogrammen ließ doch manche Fragen offen. Offizielle Gewerkschaftsgremien (DGB-Vorstände des Bundes und der Länder, Gewerkschaftskongresse) beschäftigten sich nur selten einmal mit Rundfunkfragen,
auch wenn der Vorbereitende Ausschuß zur Gewerkschaftsgründung im Frühsommer
1949 beschlossen hatte, daß das Gewerkschaftssekretariat in Frankfurt zusammen mit
den Rundfunksachbearbeitern der Landesbezirke ein Programm für die gewerkschaftliche Rundfunkarbeit ausarbeiten sollte.[66] Die im Juni 1949 auf einer Konferenz der
"Bundesvertreter in Fragen des Rundfunks" beschlossenen "Richtlinien zur Rundfunkarbeit" stellten denn auch einstweilen die Eckpunkte gewerkschaftlicher Radioaktivitäten dar. Auf der Konferenz, an der neben Georg Reuter für den Gewerkschaftsrat der
vereinten Zonen die Rundfunksachbearbeiter der Landesverbände Württemberg-Baden
(Rudolf Vater), Südbaden (Peter Kappes), Hessen (Karl Pieper), des DGB der britischen
Zone (Werner Behr) und Clara Döhring von der Abteilung Frauen beim Württemberg-
Badischen Gewerkschaftsbund teilnahmen, schlug Reuter vier Schwerpunkte einer
"künftigen gewerkschaftlichen Rundfunkarbeit" vor:

> *1. Die Einrichtung eines gewerkschaftlichen "Rundfunkdienstes", der sowohl beim*
> *künftigen Bundesvorstand als auch bei den einzelnen Sendern Vertretungen hatte.*
> *Als Mitarbeiter dieses Rundfunkdienstes sollten "rundfunkerfahrene" Kollegen*
> *fungieren, die gleichzeitig auch die Programme "überwachten".*
>
> *2. Die Gestaltung einer aktuellen, wöchentlichen Sendung "Ruf der Gewerkscha-*
> *ften" bei allen Rundfunkanstalten in Zusammenarbeit mit dem Rundfunkdienst.*

---

65   Von daher ist dem Befund Dieter Kramers und Gerd Würzburgs von 1976, wonach das Fehlen pro-
        grammatischer Aussagen "kennzeichnend" für die frühe DGB-Medienpolitik sei, zuzustimmen. Vgl.
        Dieter Kramer und Gerd Würzberg: Gewerkschaften und öffentlich-rechtliche Medien. Eine Be-
        standsaufnahme, in: Massen/Medien/Politik. Karlsruhe 1976, S. 276-305, dort S. 276. Vgl. dazu
        auch: Uli Veith: Gewerkschaftliche Medienpolitik und Filmarbeit: am Beispiel des DGB und der IG
        Metall. Köln 1984, S. 140.

66   Vgl. das Schreiben Georg Reuters vom 22.6.1949 an die Bundesvorstände der Einzelgewerkschaften,
        in: DGB-Archiv, Ordner: Rundfunk 1948-1950.

3. Die Einrichtung einer periodisch auszustrahlenden Sendung mit dem Titel "Nach Feierabend" oder so ähnlich, Dauer 30 bis 45 Minuten. Im Mittelpunkt der Sendung sollte eine "kurze, aber gute Ansprache" stehen, von "Volksliedern und Volksmusik" umrahmt. Dabei könnten dann gewerkschaftliche Gedanken mit eingeflochten werden.

4. Die Einrichtung eines gewerkschaftlichen "Nachrichtendienstes" von 10-15 Minuten Dauer, entsprechend den kirchlichen Nachrichtensendungen, gestaltet von den "Rundfunkstellen" des Bundesvorstandes und der Landesbezirke.[67]

Der Geschäftsbericht des DGB für die britische Zone druckte 1949 nur die Punkte eins, zwei und vier ab, Punkt drei fehlte[68] - wahrscheinlich weniger versehentlich als deshalb, weil die Gewerkschaften sich letztendlich nicht dazu in der Lage sahen, eine solche Unterhaltungssendung zu gestalten, möglicherweise aber auch, weil sie bei den Rundfunkanstalten nicht durchsetzbar war. Im übrigen verlangte das "Programm" nur eine Fortschreibung dessen, was es bereits gab (Gewerkschaftssendungen) bzw. die Ausdehnung der bestehenden Gewerkschaftssendungen auf alle Rundfunkanstalten, insbesondere den NWDR. Was unter der Einrichtung eines "Rundfunkdienstes" zu verstehen war, wurde aus dem Protokoll nicht recht deutlich, offenbar meinte Reuter aber eine gesonderte für Rundfunkangelegenheiten zuständige Abteilung beim künftigen Bund und den DGB-Landesbezirken. Als Fernziel definierte die Konferenz immerhin aber die Errichtung eines eigenen Senders und die Schaffung einer eigenen Rundfunkzeitschrift.[69]

Auf dem DGB-Gründungskongreß spielte die Rundfunkarbeit der Gewerkschaften im Gegensatz zur Pressearbeit aber keine Rolle. Das im März 1950 eingerichtete Referat "Funk" beim DGB-Bundesvorstand ist dagegen als Ergebnis der Rundfunkkonferenz vom Juni 1949 zu werten. Laut DGB-Geschäftsbericht für die Jahre 1950 und 1951 erhielt es die Aufgabe zugewiesen, die Rundfunkgesetzgebung zu beobachten und in gewerkschaftlichem Sinne zu beeinflussen, "gewerkschaftliches Gedankengut" in spezielle Programmsparten (Kulturelles Wort, Frauenfunk, Jugendfunk, Wirtschaftsfunk, Kommentare, Buchbesprechungen etc.) hineinzutragen und darauf zu achten, daß gewerkschaftliche Großveranstaltungen eine angemessene Berücksichtigung im Radio fanden.[70] Die Gestaltung der bestehenden Gewerkschaftssendungen in einigen Ländern verblieb im Zuständigkeitsbereich der Landesverbände, nur für die ehemalige Arbeitersendung des NWDR, Köln, die jetzt "Aus der Welt der Arbeit" hieß, zeichneten Reuter und das Referat "Funk", das ihm unterstand, verantwortlich.

---

67 Vgl. das Protokoll der Tagung v. 28.6.1949, in: DGB-Archiv, ebenda.

68 Vgl. Deutscher Gewerkschaftsbund (britische Besatzungszone): Die Gewerkschaftsbewegung in der britischen Zone, a.a.O., S. 510.

69 Vgl. Protokoll der Tagung v. 28.6.1949, in: DGB-Archiv, Ordner: Rundfunk 1948-1950.

70 Vgl. Deutscher Gewerkschaftsbund: Geschäftsbericht des Bundesvorstandes des Deutschen Gewerkschaftsbundes 1950-1951. Düsseldorf o. J., S. 167. Vgl. dort S. 168-174 auch die Zusammenstellung der "Erfolge" hinsichtlich der Berücksichtigung des 1. Mai 1951 und der Ruhrfestspiele 1951.

8.5   Die Organisation der gewerkschaftlichen Rundfunkarbeit beim Bundesvorstand und in den Landesbezirken

Problem Nummer eins in der gewerkschaftlichen Rundfunkarbeit bildeten die fehlenden personellen Kapazitäten, die unzureichende technische Infrastruktur und die ungenügende Koordination zwischen Landes- und Bundesstellen. Diese Defizite galt es zunächst zu beheben, um auch nur die unerläßlichsten Grundlagen für eine erfolgreichere gewerkschaftliche Rundfunkarbeit zu schaffen.

Auf der Rundfunk-Tagung im Juni 1949 hatte Georg Reuter einen Neun-Punkte-Katalog vorgelegt, mit dessen Hilfe die Rundfunkarbeit intensiviert und die von ihm benannten Nah- und Fernziele gewerkschaftlicher Medienarbeit erreicht werden sollten. Das Programm sah folgende Maßnahmen vor:

1. Die Gewerkschaften bestellen für jede Rundfunkstation mindestens einen Sachbearbeiter;

2. dasselbe gilt für den Bundesvorstand und die Landes-Bezirksleitungen. Dabei werden Presse und Rundfunk möglichst in eine Hand gelegt;

3. die Hauptvorstände betrauen ein Vorstandsmitglied mit der Vertretung der Interessen in der Rundfunkarbeit;

4. haupt- oder ehrenamtlich tätige Kollegen verfolgen die Programme und nehmen auf deren Gestaltung Einfluß. Außerdem findet eine laufende Beobachtung der Rundfunkliteratur und der Rundfunkgesetzgebung statt;

5. die Gewerkschaften bilden einen Rundfunk-Beirat zur Koordinierung der Arbeit beim Bundesvorstand;

6. im gewerkschaftlichen Zeitungswesen wird dem Rundfunk mehr Raum gegeben. "Aus dem Nur-Hörer muß ein kritischer Hörer gemacht werden",

7. die Gewerkschaften werden in die Körperschaften der Rundfunkgesellschaften und in deren Ausschüsse zur Programmgestaltung einbezogen und sind dort möglichst durch Experten vertreten;

8. beim Ausarbeiten der Programme wird besonderer Wert auf die "richtige Auswahl" der Themen gelegt; geeignete Sprecher werden ausgebildet;

9. es werden Sing- und Spielkreise gebildet, die bei Kultur- und Feierstunden im Rundfunk auftreten könnten.[71]

Als Zukunftsaufgabe bezeichnete es Reuter schließlich, Verbindung mit ausländischen Sendern aufzunehmen - "mit dem Ziele der Einrichtung von Ringsendungen zwischen deutschen und ausländischen Gewerkschaften". An die Rundfunkanstalten wollte man die Forderung richten, festbesoldete Gewerkschaftsreferenten, die das Vertrauen der Gewerkschaften genossen, als Sachbearbeiter - gleich den Wirtschafts- und Kulturreferenten - anzustellen.[72]

Um zu überprüfen, inwieweit die Gewerkschaften den Neun-Punkte-Katalog in die Tat umsetzten, bedarf es zunächst eines Blickes auf die Organisation und die Aufgabenverteilung innerhalb der Ressorts, wobei gleich einleitend mitzuteilen ist, daß darüber - mindestens, was die frühe Zeit in den Besatzungszonen anlangt - nur wenig in Erfahrung zu bringen war.

---

71   Vgl. das Protokoll der Tagung v. 28.6.1949, in: DGB-Archiv, Ordner: Rundfunk 1948-1950.

72   Vgl. ebenda.

Formal lag die Radioarbeit in der frühesten Phase (ab Mitte 1946) im Zuständigkeitsbereich der Gewerkschaftskartelle am Sitz des Senders. Personell verantwortlich zeichnete anscheinend der örtliche Gewerkschaftsvorsitzende, der in der Regel von dem für Bildungsfragen zuständigen Vorstandsmitglied unterstützt wurde. Das änderte sich mit der Konstituierung regionaler Gewerkschaftsbünde. Seit Frühjahr/Sommer 1947 kümmerten sich die neu entstandenen Landesverbände um die gewerkschaftlichen Radioaktivitäten[73]; und sie setzten diese auch nach der Gründung des DGB auf Bundesebene fort. Der DGB-Bundesvorstand befaßte sich nach 1949 weniger mit der konkreten Rundfunkarbeit als vielmehr mit übergeordneten rundfunkpolitischen Fragen, die Einzelgewerkschaften widmeten der Radioarbeit nur wenig Zeit und Interesse.[74] Für sie besaß ihr eigenes Pressewesen ebensolche Priorität wie für den Dachverband DGB seine Pressearbeit.

Organisatorisch waren die Zuständigkeiten für die Presse- und Rundfunkarbeit zumeist in den Abteilungen "Presse-Funk-Film" (Berlin, Rheinland-Pfalz), "Presse und Rundfunk" (Hessen, Baden-Württemberg) oder "Presse-Rundfunk-Werbung" (Nordmark, Nordrhein-Westfalen) zusammengefaßt, gelegentlich auch im Ressort "Bildung/Schulung" (Bayern). Der DGB der britischen Zone hatte im April 1947 die Hauptabteilung IV: "Presse-Rundfunk-Werbung" ins Leben gerufen, in die zunächst die schon bestehende Pressestelle des Zonensekretariats in Bielefeld integriert worden war.[75] Um die Rundfunkarbeit zu intensivieren, stellte der DGB der britischen Zone im März 1949 einen Kollegen speziell für die Bearbeitung von Rundfunkangelegenheiten an.[76] Im März 1950 richtete der DGB-Bundesvorstand dann das Referat "Funk" im Vorstandsbereich III "Organisation und Verwaltung" in der Unterabteilung "Presse-Funk-Film-Werbung" ein, das die Rundfunkarbeit auf Bundesebene koordinieren sollte. Zu seinen Hauptaufgaben gehörte es, Verbindung mit den Gewerkschaftsvertretern in den Aufsichtsgremien der Rundfunkanstalten zu halten,[77] das Schwergewicht der Programmarbeit lag jedoch auch weiterhin bei den Landesbezirken.

Im März 1952 installierte der DGB einen Bundes-Rundfunk-Ausschuß, der das Referat "Funk" unterstützen und die gewerkschaftlichen Rundfunkaktivitäten stärker miteinander vernetzen sollte. Laut DGB-Geschäftsbericht gehörten ihm neben den DGB-Vertretern der Landesbezirke zwei Delegierte der Rundfunk-Union in der Gewerkschaft Kunst, eine Vertreterin der Hauptabteilung "Frauen" und ein Vertreter der Hauptabteilung "Jugend" beim DGB-Bundesvorstand sowie Georg Reuter als das zuständige Vor-

---

73 So übernahm z. B. der Vorläufige Ausschuß der bayerischen Gewerkschaften, der am 16. Juni 1946 gewählt worden war, die bisher von der Arbeitsgemeinschaft freier Münchener Gewerkschafen verantwortete Sendung "Die Gewerkschaft ruft". Vgl. Claudia Lanig-Heese: Gewerkschaften in Bayern 1945 bis 1949. Marburg 1991, S. 114.

74 Vgl. dazu die Klage Piepers auf der Rundfunk-Tagung im Juni 1949 über die mangelnde Mitarbeit der Industriegewerkschaften und der Kreisausschüsse bei der Gestaltung des "Gewerkschaftsfunks" in Frankfurt, in: Protokoll, a.a.O.

75 Vgl. Deutscher Gewerkschaftsbund (britische Besatzungszone): Die Gewerkschaftsbewegung in der britischen Besatzungszone, a.a.O., S. 510.

76 Dabei handelte es sich um Dr. Helmut Körnig.

77 Vgl. Deutscher Gewerkschaftsbund: Geschäftsbericht des Bundesvorstandes des Deutschen Gewerkschaftsbundes 1950-1951, a.a.O., S. 167.

standsmitglied an.[78] An den Sitzungen des Gremiums nahmen regelmäßig die Mitarbeiter des Referates "Funk" und ein Vertreter der Pressestelle des DGB-Bundesvorstandes teil.[79]

Speziell für das Sendegebiet des NWDR schuf der DGB einen "Kleinen Arbeitsausschuß", in den die DGB-Landesbezirke Nordrhein-Westfalen, Niedersachsen, Nordmark und Bremen jeweils zwei Vertreter entsandten.[80] An seinen Sitzungen beteiligten sich Georg Reuter und der Rundfunksachbearbeiter des Bundesvorstandes, Dr. Helmut Körnig. Auf einer seiner Besprechungen mit dem DGB-Bundesvorstand über "Fragen des NWDR" am 21. August 1952 beschloß der "Kleine Rundfunkausschuß", die Rundfunkarbeit formell von der bislang für den NWDR zuständigen Hauptabteilung III des Bundesvorstandes auf die jeweiligen Landesbezirke zu übertragen. Das beinhaltete auch, daß die Landesbezirke für die personelle Besetzung der Rundfunkgremien zuständig wurden.[81] Endgültig ging die Rundfunkarbeit dann aber erst im Frühjahr 1953 auf die Landesbezirke über.[82]

Neben dem Rundfunk-Ausschuß für die britische Zone existierte noch eine "Arbeitsgemeinschaft für Rundfunkfragen" für die französische Zone, an dessen Sitzungen die Gewerkschaftsvertreter im Rundfunkrat des Südwestfunks und jeweils ein Vertreter des Landesbezirkes Rheinland-Pfalz sowie der Bezirksstellen Freiburg und Tuttlingen teilnahmen.[83] In Bayern gab es seit Ende der vierziger Jahre einen "Rundfunk-Beirat", der beim Landesvorstand angesiedelt war. Dieser Beirat[84], der nach Angaben

---

78 Die Landesbezirke entsandten folgende Personen: Bayern: Max Wönner, stellv. Vorsitzender des DGB, Bayern; Berlin: Stefan Hoyzer, für Presse, Film, Funk zuständiges DGB-Vorstandsmitglied; Hessen: Hans Wiegand, Vorsitzender des DGB, Hessen; Niedersachsen: Karl-Heinz Briam, Rundfunksachbearbeiter des Bezirkes; Nordmark: Wilhelm Walter, Rundfunksachbearbeiter des Bezirkes; Nordrhein-Westfalen: Josef Bucksteeg, Rundfunksachbearbeiter des Bezirkes; Rheinland-Pfalz: Richard Blum, stellvertr. Vorsitzender des DGB, Rheinland-Pfalz; Baden-Württemberg: Rudolf Vater, Redakteur der "Welt der Arbeit", Länderseite Baden-Württemberg. Vgl. DGB-Archiv, Ordner: Rundfunk, DGB, Allgemein

79 Vgl. Deutscher Gewerkschaftsbund: Geschäftsbericht des Bundesvorstandes des Deutschen Gewerkschaftsbundes 1952-1953. Düsseldorf o. J., S. 61.

80 Dies waren für Niedersachsen: der DGB-Vorsitzende Hermann Beermann und der Rundfunksachbearbeiter Karl-Heinz Briam, für Nordmark: der Rundfunksachbearbeiter Wilhelm Walter, für Nordrhein-Westfalen: der DGB-Vorsitzende Werner Hansen und der Rundfunksachbearbeiter Josef Bucksteeg.

81 Vgl. das Protokoll v. 21.8.1952, in: DGB-Archiv, Ordner: Rundfunk, DGB, Allgemein.

82 Vgl. das Protokoll des Kleinen Rundfunk-Ausschusses v. 3.3.1953, in: DGB-Archiv, Ordner: DGB, Kleiner Rundfunkausschuß.

83 Vgl. Deutscher Gewerkschaftsbund, Landesbezirk Rheinland-Pfalz: Geschäftsbericht für die Jahre 1950/1951. Mainz o. J., S. 73f. Die Vertreter der Landesbezirke waren 1952 aus Stuttgart der stellvertretende DGB-Vorsitzende des Gewerkschaftsbundes Württemberg-Baden, Wilhelm Reibel, für Südwürttemberg-Hohenzollern der Vorsitzende des Bezirkes, Fritz Fleck, Tuttlingen, für den Bezirk Südbaden Richard Knobel, Freiburg.

84 Mitglieder waren der stellvertretende DGB-Vorsitzende Max Wönner, der Bezirksleiter der IG Metall Erwin Essl, der DGB-Landesjugendsekretär Ludwig Koch, der DGB-Bildungssekretär Alfred Fossil, Georg Zellner von der Gewerkschaft Textil-Bekleidung, das DGB-Vorstandsmitglied Johann Pletz, Christa Gebel, Frauensekretärin des Kreisausschusses München des DGB und das DGB-Bezirks-Vorstandsmitglied Margarete Kempe. Vgl. die Aufstellung, in. DGB-Archiv, Ordner: Berichte über Rundfunkanstalten.

des Rundfunkratsmitglieds Margarete Kempe aber nur ein- oder zweimal getagt hatte, wurde aufgrund eines Beschlusses der Landesbezirkskonferenz vom Januar 1955 in einen "Rundfunk-Ausschuß" umgewandelt.[85] Ebenfalls 1955 richtete der Landesbezirk Nordrhein-Westfalen einen Rundfunk-Ausschuß ein.[86] Allen diesen "Ausschüssen" war gemeinsam, daß sie nur sehr sporadisch und angesichts aktueller Konflikte zusammentraten. So fanden zum Beispiel von 1952 bis 1955 nur drei Sitzungen des Bundes-Rundfunk-Ausschusses statt. Zumeist waren die Sitzungen gekoppelt an Treffen mit Vertretern der Rundfunkanstalten, auf denen die Gewerkschaften ihre Wünsche hinsichtlich der Gestaltung bestimmter Termine (1. Mai, Ruhrfestspiele, Übertragung von Gewerkschaftskongressen etc.) im Radio vorstellten und eine Verbesserung der Zusammenarbeit mit den Rundfunkanstalten insgesamt besprachen.[87]

Die Themen, die bei den Zusammenkünften des Bundes-Rundfunk-Ausschusses zur Diskussion standen, lassen darauf schließen, daß es sich um Informations- und Diskussionstreffen handelte, auf denen gelegentlich auch einmal eine Vorlage für den Bundesvorstand erstellt wurde. So nahm der Ausschuß bei seiner ersten Zusammenkunft am 24. März 1952 Berichte über den Stand der Vorarbeiten zum 1. Mai und die Aktivitäten der Rundfunk-Union[88] entgegen, debattierte "Gegenwartsprobleme des deutschen Rundfunks" und besprach das künftige Arbeitsprogramm des Bundes-Rundfunk-Ausschusses.[89]

Beim nächsten Treffen am 9. August 1954 standen das von der Bundesregierung geplante Bundes-Rundfunk-Gesetz sowie die Auflösung des NWDR und die Schaffung einer Rundfunkanstalt für Nordrhein-Westfalen auf der Tagesordnung; der Ausschuß beschäftigte sich mit der "Erweiterung" der gewerkschaftlichen Rundfunkarbeit, der Einrichtung eines Rundfunk-Studios beim Bundesvorstand und wiederum mit dem Organisationsstand der Rundfunk-Union. Nachdem der Tagesordnungspunkt "Fernsehen" vertagt worden war, beschloß man, eine Stellungnahme zur Neuordnung des Rundfunkwesens zu formulieren und dem Bundesvorstand zuzuleiten, der diese an die Öffentlichkeit weitergeben sollte.[90] Das nächste Mal trat der Ausschuß erst wieder im Oktober 1955 zusammen.

---

85 Vgl. Deutscher Gewerkschaftsbund, Landesbezirk Bayern: Dritte ordentliche Landesbezirkskonferenz. Protokoll 15./16. Januar 1955. München, o. J., S. 158.

86 Vgl. Deutscher Gewerkschaftsbund, Landesbezirk Nordrhein-Westfalen: Geschäftsbericht für 1955/ 1956. Düsseldorf o. J., S. 118.

87 Vgl. z. B. das Protokoll der Sitzung zwischen Vertretern aller Rundfunkanstalten und des DGB-Bundesvorstandes, 22.3.1952, in: DGB-Archiv, Ordner: Rundfunk, Bundesvorstand.

88 Bei der Rundfunk-Union handelte sich um eine Abteilung der Gewerkschaft Kunst, die für die Beschäftigten bei Rundfunk und später Fernsehen zuständig war. Politische Initiativen oder Anregungen für die praktische Rundfunkarbeit gingen von der Rundfunk-Union erkennbar nicht aus - nimmt man die Mitgliederzeitung als Beleg. Allerdings wollte der DGB davon auch nichts wissen, hatte er Rundfunkpolitik und -arbeit doch als sein Zuständigkeitsgebiet reklamiert.

89 Vgl. das Protokoll der 1. Bundes-Rundfunk-Ausschuß-Sitzung, 24.3.1952, in. DGB-Archiv, Ordner: Rundfunk, Allgemein.

90 Vgl. Kurzprotokoll der Sitzung des Rundfunk-Ausschusses, 9.2.1954, in: DGB-Archiv, Ordner: NWDR, Generaldirektion Hamburg.

Der "Kleine Rundfunk-Ausschuß" im Sendegebiet des NWDR befaßte sich bis 1955 in der Hauptsache mit der Auflösung des NWDR und der Neuordnung des Rundfunkwesens in Nord- und Westdeutschland[91] und der unzureichenden Repräsentanz der Gewerkschaften beim NWDR, der Rundfunk-Ausschuß der französischen Zone mit der Ausgestaltung des Rundfunkstaatsvertrages für den Südwestfunk, den Querelen um die Besetzung des dortigen Rundfunkrates und die Neugestaltung der Gewerkschaftssendung.[92] Eine kontinuierliche Begleitung und Ausgestaltung der Gewerkschafts- bzw. Arbeitnehmersendungen bei den einzelnen Sendern fand in den Gremien nicht statt - sowenig wie innerhalb der Reihen der gewerkschaftlichen Rundfunkratsmitglieder. Die Gründe hierfür mögen dieselben gewesen sein: Arbeitsüberlastung, fehlende Kompetenz, geringes Interesse und geringer Rückhalt in den gewerkschaftlichen Organisationen - zumal die Personen in den gewerkschaftlichen Rundfunk-Ausschüssen und den Rundfunkräten oftmals identisch und darüber hinaus in vielen Fällen auch noch als Vorsitzende oder stellvertretende Vorsitzende ihrer Landesbezirke aktiv waren.

---

91 Vgl. Kapitel 8.6.2.

92 Vgl. das Protokoll der Sitzung des Rundfunkausschusses für die französische Zone v. 19.6.1952, in: DGB-Archiv, Ordner: DGB, Landesbezirk Berlin, Rheinland-Pfalz.

8.6 Grundzüge gewerkschaftlicher Rundfunkpolitik

8.6.1 Gewerkschafter in die Rundfunkgremien!

Ihre Repräsentanz in den Rundfunkgremien betrachteten die Gewerkschaften auch nach 1945 als ein Kernstück ihrer rundfunkpolitischen Bestrebungen. Rundfunk- und Verwaltungsratsmandate sollten helfen, die Interessen der Arbeitnehmerinnen und Arbeitnehmer bei der Programmgestaltung in den Funkhäusern zum Ausdruck zu bringen. Der Anspruch der Gewerkschaften auf Mitbestimmung stieß sowohl bei den Besatzungsmächten als auch bei den maßgeblichen Fraktionen in den Länderparlamenten, die über die Rundfunkgesetze entschieden, auf Widerhall. Alle Rundfunk-Ländergesetze und Verordnungen der Jahre 1948/1949 sowie der Rundfunkstaatsvertrag über den Südwestfunk von 1951 sahen eine Beteiligung der Gewerkschaften am Rundfunkrat bzw., im Falle des NWDR, am Hauptausschuß vor: Das "Gesetz über den Bayerischen Rundfunk" vom 10. August 1948 bestimmte in Artikel 6.1, daß "ein Vertreter der Gewerkschaften" und vier Frauen, von denen "eine von den Gewerkschaften [...] zu benennen ist", im Rundfunkrat vertreten sein sollten; nach dem "Gesetz über den Hessischen Rundfunk" vom 2. Oktober 1948 entsandten die Gewerkschaften ein Mitglied in den Rundfunkrat; das war auch beim Süddeutschen Rundfunk der Fall, während den Gewerkschaften bei Radio Bremen zwei Vertreter zustanden; beim Südwestfunk entfielen vier Sitze auf die Gewerkschaften, wobei zwei von den Organisationen in Rheinland-Pfalz und je einer von den badischen und den württembergisch-hohenzollernschen Gewerkschaften zu besetzen waren. Im Hauptausschuß des NWDR stand dem Vorsitzenden des Zonengewerkschaftsbundes laut Satzung ein Sitz zu.[93]

War in den frühen Rundfunkgesetzen nur von "den Gewerkschaften" als entsendungsberechtigten Organisationen die Rede, so spezifizierten die erst in den fünfziger Jahren anläßlich der Neugründung von Rundfunkanstalten verabschiedeten Gesetze die Arbeitnehmerverbände näher. Das "Gesetz über die Errichtung einer Rundfunkanstalt Sender Freies Berlin" vom 12. November 1953 nannte den Deutschen Gewerkschaftsbund, die Deutsche Angestelltengewerkschaft und den Deutschen Beamtenbund, denen jeweils ein Platz im Rundfunkrat garantiert wurde. Das Berliner Gesetz konkretisierte die Vertretung der Arbeitnehmerorganisationen wohl nicht zuletzt deshalb, weil es seit Beginn der fünfziger Jahre bei fast allen Rundfunkanstalten zu Auseinandersetzungen zwischen den DGB-Gewerkschaften, der DAG und dem Beamtenbund über die Besetzung der den Gewerkschaften zustehenden Rundfunkratssitze gekommen war.[94]

Dem Pochen der Gewerkschaften auf eine "ausreichende" Vertretung in den Rundfunkgremien entsprach allerdings in keiner Weise eine klare Vorstellung davon, mit welchen Zielen und Methoden man dort tätig werden wollte. Eine Diskussion darüber wurde nirgends geführt. Mithin mußte es auch nicht verwundern, wenn die Arbeit in den Gremien eher den Eindruck erweckte, als handelte es sich um eine für Gewerkschafter

---

93 Vgl. die Gesetzestexte in: Rundfunk und Presse in Deutschland, a.a.O..

94 Vgl. Kapitel 8.7.3.

vernachlässigbare Nebentätigkeit. Entprechend wenig erfolgreich verlief das Unternehmen auch.

Bevor das konkrete Engagement der Gewerkschafter in den Rundfunkgremien zur Sprache kommt, zunächst einige Anmerkungen zu den Personen, die die Arbeitnehmerorganisationen dort vertraten. Nachdem die Rundfunkräte 1949 erstmals gewählt worden waren, saßen folgende Gewerkschafterinnen und Gewerkschafter als offizielle Repräsentanten des DGB in den Rundfunkräten: beim Bayerischen Rundfunk der stellvertretende DGB-Vorsitzende und SPD-Bundestagsabgeordnete Max Wönner und die für Frauenarbeit im DGB Bayern zuständige Thea Harmuth; bei Radio Bremen der Vorsitzende der örtlichen IG Metall, Oskar Schulze, und der DGB-Vorsitzende Richard Boljahn; beim Hessischen Rundfunk der Vorsitzende der Gewerkschaft Freier Berufe in Hessen, Bruno Hiepel; beim Süddeutschen Rundfunk der Vorsitzende des Württembergisch-Badischen Gewerkschaftsbundes, Markus Schleicher;[95] beim Südwestfunk die Kulturreferentin des DGB Freiburg Elly Schwab-Schneider als Vertreterin des Bezirks Südbaden, der Journalist Wolfgang Semler und der stellvertretende DGB-Landesvorsitzende Richard Blum für den Bezirk Rheinland-Pfalz und der Journalist Rudolf Vater für den Bezirk Südwürttemberg-Hohenzollern; im Hauptausschuß des Nordwestdeutschen Rundfunks war der DGB durch seinen Vorsitzenden Hans Böckler vertreten. Bis auf Bruno Hiepel handelte es sich bei allen Gewerkschaftern um Repräsentanten des DGB.

Markus Schleicher bestimmte im Verwaltungsrat des Süddeutschen Rundfunks über die finanziellen und personellen Geschicke des Senders mit, nachdem er es auf der ersten Sitzung des Rundfunkrates am 4. Juli 1949 mit elf Stimmen gerade so geschafft hatte, in das fünfköpfige Gremium zu gelangen.[96] Beim Südwestfunk wurde der Leiter der Rechtsabteilung beim Allgemeinen Gewerkschaftsbund Rheinland-Pfalz, Fritz Willems, am 23. Juni 1949 auf der zweiten Sitzung des Rundfunkrates in den Verwaltungsrat gewählt.[97] In den NWDR-Verwaltungsrat kam die Oberhausener Oberbürgermeisterin Luise Albertz auf Vorschlag der Gewerkschaften.[98]

Nach der ersten Amtszeit der Rundfunkräte, die zumeist 1951 endete, änderte sich auf Gewerkschaftsseite nur wenig. Ein Wechsel hatte sich nur in Bayern vollzogen, wo Margarethe Kempe an die Stelle Thea Harmuths getreten war (Thea Harmuth war in den DGB-Bundesvorstand berufen worden), und beim Südwestfunk war der ehemalige Arbeitsminister im Kabinett Peter Altmeier, Willi Bökenkrüger, im Frühjahr 1951 Wolfgang Semler gefolgt, den der SWF als Honorarmitarbeiter übernommen hatte.[99] Semler, der bereits seit 1950 als sogenannter Verbindungsmann der Gewerkschaften zum Südwestfunk fungierte, beriet die Arbeitnehmerorganisationen auch nach seiner Anstellung bei der Gestaltung ihrer Sendungen. Beim Süddeutschen Rundfunk trat der Funktionär

---

95 Die ursprünglich als Frauenvertreterin des DGB nominierte Else Schäfer war inzwischen zur DAG übergetreten.

96 Vgl. das Protokoll der Rundfunkrats-Sitzung v. 4.7.1949, in:SDR/HA, 001/01 Intendanz 00/247.

97 Vgl. das Protokoll der Rundfunkrats-Sitzung v. 23./24.6. 1949, in: SWF/HA, R 00414.

98 Vgl. das Schreiben Böcklers an den NWDR-Hauptausschuß v. 8.3.1948, in: DGB-Archiv, Ordner: Rundfunk 1948-1949.

99 Vgl. das Schreiben des SWF-Intendanten Bischoff an den DGB Rheinland-Pfalz v. 19.2.1951, in: SWF/HA Korrespondenz Intendant - Gewerkschaften 1000/10.

der Rundfunk-Union, Ludwig Jost, im Juli 1951 die Nachfolge des verstorbenen Markus Schleicher an; mit Schleichers Tod entfiel auch der Gewerkschaftssitz im Verwaltungsrat. Der vom DGB für den Verwaltungsrat vorgeschlagene Nachfolger Schleichers im DGB-Vorsitz, Wilhelm Kleinknecht, wurde nicht gewählt.[100] Ab Juli 1951 vertrat Christian Fette als Böcklers Nachfolger den DGB im NWDR-Hauptausschuß.

1953 rückte in Bremen der dortige ÖTV-Geschäftsführer Karl Wessling für den verstorbenen Oskar Schulze nach, in Frankfurt wurde Bruno Hiepel vom hessischen DGB-Vorsitzenden Hans Wiegand abgelöst,[101] in Stuttgart übernahm der DGB-Landes-Vorsitzende, Wilhelm Kleinknecht, den Rundfunkratsposten von Ludwig Jost, den der DGB-Bundesvorstand im Oktober desselben Jahres als Leiter des Referates "Funk" einstellte; Kleinknecht gelang die Wahl in den Verwaltungsrat erst im Juli 1955.[102] In den neu errichteten Sender Freies Berlin rückte das für Presse, Funk und Film zuständige Berliner DGB-Vorstandsmitglied Stefan Hoyzer ein.

Im Hauptausschuß des NWDR wurde der DGB seit November 1952 durch den Vorsitzenden des DGB Niedersachsen, Hermann Beermann, vertreten, nachdem der geschäftsführende Bundesvorstand am 3. November 1952 beschlossen hatte, diese Aufgabe Beermann zu übertragen.[103] Ein solcher Beschluß war auch notwendig, da das Vorschlagsrecht laut NWDR-Satzung beim DGB-Bundesvorsitzenden lag. Nach einer Absprache zwischen Reuter und Beermann sowie dessen Stellvertretern im Hauptausschuß (Werner Hansen, Vorsitzender des DGB, Nordrhein-Westfalen, und Heinrich Steinfeldt, DGB-Vorsitzender des Bezirkes Nordmark) sollten die Bezirksvorsitzenden vor jeder Sitzung des Hauptausschusses Rücksprache mit Reuter über ihr Vorgehen treffen.[104]

Beim Südwestfunk hatte der DGB 1952, als die Neubesetzung der Rundfunkratssitze nach dem Rundfunkstaatsvertrag anstand, einen seiner Vertreter verloren. Willi Bökenkrüger mußte seinen Sitz an ein Mitglied des Deutschen Beamtenbundes abgeben,[105] dagegen konnten die DGB-Gewerkschaften im Falle des Süddeutschen Rundfunks durchsetzen, daß bei der Neuberufung der Rundfunkräte am 4. Juli 1953 das DAG-

---

100 Vgl. das Protokoll der Rundfunkrats-Sitzung v. 18.6.1951, in: SDR/HA, a.a.O.

101 Schon Anfang 1951 hatte Reuter an Wiegand geschrieben, das Gewerkschaftsmandat im Rundfunkrat könne nicht länger vom Vertreter der ehemaligen Landesgewerkschaft Freier Berufe ausgeübt werden. Die Arbeit in den Rundfunkgremien galt als Vorrecht des DGB. Vgl. das Schreiben Reuters an Wiegand, in: DGB-Archiv, Ordner: Rundfunk, DGB, Landesbezirke Nordmark, Niedersachsen, Hessen. Außerdem war Hiepel auch im Rundfunkrat nicht unumstritten. Vgl. das Protokoll der Rundfunkrats-Sitzung v. 20.6.1953 (HR/HA, Protokolle des Rundfunkrates 1949-1955), in der der Vorsitzende des Gremiums erklärte, Hiepel habe die Arbeit des Rundfunkrates "nicht unwesentlich erschwert". Weshalb, war nicht zu ermitteln.

102 Vgl. das Protokoll der Rundfunkrats-Sitzung v. 15.7.1955, in: SDR/HA, 001/01 Intendanz 00/249

103 Vgl. das Protokoll der Sitzung des geschäftsführenden DGB-Bundesvorstandes v, 3.11.1952, in: DGB-Archiv, Bestand 22.

104 Vgl. das Schreiben Beermanns an Reuter v. 20.1.1953, in: DGB-Archiv, Ordner: NWDR-Hauptausschuß.

105 Vgl. dazu Kapitel 8.7.3.

Mitglied Else Schäfer von der Mannheimer DGB-Funktionärin Hilde Baumann abgelöst wurde.[106]

Dieser kurze Überblick über die Gremienmitglieder des DGB zeigt schon, daß es sich bei den allermeisten um vielbeschäftigte Funktionäre handelte, für die die Rundfunkarbeit nur ein winziges Teilgebiet ihrer gesamten Arbeit ausmachte; eine Ausnahme bildeten vielleicht die beiden Journalisten Rudolf Vater und Wolfgang Semler, die immerhin einige Erfahrungen aus dem Medienbereich mitbrachten, auch wenn etwa Rudolf Vater, der die Landesseite Baden-Württemberg der "Welt der Arbeit" redigierte, aus dem Printmediensektor und zudem noch aus dem gewerkschaftlichen stammte, der gegenüber dem öffentlich-rechtlich verfaßten Rundfunk und den privaten Medien doch erhebliche Unterschiede aufweist. Fest steht jedoch, daß auch sie auf die Rundfunkarbeit nur wenig Zeit verwenden konnten.

In den meisten Fällen delegierten bzw. wählten die Landes- bzw. Ortsvorstände des DGB am Sitz der Rundfunkanstalt ihren Vorsitzenden oder seltener den stellvertretenden Vorsitzenden in den Rundfunkrat, gelegentlich auch ein für Bildungsfragen oder die Pressearbeit zuständiges Vorstandsmitglied. Von "Experten" in Sachen Rundfunk- arbeit, wie es der Neun-Punkte-Katalog Reuters aus dem Jahr 1949 vorgesehen hatte, konnte jedenfalls keine Rede sein, zumal die Anbindung an die gewerkschaftlichen Gremien eher gering war und eine Rückkoppelung mit den gewerkschaftlichen Organisationen nur in den seltensten Fällen stattfand. Indiz dafür ist, daß die Rundfunkarbeit auf den Tagesordnungen der Gewerkschaftsvorstände so gut wie nie auftauchte und sie darüber hinaus kaum je ein Thema für die gewerkschaftliche Öffentlichkeit, sei es für Gewerkschaftskongresse oder auch für die gewerkschaftliche Presse darstellte.

Ähnlich unscheinbar verlief die Arbeit der Gewerkschafterinnen und Gewerkschafter in den Rundfunkgremien. Das gilt sowohl für die Rundfunkräte als auch für deren diverse Unterausschüsse. Besonders wenn es sich um die Vorsitzenden der Landesbezirke handelte, fehlten sie oft, andere meldeten sich nur selten zu Wort.[107] Zwar bevorzugten die Gewerkschaftsvertreter bei den Unterausschüssen, von denen es je nach Rundfunkanstalt bis zu sechs gab, in den meisten Fällen die "Politischen Programmausschüsse",[108] doch fielen sie auch dort nicht durch Initiativen auf. Die gewerkschaftlichen Frauenvertreterinnen wurden von den zumeist männlichen Rundfunkräten vorzugsweise in Ausschüsse wie "Unpolitisches Wort" gewählt - dahinter verbarg sich oft der Frauen- oder Jugendfunk oder auch das Radio-Essay. Konflikte bei der Besetzung der Posten wichtiger Unterausschüsse blieben dabei bisweilen nicht aus, publik wurden

---

106 Vgl. das Protokoll der Rundfunkrats-Sitzung v. 10.7.1953, in: SDR/HA 001/01 Intendanz 00/249 sowie das Protokoll der Sitzung des DGB-Landesbezirksvorstandes v. 11.6.1953, in: DGB-Archiv, Bestand 31.

107 Die Beurteilung der gewerkschaftlichen Rundfunkratstätigkeit beruht auf der Auswertung der Rundfunkrats-Protokolle des Süddeutschen Rundfunks, des Südwestfunks, des Hessischen Rundfunks und des Bayerischen Rundfunks, eines großen Teils der Protokolle von Radio Bremen und der Protokolle des NWDR-Hauptausschusses. Daneben stütze ich mich auf die Protokolle der Programmausschüsse des Süddeutschen Rundfunk, des Südwestfunks und - soweit im Nachlaß Märker überliefert - des Bayerischen Rundfunks.

108 Beim Süddeutschen Rundfunk hieß er z. B. "Politik und Zeitgeschehen", beim Südwestfunk oder beim Bayerischen Rundfunk einfach "Programmausschuß".

sie jedoch nie. Als in der Rundfunkrats-Sitzung am 17. Juli 1952 beim SDR ein Fernsehausschuß gebildet wurde, schaffte keiner der beiden Gewerkschaftsvertreter die Wahl in das Gremium,[109] und zwei Jahre später hatte Wilhelm Kleinknecht große Mühe, in den Ausschuß "Politik und Zeitgeschehen" zu gelangen,[110] ohne daß die Gewerkschaften deswegen Aufhebens gemacht hätten. Beim Bayerischen Rundfunk erhielt Max Wönner in der Rundfunkrats-Sitzung am 24. Januar 1949 nur eine Stimme bei der Abstimmung über die Mitglieder des Programmausschusses, so daß er es ablehnte, die Wahl anzunehmen. Stattdessen saß er im Haushalts- und Thea Harmuth im Programmauschuß.[111] Als die Harmuth-Nachfolgerin Margarthe Kempe nicht in den Programmausschuß gewählt wurde, protestierte Wönner aber schriftlich beim Vorsitzenden des Rundfunkrates gegen die Nichtberücksichtigung seiner Kollegin;[112] drei Monate später wurde diese dann doch noch nominiert,[113] was zeigt, daß die Gewerkschaften bei entsprechendem Nachhaken nicht erfolglos bleiben mußten. Kleinere Streitigkeiten kamen auch bei anderen Sendeanstalten vor, ohne daß sie sich zu wirklichen Konflikten ausgewachsen hätten. Diese entstanden nämlich bereits im Vorfeld der Wahl der Rundfunkratsmitglieder und setzten sich in den Diskussionen und Entscheidungen über die Gewerkschafts- und Arbeitersendungen der frühen fünfziger Jahre fort.[114]

8.6.2 Für die Unabhängigkeit des Rundfunks! Anmerkungen zur gewerkschaftlichen Rundfunkpolitik

Einen Einblick in die gewerkschaftlichen Vorstellungen zur Rundfunkpolitik können die Stellungnahmen des DGB im Zusammenhang mit den Debatten um ein Bundes-Rundfunk-Gesetz, die Neufassung des Rundfunk-Staatsvertrages für den Südwestfunk sowie die Trennung des Nordwestdeutschen Rundfunks und die Errichtung des WDR in Köln geben, die alle Anfang bis Mitte der fünfziger Jahre geführt wurden und in die auch der DGB gelegentlich eingriff.

Die deutschen Nachkriegs-Rundfunkanstalten waren auf Veranlassung der Siegermächte hin als Einrichtungen öffentlichen Rechts institutionalisiert worden, die den Grundsätzen der Unabhängigkeit und Überparteilichkeit verpflichtet waren und sich von jeglichem Regierungs- oder Parteieneinfluß fernzuhalten hatten. Um die Macht von Regierungen und Parteien möglichst zu begrenzen, sollten in den Kontrollinstanzen (Rundfunk- und Verwaltungsrat) die Vertreter gesellschaftlicher Gruppen dominieren und Abgesandte der Regierungen und Parlamente nur eine untergeordnete Rolle spielen. Konnten sich die Besatzungsmächte 1948/49 schon nur in eingeschränktem Maße mit

---

109 Vgl. das Protokoll der Rundfunkrats-Sitzung v. 17.7.1952, in: SDR/HA 001/01 Intendanz 00/249.

110 Vgl. das Protokoll der Rundfunkrats-Sitzung v. 10.7.1953, in: ebenda.

111 Vgl. das Protokoll der Rundfunkrats-Sitzung v. 24.1.1949, in: IfZ München, Nachlaß Märker, ED 101/9 - 05

112 Vgl. das Protokoll der Rundfunkrats-Sitzung v. 26.1.1953, in: ebenda.

113 Vgl. das Protokoll der Rundfunkrats-Sitzung v. 24.4.1953, in: ebenda.

114 Vgl. Kapitel. 8.7.

ihren Vorstellungen durchsetzen - immerhin gelang es den deutschen Länderregierungen in die Rundfunkräte Abgeordnete und Regierungsmitglieder zu entsenden - so versuchten deutsche Politiker, allen voran Bundeskanzler Konrad Adenauer, gleich nach der Bundestagswahl 1949, die erst ein Jahr alten Rundfunkgesetze in der Hinsicht zu ändern, daß ein verstärkter Regierungseinfluß auf die Rundfunkgremien möglich würde. Die Bundesregierung plante den Erlaß eines Bundes-Rundfunkgesetzes, in Bayern und in Rheinland-Pfalz gab es Bestrebungen, die Zusammensetzung der Gremien bzw. die Berufungsmodalitäten für einige Mitglieder zugunsten einer stärkeren staatlichen Einwirkungsmöglichkeit neu zu ordnen.

Während der Vorstoß der bayerischen Regierung 1950 noch scheiterte[115] und ein Bundes-Rundfunkgesetz nicht zustandekam, waren die rheinland-pfälzische und württemberg-badische Regierung bei der Verabschiedung des Staatsvertrages über den Südwestfunk erfolgreicher.[116] Das im Mai 1954 vom nordrhein-westfälischen Landtag beschlossene "Gesetz über den Westdeutschen Rundfunk Köln" sah dann gar die Wahl der Rundfunkratsmitglieder durch den Landtag vor. Dasselbe Verfahren galt im "Staatsvertrag über den Norddeutschen Rundfunk", den Schleswig-Holstein, Hamburg und Niedersachsen am 16. Februar 1955 schlossen. Mit diesen Entscheidungen war ein wichtiger Schritt weg vom "pluralistischen" Typ der Rundfunkorganisation hin zur "parlamentarisch-politischen" Verfaßtheit der Rundfunkanstalten getan worden, der zum "Parteienrundfunk" mit seinem Proporzdenken und seinem Ausgewogenheits-Postulat führen sollte.[117] Es stellt sich die Frage, wie sich die Gewerkschaften zur Ausdehnung der Parteien in den Rundfunkgremien und zum versuchten Griff der Bundes- und Landesregierungen nach den Rundfunkanstalten verhielten.

Die öffentlichen Verlautbarungen des DGB geben nur wenig Aufschluß darüber, wie sich die Gewerkschaften eine Rundfunkorganisation in Deutschland vorstellten. Zwar sprach sich der DGB am 3. September 1951 gegen den SWF-Staatsvertrag aus, der den Einfluß der Länderregierungen in Rheinland-Pfalz und Baden-Württemberg auf die Sendeanstalt in Baden-Baden verstärkte,[118] und auch auf den Entwurf eines Gesetzes "über die Wahrnehmung gemeinsamer Aufgaben auf dem Gebiet des Rundfunks", den der Bundesinnenminister am 23. Februar 1953 vorlegte und der die Errichtung einer Bundes-Rundfunk-Anstalt vorsah,[119] reagierte der DGB-Bundesvorstand mit einer

---

115 Vgl. Ludwig Maaßen: Der Kampf um den Rundfunk in Bayern. Rundfunkpolitik in Bayern 1945 bis 1973. Berlin 1979, S. 34-42.

116 Zu den Auseinandersetzungen um den SWF-Staatsvertrag vgl. Hans Bausch: Rundfunkpolitik nach 1945, a.a.O., Bd. 1, S. 170-187; Horst Welzel: Rundfunkpolitik in Südwestdeutschland, a.a.O., S. 114-245 und Ralf Fritze: Der Südwestfunk in der Ära Adenauer. Die Entwicklung der Rundfunkanstalt von 1949 bis 1965 unter politischem Aspekt. Baden-Baden 1992, S. 51-76.

117 Zu den beiden idealtypischen Formen der Rundfunkorganisation sowie den Mischformen vgl. Roland Fritz: Massenmedium Rundfunk - Die rechtliche Stellung der Rundfunkräte und ihre tatsächliche Einflußnahme auf die Programmgestaltung. Diss. Frankfurt am Main 1977, S. 76-84.

118 Vgl. "DGB gegen Staatsvertrag für SWF", in: Informationsdienst und Nachrichtendienste der Bundespressestelle des Deutschen Gewerkschaftsbundes. Bd. III, 1. Juli-31. Dezember 1951, S. 95-98.

119 Zu den verschiedenen Entwürfen für ein Bundes-Rundfunk-Gesetz und den Debatten, die darüber geführt wurden, vgl. Hans Bausch: Rundfunkpolitik nach 1945, a.a.O., Bd. 1, S. 313-338, der sich im

Presseerklärung "Für die Unabhängigkeit des Rundfunks", doch blieben diese Statements so allgemein, daß man nicht mehr aus ihnen erfahren kann, als daß der DGB sich gegen jeglichen Regierungseinfluß wandte. Darüber, wie die Unabhängigkeit des Rundfunks gewahrt werden sollte, sagten die Mitteilungen nichts aus.[120] Dasselbe gilt für die Verlautbarung der Gewerkschaften zur "Neuordnung des deutschen Rundfunks" vom 5. April 1955, in der der DGB seine Bedenken gegen die Vorlagen der Bundesregierung für einen allgemeinen Rundfunkvertrag und für die Errichtung eines bundesweit und über die Landesgrenzen hinaus ausstrahlenden Kurzwellen- und eines Langwellensenders[121] äußerte.[122]

Intern plädierten führende Gewerkschafter aber deutlich für eine veränderte Zusammensetzung der Rundfunkgremien. Auf der ersten Sitzung des Bundes-Rundfunk-Ausschusses am 24. März 1952 erklärte Georg Reuter, der Rundfunkrat sollte keine ständische Organisation sein, der Weg zu einer unabhängigen Rundfunkanstalt führe vielmehr über die "demokratischen" Parteien.[123] Reuter schloß hiermit an Vorstellungen der SPD an, die sich bereits im Dezember 1949 mit einem Papier zu Wort gemeldet hatte, in dem sie die ständische Zusammensetzung der Rundfunkräte als "undemokratisch" ablehnte, da kleinste Organisationen wie zum Beispiel der Schriftstellerverband das gleiche Stimmrechte besäßen wie große, mitgliederstarke Interessenvertretungen. Die Rundfunkräte sollten stattdessen von den Landtagen gewählt werden.[124] Die 1952 von Reuter geäußerte Präferenz für eine parlamentarisch-demokratische Auswahl der Rundfunkratsmitglieder ist wohl nicht zuletzt auf die bis dahin gemachten Erfahrungen in den Gremien der süd- und südwestdeutschen Länderanstalten zurückzuführen, die für die Gewerkschaften nicht die allerbesten waren.

Stellung bezogen die Gewerkschaften im Streit um den Nordwestdeutschen Rundfunk, wo nach dem Rückzug der Briten aus der Verantwortung für den Rundfunk schnell abzusehen war, daß die Sendeanstalt in ihrer Verfassung nicht mehr lange Bestand haben würde. Als zu heftig erwies sich das Verlangen der politischen Kräfte in Nordrhein-Westfalen nach einer eigenen Sendeanstalt, als daß eine befriedigende Lösung unter dem Dach des NWDR auf Dauer möglich gewesen wäre. So hörten die Diskussionen über die Auflösung der Mehrländeranstalt seit Ende der vierziger Jahre nie

wesentlichen auf Rolf Steininger: Rundfunkpolitik im ersten Kabinett Adenauer, in: Vierteljahrshefte für Zeitgeschichte, H. 4, 1973, S. 388-434, stützt.

120 Vgl. "DGB für Unabhängigkeit des Rundfunks", in: Informations- und Nachrichtendienste der Pressestelle des Deutschen Gewerkschaftsbundes. Bd. VI, 1. Januar - 30. Juni 1953, S. 37f.

121 Vgl. Rolf Steininger: Die Deutsche Welle. Gründungsgeschichte und Entwicklung des Kurzwellendienstes der öffentlich-rechtlichen Rundfunkanstalten der Bundesrepublik Deutschland zur Errichtung einer Anstalt des Bundesrechts. Diss. Hannover 1971.

122 Vgl. "Neuordnung des deutschen Rundfunks", in: Informations- und Nachrichtendienste der Bundespressestelle des Deutschen Gewerkschaftsbundes. Bd. X, 1. Januar - 30. Juni 1955, S. 112f.

123 Vgl. das Protokoll des Bundes-Rundfunk-Ausschusses v. 24.3.1952, in: DGB-Archiv, Ordner: Rundfunk, Allgemein.

124 Vgl. Hans Bausch: Rundfunkpolitik nach 1945, Bd. 1, a.a.O., S. 318.

mehr auf.[125] Ein besonderes Interesse an der Zerschlagung zeigte auch Bundeskanzler Adenauer, der vor allem gegen den NWDR den Vorwurf des "Rotfunks" erhob. Er und seine Parteifreunde sahen in der von den Alliierten installierten Rundfunkordnung von Anfang an ein "Instrument" der Opposition, dem sie konkurrierende Einrichtungen entgegensetzen wollten. Immer eindringlicher verlangte auch der nordrhein-westfälische Ministerpräsident Karl Arnold (CDU) die Auflösung des NWDR und die Errichtung einer westdeutschen Rundfunkanstalt, als Anfang 1953 sein Kandidat Josef-Hermann Dufhues (CDU) bei der Nachwahl eines Verwaltungsratsmitgliedes gegen den parteilosen Klaus v. Bismarck unterlag. Der DGB-Vertreter im Hauptausschuß, Heinrich Steinfeldt (Vorsitzender des Bezirks Nordmark), hatte auf Anraten Willi Eichlers (SPD) ebenfalls für v. Bismarck gestimmt.[126]

Um die Zeit begann sich auch der DGB intensiver mit dem Problem NWDR zu befassen. In seinem Geschäftsbericht für die Jahre 1952/1953 teilte der DGB Niedersachsen mit, der Landesbezirksvorstand habe Besprechungen mit "Rundfunkleuten, Parlamentariern und Parteien" über die Rundfunkneuordnung in Norddeutschland abgehalten.[127] Dabei war er offenbar zu dem Ergebnis gekommen, daß eine gemeinsame Rundfunkanstalt für Niedersachsen, Schleswig-Holstein, Hamburg, Bremen und Nordrhein-Westfalen nicht im Interesse der Gewerkschaften liege.[128] Und auch der DGB Nordrhein-Westfalen meinte "daß wir als Gewerkschaften mit einer Aufteilung mehr gewinnen können".[129]

Deshalb zeigten sich die Arbeitnehmerorganisationen mit dem Beschluß des Landtages von Nordrhein-Westfalen vom Mai 1954, eine eigene Landesrundfunkanstalt zu errichten, durchaus zufrieden. Dasselbe galt für die Lösung, die die Politiker Mitte der fünfziger Jahre für Norddeutschland fanden. Nachdem mit der Verabschiedung eines Rundfunkgesetzes durch das Berliner Abgeordnetenhaus, das den NWDR Berlin in den Sender Freies Berlin umwandelte, 1953 das Ausscheiden Berlins aus der Mehrländeranstalt entschieden war,[130] blieb noch die Frage der Rundfunkordnung in den Ländern Niedersachsen, Schleswig-Holstein, Hamburg und Bremen, das zwar mit Radio Bremen über eine eigene Sendeanstalt vefügte, deren Existenz jedoch Anfang der fünfziger Jahre mehrfach bedroht war, zu klären. Die Gewerkschaften vertraten die Ansicht, daß man eine vollständige "Rundfunk-Atomisierung" verhindern müsse. Stattdessen gelte es, in Norddeutschland eine Form zu finden, in der Zentralismus und Eigeninitiative der

---

125 Vgl. Eva-Maria Freiburg: Die Geschichte des Rundfunks in Nordrhein-Westfalen, a.a.O. und Hans Bausch: Rundfunkpolitik nach 1945, Bd. 1, a.a.O., S. 204-225.

126 Vgl. die Schreiben Steinfeldts an den DGB-Bundesvorstand v. 1.12.1952 und von Beermann an Reuter v. 20.1.1953, in. DGB-Archiv, Ordner: NWDR-Hauptausschuß. Zu dem Vorgang um die Wahl Klaus v. Bismarcks vgl. Heinz Günter Deiters: Fenster zur Welt. 50 Jahre Rundfunk in Norddeutschland. Hamburg 1973, S. 254.

127 Vgl. Deutscher Gewerkschaftsbund, Landesbezirk Niedersachsen: Tätigkeit und Erfahrungen des Deutschen Gewerkschaftsbundes in Niedersachsen. Bericht für die Landesbezirkskonferenz 1953. Hannover, o. J., S. 26f.

128 Vgl. Briam an Körnig, 12.1.1953, in: DGB-Archiv, Ordner: DGB, Kleiner Rundfunkausschuß.

129 DGB NRW an Körnig, 27.1.1953, in: ebenda.

130 Vgl. Erik Heinrich: Vom NWDR Berlin zum SFB, a.a.O.

Funkhäuser miteinander verbunden wären.[131] In dieser Hinsicht begüßte der DGB die Absicht, einen "Funkverband Nord" der Länder Schleswig-Holstein, Hamburg und Niedersachsen zu schaffen.[132] In der Tat einigten sich diese Länder 1955 auf den Abschluß eines Rundfunkstaatsvertrages. Bremen konnte seine Landesrundfunkanstalt verteidigen, was von den Gewerkschaften mit Wohlwollen aufgenommen wurde. Ohnehin hatte man an der Existenzberechtigung Radio Bremens nie einen Zweifel gelassen, herrschte doch im Bremer Funkhaus ein für die Probleme von Gewerkschaften und Arbeitnehmern aufgeschlossenes Klima.[133]

Das "Gesetz über den Westdeutschen Rundfunk Köln" fand die Zustimmung der Gewerkschaften ebenso wie der "Staatsvertrag über den Norddeutschen Rundfunk" vom 16. Februar 1955.[134] Die Gewerkschaften begrüßten die Regelungen, wonach die Rundfunkräte von WDR und NDR von den jeweiligen Landtagen gewählt wurden. Wörtlich hieß es dazu in einer Stellungnahme des DGB:

> *"Allein die parlamentarische Wahl des Rundfunkrates [...] gewährleistet nach Ansicht des DGB eine gerechte, alle interessierten Kreise des öffentlichen Lebens umfassende Hörervertretung."*[135]

Die Gewerkschaften begründeten ihre Präferenz für die parlamentarisch-politische Auswahl der Rundfunkratsmitglieder damit, das Zustandekommen der Rundfunkräte nach ständischen Gesichtspunkten habe bisher zur Folge gehabt, daß "bei der großen Zahl berufsständischer Organisationen auf der Arbeitgeberseite und für den gewerblichen Mittelstand, dem als Arbeitnehmervertretungen nur der DGB und allenfalls die DAG gegenüberstehen", die Interessen der Arbeitnehmerschaft bei diesem Prinzip nie "in berechtigtem Umfang" zur Geltung gebracht werden könnten. Dies um so weniger, als - wie die Erfahrung mit den bestehenden Rundfunkräten zeige - die übrigen delegierungsberechtigten Organisationen (Kirchen, Universitäten, Sportverbände) nur in Ausnahmefällen Mitglieder in den Rundfunkrat entsendeten, mit denen für die DGB-Vertreter eine Zusammenarbeit möglich sei. Gleichzeitig gaben sie ihrer Hoffnung Ausdruck, daß sowohl SPD- als auch CDU-Landtagsabgeordnete dafür sorgen würden, daß in Zu-

---

131 Vgl. Rundfunkbericht des DGB, Niedersachsen, an den DGB-Bundesvorstand für das 2. und 3. Quartal 1954, in: DGB-Archiv, Ordner: Rundfunk DGB, Landesbezirk Nordmark, Niedersachsen, Hessen.

132 Vgl. ebenda.

133 Vgl. die durchweg positive Bewertung der Zusammenarbeit mit der Sendeanstalt in den Geschäftsberichten des DGB Niedersachsen der Jahre 1950/1951 (S. 25f.), 1952/1953 (S. 27f.) und 1954/1955 (S. 25f.).

134 Zum Wortlaut des nordrhein-westfälischen Rundfunkgesetzes vgl. Rundfunk und Presse in Deutschland, a.a.O., S. 146-153; der Text des Staatsvertrags über den Norddeutschen Rundunk ist abgedruckt: ebenda, S. 68-76

135 Vgl. die vom Leiter des Referats "Funk" beim DGB-Bundesvorstand ausgearbeitete "Erklärung des Deutschen Gewerkschaftsbundes zu der bevorstehenden gesetzlichen Regelung der Rundfunkverhältnisse im norddeutschen Raum" v. 11.8.1954, in: DGB-Archiv, Ordner: Rundfunk DGB, Landesbezirk Nordmark, Niedersachsen, Hessen, die allerdings mit Hinweis darauf, daß die Kirchen eine ähnliche Erklärung bereits abgegeben hätten, nicht veröffentlicht wurde. Vgl. dazu das Schreiben Georg Reuters an den DGB-Vorsitzenden in Niedersachsen, Hermann Beermann, v. 17.8.1954 in: ebenda.

kunft mehr DGB-Mitglieder in die Rundfunkräte gelangten, als das bisher der Fall gewesen sei.[136]

Ob Gewerkschafter beim WDR Rundfunkräte werden konnten, hing allerdings nicht nur davon ab, ob die Fraktionen, denen Mitglieder des Rundfunkrates nach den Grundsätzen der Verhältniswahl zustanden, Gewerkschaftsvertreter bestimmten, sondern auch noch davon, wie diese den Gesetzestext interpretierten, wonach die Kandidaten "langjährige Erfahrungen oder besondere Kenntnisse auf dem Gebiet des Rundfunks" besitzen mußten.[137] Der Staatsvertrag über den Norddeutschen Rundfunk sah eine solche Klausel nicht vor. Bei beiden Rundfunkanstalten waren die Gewerkschaften aber auf jeden Fall berechtigt, ein Mitglied für den Programmbeirat vorzuschlagen,[138] der die Intendanten "im gesamten Bereich der Darbietungen" beriet.[139]

8.6.3 Ein UKW-Sender für die Gewerkschaften?

Im Zusammenhang mit der Diskussion um eine Neuordnung des Rundfunks in der Bundesrepublik tauchten zu Beginn der fünfziger Jahre auch Pläne auf, Lizenzen für UKW-Sender in privater Trägerschaft zu vergeben. Technisch möglich geworden war dies durch den Beschluß der europäischen UKW- und Fernsehkonferenz am 28. Mai 1952 in Stockholm, die der Bundesrepublik Frequenzen für 31 Fernseh- und 246 UKW-Sender zugeteilt hatte. Im Vorfeld dieser Konferenz traten zwei Gruppen in die Öffentlichkeit, die zum ersten Mal Pläne für einen privaten Rundfunk in der Bundesrepublik präsentierten. Neben einem Projekt der "Deutschen Nachrichten AG", an dem Zeitungsverleger und die werbetreibende Wirtschaft beteiligt waren,[140] entwickelte der "Arbeitskreis für Rundfunkfragen", eine Vereinigung von - nach eigenen Angaben "unabhängigen" Rundfunk-Fachleuten, Vertretern von Parteien, Kirchen und Wissenschaftlern - , an deren Sitzungen Helmut Körnig für den DGB-Bundesvorstand teilnahm, die Idee eines privaten UKW-Funks. Auf seiner Bielefelder Tagung am 19. und 20. Mai 1951 forderte der Arbeitskreis:

> *"Um den Rundfunk zum echten Sprachrohr weitester Kreise zu machen, muß der*
> *UKW-Bereich auch der Privatinitiative geöffnet werden. Zu diesem Zweck ist ne-*
> *ben der 'großen Lizenz' für öffentlich-rechtliche Sendegesellschaften auch eine*

---

136 Vgl. ebenda.

137 Vgl. Paragraph 8, Punkt 5 des "Gesetzes über den Westdeutschen Rundfunk Köln" v. 25. Mai 1954, in: Rundfunk und Presse in Deutschland, a.a.O., S. 147.

138 Vgl. Paragraph 22, Punkt 1 der Satzung des Norddeutschen Rundfunks v. 2.3.1956 und Paragraph 19 der Satzung des Westdeutschen Rundfunks v. 27.1.1956, in: ebenda, S. 81 und 158.

139 Vgl. Paragraph 16 des Staatsvertrags über den Norddeutschen Rundfunk und Paragraph 18 des "Gesetzes über den Westdeutschen Rundfunk", in: ebenda, S. 73 und 151

140 Vgl. Helga Montag: Privater oder öffentlich-rechtlicher Rundfunk? Initiativen für einen privaten Rundfunk in der Bundesrepublik Deutschland. Berlin 1978, S. 78-82.

'kleine Lizenz' vorzusehen, die an geeignete Institutionen ausgegeben werden kann."[141]

Bereits am 11. April 1951 hatte der Intendant des Süddeutschen Rundfunks, Fritz Eberhard,[142] einen Brief an Georg Reuter geschrieben, in dem er u. a. mitteilte:

"in den verschiedenen Vorbesprechungen über ein Bundes-Rundfunk-Gesetz ist gelegentlich auch von der Zulassung privater Sender die Rede gewesen. Dabei ist von Kirchen und Gewerkschaften gesprochen worden."

Eberhard vertrat die Auffassung:

"Ein einziger guter UKW-Sender im Ruhrgebiet könnte für die Gewerkschaften schon etwas wert sein."

und fügte dem die Frage an: "Was denkt Ihr über gewerkschaftseigene UKW-Sender?"[143] Am 4. Mai 1951 antwortete ihm der Leiter des Referates "Funk", Körnig:

"Mit der Frage, ob die Gewerkschaften grundsätzlich darauf hinsteuern sollen, einen oder mehrere UKW-Sender eines Tages in Betrieb zu nehmen, hat sich der Bundesvorstand des DGB bisher noch nicht beschäftigt."

Gleichzeitig bat er Eberhard, ihm einmal eine Kostenaufstellung für einen Großstadtsender anzufertigen,[144] was dieser dann auch tat. Eberhard schätzte die Investitionskosten für einen 250-Watt-Sender, der zur Versorgung einer Großstadt ausreichte, auf 55 000 Mark, dazu kamen bei einem sechsstündigen Sendebetrieb pro Tag circa 1 700 Mark laufende Betriebskosten im Monat (ohne eigentliche Programmkosten).[145] Eine Reaktion der Gewerkschaften auf Eberhards Kostenrechnung war nicht zu ermitteln; wahrscheinlich wurde der Punkt zunächst einmal zurückgestellt. Der Rundfunk-Ausschuß des DGB beschäftigte sich erst auf seiner Sitzung am 24. März 1952 mit dem Thema - wenige Tage nachdem der "Arbeitskreis" eine Denkschrift über die Erteilung "kleiner Lizenzen" für UKW-Sender mit begrenzter Reichweite veröffentlicht hatte. Die Verfasser der Denkschrift schlugen vor, den bestehenden Rundfunkanstalten ihre Monopolstellung streitig zu machen, die Ultrakurzwelle aufzuschließen und an "geeignete Institutionen des politischen und sozialen, kulturellen und religiösen Lebens" aufzuteilen. Als Lizenznehmer kamen Universitäten, Volkshochschulen, Jugendverbände, Kirchen, Parteien und berufsständische Organisationen (darunter fielen auch die Gewerkschaften) in Frage, Privatleute oder Firmen schieden als Träger aus. Soweit diese Institutionen z. B. aus rechtlichen Gründen keinen eigenen Sender betreiben durften, konnten

---

141 Arbeitsergebnis der Bielefelder Tagung (19./20.5.1951), abgedruckt in einem mehrseitigen Papier, dort S. 8, das das Mitglied des "Arbeitskreises", Gerhard Eckert, im November 1951 an Fritz Eberhard schickte, in: SDR/HA, Intendanz 455, Allgemeiner Schriftwechsel A-B [1.9.1949-30.4.1953].

142 Zu Fritz Eberhard vgl. Rundfunkpolitische Kontroversen. Zum 80. Geburtstag von Fritz Eberhard. Hrsg. v. Manfred Kötterheinrich u.a. Frankfurt am Main 1976, S. 467-489.

143 Vgl. das Schreiben Eberhards an Reuter v. 11.4.1951, in: SDR/HA, Intendanz 455, Allgemeiner Schriftwechsel C-G [1.9.1949-30.4.1953]

144 Vgl. das Schreiben Körnigs an Eberhard v. 4.5.1951, in: ebenda.

145 Vgl. das Schreiben Eberhards an Körnig v. 15.5.1951, in: ebenda.

sie eine Veranstaltergesellschaft gründen, die für sie den Sendebetrieb organisierte. Bedingung war: Das ausgestrahlte Programm mußte der "Eigenart" des Lizenznehmers entsprechen.[146]

Obwohl die Presse über das Projekt Privatfunk berichtete - als Vater des Gedankens der "kleine Lizenzen" bezeichnete der "Spiegel" im Mai 1952 den Münsteraner Publizistik-Professor Walter Hagemann[147] - war in gewerkschaftlichen Publikationen dazu kein Wort zu lesen. Im Protokoll der Rundfunkausschuß-Sitzung vom 24. März hieß es zum Tagesordnungspunkt "UKW-Sender":

> *"Kollege Reuter schlug vor, einen UKW-Sender für den DGB zu schaffen. Als Vorstufe sollte zunächst ein eigenes Studio eingerichtet und mit der Einstellung von Fachkräften begonnen werden."*[148]

Die Kosten für einen 100-Watt-Sender lagen nach Reuters Angaben bei 24 000 bis 27 000 Mark.

Wie konkret die Senderpläne von den Gewerkschaften weiterverfolgt wurden, war nicht in Erfahrung zu bringen; im Geschäftsbericht des DGB für 1952 und 1953 hieß es lediglich:

> *"Es wird auch notwendig sein, aus der gewerkschaftlichen Sicht heraus eine Stellungnahme zur Frage der 'kleinen Lizenzen' zu erarbeiten. Es ist zu erwägen, ob auch die Gewerkschaften an solchen 'kleinen Lizenzen' interessiert sind und wenn ja, in welchem Umfang."*[149]

Außerdem findet sich in den Unterlagen der Abteilung "Funk" ein Brief Körnigs an den persönlichen Referenten des NWDR-Generaldirektors, Friedrich Wenzlau, vom 12. Mai 1953, in dem sich Körnig erkundigte, wie die Dinge hinsichtlich der Erteilung von UKW-Lizenzen stünden.[150] Die Antwort fehlt, aber sie erledigte sich möglicherweise dadurch, daß eine Neuregelung des Rundfunksystems insgesant ausblieb und eine Lizenzvergabe an private Veranstalter am Einspruch der Alliierten scheiterte, die noch bis 1955 über die Funkhoheit in Deutschland verfügten. Ohnehin betrieb der DGB die ganze Angelegenheit nur halbherzig, auch wenn etwa das Deutsche Industrie-Institut in der Nummer 19 seines "Rundfunk-Spiegels" vom 9. Mai 1953 berichtete, ihm sei zu Ohren gekommen, daß auch die Gewerkschaften unter den mehr als 100 Bewerbern seien, die einen Lizenzantrag bei den Besatzungsbehörden gestellt hätten.[151]

Wie die Diskussion innerhalb der Gewerkschaften weiterlief, war nicht zu ermitteln; eine Stellungnahme zu den "Kleinen Lizenzen" erfolgte jedenfalls nicht. Am 9. Februar 1954 beschloß der Bundes-Rundfunk-Ausschuß lediglich, dem geschäftsführenden

---

146 Vgl. Arbeitskreis für Rundfunkfragen, Hamburg o. J., S. 6ff., in: ebenda.

147 Vgl. "Privatsender. 'Belebt das Geschäft'", in: Spiegel, H. 22, 28.5.1952, S. 31.

148 Vgl. das Protokoll der Sitzung des Rundfunk-Ausschusses v. 24.3.1952, in: DGB-Archiv, Ordner: Rundfunk, Allgemein.

149 Vgl. Deutscher Gewerkschaftsbund: Geschäftsbericht des Bundesvorstandes des Deutschen Gewerkschaftsbundes 1952-1953, a.a.O, S. 63.

150 Vgl. das Schreiben Körnigs an Wenzlau v. 12.5.1953, in: DGB-Archiv, Ordner: Rundfunk-BV.

151 Vgl. Rundfunkspiegel des Deutschen Industrie-Instituts, Kommentardienst, 9.5.1953.

Bundesvorstand die Einrichtung eines Rundfunkstudios vorzuschlagen. Die Kosten bezifferte man dort auf 25 000 DM. Finanziert werden sollte das Studio über das sogenannte Mai-Konto.[152] Auf der Bundesvorstands-Sitzung am 23. Februar 1954 sprach Reuter das Thema Rundfunkstudio an, doch der Vorstand entschied nicht darüber, sondern verwies die Angelegenheit an den geschäftsführenden Bundesvorstand zurück, nachdem die Kollegen Hans Böhm und Willi Richter wegen eines fehlenden Überblicks über die laufenden Kosten eine Beschlußfassung abgelehnt hatten.[153] Von einem eigenen UKW-Sender war nicht die Rede. Vielmehr beauftragte der geschäftsführende Bundesvorstand Reuter offenbar am 8. März 1954, einen Raum für die Einrichtung eines Studios innerhalb des Gewerkschaftshauses zu ermitteln. Obwohl Reuter einen solchen ausfindig machen konnte,[154] beschloß der Vorstand am 26. April, die Einrichtung des Studios bis nach dem Bundeskongreß im Oktober 1954 zurückzustellen.[155] Damit war der Plan gestorben, der eines eigenen UKW-Senders ohnehin, da die rechtlichen Voraussetzungen dafür nicht geschaffen worden waren.

Dabei hätte sich ein eigenes Studio schon gelohnt, um unabhängiger von den Zeit- und Themenvorgaben der Rundfunkanstalten zu werden - zumal manche gewerkschaftliche Beteiligung an einer Sendung deshalb ausfallen mußte, weil hochrangige Gewerkschaftsvertreter aus Düsseldorf unabkömmlich waren oder Terminschwierigkeiten Aufnahmen verhinderten. Eventuell wäre es ja auch möglich gewesen, Features und Magazinbeiträge vorzuproduzieren und sie den Gewerkschaften vor Ort zur Auswertung zur Verfügung zu stellen - konzentrierte sich doch gewerkschaftliche Radioarbeit auch nach der Gründung des DGB auf Bundesebene nicht zuletzt auf die (Mit)-Gestaltung der Arbeitnehmer- und Gewerkschaftsprogramme

---

152 Vgl. die Berichtsnotiz Reuters für die nächste BV-Sitzung v. 17.2.1954, in: DGB-Archiv, Ordner: Rundfunk-BV.

153 Vgl. das Protokoll der Bundesvorstands-Sitzung v. 23.2.1954, in: DGB-Archiv, Bestand 22.

154 Vgl. die Berichtsnotiz Reuters v. 20.4.1954, in: DGB-Archiv, Ordner: Rundfunk, Bundesvorstand.

155 Vgl. die Mitteilung Reuters an Hans-Peter Schlobben, Mitarbeiter in Reuters Vorstands-Abteilung v. 27.4.1954, in: ebenda.

8.7   Vom Gewerkschafts- und Arbeiterfunk zum Sozialfunk.
Der DGB und die Initiativen gegen Gewerkschaftssendungen

Gewerkschaftliche Radioarbeit erstreckte sich auch nach der Gründung des DGB in erster Linie auf die Teilnahme an den Sitzungen der Rundfunkgremien und die (Mit-) Gestaltung der Gewerkschafts- und Arbeitersendungen, wenngleich sich auf beiden Gebieten zu Beginn der fünfziger Jahre einige Veränderungen für die Gewerkschaften abzeichneten - Veränderungen, die im Zusammenhang mit dem gesamtgesellschaftlichen Machtverlust in der Adenauer-Ära und dem Zurückdrängen der Gewerkschaften auf ihr ureigenes Feld der Tarifpolitik zu sehen sind. Das politische Klima der frühen Fünfziger schlug sich überdeutlich in einem Inhalts- und Funktionswandel der Arbeiter- und Gewerkschaftssendungen nieder.

Der Geschäftsbericht des DGB für die Jahre 1950 und 1951 führte die entsprechenden Zielgruppenprogramme der deutschen Rundfunkanstalten auf, innerhalb derer die Gewerkschaften mehr oder weniger großen Einfluß besaßen: Im einzelnen handelte es sich dabei um die Sendung "Aus der Welt der Arbeit" beim Nordwestdeutschen Rundfunk Köln mit einer wöchentlichen Dauer von 30 Minuten; um die "Gewerkschaftssendung" beim Nordwestdeutschen Rundfunk Berlin, mit wöchentlich 15 Minuten Sendezeit; die Sendung "Mensch und Arbeit" bei RIAS Berlin, wöchentlich 20 Minuten; um "Die Gewerkschaft ruft" beim Bayerischen Rundfunk, wöchentlich 15 Minuten; den "Gewerkschaftsfunk" des Hessischen Rundfunks, wöchentlich zehn Minuten; um "Mensch und Arbeit" beim Süddeutschen Rundfunk, die zweimal in der Woche je 15 Minuten ausgestrahlt wurde, die "Gewerkschaftssendung" Radio Bremens, wöchentlich 15 Minuten und die "Stimme der Gewerkschaften" beim Südwestfunk, die 20 Minuten Länge aufwies und in zweiwöchigem Rhythmus abwechselnd mit einer Gesprächssendung über den Äther ging, in der sich je ein Vertreter der Gewerkschaften und der Unternehmer über ein vorher von ihnen selbst festgelegtes Thema unterhielten.[156]

Was sich auf den ersten Blick als Erfolg für die Gewerkschaften darstellte - waren sie doch neben den Kirchen die einzigen Organisationen, die wenigstens zum Teil über eigene Sendezeiten im Rundfunk verfügten - erscheint bei näherem Hinsehen schon nicht mehr ganz so zufriedenstellend, wurden die Gewerkschaften in den ursprünglich als Arbeitnehmersendungen konzipierten Programmen doch spätestens seit 1950 immer weiter zurückgedrängt, die Sendungen auch für die Arbeitgeber geöffnet und tendenziell in einen paritätisch besetzten, "ausgewogenen" Sozialfunk umgewandelt. Diese Entwicklung ging so weit, daß der DGB-Geschäftsbericht der Jahre 1952 und 1953 festellen mußte, abgesehen von der Gewerkschaftssendung bei Radio Bremen könne man in keinem anderen Falle mehr von reinen Arbeitnehmer- oder Gewerkschaftssendungen sprechen, da in den Sendungen nicht nur die DGB-Gewerkschaften, die DAG und sonstige Arbeitnehmerorganisationen zu Wort kämen, sondern auch Arbeitgeberverbände, In-

---

156 Vgl. Deutscher Gewerkschaftsbund: Geschäftsbericht des Bundesvorstandes des Deutschen Gewerkschaftsbundes 1950 - 1951, a.a.O., S. 166f.

dustrie- und Handelskammern, Wirtschaftsverbände und Behördenvertreter.[157] Aus der Sendung "Die Gewerkschaft ruft" beim Bayerischen Rundfunk war inzwischen die Sendung "Stunde der Arbeit" geworden, aus dem "Gewerkschaftsfunk" beim Hessischen Rundfunk "Die Stimme der Arbeit" und aus der Gewerkschaftssendung des Südwestfunks die Sendung "Aus Arbeit und Wirtschaft".

Was war geschehen? Dieser Frage soll nun anhand der Vorgänge, die sich bei den drei zuletzt genannten Rundfunkanstalten in den Jahren ab 1950 abspielten, nachgegangen und dokumentiert werden, auf welche Weise man die Gewerkschaften aus den Sendungen drängte und wie sie darauf reagierten.

8.7.1 Unternehmeroffensive beim Südwestfunk: Von der "Stimme der Gewerkschafen" zur Sendung der Sozialpartner

Nach der Bundestagswahl im August 1949, die zeigte, wo die politischen Präferenzen der Deutschen lagen, häuften sich die Angriffe von konservativer Seite und aus den Reihen der Arbeitgeberverbände gegen die Gewerkschaftssendungen. Die Attacken verliefen bei den einzelnen Rundfunkanstalten nahezu zeitgleich und in der Methode so ähnlich, daß es schwer fällt, an einen Zufall zu glauben. Und Zufall war es sicherlich auch keiner, daß die Initiativen gegen die Gewerkschaften im Rundfunk ungefähr zu dem Zeitpunkt ihren Höhepunkt erreichten, als die Niederlage der Gewerkschaften in der Mitbestimmungsfrage und die Schwäche der Arbeitnehmerorganisationen offenkundig wurden.[158]

Einen Versuchsballon starteten die Unternehmer im Herbst 1950 beim Südwestfunk. Nachdem der Mittelrheinische Arbeitgeberverband an den Rundfunkrat einen Antrag auf eine eigene Sendung gestellt hatte, verlangten die Arbeitgeber im gesamten Sendegebiet, der Südwestfunk solle ihnen dieselbe Sendezeit im Programm für Vorträge einräumen wie er es im Falle der Gewerkschaften tat.[159] Ziel war eine Sendung "Stimme der Unternehmer". Am 8. September trug der Vertreter der Industrie- und Handelskammern Rheinland-Pfalz, Augustinus Erxleben, den Wunsch der Unternehmer dem Rundfunkrat vor, eine Entscheidung wurde aber noch nicht getroffen.[160] Stattdessen beschäftigte sich der Programmausschuß in einer Sondersitzung am 25. September 1950 mit dem Thema. Zu diesem Termin legten die Gewerkschaftsvertreter im Rundfunkrat ein "Memorandum" zur Frage der Einführung einer Sendung "Stimme der Unternehmer"

---

157 Vgl. Deutscher Gewerkschaftsbund: Geschäftsbericht des Bundesvorstandes des Deutschen Gewerkschaftsbundes 1952 - 1953, a.a.O., S. 60.

158 Vgl. Eberhard Schmidt: Die verhinderte Neuordnung 1945-1952. Zur Auseinandersetzung um die Demokratisierung der Wirtschaft in den westlichen Besatzungszonen und in der Bundesrepublik Deutschland. 2. Aufl. Frankfurt am Main/Köln 1971, S. 173-225.

159 Vgl. das Schreiben des DGB Rheinland-Pfalz v. 29.9.1950 an den DGB-Bundesvorstand, in: DGB-Archiv, Ordner: Rundfunk, DGB-Landesbezirk Berlin/Rheinland-Pfalz sowie das Protokoll der Sitzung des Programmausschusses des Südwestfunk-Rundfunkrates am 8. September 1950, in: SWF/HA, R00436.

160 Vgl. das Protokoll der Rundfunkratssitzung v. 8.9.1950, in: SWF/HA, R 00413.

vor, in dem das Ansinnen der Unternehmer selbstverständlich abgelehnt wurde.[161] Mit ihrer Argumentation, die sich vor allem darauf stützte, daß die Gewerkschaften im Gegensatz zu den Unternehmerverbänden eine gesamtgesellschaftliche und kulturelle Funktion ausübten und sie dem Wohl der Allgemeinheit verpflichtet seien, wie dies von den Rundfunkräten auch erwartet werde, während die Unternehmer partikularistische Interessen verträten, konnten die Gewerkschafter die Mehrheit des Gremiums überzeugen; der Programmauschuß lehnte eine Unternehmer-Sendung ab.[162] Ausschlaggebend für diese Entscheidung dürfte der Verweis auf den "Wirtschaftsfunk" gewesen sein, innerhalb dessen die Unternehmer ihre Positionen nicht selten wiederfanden. Doch völlig vom Tisch war das Thema damit nicht. Der Programmausschuß beschloß auf seiner Sitzung am 14. Oktober 1950 eine wöchentliche Sendung von zehn Minuten Dauer "Aus der rheinland-pfälzischen Wirtschaft" für das Regionalprogramm Rheinland-Pfalz.[163] Genau um diese Zeit initiierte der Südwestfunk auch eine Anfrage bei den anderen westdeutschen Sendern, um zu erkunden, in welcher Weise diese Gewerkschaften und Unternehmer in ihrem Programm berücksichtigten.[164]

Im März 1951 wandte sich der Vorsitzende der DAG Rheinland-Pfalz, Schmid, an den Leiter der Abteilung Politisches Wort beim SWF, Titze, und forderte für seine Organisation die Beteiligung an der Gewerkschaftssendung.[165] Die DGB-Gewerkschaften wiesen dieses Begehren zurück und schalteten dazu auch den Leiter des Referates "Funk" beim Bundesvorstand, Körnig, ein.[166]

Im Juni 1951 stand die Unternehmersendung erneut auf der Tagesordnung. Auf der Sitzung des Programmausschusses am 23. Juni 1951 machte Programmdirektor Lothar Hartmann den Vorschlag, die alte Gewerkschaftssendung in eine neue mit dem Namen "Aus der Welt der Arbeit" umzuwandeln, sie jeweils am Mittwochabend in der Zeit von 21.20 bis 21.40 Uhr auszustrahlen und im 14tägigen Wechsel einmal ein Gespräch zwischen den Sozialpartnern, das andere Mal je einen zehnminütigen Vortrag eines Gewerkschafts- und eines Unternehmervertreters zu bringen. Dieser Kompromiß war offenbar am 25. Mai zwischen dem SWF sowie Gewerkschaftern und Arbeitgebern ausgehandelt worden.[167] Die Gewerkschaften mußten dem wohl oder übel zustimmen, wollten sie nicht Gefahr laufen, überhaupt nicht mehr im Rundfunk direkt zu Wort zu kommen, schließlich kannten sie die Mehrheitsverhältnisse im Rundfunkrat. Die erste

---

161 Vgl. Memorandum der Vertreter der Gewerkschaften im Rundfunkrat des Südwestfunks zur Frage der Einführung einer Sendung "Stimme der Unternehmer" v. September 1950, in: DGB-Archiv, Ordner: Rundfunk, DGB-Landesbezirk Berlin/Rheinland-Pfalz.

162 Vgl. dazu das Schreiben des DGB-Rheinland-Pfalz an den DGB-Bundesvorstand v. 29.9.50, in: ebenda.

163 Vgl. das Protokoll der Programmausschuß-Sitzung v. 14.10.1950, in: SWF/HA, R00436.

164 Vgl. die Zusammenstellung v. 24. November 1950, in: SWF/HA Programmnachweise "Stimme der Gewerkschaften".

165 Vgl. das Schreiben des DGB-Rheinland-Pfalz an den DGB-Bundesvorstand v. 19.3.1951, in: DGB-Archiv, Ordner: Rundfunk, DGB-Landesbezirk Berlin/Rheinland-Pfalz.

166 Vgl. dazu das Schreiben Körnigs v.18.9.1951 an den ihm persönlich bekannten SWF-Programmdirektor Hartmann, Abschrift in: ebenda.

167 Vgl. das Protokoll der Programmausschuß-Sitzung am 23.6.1951, in: SWF/HA, R00436.

Sendung in der neuen Form lief am 5. September 1951 unter dem Titel "Aus Arbeit und Wirtschaft". Vermutlich geht die Korrektur des ursprünglich geplanten Sendetitels auf eine erneute Intervention der Unternehmer zurück.

Am Inhalt der bis dahin ausschließlich von Gewerkschaftern gehaltenen Vorträge änderte sich nichts. Hatten in den Monaten vor dem Wechsel etwa der Redakteur der "Welt der Arbeit" aus Rheinland Pfalz, Paul Mühlbach, vom Kongreß des Internationalen Bundes freier Gewerkschaften berichtet (18.7.1951) oder der Leiter der Pressestelle beim DGB-Bundesvorstand, Joseph Viehöver, den Beschluß des DGB begründet, die Gewerkschaftsvertreter aus den wirtschaftspolitischen Gremien in Bonn zurückzuziehen (25.7.1951), hatte Willi Bökenkrüger "Das Wichtigste vom Heimarbeitergesetz" erläutert (15.8.1951) und sich der rheinland-pfälzische DGB-Vorsitzende Adolf Ludwig mit der Frage beschäftigt "Sind die Gewerkschaften ein Staat im Staat?" (22.8.1951), so begann die Reihe "Aus Arbeit und Wirtschaft" am 5. September 1951 mit einem Gespräch zwischen dem Journalisten Semler und dem Unternehmer Josef Winschuh. Eine Woche später hielt Wolfgang Zöller vom Einzelhandelsverband Südbaden einen zehnminütigen Vortrag über "Wesen und Funktion des Einzelhandels", in dem er sich gegen das Ladenschlußgesetz aussprach, Else Hieber aus Freiburg berichtete in ihrem Beitrag über "Die Not der deutschen Ensemblemusiker". Am 31. Oktober 1951 sprachen Fritz Willems vom DGB Rheinland-Pfalz und der Direktor der ALU-Werke Singen, Paulsen, über das Betriebsverfassungsgesetz, am 7. November fragte Josef Strieder, der Präsident der Handwerkskammer Mainz, "Was erwartet das Handwerk von der Bundesregierung?" und Erwin Stein, Pirmasens, berichtete auf Gewerkschaftsseite über "Die amerikanischen Gewerkschaften und das Unternehmertum".[168] Die Themen der Gesprächssendungen wurden abwechselnd von Gewerkschaften und Unternehmern festgelegt, wobei auf seiten der Arbeitnehmerorganisationen die meisten Vorschläge aus den Reihen des DGB Rheinland-Pfalz stammten, während sich Baden und Südwürttemberg so gut wie nie daran beteiligten.[169] Die Vorträge hielten wie schon in der reinen Gewerkschaftssendung hauptamtliche Funktionäre aus Rheinland-Pfalz, seltener engagierte sich auch mal ein Vertreter des DGB-Bundesvorstandes, obwohl der Landesbezirk Rheinland-Pfalz eigentlich eine Abmachung mit dem Bundesvorstand getroffen hatte, worin er letzterem zugestand, zwei Sendungen pro Monat zu gestalten.

---

168 Vgl. Programmnachweise Hörfunk, Ordner: PO521 und PO523 in: SWF/HA sowie das im Anhang 4 abgedruckte Programm.

169 Vgl. Stellungnahme der DGB-Bezirksstelle Baden zum "Gewerkschaftsfunk" v. 28.7.1951, in: DGB-Archiv, Ordner: Rundfunk, DGB-Landesbezirk Berlin/Rheinland-Pfalz.

8.7.2 Ätherstreit beim Bayerischen Rundfunk
Die Gewerkschaft "ruft" nicht mehr

Kurze Zeit nachdem die Veränderung in Baden-Baden Platz gegriffen hatte, begannen
auch die Angriffe der bayerischen Wirtschaft auf die Sendung "Die Gewerkschaft ruft".
Zwar stand die von den Gewerkschaften verantwortete Sendung bereits seit Beginn der
fünfziger Jahre zur Diskussion, doch fühlten die Unternehmer erst jetzt die Zeit für gekommen, einen Generalangriff gegen das auch im Hause des Bayerischen Rundfunks
ungeliebte Kind aus der Besatzungszeit zu führen. Die Gewerkschaftssendung hatte
schon oft für Unruhe gesorgt, woran vor allem der Generalsekretär des Bayerischen
Gewerkschaftsbundes und spätere SPD-Bundestagsabgeordnete Max Wönner nicht un-
schuldig gewesen war. Dieser exponierte sich immer mal wieder mit engagierten Beiträgen, mit denen er sich den Unmut konservativer und wirtschaftsliberaler Kräfte zuzog -
so geschehen mit Kommentaren zu "Erhards Raubpolitik" im Oktober 1948, durch Polemiken gegen den bayerischen FDP-Vorsitzenden Thomas Dehler, die bundesweite
Folgen hatten,[170] oder mit Statements gegen die Wiederbewaffnung im Januar 1952.[171]

Hielten sich konservative Politiker und Unternehmerkreise 1948/49 noch etwas zurück in ihren Reaktionen, so häuften sich ab 1950 die Angriffe auf die Gewerkschaftssendungen vor allem von Unternehmerseite, verstärkte sich die Kritik am "Rundfunkmonopol" des DGB beim Bayerischen Rundfunk. Die Anwürfe gegen den DGB kamen
dabei aus zwei Richtungen: einmal von der Deutschen Angestelltengewerkschaft und
vom Deutschen Beamtenbund, die ebenfalls Sendezeit innerhalb der Gewerkschaftssendungen beanspruchten, zum anderen von den Arbeitgebern, von Industrie, Handwerk und Handel. So forderte die DAG in Bayern seit Mitte 1949 ihre Beteiligung an der
Gewerkschaftssendung[172], zunächst ohne Wirkung. Ihre Bemühungen ein gutes Jahr
später, einen Teil der Sendezeit von "Die Gewerkschaft ruft" sowie einen Sitz im Rundfunkrat zu erlangen, scheiterten zu dem Zeitpunkt.[173] Auch wenn sich die Angestelltengewerkschaft zu dem Zeitpunkt noch nicht durchsetzen konnte - die gegen die Gewerkschaftssendungen gerichteten Bestrebungen der Wirtschaft erwiesen sich schon bald
als erfolgreicher.

Am 5. November 1951 standen "Beschwerden" gegen das Programm zum ersten Mal
auf der Tagesordnung einer Rundfunkratssitzung des Bayersichen Rundfunks. Wer sich
beklagt hatte und worauf sich die Einsprüche bezogen, ist aus dem Protokoll nicht er-
sichtlich; behandelt wurde das Thema auf der Sitzung auch nicht, sondern man überwies
den Punkt an den "Richtlinien-Ausschuß" des Rundfunkrates.[174]

---

170 Vgl. dazu "Radio-Reden. Nichts als Zufälle", in: Spiegel, H. 43, 24.10.1951, S. 7ff.

171 Vgl. dazu "Wönner zur Wiederbewaffnung", in: Münchner Merkur v. 25.1.1952.

172 Vgl. "Ätherstreit der Gewerkschaften", in: Süddeutsche Zeitung v. 28.9.1950.

173 Am 10. November 1950 berichtete die "Neue Zeitung" über eine Pressekonferenz der DAG, die sich
      gegen das "Rundfunkmonopol" des DGB wendete. Vgl. "DAG fordert Beteiligung an Rundfunk-
      Sendungen" in: Neue Zeitung v. 10.11.1950.

174 Vgl. das Protokoll der Sitzung v. 5.11.1951 in: IfZ München, Nachlaß Märker, Bestand ED 101/13.

Etwas Licht in das Dunkel brachte ein Artikel auf der Bayernseite der "Welt der Arbeit" vom 16. November 1951. Dort wurde über einen Einspruch aus "Kreisen der Handwerker, des Handels, der Industrie nebst politischem Anhang" berichtet, den diese gegen die Sendung vom 15. Oktober 1951 über Konsumgenossenschaften erhoben hatten.[175] In der Tat war der Punkt auf Intervention bayerischer Handelsverbände in die Tagesordnung der Rundfunkrats-Sitzung vom 5. November aufgenommen worden. Am 2. November druckte die "Süddeutsche Zeitung" einen Artikel "Handel protestiert gegen Gewerkschaftssendung", in dem es hieß, "sämtliche Interessenverbände des bayerischen Handels, einschließlich des bayerischen Handwerkstages", hätten an den Rundfunkrat den Antrag gestellt, entweder genausoviel Sendezeit für ihre Belange beim Bayerischen Rundfunk zu erhalten wie die Gewerkschaften oder "Die Gewerkschaft ruft" solle abgeschafft werden.[176] Einen Tag später veröffentlichte die "Mittelbayerische Zeitung Regensburg" einen Artikel mit demselben Tenor. Dort war zu lesen, die Arbeitgeber wollten die gleiche Sendezeit wie die Gewerkschaften verlangen oder der Bayerische Rundfunk solle sich selbst um Arbeitnehmer-Sendungen kümmern. Und der Verfasser fuhr fort:

"Viele Hörer haben sich während dieser Zeit [der letzten Jahre, in denen die Sendung im Programm war, F. M.] Gedanken darüber gemacht, daß auch den Arbeitgebern Gelegenheit gegeben werden solle, ihre Meinung im Rundfunk kundzutun."[177]

Wahrscheinlich wurden ähnliche Artikel auch in anderen bayerischen Tageszeitungen veröffentlicht, so daß man wohl von einer gezielten Kampagne gegen die Gewerkschaftssendung sprechen kann, die den Beitrag vom 15. Oktober nur zum Anlaß genommen hatte, um die Sendung überhaupt aus dem Programm zu verdrängen oder zumindest gleichberechtigt Industrie und Handel in der Sendung zu Wort kommen zu lassen. Wie sich bald zeigen sollte, waren die Arbeitgeber damit auch erfolgreich. Am 20. November schrieben die "Textil-Mitteilungen", das Organ des bayerischen Textil-Einzelhandels, unter der Überschrift "Im Bayerischen Rundfunk", am 15. November habe der Landesverbandsvorsitzende auf einer Tagung des bayerischen Einzelhandels darüber berichtet, daß er ein Abkommen mit der Leitung des Bayerischen Rundfunks getroffen habe, wonach sich die Gewerkschaften und der Einzelhandel in Zukunft die Arbeitnehmersendung teilten. Stimmten die Gewerkschaften dem nicht zu, dann müßten diese auf die Sendung ganz verzichten. Außerdem habe der Bayerische Rundfunk am 15. November einen Beitrag ausgestrahlt, in dem Vertreter des Einzelhandels auf die Gewerkschaftssendung vom 15. Oktober hätten antworten können.[178] Am 25. Januar 1952 meldete die "Süddeutsche Zeitung", die Sendereihe "Die Gewerkschaft ruft" werde in ein bis zwei Monaten durch ein Programm mit dem Titel "Aus der Welt der Arbeit" abgelöst Sie begründete dies damit, daß die Gewerkschaftssendung "in letzter Zeit von verschie-

---

175 Vgl. "Die Gewerkschaft ruft", in: Welt der Arbeit, Nr. 46, 16.11.1952, Bayernseite.

176 Vgl. "Handel protestiert gegen Gewerkschaftssendung", in: Süddeutsche Zeitung v. 2.11.1951.

177 Vgl. "Mißbrauch der Sendung am 15.10.", in: Mittelbayerische Zeitung Regensburg v. 3.11.1951.

178 Vgl. "Im bayerischen Rundfunk", in: Textil-Mitteilungen v. 20.11.1951.

denen Seiten stark angegriffen" worden sei. "Maßgebende Funktionäre" des DGB-Landesbezirkes hätten sich mit der Umgestaltung der Reihe, an der nun auch "andere sozialrechtliche Vertreter" beteiligt würden, bereits einverstanden erklärt.[179]

Zwar dauerte es noch vier Monate bis zum endgültigen Start der "Stunde der Arbeit", wie die Sendung schließlich hieß, doch ansonsten hatte die "Süddeutsche Zeitung" richtig gelegen. Es stellt sich nun die Frage, wie sich die Gewerkschaften zum Abbau ihrer Sendung verhielten, welche Abwehrmaßnahmen sie ergriffen und wie sie ihr Einschwenken auf die Wünsche des Bayerischen Rundfunks erklärten.

Wenige Tage nach Erscheinen des Artikels in der "Süddeutschen Zeitung" stand das Thema auf der Landesbezirks-Vorstandssitzung des bayerischen DGB zur Debatte. Dort erklärte der Bezirksleiter der IG Metall, Erwin Essl, der Kollege Wönner sei nicht mehr in der Lage, die Interessen der Gewerkschaften beim Rundfunk wahrzunehmen.[180] Er führte das nicht weiter aus, so daß sich darüber spekulieren läßt, ob er Wönners Arbeitsüberlastung als Grund ansah oder etwa dessen Unfähigkeit meinte. Als Essl auf derselben Sitzung nach der - offenbar seit einiger Zeit schon diskutierten - Umgestaltung der Sendung fragte, teilte der Bezirksvorsitzende Lorenz Hagen mit, Walter von Cube, der Chefredakteur des Bayerischen Rundfunks, habe ihm von Einsprüchen gegen die Sendung berichtet.[181] Die Anstalt plane deshalb, sie dergestalt zu ändern, daß sie auf eine halbe Stunde verlängert werde, wobei den Gewerkschaften davon aber nur zehn Minuten zur Verfügung stünden, den Rest bestritten andere Organisationen und ein Redakteur. Hagen nannte den Namen Walter Kröpelin, der schon seit längerem "Gewerkschaftsangelegenheiten" (z. B. die 1. Mai-Sendungen) betreute. Der Rundfunkrat habe dies auf seiner Sitzung im Oktober 1951 so beschlossen. Darüber hinaus solle in Zukunft die DAG im Verhältnis 1:10 zum DGB zum Zuge kommen.[182]

Am 19. Februar 1952 fand sich das Thema erneut auf der Tagesordnung einer Sitzung des Landesbezirks-Vorstandes. Zur Vorführung einer Probesendung am Tag zuvor, zu der Hagen die Mitglieder des Landesvorstandes geladen hatte, waren nur wenige erschienen. Auf der Sitzung selbst teilte Hagen mit, der Rundfunkrat habe seinen Richtlinien-Ausschuß beauftragt, mit dem DGB die Bedingungen für eine Neugestaltung der Sendung auszuhandeln. Es gäbe ernst zu nehmende Kräfte aus dem Unternehmerlager, die versuchten, einen Fuß in die neue Sendung zu bekommen. Daraufhin bestellte der Landesbezirks-Vorstand eine kleine Kommission (bestehend aus Wönner, Essl und Margarethe Kempe), die zusammen mit Cube "Richtlinien" für die Sendung ausarbeiten sollte. Falls die DAG und der Deutsche Beamtenbund an der Sendung beteiligt würden,

179 Vgl. Süddeutsche Zeitung v. 25.1.1952.
180 Vgl. das Protokoll der Landes-Vorstandssitzung v. 28.1.1952, in: DGB-Archiv, Bestand 32/26.
181 Barbara Mettler bezeichnet Walther v. Cube als "überzeugten Konservativ-Liberalen", der dem rechten Flügel der CSU nahe stand. Vgl. Barbara Mettler: Der Nachkriegsrundfunk als Medium der amerikanischen Umerziehungspolitik, in: Rundfunk und Fernsehen, H. 3, 1973, S. 166-182, dort S. 181. Zu v. Cubes politischem Standort vgl. auch seine Kommentarsammlung: Walther v. Cube: Ich bitte um Widerspruch. Fünf Jahre Zeitgeschehen kommentiert. Frankfurt am Main 1952.
182 Vgl. das Protokoll der Landes-Vorstandssitzung v. 28.1.1952, in: DGB-Archiv, Bestand 32. Das Protokoll der Rundfunkrats-Sitzung befindet sich nicht in Märkers Nachlaß, weshalb ich Hagens Angaben nicht überprüfen konnte. Der Bayerische Rundfunk verweigerte mir die Einsicht in die Protokolle des Rundfunkrates.

dann nur im Verhältnis 1:10 bzw. 1:12, die Unternehmer dürften jedoch keinen Zugang zur Sendung erhalten.[183] Die Gewerkschafter dachten an ein "Magazin der Arbeit" und nicht an ein etwa paritätisch gestaltetes neues Programm, wie es beim Südwestfunk der Fall war. Um die Qualität der Sendung zu steigern, sollten in Zukunft Max Wönner, der Bezirksleiter der IG Metall, Erwin Essl, der Redakteur der Bayernseite der "Welt der Arbeit", Rudolf Wörl, Alfred Fossil (Abteilung Bildung) und ein Kollege der Abteilung Jugend an deren Vorbereitung beteiligt werden, nachdem die Gestaltung der Sendung bislang fast ausschließlich auf den Schultern Max Wönners gelastet hatte.

Am 29. Februar berichtete der Richtlinienausschuß des Rundfunkrates auf dessen Sitzung über die Beschlüsse: Auch die neue Sendung wird eine "Arbeitnehmersendung" sein. Dies sei auch deswegen gerechtfertigt, weil - wie eine Zusammenstellung des "Wirtschaftsfunks" belege - "ein erheblicher Prozentsatz" dieser Sendereihe "aus dem Blickwinkel des Arbeitgebers" erfolge. Deshalb habe der Ausschuß die zwischen Chef-redakteur Cube und dem DGB getroffenen Vereinbarung mit vier zu einer Stimme ge-billigt. Die Gegenstimme war wohl vom Vertreter der IHK München, Dr. Mellinger, ab-gegeben worden. Er bestand auch darauf, daß sich der Rundfunkrat dem Votum des Richtlinien-Ausschusses nicht anschließen dürfe. Mellinger stellte den Antrag, der Rundfunkrat solle eine Beschlußfassung vertagen und eine im Haus produzierte Probe-sendung abwarten. Der Rundfunkrat stimmte Mellingers Vertagungsinitiative mit einer Stimme Mehrheit zu. Sowohl Wönner als auch Kempe hatten an der Sitzung nicht teil-genommen.[184]

Die Debatte wurde am 10. März 1952 im Rundfunkrat fortgesetzt. In einer Abstim-mung darüber, ob die Sitzung zu diesem Punkt öffentlich sein sollte oder nicht, setzten sich die Befürworter der Öffentlichkeit knapp durch, zu einer Entscheidung kam es an dem Tag aber ebenfalls nicht, da das Gremium beschlußunfähig war.[185] Daß es beim Umbau der Gewerkschaftssendung weniger um eine Qualitätsverbesserung ging als darum, den Arbeitnehmerorganisationen ein Publikationsmittel aus der Hand zu neh-men, das weit mehr Menschen erreichen konnte als die Gewerkschaftspresse und zudem aktuellere Reaktionen zuließ, zeigt ein Artikel der "Eichstätter Volkszeitung" vom 15. März 1952. Die Zeitung berichtete an dem Tag, "die Gewerkschaftssendung werde von Sonntagmittag wegverlegt, da "in vielen Fällen die Tonart dieser Sendung mit Recht als eine starke Belastung des Sonntagsfriedens erachtet" worden sei. Der Rundfunkrat habe sich mit dem Thema beschäftigt, und ein Teil von dessen Mitgliedern habe "im Interesse einer objektiven Darstellung der wirtschaftlichen und sozialen Verhältnisse" eine Neu-gestaltung der Sendung gefordert. Die neue Sendung solle den Titel "Aus der Welt der Arbeit" tragen und von einem Redakteur des Bayerischen Rundfunks inhaltlich betreut werden, damit dieser "alle Vorsichtsmaßnahmen und üblichen Sicherungen treffen kann." Dann kam die Zeitung zum eigentlichen Punkt. Zunächst beklagte sie die

183 Vgl. das Protokoll der Sitzung v. 19.2.1952, in: DGB-Archiv, Bestand 32/26.

184 Vgl. das Protokoll der Rundfunkrats-Sitzung v. 29.2.1952, in: IfZ München, Nachlaß Märker, Be-stand ED 101/14.

185 Vgl. das Protokoll der Rundfunkrats-Sitzung v. 10.3.1952, in: Nachlaß Märker, ebenda. Vgl. auch "Vorläufig kein 'Magazin der Arbeit'", in: Münchner Merkur v.11.3.1952.

"Streikhetze" der Gewerkschaftssendung anläßlich des Landarbeiterstreiks; danach verlangte sie, daß auch christliche Arbeiter in den Sendungen vor das Mikrophon treten müßten. "Die Wurzel allen Übels" erblickte sie schießlich in der Person Max Wönners. Aus diesem Grund forderte sie einen anderen Gewerkschaftssprecher, der moderatere Töne anschlüge als der Kritisierte.[186]

Am 17. März 1952 schickte Mellinger den Mitgliedern des Rundfunkrates einen von ihm verfaßten Artikel über die Sendung "Die Gewerkschaft ruft" zu, den er in der Nummer 6 des Mitteilungsblattes der Handelskammer München veröffentlicht hatte. Darin argumentierte er, es gehe nicht darum, ob die Gewerkschaften im Bayerischen Rundfunk zu Wort kommen sollten, sondern darum, auf welche Weise dies geschähe. Er führte an, die Gewerkschaften besäßen eine Monopolstellung, da der Bayerische Rundfunk nur mit den Gewerkschaften verhandele. Und er legte einen Entwurf für die Neugestaltung der Sendung vor: Sie sollte 30 Minuten dauern, Arbeitgebervertreter sollten den "Gesamtinhalt" der Sendung mit einem jeweils von den Gewerkschaften zu benennenden Vertreter abstimmen, "insbesondere auch hinsichtlich der Beteiligung von anderen gewerkschaftlichen oder gewerkschaftsähnlichen Organisationen"; diese wollte Mellinger "gemäß ihrer Bedeutung" beteiligen.

Zum zukünftigen Inhalt führte Mellinger aus: die Sendung solle einen "allgemeinen Überblick über die Bedeutung der Arbeit im Volksleben" gewähren. Außer "zum Beispiel Betriebsreportagen" könne die Sendung auch "Sachdarstellungen zwischen den Sozialpartnern" enthalten. Weiter teilte er mit, die Spitzenorganisationen der bayerischen Wirtschaft hätten an den Vorsitzenden des Rundfunkrates, Dieter Sattler[187], geschrieben, daß sie es "im Interesse der Sache, nämlich einer Objektivierung der Darstellung der wirtschafts- und sozialpolitischen Vorgänge" für unerläßlich hielten, die umstrittene Sendung "völlig unparteiisch" zu gestalten. Um dies zu erreichen, wollten sie zu den Verhandlungen über die neue Struktur der Sendung hinzugezogen werden. Es gehe darum, eine Sendung "für Arbeitnehmer", nicht aber eine "verbrämte" Sendung der Gewerkschaften zu gestalten.[188] Wenige Tage später, am 28. März schlossen die Chefredaktion des Bayerischen Rundfunks, Max Wönner und Mellinger eine Vereinbarung über die zukünftige Gestalt der Sendung, die dem, was Mellinger gewünscht hatte, sehr nahe kam. Damit konnte sich der Rundfunkrat am 4. April 1952 erneut mit dem umstrittenen Thema befassen. Die am 28. März getroffene Übereinkunft sah den Namen "Arbeit und Leben" für die neue Sendung vor und sollte unter der Leitung von Walter Kröpelin stehen. Zum Charakter der Sendung hieß es, es bestehe Übereinstimmung darüber, daß die Sendung "den Interessen und Bedürfnissen der Arbeitnehmer" dienen solle. "Beiträge allgemeinen aufklärenden Charakters" würden als "zweckmäßige Ergänzung" des bisherigen Inhalts betrachtet. Polemik solle ausgeschlossen bleiben, gelegentlich könnten Round-Table-Gespräche stattfinden. Alle Beiträge sollten von der Redaktion innerhalb der Hauptabteilung "Politik und Wirtschaft" "im Einvernehmen" mit

---

186 Vgl. "Die Gewerkschaft ruft", in: Eichstätter Volkszeitung v. 15.3.1952.

187 Sattler war CSU-Mitglied und gehörte dem Rundfunkrat des Bayerischen Rundfunks von 1950-1952 als Präsident des Deutschen Bühnenvereins an.

188 Vgl. IfZ München, Nachlaß Märker, Bestand ED 101/14.

den beteiligten Organisationen inhaltlich aufeinander abgestimmt werden. Im Falle von Arbeitskonflikten sollten alle Parteien die gleiche Sendezeit innerhalb von "Arbeit und Leben" erhalten. Die letzte redaktionelle Verantwortung trage der Chefredakteur Walter von Cube.[189]

Der Rundfunkrat, der die Auseiandersetzungen um die Sendung offenbar leid war, nahm die Vereinbarung zur Kenntnis. Als Wönner eine Änderung des geplanten Sendetitels in "Stunde der Arbeit" verlangte, schloß sich die Mehrheit des Gremiums dem an. Die erste Sendung unter dieser Bezeichnung lief am 19. Mai 1952; doch das Thema war damit nicht abgehakt. Auf der Rundfunkrats-Sitzung am 14. Juli 1952 hieß es im Bericht des Richtlinienauschusses, die Landtagsabgeordneten Raimund Lang[190] und Mellinger hätten sich auch über die neue Sendung beschwert. Die Sendung sei einseitig und streikfördernd. Der Vertreter des Bayerischen Rundfunks erklärte daraufhin, die Redaktion werde versuchen, der Sendung mehr Farbe zu geben. Außerdem teilte er mit, die Reihe werde "im Zusammenwirken mit dem Vertreter der Arbeitgeberverbände, Herrn Mosich", gestaltet, dem die "Stunde der Arbeit" jeweils schon vorher zur Kenntnis gebracht werde.[191]

Letztenendes zeigten sich die Wirtschaftsvertreter doch ganz zufrieden mit dem Ergebnis ihrer Bemühungen, wie aus einem Artikel des "Münchner Merkur" vom 15. April 1952 hervorging: Die Informationsstelle der bayerischen Wirtschaft begrüßte dort die neue Sendung und bedauerte es nur, daß der Bayerische Rundfunk erst durch den Protest der Wirtschaft zu der Neuregelung veranlaßt worden sei, so daß es jetzt so aussähe, als sei die Umgestaltung der Gewerkschaftssendung "Ergebnis eines Interessenkampfes".[192] Genau dies war es auch, und die Gewerkschaften waren der eindeutige Verlierer in dieser Auseinandersetzung. Während die Arbeitgeber vorexerzierten, wie man über das Lancieren von entsprechenden Pressemitteilungen und durch Kooperation mit der konservativen Presse sich Mehrheiten in den Rundfunkgremien verschaffte, gingen die Gewerkschaften erst sehr spät mit dem Thema an die Öffentlichkeit. Am 25. April 1952, das heißt erst nachdem der Rundfunkrat den Titel- und Gestaltwandel der Gewerkschaftssendung bereits beschlossen hatte, erschien in der Länderbeilage für Bayern der "Welt der Arbeit" ein Artikel mit der Überschrift "Der Rundfunk und die Arbeitnehmer". Darin hieß es, "überall" gäbe es Diskussionen über die von den Arbeitgebern gewünschte Einstellung der Sendung "Die Gewerkschaft ruft". Mit der Bezeichnung "überall" meinte der Verfasser: überall in den von den Arbeitgebern beeinflußbaren und kontrollierten Medien. Der Artikel verwies in dem Zusammenhang auf einen Beitrag in der "Lebensmittelzeitung" Nr. 14 vom 4. April 1952, in dem Front gemacht werde gegen die Sendung und schloß mit dem Hinweis und der Warnung an den Rundfunkrat und den Intendanten des Bayerischen Rundfunks, die "übergroße" Hörerzahl der

---

189 Vgl. das Protokoll der Rundfunkrats-Sitzung v. 4.4.1952, in: IfZ München, Nachlaß Märker, ebenda.

190 Raimund Lang, von 1933 bis 1945 und 1948-1950 Bürgermeister in Oberammergau, gehörte dem Bayerischen Landtag von 1950 bis 1954 als Abgeordneter der Bayernpartei an.

191 Vgl. das Protokoll der Rundfunkrats-Sitzung v. 14.7.1952, in: IfZ München, Nachlaß Märker, ebenda.

192 Vgl. "Wirtschaft begrüßt Sendung 'Stunde der Arbeit'", in: Münchner Merkur v. 15.4.1952.

Arbeitnehmer nicht zu vergessen.[193] Daß diese Mahnung die Verantwortlichen beim Bayerischen Rundfunk besonders beeindruckt hätte, ist eher unwahrscheinlich, zumal ein weiteres Echo auf seiten der Gewerkschaften ausblieb.

In welcher Richtung sich die Gewerkschaftssendung veränderte, zeigte gleich die erste Folge der "Stunde der Arbeit". Nachdem etwa im August 1951 noch der Sekretär der Gewerkschaft Nahrung - Genuß - Gaststätten in Bayern, Albert Mohr, die Lage der Beschäftigten im Hotel- und Gaststättengewerbe thematisiert (27.8.1951), im September der IG-Metall-Bezirksleiter, Erwin Essl, die gespannte Situation in der Metallindustrie und die bevorstehenden Kampfmaßnahmen erläutert hatte (10.9.1951), oder im November (12.11.1951 und 26.11.1951) der Leiter der Abteilung Bildung beim DGB-Landesvorstand, Alfred Fossil, und der Leiter der Rechtsabteilung, Fritz Kastner, das Thema Kündigung und Kündigungsschutz in "Die Gewerkschaft ruft" behandelt hatten, wies schon die erste Folge der "Stimme der Arbeit" einen neuen Weg.

Ab dem 19. Mai 1952 strahlte der Bayerische Rundfunk die "Stunde der Arbeit" jeden Montag in der Zeit von 19.15 bis 19.45 Uhr aus; die Sendezeit war damit verdoppelt worden, dafür beteiligten sich jetzt auch die Arbeitgeber an der "Sendung für den Arbeitnehmer" (so ein Zitat aus dem Sendemanuskript). Arbeitgeber sollten nach den Angaben des verantwortlichen Redakteurs Kröpelin, "wo es nötig erscheint", ihre Sicht der Dinge darstellen können. Den Vertretern der Arbeitnehmerorganisationen werde Gelegenheit geboten, ihren Standpunkt zu "aktuellen politischen, wirtschaftlichen und kulturellen Problemen darzulegen". Darüber hinaus teilte er mit, der Begriff des Arbeitnehmers werde "weit" gefaßt sein. Zum Inhalt und der Form merkte er an, Kommentare, wichtige Mitteilungen, Reportagen, Berichte und Diskussionen würden die Sendung bestimmen. An Kröpelins einführende Worte schlossen sich folgende Beiträge an:

1. Mitteilungen: Die DAG Bayern will nicht an Kampfmaßnahmen wegen des Betriebsverfassungsgesetzes teilnehmen, weil der DGB die Gruppenwahl ablehnt; Gerichtsurteil: Der Sitzstreik einer Arbeiterin wegen eines Lohnrückstandes ist rechtens; das Katholische Werkvolk der Erzdiözese Bamberg veranstaltet an Christi Himmelfahrt eine Wallfahrt nach Vierzehnheiligen und zum Staffelberg, ab 15 Uhr sprechen Jakob Kaiser, Thea Harmuth und andere.

2. Bericht über die Deutsche Ferien-Gemeinschaft des DGB mit Ausschnitt aus einer Befragung von Reisesparern im Betrieb;

3. Bericht über Protestmaßnahmen anläßlich der Beratungen über das Betriebsverfassungsgesetz; dazu ein historischer Rückblick bis hin zur Französischen Revolution. Nachdem der Sprecher erklät hatte, daß im Zuge der wirtschaftlichen Entwicklung und des technischen Fortschritts die Freiheit der Arbeiter eingeschränkt worden sei, ist folgende Passage im Manuskript gestrichen: "Viele Menschen wurden so zum Sklaven der Wirtschaft, und die Gesetze der Technik galten schließlich mehr als die Bedürfnisse der Menschen." Es folgten Anmerkungen zum Arbeiterschutz durch den Staat des 19. Jahrhunderts und die Behauptung, die Idee der Demokratie sei auch auf die Wirtschaft übertragen worden. Dann ist wieder

---

193 Vgl. "Der Rundfunk und die Arbeitnehmer", in: Welt der Arbeit, Nr. 17, 25.4.1952, Bayern-Beilage.

gestrichen: "Übrigens mußten alle diese Fortschritte von der Arbeiterschaft gegen Gruppeninteressen und Vorurteile mühsam erstritten werden." Als der Sprecher in der Gegenwart angelangt war, meldete er, der DGB sei gegen den vorliegenden Entwurf des Betriebsverfassungsgesetzes, weil er den Arbeitnehmern weniger Rechte zubillige als das Gesetz Nr. 22 von 1946 und die diversen Länder-Betriebs-räte-Gesetze. Dieser Teil des Manuskriptes stammte offenbar von Gewerkschafts-seite, doch schloß sich gleich daran die Frage an: "Was sagt die Unternehmerseite dazu?" Der Sprecher referierte ausführlich aus einem Statement des Vorsitzenden des Deutschen Industrie-Institutes, Carl Neumann. Zum Schluß durfte der DGB-Vertreter Fritz Kastner dann auch noch 30 Sekunden lang Stellung nehmen.[194]

Aufschlußreich für die allgemeine Tendenz der "Stunde der Arbeit" sind auch zwei Folgen einer vierteiligen Reihe über die Entwicklung des Verhältnisses von Arbeitnehmern und Arbeitgebern vom Kaiserreich bis zum neuen Betriebsverfassungsgesetz von 1952. Hier einige Passagen aus Folge 3:

1. Sprecher: "[...] Die Betriebsräte-Gesetze der Länder versuchen nach dem 2. Weltkrieg da anzuknüpfen, wo die Entwicklung zur wirklichen Partnerschaft des Arbeitnehmers gegenüber dem Arbeitgeber mit dem Einbruche der Diktatur abreißt. [...] Erzähler: "Es mag sein, daß die Debatten über das Betriebsverfassungsgesetz im Bundestag so explosiv und überscharf geführt werden, weil jene unwägbare Würde, die von den Menschenrechten in der Verfassung ausgeht, in den trockenen Paragraphen eines Gesetzestextes nicht zum Ausdruck kommt."

Es folgte eine Aufzählung der Rechte und Pflichten der Betriebsräte. Zu Paragraph 54 des BVG, in dem es in Punkt 1 hieß: "Der Betriebsrat hat folgende allgemeine Aufgaben: a) Maßnahmen, die dem Betrieb und der Belegschaft dienen, beim Arbeitgeber zu beantragen" betonte der Erzähler "Maßnahmen, die dem Betrieb dienen!" und fuhr fort:

"Da enthält das Gesetz eine Bestimmung, die positiv das Miteinander von Belegschaft - vertreten durch den Betriebsrat - und den Betrieb - vertreten durch den Arbeitgeber - klar herausstellt."

Und er meinte, für die Qualität der Arbeit sei "dieses psychologische Moment, der Partner des Arbeitgebers" zu sein, "ungemein wichtig". Insgesamt schaffte es der Erzähler, eine halbe Stunde über das Betriebsverfassungsgesetz zu reden, ohne die Gewerkschaften auch nur ein einziges Mal zu erwähnen.[195]
Über die Reaktionen auf die Sendung berichtete der Sprecher in der vierten Folge am 1. September 1951, es habe Kritik von Arbeitnehmern, er korrigierte sich "von Funktionären der organisierten Arbeitnehmer - nämlich den Funktionären der Gewerkschaften" gegeben; auch die Arbeitgeber hätten sich gemeldet, die Tendenz ihrer Anmerkungen bezeichnete er als "abwartend positiv". Danach führte er aus:

---

194 Vgl. das Manuskript der Sendung in: DGB-Archiv, Bestand 32, Nr. 110.
195 Vgl. das Manuskript der Sendung v. 18.8.1952, in: BR/HA.

"Die Ansprüche der Arbeiterschaft sind in einer Reihe von Betrieben - besonders in hochentwickelten Betrieben - schon längst grundsätzlich anerkannt, ohne daß dafür eine gesetzliche Regelung notwendig gewesen wäre."

Eine anderer "Erzähler" wußte: "Die Arbeitnehmer geben der betrieblichen Regelung vor der überbetrieblichen den Vorzug." Und er hatte auch gleich ein positives Beispiel parat: das des Textilfabrikanten Gerd Spindler, in dessen Firma ein hervorragendes Sozialklima herrsche. Es folgte ein Zitat aus einer Erklärung des DGB-Bundesvorstandes, daran anschließend "Was sagen die Unternehmer dazu?" Der Sprecher verlas einen längeren Abschnitt aus einem Kommentar Prof. Franz Böhms, dessen Aussagen "bis jetzt" von Gewerkschaftsseite noch nicht widerlegt worden seien. Insbesondere ging es dabei um das Gruppenwahlrecht, das die DGB-Gewerkschaften heftig bekämpft hatten. Mit der Mitteilung, daß der Deutsche Handlungsgehilfenverband und der Beamtenbund sich über das Gruppenwahlrecht freuten, schloß die Sendung.[196]

Typisch für die Gestaltung der Sendung ist auch der Beitrag vom 20. Dezember 1952 zur 40-Stunden-Woche, die ein Musterbeispiel scheinbarer Ausgewogenheit in der Argumentation lieferte: Alle Seiten kamen zu Wort, unter anderem zitierte der Sprecher eine Aussage der christlichen Gewerkschaften von 1920:

"Die wirtschaftliche und soziale Natur der Arbeitsverhältnisse ist verschieden. Deshalb erscheint auch die schematische Durchführung des 8-Stunden-Tages unhaltbar."

Ein Dokumentarbericht über das Problem der 40-Stunden-Woche schloß sich an; der Forderung der IG Bergbau nach der Verkürzung der Arbeitszeit wurden ausführliche Argumente der Arbeitgeberseite gegenübergestellt, Scheinsynthesen standen am Schluß.[197]

8.7.3 Rückzug auf Raten beim Südwestfunk und begrenzte Abwehrerfolge bei anderen Rundfunkanstalten

Parallel zur Einschränkung der gewerkschaftlichen Programmarbeit liefen Versuche, den DGB-Gewerkschaften ihre Mandate in den Rundfunkgremien streitig zu machen. Dies geschah mit Erfolg beim Südwestfunk. Nach der SWF-Satzung standen "den Gewerkschaften" vier Sitze im Rundfunkrat zu, dabei sollten zwei Vertreter aus Rheinland-Pfalz und je einer aus Südbaden und Südwürttemberg-Hohenzollern stammen; zusätzlich sollte es sich bei den Gewerkschaftsvertretern in einem Fall um eine Frau handeln. Als nach der Verabschiedung des Staatsvertrages 1952 die Neuwahl der Gremien anstand, meldeten die Deutsche Angestelltengewerkschaft und der Deutsche Beamtenbund ebenfalls ihre Ansprüche an. Der DGB war gezwungen, sich mit DAG und Beamtenbund zu einigen. Kam ein gemeinsamer Vorschlag der drei Organisationen nicht zustande, wählte der Rundfunkrat in seiner zweiten Sitzung aus den getrennten Vorschlägen in

---

196 Vgl. das Manuskript der Sendung vom 1.9.1952, in: ebenda.
197 Vgl. das Manuskript v. 22.11.1952, in: ebenda.

geheimer Abstimmung die Gewerkschaftsvertreter. Das führte dazu, daß dieses SWF-Gremium im Herbst 1952 für einen Repräsentanten des Deutschen Beamtenbundes votierte.[198] Elly Schwab-Schneider konnte ihre Arbeit im Rundfunkrat nur deswegen fortsetzen, weil die DAG am "Frauenbonus" scheiterte. Als 1955 zu befürchten stand, daß es für den DGB noch schlimmer kommen konnte als zwei Jahre zuvor, einigte er sich schon im Vorfeld der Wahl mit DAG und DBB darauf, daß diese je einen, der DGB zwei Vertreter stellen konnte.[199]

Auch anderswo gab es Bestrebungen, dem DGB Mandate im Rundfunkrat abzunehmen,[200] doch konnten die Ansprüche von DAG und DBB dort abgewehrt werden - dies aber wohl nur deshalb, weil den Gewerkschaften nur ein Sitz zur Verfügung stand und es selbst konservativen und wirtschaftsliberalen Kräften in den Gremien nicht geraten erschien, einen solchen Affront gegen die weitaus größte Arbeitnehmerorganisation zu begehen. Gekonnt hätten sie es, denn nicht nur beim Südwestfunk verfügten sie über solide Mehrheiten, was sich auch beim Verlust der gewerkschaftlichen Verwaltungsratsmandate beim Südwestfunk (September 1953) und beim Süddeutschen Rundfunk (Juli 1951) zeigte.

Daß die Vorgänge beim Bayerischen Rundfunk und beim Südwestfunk keine vereinzelten Initiativen darstellten und die Angriffe von politisch-konservativer Seite und aus den Reihen der Arbeitgeberverbände eher koordiniert vorgetragen wurden, zeigten ähnliche Vorkommnisse beim Hessischen Rundfunk. Dort vollzog sich der Wandel der "Gewerkschaftssendung" in die "Stimme der Arbeit" gänzlich unter Ausschluß der Öffentlichkeit. Intern wurde sie allerdings durchaus diskutiert.[201] Am 10. Mai 1952, wenige Tage nach dem Sendestart der "Stunde der Arbeit" beim Bayerischen Rundfunk, tauchte die neue Sendung plötzlich im Programm auf. Da mit dem Namenswechsel keine neue Konzeption verbunden war, ging die Änderung den Unternehmern aber nicht weit genug. Offenbar hatte man beim Hessischen Rundfunk zunächst geglaubt, durch das Fallenlassen des Reizwortes "Gewerkschaftssendung" die Unternehmer zufrieden stellen zu können; die Gewerkschaften hatten der Namensänderung unter der Bedingung zugestimmt, daß ansonsten alles beim alten blieb.[202] Die Unternehmer aber steckten nicht auf. Der Leiter der Abteilung "Politisches Wort", Otto Herr, berichtete Anfang

---

198 Vgl. Deutscher Gewerkschaftsbund, Landesbezirk Rheinland-Pfalz: Geschäftsbericht für die Jahre 1952/1953. Mainz, o. J., S. 69f. Zu den Querelen mit DAG und DBB vgl. auch das Protokoll der Sitzung des Rundfunkausschusses der französischen Zone v. 19.6.1952, auf der die Neuwahl der Rundfunkratsmitglieder aufgrund des neuen Staatsvertrages auf der Tagesordnung stand, in: DGB-Archiv, Ordner: DGB, Landesbezirk Berlin, Rheinland-Pfalz. Vgl. auch das Protokoll der Rundfunkrats-Sitzung v. 31.7.1952, in: SWF/HA, R00414.

199 Zur erzwungenen Einigung im Vorfeld vgl. das Schreiben Blums an den Bundesvorstand v. 27.7.1955, in: DGB-Archiv, Ordner: DGB, Landesbezirk Berlin, Rheinland-Pfalz sowie zur Wahl das Protokoll der Rundfunkratssitzung v. 16./17.9.1955, in: SWF/HA, R00416.

200 Vgl. z. B. das Protokoll der Rundfunkratssitzung v. 25.4.1953 beim Hessischen Rundfunk, in: HR/HA oder das Protokoll des DGB-Landesbezirksvorstandes Baden-Württemberg v. 11.6.1953, in: DGB-Archiv, Bestand. 31.

201 Vgl. dazu das Schreiben des Leiters der Abteilung "Politisches Wort", Otto Herr, an Intendant Beckmann v. 7.11.1952, in: HR/HA, Intendanz-Intern 1.6.1952 - 28.2.1953.

202 Vgl. einen Aktenvermerk des Leiters des "Sozialfunk", Hünecke, an den Leiter der Abteilung "Politisches Wort", Herr, v. 21.6.1952, in: ebenda.

November 1952 in einem Schreiben an den Intendanten des Hessischen Rundfunks, Eberhard Beckmann, er habe in den vorangegangenen Monaten verschiedene Gespräche mit Arbeitgeberverbänden geführt, aus denen er nur die Schlußfolgerung ziehen könne, daß es auch für den Hessischen Rundfunk "unabwendbar" sei, den Unternehmern eigene Sendezeiten einzuräumen. Weiter teilte Herr mit, die Arbeitgeber bevorzugten gemeinsame Gespräche mit den Gewerkschaften; falls diese sich dazu nicht bereit fänden, müsse man den Arbeitgebern dann doch eine eigene Sendung zugestehen. In dem Sinne solle man auch mit den Gewerkschaften verhandeln.[203] Herr bezog sich in seinem Schreiben an Beckmann auch auf eine Zusammenstellung der Arbeitnehmersendungen anderer Rundfunkanstalten, die der Leiter des Gewerkschaftsfunks Dr. Günter Hünecke angefertigt hatte.[204] Dieser Zusammenstellung glaubte Otto Herr entnehmen zu können,

> *"daß bei allen Anstalten im Laufe der letzten Zeit die frühere etwas einseitige Bevorzugung der Gewerkschaften zurückgedrängt worden ist und daß die Tendenz besteht, bei der Behandlung sozialpolitischer Fragen auch die Arbeitgeber-Organisationen auf einer paritätischen Grundlage heranzuziehen."[205]*

Da meinte man im Hessischen Rundfunk schließlich, keine andere Wahl zu haben, als seinerseits so zu verfahren. Allerdings beschritt der HR diesen Weg innerhalb der neuen Reihe "Sozialpolitisches Forum", die ab Januar 1953 lief und in der Gewerkschaften und Arbeitgeber über Themen diskutierten, die von beiden Seiten vorgeschlagen werden konnten.[206] Die Verantwortung lag beim Hessischen Rundfunk, Günter Hünecke übernahm zusammen mit Otto Herr, der auch den Wirtschaftsfunks betreute, die Leitung. In der "Stimme der Arbeit" blieb einstweilen alles wie zuvor. Die "Stimme der Arbeit" verstand sich weiterhin als Gewerkschaftssendung.

Beim Südwestfunk gerieten die Gewerkschaften Anfang 1953 erneut in die Defensive. Nachdem der DGB 1952 einen seiner Sitze im dortigen Rundfunkrat an den Deutschen Beamtenbund hatte abgeben müssen, versuchten DAG und Beamtenbund wie der DGB eigene Sendezeiten im Programm des Südwestfunks durchzusetzen.[207]

Programmdirektor Hartmann wollte deswegen mit dem DGB verhandeln, ob nicht auch andere Arbeitnehmerorganisationen als die DGB-Gewerkschaften in "Aus Arbeit und Wirtschaft" auftreten könnten. Mitte Mai 1953 traf sich der Programmausschuß, um über die zukünftige Gestaltung der Reihe zu beraten. Die Aussprache ergab, "daß das Niveau der Sendung seit einiger Zeit einiges zu wünschen übrig läßt." Von seiten des Senders hieß es sogar, "Aus Arbeit und Wirtschaft" müsse wegen mangelnder Qualität ganz eingestellt werden. Außerdem beschloß man, eine Zusammenkunft zwischen DGB,

203 Vgl. das Schreiben Herrs an Beckmann v. 7.11.1952, in: ebenda.
204 Vgl. die Notiz Hüneckes über die Mitarbeit von Gewerkschaften und Arbeitnehmerverbänden an wirtschafts- und sozialpolitischen Sendungen anderer Rundfunkanstalten v. 6.11.1952, in: ebenda.
205 Vgl. das Schreiben Herrs an Beckmann v. 7.11.1952, in: ebenda.
206 Vgl. die Zusammenstellung der Themen und Mitwirkenden an den Sendungen "Stimme der Arbeit" und "Das sozialpolitische Forum" in den Jahren 1953-1955, in: DGB-Archiv, Ordner: Rundfunk, Manuskripte Frankfurt/Baden-Baden.
207 Vgl. das Protokoll der Programmausschuß-Sitzung v. 3.5.1953, in: SWF/HA, R00436.

DAG und DBB zu arrangieren, die sich dann wohl über den jeweiligen Anteil an der Sendung einigen sollten.[208]

Der DGB, Rheinland-Pfalz, wies die Kritik an der Sendung in einem Schreiben an Programmdirektor Hartmann zurück.[209] In einem Brief an den DGB-Bundesvorstand mutmaßte der stellvertretende DGB-Vorsitzende in Rheinland-Pfalz und Rundfunkrat im SWF, Richard Blum, wohl nicht zu Unrecht:

"Dieser ganze Angriff wurde meiner Ansicht nach deshalb gestartet, um das Feld aufzulockern für die vom Programmausschuß beschlossene Zusammenkunft zwischen DGB - DAG und DBB. Man glaubt, nachdem man die Gewerkschaften genügend diffamiert hat, die Mitglieder des Programmausschusses dahin zu bekommen, daß man sich sagt, es ist höchste Zeit, daß neues Blut in die Sendungen 'Aus Arbeit und Wirtschaft' hineingepumpt wird, um dieser Sendung ein anderes Niveau zu geben."[210]

Nur fünf Tage später schob Blum einen weiteren Brief nach, in dem es hieß:

"Da es den Anschein hat, als wenn von verschiedenen Seiten das Treiben über die Intendanz versucht worden ist, muß uns selbstverständlich daran liegen, in erster Linie die Intendanz umzustimmen."[211]

Intendant des Südwestfunks war Friedrich Bischoff, der zumindest als CDU-nahe galt.[212] Auch wenn Direktor Lothar Hartmann DAG und Deutschen Beamtenbund noch eine Weile hinhalten wollte, wie Blum dem Bundesvorstand am 6. Juni mitteilte, so ließ sich eine solche Taktik natürlich nur eine begrenzte Zeit durchhalten. Im Januar 1954 mußte Blum dem Bundesvorstand berichten, daß der DGB nun doch gezwungen sei, sich mit der DAG und dem DBB auf Einladung des SWF zu treffen. Der Deutsche Handlungsgehilfenverband und der Verband der weiblichen Angestellten hätten gerade noch ausgeschlossen werden können. Diese Zusammenkunft fand am 11. Januar 1954 statt.[213] Vorausgegangen war dem Treffen eine Entscheidung des Programmausschusses des SWF, zukünftig auch DAG und DBB an den Sendungen der Reihe "Aus Arbeit und Wirtschaft" zu beteiligen.

Die DGB-Vertreter im Rundfunkrat des SWF standen vor der Alternative, entweder am 11. Januar eine Vereinbarung mit den beiden anderen Organisationen zu treffen oder zu riskieren, daß der Rundfunkrat auf seiner nächsten Sitzung beschloß - was angesichts

---

208 Vgl. das Protokoll der Programmausschuß-Sitzung v. 15.5.1953, in: ebenda.

209 Vgl. eine Kopie des Schreibens v. 3.6.1953 in: DGB-Archiv, Ordner: Rundfunk, DGB Landesbezirk Berlin/Rheinland-Pfalz.

210 Schreiben Blums v. 1.6.1953 an Körnig, in: ebenda.

211 Vgl. das Schreiben Blums v. 6.6.1953, in: ebenda.

212 Zu Bischoff, der bereits von 1929-1933 Intendant der Schlesischen Funkstunde gewesen war, vgl. Ralf Fritze: Der Südwestfunk in der Ära Adenauer, a.a.O., S. 291f. Zu Bischoff vgl. außerdem Heinz Rudolf Fritzsche: Laudatio auf Friedrich Bischoff, in: Schlesien. Eine Vierteljahresschrift für Kunst, Wissenschaft und Volkstum, H. 1, 1977, S. 50-55.

213 Vgl. das Protokoll des Treffens am 11. Januar 1954, das Blum am 15. Januar an den DGB-Bundesvorstand schickte, in: DGB-Archiv, Ordner: Rundfunk, DGB Landesbezirk Berlin/Rheinland-Pfalz.

der Machtverhältnisse in dem Gremium nicht ausgeschlossen schien[214] - DGB, DAG
und DBB in Zukunft je ein Drittel der Sendezeit von "Aus Arbeit und Wirtschaft" zu-
zuweisen.[215] Schließlich einigte man sich auf folgendes Modell: die DAG erhielt alle
vier Monate einen Zehn-Minuten-Vortrag zugesprochen, außerdem eine Diskussionssendung zusammen mit den Arbeitgebern von 20 Minuten. Dem Deutschen Beamtenbund billigte man alle sechs Monate einen Zehn-Minuten-Vortrag zu, der auf Kosten der
Sendezeit des DGB ging, sowie ebenfalls alle sechs Monate einen solchen Vortrag auf
Kosten der Arbeitgeber; wie die DAG sollte der DBB auch eine Diskussionssendung in
dem Zeitraum bestreiten dürfen. Mit wem der DBB dann diskutieren wollte, diese Frage
konnte der Vertreter der Beamtenorganisation auf der Sitzung am 11. Januar noch nicht
beantworten.

Doch auch mit dieser Umgestaltung war die Diskussion um die Sendung "Aus Arbeit
und Wirtschaft" nicht beendet. Am 14./15. Mai 1954 entschied der Rundfunkrat des
SWF, die Sendung ab dem 12. Juni von Montag 20.40 Uhr auf Samstag 17.40 Uhr zu
verlegen;[216] nachdem die DGB-Vertreter sowie die Arbeitgeber und der Beamtenbund
dagegen Protest einlegten, einigte man sich auf Samstag 14.00 Uhr.[217] Außerdem stand
die Sendung "ständig unter einer negativen Kritik des gesamten Rundfunkrates", wie
Blum am 15. Juni 1954 dem Bundesvorstand mitteilte. Der Rundfunkrat hatte beschlossen, eine Qualitätsverbesserung der Sendung in einer Sondersitzung mit Arbeitnehmern
und Arbeitgebern zu besprechen. Blum meinte dazu:

> *"Die ganze Angelegenheit macht den Eindruck, als würden die Sendungen [...]*
> *gewissen Kreisen in unserem Sendegebiet überhaupt nicht passen."*[218]

Ob "Aus Arbeit und Wirtschaft" nicht doch auch an Qualitätsmängeln litt und beim
Publikum nicht ankam, darauf ging Blum mit keinem Wort ein. Allerdings lag es auch
nahe, die Kritik an der Sendung auf "Machenschaften" konservativer Kreise zurückzuführen, stellten die Angriffe doch keinen Einzelfall dar. So schrieb Georg Reuter, das
für Rundfunkfragen zuständige DGB-Vorstandsmitglied, am 19. Juni 1954 an die Lan-
desbezirksvorstände:

> *"geht man auch auf dem Sektor der Gestaltung der Sendung 'Aus Arbeit und*
> *Wirtschaft' oder in gleichen Sendungen unter ähnlichem Titel ganz bewußt gegen*
> *uns vor."*

---

214 Zur politischen Zusammensetzung des Rundfunkrates vgl. Horst Welzel: Rundfunkpolitik in Südwestdeutschland, a.a.O., S. 90f.

215 Vgl. das Schreiben Blums v. 15.1.1954 an den DGB-BV, in: DGB-Archiv, Ordner: Rundfunk, DGB
Landesbezirk Berlin/Rheinland-Pfalz.

216 Vgl. das Protokoll der Rundfunkrats-Sitzung v. 14./15. 5.1954, in:SWF/HA, R 00415.

217 Vgl. das Schreiben Blums an den DGB-Bundesvorstand v. 15.6.1954, in: DGB-Archiv, Ordner:
Rundfunk, DGB Landesbezirk Berlin/Rheinland-Pfalz, sowie den Artikel Rudolf Vaters "Gewerk-
schaftssendungen im Rundfunk", in: Welt der Arbeit, Nr. 23, 4.6.1954, Baden-Württemberg-
Beilage.

218 Vgl. das Schreiben Blums an den DGB-Bundesvorstand v. 15.6.1954, in: DGB-Archiv, Ordner:
Rundfunk, DGB Landesbezirk Berlin/Rheinland-Pfalz.

Reuter bat mitzuteilen, ob die Landesbezirke ähnliche Vorkommnisse wie in Baden-Baden melden könnten. Außerdem regte er an, Vorschläge zur Gestaltung der Sendungen und Manuskripte an den Bundesvorstand zu schicken.[219]

Am 2. Juli 1954 beschäftigte sich der Programmausschuß des Südwestfunks erneut mit dem Problemfall "Aus Arbeit und Wirtschaft". An Kritik gegen die Sendungen wurde dort vorgebracht:

1. Die Gewerkschaftssendungen sind nicht aktuell genug;

2. Autoren und Diskussionsredner kommen zum größten Teil aus dem Sendegebiet, gewünscht wird das Auftreten prominenter Redner aus beiden Lagern;

3. bei Diskussionen werden unterschiedliche Standpunkte nicht scharf genug herausgearbeitet;

4. Sprachform und Niveau lassen zu wünschen übrig.[220]

Blum wies die Einwände in einem Brief an den Bundesvorstand zurück. Zu Punkt 1 erklärte er, der Südwestfunk verlange die Bekanntgabe der Themen immer vier Wochen im voraus, so daß schon unter dieser Anforderung die Aktualität der Sendungen leide; außerdem halte er es für "ungut", wenn Gewerkschaften und Arbeitgeber z. B. während eines Streiks zu diesem im Radio Stellung nähmen (!), die Aktualität eines Themas, das die Gewerkschaften und die Arbeitnehmer beträfe, richte sich nach anderen Kriterien als denen, die für Rundfunkredakteure Maßstab seien. Punkt 2 wies Blum als unberechtigt zurück, da man durchaus versucht habe, auch Referenten von außerhalb heranzuziehen;[221] zu Punkt 3 führte er an,

"daß es nicht Sinn und Zweck sein kann [...] die Spannungen, die bestehen und die allen bekannt sind, zu vermehren, sondern auf ganz sachlicher Grundlage Untersuchungen anzustellen, welche Wege zu einer Verständigung führen können,"

und "selbstverständlich" gebe es auch Themen, an denen Arbeitgeber und Arbeitnehmer gemeinsam interessiert seien. Zu Punkt 4 wandte Blum schließlich ein, eine "einfache" Sprache sei notwendig, damit die Sendungen von den Arbeitnehmern verstanden würden. Als die Südwestfunkvertreter die zu kurze Vorbereitungszeit für die Sendung bemängelten, erklärte Blum, daß die Gewerkschaften mehr Aufwand für die Sendungen nicht betreiben könnten und sie außerdem keine "ausgefeilten und beschnittenen Sendungen" wünschten. Als Ergebnis der Aussprache hielt Blum schließlich fest, der SWF erkenne nach wie vor die Eigenverantwortung der Sozialpartner für die Sendung an und werde sich jeder Einmischung enthalten.[222]

---

219 Vgl. das Schreiben Reuters an die Landesbezirke v. 19.6.1954, in: ebenda. Allerdings ist darauf handschriftlich vermerkt "Nicht abgeschickt".

220 Vgl. das Schreiben Blums an den Bundesvorstand v. 12. Juli 1954, in: ebenda.

221 Bereits im März 1952 hatte der Redakteur der Sendung, Semler, darauf hingewiesen, der rheinland-pfälzische DGB wolle keine prominenten Redner, sondern Kollegen aus dem Sendegebiet zu Wort kommen lassen. Vgl. das Schreiben Semlers an Körnig v. 25.3.1952, in: DGB-Archiv, Ordner: Rundfunk, DGB Landesbezirk Berlin/Rheinland-Pfalz.

222 Vgl. das Schreiben Blums an den Bundesvorstand v. 12. Juli 1954, in: ebenda.

Alles in allem war der Umgestaltungsprozeß, in dessen Verlauf die ehemaligen Gewerkschaftssendungen in einen paritätischen Sozialfunk transformiert wurden, spätestens Ende 1952 abgeschlossen. Der Bayerische Rundfunk strahlte seit Mai 1952 die "Stunde der Arbeit" aus, der Südwestfunk berichtete seit September 1951 "Aus Arbeit und Wirtschaft", im Hessischen Rundfunk ertönte seit Mai 1952 die "Stimme der Arbeit", die Namensänderungen beim Süddeutschen Rundfunk und beim Nordwestdeutschen Rundfunk hatten sich noch früher (1948 und 1950) vollzogen, und nur bei Radio Bremen hatte sich nichts verändert. Während die Gewerkschaften auf die Sendungen in Baden-Baden, Bremen und Frankfurt noch einen mehr oder weniger großen direkten Einfluß besaßen - sie konnten weiterhin Themen und Referenten vorschlagen - war ihnen diese Möglichkeit in München genommen, in Stuttgart und Köln hatte sie ohnehin nie bestanden.

Öffentliche Reaktionen der DGB-Gewerkschaften blieben aus. Ebenso wie sie zum schrittweisen Abbau ihrer Sendungen schwiegen, bewahrten sie auch beim Verlust von Rundfunk- und Verwaltungsratsmandaten Stillschweigen. Ihre Zurückhaltung mochte zweierlei Gründe haben: Einmal schätzten sie das gesellschaftspolitische Klima der Adenauer-Ära so ein, daß offen publizierter Protest gegen ihre sukzessive Ausschaltung in den Funkhäusern ihnen zwecklos und eher kontraproduktiv erschien, oder die Rundfunkarbeit besaß für sie einen so geringen Stellenwert, daß ein größeres Engagement sich nicht lohnte. Vieles spricht für beide Sichtweisen.

9

GEWERKSCHAFTLICHE RUNDFUNKARBEIT

IN DER WEIMARER REPUBLIK UND DER FRÜHEN

BUNDESREPUBLIK - EINSICHTEN UND AUSBLICK

Bei der Betrachtung der gewerkschaftlichen Rundfunkarbeit in der Weimarer Republik und der frühen Bundesrepublik im Zusammenhang fallen als erstes die Gemeinsamkeiten auf: Gewerkschaften und Arbeitnehmer hatten es vor 1933 schwer, ihre Vorstellungen und Meinungen im Rundfunk zu artikulieren, und das änderte sich nach 1945 höchstens graduell. Ob als Richtungs- oder als Einheitsgewerkschaft - nie erwiesen sich die Arbeitnehmerorganisationen als stark genug, den wirtschafts- und sozialpolitischen oder den arbeitsrechtlichen Diskurs zu bestimmen, Themen vorzugeben oder auch einfach nur ihre Sicht der Konflikt- und Interessenlagen in ausreichendem Maße in der Medienöffentlichkeit darzustellen. Dies gilt allen Anzeichen nach sowohl für die Presse als auch für das Medium Rundfunk.[1]

Die Ursachen hierfür sind vielfältiger Natur. Sie liegen im medienrechtlichen System ebenso begründet wie in den jeweiligen politischen Machtkonstellationen; sie sind institutionellen Regelungen in den Rundfunkanstalten und dem Unverständnis und der Ignoranz der Journalisten und angestellten Rundfunkmacher genauso geschuldet wie dem Unvermögen der Gewerkschaften, in eigener Regie und auf viele Schultern verteilt, ihre Radioarbeit effektiver und inhaltlich anspruchsvoller zu gestalten.

Beginnen wir mit den "Makrofaktoren", wobei hier an erster Stelle die (gesellschafts-)politischen Rahmenbedingungen zu nennen wären. Während die gegenüber der Weimarer Republik veränderte medienrechtliche Lage in der praktischen Medienarbeit der Gewerkschaften nach 1945 nur eine vergleichsweise geringe Rolle spielte - sieht man einmal vom Wegfall der formellen Vorzensur ab - so kam der politischen Gesamtsituation und der Stellung der Gewerkschaften in Staat, Gesellschaft und Wirtschaft doch eine entscheidende Bedeutung zu. Bei allen "hausgemachten" Mängeln, die die gewerkschaftliche Rundfunkarbeit aufwies, bestimmten die Machtverhältnisse und das gesellschaftspolitische Klima den Zugang der Arbeitnehmerorganisationen zum Medium Rundfunk. Rundfunkfragen erwiesen sich auch nach 1945 als Machtfragen. Dem vergleichsweise schwachen gesamtgesellschaftlichen Einfluß der Freien Gewerkschaften in der Weimarer Republik entsprach ihre geringe Repräsentanz in den damaligen Rundfunkgremien. Die speziellen Sendungen, die Arbeitnehmer/Arbeiter zur Ziel- gruppe hatten und innerhalb derer Gewerkschafter mehr oder weniger häufig auftraten, besaßen nicht mehr als eine Alibifunktion und dienten zumindest 1928 bis 1930 mehr dem Zweck, die in den Stabilisierungsjahren der Republik wieder erstarkte Arbeiterbewegung von weitergehenden Ansprüchen abzuhalten, als ihren "strukturellen" Nachteil als gesellschaftliche Opposition auszugleichen. Dies zeigte sich überdeutlich, als die Schwäche der Arbeiterorganisationen in der Staats- und Wirtschaftskrise der frühen dreißiger Jahre offenkundig wurde. Seit Mitte 1930 zogen die für den Rundfunk verantwortlichen Politiker und Intendanten ihre zwei Jahre zuvor gemachten Zugeständnisse nach und nach bis zur völligen Ausschaltung der sozialdemokratischen Arbeiterbewegung, und damit auch der Freien Gewerkschaften, wieder zurück.

---

1   Zur gewerkschaftlichen Presse vgl. Jürgen Prott: Gewerkschaftspresse. Gegenöffentlichkeit durch Mitgliederzeitschriften. Marburg 1991. Zu den Defiziten der gewerkschaftlichen Rundfunkarbeit nach 1945 vgl. Stefan Braunschweig u. a.: Radio und Fernsehen in der Bundesrepublik. Erfahrungen und Ansätze für eine gewerkschaftliche Politik. Köln 1990, S. 236-248.

Nach 1945 änderten sich die Rahmenbedingungen für einige Jahre zugunsten der Gewerkschaften. Die Alliierten sorgten dafür, daß die Gewerkschaften bei allen Sendeanstalten Mitbestimmungsrechte in Form von Rundfunkratsmandaten erhielten, darüber hinaus billigten sie ihnen entweder in eigener Regie zu gestaltende Sendungen zu oder installierten doch Programme, auf die die Gewerkschaften über Vertrauensleute in den Rundfunkanstalten mehr oder weniger großen Einfluß ausüben konnten. Die ehemaligen "Stunden der Arbeit" mutierten in explizite Gewerkschaftssendungen. Im Zuge des Kalten Krieges veränderte sich das Klima in den Rundfunkhäusern zum Nachteil der Gewerkschaften. Die Thematisierung einer sozialen und wirtschaftlichen Neuordnung wich zunehmend Strategien der Propagierung antikommunistischer Ziele. Ideen und Vorschläge, die auch nur im entferntesten mit "Sozialismus" in Verbindung gebracht werden konnten, gerieten ins Hintertreffen. Der gesamtgesellschaftliche Machtverlust der Gewerkschaften nach 1948 fand sein Pendant in der schrittweisen Zurückdrängung der Arbeitnehmerorganisationen in den Rundfunkanstalten. Parallel zur Niederlage der Gewerkschaften beim wirtschaftlichen und gesellschaftlichen Neuaufbau verlief die Einschränkung ihres Gestaltungsspielraums in den Funkhäusern und vollzog sich ihre teilweise Ausschaltung aus den Gremien. Spätestens Mitte der fünfziger Jahre war dieser Prozeß abgeschlossen; die ehemals autonom gestalteten Arbeitersendungen hatten ihren Charakter als gewerkschaftliches Forum verloren und waren zum "Sozialfunk" unter Beteiligung der Unternehmer und anderer sozialer Einrichtungen umgewandelt worden. Die Rundfunkarbeit der Gewerkschaften beschränkte sich spätestens seit dieser Zeit auf Mitspracheversuche in den Rundfunkgremien, eine eigenständige Programmarbeit erfolgte nicht mehr.

Doch nicht nur die Politik und die gesamtgesellschaftlichen Machtverhältnisse engten die Bewegungsfreiheit der Gewerkschaften im Rundfunk ein; entscheidend für die Thematisierung von sozialpolitischen, arbeitsrechtlichen oder Berufsbildungsfragen, von Konflikten, die aus dem Kapitalverhältnis für abhängig Beschäftigte resultieren, war auch die Stoff- und Interviewpartnerauswahl der Journalisten und Redakteure. Deren Prioritätensetzung wurde und wird in erster Linie von eigenen Erfahrungen und Kenntnissen bestimmt, die in der Regel weit ab von den Erfahrungen und Bedürfnissen etwa von Industriearbeitern oder Verkäuferinnen liegen. Intendanten, Journalisten und Redakteure entstammten (und daran hat sich bis heute nicht viel geändert[2]) einem eher bildungsbürgerlich und akademisch geprägten Milieu, dessen Vertretern der Streit um Eingruppierungen in Lohnklassen, tarifvertragliche Festlegungen von Arbeitszeiten oder gesetzliche Festsetzungen von Versicherungspflichtgrenzen relativ fern gewesen sein dürfte und denen die konkreten Arbeits- und Lebensbedingungen von Arbeitern entweder "exotisch" oder bieder-langweilig erscheinen mochten.

Neben der Scheu der Gewerkschaften, Konflikte, die sich aus betrieblichen und gesamtwirtschaftlichen Abhängigkeitsverhältnissen entwickelten, in der Öffentlichkeit zu verhandeln, dürfte die soziale Distanz zwischen den Entscheidungsträgern in den Rund-

---

2   Vgl. Siegfried Weischenberg/Ulrich Hienzsch: Neuigkeiten vom Fließband. Journalismus als soziales System, in: Funkkolleg: Medien und Kommunikation. Konstruktionen von Wirklichkeit. Studienbrief 8. Weinheim/Basel 1991, S. 44-85, dort S. 72ff.

funkanstalten und gewerkschaftlichen Funktionären bzw. den von diesen vertretenen
Arbeitnehmergruppen ein entscheidender Grund für die weitgehende Abwesenheit ge-
nuin gewerkschaftlicher Themen im Rundfunkprogramm gewesen sein, auch wenn nicht
zu verkennen ist, daß sich die nach 1945 kurzzeitig zugelassenen Gewerkschaftssendungen in ihrer Gestalt (Referat, Statement, Kommentar) gegen eine größere Publi-
kumsakzeptanz sperrten. In der Weimarer Republik war die Beschränkung auf die Vortragsform zum großen Teil der Vorzensur geschuldet gewesen, in der Bundesrepublik
allerdings eher dem mangelnden Engagement der Gewerkschaften selbst, funkgerechtere
Formen zu entwickeln.

Die schon aus der Weimarer Republik bekannten Defizite gewerkschaftlicher Rundfunkarbeit reproduzierten sich in der Bundesrepublik. Das größte Manko gewerkschaftlicher Rundfunkarbeit nach 1945 drückte sich wie in der Zeit vor 1933 in der fehlenden
Einbeziehung der Mitglieder oder wenigstens der vielen ehrenamtlichen Funktionsträger
und der Konzentration auf die Mitbestimmung in den Rundfunkgremien aus. Hauptamtliche Funktionäre waren aber mit der Gestaltung der Gewerkschaftssendungen
ebenso überfordert wie mit einer effektiven Gremienarbeit, die nicht nur reagierte, sondern auch eigene Akzente setzte. Nicht immer war die Kritik an den von Gewerkschaftern eigenständig erstellten Programmbeiträgen nämlich so unberechtigt, wie etwa Richard Blum im Falle des Südwestfunks meinte.[3] Tatsächlich entsprachen die Beiträge
der "Stimme der Arbeit" wohl nicht den qualitativen Standards, die andere Radiosen-
dungen inzwischen aufwiesen. Immerhin deckten sich die Kritikpunkte weitgehend mit
denen, die eine gewerkschaftsnahe "Studiengruppe" schon zu Beginn der fünfziger Jahre
bei ihrer Untersuchung der Gewerkschaftssendungen ermittelt hatte. Als Hauptmängel
dieser Sendungen hatte die Studie ebenfalls die fehlende Aktualität, die Sterilität und
Unprofessionalität aufgelistet. Wörtlich hieß es in ihrem Report:

> *"Während die Vertretungen anderer Interessentengruppen die Presse und auch
> den Rundfunk geschickt zu 'bearbeiten' suchen, wenn eine wichtige wirtschaftspo-
> litische Streitfrage, z. B. eine Lohnbewegung, noch im Stadium der Erörterungen
> ist, begnügen sich die Gewerkschaften teilweise damit, solche Dinge erst dann im
> Gewerkschaftsfunk zu behandeln, wenn sie abgeschlossen sind, wenn also ein
> neuer Tarifvertrag vorliegt."*[4]

Außerdem werde in den Gewerkschaftssendungen so getan, als gebe es innerhalb der
Organisationen nur eine Meinung zu einem Problem.

> *"Man scheut sich vor 'heißen Eisen' und täuscht eine Statik im gewerkschaftlichen
> Denken vor, statt das dynamische Ringen um diese Probleme als etwas Positives
> zu bewerten und es freimütig auch in Gewerkschaftssendungen zu behandeln."*[5]

Mit dieser Feststellung hatte der Autor der Studie den Nagel auf den Kopf getroffen.
Strittige Themen wurden in den Rundfunksendungen ebensowenig zur Sprache gebracht

---

3   Vgl. Kapitel 8.7.3.

4   Gewerkschaftspresse. "Stimme sozialen Gewissens". Hrsg. v. der Studiengruppe Gewerkschafts-
     presse. Berlin 1951, S. 51.

5   Ebenda.

wie in der Gewerkschaftspresse, selbst Kontroversen mit den Unternehmern ging man lieber aus dem Weg, als daß man sie offensiv in den Radiodiskussionen ausgetragen hätte. Darüber hinaus dominierten in den von den Gewerkschaften selbst gestalteten Sendungen eher langatmige Vorträge, die dazu noch von rhetorisch wenig geschulten Männern verlesen wurden.

Die Vorschläge, die die Studiengruppe zur Verbesserung der Sendungen machte, hätten diese lebendiger und interessanter werden lassen können, wären sie denn nur befolgt worden. So regte die Gruppe an, das Streitgespräch in den Sendungen stärker zu suchen, gewerkschaftliche Sprecher auszubilden und das Thema Radioarbeit überhaupt in die gewerkschaftliche Bildungsarbeit aufzunehmen. Außerdem sollten Rundfunkarbeitskreise an Orten, an denen Sendegesellschaften ihren Sitz hatten, eingerichtet werden, die die Gewerkschaftsbeiträge vor- und nachbereiteten und ihre Weiterentwicklung förderten. Darüber hinaus forderte man eine kontinuierliche Rundfunkkritik in der Gewerkschaftspresse und die stärkere Kontaktpflege mit Rundfunkmitarbeitern, die sich nicht darauf beschränkte, sich einmal im Jahr zur Vorbereitung des 1. Mai im Rundfunk zu treffen.[6]

Nun waren die Vorschläge so neu nicht, sondern ansatzweise auch schon bei der ersten Zusammenkunft der DGB-Bundesvertreter in Sachen Rundfunk im Juni 1949 angesprochen worden. Außerdem erinnern sie durchaus an Anregungen, die bereits in den zwanziger Jahren gemacht worden waren. Geschehen war bis Mitte der fünfziger Jahre allerdings wenig. Rufen wir uns den damaligen Neun-Punkte-Katalog vom Juni 1949 ins Gedächtnis zurück,[7] stellen wir fest, wie wenig von dem realisiert worden ist, was damals als Voraussetzung für eine erfolgreiche gewerkschaftliche Rundfunkarbeit galt.

Was blieb von den Plänen, die Rundfunkarbeit nach 1945 zu intensivieren und im Gegensatz zur Weimarer Zeit auszubauen? Wenig, einmal weil das "richtige" Verständnis für Medienarbeit weithin fehlte - Medienarbeit galt vielen als eine Form von Öffentlichkeitsarbeit, von Werbung,[8] die immer dann als Feld gewerkschaftlichen Engagements entdeckt wurde, wenn Mitgliederzahlen absackten und damit eine Schwächung der Organisation drohte. Deutlicher Beleg für diese Sicht der Medienarbeit ist die Tatsache, daß die Abteilung "Funk" beim DGB-Bundesvorstand dem Referat "Organisation/Werbung" angegliedert war und die Medienarbeit in den Gewerkschaftsvorständen immer nur im Zusammenhang mit Organisationsfragen und nie als eigenständiges gewerkschaftliches Tätigkeitsfeld diskutiert wurde.[9] Dazu paßte es dann auch, daß die Gewerkschaftssendungen - von ganz wenigen Ausnahmen abgesehen - kein Thema der gewerkschaftlichen Öffentlichkeit darstellten.

6   Vgl. ebenda, S. 51f.

7   Vgl. Kapitel 8.5.

8   Vgl. dazu auch das Urteil Veiths, in: Uli Veith, Gewerkschaftliche Medienpolitik, a.a.O., S. 24-40.

9   Vgl. z. B. die Diskussion des DGB-Bundesvorstandes auf seiner Sitzung am 23.2.1954, in: DGB-Archiv, Bestand 22 oder des IG Metall-Beirates auf seiner Sitzung am 14.1.1954, in: Quellen zur Geschichte der deutschen Gewerkschaftsbewegung. Bd. 10: Die Industriegewerkschaft Metall in der frühen Bundesrepublik 1950-1956. Bearbeitet v. Walter Dörrich und Klaus Schönhoven. Köln 1991, S. 418-439.

Wie in der Weimarer Republik spielte die Rundfunkarbeit weder auf Gewerkschaftskongressen noch in der Gewerkschaftspresse eine nennenswerte Rolle. So findet sich
etwa in der Mitgliederzeitung der IG Metall bis 1960 kein einziger Beitrag, der in die
Rubrik Rundfunkkritik fällt, dasselbe gilt für die Rundfunkberichterstattung des "Gewerkschafter" und für das DGB-Funktionärsorgan "Die Quelle".[10] Die "Gewerkschaftlichen Monatshefte" griffen das Medium und seine Möglichkeiten bis Ende der fünfziger Jahre ebenfalls nicht auf, die "Welt der Arbeit" berichtete über Rundfunkfragen
noch am ehesten auf den Länderseiten.

Die DGB-Landesbezirke und ihre Vorstände tangierte das Thema Rundfunk fast gar
nicht; jedenfalls sucht man in den Protokollen der Landeskonferenzen oder der Landes-
vorstands-Sitzungen vergebens nach Hinweisen, und auch die Geschäftsberichte beschränkten sich auf eher allgemein und "diplomatisch" gehaltene Umschreibungen der
Rundfunkarbeit, wenn sie diese überhaupt erwähnten. So wurden die Querelen im Zusammenhang mit den Veränderungen Anfang der fünfziger Jahre dort mit keinem Wort
benannt. Und auch die Geschäftsberichte der Landesbezirke sind da nicht viel instrukti-
ver.[11] In vielen Fällen druckten sie kommentarlos einige Themen ab, die innerhalb der
Arbeitnehmersendungen behandelt wurden.[12]

Eine Diskussion über die Gestaltung der Sendungen, wie es sie während der Weimarer Republik doch gegeben hatte, wurde nach 1945 nirgendwo mehr geführt. Dazu fehlte
ein Forum, wie es vor 1933 in den Kulturzeitschriften der Arbeiterbewegung und unter
dem Dach des Arbeiter-Radio-Bundes existiert hatte, und es fehlten auch die organisatorischen Rahmenbedingungen für eine institutionalisierte Programmarbeit. Daran hat
sich bis heute nichts geändert. Die Vorschläge, die etwa Stefan Braunschweig, Hans J.
Kleinsteuber, Volkert Wiesner und Peter Wilke 1990 veröffentlichten - endlich eine
breitere Diskussion über die Ziele gewerkschaftlicher Medienpolitik und Medienarbeit
zu führen, die Medienarbeit als eigenständigen gewerkschaftlichen Politikbereich zu
verstehen, der in der Bildungs- und Kulturarbeit der Organisation Berücksichtigung
findet und überdies Medienarbeit personell und finanziell aufzuwerten - sind heute so
aktuell wie eh und je.[13] Darüber hinaus eröffnet sich für die Gewerkschaften mit einem
möglichen Engagement in "Offenen Kanälen" oder nicht-kommerziellen Radiosendern
ein neues Feld, das zum ersten Mal eine wirklich eigenständige Radioarbeit vor Ort zuläßt - eine Radioarbeit getragen von Betriebsräten, Vertrauensleuten und "einfachen"
Gewerkschaftsmitgliedern, in emanzipatorischem Sinne konzipiert, Eigentätigkeit und
medienkritisches Verhalten sowie den Kontakt zwischen den Organisationen und den

---

10 Vgl. dazu auch Uli Veith: Gewerkschaftliche Medienpolitik, a.a.O., S. 210-219.

11 Eine Ausnahme machte nur der DGB, Bayern, wo die Gewerkschaftssendung sowohl den Landesbe-
    zirksvorstand als auch die Landesbezirkskonferenzen umtrieb. Vgl. Deutscher Gewerkschaftsbund,
    Landesbezirk Bayern: Erste ordentliche Landesbezirkskonferenz. Protokoll 13./14.5.1950. München
    o. J., S. 51; Deutscher Gewerkschaftsbund, Landesbezirk Bayern: Zweite ordentliche Landesbezirks-
    konferenz. Protokoll 10./11. Januar 1953. München o. J., S. 60 und Deutscher Gewerkschaftsbund,
    Landesbezirk Bayern.: Dritte ordentliche Landesbezirkskonferenz. Protokoll 15./16. Januar 1955.
    München o. J., S. 157.

12 Vgl. z. B. Deutscher Gewerkschaftsbund, Landesbezirk Hessen: Geschäftsbericht 1952-1953 Frank-
    furt o. J., S. 19.

13 Vgl. Stefan Braunschweig u. a.: Radio und Fernsehen in der Bundesrepublik, a.a.O., S. 275-285.

Mitgliedern fördernd. Voraussetzung für eine solche Radioarbeit, die parallel zum bisherigen Engagement der Gewerkschaften in den öffentlich-rechtlichen Sendern liefe, wäre allerdings, daß sich die Gewerkschaften zu mehr "Öffentlichkeit" durchringen könnten, sie Öffentlichkeit und Diskussion als positive Ansätze begriffen, mit deren Hilfe Mitglieder- und Organisationsinteressen auch bei Konflikten offensiv und kontrovers vertreten und durchgesetzt werden könnten. Ein positiver Nebeneffekt solcher Radioaktivitäten könnte nicht zuletzt in der Einbindung von Personengruppen (Angestellte, Frauen und Jugendliche) in die gewerkschaftliche Arbeit bestehen, die bis heute besondere Organisierungsprobleme bereiten.[14]

---

14   Zu den Möglichkeiten einer anderen gewerkschaftlichen Radioarbeit vgl. Traudel Günnel, Felicitas Merkel, Andreas Klug: Radio für alle. Mensch - Macht - Meinung. Innovative Ansätze gewerkschaftlicher Medienarbeit. Marburg 1995.

10

ANHANG

Tabelle 1

Programmfolge der "Stunde der Arbeit" bei der
Schlesischen Funkstunde in Breslau

Datum	Referent Mitwirkende	Funktion	Gewerk-schaft[1]	Thema
02.08.28	Oswald Wiersich	ADGB-Bezirks-vorsitzender	F	Die deutsche Gewerkschaftsbewegung, Teil 1
09.08.28	Oswald Wiersich	ADGB-Bezirks-vorsitzender	F	Die deutsche Gewerkschaftsbewegung, Teil 2
16.08.28	Erich Siebraner		H. D.	Das Wesen der Sozialpolitik, Teil 1
23.08.28	Erich Siebraner		H. D.	Die Selbstverwaltung in der deutschen Sozialpoltik
30.08.28	Dr. S. Jadesohn Wilhelm Kremser	Landgerichtsrat Fachgruppensekretär des ZdA, Breslau	F	Fragen des Arbeitsrechts
06.09.28	Oswald Wiersich	ADGB-Bezirks-vorsitzender	F	Die deutsche Gewerkschaftsbewegung, Teil 3
13.09.28	Erich Siebraner		H. D.	Das Werden in der deutschen Sozialpolitik
20.09.28	Oswald Wiersich	ADGB-Bezirks-vorsitzender	F	Die deutsche Gewerkschaftsbewegung, Teil 4
27.09.28	Wilhelm Kriewitz Gottfried Boie			Fragen des Arbeitsrechts - Rechtsauskunft bei einer Angestelltenorganisation
04.10.28	Kurt Swolinsky	Gewerkschaftssekretär des ZdA, Berlin	F	Die Leistungen der Gewerkschaften
11.10.28	Gertrud Stein Martin Vogel	Arbeitersekretär, Breslau	F	Heilverfahren in der Angestellten- und . Invalidenversicherung
18.10.28	Rudolf Kramer Richard Opitz			Arbeitsrechtliches Zwiegespräch
25.10.28	Arno Bierast			Der Tarifvertrag als Mittel des sozialen Aufstiegs, Teil 1
01.11.28	Arno Bierast			Der Tarifvertrag als Mittel des sozialen Aufstiegs, Teil 2
08.11.28	Paul Ufermann	Herausgeber der Wirt-schaftskorrespondenz der Freien Gewerkschaften	F	Kultur und Arbeit
15.11.28	Paul Mordstein	Geschäftsführer des Werkmeisterverbandes, Breslau	F	Die Rechtsverhältnisse des Werkmeisters
22.11.28	Dr. S. Jadesohn Wilhelm Kremser	Landgerichtsrat Fachgruppensekretär des ZdA, Breslau	F	Arbeitsrechtlicher Dialog
29.11.28	Rudolf Kramer			Der Angestellte in der öffentlichen Verwaltung

1   Die Referentinnen und Referenten, die den Freien Gewerkschaften angehörten, sind in dieser Spalte mit einem F gekennzeichnet, christliche Gewerkschafter mit Ch, liberale mit H. D. *;* in den Fällen, in denen die Angabe fehlt, konnte ich die Gewerkschaftszugehörigkeit nicht ermitteln.

Datum	Referent Mitwirkende	Funktion	Gewerk- schaft	Thema
06.12.28	Oswald Wiersich	ADGB-Bezirks- vorsitzender	F	Das Internationale Arbeitsamt, Teil 1
12.12.28	Oswald Wiersich	ADGB-Bezirks- vorsitzender	F	Das Internationale Arbeitsamt, Teil 2
20.12.28	Paul Mordstein	Geschäftsführer des Werkmeisterverbandes, Breslau	F	Die Rechtsverhältnisse des Werkmeisters
27.12.28	Altmann Kurt Swolinsky Martin Knetsch	Amtsgerichsrat Gewerkschaftssekretär des ZdA, Berlin	F	Eine Stunde vor dem Arbeitsgericht
03.01.29	Kurt Swolinsky	Gewerkschaftssekretär des ZdA, Berlin	F	Wesen und Bedeutimg der Betriebsvertretung
10.01.29	Arno Bierast			Die Gewerkschaften als Träger öffentlich-rechtlicher Aufgaben
17.01.29	August Glenz		F	Die knappschaftliche Angestelltenpensionskasse
24.01.29	Kurt Swolinsky	Gewerkschaftssekretär des ZdA, Berlin	F	Die Arbeitsordnung für Angestellte
31.01.29	Wilhelm Kriewitz Arno Bierast Gertrud Stein			Eine halbe Stunde vor der Angestelltenkammer eines Ar beitsgrichts
07.02.29	Hermann Hoffmann		F	Das Knappschaftsgesetz
14.02.29	Oswald Wiersich Wilhelm Kremser Kurt Swolinsky Peer Lhot	ADGB-Bezirks- vorsitzender Fachgruppensekretär des ZdA, Breslau Gewerkschaftssekretär des ZdA, Berlin Rundfunksprecher	F F	Eine Verhandlung vor dem Schlichtungsausschuß
21.02.29	Max Ruffert	Vorsitzender und Geschäftsführer des ADGB-Ortsausschusses, Breslau	F	Die Wahl der Be- triebsvertretungen, Teil 1
28.02.29	Max Ruffert	Vorsitzender und Geschäftsführer des ADGB-Ortsausschusses, Breslau	F	Die Wahl der Be- triebsvertretungen, Teil 2
07.03.29	Ludwig Wagener	Oberregierungsrat		Die Organisation der Reichsanstalt für Arbeitslosenvermittlung und Arbeitslosenversicherung, Teil 1
14.03.29	Ludwig Wagener	Oberregierungsrat		Die Organisation der Reichsanstalt für Arbeits losenvermittlung und Ar beitslosenversicherung, Teil 2

Datum	Referent Mitwirkende	Funktion	Gewerk-schaft	Thema
21.03.29	Martin Vogel	Arbeitersekretär, Breslau	F	Heilverfahren in der Invalidenversicherung
28.03.29	Jakob Kabus			Die Stellung des Fabrikarbeiters im modernen Fabrikbetrieb
04.04.29	Ferdinand Medlin	Vorsitzender der Zahlstelle Breslau des Fa-brikarbeiterverbandes	F	Die Bildungsarbeit der Gewerkschaften, Teil 1
11.04.29	Ferdinand Medlin	Vorsitzender der Zahlstelle Breslau des Fa-brikarbeiterverbandes	F	Die Bildungsarbeit der Gewerkschaften, Teil 2
18.04.29	Maria Krause			Die Stellung der Frau im Berufsleben
25.04.29	Wilhelm Kriewitz Heinrich Fendel Gertrud Stein	Funktionär des DNHV	Ch	Verhandlung über die Sonntagsruhefrage im Han-delsgewerbe
01.05.29	Erich Woller			Arbeitnehmer und Bodenreform, Teil 1
17.05.29	Fritz Rasch	Geschäftsführer des Gewerkschaftshauses, Breslau	F	Spareinrichtungen der Arbeitnehmer
01.06.29	Arno Bierast			Sozialversicherung oder Zwangssparen, Teil 1
07.06.29	Arno Bierast			Sozialversicherung oder Zwangssparen, Teil 2
14.06.29	Dr. Freund Kurt Swolinsky	Amtsgerichtsrat Gewerkschaftssekretär des ZdA, Berlin	F	Ein Rundgang durch das Arbeitsgericht
21.06.29	Kurt Swolinsky Weiß	Gewerkschaftssekretär des ZdA, Berlin Justizinspektor	F	Im Geschäftszimmer des Arbeitsgerichts
05.07.29	Hermann Fuhrmann			Ernstes und Heiteres aus dem Arbeitsrecht
19.07.29	Josef Heidrich			Warum bin ich in der Krankenkasse
08.08.29	Ernst Zimmer	Redakteur der Breslauer "Volkswacht"(SPD)	F	Gewerkschaften und Körperkultur
15.08.29	Erich Woller			Arbeitnehmer und Bodenreform, Teil 2
22.08.29	Wilhelm Kriewitz			Das Recht des Pro-visionsvertreters
05.09.29	Fritz Rasch	Geschäftsführer des Gewerkschaftshauses, Breslau	F	Spareinrichtungen der Arbeitnehmer
12.09.29	Ernst Klar	Angestellter im Buch-binderverband und Vorsitzender des Bil-dungsausschusses von SPD und Freien Gewerk-schaften in Breslau	F	Soziale Kämpfe in früherer Zeit
19.09.29	Paul Hübner			Gewerbekrankheiten als anerkannte Unfälle

Datum	Referent Mitwirkende	Funktion	Gewerk-schaft	Thema
26.09.29	Richard Opitz			Der Arbeitnehmer als Konkursgläubiger
03.10.29	Wilhelm Kremser	Fachgruppensekretär des ZdA, Breslau	F	Die Lage der Arbeiter und Angestellten in der vorge-werkschaftlichen Zeit, Teil 1
10.10.29	Wilhelm Kremser	Fachgruppensekretär des ZdA, Breslau	F	Die Lage der Arbeiter und Angestellten in der vorge-werkschaftlichen Zeit, Teil 2
17.10.29	Kurt Swolinsky	Gewerkschaftssekretär des ZdA, Berlin	F	100 Jahre deutsche. Sozialpolitik: Arbeitsschutz
24.10.29	Wilhelm Kriewitz			Der Tarifvertrag im Spiegel des Arbeitsrechts
31.10.29	Ferdinand Medlin	Vorsitzender der Zahlstelle Breslau des Fa-brikarbeiterverbandes	F	Die Stellung der Gewerkschaften zum Berufsschulwesen
07.11.29	Karl Kromath			Freizeitgestaltung für Jugendliche
14.11.29	Kurt Swolinsky	Gewerkschaftssekretär des ZdA, Berlin	F	100 Jahre deutsche Sozialpolitik: So-zialversicherung
21.11.29	Oswald Wiersich	ADGB-Bezirsk-vorsitzender	F	Die Versicherungs-einrichtungen der Arbeitnehmerschaft
28.11.29	Gertrud Stein Martha Liebich Magda Lahl			Die Hausangestellte vor dem Arbeitsgericht
05.12.29	Ernst Klar	Angestellter im Buch-binderverband und Vorsit-zender des Bildungs-ausschusses von SPD und Freien Gewerkschaften in Breslau	F	Staat und Gewerkschaften
12.12.29	Heinrich Fendel	Funktionär des DNHV	Ch	Der Kaufmannsgehilfe in der rationalisierten Wirtschaft
19.12.29	Hermann Fuhrmann			Arbeitsschutz und Arbeitszeit
09.01.30	Ferdinand Medlin	Vorsitzender der Zahlstelle Breslau des Fa-brikarbeiterverbandes	F	Gewerkschaften und Jugendschutz
17.01.30	Ferdinand Medlin	Vorsitzender der Zahlstelle Breslau des Fa-brikarbeiterverbandes	F	Gewerkschaften und Jugendorganisation
23.01.30	Paul Pröh	Angestellter des Eisen bahnerverbandes in Öls, Schl.	F	Vom Arbeiterausschuß zum Betriebsrat
30.01.30	Martha Liebich Gertud Stein Gröhe	Amtsgerichtsrat	F	Die gewerblichen Angestellten vor dem Arbeitsgericht
06.02.30	Fritz Preiß			Elternhaus und Ju-gendverband als Er-ziehungsfaktoren
13.02.30	Kurt Swolinsky	Gewerkschaftssekretär des ZdA, Berlin	F	Gewerkschaften und Arbeitsmarktlage

Datum	Referent Mitwirkende	Funktion	Gewerk- schaft	Thema
20.02.30	Hermann Fuhrmann			Die wirtschaftliche und soziale Lage der Angestellten in Schlesien
27.02.30	Kurt Swolinsky	Gewerkschaftssekretär des ZdA, Berlin	F	Habt ihr an die Be- triebsrätewahlen gedacht?
	Karl Ziegert	Angestelltenrat		
	Gustav Scholz	Arbeiterrat		
06.03.30	Ferdinand Medlin	Vorsitzender der Zahl- stelle Breslau des Fa- brikarbeiterverbandes	F	Eine Betriebsratssitzung
	Gustav Menzel	Angestellter des Deutschen Metallarbeiterverbandes, Breslau		
	Josef Pakosch	Betriebsrat einer Zuckerfa- brik		
	Johann Ertel	Betriebsrat einer Steingutfabrik		
13.03.30	Heinrich Fendel	Funktionär des DNHV	Ch	Der deutsche Kauf- mannsgehilfe im Ausland
20.03.30	Heinrich Fendel	Funktionär des DNHV	Ch	Der deutsche Kauf- mannsgehilfe im Ausland
27.03.30	Heinrich Fendel	Funktionär des DNHV	Ch	Der deutsche Kauf- mannsgehilfe im Ausland
03.04.30	Paul Lehmann	Angestellter des Zentralverbandes der Glasarbeiter in Hirschberg, Schl.	F	Soziale Selbsthilfe der Gewerkschaften in der Vergangenheit
10.04.30	Paul Lehmann	Angestellter des Zentralverbandes der Glasarbeiter in Hirschberg, Schl.	F	Soziale Selbsthilfe der Gewerkschaften in der Gegenwart
17.04.30	Dr. S. Jadesohn	Landgerichtsrat		Wichtige Entscheidungen der Arbeitsgerichte
24.04.30	Kurt Swolinsky	Gewerkschaftssekretär des ZdA, Berlin	F	Der Streit um die Grenzen der Sozialpolitik
01.05.30	Bruno Trawinski	Funktionär des christ lichen Metallarbeiter- verbandes	Ch	Rationalisierung, Gewerkschaften und Arbeiterschaft
08.05.30	Georg Schaertl	Angestellter des Bekleidungsarbeiter- verbandes, Breslau	F	35 Jahre Gewerk- schaftsbewegung der Heimarbeiter
15.05.30	Bruno Trawinski	Funktionär des christlichen Metallarbeiterverbandes	Ch	Rationalisierung, Gewerkschaften und Arbeiterschaft
22.05.30	Gertrud Stein u. a.			Wir beantragen Renten bei der Angestelltenversicherung (Spielszene)
30.05.30	Dr. S. Jadesohn	Landgerichtsrat	F	Verpflichtung zur Streikarbeit?
	Kurt Swolinsky	Gewerkschaftssekretär des ZdA, Berlin		
	Ismar Wachsner	Gauleiter Schlesien des ZdA		

Datum	Referent Mitwirkende	Funktion	Gewerk- schaft	Thema
05.06.30	Kurt Swolinsky	Gewerkschaftssekretär des ZdA, Berlin	F	Gewerkschaftspolitische Bilanz für das Jahr 1929
19.06.30	Paul Levy	Angestellter des Ge- meinde- und Staatsar- beiterverbandes, Berlin	F	Der Krankenpflegedienst in Arbeit und Beruf
10.07.30	Max Rössiger	Vorstandsmitglied des GdA, Berlin	H. D.	Sinn und Ziel des modernen Arbeitsrechts
17.07.30	Gertrud Stein Hans Zemmrich			Werkgemeinschaft und Gewerkschaft
31.07.30	Oswald Wiersich	ADGB-Bezirks- vorsitzender	F	Die Verschiebung der Arbeitsmarktlage in Schlesien
14.08.30	Dr. S. Jadesohn Kurt Swolinsky	Landgerichtsrat Gewerkschaftssekretär des ZdA, Berlin	F	Lohnsicherung im Konkursverfahren
29.08.30	Gertrud Stein			Die Entwicklung der frauenwirtschaftlichen Bewegung
04.09.30	Kurt Swolinsky Herbert Steyer	Gewerkschaftssekretär des ZdA, Berlin	F	Die neuen Bestimmungen des Arbeitsvermittlung- und Arbeitslo- senversicherungsgesetzes
11.09.30	Oswald Wiersich	ADGB-Bezirks- vorsitzender	F	Die Auswirkungen der Arbeitslosigkeit bei den Ge- werkschaften
18.09.30	Martha Liebich Gertrud Wilke Gertrud Stein			Die Leistungen des Invalidenversi- cherungsgesetzes
25.09.30	Dr. S. Jadesohn Kurt Swolinsky	Landgerichtsrat Gewerkschaftssekretär des ZdA, Berlin	F	Die Lohnsicherung im Konkursverfahren
02.10.30	Oswald Wiersich	ADGB-Bezirks- vorsitzender	F	Die Auswirkungen der Arbeitslosigkeit auf die Ge- werkschaften
09.10.30	Xaver Kohl	Gauleiter Schlesien des Holzarbeiterverbandes	F	Lehrlingsfragen
16.10.30	Ferdinand Medlin	Vorsitzender der Zahlstelle Breslau des Fa- brikarbeiterverbandes	F	Die Handwerksnovelle
23.10.30	Heinrich Fendel	Funktionär des DNHV	Ch	Die kaufmännische Berufs- und Handelsschule im Urteil der Angestell- tengewerkschaften
30.10.30	Xaver Kohl	Gauleiter Schlesien des Holzarbeiterverbandes	F	Von der Handwerks- zur Industrielehre
06.11.30	Paul Gaertner			Was der Betriebsrat vom Handelsrecht wissen muß
13.11.30	Ferdinand Medlin Friedrich Werner	Vorsitzender der Zahlstelle Breslau des Fabrikarbeiterverbandes Geschäftsführer des paritätischen Arbeits- nachweises des Metall- arbeiterverbandes, Breslau	F	Die Arbeitsvermittlung im Ar- beitsamt

Datum	Referent Mitwirkende	Funktion	Gewerk-schaft	Thema
20.11.30	Elsbeth Schliebs Gertrud Stein Dr. Silber	Vertrauensarzt		Das vorbeugende Heilverfahren der Angestellten
27.11.30	Robert Sachs	ADGB-Vorstandssekretär, Berlin	F	Arbeiter und Wohnung
04.12.30	Paul Hübner			Organisationsgedanke und Gewerkschaft
11.12.30	Kurt Swolinsky	Gewerkschaftssekretär des ZdA, Berlin	F	Belasten hohe Löhne die Wirtschaft?
18.12.30	Erich Woller			Die Altersversorgung der Bankangestellten
08.01.31	Dr. S. Jadesohn	Landgerichtsrat	F	Wichtige Entscheidungen des Landesarbeitsgerichtes und des Reichsarbeitsgerichtes
15.01.31	Gabriel Deswysen	Angestellter des Fabrikar-beiterverbandes,Breslau	F	Gewerkschaften und Arbeitsschutz, Teil 1
22.01.31	Gebriel Deswysen	Angestellter des Fabrikar-beiterverbandes, Breslau	F	Gewerkschaften und Arbeitsschutz, Teil 2
29.01.31	Karl Kromath			Der Sportgedanke im Dienste der Berufsausbildung
05.02.31	Willy Heßmer	Funktionär des DNHV	Ch	Gefährdete Kaufmannsjugend
12.02.31	Albert Kranold	Redakteur der "Volkswacht", Breslau	F	Das Arbeitszeitproblem
19.02.31	Bruno Trawinski	Funktionär des christlichen Metallarbeiterverbandes	Ch	Die Gewerkschaft - Deine Le-bensaufgabe
05.03.31	Dr. Hans Hartmann			Der englische Arbeiter
12.03.31	Gustav Stockinger		H. D.	Geschichte der deutschen Gewerkvereine
19.03.31	Ernst Zimmer	Redakteur der Breslauer "Volkswacht"(SPD)	F	Arbeitszeit und Ar-beitsleistung, Teil 1
26.03.31	Ernst Zimmer	Redakteur der Breslauer "Volkswacht" (SPD)	F	Arbeitszeit und Ar-beitsleistung, Teil 2
02.04.31	Hans Zemmrich			Kurzarbeit im Angestelltenrecht
09.04.31	Dr. Erich Reuß Kurt Swolinsky Oswald Wiersich	Syndikus Gewerkschaftssekretär des ZdA, Berlin DGB-Bezirkssekretär	F F	Der Streit um die Regelung der Arbeitszeit. Eine Verhandlung.
16.04.31	Kurt Swolinsky	Gewerkschaftssekretär des ZdA, Berlin	F	Einwirkungen der Krise auf die Stellung des Angestellten
23.04.31	Ferdinand Medlin	Vorsitzender der Zahlstelle Breslau des Fa-brikarbeiterverbandes	F	Die Betreuung der erwerbslosen Jugend
30.04.31	Franz Leuninger			Arbeiterschaft und Wohnungsbau
07.05.31	Gerhard Dübel			Der Urlaubsgedanke der Arbeitnehmer
15.05.31	Dr. Lothar Markiewitz			Der Streit um den Urlaub

Datum	Referent Mitwirkende	Funktion	Gewerk-schaft	Thema
21.05.31	Ferdinand Medlin	Vorsitzender der Zahlstelle Breslau des Fabrikarbeiterverbandes	F	Die gewerkschaftliche Betreuung der erwerbslosen Jugend, Teil 1
28.05.31	Ferdinand Medlin	Vorsitzenderder Zahlstelle Breslau des Fabrikarbeiterverbandes	F	Die gewerkschaftliche Betreuung der erwerbslosen Jugend, Teil 2
04.06.31	P. Gärtner	Obermagistratsrat		Der Streit um die Reichserwerbslosenfürsorge
11.06.31	Kurt Schmidt			Mankohaftung des Angestellten
18.06.31	Kurt Swolinsky	Gewerkschaftssekretär des ZdA, Berlin	F	Die Stellung der Gewerkschaften zu Zollfragen
26.06.31	Paul Hübner			Die deutsche Arbeiterschaft in ihrem Ringen um Anerken-nung und Aufstieg
02.07.31	Heinrich Fendel	Funktionär des DNHV	Ch	Gehört der Angestellte zum Mittelstand?
	Wilhelm Kremser	Fachgruppensekretär des ZdA, Breslau	F	
16.07.31	Ferdinand Medlin	Vorsitzender der Zahlstelle Breslau des Fa-brikarbeiterverbandes	F F	Der Prozeß um die Gültigkeit der Betreibsrätewahl
	Gustav Menzel	Angestellter des Metallar-beiterverbandes, Breslau		
	Kurt Swolinsky	Gewerkschaftssekretär des ZdA, Berlin	F	
23.07.31	Wilhelm Kremser	Fachgruppensekretär des ZdA, Breslau	F	Gehört der Angestellte zum Mittelstand?
30.07.31	Gabriel Deswysen	Angestellter des Fabrik-arbeiterverbandes, Breslau	F	Die Lohnformen in der modernen Industrie und die Einstellung der Ge-werkschaften dazu
	Herbert Bahlinger	Rundfunkmitarbeiter		
29.10.31	Dr. Berger Martin Knetsch	Amtsgerichtsrat		Der Vergleich in der Arbeitsgerichtsbarkeit
05.11.31	Jakob Kabus			Fehlt den Tarifverträgen die Beweglichkeit?
12.11.31	Fritz Lambrecht			Die Hausangestell-tenbewegung
26.11.31	Dr. S. Jadesohn	Landgerichtsdirektor	F	Gedanken zum Ausbau des Arbeitsrechts
	Kurt Swolinsky	Gewerkschaftssekretär des ZdA, Berlin	F	
03.12.31	Marie Weber			Schafft Hausange-stelltenheime
10.12.31	Bruno Trawinski	Funktionär des christ-lichen Metallarbeiter-verbandes	Ch	Arbeitslosigkeit und Vierzigstundenwoche
07.01.32	Fritz Lachs			Eigenbetriebe der Gewerkschaften
14.01.32	Bernhard Göhring	Gewerkschaftssekretär des AfA-Bundesvor-standes, Berlin	F	Angestelltenhaushalt - Angestelltennot

Datum	Referent Mitwirkende	Funktion	Gewerk- schaft	Thema
21.01.32	Martin Gebel			Sozialpolitisches aus dem Waldenburger Industriege- biet: Die Persönlichkeit im mechanisierten Wirt- schaftsbetrieb
28.01.32	Adolf Schulz			Die arbeitsrechtlichen Bestimmungen in der Binnenschiffahrt
04.02.32	Alfred Pohl	Arbeitsrichter		Erfahrungen eines Arbeitsrichters
11.02.32	Oskar Herden Theodor Greiff			Die Provisionsreisenden
18.02.32	Paul Hübner			Drei Brennpunkte des wirtschaftlichen Kampfes
25.02.32	Gabriel Deswysen	Angestellter des Fabrikar- beiterverbandes, Breslau	F	Der Stand des internationalen Arbeiterschutzes, Teil 1
03.03.32	Martin Knetsch	Amtsgerichtsrat		Der gesetzliche Schutz des
	Gustav Menzel	Angestellter des Metall- arbeiterverbandes, Breslau	F	Betriebsrates
	Kurt Swolinsky	Gewerkschaftssekretär des ZdA, Berlin	F	
10.03.32	Gabriel Deswysen	Angestellter des Fabrikar- beiterverbandes, Breslau	F	Der Stand des internationalen Arbeiterschutzes, Teil 2
17.03.32	Kurt Swolinsky	Gewerkschaftssekretär des ZdA, Berlin	F	Gewerkschaftliche Zeitbetrachtungen
31.03.32	Ernst Hübner			Ein Prozeß um Ansprüche aus dem Tarifvertrag
	Martin Knetsch	Amtsgerichtsrat		
	Kurt Swolinsky	Gewerkschaftssekretär des ZdA, Berlin	F	
07.04.32	Karl Rudolph			Der gewerkschaftliche Gedanke in der Beamtenschaft
14.04.32	Hermann Gütttler	Geschäftsführer des Textilarbeiterverbandes, Breslau	F	Die Textilindustrie und ihre Organisation: Das Seiter- handwerk
21.04.32	Gerhard Dübel			Die Zeisswerke in Jena - ein soziales Vorbild
28.04.32	Maria Sehr			Die Ansprüche des
	Dr. Hugo Berger	Amtsgerichtsrat		Angestellten aus dem Vergleichs- und Konkursverfahren
12.05.32	Oswald Wiersich	ADGB-Bezirks- vorsitzender	F	Das Arbeitsbeschaf- fungsprogramm der Gewerkschaften
26.05.32	Albert Kranold	Redakteur der "Volkswacht", Breslau	F	Das Arbeitsbeschaffungsprogram m der Gewerkschaften
09.06.32	Jakob Kabus Paul Hübner			Die Notlage der sozialen Versicherungs- und Fürsor- geeinrichtungen
23.06.32	Oskar Herden Richard Opitz			Fragen grundsätzlicher Bedeutung aus dem Arbeitsrecht

Datum	Referent Mitwirkende	Funktion	Gewerk- schaft	Thema
07.07.32	Kurt Swolinsky	Gewerkschaftssekretär des ZdA, Berlin	F	Aktuelle Fragen der Gewerkschaftsbewegung
21.07.32	Gabriel Deswysen	Angestellter des Fabrik- arbeiterverbandes, Breslau	F	Die Gewerkschaften in der Krisenzeit
04.08.32	Georg Richtsteig			Die Persönlichkeit im mechanisierten Wirtschaftsbetrieb
18.08.32	Martin Vogel	Arbeitersekretär, Breslau	F	Der Kündigungsschutz nach dem Schwerbeschädigtengesetz
01.09.32	Kurt Swolinsky	Gewerkschaftssekretär des ZdA, Berlin	F	Gewerkschaftliche Zeitfragen
08.09.32	Richard Opitz			Konkurrenzklausel oder Wettbewerbsverbot
15.09.32	Walter Künzel			Wohnraum und Mietrecht
22.09.32	Paul Blanck	Angestellter des Ge- meinde- und Staatsarbei- terverbandes, Breslau	F	Vor dem spruchausschuß des Arbeitsamtes (Spielszene)
	Kurt Swolinsky	Gewerkschaftssekretär des ZdA, Berlin	F	
	einige Arbeitslose			
29.09.32	Eva Prochownik			Auflösung der Fami- liengemeinschaft durch die Erwerbslosigkeit
06.10.32	Hans Zemmrich			Der berufsständische Gedanke in der deutschen Gewerk- schaftsbewegung
13.10.32	Paul Hübner			Gewerkschaftliche Selbsthilfe
20.10.32	Maria Sehr			Der Einfluß der berufstätigen Frau auf den Arbeitsmarkt
27.10.32	Wilhelm Tegethof			Wirtschaftsbelebung durch aktive Konjunkturpolitik
03.11.32	Wilhelm Kremser	Fachgruppensekretär des ZdA, Breslau	F	Zur Reform der deutschen Sozialversicherung
10.11.32	Martin Knetsch Richard Opitz Dr. Hermann Ro- senberger			Eine Verhandlung vor dem Tarifschiedsamt (Spielszene)
24.11.32	Wilhelm Kriewitz			Das Recht der Be- triebsratsmitglieder aus der kleinen Aktienrechtsnovelle
01.12.32	Charlotte Arnfeld Lina Schaertl		F F	Die Artistin im Beruf und als Hausfrau
08.12.32	Gerhard Dübel			Verwaltungsreform und Büroangestellte
15.12.32	Alfred Heimann Hans Piesche			Beim Arbeitersekretär (Spielszene)
22.12.32	Jakob Kabus			Sozialpolitische Streiflichter
29.12.32	Marga Hahn			Aus der Praxis der Berufsberaterin
05.01.33	Kurt Swolinsky	Gewerkschaftssekretär des ZdA, Berlin	F	Gewerkschaftlicher Zeitbericht

Datum	Referent Mitwirkende	Funktion	Gewerk-schaft	Thema
10.01.33	Alfred Heimann Hans Piesche			Beim Arbeitersekretär
19.01.33	Gustav Stockinger		H. D.	Max Hirsch und sein Wirken für die Arbeiterschaft
26.01.33	Marga Hahn			Säuglingspflege im Arbeiterhaushalt
02.02.33	Karl Rudolph			Beamtenschaft und Verwaltungsreform
09.02.33	Kurt Swolinsky	Gewerkschaftssekretär des ZdA, Berlin	F	Der Angestellte in Staat und Gesellschaft
16.02.33	Paul Hübner			Der Kampf um die Anerkennung der Berufskrankheiten als Berufsunfälle
23.03.33	Willi Heßmer			Der Kaufmannsgehilfe im freiwilligen Arbeitsdienst
02.03.33	Martin Vogel	Arbeitersekretär, Breslau	F	Renten und sonstige Leistungen bei Betriebsunfällen
09.03.33	Oskar Herden			Betriebsrätewahl 1933
16.03.33	Bruno Trawinski	Funktionär des christlichen Metallarbeiterverbandes		Die Gewerkschaften als Organ der Volkswirtschaft
23.03.33	Gustav Woitas			Die Wirkung des Konkurses auf Dienst und Arbeitsverträge
30.03.33	Otto Mießner	Hauptmann a. D.		Entproletarisierung des deutschen Arbeiters

Das Sendedatum, die Namen der Referenten und Mitwirkenden und das Thema der Sendung sind der Programmzeitschrift der Schlesischen Funkstunde entnommen. Die gewerkschaftlichen Funktionen habe ich, soweit ich konnte, selbst ermittelt.

Tabelle 2

Die Vortragszyklen der Gewerkschaften im Programm der Südwestdeutschen Rundfunk AG in Frankfurt am Main

Datum	Referent Mitwirkende	Funktion	Gewerk-schaft[1]	Thema
20.11.26	Otto Misbach	Vorsitzender des ADGB-Ortsausschusses, Frankfurt/M.	F	Die Freien Gewerkschaften und ihre Entwicklung
01.12.26	Georg Abrahamson	Arbeitersekretär, Frankfurt/M.	F	Erwerbslosenfürsorge und Sozialversicherung
19.01.27	Otto Misbach	Vorsitzender des ADGB-Ortsausschusses, Frankfurt/M.	F	Staat und Gewerkschaften
25.02.27	Georg Abrahamson	Arbeitersekretär, Frankfurt/M.	F	Die Aufgaben der Betriebsräte
25.04.27	Dr. Max Michel Stadtverordneter	Stadtverordneter, SPD	F	
14.05.27	Hugo Dornheim	Arbeitersekretär, Frankfurt/M.	F	Die gewerkschaftliche Jugendbewegung
28.05.27	Richard Horn	Gauleiter des Bundes der Technischen Angestellten	F	Die Bedeutung der Gewerkschaften für Volk und Staat
09.07.27	Fritz Kissel		F	Die Krankenversicherung
12.07.27	Otto Misbach	Vorsitzender des ADGB-Ortsausschusses, Frankfurt/M.	F	Die Bildungsbestrebungen der Gewerkschaften
04.09.27	Armin Geßner	Angestellter des GdA	H. D.	Was muß der Angestellte von der Angestelltenversicherung wissen?
21.09.27	Otto Misbach	Vorsitzender des ADGB-Ortsausschusses, Frankfurt/M.	F	Aufbau des Arbeitsnachweises und der Arbeitslosenversicherung
25.09.27	Armin Geßner	Angestellter des GdA	H. D.	Kleinwohnungsbau für Angestellte
01.10.27	HeinrichAuerbach	Gauleiter des DNHV	Ch	Die Leistungen der Angestelltenversicherung
22.10.27	Georg Abrahamson	Arbeitersekretär, Frankfurt/M.	F	Die Leistungen der Arbeitslosenversicherung
30.10.27	Armin Geßner	Angestellter des GdA	H. D.	Die Altersrente und Hinterbliebenenversorgung der Angestellten durch die Angestelltenversicherung
12.11.27	Richard Fuchs	Angestellter des ZdA, Frankfurt/M.	F	Ausbau der Angestelltenversicherung
22.11.27	Georg Abrahamson	Arbeitersekretär, Frankfurt/M.	F	Das Verfahren in der Arbeitslosenversicherung und der Arbeitsvermittlung

---

1   Die Referentinnen und Referenten, die den Freien Gewerkschaften angehörten, sind in dieser Spalte mit einem F gekennzeichnet, christliche Gewerkschafter mit Ch, liberale mit H. D.;in den Fällen, in denen die Angabe fehlt, konnte ich die Gewerkschaftszugehörigkeit nicht ermitteln.

Datum	Referent Mitwirkende	Funktion	Gewerkschaft	Thema
17.12.27	Hugo Dornheim	Arbeitersekretär, Frankfurt/M.	F	Die Unfallversicherung
19.01.28	Prof. Erik Nölting	Hochschullehrer an der Universität Frankfurt/M. und Lehrer an der Akademie der Arbeit	F	Der Weg der Gewerkschaften zur Bildungsarbeit
21.01.28	Georg Geist		H. D.	Jugendbewegung und Berufsbildung
28.01.28	H. Zacher	Geschäftsführer der Bezirksstellenvermittlung des DNHV für Süddeutschland	Ch	Soll unser Junge Kaufmann werden?
11.02.28	O. Schleinitz		H. D.	Rechte und Pflichten der Arbeitnehmer durch das Betriebsrätegesetz
08.03.28	Armin Geßner	Angestellter des GdA	H. D.	Der Angestellte und seine Organisation in Staat und Wirtschaft
07.04.28	Hugo Dornheim	Arbeitersekretär, Frankfurt/M.	F	Die Invalidenversicherung unter Berücksichtigung der neuen Bestimmungen
26.04.28	Otto Misbach	Vorsitzender des ADGB-Ortsausschusses Frankfurt/M.	F	Lehrlingsschutz und Lehrlingsrecht
30.04.28	Armin Geßner	Angestellter des GdA	H. D.	Die Jahresbilanz 1927 und die Erweiterung der Leistungen der Angestelltenversicherung
07.06.28	Hugo Dornheim	Arbeitersekretär, Frankfurt/M.	F	Der Mieterschutz unter Berücksichtigung der neuen gesetzlichen Bestimmungen
26.07.28	Hugo Dornheim	Arbeitersekretär, Frankfurt/M.	F	Die Ausdehnung der Unfallversicherung auf die Berufskrankheiten
17.09.28	Heinrich Auerbach	Gauleiter des DNHV	Ch	Die Bildungsaufgaben der Gewerkschaften
09.10.28	Gammers	Gewerkschaftssekretär	H. D.	Die Geschichte der Hirsch-Dunckerschen Gewerkvereine
23.10.28	Armin Geßner	Angestellter des GdA	H. D.	Kommunale Sozialpolitik
06.11.28	Ludwig Martens	Gaubildungsobmann des DNHV	Ch	Gemeinschaftshäuser des deutschen Kaufmannes
17.11.28	Otto Schweitzer	Geschäftsführer des Bundes der technischen Angestellten und Beamten, Berlin	F	Die wirtschaftliche und politische Bedeutung der Gewerkschaften
30.11.28	Emil Kranz		H. D.	Geistige Grundlagen der Angestelltenversicherung
12.01.29	Alfred Gürteler	Angestellter des DNHV, Berlin	Ch	Der sozial- und wirtschaftspolitische Sinn des Betriebsrätegesetzes

Datum	Referent Mitwirkende	Funktion	Gewerk-schaft	Thema
26.01.29	Armin Geßner	Angestellter des GdA	H. D.	Wer kann bei der Angestelltenversicherung Anspruch auf altersrente und Hinterbliebenenversorgung erheben?
15.02.29	Fritz Kissel		F	Die Krankenversicherung
27.02.29	Hugo Dornheim	Arbeitersekretär	F	Das Verhalten der Arbeiter bei einem Betriebsunfall
28.02.29	Heinrich Auerbach	Gauleiter des DNHV	Ch	Die Aussichten des Kaufmannberufes
19.03.29	Oswald Schleinitz		H. D.	Die Aufgabe der Betriebsvertretungen
06.04.29	Gerhard Sauer	Leiter der Frankfurter Filiale der Bankk für Arbeiter, Angestellte und Beamte	F	Herbergs-, Versicherungs- und Bankwesen
25.04.29	Hugo Schumann	Angestellter des DNHV	Ch	Aus der Praxis der Arbeitsgerichte
06.05.29	Heinrich Hüttmann	Geschäftsführer des Bauhüttenbetriebs-verbandes Hessen	F	Die Bauhütten und Wohnungsbaugesellschaften
08.05.29	H. Drost	Angestellter des GdA	H. D.	Das Freizeit- und Berufsproblem der heutigen Angestelltenjugend
14.05.29	Emil Müller	Geschäftsführer des ZdA	F	Inhalt, Sinn und Zweck des Tarifvertrages für Privatangestellte
11.06.29	Friedrich Martens	Angestellter des DNHV	Ch	Des Kaufmanns Dienst am Kunden
08.07.29	Rudi Sehnert Otto Misbach	Angestellter des DNHV Vorsitzender des ADGB-Ortsausschusses	Ch F	Vom Urlaub des Angestellten Was will die "Stunde des Arbeiters"?

Programmfolge der "Stunde des Arbeiters" bei der Südwestdeutschen Rundfunk AG in Frankfurt am Main

Datum	Referent Mitwirkende	Funktion	Gewerk-schaft	Thema
20.07.29	H. Horeni		F	Lohnschutz bei Pfändung und Beschlagnahme
27.07.29	Otto Misbach	Vorsitzender des ADGB-Ortsausschusses	F	Wirtschaftliche Unternehmungen der Arbeiter: Bauhütten und Wohnungsbau-Gesellschaften
03.08.29	Jakob Kriegseis Anton Döring	Betriebsratsvorsitzender Angestellter des Gemeinde- und Staatsarbeiterverbandes, Offenbach	F	Aus der Tätigkeit eines Betriebsrates
10.08.29	Kunz	Arbeitersekretär	Ch	Das Arbeitsrecht als kommendes Sozialrecht
17.08.29	Dr. Engler			Produktive Erwerbslosenfürsorge

Datum	Referent Mitwirkende	Funktion	Gewerk-schaft	Thema
24.08.29	Weishaar		F	Versicherungsbetriebe der deutschen Arbeitnehmerschaft
31.08.29	Dr. Kurt Löwen stein	Reichstagsabgeordneter (SPD) und Vorsitzender der Kinderfreunde, Berlin	F	Öffentliche Erziehung zur Gemeinschaft
07.09.29				Führung durch die Adlerwerke, Funkreportage (Übernahme von der Nordischen Rundfunk A. G.)
14.09.29	Karl Grötzner	ADGB-Bezirkssekretär, Hessen	F	Bauarbeiterschutz
21.09.29	Heyl	Stadtrat(SPD), Worms	F	Was ist Arbeitersport?
28.09.29	Dr. Ascher	Kreisarzt		Ermüdung bei der Arbeit
05.10.29	Oskar Quint	Redakteur der Frankfurter "Volksstimme" (SPD)	F	Führung durch die sozialistische Literatur
12.10.29	Dr. Fritz Neumark	Prof. für Finanzwissen-schaften an der Universität Frankfurt/M.		Öffentliche oder private Betriebe, Diskussion
	Dr. Goldschmidt Landgreve Dr. Granzin	Rektor Oberbürgermeister		
19.10.29	Dr. Ascher	Kreisarzt		Hygiene der Arbeit
26.10.29	Gerhard Sauer	Leiter der Frankfurter Filiale der Bank für Arbeiter, Angestellte und Beamte	F	Weltspartag und Arbeiterschaft
02.11.29	Hendrik de Man	Dozent an der Universität Frankfurt/M. und Lehrer an der Akademie der Arbeit	F	Die Stellung des Arbeiters zur Maschine
09.11.29	J. Altmeier Jakob de Kort Fritz König			Die soziale Lage des Arbeiters vor und nach dem Jahre 1928, Gespräch
16.11.29	Völger Jugendliche	Bezirksjugendpfleger		Schüler und Staat
23.11.29	Paul Laven	Mitarbeiter der Süwrag		Berufsschule - eine Unterrichts-stunde, Mikrophonreportage
30.11.29	Prof. Erik Nölting	Hochschullehrer an der Universität Frankfurt und Lehrer an der Akademie der Arbeit	F	Arbeiter und Festkultur
07.12.29	Paul Laven	Mitarbeiter der Süwrag		Unterrichtsstunde des Direktors Verleger mit Zöglingen des Westendheimes
21.12.29	Oskar Quint	Redakteur der Frankfurter "Volksstimme" (SPD)	F	Was schenkt der Arbeiter seinen Kindern zu Weihnachten
	Frau Rudolph	Reichstagsabgeordnete der SPD		
28.12.29	Rudi Elms			Erlebnisse zu Weihnachten im Schützengraben

Datum	Referent Mitwirkende	Funktion	Gewerk-schaft	Thema
04.01.30	Artur Saternus	Redakteur des "Vorwärts", Berlin	F	Wirtschaftspolitischer Rückblick auf das Jahr 1929
09.01.30	Hendrik de Man Werktätige	Dozent an der Universität Frankfurt/M. und Lehrer an der Akademie der Arbeit	F	Mensch und Maschine. Gespräche mit Werktätigen
18.01.30	Hendrik de Man Werktätige	s. o.	F	Mensch und Maschine. Gespräche mit Werktätigen
25.01.30	Hendrik de Man Werktätige	s. o.	F	Mensch und Maschine. Gespräche mit Werktätigen
01.02.30	Dr. Klaus Berger			Wie steht der Proletarier zur modernen Kunst?
15.02.30	Clemens Nörpel	Sekretär für Betriebsrä-tefragen beim ADGB-Bundesvorstand, Berlin	F	10 Jahre Betriebsrätegesetz (Übernahme von der Deutschen Welle)
01.03.30	Hendrik de Man Werktätige	Dozent an der Universiät Frankfurt/M. und Lehrer an der Akademie der Arbeit	F	Mensch und Maschine. Gespräche mit Werktätigen
08.03.30	Hendrik de Man Werktätige	s. o.	F	Mensch und Maschine. Gespräche mit Werktätigen
15.03.30	Hendrik de Man	s. o.	F	Mensch und Maschine. Gespräche mit Werktätigen
22.03.30	Herbert Heinemann			Die Reform der Krankenversicherung
05.04.30	Josefine Junker			Erlebnisse einer Hausangestellten
12.04.30	Oskar Quint	Redakteur der Frankfurter "Volksstimme", (SPD)	F	Proletarische Buch-gemeinschaft
19.04.30	Dr. Mestitz Arbeiter Angestellte			Die psychologische Wirkung langer Arbeitslosigkeit, Ge-spräch
26.04.30	Dr. med. Hirsch			Arbeit und Ernährung
10.05.30	Dr. Heinrich Scharp Jakob de Kort	Stadtverordneterder DDP Rundfunkmitarbeiter	H. D.	Was verlangt der Arbeiter von der Zeitung?, Gespräch
17.05.30	Dr. Spitz	Syndikus der Hand-werkskammer Wiesbaden		Das moderne deutsche Handwerk
24.05.30	Hendrik de Man	Dozent an der Universität Frankfurt/M. und Lehrer an der Akademie der Arbeit	F	Die psychologische Wirkung langer Arbeitslosigkeit
07.06.30	Hendrik de Man Jugendliche	s. o.	F	Organisation der arbeitenden Jugend. Vierergespräch
14.06.30	Alfred Riede		F	Wesen und Bedeutung der Arbeiterwohlfahrt
21.06.30	Anton Sabel	Bezirksleiter des christ-lichen Metallarbeiterver-bandes	Ch	Der Handwerkerlehrling im Tarifvertrag
28.06.30	Thöne Arbeiter			Der Arbeiter im Alter, Gespräch
05.07.30	Dr. M. Marcuse	Arzt		Gesundheitspflege im Arbeiterhaushalt

Datum	Referent Mitwirkende	Funktion	Gewerk- schaft	Thema
12.07.30	Henriette Fürth	Reichstagsabgeordnete der SPD	F	Not und Zeit im Arbeiterhaushalt. Gespräch
	Arbeiterfrau			
19.07.30				"Unbillige Härte". Eine Betriebsratssitzng. Hörspiel von de Kort.
26.07.30	Dr. Hans Knöpp	Referendar bei der Handwerkskammer, Frankfurt/M.		Die volkswirtschaftliche Bedeu- tung des deutschen Handwerks
02.08.30	Karl Knauer			Arbeiterschaft und Alkohol
09.08.30	Jakob. de Kort			Fabrikgeschichten
16.08.30	Paul Laven Oskar Krüger	Mitarbeiter der Süwrag		Was man als Arbeiter so erlebt. Gespräch
23.08.30	Paul Laven Rudi Elms	Mitarbeiter der Süwrag		Was Arbeiter erleben. Gespräch
30.08.30	Henriette Fürth Konsumentin	Reichstagsabgeordnete der SPD	F	Die Macht der Frau als Konsumentin. Gespräch
06.09.30	H. Schiefele			Wie kann der Arbeiter seine Ferien verbringen?
13.09.30	Frau Dr. Fink			Gesundheitspflege der arbeitenden Frau
20.09.30	Frl. Petersen			Heimarbeiterinnen - Not und Hilfe
	Christoph Wieprecht			Die Arbeit in der Dichtung.
27.09.30				Lesung aus eigenen Werken
11.10.30	Anton v. Betzner			Selbstanzeige
18.10.30	Paul Laven Paul Meve	Mitarbeiter der Süwrag		Erlebnisse aus der Besatzungszeit. Gespräch
25.10.30	Dr. M. Marcuse	Arzt		Gesundheitspflege im Arbeiterhaushalt
08.11.30	Hugo Dornheim	Arbeitersekretär	F	Die neuen Bestimmungen der Krisenfürsorge
15.11.30	Franz Josef Furt- wängler	Angestellter des ADGB- Bundesvorstandes, Berlin	F	Die Gewerkschaftsbewegung der Balkanstaaten
22.11.30	Frieda Rudolph			Die Arbeiterfrau und ihre Kinder
29.11.30	Walter Maschke	Angestellter des ADGB- Bundesvorstandes, Berlin	F	Von der englischen Gewerkschaftsbewegung
06.12.30	Franz Josef Furt- wängler	Angestellter des ADGB- Bundesvorstandes, Berlin	F	Die Gewerkschaftsbewegung der Balkanstaaten
20.12.30	Ernst Mulansky			Die Lohnverhältnisse in der Metallindustrie
27.12.30	Artur Saternus	Redakteur des "Vorwärts", Berlin	F F	Sozialpolitischer Rückblick auf das Jahr 1930.
	Otto Misbach	Vorsitzender des ADGB- Ortsausschusses		

Programmfolge der "Stunde der Arbeit" bei der Südwestdeutschen Rundfunk AG in Frankfurt am Main

Datum	Referent Mitwirkende	Funktion	Gewerk-schaft	Thema
21.02.31	Hendrik de Man	Dozent an der Universität Frankfurt/M und Lehrer an der Akademie der Arbeit	F	Rationalisierung und Arbeitslosigkeit in England
14.03.31	Hendrik de Man	s. o.	F	In einem englischen Bergarbeiterdorf
23.05.31	Theodor Thomas	Vorsitzender des Dachdeckerverbandes	F	Einst und jetzt
	Fritz Algesheimer			
06.06.31	Frau Reimann			Die Arbeiterfrau in der
	Paul Laven	Mitarbeiter der Süwrag		Wohnsiedlung
13.06.31	Direktor Burmann		F	Siedlungspolitik. Gespräch
	Henriette Fürth	Reichstagsabgeordnete der SPD		
27.06.31				Eine Betriebsratssitzung. Hörfolge von Jakob de Kort
25.07.31	Ernst Kahn	Stadtrat (SPD)	F	Erwerbslosenküche
08.08.31	Dr. Aschaffenburg Dr. Lenhard Dr. Faatz			Eine arbeitsgerichtliche Sitzung
22.08.31	Dr. Heinrich Buß	Mitarbeiter der Süwrag		14-17jährige Berufstätige in Familie, Beruf und Politik. Gespräch
31.08.31	Peter Grassmann	Zweiter Vorsitzender des ADGB-Bundesvorstandes, Berlin	F	Die Bedeutung des Gewerkschaftskongresses
02.09.31	Hendrik de Man	Dozent an der Universität Frankfurt/M. und Lehrer an der Akademie der Arbeit	F	Soziale Zwiegespräche: 1. Einleitung 2. Straßenbahnschaffner und Fahrgast
	Paul Laven	Mitarbeiter der Süwrag		
19.09.31	Dr. Heinrich Buß	Mitarbeiter der Süwrag		14-17jährige Berufstätige in Familie, Beruf und Politik. Gespräch mit einem Arbeitgeber
26.09.31	Dr. Fritz Neumark	Prof. für Finanzwissenschaften an der Universität Frankfurt/M.		Der akademische Nachwuchs. Gespräch
	Dr. Alexander Roßmann	Freier Journalist (SPD)		
	Paul Laven	Rundfunkmitarbeiter der Süwrag	F	
07.10.31	Max Dortu	Arbeiterdichter		Lesung
16.10.31	Arthur Krebs	Syndikus, Limburg		Aus der Praxis des freiwilligen Arbeitsdienstes
19.10.31	Paul Laven	Mitarbeiter der Süwrag		Ein Gang mit dem Mikrophon durch das neue Verbandshaus des DNHV in Kassel

Datum	Referent Mitwirkende	Funktion	Gewerk- schaft	Thema
24.10.31	Dr. Heinrich Buß	Mitarbeiter der Süwrag		14-17jährige Berufstätige in Familie, Beruf und Politik. Gespräch mit einem Politiker
28.10.31	Dr. Mathilde Mayer Paul Laven	Mitarbeiter der Süwrag		In der Erwerbslosenküche. Gespräch
07.11.31	Hendrik de Man Paul Laven	Dozent an der Universität Frankfurt/M. und Lehrer an der Akademie der Arbeit Mitarbeiter der Süwrag	F	Soziale Begegnungen: Hausangestellte und Herrschaft
16.01.32	Dr. Fritz Pap- penheim			Die Aufgaben der Arbeiterbildung in der Gegenwart
06.02.32	Herbert Rosen			Die 40-Stunden-Woche
13.02.32	Arnold Zacher	Geschäftsführer des DNHV ein Vater	Ch	Soll der Junge Kaufmann werden?
13.04.32	Ernst Bouveret Hugo Dornheim	Syndikus der Hand- werkskammer Arbeitersekretär	F	Fragen des Lehrlingswesens. Gespräch
27.04.32	Martha Rother			Was eine Wohnungspflegerin erlebt
04.05.32	Dr. Karl Wilker			Die Freizeitgestaltung der Erwerbslosem
28.05.32	Kirsten Smith			Arbeiterbewegung in Skandinavien
08.06.32	Dr. Fritz Pap- penheim			Die Freizeitgestaltung des Arbeitnehmers
22.06.32	Dr. Waas	Direktor der Stadt- bücherei in Köln	Ch	Das Buch in der Freizeit
02.08.32	Dr. Josef Soudek			Lohnprobleme in der Wirtschaftskrise
13.08.32	Ernst Kahn	Stadtrat, Dezernent für Bauplanung (SPD)	F	Miete und Einkommen
22.08.32	Dr. Karl Wilker			Wie junge Menschen in die Fürsorgeerziehung geraten
15.09.32	Dr. Wolfgang Kraus			Der Arbeiter in Amerika
21.09.32	Heinrich Mertens		Ch	Klasse und Stand im heutigen Wirtschaftsleben
28.09.32	Fritz Tarnow	Vorsitzender des Holzarbeiterverbandes	F	Fragen der Arbeitsbeschaffung
29.10.32	Dr. Groß ein Gewerbetreibender	Syndikus des Gesamt- arbeitgeberverbandes Frankfurt/M.-Hoechst		Arbeitslohn, Arbeitszeit, Beschäftigungsprämie. Welche Möglichkeiten bietet die Notverordnung dem Gewerbetreibenden? Gespräch
09.11.32	Prof. Heinrich Cunow	Direktor des Museums für Völkerkunde in Berlin	F	Das Gesellschaftleben der primitiven Völker
24.11.32	Rudolf Wissell	Reichstagsabgeordneter der SPD	F	Der soziale Gedanke im alten Handwerk
14.12.32	Dr. Fritz Pap- penheim			Der freiwillige Arbeitsdient

Tabelle 3

Programmfolge der "Stunde der werktätigen Frau" bei der Schlesischen Funkstunde in Breslau

Datum	Referent Mitwirkende	Funktion	Partei	Thema
03.09.29	Lina Schaertl		SPD	Haushaltführen - eine Kunst
10.09.29	Dr. Dora Fuchs		SPD	Marta und Frieda wollen heiraten (Eheberatung, Mutterschutz, Säuglings fürsorge)
17.09.29	Herta Maria Funck		SPD	Stille Stunde (Gedanken einer Mutter)
25.09.29	Gertrud Stein Martha Liebich			Mein Kind ist krank
01.10.29	Frau Thomas			Erholungseinrichtungen für Frau und Kind
07.10.29	Toni Simmel		SPD	Junge und Mädel im Hause
15.10.29	Toni Simmel		SPD	Autorität oder Vertrauensverhältnis
22.10.29	Schloßmann-Lönnis			Der Mütterschulgedanke im Leben der werktätigen Frau
05.11.29	Toni Simmel		SPD	Muttersorgen bei der Einschulung der Kinder
12.11.29	Eva Oertel Martha Liebich Gertrud Stein			Und nun das Leben! Was soll mein Kind werden?
19.11.29	Toni Zimmer			Maßnahmen bei Erkrankungen des Ernährers und der Hausfrau
26.11.29	Magda Lahl Martha Liebich			Schönheit und Behaglichkeit im Arbeiterheim
03.12.29	Annemarie Amram			Die Eltern in der Werkstätte des Weihnachtsmannes
10.12.29	Kriminalkommis- sarin Grete Henne- Laufer			Die Bedeutung der Frauenpolizei
17.12.29	Gertrud Stein			Feierabend und Feste
07.01.30	Maria Krause		DDP	Warum Berufsschulbildung auch für das junge Mädchen?
14.01.30	Oberkaplan Alfons Härtel		Z	Der Segen des Kindes
21.01.30	Lina Schaertl		SPD	Erste Maßnahmen bei eintretendem Todesfall in der Familie
28.01.30	Hertha Maria Funck		SPD	Die Schwiegermutter
04.02.30	Magda Peterschütz Martha Liebich			Plauderei über tägliche Berufserlebnisse
11.02.30	Toni Simmel		SPD	Ein Besuch in der Provinzial- Blindenanstalt
18.02.30	Ida Wolff Lina Schaertl		SPD	Die geplagte Landarbeiterfrau
04.03.30	Toni Simmel		SPD	Warum lügt mein Kinder?

Datum	Referent Mitwirkende	Funktion	Partei	Thema
11.03.30	Martha Liebich Gertrud Stein			Gefahren im Berufsleben
19.03.30	Toni Zimmer			Schutz der gewerblichen Kinderarbeit
01.04.30	Dr. med. E. Fränkel Lina Schaertl		SPD	Tuberkolose in der Familie. Was muß getan werden?
08.04.30	Toni Simmel		SPD	Warum lügt mein Kind?
15.04.30	Schwester Maria Körner		Z	Gesundheitsschutz, der nichts kostet
22.04.30	Eva Prochownik			Rat und Hilfe bei Strafverfahren von Erwachsenen
29.04.30	Grete Henne-Laufer			Frauenpolizei und Elternschaft
06.05.30	Magda Lahl-Peterschütz Martha Liebich Gertrud Stein			Das Problem der Doppelverdiener
20.05.30	Hertha Maria Funck		SPD	Mutter und erwachsene Kinder im gemeinsamen Haushalt
26.05.30	Toni Simmel		SPD	Ferien im Zeltlager
17.06.30	Magda Peterschütz			Mutter blickt in die Zeit
01.07.30	Lina Schaertl		SPD	Genußreiche Ferien für Mutter und Kind
15.07.30	Elisabeth Seinecke			Die Tätigkeit der Krankenbesucherin
29.07.30	Marta Krause		DDP	Hinter der Schreibmaschine
12.08.30	Martha Liebich Gertud Stein			Werktätige Frau und Wohnungsnot
26.08.30	Toni Simmel Lina Schaertl		SPD	Praktische Winke für den Haushalt der Arbeiterfrau
09.09.30	Hedwig Wachenheim, Reichstagsabgeordnete		SPD	Frauenarbeit im Parlament
16.09.30	Toni Simmel		SPD	Vom Wunder des Lebens
23.09.30	Pastor Forell			Schwester Eva v. Thiele-Winkler, die Mutter der Heimatlosen
30.09.30	Arbeitsrichter Alfred Pohl			Die Frau in der schlesischen Textilindustrie
07.10.30	Herta Maria Funck			Kaufe gleich - zahle später
14.10.30	Magda Peterschütz			Arbeiterhaushalt und Reklame
21.10.30	Lina Schaertl Agnes Wolf Martha Müller		SPD	Heimarbeiterinnen nähen Konfektion
28.10.30	Martha Liebich			Arbeiterinnen und Hygiene
04.11.30	Gertrud Hubek			Keine Angst vor Röntgenaufnahmen
11.11.30	Toni Simmel		SPD	Erziehungsberatung für proletarische Eltern
18.11.30	Dr. Elfriede Brasch-Steinitz			Wie erhalte ich meinem Kinde gesunde Augen?
25.11.30	Toni Zimmer			Pflegekinder

Datum	Referent Mitwirkende	Funktion	Partei	Thema
02.12.30	Bertha Bochnig			Die Tätigkeit der Arbeiterwohlfahrt auf dem Lande
09.12.30	Ute Klemens Hedwig Spoek			Muttersorgen und Kindergarten
16.12.30	Lina Schaertl		SPD	Ein gutes Wort zur rechten Zeit
06.01.31	Dr. Elfriede Brasch-Steinitz Dr. Otto Königsfeld			Ohrenerkrankungen bei Erwachsenen und Kindern
13.01.31	Martha Liebich			Die arbeitende Frau und der Preisabbau
20.01.31	Else Reventlow		SPD	Beruf, Ehe und Mutterschaft
27.01.31	Hertha Knorr			Ein Arbeitstag der Maschinenstickerin
03.02.31	Margarete Krause			Mütter und Töchter
10.02.31	Ruth Jaschke			Die Frau im technischen Zeitalter
17.02.31	Erna Münz			Das schwer erziehbare Kind im Unterricht
24.02.31	Lina Schaertl		SPD	Frauen- und Mutterschutz in Fabrik und Familie, Teil 1
03.03.31	Lina Schaertl		SPD	Frauen und Mutterschutz in Fabrik und Familie, Teil 2
10.03.31	Toni Simmel		SPD	Kind und Alkohol
17.03.31	Maria Krause		DDP	nicht bekannt
24.03.31	Eva Prochownik			Die Bedeutung der Arbeitslosenfürsorge für die Frau
31.03.31	Magdalene Forell			Die Frauenhilfe im Kampf gegen die Arbeitslosigkeit
14.04.31	Toni Zimmer			Das Recht der Frau auf Arbeit
21.04.31	Dr. Elfriede Brasch-Steinitz Martha Liebich			Die richtige Beleuchtung bei der Arbeit schont das Augenlicht
28.04.31	Stephanie Böhm			Die Mitarbeit der Frau bei der Durchführung des Gesetzes für Arbeitsvermittlung und Arbeitslosenversicherung
05.05.31	Toni Zimmer			Das Recht der Frau auf Arbeit
12.05.31	Frieda Scholz			Frauenarbeit im Postscheckdienst
19.05.31	Martha Liebich Jakob Kabus			Ist die werktätige Frau Konkurrentin des Mannes? Teil 1: Die gewerbliche Arbeiterin
26.05.31	Martha Liebich Gertrud Stein			Ist die werktätige Frau die Konkurrentin des Mannes? Teil 2: Die kaufmännische Angestellte
09.06.31	Kriminal kommissarin Grete Henne-Laufer			Die Frau im heutigen Strafrecht
16.06.31	Regierungsrätin Hildegard Joppich			Die weibliche Jugendpflege auf dem Lande

Datum	Referent Mitwirkende	Funktion	Partei	Thema
30.06.31	Maria Breiskorn			Das Jugendherbergswerk und die Frauen
07.07.31	Maria Krause		DDP	Verdirbt Politik den Charakter?
21.07.31	Vera Renner			Die Familienfürsorgerin
04.08.31	Eva Prochownik			Was bietet die Berufsorganisation der werktätigen Frau?
20.08.31	Deta Schacht			Kann sich jede Werktätige eine gute Allgemeinbildung verschaffen?
25.08.31	Lina Schaertl			Erziehung zu Gemeinschaftsmenschen
01.09.31	Toni Simmel		SPD	Hausmittelchen und Aberglaube
08.09.31	Marta Kilpert			Ein Kapitel zur Ernährungsfrage
15.09.31	Toni Simmel und einige Kinder		SPD	Mutter singt mit uns
22.09.31	Hilde Herzig			Die junge Angestellte und ihre Arbeit
29.09.31	Irmgard Schwarz			Als Aushilfsangestellte beim Magistrat
06.10.31	Berta Zobel Julius Lüdicke		SPD	Die Frau im Strafvollzug
13.10.31	Toni Simmel		SPD	Erfahrungen und Erfolge in der Erziehungsberatungsstelle
20.10.31	Dr. Hannah Schulz			Brauchen wir eine weibliche Polizei?
27.10.31	Maria Sehr Lotte Pelz			Die junge Angestellte und ihre freie Zeit
03.11.31	Erna König			Praktische Vorschläge für die Hausschneiderei
10.11.31	Stephanie Böhm			Soziales im Alltag
17.11.31	Maria Krause		DDP	Die Lebensgestaltung der berufstätigen Frau
01.12.31	Lina Schaertl Berta Zobel Willi Kitzmann		SPD SPD	Eltern basteln für ihre Kinder
08.12.31	Lina Schaertl Berta Zobel Willi Kitzmann		SPD SPD	Eltern basteln für ihre Kinder
15.12.31	Martha Kilpert			Auch bei einem kleinen Einkommen ein Weihnachtstisch
22.12.31	Toni Simmel Kinder		SPD	Nach der Arbeit - eine Feierstunde mit meinen Kindern
29.12.31	Martha Liebich			Gutes Einvernehmen der organisierten Hausangestellten mit ihren Arbeitgebern
05.01.32	Margot Krohn			Fräulein oder Frau?
12.01.32	M. van der Straß			Die Werktätige im "möblierten" Zimmer

Datum	Referent Mitwirkende	Funktion	Partei	Thema
26.01.31	Irmgard Schwarz			Betriebskontrolle in der Konfektion
02.02.32	Berta Zobel		SPD	Landarbeiterfrau und Wohlfahrtspflege
09.02.32	Toni Zimmer			Zwischen Haushalt und Arbeitsstätte
16.02.32	Dr. Erich Breslauer Elsbeth Schliebs			Die Familie des Werktätigen und ihr Hausarzt
23.02.32	Dora Dueland			Die Frau im Tuberkolose-Fürsorgedienst
01.03.32	Lina Schaertl		SPD	Das proletarische Kind und seine Freizeit
08.03.32	Toni Zimmer			Zwischen Haushalt und Arbeitsstätte
15.03.32	Maria Krause		DDP	Das junge Mädchen an der Schwelle des Lebens
29.03.32	Edith Boer			Der Kampf der Frau um den Arbeitsplatz
05.04.32	Elsbeth Schubert			Die Aufgaben der Frau in der modernen Irrenpflege
12.04.32	Ida Wolff			Die Landarbeiterin im deutschen Osten
19.04.32	Hilde Herzig Hilde Kutzner			Unsere Freizeit - unsere Kraftquelle
26.04.32	Magdalena Forell			Ferien der Mutter
03.05.32	Lina Schaertl		SPD	Altersnot und Altershilfe
17.05.32	Berta Zobel		SPD	Aufgaben der Frau im öffentlichen Leben
31.05.32	Sophie Seidel			Die Werkstudentin
14.06.32	Else Reventlow		SPD	Vorurteile im Alltagsleben
28.06.32	Dr. M. L. Metzner			Diät-Assistentin-Ausbildung unter besonderer Berücksichtigung der Breslauer Verhältnisse
12.07.32	Lotte Berndt Charlotte Langer			Wie denkt das junge Mädchen über Ehe und Beruf?
26.07.32	Maria Krause		DDP	Frauen gestalten das Leben des Volkes
09.08.32	Toni Simmel		SPD	Die werktätige Frau und die Mitarbeit ihrer Kinder
23.08.32	Elfriede Bittner Berta Zobel		SPD	Sprechstunden bei der Arbeiterwohlfahrt

Das Sendedatum, die Namen der Referentinnen und Mitwirkenden und das Thema der Sendung sind der Programmzeitschrift der Schlesischen Funkstunde entnommen. Die Parteizugehörigkeit habe ich - soweit möglich - selbst ermittelt.

Tabelle 4

Programmfolge der "Stimme der Gewerkschaften" beim Südwestfunk

Datum	Referent Mitwirkende	Funktion	Thema
23.01.50	Wolfram Grodeck	Rundfunkmitarbeiter	Stellungnahme des DGB zur "Kleinen Steuerreform"
30.01.50	Joseph Viehöver	Leiter der Pressestelle beim DGB-BV	Die Mitbestimmung der Arbeitnehmer in der Wirtschaft
06.02.50	Wolfgang Semler	freier Journalist	Das Problem der Vollbeschäftigung
13.02.50	Rudolf Weiler	Mitarbeiter der Pressestelle des DGB-BV	Das Recht zu streiken
27.02.50	Joseph Viehöver	Leiter der Pressestelle beim DGB-BV	Zum 75. Geburtstag von Hans Böckler
06.03.50	Wilhelm Reibel	Leiter der Bezirksstelle Baden des DGB Vertreter der Arbeitsgemeinschaft der badischen Industrie	Aktuelle Fragen der Sozialpolitik. Gespräch
13.03.50	Dr. Heinz Küppers	Mitarbeiter der Abteilung Bildung beim DGB-BV	Bildungs- und Kulturaufgaben der Gewerkschaften
20.03.50			Zusammenfassung einer Rede des Generalsekretärs der CGT-FO, La Fond, die der in Reutlingen über deutsch-französische Zusammmenarbei im Gewerkschaftsleben gehalten hatte
27.03.50	August Raible		Die kommenden Betriebsrätewahlen und die Angestellten
03.04.50	Wolfgang Semler	freier Journalist	Vom Mitbestimmungsrecht der Arbeitnehmer
17.04.50	Paul Mühlbach	Redakteur der "Welt der Arbeit", Mainz	Gewerkschaften und Sozialdemokratie
24.04.50	Wolfgang Semler	freier Journalist	Gefahren der Unbildung
11.05.50	Wolfgang Semler	freier Journalist	Die Kunst der Menschenführung im Betrieb
25.05.50	Rudolf Weiler	Mitarbeiter der Pressestelle beim DGB-BV	Gedanken zur Entflechtung der IG-Farben
01.06.50	Adolf Ludwig Paul Mühlbach	Vorsitzender des DGB, Rheinland-Pfalz Redakteur der "Welt der Arbeit", Mainz	Mitbestimmung. Gespräch
15.06.50	Ulrike Wuttke		Das Problem der Hausangestellten
22.06.50	Adolf Ludwig Paul Mühlbach	Vorsitzender des DGB, Rheinland-Pfalz Redakteur der "Welt der Arbeit", Mainz	Sozialkonferenz der Europäischen Bewegung in Rom

Datum	Referent Mitwirkende	Funktion	Gewerk- schaft	Thema
29.06.50	Wilhelm Reibel	Leiter der Bezirksstelle Baden des DGB		Arbeitsgerichtsprozesse und nicht-organisierte Arbeitnehmer
08.11.50	Fritz Tänzel	Betriebsrätesekretär des DGB, Baden		Der Betriebsrat in den Aufsichtsorganen
15.11.50	Paul Mühlbach	Redakteur der "Welt der Arbeit", Mainz		Arbeiterschaft und Marshallplan
29.11.50	Ferdinand Eichhorn	Angestelltensekretär des DGB, Rheinland-Pfalz		Angestelltenfragen. Gespräch
	Paul Mühlbach	Redakteur der "Welt der Arbeit"		
06.12.50	Fritz Tänzel	Betriebsrätesekretär des DGB, Baden		Das Recht der Versicherten in der Sozialversicherung
13.12.50	Joseph Viehöver	Leiter der Pressestelle beim DGB-BV		Mitbestimmung
20.12.50	Elly Schwab- Schneider	Bildungsreferentin des DGB, Baden		Die Kulturarbeit der Gewerkschaften. Gespräch
	Felix Kempf	Jugendreferent des DGB, Baden		
27.12.50	Paul Mühlbach	Redakteur der "Welt der Arbeit"		Betrachtungen zum wihnachsfest 1950
03.01.51	Ulrike Wuttke			Über die geistige und soziologische Aufgabe der Gewerkschaften
10.01.51	Paul Mühlbach	Redakteur der "Welt der Arbeit"		Mitbestimmung
17.01.51	Ferdinand Eichhorn	Angestelltensekretär des DGB, Rheinland-Pfalz		Die Übungsfirmen im DGB
24.01.51	Adolf Ludwig	Vorsitzender des DGB, Rheinland-Pfalz		Mitbestimmung und Streikrech
31.01.51	Joseph Viehöver	Leiter der Pressestelle beim DGB-BV		Mitbestimmung
07.02.51	Paul Mühlbach	Redakteur der "Welt der Arbeit"		Wohnungsbau aus sozialer Verantwortung
14.02.51	Paul Mühlbach	Redakteur der "Welt der Arbeit"		Der beste Weg zur Verständigung - Vorschau auf ein Treffen mit französischen Gewerkschaftern
21.02.51	Joseph Viehöver	Leiter der Pressestelle beim DGB-BV		Zum Tod Hans Böcklers
28.02.51	Wilhelm Wagner			Mitbestimmung bei den südwestdeutschen Eisenbahnen
07.03.51	Wilhelm Bökenkrüger	ehemaliger Arbeitsminister (SPD) im Kabinett Altmeier		Soll der Gewerkschafter Politik betreiben?
14.03.51	Dr. Grote-Missmahl	Wirtschaftsexperte des DGB, Rheinland-Pfalz		Die Gewerkschaften zum Lastenausgleich
21.03.51	Joseph Viehöver	Leiter der Pressestelle beim DGB-BV		Das Wirtschaftsprogramm des DGB
04.04.51	Richard Seidel	Gewerkschaftspublizist		Die Entdeckung der Industriearbeiterin
11.04.51	Paul Mühlbach	Redakteur der "Welt der Arbeit"		Nachrichten

Datum	Referent Mitwirkende	Funktion	Gewerk-schaft	Thema
18.04.51	Paul Mühlbach	Redakteur der "Welt der Arbeit"		Nachrichten
25.04.51				Warum feiern wir den 1. Mai? Fiktives Zwiegespräch eines älteren mit einem jungen Arbeiter von Gerd Schneider, Ravensburg
02.05.51	Paul Mühlbach	Redakteur der "Welt der Arbeit"		Übersicht über Lohnbewegungen im 1. Vierteljahr 1951
09.05.51	Fritz Pechtold	DGB-Kreisausschuß Neuwied		Gewerkschaften und Arbeitsgericht
16.05.51	Paul Mühlbach	Redakteur der "Welt der Arbeit"		Nachrichten
23.05.51	Ulrike Wuttke	Angestellte der ÖTV, Bezirk Württemberg-Baden		Familienlosigkeit als Schicksal
30.05.51	Paul Mühlbach	Redakteur der "Welt der Arbeit"		Nachrichten
06.06.51	Willy Bökenkrüger	ehemaliger Arbeitsminister (SPD) im Kabinett Altmeier		
13.06.51	Paul Mühlbach	Redakteur der "Welt der Arbeit"		Vorschau auf die Ruhrfestspiele
20.06.51	Richard Seidel	Gewerkschaftspublizist		Sozialpolitische Diplomatie anläßlich der Tagung der Internationalen Arbeitsorganisation in Genf
27.06.51	Wolfgang Semler	freier Journalist		Die künftige Politik des DGB - Entschließungen des außerordentlichen DGB-Kongresses
04.07.51	Wolfgang Semler	freier Journalist		Welttreffen der Arbeit in Mailand (IBFG-Kongreß)
11.07.51	Dr. Grote-Missmahl	Wirtschaftspolitischer Experte des DGB, Rheinland-Pfalz		Die Wohnungsmiete als Marktpreis
18.07.51	Paul Mühlbach	Redakteur der "Welt der Arbeit"		Zusammenfassung des IBFG-Kongresses
25.07.51	Joseph Viehöver	Leiter der Pressestelle beim DGB-BV		Zur Empfehlung des DGB, die Gewerkschaftsvertreteraus den wirtschaftspoltischen Gremien zurückzuziehen
01.08.51	Fritz Volkemer	Gewerkschaftssekretär, Pirmasens		Bezahlter Urlaub für Arbeitnehmer
08.08.51				Fiktives Gespräch: Gewerkschaften und Tarifvertrag, von Gerd Schneider
15.08.51	Willy Bökenkrüger	ehemaliger Arbeitsminister (SPD) im Kabinett Altmeier		Das Wichtigste vom Heimarbeitergesetz

Datum	Referent Mitwirkende	Funktion	Gewerk-schaft	Thema
22.08.51	Adolf Ludwig	Vorsitzender der DGB, Rheinland-Pfalz		Sind die Gewerkschaften ein Staat im Staat?
29.08.51	Willy Bökenkrüger	ehemaliger Arbeitsminister (SPD) im Kabinett Altmeier		Labor Day in den USA

Tabelle 5

Programmfolge der Sendung "Aus Arbeit und Wirtschaft" beim Südwestfunk

Datum	Referent Mitwirkende	Funktion	Gewerk-schaft	Thema
05.09.51	Josef Winschuh	Unternehmer		Gespräch
	Wolfgang Semler	Mitarbeiter des Südwestfunks		
12.09.51	Wolfgang Zöller	Vertreter des Einzelhandelsverbandes Südbaden		Gegen das Ladenschlußgesetz
	Else Hieber			Die Not der deutschen Esemblemusiker
19.09.51	Josef Winschuh	Unternehmer		Was kostet ein Arbeitsplatz.
	Wolfgang Semler	Mitarbeiter des Südwestfunks		Gespräch
26.09.51	Klaus Hoesch	Unternehmer		Praktisches
	Wolfgang Semler	Mitarbeiter des Südwestfunks		Mitbestimmungsrecht Die Folgen einer verspäteten Krankmeldung
03.10.51	Kurt Pentzlin			Real- und Nominallohn.
	Wolfgang Semler	Mitarbeiter des Südwestfunks		Gespräch
10.10.51	Paul Heymann	Vizepräsident der IHK, Baden-Baden		Kaufkraft und Arbeitsplatz
	Fritz Volkemer	Gewerkschaftssekretär, Pirmasens		Zum Problem der Kurzarbeit
17.10.51	Wilhelm Reibel			Berufsausbildung und
	Dr. Rempstener	Vertreter der Firma Spathelf		Berufserziehung. Gespräch
24.10.51	Ferdinand Eichhorn	Angestelltensekretär des DGB, Rheinland-Pfalz		Wieder Berufswettkampf
	W. Endriss	Vertreter der IHK, Baden-Baden		Warum kein Werks- und Behördenhandel?
31.10.51	Fritz Willems	Rechtssekretär des DGB, Rheinland-Pfalz		Betriebsverfassungsgesetz. Gespräch
	Paulsen	Direktor der ALU-Werke, Singen		
07.11.51	Josef Strieder	Präsident der Handwerkskammer Mainz		Was erwartet das Handwerk von der Bundesregierung?
	Erwin Stein	Gewerkschaftssekretär, Pirmasens		Die amerikanischen Gewerkschaften und das Unternehmertum
14.11.51	Gerhard Hagener			Arbeitsplatz und
	Schilling	Werksdirektor, Freudenstadt		Rationalisierung
05.12.51	Lichtsinn	Landesarbeitsgerichts direktor		Die Weihnachtsgratifikation
	W. Endriss	Vertreter der IHK, Baden-Baden		Progressive Kundenwerbung

Datum	Referent Mitwirkende	Funktion	Gewerk-schaft	Thema
12.12.51	Karl Lipp	Bezirksleiter der Gewerkschaft Holz, Baden		Facharbeiter und Tariflohn. Gespräch
	Josef Hoch	Sachbearbeiter der Handwerkskammer, Freiburg		
19.12.51	Jakob Schunk	Gewerkschaftsangestell-ter, Pirmasens		Aus der sozialen Fürsorge
	Dr. Müller	Vertreter der Arbeitsgemeinschaft der badischen Industrie		Staatliche oder vereinbarte Schlichtung
02.01.52	Joseph Viehöver	Leiter der Pressestelle beim DGB-BV		Rückblick und Ausblick
	W. Endriss	Vertreter der IHK, Baden-Baden		Rückblick und Ausblick
09.01.52	W. Endriss	Vertreter der IHK, Baden-Baden		Geschäftsräume ohne Mieterschutz
	Fritz Volkemer	Gewerkschaftssekretär, Pirmasens		Jahresbilanz der Gewerkschaft Leder
16.01.52	Eugen Hertel	Landtagsabgeordneter (SPD), Kaiserslautern		Gewerkschaften und Demokratie
	Wolfgang Zöller	Vertreter des Einzelhandelsverbandes Südbaden		Preiswahrheit und Rabattgabe
23.01.52	Hans vom Hoff	Mitglied des DGB-BV		Überbetriebliche Mitbestimmung. Gespräch
	Paul Beyer	Mitglied des geschäftsführenden Hauptvorstandes des DIHT		
30.01.52	Dr. Stecher	Vertreter der IHK, Reutlingen		Was geschieht mit dem Betriebsgewinn? Mitbestimmung
	Alfred Kaeseberg	DGB-Kreisvorsitzender, Ludwigshafen/Rh.		
06.02.52				Sozialtourismus. Gespräch
13.02.52	Fritz Willems	Leiter der Abteilung Arbeitsrecht beim DGB, Rheinland-Pfalz		Das künftige Betriebsverfassungsgesetz
	Eberhardt	Syndikus der Handelskammer, Reutlingenm		Nachwuchs für das Handwerk
20.02.52	Wolfgang Semler	Mitarbeiter des Südwestfunks		Indirekte Erhöhung des Soziallohns. Gespräch
	Dr. Breitling			
27.02.52	Annemarie Keller			Das neue Mutterschutzgesetz
05.03.52	Fritz Willems	Leiter der Abteilung Arbeitsrecht beim DGB, Rheinland-Pfalz		Müssen Arbeitsgerichtsvorsitzende Volljuristen sein Gespräch
	Dr. Müller	Vertreter der Arbeitsgemeinschaft der Badischen Industrie		

Datum	Referent Mitwirkende	Funktion	Gewerk- schaft	Thema
12.03.52	Willy Hain			Die Übungsfirmen im DGB
	Dr. Kamps			Ein Blick in englische Verhältnisse
19.03.52	Philipp Mees	Angestellter des DGB, Rheinland-Pfalz Geschäftsführer der Handwerkskammer, Kaiserslautern		Schwarzarbeit. Gespräch
26.03.52	Dr. Grote-Mißmahl	Wirtschaftspolitischer Experte des DGB, Rheinland-Pfalz		Ist eine Preisüberwachung heute noch notwendig?
	W. Endriss	Vertreter der IHK, Baden-Baden		Doppelverdiener
02.04.52	Wolfgang Semler	Mitarbeiter des Südwestfunks		Gedanken zum künftigen Bundeswirtschaftsrat. Gespräch
	W. Endriss	Vertreter der IHK, Baden-Baden		
09.04.52	Dr. Walter Bökel			Gegen "Luxussteuer" zur Finanzierung der Verteidigung
	Adolf Leweke	DGB-Beamtensekretär		Bericht vom 1. Beamtentag des DGB
16.04.52	Fritz Willems	Leiter der Abteilung Arbeitsrecht beim DGB, Rheinland-Pfalz		Staaatliche oder von Sozialpartnern vereinbarte Schlichung. Gespräch
	Dr. Müller	Vertreter der Arbeitsgemeinschaft der badischen Industrie		
25.04.52	Jakob Schunk	Gewerkschaftsangestell-ter, Pirmasens		Jgendnot und Jugendwohlfahrt
	Dr. Franz Schumann	Vertreter der Handwerkskammer, Konstanz		Sozialpolitik im Handwerk
30.04.52	Wolfgang Semler	Mitarbeiter des Südwestfunks		Für und Wider der 40-Stunden-Woche. Gespräch
07.05.52	Rudolf Vater	Redakteur der "Welt der Arbeit", Stuttgart		1. Bundesangestelltentag des DGB in Stuttgart
	Jacob Molath			Geplante Reform der Bundesbahntarife
14.05.52	Amann	Direktir der Firma Fischer, Singen		Neuordnung der Sozialversicherung
	Karl Zipprich			
21.05.52	Richard Blum	Stellvertretender Vorsitzender des DGB, Rheinland-Pfalz		Die Frau und die Gewerkschaft
	W. Endriss	Vertreter der IHK, Baden-Baden		Die Lohnpfändung
28.05.52	Willy Hain			Mehrarbeit, Überzeitarbeit und Arbeitslosigkeit
	Dr. Fassbänder	Vertreter der IHK, Koblenz		Verlängerung der Lehrzeit

11

QUELLEN- UND LITERATURVERZEICHNIS

11.1   Archivalien

Bundesarchiv Koblenz (BA Koblenz)

R 55 Reichsministerium für Volksaufklärung und Propaganda

R 55/1271
Prüfung von Manuskripten für Sendungen der Funkstunde und Halbjahresberichte über
die Tätigkeit des Überwachungsausschusses (Handakten des Ministerialrats im
Reichsministerium des Innern, Scholz), Bd. 1, 1926-1929

R 55/1272
Berliner Funkstunde. Prüfung von Manuskripten für Sendungen der Funkstunde und
Halbjahresberichte über die Tätigkeit des Überwachungsausschusses (Handakten des
Ministerialrats im Reichsministerium des Innern, Scholz), Bd. 2, 1930-1931

R 55/1274
Berliner Funkstunde. Überwachungsausschuß der Funkstunde AG Berlin (Handakten
des Ministerialrats im Reichsministerium des Innern, Scholz), Bd. 1, 1926-1929

R 55/1275
Berliner Funkstunde. Überwachungsausschuß der Funkstunde AG Berlin (Handakten
des Ministerialrats im Reichsministerium des Innern, Scholz), Bd. 2, 1930

R 55/1276
Berliner Funkstunde. Politische Überwachung des Rundfunks. Runderlasse des
Reichsministerium des Innern

R 55/1277
Berliner Funkstunde. Niederschriften über die Sitzung des Überwachungsausschusses
der Funkstunde 1. Okt. 1930-5. Juli 1932

R 55/1278
Deutsche Welle GmbH. Prüfung von Manuskripten für Sendungen der Deutschen Welle
(Handakten des Ministerialrats im Reichsministerium des Innern, Scholz), Bd. 1,
1927 - Okt. 1929

R 55/1279
Deutsche Welle GmbH. Prüfung von Manuskripten für Sendungen der Deutschen Welle
(Handakten des Ministerialrats im Reichsministerium des Innern, Scholz), Bd. 2,
Okt. 1929 - Juli 1931

R 55/1280
Deutsche Welle GmbH. Prüfung von Manuskripten für Sendungen der Deutschen Welle
(Handakten des Ministerialrats im Reichsministerium des Innern, Scholz), Bd. 3, Juli
1931 - April 1932

R 55/1283
Deutsche Welle GmbH. Protokoll der Aufsichtsratssitzung v. 2.6.1932

R 78 Reichs-Rundfunk-Gesellschaft

R 78/591
Deutsche Welle GmbH. Angelegenheiten des Aufsichtsrates (Handakten Ministerialrat Giesecke), Bd. 2, Geschäftsberichte für 1929 und 1930

R 78/597
Mitteldeutsche Rundfunk AG, Leipzig, Bd. 3, Jahresberichte für 1929 und 1930

R 78/601
Mitteldeutsche Rundfunk AG, Leipzig, Politischer Überwachungsausschuß (Handakten des Finanzgerichtspräsidenten Dr. Gerlach), Bd. 1, 1926-1929

R 78/602
Mitteldeutsche Rundfunk AG, Leipzig, Politischer Überwachungsausschuß (Handakten des Finanzgerichtspräsidenten Dr. Gerlach), Bd. 2, 1930-1933

R 78/607
Nordische Rundfunk AG, Hamburg, Politischer Überwachungsausschuß - Protokolle der Sitzungen (Handakten Regierungsrat Stoltz, 1927-1932)

R 78/608
Nordische Rundfunk AG, Hamburg, Politischer Überwachungsausschuß (Handakten Regierungsrat Stoltz), Bd. 1

R 78/617
Ostmarken Rundfunk AG, Königsberg, Politischer Überwachungsausschuß (Handakten des Oberregierungsrates Dr. Hinz), Sitzung des Ausschusses (Vorbereitung und Protokolle), 1926-1927

R 78/633
Südwestdeutsche Rundfunk AG, Frankfurt: Politischer Überwachungsausschuß, Allgemeines (Handakten des Mitgliedes Oberregierungsrat Weber) Bd. 4, Sitzungsprotokolle 1026-1932

R 78/888
Sitzung des Programmrates der Reichs-Rundfunk-Gesellschaft, 13. Sitzung am 6. und 7. Juni 1928 in Wiesbaden, stenographisches Protokoll

R 78/892
Sitzung des Programmrates der Reichs-Rundfunk-Gesellschaft, Sitzungen am 30. und 31. Januar 1930 in Breslau, am 27. März 1930 und am 15. Mai 1930 in Berlin, stenographisches Protokoll

Bundesarchiv, Abt. Potsdam (BA, Abt. Potsdam)

St 12/93
Reichskommissar Überwachung der öffentlichen Ordnung, Bd. 1 und Bd. 2

Stiftung Preußischer Kulturbesitz - Geheimes Staatsarchiv Berlin (GStA Berlin)

Rep 76 Ministerium für Wissenschaft, Kunst und Volksbildung

Rep 76 Ve, Sekt. 1, Abt. VII, 66
Die Angelegenheiten des Rundfunks. Allgemeines. Bd. 1, 1924-1926

Rep 76 Ve, Sekt. 1, Abt. VII, 67
Rundfunkangelegenheiten. Kulturbeiräte und Überwachungsausschüsse. Bd. 1, 1925-
1928

Rep. 76 Ve Sekt. 1, Abt. VII, 80
Südwestdeutsche Rundfunk AG, Bd. I vom Februar 1926 bis März 1932

Rep. 76 Ve, Sekt 1, Abt. VII 84, Bd. 1,
Funkstunde AG Berlin v. Dezember 1926 bis März 1932

Staatsarchiv Bremen (StA Bremen)

Nachrichtenstelle der Polizeidirektion 4,65-1059, Arbeiter-Radio-Bund

Staatsarchiv Hamburg (StA Hamburg)

Staatliche Pressestelle I Z II A3

Staatliche Pressestelle I, Z II Bb1, Sitzungen des Kulturbeirats der Nordischen
Rundfunk-Aktiengesellschaft 1927-1932

Staatsarchiv Marburg (StA Marburg)

Bestand 150: Oberpräsidium zu Kassel. Spezialakten betr. Rundfunkgesellschaften,
Kulturbeiräte und politische Überwachungsausschüsse Bd. 1-3, 1932

Stiftung Archiv der Parteien und Massenorganisationen der DDR (SAPMO)

IV 3/2/1078, I 4/5/1 Arbeiter-Radio-Verbände

IV 3/2/1078, I 4/5/2 Arbeiter-Radio-Verbände

Archiv der Handelskammer Bremen

PII 10, Bd. 1, Radio 1924-1928 Sendestation Bremen

PII 10, Bd. 2, Radio 1929-1930 Sendestation Bremen

Deutsches Rundfunkarchiv (DRA)

Nr. 15: Deutsche Reichspost, Sitzungen des Verwaltungsrates, Bd. 1, 1925-1929

6.751 Allgemeiner Radio-Bund Deutschland

Historische Kommission zu Berlin (HiKo)

Gewerkschaftliche Restakten NB 452 Rundfunk 1925-1931

Gewerkschaftliche Restakten NB 424 R. W. R. Mitglieder-Berufungen 1920-1932

Institut für Zeitgeschichte, München (IfZ, München)

Nachlaß Märker, Bestand ED 101, Bände 11-17 Korrepondenz, Protokolle des Rundfunkrates 1949-1955 (lückenhaft)

Radio Bremen Fg 06/1 Kommentare Richard Boljahn in der Reihe "Das aktuelle Wort"

Radio Bremen Fg 06/2 Kommentare Oskar Schulze in der Reihe "Das aktuelle Wort"

Radio Bremen Fg 06/3 Kommentare und Protokolle von Rundfunkrats-Sitzungen 1949 - 1951 (lückenhaft)

Bayerischer Rundfunk, Historisches Archiv (BR/HA)

Ablagen der Honorarabteilung: Manuskripte von Sondersendungen und der Sendungen "Die Gewerkschaft ruft" und "Stunde der Arbeit"

Bayerischer Rundfunk, Pressestelle

RF 75 Politik/politische Sendungen 1946-1953 Presseausschnitte

Hessischer Rundfunk, Historisches Archiv (HR/HA)

Intendanz-Intern 1.6.1952-28.2.1953

Protokolle des Rundfunkrates 1949-1955

HF Politik/Nachrichten - Rechenschaftsbericht 1.6.1946-16.1.1949

HF Politik/Nachrichten Monatsberichte 1.2.1949-30.9.1952

Süddeutscher Rundfunk, Historisches Archiv (SDR/HA)

001/01 Intendanz 00/454 Allgemeiner Schriftwechsel A-B [1.9.1949-30.4.1953]

001/01 Intendanz 00/455 Allgemeiner Schriftwechsel C-G [1.9.1949-30.4.1953]

001/01 Intendanz 00/247 Protokolle des Rundfunkrates 20.6.1949-31.10.1952

001/01 Intendanz 00/249 Protokolle des Rundfunkrates 1.11.1952-30.6.1955

001/01 Intendanz 00/889 Protokolle der Sitzungen des Politischen Ausschusses des Rundfunkrates "Politik und Zeitgeschehen" [14.11.1949-7.4.1952]

001/01 Intendanz 00/890 Protokolle der Sitzungen des Politischen Ausschusses des Rundfunkrates "Politik und Zeitgeschehen" [17.5.1952-20.12.1954]

Programmnachweise Hörfunk, Honorar- und Lizenzabteilung:

Manuskripte der Sendungen "Arbeiterfunk- Für unsere Werktätigen" und "Mensch und Arbeit"

Südwestfunk, Historisches Archiv (SWF/HA)

1000/10 Intendanz, Korrespondenz Gewerkschaften

1000/32 Intendanz, Korrepondenz Rundfunk- und Verwaltungsratsmitglieder

R 00413-R 00416 Protokolle des Rundfunkrates 1949-1955

R 00436-R 00437 Protokolle des Programmausschusses des Rundfunkrates 1950-1955

Programmnachweise Hörfunk, Ordner: PO 5247ff.

Westdeutscher Rundfunk, Historisches Archiv (WDR/HA)

Manuskripte der Sendung "Für den Arbeiter"

DGB-Archiv im Archiv der sozialen Demokratie der Freidrich-Ebert-Stiftung Bonn (DGB-Archiv)

Ordner: DGB, Kleiner Rundfunkausschuß

Ordner: Rundfunk DGB-Allgemein

Ordner: Rundfunk, Bundesvorstand

Ordner: Rundfunk 1948-1950

Ordner: NDR, Allgemein

Ordner: NWDR-Rundfunkschule

Ordner: NWDR Köln

Ordner: Hessischer Rundfunk

Ordner: Bayerischer Rundfunk

Ordner: Berichte über Rundfunkanstalten

Ordner: Rundfunk, Arbeitskreis Rundfunkfragen

Ordner: Manuskripte Bremen

Ordner: Rundfunk, Manuskripte Stuttgart

Odener: Rundfunk, Manuskripte Frankfurt/Baden-Baden

Ordner: Rundfunk, Manuskripte München 1950-1951

Ordner: SWF Allgemein und Staatsvertrag

Ordner: Rundfunk DGB, Landesbezirk Nordmark, Niedersachsen, Hessen

Ordner: Rundfunk, DGB Landesbezirk Berlin/Rheinland-Pfalz

Ordner: Rundfunk, DGB, Landesbezirke Bayern, Nordrhein-Westfalen, Baden-Württemberg

Bestand 22 Protokolle des Bundesvorstandes

Bestand 23 Protokolle des geschäftsführenden Bundesvorstandes

Bestand.13 Gewerkschaftsrat der Vereinten Zonen

Bestand 31 Protokolle des Landesbezirksvorstandes Baden-Württemberg

Bestand 32 Protokolle des Landesbezirksvorstandes Bayern; Manuskripte der Sendung "Die Gewerkschaft ruft" und der Sendung "Stunde der Arbeit"

Bestand 35 Protokolle des Landesbezirksvorstandes Niedersachsen

Bestand 38 Protokolle des Landesbezirksvorstandes Rheinland-Pfalz

11.2 Gedruckte Quellen

11.2.1 Periodika

AfA-Bundeszeitung. Gewerkschaftliche Monatszeitschrift für Funktionäre und Betriebsvertretungen der Angestellten [5. Jg. 1923 - 15. Jg. 1933]

Die Arbeit. Zeitschrift für Gewerkschaftspolitik und Wirtschaftskunde [1. Jg. 1924 - 10. Jg. 1933]

Arbeiterbildung. Monatsschrift des Reichsausschusses für sozialistische Bildungsarbeit [1. Jg. 1926 - 3. Jg. 1928]

Arbeiterfunk - Der neue Rundfunk. Offizielles Organ des Arbeiter-Radio-Bund Deutschland e. V. [2. Jg. 1927, H. 40 - 7. Jg., H. 9, 1932][1]

Der Bund. Das Gewerkschaftsblatt der britischen Zone [1. Jg. 1947 - 3. Jg. 1949]
Der deutsche Rundfunk: Rundschau und Programm für alle Funkteilnehmer [4. Jg. 1926 - 11. Jg. 1933]

Deutsche Welle. Offizielles Organ der Rundfunkgesellschaft Deutsche Welle [1. Jg. 1928 - 5. Jg. 1932]

D. W. Funk. Rundfunkmitteilungen der Deutschen Welle GmbH und des Zentralinstituts für Erziehung und Unterricht [1. Jg. 1926 - 3. Jg. 1928]

Funk. Wochenschrift des Funkwesens [4. Jg. 1927 - 9. Jg. 1932]

Die Gesellschaft. Internationale Revue für Sozialismus und Politik. [einzelne Hefte]

Gewerkschafts-Archiv. Monatsschrift für Theorie und Praxis der gesamten Gewerkschaftsbewegung [1. Jg. 1924 - 10. Jg. 1933]

Gewerkschafts-Zeitung. Organ des Allgemeinen Deutschen Gewerkschaftsbundes [34. Jg. 1924 - 43. Jg. 1933]

Hamburger Echo. Hamburg-Altonaer Volksblatt. [41. Jg. 1928 - 45. Jg. 1932]

Hör zu. Die illustrierte Rundfunkzeitung [2. Jg. 1947]

Informationsdienst und Nachrichtendienste der Bundespressestelle des Deutschen Gewerkschaftsbundes [1. Jg. 1950 - 6. Jg. 1956]

---

1   Ab H. 40, Okt. 1927 führte die Zeitschrift "Der Neue Rundfunk" den Titel "Arbeiterfunk - Der Neue Rundfunk". Besonders seit 1928 fehlte gelegentlich der Zusatz "Der Neue Rundfunk". In den Quellenangaben zitiere ich die Publikation des Arbeiter-Radio-Bundes als "Arbeiterfunk".

Klassenkampf [Halle] [einzelne Nummern]

Korrespondenzblatt der Gewerkschaften Deutschlands [29. Jg. 1919 - 33. Jg. 1923]

Kulturwille. Monatsblätter für Kultur der Arbeiterschaft [1. Jg. 1924 - 10. Jg. 1933]

Metall. Zeitung der IG Metall für die Bundesrepublik Deutschland [1. Jg. 1950 - 6. Jg. 1955]

Metallarbeiter-Zeitung. Wochenblatt der Deutschen Metallarbeiter-Verbandes [2. Jg. 1924 - 50. jg. 1932]

Die Mirag. Mitteldeutsche Rundfunkzeitung [6. Jg. 1929 - 9. Jg. 1931]

Mitteilungen des Vereins Arbeiterpresse [24. Jg. 1924 - 33. Jg. 1933]

Neue Blätter für den Sozialismus. [1. Jg. 1930 - 4. Jg. 1933]

Der neue Rundfunk. Funkzeitschrift des schaffenden Volkes mit "Bastelmeister" u. Mitteilungen des Arbeiter-Radio-Klubs [1. Jg. 1926 - 2. Jg. 1927, H. 39]

Die Norag. Deutsche Illustrierte Rundspruch-Zeitung für Handel, Industrie und Wissenschaft - Kunst und Unterhaltung [4. Jg. 1927 - 10. Jg. 1933]

Rheinische Zeitung [Köln] [einzelne Nummern]

Die Rote Fahne. Zentralorgan der Kommunistischen Partei Deutschlands [7. Jg. 1924 - 13. Jg. 1930]

Rundfunkspiegel des Deutschen Industrie-Instituts, Kommentardienst [1952-1955]

Sächsische Arbeiterzeitung. Tageszeitung der KPD für Westsachsen und das östliche Thüringen [einzelne Nummern]

Schlesische Funkstunde. Illustrierte Programmzeitschrift für die schlesischen Rundfunkhörer. Offizielles Organ der Schlesischen Funkstunde A. G. [2. Jg. 1928 - 7. Jg. 1933]

Soziale Praxis und Archiv für Volkswohlfahrt [33. Jg. 1924]

Sozialistische Bildung. Monatsschrift des Reichsausschusses für sozialistische Bildungsarbeit [4. Jg. 1929 - 8. Jg. 1933; Vorgänger: Arbeiterbildung]

Sozialistische Monatshefte [einzelne Hefte]

Studienkreis Rundfunk und Geschichte: Mitteilungen [1. Jg. 1974 - 20. Jg. 1994]

Der Spiegel [einzelne Nummern]

Südwestdeutsche Rundfunk-Zeitung. Amtliches Programm- und Nachrichtenblatt der Südwestdeutschen Rundfunkdienst A. G., Frankfurt a. M.. Wochenzeitung für die Rundfunkteilnehmer der Sendegemeinschaft Frankfurt a. M./Cassel [3. Jg. 1927 - 8. Jg. 1932]

Volksfunk - Arbeiterfunk. Illustrierte Wochenschrift für Berlin, Magdeburg, Stettin [7. Jg. 1932 - 8. Jg. 1933, Vorgänger: Arbeiterfunk - Der neue Rundfunk]

Volksstimme. Mitteilungsblatt der SPD Hessen [einzelne Nummern]

Vorwärts. Berliner Volksblatt [40. Jg. 1923 - 50. Jg. 1933]

Die Weltbühne. Wochenschrift für Politik, Kunst, Wirtschaft [einzelne Hefte]

Welt der Arbeit. Wochenzeitung des Deutschen Gewerkschaftsbundes [1. Jg. 1950 - 6. Jg. 1955]

Die Werag. Offizielles Organ der Westdeutschen Rundfunk A. G., Köln [2. Jg. 1927 - 7. Jg. 1932]

11.2.2 Dokumentensammlungen, Handbücher, Statistiken, biographische und bibliographische Hilfsmittel

Ausgewählte Manuskripte 1945 - 1948. Hrsg.v. Fachbereich Archivwesen und Dokumentation. Historisches Archiv des Süddeutschen Rundfunks. Stuttgart 1990

Barthel, Paul: Handbuch der deutschen Gewerkschaftskongresse. Dresden 1916

Berger, Karl Heinz: Schauspielführer in zwei Bänden. Berlin (O) 1988

Biographisches Handbuch der deutschsprachigen Emigration nach 1933. 3 Bde. München u. a. 1980/1983

Bredow, Hans: Aus meinem Archiv. Probleme des Rundfunks. Heidelberg 1950

v. Cube, Walther: Ich bitte um Widerspruch. Fünf Jahre Zeitgeschehen kommentiert. Frankfurt am Main 1952

Degener's Wer ist's. 10. Ausg. Berlin 1935

Deutsches Biographisches Archiv. Neue Folge

Dokumente zur Geschichte des deutschen Rundfunks und Fernsehens. Hrsg.v. Kurt E. Fischer. Göttingen 1957

Film und revolutionäre Arbeiterbewegung in Deutschland 1918-1932. Dokumente und Materialien zur Entwicklung der Filmpolitik der revolutionären Arbeiterbewegung und zu den Anfängen einer sozialistischen Filmkunst in Deutschland. Zusammengestellt und eingeleitet von Gertraude Kühn, Karl Tümmler, Walter Wimmer. 2 Bände. Berlin 1975

Fricke, Dieter: Handbuch zur Geschichte der deutschen Arbeiterbewegung 1869-1917. Bd. 1. Berlin 1987

Gewerkschaftspresse. "Stimme sozialen Gewissens". Hrsg. v. der Studiengruppe Gewerkschaftspresse. Berlin 1951

Handbuch des Vereins Arbeiterpresse. Hrsg. v. Vorstand des Vereins Arbeiterpresse. 4. Folge 1927. Berlin o. J.

Internationales Handwörterbuch des Gewerkschaftswesens. Hrsg. v. Ludwig Heyde. 2 Bde. Berlin 1931/1932

Internationales Soziologenlexikon. Bd. 1: Beiträge über bis Ende 1969 verstorbene Soziologen. Hrsg. v. Wilhelm Bernsdorf und Horst Knospe. 2. Aufl. Stuttgart 1980

Koszyk, Kurt und Eisfeld, Gerhard: Die Presse der deutschen Sozialdemokratie. Eine Bibliographie. 2. Aufl. Bonn 1980

Kürschners Deutscher Literatur-Kalender auf das Jahr 1932. Hrsg. v. Gerhard Lüdtke. 46. Jg. Berlin/Leipzig 1932

Lang, Rudolf (Bearb.): Rundfunkgeschichte. Ein Literaturverzeichnis. 2 Bde. Köln 1977/1989

Lexikon deutschsprachiger Schriftsteller. 20. Jahrhundert. Hrsg. v. Kurt Böttcher u. a. Hildesheim/Zürich/New York 1993

Lübbe, Katharina: M. d. R. Die Reichstagsabgeordneten der Weimarer Republik in der Zeit des Nationalsozialismus. Politische Verfolgung, Emigration und Ausbürgerung 1933-1945. Eine biographische Dokumentation. Hrsg. und eingeleitet v. Martin Schumacher. Düsseldorf 1991

Neue Deutsche Biographie. Hrsg. v. der Historisches Kommission bei der Bayerischen Akademie der Wissenschaften. 15. Bde. Berlin 1953-1987

Der neue WDR. Dokumente zur Nachkriegsgeschichte des Westdeutschen Rundfunks. Zusammengestellt und erläutert von Wolf Bierbach. Köln 1978

Osterroth, Franz: Biographisches Lexikon des Sozialismus. Bd. 1. Verstorbene Persönlichkeiten. Hannover 1960

Osterroth, Franz und Schuster Dieter : Chronik der deutschen Sozialdemokratie. Bd. 2: Vom Beginn der Weimarer Republik bis zum Ende des Zweiten Weltkrieges. 2. Aufl. Berlin/Bonn - Bad Godesberg 1975

Quellen zur Geschichte der deutschen Gewerkschaftsbewegung im 20. Jahrhundert. Hrsg. v. Hermann Weber, Klaus Schönhoven und Klaus Tenfelde. Bd. I: Die Gewerkschaften in Weltkrieg und Revolution 1914-1919. Bearbeitet v. Klaus Schönhoven. Köln 1985

Quellen zur Geschichte der deutschen Gewerkschaftsbewegung im 20. Jahrhundert, a.a.O., Band 2: Die Gewerkschaften in den Anfangsjahren der Republik 1919-1923. Bearbeitet v. Michael Ruck. Köln 1985

Quellen zur Geschichte der deutschen Gewerkschaftsbewegung im 20. Jahrhunder, a.a.O., Band 3: Die Gewerkschaften von der Stabilisierung bis zur Weltwirtschaftskrise 1924-1930. Bearbeitet v. Horst-Albert-Kukuck und Dieter Schiffmann. 2 Halbbde., Köln 1986

Quellen zur Geschichte der deutschen Gewerkschaftsbewegung im 20. Jahrhundert, a.a.O., Band 4: Die Gewerkschaften in der Endphase der Republik 1930-1933. Bearbeitet v. Peter Jahn. Köln 1988

Quellen zur Geschichte der deutschen Gewerkschaftsbewegung im 20. Jahrhundert. Hrsg. v. Hermann Weber und Siegfried Mielke. Band 6: Organisatorischer Aufbau der Gewerkschaften 1945-1949. Bearbeitet v. Siegfried Mielke unter Mitarbeit v. Peter Rütters, Michael Becker und Michael Fichter. Köln 1987

Quellen zur Geschichte der deutschen Gewerkschaftsbewegung im 20. Jahrhundert, a.a.O., Band 7: Gewerkschaften in Politik, Wirtschaft und Gesellschaft 1945-1949. Bearbeitet v. Siegfried Mielke unter Mitarbeit von Peter Rütters. Köln 1991

Quellen zur Geschichte der deutschen Gewerkschaftsbewegung im 20. Jahrhundert, a.a.O., Band 8: Die Gewerkschaften und die Angestelltenfrage 1945-1949. Bearbeitet v. Siegfried Mielke. Köln 1989

Quellen zur Geschichte der deutschen Gewerkschaftsbewegung im 20. Jahrhundert. Hrsg. v. Klaus Schönhoven und Hermann Weber. Band 10: Die Industriegewerkschaft Metall in der frühen Bundesrepublik 1950-1956. Bearbeitet v. Walter Dörrich und Klaus Schönhoven. Köln 1991

Reichsgesetzblatt 1920 (Nr. 1 bis einschl. Nr. 243) Hrsg. v. Reichsministerium des Innern. Berlin 1920

Reichshandbuch der Deutschen Gesellschaft. Das Handbuch der Persönlichkeiten in Wort und Bild. 2. Bde. Berlin 1930

Rundfunk und Presse in Deutschland. Rechtsgrundlagen der Massenmedien - Texte. Hrsg. v. Wolfgang Lehr und Klaus Berg. Mainz 1971

Rundfunkpublikationen. Eigenpublikationen des Rundfunks und Fachperiodika 1923-1992. Ein Bestandsverzeichnis. Bearbeitet v. Elke Niebauer. (Materialien zur Rundfunkgeschichte Bd. 4). Hrsg. v. Deutschen Rundfunkarchiv: Historisches Archiv der ARD. Frankfurt am Main 1992

Schwarz, Max: MDR. Biographisches Handbuch der Reichstage. Hannover 1965

Schwarz, Salomon: Handbuch der deutschen Gewerkschaftskongresse. Berlin 1930

Sozialgeschichtliches Arbeitsbuch, Bd. III: Materialien zur Statistik des Deutschen Reiches 1924-1945. Hrsg. v. Dietmar Petzina, Werner Abelshauser und Anselm Faust. München 1978

Wahlen und Abstimmungen in der Weimarer Republik. Materialien zum Wahlverhalten 1919-1933. Hrsg. v. Jürgen Falter, Thomas Lindenberger und Siegfried Schumann. München 1986

Wer ist's. 9. Ausg. Leipzig 1928

11.2.3 Geschäftsberichte, Jahrbücher, Protokolle

Gewerkschaften

AfA-Bund: Angestelltenbewegung 1921-1925. Deutsche Wirtschaftsgeschichte, Sozialpolitik und Gewerkschaftsentwicklung aus bewegter Zeit. Berlin 1925

AfA-Bund: Die Angestelltenbewegung 1928 -1931. Berlin 1931

Allgemeiner Deutscher Gewerkschaftsbund: Geschäfts- und Kassenbericht des Vorstandes des Allgemeinen Deutschen Gewerkschaftsbundes über das Jahr 1919. Berlin 1920

Allgemeiner Deutscher Gewerkschaftsbund: Jahrbuch 1924ff. Berlin 1925ff.

Allgemeiner Deutscher Gewerkschaftsbund: Protokoll der Verhandlungen des 10. Kongresses der Gewerkschaften Deutschlands. Abgehalten zu Nürnberg vom 30. Juni bis 5. Juli 1919. (Reprint) Berlin/Bonn 1980

Allgemeiner Deutscher Gewerkschaftsbund: Protokoll der Verhandlungen des 11 Kongresses der Gewerkschaften Deutschlands. Abgehalten zu Leipzig vom 19. bis 24. Juni 1922. Berlin 1922. (Reprint) Berlin/Bonn 1980

Allgemeiner Deutscher Gewerkschaftsbund: Protokoll der Verhandlungen des 12. Kongresses der Gewerkschaften Deutschlands. Abgehalten in Breslau vom 31. August bis 4. September 1925. Berlin 1925. (Reprint) Berlin/Bonn 1980

Allgemeiner Deutscher Gewerkschaftsbund: Protokoll der Verhandlungen des 13. Kongresses der Gewerkschaften Deutschlands. Abgehalten in Hamburg vom 3. bis 7. September 1928. Berlin 1928. (Reprint) Berlin/Bonn 1980

Allgemeiner Deutscher Gewerkschaftsbund-Ortsausschuß Berlin: 33. (ff.) Geschäftsbericht für das Jahr 1924 (ff.). Berlin 1925 (ff.)

Allgemeiner Deutscher Gewerkschaftsbund, Ortsausschuß Groß-Hamburg: 30. (31.) Jahresbericht über das Geschäftsjahr 1926 (1927). Hamburg 1927 (1928)

Allgemeiner Deutscher Gewerkschaftsbund, Ortsauschuß Groß-Hamburg: Bericht über das Geschäftsjahr 1928 (ff.). 32. (ff.) Jahresbericht. Hamburg 1929 (ff.)

Allgemeiner Deutscher Gewerkschaftsbund, Ortsausschuß München: Die Münchener Gewerkschaftsbewegung 1925 (1926). München 1926 (1927)

Allgemeiner Deutscher Gewerkschaftsbund, Ortsausschuß München: Jahrbuch der Münchener Gewerkschaftsbewegung 1927 (ff.). München 1928 (ff.)

Jahrbuch der Deutschen Sozialdemokratie für das Jahr 1927. Hrsg. v. Vorstand der SPD. Berlin o. J. (1928)

Deutscher Gewerkschaftsbund (britische Besatzungszone): Die Gewerkschaftsbewegung in der britischen Besatzungszone. Geschäftsbericht 1947-1949. Köln o. J.

Deutscher Gewerkschaftsbund: Geschäftsbericht des Bundesvorstandes des Deutschen Gewerkschaftsbundes 1950 - 1951. Düsseldorf o. J.

Deutscher Gewerkschaftsbund: Geschäftsbericht des Bundesvorstandes des Deutschen Gewerkschaftsbundes 1952-1953. Düsseldorf o. J.

Deutscher Gewerkschaftsbund: Geschäftsbericht des Bundesvorstandes des Deutschen Gewerkschaftsbundes 1954-1955. Düsseldorf o. J.

Deutscher Gewerkschaftsbund: Protokoll des Gründungskongresses des Deutschen Gewerkschaftsbundes, München 12. - 14. Oktober 1949. Köln 1950

Deutscher Gewerkschaftsbund: Protokoll 2. Ordentlicher Bundeskongreß Berlin, 13. bis 17. Oktober 1952. Düsseldorf o. J.

Deutscher Gewerkschaftsbund: Protokoll 3. Ordentlicher Bundeskongreß Frankfurt am Main 4. 9. Oktober 1954. Düsseldorf o. J.

Deutscher Gewerkschaftsbund, Landesbezirk Bayern: Geschäftsbericht 1950/52. München o. J.

Deutscher Gewerkschaftsbund, Landesbezirk Bayern: Geschäftsbericht 1953/54. München o. J.

Deutscher Gewerkschaftsbund, Landesbezirk Bayern: Geschäftsbericht 1955/1956. München o. J.

Deutscher Gewerkschaftsbund, Landesbezirk Bayern: Erste ordentliche Landesbezirkskonferenz des Deutschen Gewerkschaftsbundes, Landesbezirk Bayern. Protokoll 13./14.5.1950. München o. J.

Deutscher Gewerkschaftsbund, Landesbezirk Bayern: Zweite ordentliche Landesbezirkskonferenz des Deutschen Gewerkschaftsbundes, Landesbezirk Bayern. Protokoll 10./11. Januar 1953. München, o. J.

Deutscher Gewerkschaftsbund, Landesbezirk Bayern: Dritte ordentliche Landesbezirkskonferenz des Deutschen Gewerkschaftsbundes, Landesbezirk Bayern, Protokoll 15./16. Januar 1955. München, o. J.

Deutscher Gewerkschaftsbund, Landesbezirk Hessen: Geschäftsbericht 1952-1953 (1954-1955). Frankfurt am Main o. J.

Deutscher Gewerkschaftsbund, Landesbezirk, Landesbezirk Niedersachsen: Geschäftsbericht für die Jahre 1950/1951. Hannover o. J.
Deutscher Gewerkschaftsbund, Landesbezirk Niedersachsen: Geschäftsbericht für die Jahre 1952/1953. Hannover o. J.

Deutscher Gewerkschaftsbund, Landesbezirk Niedersachsen: Geschäftsbericht für die Jahre 1954/1955. Hannover o. J.

Deutscher Gewerkschaftsbund, Landesbezirk Nordrhein-Westfalen: Geschäftsbericht für 1955/1956. Düsseldorf, o. J.

Deutscher Gewerkschaftsbund, Landesbezirk Rheinland-Pfalz: Geschäftsbericht für die Jahre 1950/1951. Mainz o. J.

Deutscher Gewerkschaftsbund, Landesbezirk, Rheinland-Pfalz: Geschäftsbericht für die Jahre 1952/1953. Mainz o. J.

Rundfunk

Bericht über das Geschäftjahr 1929. Hrsg. v. der Westdeutschen Rundfunk AG. Köln 1929

Die Funk-Stunde. Ein Jahrbuch der Berliner Rundfunk-Sendestelle. Berlin 1926

Das 4. Berliner Rundfunkjahr. Berlin 1927

Fünf Jahre Berliner Rundfunkdarbietungen. Ein Rückblick 1923-1928. Überreicht von der Funkstunde AG. O. O. [Berlin] o. J. [1928]

Das 6. Berliner Rundfunk-Jahr. Ein Rückblick 1. Oktober 1928 -30. September 1929. Überreicht von der Funkstunde AG. Berlin o. J. [1929]

Das Berliner Rundfunkjahr 1930: Ein Rückblick 1. Januar 1930 - 31. Dezember 1930. Anlage zum Geschäftsbericht. Hrsg. von der Funkstunde Berlin. Berlin o. J.

Deutsche Welle 1927. Berlin o. J.

Jahrbuch der Deutschen Welle. Berlin 1928

Rundfunk-Jahrbuch. Hrsg. v. der Reichs-Rundfunk-Gesellschaft. Berlin 1929

11.2.4 Zeitgenössische Literatur der zwanziger und dreißiger Jahre

Amann, Jos und Lange Paul: Angestelltengewerkschaften und Presse. Das Schrifttum des Zentralverbandes der Angestellten. Berlin 1928

Die Akademie der Arbeit an der Universität Frankfurt am Main 1921-31. Hrsg. v. Ernst Michel. Frankfurt am Main 1931

Beyer, Georg: Katholizismus und Sozialismus. Berlin 1927

Brecht, Bertolt: Gesammelte Werke. Band 18. Frankfurt am Main 1967

Dang, Anton: Die sozialdemokratische Presse Deutschlands. Darmstadt 1928

de Man, Hendrik: Der Kampf um die Arbeitsfreude. Eine Untersuchung auf Grund der Aussagen von 78 Industriearbeitern und Angestellten. Jena 1927.

de Man, Hendrik: Zur Psychologie des Sozialismus. 2. Aufl. Jena 1927

Film und Funk. Sozialistischer Kulturtag in Frankfurt am Main 28.-29. September 1929. Hrsg. v. Sozialistischen Kulturbund. Berlin . J. (1930)

Grosse, Franz: Die Bildungsinteressen des großstädtischen Proletariats. Breslau 1932

Nestriepke, Siegfried: Die Gewerkschaftsbewegung. Bd. 2, 2. Aufl. Stuttgart 1923

Paulsen, Andreas: Die Presse der freien Gewerkschaften. Diss. Leipzig 1923

Sozialismus und Kultur. Tagung des Sozialistischen Kulturbundes vom 2. bis 3. Oktober 1926 in Blankenburg/Thür. Hrsg. v. Sozialistischen Kulturbund. Berlin 1927

Stehmann, Otto Paul: Geschichte und Bedeutung der Leipziger Sender. Dresden 1939

Vollmann, Heinz: Rechtliche, wirtschaftliche, soziologische Grundlagen der deutschen Rundfunkentwicklung. Borna 1936

Woldt, Richard: Betriebsräteschulung. 2. Aufl. Jena 1922

Woldt, Richard: Die Lebenswelt des Industriearbeiters. Leipzig 1926

11.3   Literatur: Aufsätze, Darstellungen, Memoiren

Aus Köln in die Welt. Beiträge zur Rundfunkgeschichte. Hrsg. v. Walter Först. Köln/Berlin 1974.

Bächlin, Peter: Der Film als Ware. Frankfurt am Main 1975

Bauer, Stephan: Programmstrukturen bei der Schlesischen Funkstunde AG in Breslau (1924-1933). MA Mainz 1990

Bausch, Hans: Der Rundfunk im politischen Kräftespiel der Weimarer Republik 1923 bis 1933. Tübingen 1956

Bausch, Hans: Rundfunkpolitik in Deutschland. Bd. 1 1945-1962. München 1980

Bessler, Hansjörg: Hörer- und Zuschauerforschung. München 1980

Bierbach, Wolf: Rundfunk zwischen Kommerz und Politik. Der westdeutsche Rundfunk in der Weimarer Zeit. 2 Bde. Frankfurt am Main u. a. 1987

Bolz, Rüdiger: Rundfunk und Literatur unter amerikanischer Kontrolle. Das Programmangebot von Radio München 1945-1949. Wiesbaden 1991

Braunschweig, Stefan u. a.: Radio und Fernsehen in der Bundesrepublik. Erfahrungen und Ansätze für eine gewerkschaftliche Politik. Köln 1990

Braunthal, Gerard: Der Allgemeine Deutsche Gewerkschaftsbund. Zur Politik der Arbeiterbewegung in der Weimarer Republik. Köln 1981

Brozio, Norbert: Gewerkschaftlicher Wiederaufbau im nördlichen Ruhrgebiet 1945-1947. Münster 1980

Brunner, Detlev: Bürokratie und Politik des Allgemeinen Deutschen Gewerkschaftsbundes 1918/19 bis 1933. Köln 1992

Brurein, Ullrich: Zur Geschichte der Arbeiter-Radio-Bewegung in Deutschland, Teil 1, in: Beiträge zur Geschichte des Rundfunks, H. 4, 1967, S. 3-56 und Teil 2, in: H. 1, 1968, S. 3-53

Bühnemann, Michael und Friedrich, Thomas: Zur Geschichte der Buchgemeinschaften der Arbeiterbewegung in der Weimarer Republik, in: Wem gehört die Welt? Kunst und Gesellschaft in der Weimarer Republik. 3. Aufl. Berlin 1977, S. 364-397

Dahl, Peter: Arbeitersender und Volksempfänger. Proletarische Radiobewegung und bürgerlicher Rundfunk bis 1945. Frankfurt am Main 1978

Dahl, Peter: Radio. Sozialgeschichte des Rundfunks für Sender und Empfänger. Reinbek 1983

Deiters, Heinz-Günter: Fenster zur Welt. 50 Jahre Rundfunk in Norddeutschland. Hamburg 1973

Diller, Ansgar: Der Frankfurter Rundfunk 1923-1945 unter besonderer Berücksichtigung der Zeit des Nationalsozialismus. Diss. Frankfurt am Main 1973

Diller, Ansgar: Die lizenzierte Meinung. Neue Aufgaben für Presse und Rundfunk, in: Geschichte der Bundesrepublik. Analyse und Dokumentation in Text, Bild und Ton. Hrsg. v. Jürgen Weber. Bd. 1: Auf dem Wege zur Republik 1946-1947. Paderborn u. a. 1979, S. 237-268

Diller, Ansgar: Rundfunkpolitik im Dritten Reich. München 1980

Döhl, Reinhard: Rezeption der Arbeitslosigkeit im literarischen Rundfunkprogramm zu Beginn der 30er Jahre. Siegen 1985

Eichler, Joachim: Von Köln nach Mannheim. Die Debatten über Maifeier, Massenstreik und das Verhältnis der Freien Gewerkschaften zur deutschen Sozialdemokratie innerhalb der Arbeiterbewegung Deutschlands 1905/06. Zur Entstehung des "Mannheimer Abkommens". Münster/Hamburg 1992

Einheitsgewerkschaft und Parteipolitik. Zum 75. Jahrestag des Mannheimer Abkommens zwischen der SPD und den Freien Gewerkschaften von 1906. Protokoll einer Diskussionsveranstaltung des Instituts für Sozialwissenschaften an der Universität Mannheim und der Lorenz-von-Stein- Gesellschaft mit Willy Brandt und Heinz-Oskar Vetter. Hrsg. v. Erich Matthias. Düsseldorf 1982

Elven, Gisela: Der schlesische Rundfunk 1924-1939 unter besonderer Berücksichtigung seiner politischen und volkstumspolitischen Aufgaben. Diss. Leipzig 1945

Emig, Brigitte, Schwarz, Max und Zimmermann, Rüdiger: Literatur für eine neue Wirklichkeit. Bibliographie und Geschichte des Verlags J.H.W. Dietz Nachf. 1881 bis 1981 und der Verlage Buchhandlung Vorwärts, Volksbuchhandlung Hottingen/Zürich, German Cooperative Print.& Publ. Co., London, Berliner Arbeiterbibliothek, Arbeiterjugendverlag, Verlagsgenossenschaft "Freiheit", Der Bücherkreis. Berlin/Bonn 1981

Fernsehen und Hörfunk in der Demokratie. Ein Handbuch über den Rundfunk in der Bundesrepublik Deutschland. Hrsg. v. Jörg Aufermann, Wilfried Scharf und Otto Schlie. Opladen 1979

Frei, Norbert: Medienpolitik der Alliierten nach dem Zweiten Weltkrieg - die Situation in den Besatzungszonen und in Berlin, in: Studienkreis Rundfunk und Geschichte: Mitteilungen, H. 1, 1985, S. 28-41

Freiburg, Eva-Maria: Die Geschichte des Rundfunks in Nordrhein-Westfalen 1945-1955. Vom NWDR Köln zum WDR. Diss. Hannover 1973

Friedrich, Sabine: Rundfunk und Besatzungsmacht. Organisation, Programm und Hörer des Südwestfunks. 1945-1949. Baden-Baden 1991

Fritsche, Heinz Rudolf: Laudatio auf Friedrich Bischoff, in: Schlesien. Eine Vierteljahresschrift für Kunst, Wissenschaft und Volkstum, H. 1, 1977, S. 50-55

Fritz, Roland: Massenmedium Rundfunk - Die rechtliche Stellung der Rundfunkräte und ihre tatsächliche Einflußnahme auf die Programmgestaltung. Diss. Frankfurt am Main 1977

Fritze, Ralf: Der Südwestfunk in der Ära Adenauer. Die Entwicklung der Rundfunkanstalt von 1949 bis 1965 unter politischem Aspekt. Baden-Baden 1992

Geschichte der Gewerkschaften in der Bundesrepublik Deutschland. Von den Anfängen bis heute. Hrsg. v. Hans-Otto Hemmer und Kurt Thomas Schmitz. Köln 1990

Gewerkschaftsjugend im Weimarer Staat. Hrsg. v. Detlef Prinz und Manfred Rexin. Köln 1983

Glaessner, Gerd Joachim: Wissen ist Macht - Macht ist Wissen. Die Kultur- und Bildungsarbeit der Berliner Arbeiterbewegung, in: Studien zur Arbeiterbewegung und Arbeiterbewegungskultur in Berlin. Hrsg.v. Gerd Joachim Glaessner, Detlef Lehnert und Klaus Sühl. Berlin 1989, S. 237-269

Görgen, Joachim Josef: Der britische Einfluß auf den deutschen Rundfunk 1945-1948. Diss. Berlin 1983

Groth, Peter: Hörspiele und Hörspieltheorien in der Weimarer Republik. Studien zum Verhältnis von Rundfunk und Literatur. Berlin 1980

Grube, Sybille: Rundfunkpolitik in Baden und Württemberg 1924-1933. Berlin 1976

Grundlagen der Einheitsgewerkschaft. Historische Dokumente und Materialien. Hrsg. v. Ulrich Borsdorf, Hans Otto Hemmer und Martin Martiny. Köln/Frankfurt am Main 1977

Günnel, Traudel, Merkel, Felicitas, Klug, Andreas: Radio für alle. Mensch - Macht - Meinung. Innovative Ansätze gewerkschaftlicher Medienarbeit. Marburg 1995

Hagemann, Karen: Frauenalltag und Männerpolitik. Alltagsleben und gesellschaftliches Handeln von Arbeiterfrauen in der Weimarer Republik. Bonn 1990

Halefeldt, Horst O.: Hans Bredow und die Organisation des Rundfunks in der Demokratie, in: Studienkreis Rundfunk und Geschichte: Mitteilungen, H. 1, 1980, S. 10-28

Halefeldt, Horst O.: Vom Besatzungs- zum Parteienrundfunk - Rundfunkkontrolle in Westdeutschland nach 1945, in: Studienkreis Rundfunk und Geschichte: Mitteilungen, H. 4, 1980, S. 171-195

Halefeldt, Horst O.: Programmgeschichte - Vorüberlegungen zu Konzeption und Quellenlage, in: ebenda, H. 3, 1976, S. 23-31

Hamel, Iris: Völkischer Verband und nationale Gewerkschaft. Der Deutschnationale Handlungsgehilfenverband 1893-1933. Frankfurt am Main 1967

Hanzl, Horst: Der Rundfunk der Weimarer Republik als Klasseninstrument der Bourgeoisie und der Kampf der Arbeiterklasse um das Mitbestimmungsrecht. Diss. Leipzig 1961

Harrer, Jürgen und Roßmann, Witich: Gewerkschaften in der Weimarer Republik, in: Geschichte der deutschen Gewerkschaftsbewegung. Hrsg. v. Frank Deppe, Georg Fülberth und Jürgen Harrer. 4. erw. Aufl. Köln 1989, S. 178-342

Hartenian, L. R.: Propaganda and the Control of Information in Occupied Germany: The US Information Control Division at Radio Frankfurt 1945-1949. New Brunswick (N. Y.) 1984

Hartmann, Franz: Entstehung und Entwicklung der Gewerkschaftsbewegung in Niedersachsen nach dem Zweiten Weltkrieg. Diss. Göttingen 1977

Hecker, Wolfgang: Der Gewerkschaftsbund Süd-Württemberg-Hohenzollern. Zur Gewerkschaftsbewegung in der französichen Besatzungszone 1945-1949. Marburg 1988

Heidenreich, Frank: Arbeiterbildung und Kulturpolitik. Kontroversen in der sozialdemokratischen Zeitschrift "Kulturwille" 1924-1933. Berlin 1983

Heidenreich, Frank: " ... das wichtigste Agitationsmittel für die Partei". Zur Geschichte der sozialdemokratischen Presse in Sachsen vor 1933, in: Internationale Wissenschaftliche Korrespondenz zur Geschichte der Arbeiterbewegung H. 2, 1991, S. 139-171

Heimann, Siegfried und Walter, Franz: Religiöse Sozialisten und Freidenker in der Weimarer Republik. Bonn 1993

Heinrich, Erik: Vom NWDR zum SFB. Rundfunkpolitik in Berlin 1946-1954. Diss. Berlin 1985

Hempel-Küter, Christa: Die kommunistische Presse und die Arbeiterkorrespondentenbewegung in der Weimarer Republik. Das Beispiel "Hamburger Volkszeitung". Frankfurt am Main u. a. 1989

Heuel, Eberhard: Der umworbene Stand. Die ideologische Integration der Arbeiter im Nationalsozialismus 1933-1935. Frankfurt am Main u. a. 1989

van den Heuvel, Hans: Zur Lage des niederländischen Rundfunks, in: Studienkreis Rundfunk und Geschichte: Mitteilungen, H.2, 1981, S. 91-100

Hermand, Jost und Trommler, Frank: Die Kultur der Weimarer Republik. Fankfurt/M. 1988

Huber-Koller, Rose-Marie: Gewerkschaften und Arbeitslose. Erfahrungen der Massenerwerbslosigkeit und Aspekte freigewerkschaftlicher Arbeitslosenpolitik in der Endphase der Weimarer Republik. 2 Bde. Pfaffenweiler 1992

Joussen, Wolfgang: Massen und Kommunikation. Zur soziologischen Kritik der Wirkungsforschung. Wiesbaden 1990

Kahlenberg, Friedrich P: Rundfunkfreiheit im Verständnis der politischen Parteien während der Nachkriegszeit - Ein schwieriger Lernprozeß, in: Studienkreis Rundfunk und Geschichte: Mitteilungen, H. 4, 1981, S. 206-225

Kinter, Jürgen: Arbeiterbewegung und Film (1895-1933). Ein Beitrag zur Geschichte der Arbeiter- und Alltagskultur und der gewerkschaftlichen und sozialdemokratischen Kultur- und Medienarbeit. Hamburg 1986

Klenke, Dietmar, Lilje, Peter und Walter, Franz: Arbeitersänger und Volksbühnen in der Weimarer Republik. Bonn 1992

Klönne, Arno und Reese, Hartmut: Die deutsche Gewerkschaftsbewegung von den Anfängen bis zur Gegenwart. Hamburg 1984

Klumpp, Eberhard: Das erste Jahrzehnt. Der Südfunk und sein Programm 1924 bis 1933/34. Stuttgart 1984

Knauf, Tobias: Zur Geschichte der "Mitteldeutschen Rundfunk AG" in Leipzig. Eine Untersuchung zu ausgewählten Organisatins- und Statusaspekten in den Jahren 1919 bis 1932. Dipl. Leipzig 1991

Konert, Hubert Heinrich: Rundfunkkontrolleure in der Weimarer Republik. Eine Vorstudie zur Gremienforschung. MA Münster 1983

Koopmann, Klaus: Gewerkschaftliche Vertrauensleute. Darstellung und kritische Analyse ihrer Entwicklung und Bedeutung von den Anfängen bis zur Gegenwart unter besonderer Berücksichtigung des Deutschen Metallarbeiterverbandes (DMV) und der Industriegewerkschaft Metall (IGM). 2 Bde. München 1979

Koszyk, Kurt: Deutsche Presse 1914-1945. Geschichte der deutschen Presse. Teil III. Berlin 1972

Koszyk, Kurt: Die "Metallarbeiter-Zeitung" am Vorabend des Ersten Weltkrieges - Zur Geschichte der Gewerkschaftspresse, in: Vom Sozialistengesetz zur Mitbestimmung. Zum 100. Geburtstag von Hans Böckler. Hrsg. v. Heinz Oskar Vetter. Köln 1975, S. 175-197

Koszyk, Kurt: Pressepolitik für Deutsche 1945-1949. Geschichte der deutschen Presse. Teil IV. Berlin 1986

Koszyk, Kurt: Zwischen Kaiserreich und Diktatur. Die sozialdemokratische Presse von 1914-1933. Heidelberg 1958

Kracauer, Siegfried: Die Angestellten. Aus dem neuesten Deutschland. Frankfurt am Main 1971

Kracauer, Siegfried: Von Caligari zu Hitler. Eine psychologische Geschichte des deutschen Films. Frankfurt am Main 1979

Kramer, Dieter und Würzberg, Gerd: Gewerkschaften und öffentlich-rechtliche Medien. Eine Bestandsaufnahme, in: Massen/Medien/Politik. Karlsruhe 1976, S. 276-305

Krawitz, Rainer: Die Geschichte der Drahtloser Dienst AG 1923-33. Diss. Köln 1980

Krug, Hans-Jürgen: Arbeitslosenhörspiele 1930-1933. Frankfurt am Main u. a. 1992

Kümmel, Barbara: Die Arbeiter-Radio-Bewegung in der Weimarer Republik 1924-1933. Dargestellt anhand der Arbeiter-Rundfunkpresse. MA Freiburg 1980

Kutsch, Arnulf: Die quantitative Sekundäranalyse als Methode der Programmgeschichte, in: Studienkreis Rundfunk und Geschichte: Mitteilungen, H. 3, 1976, S. 17-22

Langewiesche, Dieter: Kompetenzerweiterung und Bildung: Zur Bedeutung der Bildungsarbeit für die Gewerkschaften in der Weimarer Republik, in: Gewerkschafts-Zeitung 1924 (Reprint), Berlin/Bonn 1984, S. 9-30

Langewiesche, Dieter: Politik - Gesellschaft - Kultur. Zur Problematik von Arbeiterkultur und kulturellen Arbeiterorganisationen in Deutschland nach dem Ersten Weltkrieg, in: Archiv für Sozialgeschichte, Bd. 22. Bonn 1982, S. 359-402

Lanig-Heese, Claudia: Gewerkschaften in Bayern 1945 bis 1949. Marburg 1991

Lattard, Alain: Gewerkschaften und Arbeitgeber in Rheinland-Pfalz unter französicher Besatzung 1945-1949. Mainz 1988

Lerg, Winfried B.: Die Entstehung des Rundfunks in Deutschland. Herkunft und Entwicklung eines publizistischen Mittels. Frankfurt am Main 1965

Lerg, Winfried B.: Hans Bredow - Schwierigkeiten mit einem 100. Geburtstag, in: Studienkreis Rundfunk und Geschichte: Mitteilungen, H. 1, 1980, S. 28-36

Lerg, Winfried B.: Die Publizistik der Weimarer Republik. Zur kommunikationsgeschichtlichen Ausgangslage, in: Presse im Exil. Beiträge zur Kommunikationsgeschichte des deutschen Exils 1933-1945. Hrsg. v. Hanno Hardt, Elke Hilschen und Winfried B. Lerg. München u. a. 1979, S. 17-96

Lerg, Winfried B.: Rundfunkpolitik in der Weimarer Republik. München 1980

Lersch, Edgar: Rundfunk in Stuttgart 1934-1949. Stuttgart 1990

Literatur und Rundfunk 1923-1933. Hrsg. v. Gerhard Hay. Hildesheim 1975

Lösche, Peter und Walter, Franz: Zur Organisationskultur der sozialdemokratischen Arbeiterbewegung in der Weimarer Republik. Niedergang der Klassenkultur oder solidargemeinschaftlicher Höhepunkt?, in: Geschichte und Gesellschaft, H. 4, 1989, S. 511-536

Lorentz, Ellen: Aufbruch oder Rückschritt? Arbeit, Alltag und Organisation weiblicher Angestellter in der Kaiserzeit und Weimarer Republik. Bielefeld 1988

Maaßen, Ludwig: Der Kampf um den Rundfunk in Bayern. Rundfunkpolitik in Bayern 1945 bis 1973. Berlin 1979

de Man, Hendrik: "Gegen den Strom. Memoiren eines europäischen Sozialisten". Stuttgart 1953

Marckward, Wilhelm: Die Illustrierten der Weimarer Zeit. München 1982

Marwede-Dengg, Claudia: Rundfunk und Rundfunkpolitik in Bayern 1922-1934. Diss. München 1981

Meier, Willi: Die Presse des Deutschen Gewerkschaftsbundes und ihr Beitrag zur politischen und gesellschaftlichen Meinungs- und Willensbildung in der Bundesrepublik. Düsseldorf 1959

Merten, Klaus: Inszenierung von Alltag. Kommunikation, Massenkommunikation, Medien, in: Funkkolleg: Medien und Kommunikation. Konstruktionen von Wirklichkeit. Studienbrief 1. Weinheim/Basel 1990, S. 79-108

Mettler, Barbara: Demokratisierung und Kalter Krieg. Zur amerikanischen Informations- und Rundfunkpolitik in Westdeutschland 1945-1949. Berlin 1975

Mettler, Barbara: Der Nachkriegsrundfunk als Medium der amerikanischen Umerziehungspolitik, in: Rundfunk und Fernsehen, H. 3, 1973, S. 166-182

Montag, Helga: Privater oder öffentlich-rechtlicher Rundfunk? Initiativen für einen privaten Rundfunk in der Bundesrepublik Deutschland. Berlin 1978

Müller, Hans-Harald: Intellektueller Linksradikalismus in der Weimarer Republik. Seine Entstehung, Geschichte und Literatur - dargestellt am Beispiel der Gründergruppe der Kommunistischen Arbeiter-Partei Deutschlands. Kronberg /Ts. 1977

Müller, Werner: Lohnkampf, Massenstreik Sowjetmacht. Ziele und Grenzen der "Revolutionären Gewerkschafts-Opposition" (RGO) in Deutschland 1928 bis 1933. Köln 1988

Murray, Bruce: Film and the German Left in the Weimar Republic. From Caligari to Kuhle Wampe. Austin 1990

Der NDR. Zwischen Programm und Politik. Beiträge zu seiner Geschichte. Hrsg. v. Wolfram Köhler. Hannover 1991

Negt, Oskar und Kluge, Alexander: Öffentlichkeit und Erfahrung. Zur Organisationsanalyse von bürgerlicher und proletarischer Öffentlichkeit. Frankfurt am Main 1972

Oschmann, Kersten: Über Hendrik de Man. Marxismus, Plansozialismus und Kollaboration. Ein Grenzgänger in der Zwischenkriegszeit. Diss. Freiburg 1987

Pohle, Heinz: Der Rundfunk als Instrument der Politik. Zur Geschichte des deutschen Rundfunks 1923 bis 1938. Hamburg 1955

Politische Teilkulturen zwischen Integration und Polarisierung. Zur politischen Kultur in der Weimarer Republik. Hrsg. v. Detlef Lehnert und Klaus Megerle. Opladen 1990

Potthoff, Heinrich: Freie Gewerkschaften 1928-1933. Der Allgemeine Deutsche Gewerkschaftsbund in der Weimarer Republik. Düsseldorf 1987

Potthoff, Heinrich: Gewerkschaften und Politik zwischen Revolution und Inflation. Düsseldorf 1979

Potthoff, Heinrich: Das Sozialismusproblem in der Programmatik der Freien Gewerkschaften, in: Reformsozialismus und Sozialdemokratie. Zur Theoriediskussion des Demokratischen Sozialismus in der Weimarer Republik. Hrsg. v. Horst Heimann und Thomas Meyer. Berlin/Bonn 1982, S. 317-335
Priamus, Hans-Jürgen: Angestellte und Demokratie. Die nationalliberale Angestelltenbewegung in der Weimarer Republik. Stuttgart 1979

Projektgruppe Programmgeschichte: Zur Programmgeschichte des Weimarer Rundfunks. (Materialien zur Rundfunkgeschichte Bd. 2). Hrsg. v. Deutschen Rundfunkarchiv: Historisches Archiv der ARD. Frankfurt am Main 1986

Radio Research 1942-1943. Hrsg.v. Paul Lazarsfeld und Paul F. Stanton, Frank. New York 1944

Radio-Kultur in der Weimarer Republik. Hrsg. v. Irmela Schneider. Tübingen 1984

Reichert, Hans Ulrich: Der Kampf um die Autonomie des deutschen Rundfunks. Heidelberg/Stuttgart 1955

Reichling, Norbert: Akademische Arbeiterbildung in der Weimarer Republik. Münster 1983

v. Reinken, Liselotte: Rundfunk in Bremen. 1924-1974. Eine Dokumentation. Bremen 1975

Reis, Erwin, Zielinski, Siegfried und Radevagen, Thomas: "An alle". Zum Kampf der Arbeiterbewegung um den Rundfunk in Deutschland 1918-1933, in: Wem gehört die Welt? Kunst und Gesellschaft in der Weimarer Republik. Hrsg. v. der Neuen Gesellschaft für bildende Kunst. 1. Aufl. Berlin 1977, S. 566-594

Reiter, Hans-Peter: Die Struktur des britischen Rundfunks. Folgerungen für die Medienlandschaft der Bundesrepublik Deutschland. Pfaffenweiler 1986

Roder, Hartmut: Der christlich-nationale Deutsche Gewerkschaftsbund (DGB) im politischen Kräftefeld der Weimarer Republik. Ein Beitrag zur Funktion und Praxis der bürgerlichen Arbeitnehmerbewegung vom Kaiserreich bis zur faschistischen Diktatur. Frankfurt am Main u. a. 1986

Rölle, Thomas: Der britische Einfluß auf den Aufbau des Nordwestdeutschen Rundfunks von 1945 bis 1948. Diss. Kiel 1990

Rolfes, Gabriele: Die Deutsche Welle - ein politisches Neutrum im Weimarer Staat? Frankfurt am Main u. a. 1992

Rülcker, Christoph: Proletarische Dichtung ohne Klassenbewußtsein. Zu Anspruch und Struktur sozialdemokratischer Arbeiterliteratur 1918-1933, in: Die deutsche Literatur in der Weimarer Republik. Hrsg. v. Wolfgang Rothe. Stuttgart 1974, S. 411-433

Rundfunk in der Region. Probleme und Möglichkeiten der Regionalität. Hrsg. v. Walter Först. Köln u. a. 1984

Rundfunk und Politik 1923-1973. Beiträge zur Rundfunkforschung. Hrsg. v. Winfried B. Lerg und Rolf Steininger. Berlin 1975

Rundfunkpolitische Kontroversen. Zum 80. Geburtstag von Fritz Eberhard. Hrsg. v. Manfred Kötterheinrich u.a. Frankfurt am Main 1976

v. Saldern, Adelheid: Massenfreizeitkultur im Visier. Ein Beitrag zu den Deutungs- und Entwicklungsversuchen während der Weimarer Republik, in: Archiv für Sozialgeschichte, Bd. 33. Bonn 1993, S. 21-58

Schaaf, Dirk-Ludwig: Politik und Proporz im NWDR. Rundfunkpolitik in Nord- und Westdeutschland. Diss. Hamburg 1970

Schäferdieck, Willi: Lebens-Echo. Erinnerungen eines Schriftstellers. Düsseldorf 1985

Schettler, Holger: Arbeiter und Angestellte im Film. Bielefeld 1992

Schlobben, Hans-Peter und Kirsten, Richard: Die Gewerkschaftspresse. Köln 1961

Schmidt, Eberhard: Die verhinderte Neuordnung 1945-1952. Zur Auseinandersetzung um die Demokratisierung der Wirtschaft in den westlichen Besatzungszonen und in der Bundesrepublik Deutschland. 2. Aufl. Frankfurt am Main 1971

Schneider, Michael: Kleine Geschichte der Gewerkschaften. Ihre Entwicklung in Deutschland von den Anfängen bis heute. Bonn 1989

Schönhoven, Klaus: Die deutschen Gewerkschaften. Frankfurt am Main 1987

Schönhoven, Klaus: Innerorganisatorische Probleme der Gewerkschaften in der
    Endphase der Weimarer Republik, in: Gewerkschafts-Zeitung. Organ des
    Allgemeinen Deutschen Gewerkschaftsbundes. Jg. 43, 1933. Reprint Berlin/Bonn
    1983. Anhang: Gewerkschaften in der Krise, S. 73-104

Scholl, Bernadette: Die Büchergilde Gutenberg 1924-1933, in: Buchhandelsgeschichte
    H. 3, 1983, S. B 89-B 109

Schütte, Wolfgang: Regionalität und Föderalismus im Rundfunk. Die geschichtliche
    Entwicklung in Deutschland. 1923-1945. Frankfurt am Main 1971

Schütz, Dieter: Zwischen Standesbewußtsein und gewerkschaftlicher Orientierung.
    Beamte und Interessenverbände in der Weimarer Republik. Baden-Baden 1992

Schumacher, Renate: "Hans Stein - mit allen Wassern der Dialektik gekocht".
    Mitarbeiter der Westdeutschen Rundfunk AG (1927-1933), in: Beiträge zur Marx-
    Engels-Forschung. Neue Folge 1994. Quellen und Grenzen von Marx'
    Wissenschaftsverständnis. Hamburg 1994, S. 174-189

Schwan, Heribert: Der Rundfunk als Instrument der Politik im Saarland 1945-1955.
    Berlin 1974

Seifert, Christfried: Entstehung und Entwicklung des Gewerkschaftsbundes
    Württemberg-Baden bis zur Gründung des DGB 1945 bis 1949. Marburg 1980

Severing, Carl: Mein Lebensweg. Bd. 2. Im Auf und Ab der Republik. Köln 1950
Smettan, Kurt: Die KPD und die Organisation der werktätigen Rundfunkhörer vor 1933,
    in: Beiträge zur Geschichte des Rundfunks, H. 3, 1967, S. 27-34

Solidarität und Menschenwürde. Etappen der deutschen Gewerkschaftsgeschichte von
    den Anfängen bis zur Gegenwart. Hrsg. v. Erich Matthias und Klaus Schönhoven.
    Bonn 1984

Soppe, August: Rundfunk in Frankfurt am Main 1923-1926: Zur Organisations-,
    Programm- und Rezeptionsgeschichte eines neuen Mediums. Mit einem Nachwort
    hrsg. von Jörg Jochen Berns. München u. a. 1993

Sozialdemokratie in Köln. Ein Beitrag zur Stadt- und Parteiengeschichte. Hrsg. v.
    Gerhard Brunn. Köln 1986

SPD und Gewerkschaften. Bd. 1: Zur Geschichte eines Bündnisses. Darstellung und
    Dokumentation v. Michael Schneider. Hrsg. v. Jochen Langkau, Hans Matthöfer und
    Michael Schneider. Bonn 1994

Speier, Hans: Die Angestellten vor dem Nationalsozialismus. Ein Beitrag zum
    Verständnis der deutschen Sozialstruktur 1918-1933. Göttingen 1977

Springer, Günter: Der Steinsetzer. Erinnerungen an Alexander Knoll, einen Pionier der
    deutschen Gewerkschaftsbewegung. Hrsg. v. Bezirksvorstand des FDGB
    Frankfurt/Oder. Frankfurt/Oder 1989

Steininger, Rolf: Die Deutsche Welle. Gründungsgeschichte und Entwicklung des Kurzwellendienstes der öffentlich-rechtlichen Rundfunkanstalten der Bundesrepublik Deutschland zur Errichtung einer Anstalt des Bundesrechts. Diss. Hannover 1971

Steininger, Rolf: Deutschlandfunk - die Vorgeschichte einer Rundfunkanstalt 1949-1961. Ein Beitrag zur Innenpolitik der Bundesrepublik Deutschland. Berlin 1977
Steininger, Rolf: Rundfunkpolitik im ersten Kabinett Adenauer, in: Vierteljahrshefte für Zeitgeschichte, H. 4, 1973, S. 388- 434

Stübling, Rainer: Kultur und Massen. Das Kulturkartell der modernen Arbeiterbewegung in Frankfurt am Main von 1925 bis 1933. Offenbach 1983

Surmann, Rolf: Die Münzenberg-Legende. Zur Publizistik der revolutionären deutschen Arbeiterbewegung 1921-1933. Köln 1983
Tosch, Daniela: Der Rundfunk als "Neues Medium" im Spiegel der Münchner Presse 1918-1926. München 1987

Unser, Margit: Der Badische Gewerkschaftsbund. Zur Geschichte des Wiederaufbaus der Gewerkschaftsbewegung im französisch besetzten Südbaden. Marburg 1989

Veith, Uli: Gewerkschaftliche Medienpolitik und Filmarbeit: am Beispiel des DGB und der IG Metall. Köln 1984

Vorwärts - und nicht vergessen. Arbeiterkultur in Hamburg um 1930. Materialien zur Geschichte der Weimarer Republik. Hrsg. v. der Projektgruppe Arbeiterkultur Hamburg. Hamburg o. J. (1982)

Walter, Franz: Sozialistische Akademiker- und Intellektuellenorganisationen in der Weimarer Republik. Bonn 1990

Weischenberg, Siegfried und Hienzsch, Ulrich: Neuigkeiten vom Fließband. Journalismus als soziales System, in: Funkkolleg: Medien und Kommunikation. Konstruktionen von Wirklichkeit. Studienbrief 8. Weinheim/Basel 1991

Weiß-Hartmann, Anne: Der Freie Gewerkschaftsbund Hessen 1945-1949. Marburg 1978

Welzel, Horst: Rundfunkpolitik in Südwestdeutschland 1945-1952. Diss. Hannover 1976

Wernecke, Klaus: Die Provinzpresse am Ende der Weimarer Republik. Zur politischen Rolle der bürgerlichen Tageszeitungen am Beispiel der Region Osthannover, in: Presse und Geschichte II. Neue Beiträge zur historischen Kommunikationsforschung. München u. a. 1987, S. 365-404

van der Will, Wilfried und Burns, Rob: Arbeiterkulturbewegung in der Weimarer Republik. Eine historisch-theoretische Analyse der kulturellen Bestrebungen der sozialdemokratischen Arbeiterschaft. Frankfurt am Main u. a. 1982

Winkler, Heinrich-August: Der Schein der Normalität. Arbeiter und Arbeiterbewegung in der Weimarer Republik 1924 bis 1930. 2. Aufl. Berlin/Bonn 1988

Winkler, Heinrich-August: Der Weg in die Katasrophe. Arbeiter und Arbeiterbewegung in der Weimarer Republik 1930 bis 1933. Berlin/Bonn 1987

Wunderer, Hartmann: Arbeitervereine und Arbeiterparteien. Kultur- und Massenorganisationen in der Arbeiterbewegung. (1890-1933). Frankfurt am Main/New York 1980

PERSONENREGISTER

ABKÜRZUNGSVERZEICHNIS

AA	Abendausgabe (bei Zeitungen)
ADB	Allgemeiner Deutscher Beamtenbund
ADGB	Allgemeiner Deutscher Gewerkschaftsbund
AfA-Bund	Allgemeiner freier Angestelltenbund
ARBD	Allgemeiner Radio-Bund Deutschland (nach 1945)
ARBD	Arbeiter-Radio-Bund Deutschland (vor 1933)
BR	Bayerischer Rundfunk
Butab	Bund Technischer Angestellter und Beamter
BV	Bundesvorstand
BVG	Betriebsverfassungsgesetz
DAG	Deutsche Angestelltengewerkschaft
DBB	Deutscher Beamtenbund (vor 1933 und nach 1945)
DDP	Deutsche Demokratische Partei
DGB	Deutscher Gewerkschaftsbund (christlich-national,vor 1933)
DGB	Deutscher Gewerkschaftsbund (nach 1945)
DNHV	Deutschnationaler Handlungsgehilfenverband
DNVP	Deutschnationale Volkspartei
DVP	Deutsche Volkspartei
FRBD	Freier Radio-Bund Deutschland
GdA	Gewerkschaftsbund der Angestellten (H. D.)
Gedag	Gesamtverband deutscher Angestelltengewerkschaften
HA	Historisches Archiv
H. D.	Hirsch-Dunckersch
HR	Hessischer Rundfunk
IfZ	Institut für Zeitgeschichte
IHK	Industrie- und Handelskammer
KPD	Kommunistische Partei Deutschlands
Mirag	Mitteldeutsche Rundfunk AG
NDR	Norddeutscher Rundfunk
Norag	Nordische Rundfunk AG
NWDR	Nordwestdeutscher Rundfunk
RB	Radio Bremen
SDR	Süddeutscher Rundfunk
SFB	Sender Freies Berlin
SPD	Sozialdemokratische Partei Deutschlands
SWF	Südwestfunk
Sürag	Süddeutsche Rundfunk AG
Süwrag	Südwestdeutsche Rundfunk(dienst) AG
USPD	Unabhängige Sozialdemokratische Partei
WDR	Westdeutscher Rundfunk
Werag	Westdeutsche Rundfunk AG
Z	Zentrum
ZdA	Zentralverband der Angestellten